国家社科基金
后期资助项目
GUOJIA SHEKE JIJIN HOUQI ZIZHU XIANGMU

布依语参考语法

A Reference Grammar of Bouyei Language

周国炎　刘朝华　著

中国社会科学出版社

图书在版编目（CIP）数据

布依语参考语法 / 周国炎，刘朝华著. —北京：中国社会科学出版社，2018.9
ISBN 978-7-5203-3316-0

Ⅰ. ①布… Ⅱ. ①周… ②刘… Ⅲ. ①布依语–语法–研究 Ⅳ. ①H268.4

中国版本图书馆 CIP 数据核字（2018）第 236723 号

出 版 人	赵剑英
责任编辑	任　明
责任校对	王佳玉
责任印制	王　超

出　　版	中国社会科学出版社
社　　址	北京鼓楼西大街甲 158 号
邮　　编	100720
网　　址	http://www.csspw.cn
发 行 部	010–84083685
门 市 部	010–84029450
经　　销	新华书店及其他书店

印刷装订	北京君升印刷有限公司
版　　次	2018 年 9 月第 1 版
印　　次	2018 年 9 月第 1 次印刷

开　　本	710×1000　1/16
印　　张	24.25
插　　页	2
字　　数	447 千字
定　　价	99.00 元

国家社科基金后期资助项目

出 版 说 明

后期资助项目是国家社科基金设立的一类重要项目，旨在鼓励广大社科研究者潜心治学，支持基础研究多出优秀成果。它是经过严格评审，从接近完成的科研成果中遴选立项的。为扩大后期资助项目的影响，更好地推动学术发展，促进成果转化，全国哲学社会科学工作办公室按照"统一设计、统一标识、统一版式、形成系列"的总体要求，组织出版国家社科基金后期资助项目成果。

全国哲学社会科学工作办公室

目　录

第一章 绪论

第一节 布依族生活的地理环境

一 族称及人口分布

布依族自古生活在云贵高原东部的南北盘江和红水河流域，其来源可追溯到春秋战国时期的"越人"。汉文史籍中记载的"越""濮""僚""夷""濮越""骆越""濮僚"等民族称谓都与布依族有着紧密的联系。马启忠、王德龙（1998）认为，布依族属于古"骆越""百越"系族的后裔，到了元代，布依族被称作"仲家"，这实际上是当时统治者对布依族的侮称。"布依"是 pu⁴ʔjai⁴ 一词的音译，1953 年 10 月，布依族代表人士在贵州省民族事务委员会的主持下，经过充分协商，决定根据民族自称，用"布依"作为本民族正式族称（喻翠容，1980）。

据 2010 年第六次全国人口普查统计，布依族有 280 余万人，主要分布在贵州省的黔南和黔西南两个布依族苗族自治州，安顺市的镇宁和关岭布依族苗族自治县以及紫云苗族布依族自治县；安顺市的西秀、平坝、普定，六盘水市，贵阳市的花溪、乌当、白云等区县也有不少布依族聚居的村寨或村落群。此外，贵州西北部、北部，云南省罗平、马关、河口，四川省的宁南、会东等县也有少量布依族散居。在布依族主要分布的贵州南部和西南部地区，除布依族外，还分布有汉、苗、彝、水、仡佬、毛南等民族，布依族与其周边各族交错杂居，彼此长期往来，和谐相处，关系融洽。

二 地理环境

布依族地区属我国南方隆起于四川盆地和广西丘陵之间的一个亚热带岩溶化高原，环境独特，自然条件复杂，自然资源丰富。布依族聚居区，苗岭山脉横贯其中，山的主脉由西向东延伸，支脉绵亘全区。地势起伏，海拔高差大，是布依族地区的地貌特征之一。岩溶分布广泛，发育强烈，是其地貌的又一特征。整个布依族地区岩溶分布面积达 80%，碳酸盐类岩石分布广泛，是世界上岩溶发育最完美最典型的地区之一。布依族是一个稻作农耕民族，其生活居住的地区通常会出现一些地势平缓的河谷和坝子，沟壑纵横，水源丰富，加之气候湿热，雨量充沛，非常适合水稻种植。除水稻外，其他粮食作物还有玉米、小麦、旱稻、小米、高粱、红稗、荞麦、薯类、豆类等。经济作物有棉花、油菜、甘蔗、烤烟、茶叶、土靛、土麻、黄果（橙）、柚子、芭蕉、香蕉、木耳、板栗，等等。此外，还有杜仲、五倍子、天麻、麝香、熊胆等贵重药材，具有较高经济价值。

布依族地区地下矿藏丰富，有丰富的磷、汞、铅、金、铁、锑、煤炭以及铝、锌、石棉、萤石、重晶石、玻璃砂、冰洲石稀有矿藏，尤以煤矿、金矿、锑矿、磷矿著名。

布依族地区的名胜古迹，有被誉为"高原明珠"的花溪，驰名中外的黄果树大瀑布，安顺龙宫，兴义马岭河大峡谷，荔波小七孔，樟江大峡谷，镇宁的犀牛洞，清镇的红枫湖，观山湖的百花湖，普定的夜郎湖，安龙的招堤，等等。遍布各地的名胜古迹以及浓郁独特的民族风情，使得布依族地区成为中外游客观光旅游的胜地。

第二节　布依族语言及其使用现状

一　布依语及其基本特征

布依语属汉藏语系壮侗（也称侗台）语族壮傣语支，与同语族的壮语、傣语、侗语等在语音、词汇、语法等方面都有很多共同特征，同时也有自己的一些特点。需要指出的是，荔波部分布依族使用莫语，和侗水语支语言更近（李方桂，1942；杨通银，2000），但不在本书讨论范围之内。

本书以贵州省望谟县复兴镇布依语为描写对象。之所以选择该方言点，理由有三：其一，望谟复兴镇布依语保存了较完整的本族语结构，语音、词汇和语法都有其鲜明的特点，受汉语影响的程度较小；其二，该方言点通行范围较广，掌握和使用人数较多，在各地布依语当中具有显著的代表性；其三，该方言点是现行布依文试行方案的标准音点，对其语法现象进行详尽的描写有利于非标准音点的布依族群众学习和掌握布依文。以下对该方言点的基本特征作简要介绍。

（一）语音特征

布依语辅音系统相对简单，塞音和塞擦音都没有清浊对立，本族语固有音系中只有清不送气塞音一组，送气塞音只用来拼读现代汉语借词，先喉塞音/ˀb/、/ˀd/有明显的前紧喉成分；塞擦音只有/tɕ/拼读本族词，其余均拼读现代汉语借词。鼻音均为浊鼻音，没有对应的清化鼻音。擦音中/s/、/z/和/f/、/v/是清浊对立，舌面擦音只有清音，没有浊音。腭化和唇化音声母都不发达。布依语韵母系统比较复杂，除单元音韵母外，还有带元音和辅音韵尾的韵母。布依语固有声调8个，其中6个舒声调，2个促声调。古汉语借词的声调已经完全融入布依语固有的声调系统中，现代汉语借词的声调与各地汉语方言接近。

（二）词汇特征

布依语词汇按音节构成可分为单音节词和多音节词，按词义构成可分为单纯词和合成词。合成词的构成方式以复合式为主，附加式为辅。复合式可分为并列式、偏正式、主谓式、述宾式、述补式。附加式分前加和后加两种，前加式由前加成分加词根构成，前加成分跟一般词缀的不同点是，很多情况下它都具有一定的词汇意义，与名词性词根组合成名词并表示名词的类别。如果前加成分出现在数量结构中，则前加成分独立成为量词。少数前加成分意义比较虚化，没有具体的词汇意义，只能表达语法意义。布依语后加式复合词不是很发达，后加成分较少，只有少数形容词或副词之后可带上没有词汇意义的音节或音节重叠形式，这种附加成分是表示程度的加深。部分动词之后也可附加一些无词义的双声或叠韵，其作用是表示动作的情貌。修饰式合成词有偏正式和正偏式两种，本民族语固有词为正偏式，即中心语素在前，修饰语素在后；现代汉语借词绝大多数为偏正式，即修饰语素在前，中心语素在后。通称加专称的构词方式实际上属于偏正式合成词的一种，即正在前，偏在后。其他几种合成词的构成方式与汉语基本相同。布依语的词汇一词多义现象比较普遍，同音词也比较多，需要借助特定的语境才能正确辨别词义。同音词主要是语音发展所造成的，塞音韵尾脱落是产生同音词的主要方式。布依语中有大量来自汉语的借词，可笼统地分为早期借词和现代借词两大类。

（三）语法特征

布依语基本词类有名词、动词、形容词、数词、量词、代词、副词、助词、连词、介词、叹词、语气词等类。量词丰富是布依语的主要特征之一，除了专用的量词以外，不少名词和动词还可以临时借用为量词。数词分为基数词和序数词两种，序数词一般是在基数词前添加词缀ta^2构成，其意义相当于汉语的"第"。在"数+量+名"结构中，数词一般放在最前面，但数词/ʔdeu¹/ "一"只能放在名词的后面，而且常常可以省略。代词分为人称代词、疑问代词和指示代词三种。第一人称代词和第二人称代词通过单称跟其他词汇组合来表示复数，第三人称采用单称加前加成分的形式表示复数。多数地区第一人称复数有包括式和排除式之分。布依语的句子的基本顺序为"主+谓+宾"。名词做主语或宾语受定语修饰时，其语序是中心语在前、修饰语在后。副词修饰动词或形容词时，通常也出现在中心语之后，但有时也出现在中心语之前。布依语的句式以单句为主，复句用得比较少，复句中使用的大多数关联词都借自汉语。

（四）方言土语

在布依语内部，各地的词汇和语法结构具有很大的一致性，语音也有比较整齐的对应规律。根据语音差异和部分词汇的不同，可把布依语划分为三个土语，即第一土语、第二土语和第三土语（或按通行地区分别称为黔南土语、黔中土语和黔西土语）。

第一土语通行于贵州省的安龙、贞丰、兴义、册亨、望谟、罗甸、独山、荔波等县（市）全境和兴仁、关岭、镇宁、紫云、惠水、长顺、平塘等县部分地区。云南省罗平县一带的布依语也属于该土语。

第二土语通行于以贵阳市为中心的贵州中部地区，包括贵阳、贵定、龙里、安顺、平坝、清镇、织金、黔西等县（区、市）全部和惠水、长顺、都匀3县（市）的大部分以及平塘县的小部分地区。

第三土语通行于贵州省西部，包括六盘水市、普安、晴隆等县（市）和镇宁、关岭两县的大部分以及紫云、兴仁等县的小部分地区。

本书所描写的望谟县复兴镇布依语属于第一土语（即黔南土语）。

二　布依族文字及其应用

（一）概述

布依族历史上没有创造和使用过与本民族语言相适应的文字系统，古代，曾有一些布依族宗教人士（布摩）借用汉字或仿照汉字自创土俗字作为记音符号，记录本民族宗教经文，被称为"古布依字"或"方块布依字"，一直沿用至今。一些地方的布依族布摩在20世纪三四十年代曾借用柏格理文字记录本民族摩经。此外还有采用其他一些文字符号的。但这些所谓的"文字"都缺乏必要的规范，任意性较强，仅掌握在极少数宗教人士手中，未能发展成为布依族全民通用的文字系统。

中华人民共和国成立以后，于20世纪50年代中期，在对布依族及其使用情况进行全面普查的基础上，制定了拉丁字母拼音文字试行方案，后经多次修订，于1985年修订的方案以贵州省望谟县复兴镇布依语为标准音点，文字符号和规范方式也在最初方案的基础上有了较大幅度的调整。该方案目前在部分布依族聚居地区试行。

（二）布依族新创文字方案

1. 字母：新创《布依文方案》（1985年修订案）共有字母26个，即拉丁字母表中的全部字母。其中 a、e、i、o、u 五个为元音字母，作韵母用。其余 21 个为辅音字母，主要作声母用；m、n、b、d、g 兼作韵尾用，l、z、c、x、s、h、t 兼作固有语词声调符号，y、f、j、q 兼作现代汉语借词声调符号。

2. 声母：新创《布依文方案》（修订案）共有声母 32 个，其中双唇音 6 个，即 b、*p①、mb、m、by、my；唇齿音 2 个，即 f、w；舌尖前音 4 个，即*z、*c、s、r；舌尖中音，即 d、*t、nd、n、（sl）②、l；舌面音 5 个，即 j、*q、ny、x、y；舌根音 7 个，即 g、*k、ng、h、（hr）、gv、ngv；喉音 2 个，及 qy、qv。

3. 韵母：新创《布依文方案》（修订案）共有韵母 87 个，详述如下。

（1）单元音韵母 6 个：a、o、ee、i、u、e。单元音都是长元音，现代汉语借词的 ee 读[ɛ]，简写为 e。z、c、s、r 后面的 i 读舌尖元音[ʅ]。

（2）复元音韵母 21 个：aai、ai、oi、ei、aau、au、eeu、iu、ae、ie、ue、ea、*ia、*io、*iao、*ua、*ui、*uai、*ao、*ou、*er。主要元音前的 i-、u-为介音。本族语复元音韵母都是前响复元音，韵尾的发音较弱。aai、aau、eeu 的双字母表示长元音，ai、au、ae 的 a 是短元音，ie、ue、ea 的音值是[iə]、[uə]、[ɯə]，ei、ie、ue 拼写现代汉语借词时读本音。

（3）带鼻音韵尾的韵母 32 个：aam、am、oom、om、eem、iam、im、uam、um、eam、aan、an、oon、on、een、ian、in、uan、un、ean、en、aang、ang、oong、ong、eeng、iang、ing、uang、ung、eang、eng。韵尾前的元音除 ee-外，都有长短的对立；韵尾前的长元音 aa-音值相当于[aː]，短元音 a-相当于[ɑ]，长元音 oo-相当于[o]，短元音 o-相当于[ɔ]，长元音 ee-相当于[eː]；韵尾前的长元音 ia-、ua-、ea-，后面带有近似[ə]的流音，文字用 a 表示。现代汉语借词 ian、iang、uan、uang 等韵母的 i 和 u 是介音，a 是主要元音。

（4）带塞音韵尾的韵母 28 个：aab、ab、oob、ob、eeb、iab、ib、uab、ub、eab、eb、aad、ad、ood、od、eed、iad、id、uad、ud、ead、ed、ag、og、eeg、ig、ug、eg。韵尾-b、-d、-g 的音值为[-p]、[-t]、[-k]，发音时只闭塞不破裂。-b、-d 前的元音有长短音的对立，长短元音的音值和-m、-n、-ng 前的元音相同。望谟话-g 前只有短元音，没有长元音。

4. 声调：新创《布依文方案》（修订案）共有声调 8 个，其中舒声调 6 个，促声调 2 个。另有 4 个声调专拼现代汉语借词。详见表 1-1 和表 1-2。

---

① 带星号的声母一般只拼写现代汉语借词，下同。

② 带括号的 sl 和 hr 两个声母只供部分地区拼写方音词用。

表 1-1　　　　　　　　布依文声调（本族语固有词声调系统）

调类	一	二	三	四	五	六	七	八
调值	24	11	53	31	35	33	35	33
调号	l	z	c	x	s	h	t	
例字	nal	naz	nac	nax	nas	nah	nagt	nag
汉译	厚	田	脸	舅舅	箭	水獭	重	窄

表 1-2　　　　　　　　布依文声调（现代汉语借词声调系统）

调类	阴平	阳平	上声	去声
调值	33	31	53	24
调号	y	f	j	q
例词	feiyjiy 飞机	minfzuf 民族	zanjlanj 展览	haoqzaoq 号召

三　布依族语言使用情况[①]

20 世纪 80 年代以来，中国社会科学院民族学研究所和中央民族大学等机构曾组织进行过较为全面的调查。根据目前所掌握的材料，布依族语言使用大致可以分为如下三种类型，即布依族母语强势型双语类型、汉语强势型汉—布依双语类型和布依族母语濒危型。以下分别对各种类型的具体语言使用情况进行详述。

（一）母语强势型（布依—汉双语类型）

在布依族分布比较集中的一些地区，布依语在日常生活中发挥着极其重要的作用，是家庭和社区（即自然村寨）内部唯一的交际语言，在跨社区语言交际中充当主要的交际工具。与此同时，在社区内部个别场合以及社区之间部分场合的语言交际中，汉语也发挥着相当重要的作用。不过，从语言使用的总体情况来看，布依语处于相对强势的地位。我们把这些地区称为母语强势型双语类型，即布依—汉双语区。

在这些地区，布依族除极个别人以外都熟练掌握本民族语[②]，杂居或散居在这些地区的汉族或其他少数民族也不同程度地掌握布依语，并在很多的场合用来跟布依族或其他少数民族进行交流。如分布在望谟、贞丰、镇

---

① 本小节主要参考周国炎主编《布依族语言使用现状及其演变》，商务印书馆 2009 年版，第 19—22 页，内容有所调整。

② 20 世纪 90 年代以来，一些青年人外出打工，与其他民族人结婚生子后又带回家乡定居，其配偶和子女通常只掌握汉语。这种现象在各地都存在。

宁等县的苗族、瑶族和仡佬族等都不同程度地兼通当地的布依语，局部地区的少数民族甚至放弃了本民族语言而转用布依语。在布依族分布密度较高，且自然环境较为闭塞、交通不便的地区，有相当一部人只掌握布依语，与不懂布依语的人交流时常常需要翻译，他们当中大多是年过六旬的妇女和部分学龄前儿童。另有一部分人，虽然也掌握第二语言（汉语），但语言能力较低，无法用于正常的交际，因此也常常被看成是只懂母语的单语人。这些人通常是未接受过学校教育或只上过一两年学且没有离开过家乡的中年人，以女性居多。

在母语强势型双语地区，学校教育以汉语为主，部分地区在低年级以布依语进行辅助性教学。目前，个别地区乡镇中心学校或村办学校由政府开办了一些双语试点班，进行布依—汉双语教学；布依族学生课外与本民族同胞交流时普遍使用本民族语。乡镇一级政府机关的工作语言是当地汉语方言，一些布依族干部比例较高的乡镇，日常事务或同事之间交流也常使用本民族语。布依族群众到政府办事也常用布依语。在布依族聚居地区的农村集市，布依语的使用频率也比较高。通常情况下，布依族成员之间在集市上都使用母语交流，其他民族与布依族交流有时也使用布依语，但多数情况下还是以汉语为主。

（二）汉语强势型（汉—布依双语类型）

在布依族和汉族杂居地区，以及少数散居于汉族或其他民族聚居地区的布依族村寨，人们在保留并使用本民族语言的同时，在很多领域、很多场合还兼用汉语。在家庭成员之间母语仍然是主要的，在很多家庭母语甚至是唯一的日常交际用语。在村寨内部，本民族成员之间的交际仍然主要使用本民族语，但由于与汉族和其他少数民族杂居，在日常生活中不同民族之间的交往频率远远高于布依族聚居地区，因此，村寨中用汉语进行交流的场合也比较多。不同村寨本民族成员之间，交际过程中是否使用母语通常要看双方关系密切的程度以及交谈的话题。机关干部、教师等知识阶层的交流多数情况下用汉语。总体而言，汉语在日常生活中所发挥的作用大于布依语。我们把这样的地区称为汉语强势型双语区。

在汉语强势型双语区中，绝大多数布依族人母语仍然非常熟练。在一些相对偏远的村寨，也还有少量只掌握本民族语的单语人。儿童中少数在入学前以母语为主要交际工具，多数在学会母语的同时通过看电视、听广播或与同村、邻村汉族伙伴交往学会了汉语。少数与其他民族联姻的家庭（媳妇来自汉族或其他少数民族）已经开始出现家庭双语现象，外出工作（包括在外打工）并与其他民族结婚的家庭已经出现不再向下一代传授母语的现象，汉语单语人开始增多。学校的教学和交际语言主要是汉语，布依族母语只在小范围内通行，母语辅助教学只在局部地区偶尔开展。在乡村集贸市场和乡镇一级的政府机关，布依语只在非正式场合本民族成员内部交流时使用。

（三）母语濒危型

目前，部分地区布依族母语已经濒危，布依语仅仅保留在一些老年人的记忆中，语言残缺不全，部分人只记得一些常用词汇，能讲一些简单的句子，不具备组句成篇的能力；少数老年人，尤其是妇女，虽然掌握的词汇要多一些，能用母语讲述一些较简单的故事，能用母语唱本民族民歌，但日常生活中大多数人都不用布依语进行交际了。在部分母语保存得稍微好一些的村寨，三四十岁的还有相当一部分人在少数场合仍用母语进行交际，但多数人已经只能应付简单的交流。他们的母语词汇量较少，很多概念要借助汉语来表达，组词成句能力较差，只能讲一些简单的日常用语，讲复杂的句子比较困难，更不能组句成篇，个别人能用母语唱本民族民歌。儿童只有极个别懂母语。母语的使用局限于家庭，社区内部用母语进行交流的情况较少，仅个别场合老年人偶尔使用，跨社区的母语交际更是少见。

第三节　布依语相关研究综述

布依语的研究起步较晚，20世纪50年代以前，除邢公畹先生在记录贵州省惠水县远羊寨布依族民歌时对该语言点的音系和词汇进行过整理以外，未见其他研究成果问世。真正对布依语的系统调查和描写分析始于20世纪50年代初的布依语普查。以下从三个方面简要综述布依语相关研究成果。

一　语言本体的调查与研究

20世纪50年代初，中国科学院少数民族语言研究所对布依语40个方言点进行了全面的调查，在此基础上撰写出版了《布依语调查报告》（中国科学院少数民族语言研究所，1959），从语音、词汇和语法三个方面对布依语进行了全面的描写，首次根据方音的差异，同时参照词汇和语法方面的异同情况，将布依语划分为三个土语。该书所附40个方言点的音系和词汇对后来的布依语研究具有非常重要的资料参考价值。除《布依语调查报告》以外，对布依语进行全面描写的还有《布依语简志》（喻翠容，1980）、《贵阳布依语》（吴启禄，1992）和《中国布依语对比研究》（伍文义、辛维等，1998）。

布依语本体的分专题研究始于1956年。

语音方面。喻世长（1956）对布依语几个点的语音对应情况进行了对比分析，提出了布依语分四个土语的观点，是最早有关布依语地域变体方面的研究成果。徐扬、王伟（1983）从发音方法上对布依语塞音韵尾的语音特征进行了分析，并结合《布依语调查报告》中的语料，分析了三个塞音韵尾的分布情况，并对其发展趋势进行了预测。曹广衢（1984）讨论了布依语声母和声调相互制约的关系，作者通过方音对比，分析了布依语中存在的大量清浊音声母与阴阳两类声调搭配不同于汉藏语系语言中普遍存在的清声母拼阴调类，浊声母拼阳调类的现象，认为这是声母演变的结果。近年来，布依语语音的研究进一步深化，取得了较大突破，遵义师范学院的占升平教授从历时的角度对布依语舌面擦音和软腭擦音、塞音、塞音韵尾、唇齿擦音和舌尖擦音以及第三土语部分地区的清边擦音/ɬ/等的发展演变进行了系统深入的分析。

词汇方面。曹广衢（1956）对布依语反语进行了研究。反语是一种特殊的社会语用现象，从本体结构上属于词汇层面。作者从语音方面揭示了反语词汇构成的几条规律。王伟（1983）对布依语谚语的思想内容和语言特点进行了分析。布依语谚语不仅是一种表达概念，充当某种句子成分的语言材料，而且是具有特定含义、表达比较完整和比较定型的语句。谚语和成语、格言等同类语言单位也不尽相同，它是劳动人民的口头创作，群众智慧的结晶，结构比较灵活，可以独立成句，内容也丰富多彩，比较全面和广泛。谚语多半采用偶句的结构形式和比喻的修辞手法，比较形象、生动，而且合辙押韵，音调和谐，朗朗上口。王伟（1993）探讨了布依语中的一词多义现象，认为布依语的多义词，除了具有与其他语言多义词的共同特征外，还有自己的一些特点，即（1）用同一个词表示几个密切相关的事物；（2）有一部分关系密切的词"一身兼两职"。吴启禄（1993）从义项、音节和来源三个方面举例简析布依语同音词的特点。周国炎（1995）以贵州贞丰县布依族宗教经文为依据，分析了其中部分古词的语义和用法。王邦容（1998）探讨了布依语新词创造的四种方法，即直意法、象形法、解释法和修饰法，并强调，创词要本着通俗易懂的原则，这样才能被接受。

语法方面。喻世长（1956）在布依语语法研究方面做了开创性的工作，对布依语语法系统进行了简要的梳理。贵州省民族语文指导委员会研究室、中国科学院少数民族语言调查第二工作队（1959）分十个部分对布依语语法进行概述。布依语语法专题研究从20世纪80年代才开始起步，相关成果涉及数词、量词、介宾结构、动词和趋向补语有关的语序、人称代词和形容词等方面。吴启禄（1983）对贵州省贞丰布依语量词的主要特点进行了系统的研究，分析了布依语量词与同语系语言量词的共性，并通过量词的一些句法功能，对布依语量词的来源进行了探讨。刘朝华（2012）根据认知语言学理论、结构主义理论和语法化理论从不同的角度对布依语和汉语的名量词进行对比研究，分析了两者名量词产生的语义基础，描写了它们不同的语法功能和语法特点，揭示两种语言名量词的发展和演化过程，并对它们的差异进行解释。曹广衢（1986）讨论了布依语介宾结构"tai^5（从）+处所词（或词组）"（用"tai^5……"表示）在句子中的易位规律；（1988）详细描写了布依语趋向补语在句子中的位置以及宾语和趋向动词之间存在相互制约的关系，并对比了布依语和汉语类似结构所存在的不同特点。周国炎（1989）对布依语中几种常见的特殊的代称方式进行了描写分析，并从社会文化的角度对人称代词的语用功能进行了探讨。吴启禄、曹广衢也对布依语的代词进行了研究。其中吴启禄（1993）系统分析了布依语的三类代词的特点和功能。曹广衢（1994）以望谟布依语为例，对布依语指示代词的弱化用法和语法功能上的特点进行了研究。罗儒林（1993）依据望谟县复兴镇布依话的语言资料，分析了布依语形容词语义和句法特点，将布依语的形容词分为性质形容词和状态形容词两类。吴启禄（1996）以贵州望谟布依语动词ʔau^1"拿"、li^4"有"、ʔju^5"在"、ço^5"放置"、dai^4"得到"、kuə^6"做"、pan^2"成"等为例，对布依语动词虚化的一般情况进行了论述。文章将布依语动词的虚化分为词义虚化和词性虚化两种。词义虚化表现为动词虚化后失去原有的具体词义。词性虚化使实词性的动词成为副词、助词、连词等虚词，甚至成为合成词的词缀。周国炎（1999a）以第一土语语言材料为依据，对布依语动词重叠的结构形式和表达功能进行了分析；（1999b）对布依语处置式的来源及其发展进行了探讨，认为其来源，一是由连动结构中的一个动词虚化后演变而来，一是借自汉语的"把"字句，文章还对处置式的发展趋势进行了预测；（2003）讨论了布依语被动句的结构类型和表义特征，将布依语的被动句分为有被动结构标记和无标记两类；（2009）对布依语完成体的主要结构形式及体标记进行了系统的研究；周国炎、刘朝华（2012）分析了布依语存在句结构、类型以及事物存在的方式，并提出了布依语存在句反映的是一种容器图示，其句式意义是凸显概念空间存在的事物。陈娥、周国炎（2013）通过对布依语否定词mi^{11}（不）和fi^{33}（未）的语义特征和语法功能进行分析，发现mi^{11}和fi^{33}的语义和语法功能相对对立部分交叉；mi^{11}能与多种词类和结构组合，能与fi^{33}组合的词类和结构有限；mi^{11}和fi^{33}的前置性语序具有类型学特征。周国炎、孙新乐（2014）对布依语名词短语的语序进行了研究。陈娥（2015）在系统分析了布依语副词位序特征的基础上，通过与壮语、泰语副词的位序进行比较，发现壮语、泰语副词的位序与布依语非常相似，依此推断壮侗语副词位序演变的顺序是"中心词+副词+（句末语气词）"→"中心词+副词+（句末语气词）"或"副词+中心词"以及"副词1+副词2+中心词"或"副词1+中心词+副词2"→"副词+中心词"。周国炎、朱德康（2015）对布依语的连动式进行了研究。

二　布依语的社会语言学与文化语言学研究

这方面的研究相对比较薄弱，目前所发表的成果主要涉及布依语地名、布依语的社会文化环境（语言生态）、布依语中的文化现象、布依族族称研究，等等。

肖沉冈（1991）从布依语音、词汇和语法三个层面的语言结构特征，深入探讨了布依语表层和深层的文化价值。黄伟（1992）利用现代布依语口语中词汇材料，对深藏在布依语背后的文化内蕴及残存于布依语中的文化遗迹进行了挖掘，并从中探索了布依族历史上的一些文化现象，从语言角度对布依族文化有个更深的认识和了解。黎汝标、梁朝文（1998）从地名所反映的民族称谓、自然地貌、农耕生产、商贸集市等几个方面对布依族地区的布依语地名进行了分类，并对其结构意义以及所反映出的文化内涵进行了初步的解释。伍文义（1998）对贵州境内布依族地区存在的一些用汉语无法解释的地名从布依语的角度进行了阐述，对这些地名的特点进行了分析，并揭示了这些布依语地名与布依族稻作农耕文化的关系。周国炎（2010）以翔实丰富的材料为基础，运用文化语言学的研究方法，从结构特征、地名词义等方面对贵州省贞丰县的布依语地名进行了穷尽性的分析。布依族民族称谓的研究文献主要有王惠良（1989）、辛丽平（1996）、罗漫（1997）、周国炎（1998）、阿伍（2003）、罗大林（2010）等，其中周国炎（1998）对汉文历史文献中出现的族称与布依族近现代民间通用的民族称谓之间的关系进行了探讨。

三　语言使用情况研究

关于布依族语言的使用情况，20世纪50年代初国家组织人力在调查语言本体结构的同时，附带作过一些了解。相关的调查结果见于50年代末出版的《布依语调查报告》（1959）。80年代初出版的《布依语简志》（1980）也对布依族语言的使用情况作了一些估计。较多的调查是80年代中后期由中国社会科学院民族研究所和国家民委文宣司主持的一个国家社科基金课题——《中国少数民族语言使用情况和文字问题调查研究》，其中也包括对布依族主要分布的两个自治州、三个自治县的布依语使用情况的调查。其成果以调查报告的形式汇集于《中国少数民族语言使用情况》一书中。此次调查的成果为学术界的研究以及国家民族语言文字政策的制定提供了资料和参考依据。关于布依族语言使用情况的分析研究仅有《布依族语言使用现状及其演变》（周国炎，2009）一书出版，单篇文章也比较少。喻翠容（1993）对布依语和汉语的不同功能范围进行了分析，并对聚居、散居、杂居等不同分布情况下布依族的母语习得问题进行了探讨。伍文义、辛维（2000）主要对 20 世纪 50 年代以来布依语在结构上的变化进行了纵向的对比研究，也涉及了语言的使用。进入 21 世纪以后，布依族语言使用情况研究有了较大的进展。吴定川（2005）将布依族的语言使用情况进行了分类。国外学者对布依族语言使用情况的调查和研究较少。周国炎（2008）对贵阳市周边布依族语言使用现状进行了调查研究，指出贵阳布依族母语已出现极度濒危的势头，并对造成该地区布依族语言濒危的原因进行了系统的分析。周国炎（2009）在大量田野调查基础上，结合十多个个案，对布依族语言使用现状及其演变进行了全面的分析，将布依族地区语言使用分为布依族母语强势型、汉语强势型和布依族母语濒危型三种主要类型，并分别对三种类型在未来一段时间内的发展趋势进行了预测。周国炎、谢娜（2011）对贵州省黔西南州布依族地区双语消长及其成因进行了系统的分析。最近几年，布依族语言使用情况的研究越来越受到重视，如龙海燕、蔡吉燕（2011），龙海燕（2013）等对贵阳市布依族语言使用现状进行了全方位的研究。

第四节　研究方法和理论基础

一　研究方法

　　本书在大量第一手田野调查材料的基础上对布依语语言结构进行详尽的归纳和描写，因此，田野调查法、归纳法和描写法是本书主要采用的研究方法。本书的第一作者为布依语母语人，不仅熟练掌握布依语，了解布依族的社会习俗和文化，而且长期从事布依语文的教学和研究，对布依语三个土语都进行过调查，对不同地区的布依语都有所接触和了解，掌握较全面的布依语第一手材料，为本书的写作创造了必备的材料基础。本书第二作者在中央民族大学系统学习过一年的布依语，曾到布依语标准音点做过语言调查，2012 年 6 月通过了博士学位论文《布依语汉语名量词对比研究》。

　　本书所采用的语料以近年来作者先后多次赴贵州省望谟县调查的语料为基础，同时参照 2012 年 5 月邀请来京的布依语发音人罗儒栋先生提供的词汇和语法材料，再结合采用第一作者本人的一部分自省语料。这些语料包括自然会话，即调查者在自然状态下与调查对象用布依语所进行的对话，话题涉及布依族社会生活的方方面面，其中相当一部分系贵州省博物馆黄镇邦先生 2008 年赴贵州望谟调查布依族民歌时与调查对象现场会话录音材料，这部分材料已作为《布依语长篇话语材料集》中的一个单元正式出版。材料的另一部分系本书第一作者 2004 年赴望谟调查时搜集的布依族民间故事，这些故事都是讲述者在自然状态下，没有任何干扰、提示的情况下完成的。第三部分语料由发音人根据预先准备好的词表和语法提纲，在调查人员的引导下提供。参考语法强调田野调查和真实语料的搜集与整理，主张研究者深入到目标语言的现实生活场景中去，以"参与者—观察者"的身份进行语料的搜集与整理工作，即研究者不能仅仅满足于观察和记录母语人的话语，而是要参与到母语人的生活中去，与他们一起生活、一起工作，了解母语人的文化与习俗，在参与的过程中接触、学习和记录所要调查的语言。

　　布依语有三个土语，它们之间语音、词汇的差异比较大，但语法差异较小。本书以布依语标准音点望谟布依语为研究对象，目的在于揭示布依语在民族心理、民族文化、民族历史过程中形成的共同的语法规律，并通过跟汉语进行比较，揭示布依语语法中受汉语影响而形成的一些语法特点。因此，本书采用了描写与解释相结合、对比以及语法分析等多种研究方法。

　　（一）描写与解释相结合的研究方法

　　描写法是任何语法研究不可或缺的方法，因为没有描写就没有分析和综合，也没有归纳。本书通过对各种语料进行细致的描写，从各种复杂的现象中寻找共同的东西，然后提升到理论高度。有了描写，只知其然却不知其所以然，所以有必要对总结出来的各种语法规律进行合理的解释，探讨这些规律形成的各种动因。诚然，不是所有语法现象和规律都能做出合理的解释，但通过逐渐积累，我们对布依语语法的认识就会越来越深刻。所以，描写是基础，解释才是最终的目的。本书首先对布依语语法系统进行描写，然后解释其组合规则，并比较其与汉语的差异。

　　（二）对比研究法

　　对比是人类认识事物的基本方法，因为世界上的事物既存在共性，又是千变万化的，不通过对比，我们不能发现事物之间的差别，不能找出事物的内部规律。事物的表现往往是同中有异，异中有同，通过对比，我们可以把这种显性特征归纳出来，同时经过理性的分析，还可以把事物的本质属性总结出来。语法研究也是如此，通过内部和外部的比较，一种语言的语法现象和语法规律可以多层面、全方位地显现在我们面前。本书对布依语的对比不仅使用了内部比较法，也使用了外部比较法。内部比较，就是观察各种词类的组合情况、句法分布、个性差异，观察各种短语和句子的内部层次、语法意义、结构规律；外部比较，主要是把布依语跟汉语进行对比，寻找布依语受汉语影响后变异的语法现象和语法规律，主要表现在词类变异、句法变异以及功能变异等方面。因为布依语和汉语的关系实在太密切了，所以文中很多地方对两者的关系进行了对比分析。

（三）语法分析法

语法研究离不开多种分析方法，本书主要采用了替换分析法、成分分析法、层次分析法和句型分析法等研究方法。替换分析法就是把句子中的某个片段替换为其他片段，替换之后看新的片段是否存在，跟前面的片段是否具有共性，通过这种方法可以区分不同的词类。成分分析法也是源于西方的传统语法，汉语从《马氏文通》《新著国语文法》开始使用这一方法。成分分析法的特点是将句子分为若干部分，根据每个部分在句子中的地位分为主语、谓语、宾语、定语、状语和补语，其中又分中心语和修饰语，通常是充当主语、谓语、宾语的名词、动词是中心语，它们的修饰、限定成分是修饰语，这种分析方法的优点是能够把握句子的基本框架。层次分析法主要是对短语的内部结构进行分析的一种方法，其理论根据是扩展，意思是：两个序列能出现在相同的语言环境，即使它们的内部结构不一样，当这两个序列中有一个序列比另一个序列长或相等而结构不同时，这个序列叫作另一个序列的扩展，被扩展的序列叫原型。层次分析法来源于美国描写语言学派，汉语从 20 世纪 50 年代开始采用这一方法，但布依语对层次分析法还很少使用。层次分析法的优点是能够揭示句子的内部结构层次。句型分析法主要是对句子类型、句式类型和句类类型进行的分析，句子类型包括主谓句、非主谓句、单句、复句等内容，句式类型主要是对布依语特殊句式的分析，如双宾句、存在句等，句类类型主要分析以语气相区别的句子，如陈述句、祈使句、疑问句、感叹句等。

这几种方法是本书主要采用的研究方法，当然这几种方法不是各自独立使用的，而是相互结合、相互补充。多种研究方法的运用，可以使研究更为深入、解释更为可信、结论更为可靠。

二　理论基础

参考语法主要是对一种语言的形态和句法作全面描写的语法，从理论上讲，它属于描写语法的范畴。早期参考语法要求对一种语言提供详尽的语法材料，以便为语法的共时和历时比较、语言的类型特征、语法的演变规律提供可靠的研究基础。但材料也是根据一定的理论来搜集和整理的，因此不可能存在没有理论的参考语法。传统的参考语法都是根据描写语言学的理论来构建的，因此注重对形态和句法作周密细致的描写，但不注重对材料的分析和解释，似乎是一种粗加工，因此参考语法的价值取决于搜集整理的语法材料的准确性，也就是说，材料必须是调查整理而来，不允许有自省的材料，不能有什么分析和解释，只要对材料进行分类整理就行。事实上，这样的参考语法是没有的，也是没有价值的。因此，参考语法首先要有一定的理论作支撑，而且要根据一种语言的特点作必要的调整。比如汉藏语系语言是没有多少形态的，因此没有必要在形态上花费好大的力气。

从已经出版的参考语法来看，无论是早期的《泰语参考语法》（1964）、《英语语法大全》（1985），还是近期出版的《羌语语法》（2003）、《毛南语语法》（2008），并不都是按照一定的模式写出来的，而是各有各的选择，各有各的重点，并且对所描写的语言都进行了必要的分析或者解释。所以参考语法是可以按照一定的语法理论来进行材料的整理和加工的，比如重点是探讨语言类型学，那么词的分类、短语的分类、句法成分等可以不作详细的描写，而对语序、句子的结构、话题和焦点等则要进行多方面的研究，提供的材料越翔实越好，当然作者也可以作出自己的分析和解释，这对于其他研究者也是有帮助的。

本书依据的理论主要是描写语言学。描写语言学发源于美国描写语言学派，这种理论特别注重对语言进行多方面的分析，如替换分析、分布分析、对比分析、直接成分分析等，通过多方面的分析，可以得到语言的最小单位如语素、音素等，可以对性质相同的成分进行归类，如处于句子相同位置成分可以归纳为主语、谓语等，可以了解句法结构的内部层次并对有些歧义进行解释。由于本书的目的不仅仅是为其他语法研究提供材料，而是总结布依语普遍的语法规律，为学习布依语提供便捷的门道，所以在词法、句法、句型、句式等方面都进行了全面细致的描写，力求对布依语的语法现象和语法规律作出新的分析和解释，对于不能解释的内容，在文中加以说明，留待后来者作进一步的研究。因此，本书不仅做到了全面、系统、细致的描写，这是符合参考语法的编写要求的，同时也进行了一些新的探索，既基于传统，又有所突破，尽可能对布依语的语法规律作出一个全新的认识。

第二章　布依语音系

根据汉藏语系语言传统的语音分析方法，布依语语音系统包括声母系统、韵母系统和声调系统，音节由声母和韵母拼合组成，除了少数虚词以外，每个音节都有固定的声调，声调具有区别意义的功能，具有系统性。因此，布依语语音系统可以看作是由声、韵、调三个子系统有机地组合而构成的，三者之间具有相互依存和制约的关系。本章重点介绍望谟复兴镇布依语音系，并与其他方言点的材料作初步对比，以突出其特征。

第一节　声母系统

一　声母表

望谟复兴镇布依语共有声母 31 个，其中塞音声母 9 个，塞擦音声母 4 个，鼻音声母 4 个，擦音声母 5 个，边音声母 1 个，腭化音声母 3 个，唇化音声母 3 个，半元音 2 个。详见表 2-1：

表 2-1　　　　　　　　　　望谟复兴镇布依语声母

发音方法		发音部位 声母	双唇音	唇齿音	舌尖前音	舌尖中音	舌面音	舌根音	喉音
塞音	清	不送气	p			t		k	
		送气	ph*			th*		kh*	
	浊		ʔb			ʔd			ʔ
塞擦音	清	不送气			ts*		tɕ		
		送气			tsh*		tɕh*		
鼻音	浊		m			n	ȵ	ŋ	
擦音	清			f	s		ɕ	x	
	浊				z				

续表

发音方法 ＼ 声母		双唇音	唇齿音	舌尖前音	舌尖中音	舌面音	舌根音	喉音
边音	浊					l		
腭化音		pj mj						ʔj
唇化音							kw ŋw	ʔw
半元音				w		j		

二　声母说明

1. 望谟复兴镇布依语的固有词辅音音位中没有送气辅音，表中所有送气辅音声母均用于拼读现代汉语借词。事实上，在实际的语言生活中，当地大多数布依语母语人对来自汉语的送气和不送气对立现象是缺乏辨别能力的，通常情况下，多数带送气音声母的音节会读成不送气音。如"开"khai³³ 读作 kai³³、"看"khan²⁴ 读作 kan²⁴、"怕"pha²⁴ 读作 pa²⁴、"炮"phau²⁴ 读作 pau²⁴、"烫"thaŋ²⁴ 读作 taŋ²⁴、"同"thuŋ³¹ 读作 tuŋ³¹、"从"tshuŋ³¹ 读作 tsuŋ³¹、"查"tsha³¹ 读作 tsa³¹、"枪"tɕhaŋ³³ 读作 tɕaŋ³³，等等。[①]在一些人的口语中，尤其是接触汉语较少的人群，送气的塞擦音读作与之同部位的擦音，即/tsh/读作/s/、/tɕh/读作/ɕ/，如"成绩"tshɯn³¹tɕi³¹ 读作 sɯn³¹tɕi³¹、"城管"tshɯn³¹kuən⁴² 读作 sɯn³¹kuən⁴²、"强盗"tɕhaŋ³¹tau²⁴ 读作 ɕaŋ³¹tau²⁴、"确定"tɕhio³¹tin²⁴ 读作 ɕio³¹tin²⁴。固有音系辅音无送气和不送气对立的现象在布依语中比较普遍，第一土语全部和第二土语大部分地区、第三土语部分地区都存在这一现象，本族语固有音系中的送气辅音只出现在第二土语的个别地区和第三土语的部分地区。例如：

汉语	望谟复兴	水城发耳	镇宁下硐	普安细寨
超度	piəŋ³	—	phiŋ³	phiŋ³
哭	tai³	thai³	thai³	thai³
生（蛋）	tau³	thau³	thau³	thau³
穿	tan³	than³	than³	than³
阻拦	ton³	thuan³	thuan³	thuan³

---

① 本文在标注布依语本族语词声调时一律标调类，标注现代汉语借词声调时一律标调值。

杀	ka³	kha³	kha³	kha³
山洞	ka:m³	kha:m³	khaŋ³	kha:m³
轧（棉花）	ka:n³	kha:n³	kha:n³	kha:n³

2. /ʔb/和/ʔd/是次浊音，发音方法与同部位的塞音相同，但有先喉塞音成分，即在发清塞音之前有一个紧喉的过程。也有学者通过实验分析发现，这类辅音在塞音除阻之前有向内爆破的成分，称为"内爆音"[1]。在部分年轻人的口语中，这组辅音的先喉塞（或内向爆破）特征正逐渐消失，代之以同部位的清塞音或鼻音，如/ʔb/变读为/p/或/m/，/ʔd/变读为/t/或/n/、/l/。

3. 望谟复兴镇布依语中，固有辅音中的塞擦音只有舌面组的不送气塞擦音/tɕ/，同部位的送气塞擦音以及舌尖组的/ts/和/tsh/均只拼读现代汉语借词。布依语三个土语都有辅音/tɕ/，多数情况下对应比较整齐，但也存在/tɕ/与舌根塞音/k/或舌尖塞擦音/ts/对应的情况。例如：

汉语	望谟复兴	安顺黄腊	贵筑[2]青岩	盘县赶场
秧苗	tɕa³	ka³	ka³	kha³
蛋	tɕai⁵	kai⁵	kai⁵	kai⁵
头	tɕau³	kau³	kau³	khau³
打鼾	tɕan¹	kan¹	kan¹	tɕian¹
鼓	tɕoŋ¹	kuaŋ¹	kuaŋ¹	kuaŋ¹
中间	tɕa:ŋ¹	ka:ŋ¹	ka:ŋ¹	ka:ŋ¹
斗笠	tɕap⁷	kap⁷	kuap⁷	tɕap⁷

/k/和/tɕ/在望谟布依语个别词中存在自由变读的现象，这可能是方言间相互影响的结果，如"地方、处"，多数情况下读作 tɕiə²，部分人有时又读作 kuə²，"老，（年纪）大"，多数情况下读作 tɕe⁵，部分人有时又读作 ke⁵。

4. 唇齿摩擦音在部分地区的布依语中存在清浊对立，但清擦音/f/通常只出现在偶数调，即 2、4、6、8 调，而浊擦音/v/在奇数调和偶数调中均有分布。如"铁"fa²、"树"fai⁴、"饱满"fa⁶、"孵蛋"fak⁸；"盖子"va¹、"水牛"va:i²、"挂"voi³、"棉花"va:i⁵、"折耳根"vai⁶、"挥手"va:t⁸ 等。在望谟话中，擦音/v/和半元音/w/多数情况下并没有严格的区分，而且还经常出现/v/和/x/混读的情况，如"人"，可读作 wuun²，也可读作 xun²，"雨"，可读作 wuun¹，也可读作 xun¹。

---

① 朱晓农《内爆音》，《方言》2006 年第 1 期；麦耘《对国际音标理解和使用的几个问题》，《方言》2005 年第 1 期。

② 贵筑县是康熙二十六年（1687）在今贵阳设置的一个县级建制，民国三十年（1941）贵筑县驻花溪，1958 年撤销建制，其所辖的青岩现属于花溪区。《布依语调查报告》中贵筑青岩是一个点，为了便于读者查找相关语料，这里照引原文，未按现状作改动。

5. 舌尖摩擦音/s/和/z/在多数人的口语中经常读作齿间摩擦音/θ/和/ð/，在布依语第一、二土语中这种现象普遍存在，但在望谟复兴镇布依语中主要出现在中老年群体，年轻人多读作舌尖音。

6. 舌面摩擦音没有清浊对立，只有清擦音/ɕ/，没有与之对立的浊擦音/ʑ/，半元音/j/发音时虽有轻微摩擦成分，但与/ʑ/有较大区别。在布依语中，擦音/ɕ/的分布主要在第一土语和第三土语的部分地区，《布依语调查报告》40 个方言点有 28 个点没有这个辅音①。望谟复兴镇布依语中的/ɕ/主要与其他地区的舌尖擦音/s/和舌尖塞擦音/ts/、/tsh/以及舌面塞擦音/tɕh/对应，例如：

汉语	望谟复兴	贞丰巧贯	安顺黄腊	镇宁下硐
稀疏	ɕa^4	sa^4	tsa^4	tsa^4
晚饭	ɕau^2	sau^2	tsau^2	tsau^2
沉	ɕam^1	sam^1	tsam^1	tsaŋ^1
凉快	ɕam^4	sam^4	tsam^4	tsaŋ^3
辣（味）	ɕa:t^8	sa:t^8	tsa:t^8	—
绳子	ɕa^6	sa^6	tsa:k^8	tsa^6
淡（味）	ɕit^7	sut^7	sɯt^7	tsət^7

舌面塞擦音/tɕ/与望谟复兴镇的/ɕ/对应的如：

汉语	望谟复兴	贵筑青岩	水城发耳	普安细寨
浸	ɕe^6	—	tɕe^6	tɕe^6
土画眉	ɕeu^1	tɕiu^1	tɕiu^1	tɕiu^1
黄鳝	ɕen^4	tɕian^4	tɕian^4	tɕian^4
冷	ɕeŋ^4	tɕiaŋ^4	tɕiaŋ^4	tɕiaŋ^4
旋转	ɕiən^5	tɕi:n^5	tɕin^5	tɕin^5

7. 舌根摩擦音只有清辅音/x/，浊辅音/ɣ/只出现在个别虚词中，如感叹词等。/x/的实际发音稍靠后，接近声门音/h/。在部分人的口语中，/x/常常与唇齿摩擦音/v/或半元音/w/混读，见前文。

8. 望谟话中唇化辅音较多，除表中所列的/kw/、/ŋw/和/ʔw/外，塞音/t/、浊塞音/ʔd/、鼻音/n/、边音/l/、舌面摩擦音/ɕ/等都存在唇化现象，但在文字方案的音系中，除/kw/、/ŋw/和/ʔw/，其余均规范为单辅音声母②。

9. 声母表中的边擦音/ɬ/在望谟复兴镇布依语中不存在，出现在文字方

---

① 这里主要指固有词音系，如果涉及现代汉语借词，每个点都应该有这个辅音，有些现代汉语借词，如"学校""小学""学习"等，借入布依语之后，声母都是擦音/ɕ/，没有发生音变。

② 为了真实反映望谟布依族的语音特征，在本书后文各章所举的例子中，凡遇到/kw/、/ŋw/和/ʔw/之外的辅音的唇化现象，我们将按实际读音标注，如"床"标为ɕwa:ŋ²，而不是ɕa:ŋ²，"坍塌"标为lwa³，而不是la³。

案中主要是为了便于拼写方言词。

三 声母例词

p	pa³ 姑妈	paŋ² 布	pat⁷ 扫
ph	phan³³ 潘（姓）	phai³¹ 排	phi³¹ 慢
ʔb	ʔbau¹ 树叶	ʔba⁵ 肩膀	ʔbo⁵ 井
m	ma¹ 狗	mai¹ 线	mak⁸ 墨
f	fa² 铁	fai⁴ 树	fon⁴ 黑色
t	ta⁶ 河	tai³ 哭	tiən² 糖
th	thaŋ³¹ 唐（姓）	thu³¹ 图	than³¹ 谭（姓）
ʔd	ʔda⁵ 骂	ʔdi¹ 好	ʔdon⁴ 钻
n	na³ 脸	nai¹ 雪	niŋ¹ 动
l	la³ 下（面）	li⁴ 有	le² 跑
k	ka¹ 腿	kai⁵ 鸡	kon⁵ 先
kh	khuŋ⁵³ 孔（姓）	khan³³ 勘（探）	khun³¹ 整个
ŋ	ŋa² 芽	ŋi⁶ 二	ŋon² 天（日）
x	xa³ 五	xam⁵ 问	xum⁴ 培土
tɕ	tɕa³ 秧苗	tɕet⁷ 痛	tɕiə² 地方、处
tɕh	tɕhin³¹ 覃（姓）	tɕhio³¹ 确（定）	tɕhiɛn³³ 签（名）
ȵ	ȵa¹ 草	ȵam² 迅速	ȵiə¹ 听
ɕ	ɕa³ 等候	ɕai¹ 犁地	ɕan² 拥挤
ts	tso⁵³ 左（姓）	tsuŋ³³ 钟	tsau²⁴ 赵（姓）
tsh	tshɯn³¹ 陈（姓）	tshai²⁴ 蔡（姓）	tshui³³ 崔（姓）
s	sa¹ 纸	saɯ¹ 干净	so⁶ 直
z	za¹ 找	za:i² 写	zan¹ 看见
pj	pja¹ 鱼	pja:i³ 走	pjɔm¹ 毛发
mj	mja:n² 踩	mja:u³ 夸张	mjon⁶ 腐烂
ʔj	ʔja⁴ 睁	ʔjau⁴ 收藏	ʔjɔk⁷ 掏
kw	kwa⁵ 过	kwa:i¹ 乖	kwet⁷ 雕刻
ŋw	ŋwa⁴ 瓦	ŋwi⁴ 锥子	ŋwa:i⁴ 脏
ʔw	ʔwa⁴ 傻	ʔwa:i¹ 让	ʔwit⁷ 转动
w	wa¹ 花	wɯn¹ 雨	wɯən³ 小米
j	ja⁶ 妻子	jeu¹ 青	jiəŋ⁶ 样

第二节　韵母系统

一　韵母表

望谟复兴镇布依语共有韵母 93 个，其中元音韵母 29 个，带辅音韵尾韵母 64 个。元音韵母中，单元音韵母 8 个，复元音韵母 21 个。详见表 2-2：

表 2-2　　　　　　　　　望谟复兴镇布依语韵母

韵母类型	韵母									
单元音韵母	a		o		e	i		u		ɯ
带-i 尾韵母	a:i	ai	oi		ei					
带-u 尾韵母	a:u	au			eu	iu				
带-ɯ 尾韵母		aɯ								
带流音 ə 的韵母						iə		uə		ɯə
带-m 尾韵母	a:m	am	om	ɔm	em	iəm	im	uəm	um	ɯəm
带-n 尾韵母	a:n	an	on	ɔn	en	iən	in	uən	un	ɯən	ɯn
带-ŋ 尾韵母	a:ŋ	aŋ		ɔŋ	eŋ	iəŋ	iŋ	uəŋ		ɯəŋ	ɯŋ
带-p 尾韵母	a:p	ap	op	ɔp	ep	iəp	ip	uəp	up	ɯəp	ɯp
带-t 尾韵母	a:t	at	ot	ɔt	et	iət	it	uət	ut	ɯət	ɯt
带-k 尾韵母		ak		ɔk	ek		ik		uk		ɯk
汉语借词韵母	ia	iau	iɛn	iaŋ	ie	io	ua	uai	uan	uaŋ	ue
	ui	ɚ	ʅ	ou							

二　韵母说明

1. 出于精简韵母系统的需要，布依文方案将专门拼读现代汉语借词的 iɛn、iaŋ、uan、uaŋ 与拼读本族语词的 iən、iəŋ、uən、uəŋ 进行了合并；ie、ue 与 iə 和 uə 合并；舌尖元音 /ʅ/ 看成舌面元音 /i/ 的条件变体，没有专门的韵母符号。因此，文字方案中的韵母只有 87 个，而本文将这几个音视为独立的韵母，所以，韵母总数增加了 6 个。

2. 望谟布依语有单元音韵母 6 个，其中 /a/ 音值相当于 /ʌ/，/e/ 在本族语中音值接近半高元音，而拼读现代汉语借词时，音值接近半低元音，/i/ 作为单元音韵母除舌根塞音 /k/ 以外，可以与所有辅音搭配，但来自现代汉语的舌尖元音 /ʅ/ 只能出现在舌尖擦音 /s/ 和塞擦音 /ts/、/tsʰ/ 之后，是 /i/ 的一个条件变体。不过，在望谟布依语中，部分人的口语里出现将后高元音/ɯ/读作/ɣ/的现象，如"后天"ŋɔn²zuɯ²读作ŋɔn²zɿ²，"书"suɯ¹读作sɿ¹，因此，/i/和/ɣ/在布依语中有从一个互补音位发展成对立音位的趋势。跟单元音/e/相似，单元音/o/在本族语音节中开口度较小，音值为/o/，而在现代汉语借词中，开口度稍大，其音值为/ɔ/。高元音/ɯ/单独做韵母时，多数情况下发音时喉部较紧，但在部分虚词中，发音时舌位处于自然状态，其音值相当于央元音/ə/。

3. 单元音单独做韵母时，不区分长短，带韵尾时，/a/、/o/有长短之分。其中，长音的/a/和/o/除时长上与短/a/、/o/有所区别外，发音时舌位也有所不同，长元音舌位稍高，长/a/近似于/æ/甚至/ɛ/，而短/a/相当于/ɐ/；长/o/读作本音，即次高元音/o/，而短/o/的音值相当于/ɔ/。/e/虽然没有与之对立的单元音，但在音节中发音时时长也相对较长，在文字上用双写的/e/以突出这一特点。

4. 韵母/iə/、/uə/和/ɯə/中的央元音/ə/不是韵尾，是流音，发音通常比较含混，但其前面的元音时长要比出现在其他韵尾之前时要长，《布依语调查报告》以及 20 世纪 80 年代初的布依文方案都把这一组音以及出现在其他韵尾之前的相同元音组合分别处理成元音/i/、/u/和/ɯ/的长音，用/:/代替央元音/ə/。例如：

汉语	望谟者香	贵筑青岩	平塘凯酉	都匀新桥
养	ɕi:ŋ⁴	ɕi:ŋ⁴	tsi:ŋ⁴	tsi:ŋ⁴
白杨树	zi:ŋ⁴	ziaŋ⁴	zɯ:ŋ⁴	zi:ŋ⁴
畦、行	zu:ŋ²	zoŋ⁶	lu:ŋ²	lu:ŋ²
织布机	ɕu:ŋ²	šoŋ²①	tsu:ŋ²	tsu:ŋ²
翅膀	fɯ:t⁸	vat⁸	vɯ:t⁸	vɯ:t⁸
沟渠	mɯ:ŋ¹	—	mɯ:ŋ¹	mɯ:ŋ¹

5. 本族语固有词鼻音韵尾有/-m/、/-n/和/-ŋ/，在语流中，/-m/常常会弱化为/-n/或/-ŋ/，但相对于第一、三土语的部分地区而言，望谟复兴镇布依语的/-m/尾韵还是比较稳定的，第一土语区的北部和第三土语部分地区的布依语中，/-m/尾韵已经消失，合并到/-ŋ/尾韵。例如：

汉语	望谟复兴	安龙天桥	镇宁募役	水城罗家寨②
讨要	ɕa:m¹	ša:ŋ¹	tsa:ŋ¹	tsa:ŋ¹

---

① /š/为舌尖前摩擦音，《布依语调查报告》中以此区别于实际音值为齿间摩擦音的/s/。

② 20 世纪 50 年代初语言普查时，"水城田坝"属水城南开区，田坝是该区的一个乡，位于水城县北部，布依族居住比较分散，仅有几个布依族居住相对集中的村落，80 年代笔者前往该地调查，了解到 50 年代调查的村寨名叫"罗家寨"。

凉	ɕam^4	šaŋ^4	tsaŋ^4	tsaŋ^4
尝	ɕim^2	ɕiŋ^2	tsəŋ^2	tsəŋ^2
剁	sam^2	saŋ^2	łaŋ^2	—
抬	za:m^1	za:ŋ^1	sa:ŋ^1	sa:ŋ^1
收集	zom^1	zoŋ^1	suaŋ^1	suaŋ^1

/-m/变为/-n/的情况比较少见，在《布依语调查报告》中仅见两例，如"尖"，望谟复兴镇为 sɔm^1，荔波尧所为 san^1；"耳语"，望谟复兴镇为 sim^6，镇宁募役为 łin^5。

6. 塞音韵尾有/-p/、/-t/和/-k/三个，发音时只有成阻过程，没有除阻过程。语流中，三个塞音韵尾都存在不同程度的弱化现象，尤其是/-p/尾韵，在语句中，只有当塞音韵尾音节处于焦点位置时，才能听出塞音不除阻的特征。通常情况下，/-p/会弱化为/-k/或一个含混的喉塞音韵尾/-ʔ/。/-m/和/-p/发音部位相同，因此，演变轨迹也比较一致，在上述/-m/演变为/-ŋ/的地区，也都出现了相应的/-p/演变为/-k/的情况，其中水城罗家寨的情况比较特殊，除个别音节还残存含混的/-ʔ/尾韵以外，几乎所有的塞音韵尾都已全部消失，存在类似现象的还有贵州西北部威宁新发乡的布依语以及云南省北部金沙江流域地区的布依语。例如：

汉语	望谟复兴	安龙天桥	镇宁募役	水城罗家寨
蜈蚣	sip^7	sut^7	łik^7	sə^5
挑	za:p^7	za:k^7	sək^7	sɯ^5
捋胡子	zup^8	zɯk^8	zək^8	sə^6
捶打	tup^8	tɯk^8	tək^8	tə^6
斗笠	tɕɔp^7	tɕak^7	kak^7	kɯ^5
缝	ɲip^8	ɲik^8	ɲik^8	ŋə^6

望谟复兴镇布依语中读作/-k/尾韵的词在一些地区已经变成/-ʔ/尾韵或韵尾完全消失，变成舒声音节。例如：

汉语	望谟复兴	惠水党古	镇宁募役	独山水岩
水车	lok^7	loʔ^7	loʔ^7	loʔ^7
懒	tɕik^7	tɕiʔ^7	tɕəʔ^7	tɕiʔ^7
根部	kɔk^7	koʔ^7	koʔ^7	koʔ^7
老虎	kuk^7	kuʔ^7	koʔ^7	kuʔ^7
儿子	lɯk^8	lɯʔ^8	ləʔ^8	lɯʔ^8

反之，一些地区仍然保留有塞音韵尾（主要是/-k/尾）音节，在望谟复兴镇布依语中已经变为舒声音节。例如：

汉语	望谟复兴	兴义巴结	安顺黄腊	织金包营
嘴	pa^5	pa:k^7	pa:k^7	pa:k^7
分别	pja^6	pjak^8	pik^7	pik^7
芋头	pɯə^6	pɯ:k^7	—	pik^7
果子	ma^5	ma:k^7	—	—
雾	mo^5	mok^7	muak^7	muak^7
（一）把	fa^6	fa:k^8	va:k^8	va:k^8
绳子	ɕa^6	ɕa:k^8	tsa:k^8	tsa:k^8
明天	ɕo^6	ɕok^8	tsuak^8	tsuak^8
根	za^6	za:k^8	za:k^8	za:k^8
外面	zo^6	zok^8	zuak^8	zuak^8
晒	ta^5	ta:k^7	ta:k^7	ta:k^7
骨头	ʔdo^5	ʔdok^7	ʔduak^7	ʔduak^7
箭	na^5	na:k^7	na:ʔ^7	na^5
牛肩峰	no^5	nok^7	nuak^7	nuak^7
崩塌	la^5	la:k^7	la:k^7	la:k^7
出去	ʔo^5	ʔok^7	ʔuak^7	ʔuak^7
饿	ʔiə^5	ʔi:k^7	ʔik^7	ʔɯk^7
额头	pja^5	pja:k^7	pak^7	pak^7
歹、凶恶	ʔja^6	dza:k^7	ʔja:k^7	ʔja:k^7

7. 关于汉语借词的韵母。在布依语中，汉语借词根据借入时间的先后可大致分为早期借词和现代借词两类，早期借词的韵母已完全融入布依语本族语的韵母系统中，在望谟复兴镇布依语中表现为保留鼻音韵尾/-m/以及塞音韵尾/-p/、/-t/、/-k/等，如"三" sa:m^1、"针" tɕim^1、"填" tim^2、"脱" tot^7、"腊" la:p^8、"盒" xa:p^8、"尺" ɕik^7 等。早期借词的演变规律也与布依语固有词完全相同。现代汉语借词指 20 世纪初以来从汉语西南官话中借入的汉语词汇，在望谟复兴镇布依语中，借入后的语音形式与当地汉语词汇的语音形式大致相同。由于现代汉语词汇的借用，在布依语中增加了一组专门拼读这些词汇的韵母。在韵母表中，为了将现代汉语借词的韵母和固有词韵母区别开，我们保留了其在汉语中的标注形式，但其中的一些韵母与布依语固有韵母之间的关系需要作适当的说明。（1）au 拼读布依语固有词和汉语借词时稍有区别，汉语 au 收尾时口形稍大，在文字上用/o/标写，以示不同；（2）ou 中的/o/在语流中近似于央元音/ə/；（3）带鼻音韵尾韵母中的元音/a/根据其在韵母中所处的位置，发音有所区别，其中，an 和 uan 中的/a/舌位接近/æ/，au 和 aŋ、iaŋ、uaŋ 舌位近似于/ɑ/。

三　韵母例词（按上文韵母表纵向顺序列举）

a	ta^1 眼睛	na^4 舅舅	fa^2 铁
a:i	ta:i^1 死	sa:i^1 带子	ʔda:i^1 蕨
ai	pai^1 去	ʔdai^4 得	kai^5 鸡
a:u	la:u^1 怕	xa:u^5 话	ɕa:u^4 创造
au	kau^1 角落	ʔbau^1 轻	zau^2 我们
aɯ	xaɯ^3 给	saɯ^1 干净	ʔdaɯ^1 里边
a:m	na:m^6 土	ta:m^1 把儿	la:m^1 栓
am	tam^5 矮	xam^2 苦味	sam^1 尖
a:n	za:n^2 房子	ʔba:n^4 村子	xa:n^1 答应
an	pan^2 成	zan^1 见	kan^4 勤
a:ŋ	sa:ŋ^1 高	za:ŋ^2 笋	ʔda:ŋ^1 身体
aŋ	laŋ^1 后	taŋ^2 到	ʔdaŋ^1 鼻子
a:p	za:p^7 挑	ka:p^8 夹	ta:p^8 木板
ap	xap^7 关	tap^7 肝	ʔdap^7 灭（火）
a:t	ʔda:t^7 烫	ma:t^8 袜子	ka:t^7 断
at	mat^7 跳蚤	ʔdat^7 拥挤	pat^7 扫
ak	nak^7 重	lak^8 深	tak^7 舀
o	to^6 读	zo^4 知道	po^1 山
oi	toi^4 碗	zoi^4 串	koi^6 骑
om	zom^6 早	xom^1 香味	zom^3 蓝靛
ɔm	sɔm^1 尖	tɔm^5 倒塌	pɔm^3 匍匐
on	kon^5 先	son^1 教	ʔdon^4 钻
ɔn	zɔn^1 路	ɕɔn^2 句	ʔɔn^5 胖
oŋ	soŋ^1 二	ʔdoŋ^4 硬	xoŋ^1 活路
ɔŋ	ʔdɔŋ^1 森林	tɔŋ^6 田坝	zɔŋ^2 往下走
op	pop^7 泡儿	kop^7 捧	ʔdop^7 碰、撞
ɔp	tɕɔp^7 斗笠	kɔp^8 盖	zɔp^8 安装
ot	tot^7 脱	fot^8 发紫	not^8 刮
ɔt	ʔdɔt^7 喝	zɔt^7 缩	tɕɔt^7 冻
ɔk	tɔk^7 落	zɔk^8 鸟	kɔk^7 根部
e	xe^5 客人	le^6 选	ɕe^1 丢
ei	kei^2 女婿	mei^1 熊	fei^{33} 飞（机）
eu	leu^4 完	ʔdeu^1 一	teu^2 逃跑

em	tem^6 垫	zem^3 烧	pem^3 扁
en	xen^3 黄	nen^1 记	ven^1 悬挂
eŋ	$\varepsilon e\eta^4$ 冷	$ze\eta^2$ 力量	$ne\eta^2$（山）顶
ep	$t\varepsilon ep^7$ 片儿	sep^8 挤	nep^8 赶
et	pet^7 八	$t\varepsilon et^8$ 荠菜	$\text{ʔ}bet^8$ 摆设
ek	zek^8 细小	xek^7 训斥	mek^7 笔画
i	zi^6 地	pi^4 哥、姐	mi^2 不
iu	ziu^3 提	piu^5 空	liu^{31} 刘（姓）
iə	$\varepsilon iə^2$ 邀约	$\text{ʔ}diə^4$ 藏	$liə^1$ 剩
iəm	$liəm^2$ 镰刀	$t\varepsilon iəm^3$ 收藏	$tiəm^6$ 蹚水
im	zim^1 满	$t\varepsilon im^1$ 针	εim^1 看
iən	$\text{ʔ}diən^1$ 月	$piən^5$ 变	$ziən^6$ 嘈杂、吵闹
in	tin^1 脚	$t\varepsilon hin^{31}$ 秦（姓）	zin^1 石头
iəŋ	$liə\eta^3$ 伞	$jiə\eta^6$ 样	$tiə\eta^1$ 黄瓜
iŋ	$\text{ʔ}di\eta^1$ 红	$li\eta^1$ 猴	$zi\eta^2$ 下午
iəp	$ziəp^7$ 蚊帐	$tiəp^8$ 踏	$\text{ʔ}diəp^7$ 想
ip	$\text{ʔ}dip^7$ 生	εip^8 十	zip^8 收
iət	$\text{ʔ}iət^7$ 伸	$liət^8$ 血	$ziət^8$ 浇水
it	pit^7 鸭	$\text{ʔ}dit^7$ 阳光	$\text{ʔ}bit^7$ 拧
ik	$t\varepsilon ik^7$ 懒	lik^8 历书	sik^7 撕
u	tu^1 门	zu^2 扶	ku^3 九
uə	$kuə^1$ 盐	$zuə^2$ 船	$luə^2$ 骡
uəm	$zuəm^4$ 燎	$\varepsilon uəm^4$ 荨麻	$juəm^6$ 跟踪
um	zum^2 风	lum^3 像	lum^2 忘记
uən	$zuən^2$ 爬地	$kuən^2$ 要求	$tuən^6$ 断
un	zun^5 起立	εun^2 游玩	$tsun^{53}$ 准
uəŋ	$nuə\eta^4$ 弟、妹	$kuə\eta^1$ 棕	$luə\eta^5$ 寨子
uŋ	$tu\eta^4$ 肚子	$zu\eta^1$ 煮	$khu\eta^{53}$ 孔（姓）
uəp	$tuəp^7$ 瓣		
up	lup^7 湿	tup^8 捶	εup^7 吻
uət	$\text{ʔ}\textrm{ɹ}uət^7$ 揩	$tuət^7$ 脱落	$\eta uət^8$ 月份
ut	lut^7 线筒	kut^7 蕨菜	kut^8 挖掘
uk	kuk^7 虎	tuk^7 篾条	$\text{ʔ}duk^7$ 朽烂
ɯ	$t\ɯ^6$ 筷子	$s\ɯ^2$ 红薯	$s\ɯ^5$ 媒人
ɯə	$\eta\ɯə^2$ 蛇	$p\ɯə^6$ 衣服	$f\ɯə^4$ 别人

ɯəm	fuɯəm^4 黄昏		
ɯən	wuɯən^1 山歌	kuɯən^2 撒	wuɯən^6 交换
ɯn	wuɯn^2 人	fuɯn^2 柴	tshuɯn^{31} 陈（姓）
ɯəŋ	muɯəŋ^4 网	muɯəŋ^1 水沟	wuɯəŋ^3 小米
ɯŋ	fuɯŋ^2 手	muɯŋ^2 你	luɯŋ^3 才
ɯəp	xuɯəp^7 胆怯	fuɯəp^7 荡	tuɯəp^8 捶打
ɯp	ʔuɯp^7 关门	xuɯp^7 一"拃"	
ɯət	kuɯət^7 揭开	fuɯət^8 翅膀	xuɯət^8 捆、扎
ɯt	puɯt^7 肺	ʔbuɯt^7 抠	suɯt^7 忽然
ɯk	ʔbuɯk^7 （线）粗	luɯk^7 儿子	tuɯk^8 便宜
ɿ	tsɿ^{33} 资	zɿ^{31} 日（本）	sɿ^{24} 世（界）
ie	ɕie^{24} 谢（姓）	tɕie^{24} 借（条）	ɕie^{31} （政）协
ue	kue^{31} 国	xue^{31} 或	
ia	ɕia^{24} 夏（姓）	tɕia^{53} 贾（姓）	tɕia^{24} （一）架（车）
io	ɕio^{31} 学	tɕio^{31} 觉（悟）	tɕhio^{31} 确
iau	liau^{24} 廖（姓）	ɕiau^{24} 校	tɕhiau^{53} 巧
ua	xua^{31} 华	xua^{24} 化	kua^{53} 寡
ui	xui^{24} 会	thui^{24} 退（票）	zui^{24} 瑞
uai	suai^{24} 帅	xuai^{31} 怀	uai^{24} 外
ou	tsou^{33} 周（姓）	tshou^{31} 绸	khou^{24} 扣（肉）
ə	ə^{31} 而	ə^{53} 尔	ə^{24} 二
ian	tiɛn^{24} 电	ɕiɛn^{33} 先（进）	thiɛn^{33} 天（线）
uan	thuan^{31} 团	kuan^{33} 关	khuan^{53} 款
iaŋ	tɕiaŋ^{53} 蒋（姓）	ɕiaŋ^{24} 向（姓）	ɕiaŋ^{33} 乡
uaŋ	xuaŋ^{31} 黄（姓）	suaŋ^{33} 双	tsuaŋ^{24} 撞

第三节　声调系统

一　固有词及早期汉语借词声调

声调是附着在特定音节上的音高，具有区别意义的功能。布依语是有声调语言，望谟复兴镇布依语有 8 个声调，包括 6 个舒声调和 2 个促声调，舒声调所附着的音节以元音或鼻音结尾，声音比较舒长；促声调音节以塞音作为韵尾，声音比较短促。舒声调有 6 个调值，分别为中升调（24）、低平调（11）、高降调（53）、中降调（31）、高升调（35）和中平调（33）；

两个促声调的调值分别为高升调（35）和中平调（33），与舒声调中两个调的调值相同，但由于音节结构的差异，在读音上有所不同。布依语八个声调的次序根据早期汉语借词（或同源词）的阴平、阳平、阴上、阳上、阴去、阳去、阴入、阳入的声调排列，依次分别称第一调至第八调。详见表2-3：

表 2-3　　　　　　　　　　布依语固有词及早期汉语借词声调表

调类	调值	调型	早期汉语借词	布依语固有词
一	24	中升	wa¹ 花、si¹ 丝	na¹ 厚、ʔdi¹ 好
二	11	低平	la² 锣、ɕɯ² 时	na² 田、mi² 不
三	53	高降	ku³ 九、tɕe³ 解	na³ 脸、ni³ 债
四	31	中降	ma⁴ 马、zu⁴ 酉	na⁴ 舅舅、li⁴ 有
五	35	高升	kwa⁵ 过、si⁵ 四	na⁵ 箭、ni⁵ 小
六	33	中平	mo⁶ 墓、kwi⁶ 跪	na⁶ 獭、zi⁶ 地
七	35	高升	pet⁷ 八、ɕik⁷ 尺	nak⁷ 重、pit⁷ 鸭
八	33	中平	mak⁸ 墨、ɕip⁸ 十	lak⁸ 深、ɲip⁸ 缝

说明：

1. 望谟复兴镇布依语中的第二调（低平调）在实际语流中比较接近低降调，即21，多数人容易跟中降调31混淆，对于第二语言学习者来说，第四调和第二调区分起来比较困难。

2. 第五调（高升调）有些接近高平调（55调）。

3. 在部分人的口语中，高降调有降升的特征，接近534，例如"解"tɕe⁵³⁻⁵³⁴、"脸"na⁵³⁻⁵³⁴、"九"ku⁵³⁻⁵³⁴等，现代汉语借词中的高降调也有此特点。

二　现代汉语借词声调

望谟复兴镇布依语中的现代汉语借词来自当地汉语方言，属汉语北方方言西南官话，共有四个声调，即阴平、阳平、上声和去声，各调调值分别与布依语固有词（或早期汉语借词）的第六调（33）、第四调（31）、第三调（53）和第一调（24）相同，但为了避免与布依语固有词和早期借词相混淆，在文字上用不同的字母作为调号，以示区别。布依语现代汉语借词声调及例词详见表2-4：

表 2-4　　　　　　　　　　布依语现代汉语借词声调

汉语调类	调值	调型	例词
阴平	33	中平	fei^{33}tɕi^{33} 飞机、tsuŋ^{33}jin^{33} 中音、khuŋ^{33}tɕin^{33} 空军
阳平	31	中降	min^{31}tsu^{31} 民族、xuŋ^{31}tɕhi^{31} 红旗、ɕio^{31}ɕi^{31} 学习
上声	53	高降	tsan^{53}lan^{53} 展览、juŋ^{53}kan^{53} 勇敢、khu^{53}tan^{53} 苦胆
去声	24	中升	xau^{24}tsau^{24} 号召、tian^{24}pau^{24} 电报、kua^{24}xau^{24} 挂号

第四节　音节结构

　　布依语的音节由声母和韵母两个部分组成，构成声母的主要是辅音和半元音，可用 C（consonant）表示，构成韵母的主要有单元音（vowel）、双元音（diphthong）、三合元音（triphthong）以及带辅音韵尾的韵母，可用 V（vowel）表示韵母中的元音个体。此外，声调（tone）虽是超越音节的一种音高形式，属超音段音位，但声调对于布依语音节的表义来说是不可或缺的，是紧紧依附于音节的，是音节的一个重要组成部分，可用 T 表示。如此一来，布依语音节按声韵调构成情况可分为九大类：即 CT、CVT、CVVT、CVVVT、CVCT、CVVCT、CCVT、CCVVT、CCVVCT，举例如下：

1. CT：ŋ^{31} 嗯、m^{31} 呣
2. CVT：po^6 父亲、te^1 他、le^2 跑、ti^2 打、zi^6 地、na^2 田
3. CVVT：pai^1 去、tai^3 哭、xau^3 给、ʔau^1 要、toi^4 碗、ziu^3 提
4. CVVVT[①]：ɕiau^{33} 肖（姓）、ɕiau^{24} 校、xuai^{31} 怀（表）、khuai^{24} 会（计）
5. CVCT：pan^2 成、kam^1 拿、sɔm^1 尖、taŋ^2 到、sat^7 跳、mɔt^8 蚂蚁
6. CVVCT：siən^5 事情、liəm^2 镰刀、pɯəŋ^2 地方、kɯət^8 扛、xɯəp^7 关
7. CCVT：pja^1 鱼、kwa^5 过、ʔbo^5 井、ʔda^5 骂、mja^6 稀、ŋwa^4 瓦
8. CCVVT：ʔdaɯ^1 里边、ʔbai^1 披、pja:i^1 梢、pjoi^5 脆、ʔjau^4 收藏
9. CCVVCT：ʔdiən^1 月、ʔdiət^7 吵嚷、ʔbɯəŋ^1 歪斜、ʔbɯəp^7 囟门

第五节　音变现象

　　在自然语流中，几个音相连有时会相互影响、相互适应，并导致音素的种种变化，在语流中，由于受前后音或说话速度的快慢、语音高低强弱

---

① 这一类型音节的词均为现代汉语借词。

等因素的影响，导致一个或几个音素在发音上产生某种变化，这种变化叫作语流音变或连音音变（王远新，2009）。布依语中常见的音变现象有弱化、脱落、变调和合音等几种。

一　弱化

在语流中，音节的元音或辅音音素出现音强减弱、音程缩短等现象即为弱化。布依语中元音的弱化主要表现为主要元音/o/、/a/和复元音/uə/、/ɯə/的央化，辅音/h/、/ʔj/的弱化以及语气词声调的弱化等。

（一）主要元音/o/的弱化

/o/是半高后圆唇元音，在布依语中，这个音单独做韵母时，有/o/和/ɔ/两个变体，通常情况下，本族词中的/o/舌位稍高，是标准的/o/，而拼读现代汉语借词时，舌位稍低，口型稍大，相当于半低后元音/ɔ/。例如：

po⁶ 父亲	to⁶ 读	zo² 枯干	zo⁵ 敲
ʔdo⁵ 骨头	mo⁵ 新	no⁶ 肉	ʔbo⁵ 水井
ɕo⁵ 放	xo³ 穷	ko³ 汤	ŋo⁴ 芦苇
tɔ³¹ 托（运）	pɔ³¹ 拨（款）	kɔ³³（山）歌	xɔ⁵³ 火（车）

在语流中，当以元音/o/结尾的音节出现在多音节词的词首、词中或非话题焦点的位置时，无论是本族词还是现代汉语借词，其主要元音/o/或/ɔ/都会出现弱化现象，多数情况下多做央元音/ə/，有时弱化为舌位更高的/u/。例如：

po²zau² 我们→pu²zau²	po¹ sa:ŋ¹ 高山→pə¹ sa:ŋ¹
no⁶ʔiən¹ 腌肉→nə⁶ʔiən¹	mo⁵zɯ² 将来→mu⁵zɯ²
xo³ʔdiŋ¹ 赤贫→xu³ʔdiŋ¹	to⁶sɯ¹ 读书→tə⁶sɯ¹
thɔ³¹jin²⁴ 托运→to³¹（或tə³¹）jin²⁴	xɔ⁵³tshɛ³³ 火车→xu⁵³tshə³³

但如果该音节处于话题的焦点位置时，即使出现在其他音节前面，也不会弱化。例如：

（1）po⁶me⁶ te¹ to³ mi² ʔju⁵ pai⁰。他的父母都不在了。
　　　父母　他 都 不 在 了
（2）ʔbo⁵ na² ni⁴ ʔbo⁵ za:n² ku¹。这块田是我家的。
　　　块 田 这 块 家 我

（二）主要元音/a/的弱化

布依语中的/a/音位有/ʌ/、/ɐ/、/æ/、/ə/、/ɛ/、/ɑ/六个变体，单独做韵母时读作低央元音/ʌ/，作为主要元音出现在元音韵尾/-i/和辅音/-m/、/-n/、/-p/、/-t/之前时读作次低央元音/ɐ/，长元音的/a:/在发音时长增加的同时，伴随着舌位抬高，接近于次低前元音/æ/，有时甚至接近半低元音/ɛ/，出现在元音

/i/、/u/之后，复音韵尾之前的/a/读作央元音/ə/，相同条件下的现代汉语借词读作前半低元音/ɛ/，出现在元音韵尾/-u/和辅音韵尾/-ŋ/、/-k/之前的/a/读作后低展唇元音/ɑ/。不过，/a/的这些变体所处的音节当单独出现，而不是与其他音节连读时，都是常态发音，不会发生音变现象。而当处于语流中时，音节中的/a/常常会发生弱化现象。常见的弱化现象有前元音/a/央化、长元音/a:/音程缩短等。例如：

前元音央化	长元音音程缩短
laŋ³ 刚才→luɯŋ³→luŋ³	sæ:m¹ ʔdiən¹ 三个月→sæm¹ ʔdiən¹
taŋ³lau² 怎样→tuɯŋ³lau²	zæ:n²lau² 楼房→zæn²lau²
taŋ³ni⁴ 这样→tuɯŋ³ni⁴	ɕæ:u²ma¹ 刚来→ɕæu²ma¹
taŋ³te¹ 那样→tuɯŋ³te¹	sæ:u⁶la:i¹ 多少→sau⁶la:i¹

（三）复元音/iə/、/uə/和/ɯə/的弱化

复元音/iə/、/uə/和/ɯə/的音值相当于前响复元音，/i/、/u/和/ɯ/分别是主要元音，/ə/是流音，在韵尾之前起到增加主要元音音程的作用，因此，20 世纪 80 年代以前，这组音通常分别被描写为/i/、/u/和/ɯ/的长音。在语流中，这组元音常常出现弱化现象，这种现象主要出现在带/iə/、/uə/和/ɯə/的音节作为前加成分或处于非话题焦点的位置时。一般情况下/iə/弱化为/i/，/uə/弱化为/ə/或/u/，/ɯə/弱化为/ə/。例如：

tɕiə² sa:ŋ¹ 高处→tɕi² sa:ŋ¹	ziə² nuk⁷ 耳聋→zi² nuk⁷
ɕiə⁵ xau⁴ 借粮食→ɕi⁵ xau⁴	ʔiə¹ piŋ⁶ 治病→ʔi¹ piŋ⁶
tuə²mu¹ 猪 → tə²mu¹	tuə²juaŋ² 羊→tə²juaŋ²
kuə⁶ɕam² 玩耍→ ku⁶ɕam²	zuə² fai⁴ 木船→ zu² fai⁴
kɯə²lau² 哪儿→ kə²lau²	ŋɯə²pan² 蟒蛇 →ŋə²pan²
pɯə⁶peu¹ 单衣→ pə⁶peu¹	mɯə⁶ xau⁴ 磨粮食→ mə⁶ xau⁴

（四）清擦音/x/的弱化

/x/是舌面后清擦音，但在自然语流中，当带/x/声母的音节出现在其他音节之后时，常常出现弱化为同部位浊擦音/ɣ/的现象，但浊音特征没有/ɣ/那么明显，类似于/x/脱落。例如：

pu⁴xa⁵ 汉族→pu⁴ɣa⁵	zo⁴xe⁶ 知道→zo⁴ɣe⁶
pu⁴xe⁵客人→pu⁴ɣe⁵	wuɯən¹xam⁵ 询问歌→wuɯən¹ɣam⁵

单独出现在句尾的语气词，其声母/x/也会弱化为/ɣ/。例如：

（3）muŋ² tɕai² mi² tɕai² pai¹ xa⁰（→ɣa⁰）？你想不想去呀？

  你 想 不 想 去 呀

（4）te¹ ŋɔn²ɕo⁶ luɯŋ³ taŋ² xei⁰（→ɣei⁰）。他明天才到嘞。

  他 明天 才 到 嘞

（五）先喉塞半元音/ʔj/的弱化

带紧喉成分的半元音/ʔj/是布依语辅音的一个显著特征，发音时喉部发紧，同时发出半元音/j/，在二语习得过程中，其发音特征比较难于掌握，多变读为/j/。在自然语流中，以布依语作为母语的人群也常常有/ʔj/变读为/j/的，这是一种弱化现象。例如：

ʔiət⁷na:i⁵ 休息→jiət⁷na:i⁵　　　　　　ʔja⁵fa² 丑、难看→ja⁵fa²

pu⁴ʔja:ŋ¹ 布央→pu⁴ja:ŋ¹　　　　　　fa⁶ʔja⁵ 条锄→fa⁶ja⁵

（六）语气词声调的弱化

声调是孤立型语言的一种类型特征，是依附于音节的一种超音段音位。布依语每个音节都有独立的声调，声调具有区别意义的功能。但处于句末位置的语气词常常有调值弱化的现象。例如leu⁴作实词时义为"完全、全部、了解"，望谟布依语调值为 31 调，虚化为语气词出现在句末时相当于汉语句末语气词"了"，通常弱读为leu⁰，甚至韵母都发生了弱化，读作lə⁰；pai¹作实词时义为"去"，望谟布依语为24调，虚化为句末语气词后弱读为pai⁰。

二　脱落

脱落指独立音节中的后半部分（一个或多个音素）消失，只保留前半个音节甚至只保留了声母。脱落实际上也是一种弱化现象。布依语中常见的脱落现象有以下几种。

（一）塞音韵尾脱落

布依语的塞音韵尾有/-p/、/-t/和/-k/三个，塞辅音作为声母时，通常有成阻、持阻和除阻三个过程，但塞音韵尾只有成阻和持阻过程，保持这一状态直到下一个音节发音开始。但在自然语流中，常常出现塞音韵尾脱落的情况，即音节的核心元音之后不再出现塞音的发音态势，立即发出下一个音节。这一现象通常出现在塞音韵尾音节位于多音节合成词或短语的首音节位置时。例如：

lɯk⁸ʔbɯk⁷ 女孩→lə⁶ʔbɯk⁷　　　　　lɯk⁸tuə⁶ 豆子→lə⁶tuə⁶

tɯk⁷ tom⁵ 丢花包→tə⁵ tom⁵　　　　　tɯk⁷ pja¹ 打鱼→tə⁵ pja¹

fuk⁸fa:u² 泡沫→fu⁶fa:u²　　　　　　fuk⁸fu² 浮肿→fu⁶fu²

kɯət⁸ fɯn² 扛柴 →kə⁶ fɯn²　　　　　kɔk⁷za⁶ 根源 → ko⁵za⁶

ʔdak⁷zin¹ 石头→ʔdə⁵zin¹　　　　　　zip⁸fɯŋ² 指甲→ zi⁶fɯŋ²

zɔk⁸ʔen⁵ 燕子→zo⁶ʔen⁵　　　　　　zɔk⁸lai³麻雀→zo⁶lai³

塞音韵尾的脱落与否跟说话时的语速和个人的语言表达习惯有很大的关系，通常情况下，语速快的时候韵尾容易脱落，语速慢则能保持完整的音节，不发生音变。相比之下，/-k/尾韵最容易发生脱落，而/-p/和/-t/尾韵则较容易保持。

（二）鼻音韵尾脱落

布依语鼻音韵尾有/-m/、/-n/和/-ŋ/三个，为舒声韵，出现在多音节结构（词、短语或句子）末尾或处于话题焦点位置时，都能保持完整的读音，但在自然语流中，当带鼻音韵尾的音节出现在多音节结构开头或位于非话题焦点的位置时，常常会发生韵尾脱落的现象。例如：

tɕaŋ³ŋɔn² 白天 →tɕa³ŋɔn²　　　　tɕaŋ³xat⁷ 早晨 →tɕa³xat⁷

mɯən⁶ɕau⁴ 过去 → mɯə⁶ɕau⁴　　mɯən⁶ni⁴ 现在 → mɯə⁶ni⁴

xam⁶ni⁴ 今晚 → xa⁶ni⁴　　　　xam⁶ɕo⁶ 明晚 → xa⁶ɕo⁶

与塞音韵尾一样，鼻音韵尾在自然语流中是否脱落也与说话时的语速和个人的语言表达习惯有关。

（三）元音韵尾脱落

布依语的元音韵尾有/-i/、/-u/和/-ɯ/三个，/-i/出现在主要元音/a/、/e/、/o/和/u/的后面，/u/出现在主要元音/a/、/e/和/i/的后面，/-ɯ/则只出现在/a/的后面。在自然语流中，带元音韵尾的复元音韵母常常会出现弱读或元音韵尾脱落的现象，尤其是当主要元音是高元音时。例如：

wei⁵tɕi⁵ 朋友→wə⁵tɕi⁵　　　　kei² xɯn³tu¹ 上门女婿→kə² xɯn³tu¹

toi⁵na³ 对面→to⁵na³　　　　　xei⁰ 嘿（感叹词）→ xe⁰

zeu²nau² 传说→ze²nau²　　　　ɕeu⁶wɯn² 一辈子→ɕe⁶wɯn²

taɯ² tu¹ 守门→ta² tu¹　　　　ʔdaɯ¹ za:n² 家里→ʔda¹ za:n²

ʔdaɯ¹ ʔba:n⁴ 村里→ʔda¹ ʔba:n⁴　　ʔdaɯ¹ ʔdoŋ¹ 森林里→ʔda¹ ʔdoŋ¹

三　变调

"在语流中，有些音节的声调起了一定的变化，与单读时调值不同，这种变化叫作变调"（黄伯荣、廖序东，2004）。布依语共有 8 个声调，其中舒声调6 个，促声调 2 个。由于布依语的声调具有区别意义功能，因此，多数情况下，每个音节的调值都比较稳定，不随意发生变化。但在自然语流中，由于语速较快等原因，常常会发生连读变调的现象，常见的变调有以下几种。

（一）第一调的变调

望谟布依语的第一调为中升调，单读时调值为 24，当出现在双音节结构（词或短语）的首音节位置时，常常变读为 33（中平）。例如：

sa:m¹ ⁽²⁴⁾ ŋuət⁸ 三月→sa:m³³ ŋuət⁸　　ma¹ ⁽²⁴⁾ taŋ² 来到→ma³³taŋ²

ȵa¹ ⁽²⁴⁾ xa² 茅草→ȵa³³xa²　　　　pja¹ ⁽²⁴⁾ ɕen⁴ 黄鳝→pja³³ɕen⁴

laŋ¹ ⁽²⁴⁾ za:n² 屋后→laŋ³³ za:n²　　xoŋ¹ ⁽²⁴⁾ na² 农活→xoŋ³³na²

ka:i¹⁽²⁴⁾ zeŋ² 卖力气→ka:i³³ zeŋ²　　　　pai¹⁽²⁴⁾ kɯn² 上去→pai³³ kɯn²

ʔau¹⁽²⁴⁾ fun² 砍柴→ʔau³³ fun²　　　　la:u¹⁽²⁴⁾ nau² 恐怕→la:u³³nau²

（二）第五、七调的变调

望谟布依语的第五调为 35 调，在自然话语中，经常出现该调部分词无条件自然变读为 33 调（第六调）的情况。例如：

ʔba:u⁵⁽³⁵⁾ 男情人→ʔba:u⁶⁽³³⁾　　　　ʔbo⁵⁽³⁵⁾ 泉→ʔbo⁶⁽³³⁾

som⁵⁽³⁵⁾ 纳鞋底→som⁶⁽³³⁾　　　　ʔdoi⁵⁽³⁵⁾ 敲→ʔdoi⁶⁽³³⁾

ʔa:ŋ⁵⁽³⁵⁾ 高兴→ʔa:ŋ⁶⁽³³⁾　　　　ʔim⁵⁽³⁵⁾ 饱→ʔim⁶⁽³³⁾

ʔjam⁵⁽³⁵⁾ 拜访→ʔjam⁶⁽³³⁾　　　　ʔju⁵⁽³⁵⁾ 在→ʔju⁶⁽³³⁾

ʔdo⁵⁽³⁵⁾ 骨头→ʔdo⁶⁽³³⁾　　　　ʔo⁵⁽³⁵⁾ 出→ʔo⁶⁽³³⁾

从目前掌握的材料看，发生变调的大多都是带喉塞音声母或声母带先喉塞成分的音节。

望谟布依语的第七调为促声调，调值与舒声调第五调相同，在自然语流中，也有个别词变读为第八调（33 调）的情况，如ʔuət⁷⁽³⁵⁾ 擦、揩→ʔuət⁸⁽³³⁾。

（三）第二、四调的合流

望谟布依语第四调为次高降调，调值为 42，但通常起降点比较低，近似于 31，第二调为低降调①，调值为 21，但实际发音近似 31，因此，在自然语流中，这两个调的调值常出现互混的现象。例如：

na²⁽²¹⁾ 田→na⁴⁽³¹⁾ 舅　　　　ça²⁽²¹⁾ 茶→ça⁴⁽³¹⁾ 柴刀

za:i²⁽²¹⁾ 写→za:i⁴⁽³¹⁾ 真的　　　　ta:i²⁽²¹⁾ 称赞→ta:i⁴⁽³¹⁾ 臀部

kan²⁽²¹⁾ 蒂→kan⁴⁽³¹⁾ 勤　　　　man²⁽²¹⁾ （一）元→man⁴⁽³¹⁾ 凶

pa:n²⁽²¹⁾ 盘→pa:n⁴⁽³¹⁾ 陪伴　　　　za:n²⁽²¹⁾ 家→za:n⁴⁽³¹⁾ 石板

taŋ²⁽²¹⁾ 到→taŋ⁴⁽³¹⁾ 停顿　　　　çiəŋ²⁽²¹⁾ 墙→çiəŋ⁴⁽³¹⁾ 养

（四）四音格中的变调现象

四音格是孤立型语言中常见的一种词汇和短语结构形式，布依语中也有丰富的四音格结构，其中的一种结构形式为 ABAB 式，即一个双音节词的重叠。例如：

tɕɔt⁷nit⁷ tɕɔt⁷nit⁷ 冰冷冰冷　　　　la:u⁴ʔu⁴ la:u⁴ʔu⁴ 硕大无朋

寒冷　　寒冷　　　　　　　　巨大　　巨大

ABAB 式中有一部分四音格，第四个音节的声调发生了变化，变成了 ABAC 式，发生变调的音节都为修饰式合成词中的后附加成分，为虚语素。

---

① 20 世纪 80 年代制定的布依文方案将该调调值确定为低平调（11），但通过实地调查发现，实际调值应为低降调，调值接近 21，甚至更高一些。

例如：①

pjot⁷pjo⁴ pjot⁷pjo⁶ 丑陋不堪 ŋe¹leu⁴ ŋe¹leu⁶ 娇里娇气

丑陋 丑陋   娇气 娇气

xot⁷wa:ŋ⁴ xot⁷wa:ŋ⁶ 胡言乱语 wa¹ɕa⁴ wa¹ɕa⁶ 花里花哨

胡说 胡说   花哨 花哨

ʔbit⁷zeu⁴ ʔbit⁷zeu⁶ 弯弯扭扭 tai³jum² tai³jum⁶ 哭哭啼啼

弯曲 弯曲   哭啼 哭啼

ʔa:ŋ⁵ja:ŋ² ʔa:ŋ⁵ja:ŋ⁶ 高高兴兴

高兴 高兴

这类四音格的变调多为第二个音节的第二或第四调变为第四个音节的第六调，变调的目的是为了使四音格结构更有韵律感，表达更有生动性。

四 合音

在语流中，两个音节合并在一起，形成一个音节的现象称为合音。布依语中的合音现象并不是十分普遍，多数是交际过程中临时产生的，只有少数形成了较为固定的形式。例如：②

1. mi² xaɯ³ 不准、不许→mjaɯ³

（1）muɯŋ² mjaɯ³（mi² xaɯ³）luən⁶ nau²。你不许乱说。

  你 不许 不给 乱 说

（2）mjaɯ³ ʔju⁵ tɕiə²ni⁴ kɯn¹ ʔiən¹。此处禁止吸烟。

  不许 在 这里 吃 烟

2. mi² ʔau¹ 不要→mjau¹

（1）ʔau¹ ɕen² mjau¹（mi² ʔau¹）miŋ⁶。要钱不要命。

  要 钱 不要 不 要 命

（2）mjau¹（mi² ʔau¹）fi² kuə⁶ɕam²。别玩火。

  不要 不 要 火 玩耍

3. mi² ʔan⁴ 不然→mjan⁴

（1）mjan⁴（mi² ʔan⁴）ɕi⁶ ku¹ pai¹。不然我去。

  不然 不 然 就 我 去

（2）mjan⁴（mi² ʔan⁴）ɕi⁶ ʔiə⁵ pai⁰。不然就算了。

  不然 不 然 就算了

---

① 此部分语料引自吴定川《望谟布依语音变》，载《贵州民族语文研究集》，贵州民族出版社 1994年版，第 211 页。

② 同上，第 212 页。

4. kɯə² ni⁴ 这里→kɯn⁴

（1）ku¹ ʔju⁵ kɯn⁴（kɯə²ni⁴）。我在这里。

　　　我　在 这里　这里

（2）kɯn⁴（kɯə²ni⁴）li⁴ zam⁴。这儿有水。

　　　这里　这里　有　水

5. pu⁴laɯ² 谁→plaɯ²

（1）te¹ tɯk⁸ plaɯ²（pu⁴laɯ²）? 他是谁?

　　　他　是　谁　　谁

（2）plaɯ²（pu⁴laɯ²）ʔju⁵ tɕiə²te¹? 谁在那儿?

　　　谁　　谁　　在　那儿

6. ça⁴nau²假如→ça:n⁴

（1）ça⁴nau²（ça:n⁴）taŋ³ni⁴ kuə⁶ çi⁶ na:n² pan² pai⁰lo⁰。

　　　假如　假如　这样 做　就 难 成 了　假如这么做就难成了。

（2）ça⁴nau²（ça:n⁴）mɯŋ² mi² pai¹, ku¹ je⁵³ mi² pai¹。

　　　假如　假如　你 不 去　我 也 不 去　假如你不去, 我也不去。

上述例子中的mjau¹ "不要"、mjaɯ³ "不许、不准"、mjan⁴ "不然" 等已经比较定型, 为大家所认可并使用, 而类似kɯn⁴ "这里"、plaɯ² "谁" 等则是临时产生的合音现象, 与说话的语速和表达习惯有关, 尚未得到普遍接受。

第三章　词的形式、来源及语义分类

第一节　词的形式

一　词的基本构成单位——语素

构成词语的基本材料是语素。语素又称词素，是最小的语音、语义结合体，最小的有意义的语言单位。语素按音节可分为单音节语素、双音节语素和多音节语素，按能否单独回答问题分自由语素和黏着语素，按是否具有词汇意义又分为实语素和虚语素。

自由语素指能够单独回答问题的语素，如pai¹"去"、sa:ŋ¹"高"和双音节语素ʔda:u¹ʔdi⁵"星星"、lap⁷mo⁵"雾"、moŋ³mon⁵"灰尘"等，自由语素既能独立成词，也能跟别的语素构成合成词。黏着语素是不能单独用来回答问题的语素，但这类语素可以跟其他语素一起构成合成词，布依语中位于名词之前的大多数表示类别的大多数语素，如tuə²"（动物）只、头、匹、条"、pu⁴"（人）个、位"、mai⁴"（女孩）个、位"、ko¹"（树、草等）棵、株"等，一般不能单独使用，所以也归入黏着语素。

实语素指具有实在意义的语素。布依语中大多数的语素都具有实在的词汇意义，大量表示动作行为的语素如pai¹"去"、ma¹"来"、xa:i⁴"打"、xaɯ³"给"、ʔdiəp⁷"想"，大量表示事物性状的语素如sa:ŋ¹"高"、tam⁵"矮"、la:u⁴"大"、ni⁵"小"、ʔun⁵"软"、ʔdoŋ⁴"硬"，大量的表示时间、方位、处所的语素如ŋon²"日"、ʔdiən¹"月"、xat⁷"晨"、kɯn²"上"、la³"下"、tɕeu²"桥"、zən¹"路"等，这些语素在布依语中占绝大多数。虚语素是指没有词汇意义而仅表示语法意义的语素，布依语中这样的语素比较少，主要是少量出现在名词、动词之前以及动词和形容词之后的附加成分①，其中名词和动词前加成分多由实语素虚化而来。名词前加成分如lɯ⁰（多出现在工具类名词之前，其他类名词也有少量用该语素作前加成分）、tə⁰

---

① 布依语附加成分，尤其是前加成分中有一部分是由实语素虚化而来的，仍具有一定的词汇意义，下文将分专节进行介绍。

（由表动物类别的tuə²虚化而来，多用作动物类名词的前加成分，在部分地区，单音节的人名也可用该语素作前加成分）、ʔdə⁰（由器物类名词的类别词ʔdan¹虚化而来，虚化后适用范围更加广泛），动词前加成分如ta²（表示动作短暂）、ka³（表示行为的状态）等。形容词和动词的后加成分多表示一种状态，形容词后加成分如pau⁴lan⁶ "（圆+后加成分）圆溜溜"、tɕit⁷ʔda³ "（懒+后加成分）懒惰"、lap⁷pum⁵ "（黑暗+后加成分）黑黢黢"；动词后加成分如pum⁶pa⁴ "（摸+后加成分）摸索"、zo⁴xe⁶ "（知道+后加成分）知道"。上述附加成分无实在意义，属于虚语素。

　　在布依语中，单音节语素的数量比较多，如ʔbɯn¹ "天"、zam⁴ "水"、ka³ "杀"、sa:ŋ¹ "高"、pai¹ "去"、ʔdoŋ⁴ "硬"等；双音节语素的数量也不少，常用的如moŋ³mon⁵ "灰尘"、lap⁷mo⁵ "雾"、ʔda:u¹¹di⁵ "星星"、ka³wu⁶ "蟾蜍"、zak⁷zau⁵ "摇动"、xop⁸xa:p⁸ "凸凹不平"、laŋ⁵lo⁶ "松"、ʔdo⁵¹da⁴ "光秃秃"等。从现代汉语中借入的双音节词以及通过汉语转借的其他语言的双音节词也属于双音节语素，如lin⁵³tau²⁴"领导"、khau⁵³sɿ²⁴"考试"、tiɛn²⁴jin⁵³ "电影"、tsau²⁴ɕiaŋ²⁴ "照相"等；通过汉语转借的外来词如ni³¹luŋ³¹ "尼龙"、ti³¹lɯn³¹ "涤纶"、kha⁵³tɕi³³ "咔叽"（以上均为布料），多音节语素构成的词在布依语中主要是一些四音格形式，如ʔa:ŋ⁵ja:ŋ² ʔa:ŋ⁵ja:ŋ⁶ "高高兴兴"、ʔa¹twa² ʔa¹twa:t⁷ "拖沓"、kuə⁶lum² kuə⁶la:i² "遗忘"。此外，多音节的外来词均为多音节语素，这类语素主要来自现代汉语以及通过现代汉语转借的其他语言的词汇。借自汉语的如tiɛn²⁴pin³³ɕiaŋ³³ "电冰箱"、tsɿ³¹sɯn³³tɕi³³ "直升机"、zɯn³¹min³¹tsɯn²⁴fu⁵³ "人民政府"；通过现代汉语转借自其他语言的如phan³¹ni³¹ɕi³³lin³¹ "盘尼西林"、fu³¹ɚ⁵³ma⁵³lin³¹ "福尔马林"等。

二　单纯词

　　由一个语素单独构成的词为单纯词，这类语素大多都是自由的不定位语素。根据词的音节结构，单纯词可分为单音单纯词和多音单纯词。布依语中的单纯词以单音单纯词为主。

（一）单音单纯词

　　单音单纯词由一个音节构成。布依语中有相当一部分词语为单音单纯词，其中既包括有词汇意义的实词，也包括部分虚词。例如：

ʔbɯn¹ 天	zi⁶ 旱地	ta⁶ 河	wɯə³ 云
pjak⁷ 菜	pai¹ 去	le² 跑	tai³ 哭
zai² 长	tɕai¹ 远	luəm³ 好看	saɯ¹ 干净

单纯词一般是由一个音节构成，但有的单纯词由两个音节或多个音节

构成，每个音节单独不表示词汇意义，只有几个音节合在一起才具有词汇意义。

（二）双音节单纯词

双音节单纯词的两个音节分开来都不表示词汇意义，两个音节是一个表义整体。布依语中的双音节单纯词可以根据词的语音特点分为联绵词、音译词、拟声词和叠音词。

1. 联绵词。由两个音节连缀成义的单纯词。根据两个音节的声韵结构可进一步分为双声联绵词、叠韵联绵词、双声叠韵联绵词和非双声叠韵联绵词几类。

（1）双声联绵词

构成这类联绵词的两个音节声母完全相同，韵母和声调不同。例如：

pɔk^{8}pa:t^8 疯疯癫癫   tak^{7}ta:u^3 忐忑   fuk^{7}fu^2 浮肿

ka:ŋ^{3}ka^1 裸体   kau^{5}ku^6 蹲   la^{5}le^1 流浪

mɔk^{8}mɔn^5 灰尘、尘土   ʔbi^{5}ʔba^4 蝴蝶   ʔda:u^{1}ʔdi^5 星星

（2）叠韵联绵词

构成这类词的两个音节韵母完全相同，声母和声调不同。例如：

sa:i^{1}n̪wa:i^1 蓑衣   ʔɔn^{5}tɔn^6 混沌   kuk^{7}puk^8 布谷鸟

ɕeŋ^{3}keŋ^4 挣扎   ʔu^{1}ɕu^2 宰杀、收拾   ʔbɯ^{1}sɯ^2 粉碎

ʔja:ŋ^{1}ja:ŋ^2 如此、这般   ʔbu^{1}su^1 笨拙、蠢   ʔa^{1}twa^2 拖沓

（3）双声叠韵联绵词

构成这类词的两个音节声母和韵母都相同，仅声调不同。这类词在布依语中并不多见，目前掌握的语料中仅发现下列两例。

ku^{3}ku^6 蹲   ʔju^{3}ʔju^4 瑟缩，蜷缩

（4）非双声叠韵词

构成这类词的声母和韵母都不同，即既非双声词，也非叠韵词，这类词在联绵词中占有相当大的比例。如：

tɕet^{7}lan^2 圆满   ʔbaɯ^{5}fɯəp^8 糊涂   nit^{7}tɔp^8 悠扬

xut^{8}pu^4 重复   lu^{2}taŋ^4 徘徊   ʔjum^{4}nit^7 吃惊

sa^{2}mjau^2 痢疾   ka^{3}wu^6 癞蛤蟆   lap^{7}mo^3 雾罩

2. 音译词。从汉语中借入或通过汉语从其他语言中借入的双音节词作一个整体意义看待，内部不再按其在汉语中的构成方式进行分析，因此，所有的外来双音节词都看作双音节单纯词。这类外来词很多，这里仅列举一些常见的词为例。

tsun^{24}fu^{53} 政府   taŋ^{53}jɛn^{31} 党员   tɕhi^{24}tshe^{33} 汽车

mei^{31}jou^{31} 煤油   phi^{31}tɕiu^{53} 啤酒   fan^{33}kuŋ^{33} 翻工

khau⁵³sๅ²⁴ 考试　　　　　tshan³³tɕin³³ 参军　　　　　thui²⁴ɕiu³³退休

通过汉语转借的外来词也不少，见上文"语素"部分。

3. 拟声词。拟声词又称为象声词、摹声词、状声词，是人类模仿大自然发出的声音而形成的一种词汇。拟声词有较大的主观性，即使是对同一事物所发出声音的模拟，不同语言也会有所不同，甚至一种语言内部不同地区之间，也会有一定的差异。布依语中的拟声词有一部分是单音节的，但多数是双音节或者多音节的。例如：

pa²leŋ² 哗啦（声）　　　　　　ŋa:u⁶ŋa:u⁶ 嗷嗷（哭声）

ŋi³ŋak⁸ 咿呀（叫声）　　　　　ŋi³ŋoi² 咿呀（叫声）

zu²zi² 苹果掉地上的声音　　　　puk⁷ku⁶ 布谷鸟的叫声

布依语中有一部分拟声词是以四音格的形式出现的，整个四音格词作为一个整体修饰句子中的谓语部分。如：

ʔjo⁶ʔja³ ʔjo⁶ʔja³ 叽叽喳喳　　　　ʔjo⁶ʔjo⁶ ʔja:u⁶ʔja:u⁶ 呜呜哇哇

nɯŋ³na:ŋ³ nɯŋ³na:ŋ³ 唠唠叨叨　　　kak⁷pɯŋ⁴ kak⁷pɯŋ⁶ 叮叮当当

fɔt⁷fit⁸ fɔt⁷fit⁸ 哭泣声　　　　　　tu⁴ti⁴ tu⁴ti⁴ 叽里咕噜

另有一部分四音格词由拟声词缀加词根构成，拟声词缀修饰词根。如：

xap⁸fan² tɕa:t⁸tɕa:t⁸ 咬牙切齿　　　kɔŋ²nak⁷ kɔŋ²ŋau¹ 因痛苦而呻吟

咬　　牙齿　（拟声）　　　　　　呻吟（拟声）　呻吟（拟声）

4. 叠音词。叠音词是重复同一个音节所构成的词。两个音节重叠在一起，能够传神地描写出人和物的音、形、情、态，产生栩栩如生的表达效果。布依语中的叠音词较多，常用的如：

piən⁶piən⁶ 急忙　　　tɕuk⁷tɕuk⁷ 足足　　　le¹le¹ 与众不同

liəm²liəm² 慢慢　　　na:i⁶na:i⁶ 渐渐　　　na:u⁵na:u⁵ 永远

zɯɯ⁴zɯɯ⁴ 隆隆　　　ɕɯ²ɕɯ² 常常　　　ɕiŋ⁶ɕiŋ⁶ 总是

三　合成词

由两个或两个以上的语素按照一定形式规则组合而成的词叫合成词。布依语中的合成词主要以复合和附加两种形式构成，第四章我们将对布依语合成词的结构形式进行专门介绍，这里不再赘述。

第二节　词汇的语义系统

词汇是语言中一个复杂的系统，具有稳定性、普遍性及能产性等特征。由于每个词汇都不是孤立存在的，它们往往可以通过语音、语法及自身的一些特点，产生出各种复杂的外在形式和聚类关系，这些外在形式和聚类关系在布依语中主要有同音、同义、单义、多义、近义、反义、上下义等。

一　同音词

同音词，即两个或两个以上意义上没有联系的词语音形式上完全相同，这样的词在布依语中十分常见，根据语音结构的不同，同音词又可以分为单音节同音词和双音节同音词。

（一）单音节同音词

?aŋ¹	土质肥沃	pak⁷	插	ja:t⁸	结伴而行	pet⁷	吓唬
	热		煨		溢出		八
	痛		北		滴		摘
fak⁸	砍	kam⁶	劝	luəŋ²	口哨	ma:u²	头发
	孵		拄		铜		撒谎
	瓜		固执		龙		骄傲
xeŋ⁶	纵身跳	kwa:u¹	蜘蛛	tɕa:p⁷	抢夺	lap⁸	塞
	胫骨		瓷的		蚌		每
?bɯa¹	鸩	?diən¹	月	lit⁷	匀秧苗	na²	田
	绰绰有余		蚯蚓		灵活		涂掉
nai²	踩	neŋ²	苍蝇	zat⁷	屁	ɕwa:n⁶	积攒
	揍		顶部		菌子		剩下
	豺狗		桑（叶）		麻疹		橱柜
saɯ⁶	服侍	siən²	船	sau¹	柱头	siu⁵	啄
	传（话）		优美		烤（火）		凿子
tɕe⁶	缝隙	wa:i³	蹚水	wan²	火烟	ɕa:m⁴	雕刻
	饱满		操起		水蒸气		扎
ɕak⁸	堵	ɕuk⁸	熟	jaŋ⁴	举	ji²	粮仓
	呛		捆		伸（手）		污垢
	强盗		香瓜		传递		（作）揖

单音节词中，有的同音词可以达到四个甚至四个以上，例如：

pai²：疮；赔偿；（一）下；……时

za:i⁶：爬；麻；（一）块（田）；野猪

liə¹：剩下；牛虻；曾孙；受惊；垄

tɕa:i⁵：吵闹；浪费（精力）；干片儿；界限；熬（夜）

kan¹：头巾；（雨水）淤积；睁着（眼）；胀；斤

（二）双音节同音词

taŋ³te¹：那样；左右　　　　　　　tuŋ⁴ʔja⁵：恶毒；成仇

kɔŋ²tɕiəŋ²：三脚架；癣　　　　　kuən³ɕi⁶：但是；只是

la:u¹nau²：恐怕；除非　　　　　luk⁸ta:i⁶：长子；胎儿

luk⁸la:i²：原来；其实；可是　　　n̠ɔk⁸n̠a⁶：发脾气；杂乱、混乱

ʔo⁴ʔje⁴：细语、低声；拉扯　　　ɕuəŋ⁵ʔda:ŋ¹：亲自；出家

muk⁸ma:n⁵：虫名（一种毛毛虫，接触后会使人发痒）；引起瘙痒的肿块

　　布依语中，同音词的形成往往是音节数量少而单音节词较多这个原因造成的，此外，从汉语中借词也会造成同音词，如汉语的"投""头目"借入后，与本族语的"苔藓"一词形成同音，均读作tau²；汉语借词"熟""束"与本族词"香瓜"均读作ɕuk⁸也是同样的情况。有些同音现象是由于布依语内部语言演变所造成的，如"百""口、嘴""山""劈""开裆（裤）"在布依语标准音点均读作pa⁵，但通过与其他方言点的语音形式比较发现，其中的"百""口、嘴"是从带塞音韵尾的pa:k⁷脱落韵尾-k以后演变而来的。

二　单义词与多义词

　　布依语的词根据所包含义项的多少可以分为单义词和多义词。只有一个义项的词为单义词，有两个或两个以上义项且义项间互有关联的词为多义词。

（一）单义词

　　根据语音结构形式，单义词又可以分为单音单义词、双音单义词和多音单义词，分别举例如下：

1. 单音单义词

布依语单音单义词数量较多，各类词都存在单音单义词的情况，例如：

pa:p⁸ 空，瘪	pau⁶ 下垂、耷拉	pam⁶ 矮小
tit⁸ 发（芽）	fa:p⁸ 法术	kop⁸ 筐箩
ʔiən⁵ 后悔	xut⁷ 骂，咒骂	xɔm² 锋利
lat⁷（嗓子）哑	ma:i⁵ 鳏，寡	lun³ 脱（皮）
lem¹ 梭镖	ŋot⁸ 攀折	ʔdop⁷ 碰，撞
n̠a:t⁸ 火药	sa:i² 抢	zep⁸ 谷壳
wiu⁵ 抽打	soi³ 耳环	ɕai⁵ 吼
zup⁷ 收，收拢	zaŋ⁴ 草人	ʔjat⁷ 滴

2. 双音单义词

布依语中大量的双音词都是单义词。例如：

ʔan⁴mo⁵ 将来　　　　pa:ŋ⁵tɕeu¹ �肬　　　　pa⁵pu⁵ 铺子

tiəŋ²tau⁶ 灰棚　　　　tiŋ⁵man⁶ 稳定　　　　xa:u⁵pja:ŋ² 闲话

fa:p⁷ŋam⁴ 哑咒　　　　ʔiə¹ȵum⁴ 染料　　　　kut⁷kuŋ⁵ 蜷缩

leu⁶ɕa⁵ 游动　　　　lup⁷lau⁴ 潮湿　　　　liə⁵zum² 虚惊

xeŋ⁶ka¹ 胫骨　　　　tɕem⁶po¹ 山坳　　　　ʔbɯ¹ʔba:i¹ 粉碎

na³ʔak⁷ 胸脯　　　　ʔdɯ⁶ʔdo⁴ 反复　　　　ʔda:u¹ʔda⁴ 搅动

ʔda:u¹ʔdi⁵ 星星　　　ʔdo⁵xuɐt⁷ 腰椎　　　　num⁶wa¹ 花粉

zup⁸zwa⁴ 抚摸　　　　za²tɕep⁷ 白芝麻　　　　sa:u⁶tu² 朋友

ŋɔt⁸ŋap⁸ 摇晃　　　　ʔun⁵pu² 松软　　　　wa:ŋ³la:i⁵ 冤枉

ɕa⁵tɕat⁸ 移动　　　　zoŋ²ʔdaɯ¹ 内脏　　　　ʔut⁸ʔu⁴ 蜷曲

3. 多音单义词

三个或三个以上音节的单义词在布依语中也不少，例如：

pa⁵siə³za:n² 屋檐　　　　　　pau⁴li³lan⁶ 圆圆的、圆溜溜

pau⁵nuəŋ⁴ʔa:u¹ 小叔子　　　　pɯn¹ta¹tɕau² 眉毛

pi⁴nuəŋ⁴ʔa:u¹ 堂兄弟（姐妹）　pɯɯ⁶za:ŋ³na³ 对襟衣

pjak⁷ka:t⁷xa:u¹ 白菜　　　　　ta²⁴zuə²kai⁵ 夜盲（一种眼疾）

tuə²ʔa:n⁵ja:ŋ² 鹳（俗称饿老鹳）　ka:u⁴la³la:i¹ 很多、许多

koi²xɯn³tu¹ 上门女婿　　　　　tuə¹¹ma¹fa:ŋ² 狐狸

man²ɕen²ɕoŋ⁶ 铜钱　　　　　　ta¹fa:ŋ²ʔdoŋ¹ 青光眼（一种眼疾）

ma⁵ka:m¹tɔŋ³ 黄果（即橙子）　　na²ɕiəŋ⁴la:u⁴ 养老田

ȵa¹ziəŋ¹ma¹ 狗尾草　　　　　　ma:u⁶siəŋ³ʔa¹ 凤尾帽

zɔk⁸xa:n⁵kɯɐ² 大雁　　　　　　ma⁴ta¹ŋan² 白眼马

xa:i²tiə³ɕa:p⁸ 布底鞋　　　　　pjak⁷ʔbum⁴kai⁵ 小蘑菜

ʔdiŋ¹sa²sa:t⁷ 赤贫　　　　　　wa¹xau⁴zaŋ⁴ 白芨花

pu⁴kuə⁶tɕeu² 中人、掮客　　　　fai⁴za:n²tɕau¹ 棺材

xau⁴tai⁵ɕut⁸ 糯玉米　　　　　　pjak⁷ʔdoŋ¹tɕa:i⁵ 干酸菜

wɯən¹tuŋ⁴pin³ 对歌（民歌的一种）　pu⁴ka:i¹zeŋ² 苦力

布依语中四音格大多是多音节的单义词，限于篇幅，不再举例。

（二）多义词

布依语中有很多词不止一个义项，各个义项之间相互独立又相互联系，其中一个义项为基本义，其他义项从基本义产生引申义或比喻义。例如：

1. pa⁵本义为"嘴"，指有生命的人或动物进食的器官，后引申表示其他无生命的事物，如建筑物等的出入通道或容器的口部，例如：

ɕoŋ⁶pa⁵（人或动物的）嘴、口　　　　　　　pa⁵tu¹门口

pa⁵toi⁴ 碗口　　　　　pa⁵pa:n² 盘子口　　　　pa⁵ɕa:u⁵ 锅口

pa⁵ʔba:n⁴村口　　　　pa⁵zɔn¹ 路口　　　　　pa⁵ta⁶ 河口

pa⁵ʔbo⁵ 井口　　　　　pa⁵ŋa:m² 山垭口　　　　pa⁵tɕo⁵ 院门口

pa⁵还可引申表示工具最先接触其他物体的部位，例如：

pa⁵mit⁸刀口　　　　　　　pa⁵tɯ⁶ 筷子头（送食物入口的一端）

pa⁵ɕai¹ 铧口　　　　　　　pa⁵tɕim¹ 针尖儿　　　　pa⁵siu⁵ 凿子口

pa⁵还可引申表示物体的"表面、上面或最外面"，如pa⁵na:m⁶ "地面"，pa⁵ʔak⁷ "胸口、胸部"，pa⁵tau⁶（直译"火灰的口"）"火塘上"，pa⁵pja¹ "悬崖（指山崖的凸起处）"，pa⁵xa²（直译"茅草口"）"屋檐口"等。

还可以引申表示抽象意义，如pa⁵la:i¹，直译为"嘴多"或"多嘴"，引申为"话多"，说了不该说的话；pa⁵ʔbau¹，直译为"嘴轻"，引申为"信口开河、爱说闲话"等；pa⁵nak⁷，直译为"嘴重"，引申为"不善言辞、沉默寡言"；pa⁵ʔdoŋ⁴，直译"嘴硬"，引申表示"不肯认错、服输，说话强横"；pa⁵so⁶，直译为"嘴直"，引申为"说话不绕弯子，快人快语"等。

2. tɕau³本义为"头"，即人或动物的头部，例如：

tɕau³wɯn² 人头，首级　　　tɕau³kai⁵ 鸡头　　　　tɕau³mu¹ 猪头

tɕau³va:i² 水牛头　　　　　tɕau³pja¹ 鱼头　　　　tɕau³ŋɯə² 蛇头

可引申表示物体的头端，例如：

tɕau³za:n² 房头　　　　　tɕau³ɕiəŋ² 墙头　　　　tɕau³ʔja⁵ 锄头

tɕau³ɕwa:ŋ² 床头　　　　tɕau³xa:n² 扁担头　　　tɕau³zuə² 船头

可引申表示水流的源头，例如：

tɕau³ɲiə¹ 江源　　　　　tɕau³ta⁶ 河源　　　　　tɕau³zi³ 溪源

tɕau³mɯəŋ¹ 渠源　　　　tɕau³ʔbo⁵ 泉源

3. zau³本义为"暖和，温度不冷不热"，例如zam⁴zau³ "温水"，ɲa⁵zau³ "温暖的季节，春天"。可引申为"加热、加温"，例如zau³ zam⁴ "烧水"，zau³ pjak⁷ zau³ xau⁴ "热菜热饭（给已经凉了的饭菜加温）"；"焐"，例如zau³tin¹ "焐脚（指用热水洗脚或用暖水袋把脚焐热）"，zau³ten⁶ "焐被褥（用体温或其他工具将被褥焐热）"。还可用作形容词，表示"和蔼、和睦"，例如na³zau³ na³zeu¹ "满面笑容、和颜悦色"，za:n²ʔdi¹ fi²zau³ "家庭和睦"。

4. na³本义为人或动物的面部，例如soi⁵na³ "洗脸"，na³ʔdiŋ¹ "脸红"，na³zai² "长脸"；可引申表示物体的表面，例如na³mɔk⁸ "被面"，na³xa:i² "鞋面"，na³ɕoŋ² "桌面"；表示"前方、前面"，例如pa:i⁶ na³ "前面"，na³ za:n² "屋前"，pja:i³ pai¹ na³ "（走 + 去 + 前）往前走"；表示"情面、表情"，例如ta¹na³ "面子"，na³ na¹ "脸皮厚"，na³ za:i² "羞愧"。

布依语中类似的多义词还有很多，以下再简单列举数条为例。

pa:i⁶laŋ¹ "后边、后面"（本义）→ "背后、背面" → "娘家、后家"

pai¹ "去"（本义）→ "走" → "走开、离开" → "去世" → "用掉、用去"

pan² "成"（本义）→ "成为" → "成功" → "变成" → "可以"

ta¹ "眼睛"（本义）→ "眼力" → "眼、孔（物体上的窟窿）" → "树疙瘩"

tau² "苔藓"（本义）→ "污垢" → "铁锈"

ti⁶ "丛林、密林"（本义）→ "密集" → "周密"

ʔiə⁵ "完、结束"（本义）→ "（V）过" → "过后" → "然后"

ʔbaŋ⁵ "竹筒"（本义）→ "管子" → "（一）节、（一）筒"

ʔbɯn¹ "天、天空"（本义）→ "老天爷" → "天气、气候"

ʔdiəp⁵ "想、想起"（本义）→ "思考" → "思念" → "想法" → "顾虑"

ʔja⁵ʔju⁵ "不宜居"（本义）→ "难过（指身体不舒服）" → "（心里）难受"

ða:p⁷ "挑"（本义）→ "担子" → "（一）挑"

θaɯ¹ "清澈、清亮"（本义）→ "干净、清洁" → "清楚、明白"

三　词汇的类聚关系

布依语词汇的类聚关系主要有同义（近义）关系、反义关系、对比关系、对应关系、同语素关系和层级关系等几种。

（一）同义（近义）关系

两个或两个以上的词语语音形式不同，而意义和用法相同的词叫同义词，根据词义相同程度的差异又可分为同义、近义和等义三类，但三者之间并没有严格的界限。词形不同而意义完全相同或相近的词在布依语中普遍存在，例如：

（1）打：

xa:i⁴ 打	pa:t⁷ 打，扇（耳光）	pa:i³（用手掌或木棍）打
pɔp⁷ 打（耳光）	ta:t⁷ 打（人），扇（耳光）	te¹ 打，揍
ti² 打（铁），打（鼓）	twa:t⁷ 打，扇（耳光）	tup⁸ 捶，打
fɯt⁷ 打，抽打，鞭打	fɯ⁶ 打，揍	pa:i²（用竹竿）打
loi⁶ 捶，打	loŋ³ 捶，打	meŋ¹ 打，扇
ʔdoi⁵ 敲打	ʔɔn⁴ 揍，打	ʔde⁵ 打，舂，捣（粑粑）
za:ŋ³（狠狠地）揍，打	zɯt⁸（突然）打	zoŋ³（用拳头）打
suə⁶ 打	sa:t⁷（狠）打，（用力）打	sum⁴ 捶打
wiu⁵ 抽打	ɕuəŋ⁵ 射，打	

在上述表示"打"义的同义词中，xa:i⁴是通用的形式，其他同（近）义词语义上的差别分别体现在"打"的方式、工具、程度、受事等方面。

（2）剥：

pen¹ 剥（兽皮）　　　　pjat⁷ 剥（玉米）　　　　　　tɯn³ 剥（水果皮）

lɯ¹ 剥（树皮）　　　　loi⁵ 剥（玉米壳，甘蔗皮）　　ʔbi⁵ 剥

本组词均有"去掉外面的皮或其他东西"之义，差别表现在"去皮"或"去粒儿"的对象不同。

（3）踩、踏：

tam⁶ 踩踏　　　　　　tiəp⁸ 踩、踏　　　　　　　　tiəŋ⁶ 踩、踏

tɕa:ŋ⁶ 踩、踏　　　　tɕa:n⁵ 踩踏，践踏　　　　　　mja:n⁴ 踩，踏

nai² 踩　　　　　　　ʔdiəŋ⁵ 踩，踏　　　　　　　　ɕa:i³ 踩

本组词均表示"脚底接触地面或物体"，差异在于接触的程度和方式不同。

（4）藏、躲：

pit⁸ 躲着，藏着　　　kɯə³ 藏，躲　　　　　　　　kɯə⁴ 藏，躲

ʔdiə⁴ 躲，藏　　　　　tɕiəm³ 保管，收藏　　　　　　ʔdiəŋ⁴ 藏

ʔjam¹ 保密，藏匿　　　ʔjau⁴ 收起，收藏

本组词均有"使人看不见"的意思，其中tɕiəm³和ʔjau⁴引申为"使得到妥善保管"之意。

（5）插：

pak⁷ 插　　　li⁵ 插入　　　ɕa:m⁵ 插（花）　　sak⁷ 插，扎

sep⁷ 插　　　ɕoi¹ 插　　　sem⁴ 插入，加入　　siə² 插　　　　sɔp⁷ 插

（6）吃：

kɯn¹ 吃（饭）、喝（酒、水）　　　　　　　　　fɯk⁸ 吃（饭），干（饭）（俗语）

za:ŋ³（拼命地）吃、喝；（猛）吃、喝（俗语）　ʔɔt⁵ 吃（詈语）

sa:t⁷（拼命）吃（俗语）　　　sai² 吃（俗语）　　　sam⁴ 吃（詈语）

sɔk⁸ 吃（詈语）　　　　　　ɕoŋ¹ 吃（詈语）　　　jwa:i⁶ 吃（詈语）

在本组词同（近）义词中，kɯn¹是通用词，施事对象可以是固体的食物，也可以是液体的饮料或酒，其他表"吃"义的词均为俗语或詈语。

（7）傻、蠢：

ʔwa⁴ 傻、笨、蠢、憨　　kɔp⁷ 蠢、傻、笨　　　ŋɔk⁷ 傻、蠢

xuk⁷ 笨、傻、憨、蠢　　ʔbu¹su¹ 笨拙、蠢　　　ŋɔk⁷sɔk⁸ 愚蠢

ȵau² 憨、蠢　　　　　　ʔwa⁴ʔdu³ 傻、愚蠢　　suai³¹ 愚蠢、笨

（8）大：

la:u⁴ 大　　　　　　　la:u⁴pɯn¹ 粗大　　　la:u⁴xuŋ¹ 粗大、巨大

la:u⁴ʔo⁵ 庞大　　　　　　la:u⁴ʔu⁴ 硕大、粗大　　　xuŋ¹ 大

maŋ⁶ 粗、大　　　　　　me⁶ 大　　　　　　　　ʔo⁴ 大（肚子）

wa:i² 大

本组词中，la:u⁴为通用词，后可带附加成分表示程度加深，如la:u⁴pɯn¹、la:u⁴ʔu⁴。me⁶、wa:i²本义分别为"母亲"和"水牛"，表示"大"是比喻的用法。

（9）递、传递：

jiən⁶ 递　　　　　　　la:i⁴ 递、传递　　　　　ja:i² / jwa:i² 递

ne⁴ 递　　　　　　　　jaŋ⁴ 传递

（10）看、见：

pjɔm⁵ 偷看、窥视　　　　ta¹zan¹ 眼见、眼看　　　ʔem⁶ 看

kau³ 看　　　　　　　　liə³ 看、盯、看望　　　mja:n²zan¹ 看见

nen⁶ 看、看望、看（病）　nen⁶zan¹ 看见　　　　ŋa:ŋ⁴ 抬头看

ŋɯ⁶ 看、窥视　　　　　ŋon² 看、观看、参观　　ŋon²ŋo⁶ 围观

ʔjaŋ¹ 看、瞄准　　　　　ʔjo⁴ 看　　　　　　　zan¹ 看见

ze² 看、斜视（以示憎恨）　çim¹ 看、观看、看望　çim¹zan¹ 看见

juəm⁶ 偷看、窥视　　　jeu⁵ 看、照看　　　　ja:ŋ⁶ 看

ja:ŋ² 看、瞟　　　　　ja:n² 看、瞟　　　　　jeu⁵zan¹ 看见

jiəm⁶ 看

在这一组同（近）义词中，çim¹、nen⁶、jeu⁵、zan¹是通用词，其他词在意义上的差别主要体现在"看"的方式上的不同。

由于语言间的词汇借用以及语言内部方言间的相互影响，出现了一些在语义上很接近的词汇，但在用法上有所不同，有些是语体上存在差异，例如：

（1）丈夫：kwa:n¹—pau⁵

（2）妻子：pa²—ja⁶

其中的kwa:n¹"丈夫"和pa²"妻子"多出现在民歌、叙事诗等韵文体中，而pau⁵和ja⁶则多用于日常口语。

有的是语义程度的不同，例如：

（3）骂：ʔda⁵ — xut⁵ — miəŋ¹—tan¹

（4）跛、瘸：pa:t⁸ — pa:i¹ — pet⁸—ʔdiəŋ⁵

例（3）中的ʔda⁵"骂"为通用词，程度较轻，"责骂"通常用ʔda⁵，有责备、批评之义，而xut⁵、miəŋ¹和tan¹则有辱骂、诅咒之义，程度较重。例（4）pa:t⁸指比较严重的"瘸"，通常需要借助外力才能行走，而pa:i¹、pet⁸指程度稍轻的"跛"，ʔdiəŋ⁵则指因脚部残疾而需要踮着脚走。

汉语词汇的借入也造成了布依语词汇同义甚至等义并列的现象，例如：

（5）扔、甩：vit⁸ — ɕit⁷ — suai⁵³

（6）床铺：ten⁶ — ʔbon⁵ — ɕwa:ŋ²

例（5）的vit⁸、ɕit⁷为本族词，由于地域方言间的影响而造成的同义并存，suai⁵³为现代汉语借词，在用法上与vit⁸、ɕit⁷没有区别。例（6）中的ten⁶、ʔbon⁵为本族词，主要指包括床上用品在内的床铺，ɕwa:ŋ²为早期汉语借词，多指木、铁床架。

早期汉语借词和现代汉语借词也造成了布依语词汇同义义项并存。例如：

（7）老师：ɕa:ŋ⁶sɯ¹—lau⁵³sɿ³³

（8）医生：ɕa:ŋ⁶ʔiə¹—ji³³sɯn³³

（9）学校：za:n²sɯ¹—ɕio³¹ɕiau²⁴

有些新产生的概念最初是用现代汉语借词表示的，后来人们用本族语的语素，仿汉语借词造出新词，形成了同义义项并存的现象。例如：

（10）相片：ɕiaŋ²⁴phiɛn²⁴—ʔbaɯ¹ŋau²（叶—影子）

（11）飞机：fei³³tɕi³³—kai⁵ʔbin¹（飞 +鸡）

（12）老板：lau⁵³pan⁵³—tɕep⁷ta:p⁸（木板）

（二）反义关系

布依语表示反义关系的词语类聚为一个结构组织体，构成反义关系组，反义关系组可分为两类，一类是反义组，另一类是对比组。

1. 反义组

成对出现的两个词语在词义上完全相反，所表达的概念意义相互矛盾。例如：

（1）形容词

sa:ŋ¹ 高 —tam⁵ 矮（低）　　　　　　la:u⁴ 大 —ni⁵ 小

ʔbau¹ 轻 —nak⁷ 重　　　　　　　　zai² 长 —tin³ 短

ʔbɔk⁷ 浅 —lak⁸ 深　　　　　　　　kwa:ŋ⁵ 宽 —nak⁸ 窄

ʔdat⁷ 紧 —zuŋ⁵ 松　　　　　　　　pjaŋ⁶ 平 —liŋ⁵ 陡

（2）动词

pai¹ 去 —ma¹ 来　　　　　　　　　tai³ 哭 —zeu¹ 笑

ta:i¹ 死 —li⁴ 活　　　　　　　　　xau³ 进 —ʔo⁵ 出

tɕai² 爱 —xam² 恨　　　　　　　　ʔdeŋ¹ 推 —ɕa:u⁶ 拉

（3）名词

kɯn² 上边 —la³ 下边　　　　　　　soi⁴ 左 —kwa² 右

ʔdaɯ¹ 里边 —zo⁶ 外边　　　　　　na:m² 南 —pak⁷ 北

kɔk⁷ 首 —pja:i¹ 尾　　　　　　　ʔbɯn¹ 天 —ʔdan¹ 地

2. 对比组

成对出现的两个词语所表达的概念意义没有矛盾关系，但形成鲜明的对比。对比组主要是名词。例如：

zi⁶ 旱地 —na² 水田　　　　　　po⁶ 父亲 —me⁶ 母亲

pau⁵ 丈夫 —ja⁶ 妻子　　　　　　pu⁴ 公 —me⁶ 母（禽类）

kɔŋ¹ 弓 —na⁵ 箭　　　　　　　çai¹ 犁头 —zwa:u⁵ 耙

mu¹ 猪 —juəŋ² 羊　　　　　　sa:u¹ 女友 —ʔba:u⁵ 男友

xat⁷ 早晨 —xam⁶ 夜晚　　　　　çiə² 黄牛 —wa:i² 水牛

lɯk⁸sa:i¹ 男孩 —lɯk⁸ʔbɯk⁷　　女孩

kɔk⁷po¹ 山脚 —tɕa:ŋ¹ʔdoi¹　　山腰 —pja:i¹po¹ 山顶

ŋɔn²ni⁴ 今天 —ŋɔn²ço⁶　　　明天 —ŋɔn²zɯ² 后天

也有少量其他词类词语存在成对出现的情况，例如：

kɯn¹ 吃 —nin² 睡　　　　　　naŋ⁶ 坐 —ʔdun¹ 站

kɯət⁸ 扛 —za:p⁷ 挑　　　　　pja:i³ 走 —taŋ⁴ 停

taŋ³ 立、竖 —wa:ŋ¹ 横　　　　ʔdiŋ¹ 红 —fon⁴ 黑

（三）对应关系

某些客观事物之间存在彼此互为条件、相互对应的关系，这种关系反映到语言的词汇系统中，使得一些词语之间在意义上表现为彼此互为前提、相互制约的类聚关系，布依语词汇中这类相互对应的词比较多，例如：

wa¹fɯŋ² 手掌 ←→ ȵiəŋ⁶fɯŋ² 手指

lɯk⁶ta¹ 眼睛 ←→kau¹ta¹ 眼角

tiə³za:n² 屋基←→za:n²lau² 楼房

ʔdan¹luŋ³ 锁 ←→fa⁶çiə² 钥匙

na²zam⁴ 水田 ←→xan²na² 田埂 ←→kau¹na² 田角

ʔdan¹sau⁵ 灶 ←→çoŋ⁶sau⁵ 灶眼

xan²çiəŋ² 墙 ←→kɔk⁷çiəŋ² 墙脚

tuə²kai⁵ 鸡 ←→tɕai⁵kai⁵ 鸡蛋

pen³xeŋ¹ 砧板 ←→fa⁶mit⁸ 刀

fa⁶ʔja⁵ 锄头 ←→ta:m¹²ja⁵ 锄把

fa⁶çai¹ 犁头 ←→lin⁴çai⁴ 犁头调节板 ←→pa³⁵çai²⁴ 铧口

lau² 楼 ←→pa⁵lau² 楼口 ←→ʔbak⁷tɕeu² 楼梯

（四）同语素关系

布依语多音节复合词中，有相当一部分词语具有相同语素，它们根据相同的语素聚合在一起，构成同语素关系，具有相同语素的词语之间具有

一定的关联，共同的语素在一定程度上起到事物通名或类别标记的作用。这类词以名词居多，也有相当一部分动词和形容词。

名词类如以木本植物通称fai⁴"树"类聚的同语素名词有：

fai⁴toŋ² 梧桐树	fai⁴ka:u³ 樟树	fai⁴kuəŋ¹ 棕树
fai⁴tɕa:ŋ¹ 杉树	fai⁴tɕau⁵ 桐子树	fai⁴lu⁴ 柳树
fai⁴ʔdɔk⁷ 刺竹	fai⁴zeu⁴ 木棉树	fai⁴zɔt⁸ 金竹
fai⁴siən¹ 樱桃树	fai⁴si⁶ 椿树	

以tu¹"门、门面"类聚的同语素名词有：

tu¹ta:ŋ⁵ 窗子	tu¹kɔŋ³ 拱门	tu¹tɕo³ 院门、朝门
tu¹luəŋ⁵ 村里、村落	tu¹na³ 前门	tu¹za:n² 门、房门
tu¹ziə² 耳门		

以kɔk⁷（本义"根"，引申指植物的根部、肢体的粗壮部位、建筑物或山体的下部、事物的开头、根源等）类聚的同语素名词有：

kɔk⁷po¹ 山脚	kɔk⁷ka¹ 大腿根	kɔk⁷tɕen¹ 胳膊
kɔk⁷lin⁴ 舌根	kɔk⁷pi¹ 年初	kɔk⁷ʔbɯn¹ 天边
kɔk⁷ʔdiən¹ 月初	kɔk⁷zam⁴ 水源	kɔk⁷ɕen² 本钱

以饭或粮食及粮食作物的通称xau⁴类聚的同语素名词有：

xau⁴pen² 糯米饭	xau⁴tai⁵ 苞谷、玉米	xau⁴ʔet⁷ 褡裢粑
xau⁴faŋ⁴ 粽子	xau⁴ka⁵ 谷子	xau⁴ka² 荞子
xau⁴xɔŋ¹ 稗子	xau⁴mak⁸ 麦子	xau⁴meu² 庄稼
xau⁴ŋa:i² 早饭	xau⁴ni³ 租谷	xau⁴zi⁶ 早稻
xau⁴ziŋ² 午饭	xau⁴zu¹ 薏米	xau⁴ɕau² 晚饭
xau⁴ɕi² 糍粑	xau⁴ɕut⁸ 糯米、糯稻	xau⁴ja:ŋ² 高粱

以zam⁴"水"为通称类聚的同语素名词有：

zam⁴ʔa:i¹ 甜酒水	zam⁴ta¹ 眼泪、泪水	zam⁴ʔiə¹ 药汤、药水
zam⁴kuə¹（蘸蔬菜用的）辣椒汤		zam⁴mak⁸ 墨汁
zam⁴ʔbo⁵ 井水、泉水	zam⁴me² 乳汁	zam⁴na² 田水
zam⁴ʔdaŋ⁵ 碱水	zam⁴za:p⁸ 湴水、泔水	zam⁴za:i² 露水

以ma⁵"水果"为通称类聚的同语素名词有：

ma⁵pa² 枇杷	ma⁵po⁴ 山楂	ma⁵puk⁸ 橙子
ma⁵fai⁴ 水果、果子	ma⁵ka:m¹ 柑橘	ma⁵kaŋ² 刺梨、茨藜
ma⁵li² 梨	ma⁵man³ 李子	ma⁵ʔdai¹ 柿子
ma⁵ɳe⁶ 桑甚	ma⁵ʔo¹ 山楂	ma⁵zai⁵ 板栗
ma⁵se⁵ 杨梅、梅子	ma⁵siən¹ 樱桃	ma⁵wɯəŋ¹ 杏子

以na³"前、前面"类聚的同语素名词有：

na³ʔak⁷胸脯　　　　na³paŋ²布面　　　　na³pja⁵前额

na³taŋ⁴铁砧　　　　na³xa:i²鞋面　　　　na³mɔk⁸被面

na³na:m⁶地面　　　　na³ɲa:u³麻子　　　　na³ziəp⁷帐檐

na³zo⁵（织机上）正在织的布

动词类如以tuŋ⁴"同、相互、共"类聚的同语素动词有：

tuŋ⁴ʔa:n⁵商量　　　　tuŋ⁴pa:ŋ¹相帮　　　　tuŋ⁴puŋ²相逢、相遇

tuŋ⁴tim²互补　　　　tuŋ⁴ka:p⁷交叉　　　　tuŋ⁴ka:ŋ³交谈

tuŋ⁴tɕai²相爱　　　　tuŋ⁴lum³相像　　　　tuŋ⁴ʔdi¹相好、友好

tuŋ⁴niŋ³推脱、推卸　　　tuŋ⁴za:ŋ⁶连接　　　　tuŋ⁴zam⁶重复

tuŋ⁴ziən²跟随　　　　tuŋ⁴san⁴拥挤、相挤　　　tuŋ⁴si¹争辩

tuŋ⁴sim⁶交头接耳　　　tuŋ⁴ɕim¹相看、相亲　　　tuŋ⁴ɕom²团聚

tuŋ⁴pan¹共同分配、平均分配　　　tuŋ⁴pja⁶分手、分别、分离

以kuə⁶"做"（虚化后与其后的动词一起表示抽象行为）类聚的同语素动词有：

kuə⁶pa:n⁴做伴　　　　kuə⁶peu¹犯罪　　　　kuə⁶pja:ŋ²造谣

kuə⁶tiŋ⁵决定　　　　kuə⁶ka:i¹出售　　　　kuə⁶kiu⁵吹口哨

kuə⁶kwa:i⁵作怪　　　　kuə⁶xa:i⁵为害　　　　kuə⁶lum²忘记

kuə⁶ɲa⁶生气、发火　　　kuə⁶ɲip⁸缝衣服　　　kuə⁶zak⁷盗窃、偷盗

kuə⁶seu⁵刺绣　　　　kuə⁶ɕin¹亲近　　　　kuə⁶sak⁸洗涤、洗衣服

以tɯk⁷"打"类聚的同语素动词有：

tɯk⁷tu³打赌　　　　tɯk⁷xa:i⁴打架　　　　tɯk⁷xut⁷吵架

tɯk⁷tɕan¹打鼾　　　　tɯk⁷le²跑　　　　tɯk⁷nin²睡觉

tɯk⁷set⁷钓鱼　　　　tɯk⁷suət⁷互相啄　　　tɯk⁷ziən⁶打鸣、鸣叫

tɯk⁷tam³（牛、羊等）用角相抵

以tɔk⁷"落、掉"类聚的同语素动词有：

tɔk⁷piu⁵落空　　　　tɔk⁷tet⁷溅　　　　tɔk⁷teŋ³蹦跳

tɔk⁷teŋ⁵（从上往下）倒挂、吊着　　　tɔk⁷na:n⁶落难

tɔk⁷fa⁶出生、出世、落地

以ta:i¹"死"类聚的同语素动词有：

ta:i¹po¹死在野外　　　ta:i¹ta⁶溺水死　　　ta:i¹la:u⁵夭折（晋语）

ta:i¹nai¹冻死　　　　ta:i¹ʔdak⁷昏死、休克　　ta:i¹ʔdoŋ¹冻死

ta:i¹siəŋ¹溺水　　　　ta:i¹ɕau⁴夭折（晋语）　　ta:i¹ɕeŋ⁴ 冷死

ta:i¹tiən⁶死在野外（摩经用词）　ta:i¹tum²妇女临产或产后几个月内死

形容词类如以xau¹"有……味的"类聚的同语素形容词有：

xau¹ʔan¹有尿臊味的　　　　　　xau¹po⁴有煳焦味的

xau¹kwe⁴有臊臭的　　　　　　　　　xau¹xom¹有香味的

xau¹tɕa:n¹有尿臊味的　　　　　　　xau¹liən³有油腥味的

xau¹ju²有油味儿的　　　　　　　　xau¹wan²有火烟味的

xau¹zem³有烧焦味的、有煳味的

以ʔdiŋ¹"红"类聚的同语素形容词有：

ʔdiŋ¹xa:n³通红　　　　　ʔdiŋ¹xɔŋ²深红、大红　　　　ʔdiŋ¹tɕam⁵紫红

ʔdiŋ¹mai⁵紫红　　　　　ʔdiŋ¹ʔda:t⁷火辣辣　　　　　ʔdiŋ¹non⁶粉红

以ʔdoŋ⁵"亮、发光"类聚的同语素形容词有：

ʔdoŋ⁵kau³明亮　　　　　ʔdoŋ⁵zoŋ³明亮、敞亮　　　　ʔdoŋ⁵zau²光滑

ʔdoŋ⁵saɯ¹洁净、明净　　ʔdoŋ⁵seɯ³光亮

在布依语中，类似上述由同一个语素聚合在一起的语词还有很多，限于篇幅，这里仅列举其中一部分作为示例。

（五）层级关系

有些词语彼此具有级次的关联，这类词一般要三个以上，一个是另一个的若干单位之和或隶属于另一个，在布依语中以层级关系类聚的词不多，其中多数是表计量单位的词语，且多为汉语借词。例如：

fan¹ 分<xau² 角<man² 元

fan¹分<ɕon⁵寸<ɕik⁷尺<ɕa:ŋ⁶丈

ɕen² 钱< ɕa:ŋ² 两 < kan¹ 斤 < teu⁶ 十斤 < twa⁶ 百斤

li² 厘 < fan¹ 分 < mɯn⁵ 亩

xɯp⁸ 拃 < san⁵（量词）拳头尖至肘的长度（量词）< sɔm¹ 庹（两臂伸展开的长度）

siŋ¹ 升 < tau⁴ 斗 < ta:n⁵ 石

从汉语中借入的表示各级行政区的词语也具有层级关系。例如早期汉语借词suɯn³ 省 > ɕu¹ 州 > ɕiŋ² 城（专指县城或县一级行政机构）；现代汉语借词suɯn⁵³ 省 > tsɿ²⁴tsɿ²⁴tsou³³ 自治州 > ɕiɛn²⁴ 县 > ɕiaŋ³³ 乡（或tsuɯn²⁴ 镇）> tshun³³ 村。

第三节　词汇来源

语言中词汇的来源包括本族固有词和外来词两个部分。布依语本族固有词中既有从侗台语族共同语时期传承下来的词语，也有从壮傣语支共同语时期传承下来的词语，同时还有一部分语词是布依族人民为适应自身所处的自然生态环境和社会人文环境而创造出来的。借词主要来源于汉语以及通过汉语转借的境外语言的词语。

一　本族固有词

（一）同源词

布依语属于壮侗语族壮傣语支（或国际上习惯所说的侗台语族台语支），在词汇方面与同语族其他语言有不少共同的成分，这些词汇来自该语族共同的原始母语。在语音形式上，不同语言之间相同、相近或有较严整的对应关系，语义上也基本相同，这些词大多为基本词汇。由于语族内部亲疏程度的不同，布依语与同语族语言之间在词汇上的同源情况也不一样，大致可分为同语族内部同源词和语支内部同源词两个部分。

1. 语族内部同源词

壮侗语族内部包括壮傣、侗水和黎三个语支[①]，在中国国内包括 8 个民族所使用的十多种语言，在国外，泰国、老挝的主体民族语言泰语和老挝语，缅甸的禅语，越南北部的侬、岱、黑泰、白泰等语言也属于这个语族。布依语与这些语言之间有着非常密切的亲缘关系，从下列词语的高度对应性可见一斑。[②]

词义	布依	壮北[③]	壮南	傣西[④]	侗	仫佬	水	毛南	黎
云	vɯə³	fɯ³	pha³	fa³	ma³	kwa³	fa³	fa³	fa³
雨	vɯn¹	fɯn¹	phən¹	fun¹	pjən¹	kwən¹	fən¹	fin¹	fun¹
种子	van¹	fan²	fan²	fan²	pan¹	pən³	van¹	van¹	fan¹
火	fi²	fei²	fai²	fai²	pui²	fi¹	vi¹	vi¹	fei¹
牙齿	van²	fan²	fan²	fan²	pjan¹	fan¹	vjan¹	—	fan¹
手	fɯŋ²	fɯn²	mɯ²	mɯ²	mja¹	nja²	mja¹	—	meɯ¹
树	fai⁴	fai⁴	mai⁴	mai⁴	mai⁴	mai⁴	mai⁴	mai⁴	tshai¹
狗	ma¹	ma¹	ma¹	ma¹	ŋwa¹	ŋwa¹	ma¹	ma¹	pa⁴
跳蚤	mat⁷	mat⁷	mat⁷	mot⁸	mət⁸	mɣət⁸	mət⁸	mət⁸	po:t⁸
猪	mu¹	mou¹	mu¹	mu¹	ŋu⁵	m̥u⁵	m̥u⁵	mu⁵	pau¹¹

---

① 这里采用的是传统的划分法，20 世纪 80 年代以来，随着人们对仡佬、布央、拉基、普标、木佬等使用人口较少的侗台语外围语言的研究不断深入，不少学者主张这些语言与传统壮侗语族语言之间的共性成分较之苗瑶语族要更多一些，可以作为壮侗语族之下的一个新语支，称仡央语支。

② 以下材料引自王均等编著《壮侗语族语言简志》，民族出版社 1984 年版，第 4—5 页，删除了布依语中无对应形式的"黑"一词。原书中所用的布依语材料来自布依语第二土语龙里羊场话，本书改用布依语标准音点的材料。

③ "壮北"和"壮南"分别指壮语的北部和南部方言。

④ 指傣语西双版纳方言。

续表

词义	布依	壮北	壮南	傣西	侗	仫佬	水	毛南	黎
蚂蚁	mot^8	mot^8	mat^8	mot^8	mət^8	mɣət^8	mət^8	mət^8	put^8
熊	mei^1	mui^1	mi^1	mi^1	me^1	mɛ^1	ʔmi^1	moi^1	mui^1
薯	man^2	man^2	man^2	man^2	man^2	man^2	man^2	man^2	man^1
簸箕	ʔdoŋ^4	doŋ^3	duŋ^3	duŋ^3	loŋ^3	loŋ^3	doŋ^3	doŋ^4	doŋ^3
生（肉）	ʔdip^7	dip^7	dip^7	dip^7	—	—	djup^7	dip^8	fiēp^8
骨头	ʔdo^5	do:k^7	duk^7	duk^9	la:k^9	hɣa:k^7	la:k^7	da:k^8	fɯ:ʔ^8
忘	lum^2	lum^2	lum^2	lum^2	la:m^2	la:m^2	la:m^2	la:m^2	lɯ:m^5
儿子	lɯk^8	lɯk^8	luk^8	luk^8	la:k^{10}	la:k^8	la:k^8	la:k^8	ɬɯ:k^8
血	liət^8	lɯ:t^8	lə:t^8	lət^8	pha:t^8	phɣa:t^7	phja:t^7	phja:t^7	ɬa:t^7
炊烟	van^2	hon^3	van^2	xon^2	kwan^2	kwan^1	kwan^2	kwan^2	go:n^1
鹅	xa:n^5	ha:n^5	ha:n^5	ha:n^5	ŋa:n^6	ŋa:n^6	ŋa:n^6	ŋa:n^6	ŋa:n^5
生姜	jiŋ^1	hiŋ^1	khiŋ^1	xiŋ^1	ɕiŋ$^{1'}$	hiŋ^1	siŋ^1	siŋ^1	khɯ:ŋ^1
屎	ʔe^4	hai^4	khi^3	xi^3	e^4	cɛ^3	qe^4	ce^4	ha:i^3
苦	xam^2	ham^3	khum^1	xum^1	am^2	kam^1	qam^1	kam^1	ho:m^1
茅草	xa^2	ha^2	ha^2	xa^2	ʈa^1	ça^1	ja^1	hi^1	za^1
虱子	nan^2	han^2	han^2	min^2	nən^1	nən^2	nən^2	nən^2	than^1
聋	nuk^7	nuk^7	nuk^7	nok^9	lak^7	l̥ak^7	dak^7	dak^8	ɬo:ʔ^1
厚	na^1	na^1	na^1	na^1	na^1	na^1	ʔna^1	na^1	na^1
这	ni^4	hei^4	nai^3	ni^3	na:i^6	na:i^6	na:i^6	na:i^6	ni^6
金	tɕim^1	kim^1	kim^1	xam^2	ʈəm^1	cəm^1	m̩um^1	cim^1	ki:m^1
手臂	tɕen^1	ken^1	khen^1	xɛn^1	in^1	chin^1	ʈhin^1	chi:n^1	khi:n^1
拾	tɕip^7	kip^7	kip^7	kep^7	ʈəp^7	tsəp^7	tsup^7	tsəp^7	tip^7
远	tɕai^1	kjai^1	kvai^1	kai^1	ka:i^1	çe^1	di^1	ci^1	lai^1
近	tɕaɯ^3	kjaɯ^3	khjaɯ^3	kai^3	—	phɣəi^5	phjai^5	phjai^5	plaɯ^5
先（去）	kon^5	ko:n^5	ko:n^5	on^1	un^5	kun^5	kon^5	ku:n^5	hu:n^5

2. 语支内部同源词

布依语所属的壮傣语支在国内共有 3 个民族使用的语言，连同海南临高话一共有 4 种，壮侗语族分布在国外的语言均属于壮傣语支，国际上习惯将这一语支称为台语支，分北部、中部和西南部三个分支，布依语属于北部台语，与壮语的北部方言和老挝、泰国的石语（Seak）比较接近，与同语支的其他语言也有不少共同来源于原始台语的词汇。①例如：

词义	布依	壮	傣（西）	词义	布依	壮	傣（德）②
猴子	liŋ²	liŋ²	liŋ²	走	pja:i³	pja:i³	(ja:ŋ⁶)
蛇	ŋɯɯ²	ŋɯ²	ŋu²	坐③	zaŋ⁶	naŋ⁶	naŋ⁶
尾巴	ziəŋ¹	ɣi:ŋ¹	ha:ŋ¹	菌子	zat⁷	ɣat⁷	hep⁹
叶子	ʔbaɯ¹	ʔbaɯ¹	ʔbai¹	舌头	lin⁴	lin⁴	lin⁴
皮	naŋ¹	naŋ¹	naŋ¹	口水	na:i²	mla:i²	la:i²
卖	ka:i¹	ka:i¹	xa:i¹	买	çɯ⁴	çaɯ⁴	sɯ⁴
臭虫	ziət⁷	ɣɯ:t⁸	hət⁸	根	za⁶	za:k⁸	ha:k⁹
蚯蚓	ʔdiən¹	du:n¹	dən¹	高	sa:ŋ¹	sa:ŋ¹	suŋ¹
脑髓	ʔuk⁷	uk⁷	ɛk⁹	软	ʔun⁵	un⁵	ɔn⁵
肚子	tuŋ⁴	tuŋ⁴	tɔŋ⁴	饱	ʔim⁵	im⁵	im⁵
衣服	pɯə⁶	pu⁶	sə³	线	mai¹	mai¹	mai¹
抬	za:m¹	ɣa:m¹	ha:m¹	问	xam⁵	ham⁵	tha:m¹
肉④	no⁶	no⁶	nə⁶	二	soŋ¹	so:ŋ¹	sɔŋ¹
背脊	laŋ¹	laŋ¹	laŋ¹	五	xa³	ha³	ha³
哭	tai³	tai³	hai³	深	lak⁸	lak⁸	lək⁸
多	la:i¹	la:i¹	la:i¹	重	nak⁷	nak⁷	lak⁷
蔬菜	pjak⁷	pjak⁷	phak⁷	六	zok⁷	ɣok⁷	hok⁷
田	na²	na²	na²	水牛	va:i²	va:i²	xa:i²
红	ʔdiŋ¹	ʔdiŋ¹	ʔdɛŋ¹	后（边）⑤	laŋ¹	laŋ¹	laŋ¹

上述词语仅在壮傣语支内部同源，与侗水、黎两个语支大多没有对应关系。如"猴子"，壮傣语支为liŋ²，而侗水语支分别为mun⁶（侗语）、mə⁶lau²（仫佬语）、mon⁶（水语）、mu:n⁶（毛南语），黎语支为nok⁷（黎语）；"背脊"，壮傣语支为laŋ¹，侗水语支四种语言均为la:i⁸，黎语支为tshun³。

---

① 下表中部分语料引自倪大白著《侗台语概论》，民族出版社 2010 年版，第 211—212 页，原书布依语材料来自布依语第二土语龙里羊场话，本书改为布依语标准音点望谟复兴镇话。

② 指傣语德宏方言。

③ 该词在布依语标准音点读作naŋ⁶，与同语支多数语言相同。

④ 在傣语西双版纳方言中，这个词指"肉皮"。

⑤ 该词来自傣语德宏方言。

（二）新造词

随着社会的不断发展，人们对大自然的认识不断加深，新生事物不断出现，新的概念也不断涌现出来，原有的词已无法满足社会交际的需要，新词新语于是便应运而生。新词产生的途径一是借用，二是运用固有的语素创造新词或赋予旧的语言单位以新的义项。关于借词，下文将专门介绍，这里重点介绍布依语的新词新语。

1. 以固有的语素创造新词

用固有语素创造新词包括单音节的单纯词和多音节的合成词，单音节单纯词是布依语特有的与同语族其他语言没有对应形式的词，合成词是用固有语素按布依语构词规则新造的词。例如：

词义	布依	壮（北）	傣（西）	侗	毛南	黎
虾	ɳa:u⁶	kuŋ⁵（大）jiu²（小）	kuŋ³	ton⁶	la:k⁸ɳi:u¹	ɯ²fe:ŋ⁴
高粱	xau⁴ja:ŋ²	mek⁸ma⁴	xau³xuk⁷	əu⁴ɕu¹fa⁶	fiu⁴lja:ŋ⁴	ka:u⁵li:ŋ¹
花生	tuə⁶na:m⁶	tu⁶tom¹	tho⁵din¹	to⁵ma:k¹⁰	tau⁶sən¹	zau¹fan⁴
乳房①	me⁴	ɕi³	tau³num²	ɳo⁵	sɛ¹	tsi⁵
膀胱②	poŋ⁵pu²	ɣo:ŋ¹ɳou⁶	hoŋ²jeu⁶	pom¹ɳeu⁶	tom¹ʔnɛu⁶	geē?⁸
朋友③	sa:u⁶tu²	paŋ²jau⁴	met⁸hak⁸	pjiŋ¹pa:n⁴	ku⁶pa:ŋ⁶	phi:n⁵
蓑衣④	ɳa:i¹	lui⁵	təi¹	si¹'	poi⁵	beɯ¹vaɯ⁶
被子	mɔk⁸	ten²	pha³hum⁵	ta:n⁵	za:ŋ⁵（夹被）	fai³
粥	xau⁴ʔom⁴、ʔom⁴	sou⁶、ɕuk⁷	xau³pe?⁷	eŋ¹	ceŋ¹	tha⁵nam³
汤	zam⁴ko³、ko³	ta:ŋ¹	na:m⁴keŋ¹	sa:u⁵	zo⁵	nam³tshai¹
锁	luŋ³	su³、tap⁷	xa?⁷tsɛ¹	so³'	ni⁴zi²	ɯ¹to⁴
话	xa:u⁵	va⁵	kam¹	suŋ¹'	wa⁶	thun¹
事情	siən⁵siŋ²、siən⁵	sai²ɕiŋ²、sai²	ka:n¹	sɿ¹ɬhən²	zə⁶tsiŋ²	mau⁵
东西⑤	taŋ²jiəŋ⁶	to⁴ka:i⁵	xoŋ¹、xo²	khwa⁵'、ho⁵'	toŋ¹sɛ¹	daŋ¹koŋ¹、mau⁵

① 布依语中除me⁴以外，有些地区还有po⁴、kan⁵ne⁵等形式。

② 布依语除poŋ⁵pu²外，还有poŋ⁵poŋ²、luŋ⁶po²等。

③ 布依语除sa:u⁶tu²外，还有wei⁵tɕi⁵、woi⁵tɕi⁵、xo³tɕi⁵等。

④ 在布依语中，ɳa:i¹是词干，可组成tɕi³ɳa:i¹、tɕin³ɳa:i¹、sa:i¹ɳa:i¹、san³ɳa:i¹等，此外还有pɯm²sai¹、ʔba⁵sai¹等形式。

⑤ 布依语除taŋ²jiəŋ⁶外，还有ja:ŋ⁶、jiəŋ⁶、ka:i⁵ka:i⁵等形式。

　　布依语与同语族不同来源的词还有不少，这些词多数可视为布依语独有的新创词，有些词有可能是布依语保存的原始侗台或壮傣（台）语中较古老的形式，这在其他语言中可能已经丢失了，而使用了外来词，如"粥""汤""锁"等壮语都借用了汉语，而布依语仍保留本族语词。

　　2. 赋予旧的语言单位以新的义项

　　指在词的基本意义的基础上引申出新的义项，在"多义词"一节中已作了详细介绍，这里不再赘述。需要特别指出的是，在布依语中，普遍存在以普通词语来代指姓氏或人名的情况。如以 $ma^5ta{:}u^2$ "桃"、ma^5man^3（或 $ma^5ðep^7$）"李子"、$ma^5vɯəŋ^1$ "杏子"、$ʔom^4$ "粥"、$kau^1va{:}i^2$ "水牛角"、$na{:}m^6$ "泥"、la^2 "锣"、$ʔbe^4$ "羊"、$taŋ^5$ "凳子"等分别代指"陶""李""汪""周""郭""黎""倪""罗""羊"等姓氏，这也可以视为一种创新。

二　借词

　　布依语中的借词主要来自汉语以及通过汉语转借的其他境外语言的词汇，目前尚未发现来自与布依族有过接触的周边少数民族语言的词语，如苗语、彝语、水语等。借词是不同语言、不同文化相互接触、交流的产物，因此布依语中的汉语借词大多为反映来自中原汉族文化方面的词汇，如反映科技、经贸、制度等领域的名词、亲属称谓词、数词，也有少量基本词汇借自汉语，如个别身体部位名词。

　　（一）借词分类

　　布依语中的汉语借词是在与汉语漫长的接触历史过程中陆续借入的，因此，其语音形式反映出了不同的历史层次，不过，由于缺乏书面的文献材料，今天我们回过头去审视这些词，绝大多数已很难确定其借入的年代，有鉴于此，本文沿用传统的处理方法，笼统地将各个历史时期借入的汉语词分为早期借词和现代借词两大部分。

　　1. 早期汉语借词

　　早期汉语借词指20世纪初现代汉语形成以前布依语从汉语中借入的词汇，从语音形式上看，这类词绝大多数为单音节词，仅有少量为多音节，在漫长的历史发展进程中，这类借词的语音已逐步融入布依语固有词的语音系统，没有增加专门拼读这类借词的辅音或元音音位以及调类。有些词从声韵特征上可以看出其借入年代是相当久远的，如 $tɯ^3$ "箸（筷子）"、$tuŋ^4$ "杖"、$puŋ^2$ "逢"、$pɯn^6$ "粪"、tom^5 "心"等都反映了上古汉语无"轻唇音"（即"非"母等唇齿摩擦音声母）和"舌上音"（即"知""彻""澄""娘"这组舌上音声母）的特点。不过，更多的早期借词在语音特征上表现出跟中古《切韵》音系较大的一致性，详见表3-1。

表 3-1　　　　　　　　　布依语早期借词和《切韵》音系声母对照[①]

借词读音	切韵声母	例　字	借词读音	切韵声母	例　字
p	帮	报pa:u^5 变piən^5	s	心	心sam^1 丝si^1
p	滂	坡po^1	s	审	少seu^3 升siŋ^1
p	并	牌pa:i^2 盆pɯn^2	t	端	倒ta:u^3 点tem^3
m	明	苗meu^2 命miŋ^6	t	透	碳ta:n^5 添tim^2
f	非	分fan^1	t	定	道ta:u^6 填tim^2
f	奉	奉fuŋ^6 浮fu^2	n	泥	难na:n^6
f	微	未fi^6 万fa:n^6	l	来	锣la^2 铃leŋ^2
w	晓（合口）	花wa^1	tɕ	见	寄tɕi^5 镜tɕiən^5
w	匣（合口）	横va:ŋ^1	tɕ	群	旗tɕi^2 轿tɕeu^6
ɕ/tɕ	精	浸ɕum^5 浆tɕiən^6	ȵ	疑	疑ȵi^2
ɕ/tɕ	清	七ɕɛt^5 擦ɕɛt^7	ȵ	日	二ȵi^6 染ȵum^4
ɕ/tɕ	从	造ɕa:u^4 糍ɕi^2	j	喻	引jin^4 样jiən^6
ɕ/tɕ	照二	争ɕeŋ^1 斋ɕa:i^1	j	晓	孝ja:u^5 香jiəŋ^1
ɕ/tɕ	穿二	差ɕa^1	k	见	柑ka:m^1 价ka^6
ɕ/tɕ	床二	查ɕwa^2	k	群	共kuŋ^6
ɕ/tɕ	照三	针tɕim^1 钟ɕuŋ^1	k	见	瓜kwa^1 过kwa^5
ɕ/tɕ	穿三	厂ɕa:ŋ^3 铣ɕuŋ^5	ŋ	疑	芽ŋa^2 艾ŋa:i^6
ɕ/tɕ	床三	床ɕwa:ŋ^2	ŋ	疑	瓦ŋwa^4
ɕ/tɕ	禅	城ɕiŋ^1 十ɕip^8	x	匣	害xa:i^5 盒xa:p^8
ɕ/tɕ	知	粘ɕiəm^1	x	溪	苦xo^3
ɕ/tɕ	澄	茶ɕa^{11} 丈ɕiən^{33}	ʔ	影	阉ʔiəm^1 烟ʔiən^1

[①] 表 3-1 依据中国科学院少数民族语言研究所主编《布依语调查报告》第 117 页的表格，将语料改为与布依语标准音点最接近的望谟者香（现更名为蔗香）。

表 3-2　　　　　　　布依语早期借词和《切韵》音系韵母对照①

借词读音		切韵韵母系统		例　字
元音	韵尾	开合等	韵摄	
a:	O	开一	果	锣la²（歌）驮twa⁶（歌）
	i		蟹	艾ŋa:i⁶（泰）海xa:i³（海）
	u		效	桃ta:u²（豪）帽ma:u⁶（号）
	m、p		咸	敢ka:m³（敢）腊la:p⁸（盍）
	n、t		山	鞍ʔa:n¹（寒）割kon²（曷）
	ŋ、k		宕	帮pa:ŋ¹（唐）钢xa:ŋ¹（唐）
	O	开二	假	马ma⁴（马）鸦ʔa¹（麻）
	i		蟹	斋ça:i¹（皆）鞋xa:i²（佳）
	ŋ、k		江	讲ka:ŋ³（讲）
			梗	百pa⁵（陌）
	ŋ、k	开三	宕	仰ʔa:ŋ⁴（养）匠ça:ŋ⁶（漾）
	O	合一	果	过kwa⁵（过）
	ŋ、k		宕	广kwa:ŋ⁵（荡）
	O	合二	假	花wa¹（麻）瓦ŋwa⁴（马）
	i		蟹	坏wa:i⁶（怪）
	n、t	合三	山	袜ma:t⁸（月）
a	u	开一	流	斗tau⁴（厚）楼lau²（侯）
	ŋ、k		曾	凳taŋ⁵（嶝）墨mak⁸（德）
	u	开二	效	卯mau⁴（巧）
	n、t	开三	臻	申san¹（真）七çat⁷（质）
	ŋ、k		曾	色sak⁷（职）
	i	开四	蟹	齐çai²（齐）礼lai⁴（齐）
	n、t	合三	臻	粉fan³（吻）
	O		果	坡po¹（戈）棵ko¹（戈）
o	O	合一	遇	墓mo⁶（暮）顾ko⁵（暮）
	i		蟹	媒moi²（灰）碓toi⁶（队）
	ŋ、k		通	送soŋ⁵（送）读to⁶（屋）

---

① 表 3-2 依据中国科学院少数民族语言研究所主编《布依语调查报告》第 119—121 页的表格，将语料改为与布依语标准音点最接近的望谟者香（现更名为蔗香）。

续表

| 借词读音 | | 切韵韵母系统 | | 例　字 |
元音	韵尾	开合等	韵摄	
e	m、p	开二	咸	夹ka:p^8（洽）
	n、t		山	板pen^3（删）八pet^7（山）
	ŋ、k		梗	争suɯ^1（耕）客xe^5（陌）
	u		效	条teu^2（萧）了leu^4（蓧）
	m、p	开四	咸	店tiam^6（添）
	n、t		山	填tim^2（先）燕ʔen^5（严）
	ŋ、k		梗	钉teŋ^1（青）铃leŋ^2（青）
iə	O	开三	假	借ɕiə^5（褙）
			止	四si^5（至）疑n̦i^2（之）
	u		效	桥tɕeu^2（宵）庙miu^6（笑）
	m、p		咸	镰liəm^2（盐）钳tɕim^2（盐）
	n、t		山	鞭piən^1（仙）面miən^6（线）
	ŋ、k		宕	梁liəŋ^2（阳）香jiəŋ^1（阳）
	O	合三	止	未fi^6（未）跪kwi^6（纸）
i	m、p	开三	深	金tɕim^1（侵）接ɕiəp^7（叶）
	n、t		臻	印ʔin^5（震）一ʔit^7（质）
	ŋ、k		梗	平piəŋ^6（庚）尺ɕik^7（昔）
uə	O	开三	流	州ɕu^1（尤）柳lu^4（有）
	n、t	合一	山	乱luən^6（换）脱tot^7（末）
	O	合三	遇	娶ɕu^4（虞）主su^3（虞）
	n、t		山	劝tɕuən^5（愿）月ŋuət^8（月）
u	n、t	合一	臻	滚kun^3（混）
	n、t	合三	臻	裙kun^2（文）掘kut^8（物）
	ŋ、k		通	用juŋ^6（用）烛ɕuk^7（烛）
ɯ	O	开三	止	时ɕɯ^2（之）巳sɯ^3（止）
	n、t	合一	臻	本pɯn^3（混）论lun^6（恩）
	n、t	合三	臻	粪pɯn^6（问）分fan^1（问）

　　从表 3-2 可以看出，布依语早期借词的声韵系统与中古汉语《切韵》的声韵系统对应是非常严整的，但也出现了一些例外现象，例如，声母方面，除上文提到的反映更古历史层次的"箸""杖""逢"等字以外，其他还有

本应为ɕ/tɕ声母的"主（照母字）""巳（邪母字）"分别读作su³和sɯ⁴，属于喻母字声母本应为/j/的"寅"和"酉"分别读作ȵan²和zu⁴，绝大多数来母字读作边音/l/，但"六"读作zɔk⁷，"工"和"价"属见母字，声母应为/k/，但却分别读作xɔŋ¹和xa⁵。韵母方面也有一些与表 3-2 不相符的地方，如宕摄开口一等字元音应读 a（带韵尾时读长音/a:/），但"糖"（唐韵）读tiən²，"傍"（宕韵）读pa:ŋ⁶，效摄开口二等元音应读 a（带韵尾时读长音/a/），但"刨"和"孝"却分别读作pa:u⁶和ja:u⁵，通摄合口一等字元音应读/o/，三等字应读作/u/，但"弓"（东韵）读kɔŋ¹。这些例外现象一方面反映出汉语词输入布依语的阶段性特征，同时也反映出语音演变的非线性特点。

从音节形式上看，布依语的早期借词多为单音节词，其中相当一部分已成为基本词汇，可以作为构词语素，与布依语本族语语素或别的汉语借词语素（早期或现代）构成新词。例如ɕa:ŋ⁶"匠"，可以构成ɕa:ŋ⁶fai⁴"木匠"、ɕa:ŋ⁶ðin¹"石匠"、ɕa:ŋ⁶fa²"铁匠"；ma:u⁶"帽"，可以构成ma:u⁶kun¹"军帽"、ma:u⁶naŋ¹"皮帽"、ma:u⁶ɕiən¹"毡帽"、ma:u⁶ŋe⁶"遮阳帽"等。也有少量早期借词为双音节词。例如：

pɯn³ɕen² 本钱	pɯn³sɯ⁵ 本事	xiŋ²pɯən² 营盘
本钱	本事	营盘
tem³ɕuəŋ¹ 点钟	xo²ɕeu¹ 胡椒	kwa:ŋ¹kun⁵ 单身
点钟	胡椒	光棍
sai¹fu⁶ 师傅	suən⁵pɯən² 算盘	ja²mon² 衙门
师傅	算盘	衙门

早期借词的内容涉及布依族社会生活的各个方面，包括生产工具如liəm²"镰刀"、ta:u¹"刀"、ɕa⁶"绳索"、teŋ¹"钉子"、ɕa:u⁴"造"、tiŋ⁵"钉"、pa:u⁶"刨"、tau⁴"斗"等；生活用具如ɕa²"茶"、miən⁶"面（条）"、xa:i⁶"鞋"、ma:u⁶"帽"、ma:t⁸"袜子"、ɕwa:ŋ²"床"、mak⁸"墨"、ɕik⁷"尺"、ɕon⁵"寸"、fan¹"分"等；社会生活制度如ɕu¹"州"、ɕiŋ²"城"、sɯn³"省"、xa⁵"嫁"、ɕu⁴"娶"、tɕiu⁶"轿"、miu⁶"庙"等。

2. 现代汉语借词

现代汉语借词主要是 20 世纪初以后，尤其是 20 世纪 50 年代起从汉语西南官话中借入的词汇。从语音特征方面看，由于借入的历史较短，这类借词往往还不能完全融入各地布依语的语音系统，因此，各地布依语在借入现代汉语词语的同时都会增加一些新的辅音和元音音位。例如，布依语标准音点增加的辅音音位有/ph-/、/th-/、/kh-/、/ts-/、/tsh-/、/tɕh-/，齿间摩擦音/θ-/和/ð-/在布依语中已出现向舌尖前音/s-/、/z-/靠拢的趋势，如标准音点，多数中青年以下的布依语母语人都将存在齿间音与舌尖前音混淆或将齿间音读作舌尖前音的现象，因此，来自现代汉语的/s-/、/z-/在标准音点不是新增的辅音音位。韵母方面，布依语标准音点因现代汉语借词而新增的有/ia/、/io/、/iau/、/ua/、/ui/、/uai/、/ou/、/ə/，舌尖元音/ʅ/在多数地区只用来拼读现代汉语借词，只与舌尖前擦音/s-/、/z-/和塞擦音/ts-/、/tsh-/相拼，但在标准音点，多数人的口语中存在擦音/s/、/z/后边的后高元音/ɯ/发音部位前移的情况，即/ɯ/读作/ʅ/，如"后天"一词其他地区读作$ŋɔn^2zɯ^2$，标准音点读作$ŋɔn^2zʅ^2$，"红薯"一词其他地区多读作$sɯ^2$，而标准音点读作$sʅ^2$。因此，在标准音点，/ʅ/是/i/的条件变体，不是新增音位。

　　从音节形式来看，现代汉语借词除少量动词、形容词以及虚词以外，大多数都是两个音节以上的多音节词。从借词的内容上看，这类借词涉及布依族社会生活的各个领域，归纳起来大致有以下 5 个方面。

　　（1）有关政治方面的词语：$kuŋ^{24}tshan^{53}taŋ^{53}$"共产党"、$kuŋ^{24}xo^{31}kue^{31}$"共和国"、$tsɯn^{24}fu^{53}$"政府"、$kue^{31}wu^{24}jɛn^{24}$"国务院"、$tɕiɛn^{53}tsha^{31}jɛn^{24}$"检察院"、$tsuŋ^{53}li^{53}$"总理"、$tsʅ^{24}tsʅ^{24}tɕhi^{33}$"自治区"等。

　　（2）有关经济方面的词语：$tɕin^{33}tɕi^{24}$"经济"、$ku^{53}phiau^{24}$"股票"、$tshɯn^{31}khuan^{53}$"存款"、$tshɯn^{31}tse^{31}$"存折"、$xo^{31}tɕhi^{33}$"活期"、$khuai^{24}tɕi^{24}$"会计"、$saŋ^{33}phin^{53}$"商品"、$tshai^{31}tshan^{53}$"财产"、$kuŋ^{33}tsʅ^{33}$"工资"、$pau^{53}ɕiɛn^{53}$"保险"等。

　　（3）有关文化教育方面的词语：$lau^{53}sʅ^{33}$"老师"、$tɕiau^{24}sʅ^{31}$"教室"、$wɯn^{31}xua^{24}$"文化"、$kaŋ^{33}tɕhin^{31}$"钢琴"、$tɕiaŋ^{53}thai^{31}$"讲台"、$pau^{24}tsʅ^{53}$"报纸"、$kaŋ^{33}pi^{31}$"钢笔"、$su^{33}faŋ^{31}$"书房"、$tsuan^{24}jan^{31}$"状元"、$tsou^{53}tu^{31}sɯn^{33}$"走读生"、$tɕi^{24}suan^{24}tɕi^{33}$"计算机"等。

　　（4）有关日常生活方面的词语：$jaŋ^{31}xo^{53}$"洋火"、$səu^{53}piau^{53}$"手表"、$tiɛn^{24}tɯn^{33}$"电灯"、$sa^{33}thaŋ^{31}$"砂糖"、$pan^{53}pi^{31}$"板壁"、$tiɛn^{24}sʅ^{24}$"电视"、$kuaŋ^{53}po^{24}$"广播"、$fu^{24}n̠ie^{31}$"副业"、$fan^{24}kuan^{53}$"饭馆"、$tiɛn^{24}xua^{24}$"电话"、$sou^{53}tɕi^{33}$"手机"、$ɕiau^{53}lin^{31}thuŋ^{33}$"小灵通"等。

　　（5）有关交通运输方面的词语：$xo^{53}tshe^{33}$"火车"、$fei^{33}tɕi^{33}$"飞机"、$khuai^{24}tshe^{33}$"快车"、$kha^{53}tshe^{33}$"卡车"、$tsʅ^{24}ɕin^{31}tshe^{33}$"自行车"、$khe^{31}tshe^{33}$"客车"、$ma^{53}tshe^{33}$"马车"、$tɕhi^{24}tshe^{33}$"汽车"等。

　　从借词来源上看，大量是现代汉语通用词汇，但同时也有相当一部分是布依族地区汉语方言特有的词。例如：

$pe^{31}tsui^{53}$ 白嘴（讲空话）	$ta^{53}pi^{53}$ 打比（比如，假设，如果）
$ke^{31}lo^{33}$ 格螺（陀螺）	$ko^{53}tɕiau^{53}$ 裹绞（理不出头绪，纷乱的）
$xo^{53}tsho^{31}$火撮（发火，生气，冒火）	$ku^{33}lu^{33}tsʅ^{53}$ 咕噜子（即小偷）
$tɕin^{33}tsa^{33}$ 惊咋（咋呼）	$nia^{31}kua^{31}$ 贬低（说某人坏话）

phi³¹tho³¹ 撒脱（容易，轻松）　　　saŋ²⁴tsaŋ³³ 上章（认真）

san⁵³pan⁵³ 闪板（捣乱，拆台）　　　sui⁵³ 水（次，差）

ɕien³¹nien⁵³ 涎脸（无赖）　　　tsau²⁴ɕien³¹ 照闲（过问，关照）

值得关注的是，大量的境外语言的词汇也通过现代汉语进入布依语的词汇系统中，例如：kha⁵³tɕi³³ "咔叽"、ti³¹tɕhio³¹liaŋ³¹ "的确良"、ti³¹kha⁵³ "涤卡"、ti³¹luin³¹ "涤纶"、no³¹tɕi³³ja²⁴ "诺基亚"、san³³jaŋ³¹ "三洋"、san³³ɕin³³ "三星"、mo³³tho³¹lo³¹la³³ "摩托罗拉"等。

（二）汉语借词的借用方式

1. 全借式。全借是指按照布依语所在地汉语西南官话读音直接借入，这类借词主要是现代汉语借词，只有少量是早期借词。例如：

pan²⁴fa³¹ 办法　　　pau⁵³kuan⁵³ 保管　　　pin³³kuan⁵³ 宾馆

tai²⁴khuan⁵³ 贷款　　　tien²⁴pin³³ɕiaŋ³³ 电冰箱　　　kho²⁴piau⁵³ 课表

ma³¹tɕiaŋ²⁴ 麻将　　　kue³¹khu²⁴tɕuan²⁴ 国库券　　　pho²⁴saŋ³³fuŋ³³ 破伤风

tɕhi⁵³ma⁵³ 起码　　　zuin³¹phin⁵³ 人品　　　se²⁴xui²⁴ 社会

sai¹fu⁶ 师傅　　　suon⁵puon² 算盘　　　puin³ɕen² 本钱

2. 全借合璧式。即用借词语素按布依语构词规律构成新词，这些借词词素大多数是早期借入的，少数是现代吸收的。例如：

pa:ŋ¹xa:i² 鞋帮　　　puon²ɕaŋ⁶ 秤盘　　　piŋ²tɕiəŋ⁵ 玻璃瓶
帮鞋　　　　　　　　盘秤　　　　　　　　瓶镜

ka⁶ɕen² 价钱　　　xa:i²tɕiau³³ 胶鞋　　　xa:i¹ɕio³¹ 开学
价钱　　　　　　　　鞋胶　　　　　　　　开学

xo²sam¹ 合意　　　liŋ²pa:i² 灵牌　　　mo²na:n⁶ 磨难
合心　　　　　　　　灵牌　　　　　　　　磨难

na:i⁶wa:n¹ 耐烦　　　sa:n⁵teu² 疏散　　　ɕa:ŋ³ta:ŋ⁶ 上当
耐烦　　　　　　　　散逃　　　　　　　　上当

3. 半借合璧式。由固有词词根加一个借词词根构成的新词，借词词根主要是早期汉语借词。例如：

kuən³siən⁵ 管事儿　　　tai⁶to⁴ 口袋，衣兜　　　ta:i²xan⁶ 称赞
管 事情　　　　　　　　袋 衣服前襟　　　　　　抬　赞扬

xiŋ¹to⁶ 读音　　　xo³ʔdiŋ¹ 赤贫　　　tɕi²ʔdai⁴ 值，值得
音 读　　　　　　　　苦 红　　　　　　　　值 得

su³za:n² 主人家　　　ŋa:n⁶pau⁵ 神案，神龛　　　ɕa²xam⁵ 询问，查访
主 家　　　　　　　　案 祖宗　　　　　　　　查 问

4. 全借加注式。在全借的现代汉语词前面加一个本族语词根或早期借词，起到注解的作用。这类借词数量不多，主要是修饰式复合词。例如：

pjak⁷po³³tshai²⁴ 菠菜　　　　　liəŋ³jaːŋ³¹saːn⁵³ 洋伞
菜　菠菜　　　　　　　　　　伞　洋伞

xaːi²tɕiau³³xai²¹ 胶鞋　　　　　puɯə⁶tshuɯn²⁴ji³³ 衬衣
鞋　胶鞋　　　　　　　　　　衣　衬衣

zaːn²jaŋ³¹faŋ³¹ 洋房　　　　　puɯə⁶mau³¹ji³³ 毛衣
房子 洋房　　　　　　　　　　衣　毛衣

第四节　词汇的语义分类

布依族是一个以稻作农耕为主要生计方式的民族，因此布依语中与稻作农耕文化相关的词汇较为丰富，这些词汇大多与布依族所生存的自然生态环境、农事活动以及由此衍生出来的文化事象息息相关，以下分几类加以介绍。

一　植物名词

植物分类学是一门精密而又复杂的学科，本文不打算就此进行深入的探讨，仅从语言的角度，将人们经常接触到的一些植物粗略地划分为"木本""草本"和"藤本"三大类，这三类又进一步根据植物的属性、特征、功用等进行再划分，如木本植物可以再分为乔木和灌木两小类。藤本植物中一些生长周期较长的物种通常具有木本植物的特征，即藤本木质，这些植物往往被人们视为木本植物。

（一）木本植物

木本植物分乔木和灌木两类。

乔木类植物名词在布依语中常常冠以fai⁴作为通称或ko¹"株、棵"作为附加语素（准通称）。例如：

fai⁴puk⁸ 柚子树　　　　fai⁴toŋ² 梧桐树　　　　fai⁴kuəŋ¹ 棕树
fai⁴tɕaːŋ¹ 杉树　　　　　fai⁴tɕau⁵ 桐子树　　　　fai⁴li² 梨树
fai⁴zai⁵ 板栗树　　　　fai⁴zau¹ 枫树　　　　　fai⁴se⁵ 杨梅树
fai⁴zen⁶ 苦楝树　　　　fai⁴zeu⁴ 木棉树　　　　fai⁴zi² 榕树

"竹"是布依族地区生态环境中常见的一种植物，种类较多。按照布依族习惯的植物分类，也属于乔木类。主要有：

fai⁴ʔai⁵ 黑竹　　　　　fai⁴pau² 苦竹　　　　　fai⁴peu¹ 凤尾竹
fai⁴faːi² 南竹、斑竹　　fai⁴ton¹ 冬笋竹　　　　fai⁴kiu¹毛竹
fai⁴zɔt⁸fon⁴紫竹　　　　fai⁴zɔt⁸ 竹子，金竹　　fai⁴ŋo⁴ 芦苇

ko¹借自汉语的"棵"，是指称"树"或"树"状植物的单位，在布依

语中用作"树"或"树"状植物名词的附加语素，有时可替代fai⁴，如ko¹lu⁴"柳树"、ko¹ta²zak⁸"漆树"，有时不能用fai⁴的地方可用ko¹，如在一些地区的布依语中，ko¹kuəŋ¹"棕树"、ko¹tɕoi³"芭蕉树"通常不能说fai⁴kuəŋ¹和fai⁴tɕoi³。

在布依族地区，灌木一般很少用作建筑材料，因此，在人们的观念中，灌木不能跟"树"归为一类，通常只用来烧炭、作柴火或美化环境等。在布依语中，作为灌木通称的语素是fɯn²"柴"，例如：fɯn²toŋ⁶mu¹"母猪柴（俗名）"、fɯn²sa:ŋ²"木姜子树"、fɯn²tum⁶tau⁶（一种藤状的野草莓植物）、fɯn²sɯm⁶"化香（俗名）"等。灌木虽然在建筑方面没有多大利用价值，但对生态环境的保护，如绿化环境、水土保持等方面却发挥着极其重要的作用。

ʔon¹"刺、荆棘"属木本植物中的灌木，但在布依语中却被单独列为一类，所有带"刺"的植物均冠以ʔon¹作为通称。如ʔon²ɳa:n²"阎王刺"、ʔon¹tum⁶tau⁶（一种有刺的草莓树）、ʔon¹za:i⁵"皂角刺"、ʔon¹ma³po⁴"刺梨树"等。

（二）草本植物

在布依语中，草本植物可以分为两类，一类属"草"，以ɳa¹作为通名，一类属"菜"，以pjak⁷为通名。以ɳa¹为通名的主要有如下几种：

ɳa¹ta²toŋ² 节节草	ɳa¹ʔet⁷ 芒草，芭芒	ɳa¹xa² 白茅草
ɳa¹ʔim⁴lau³ 郎鸡草	ɳa¹ʔda¹ 草名	ɳa¹ɳuŋ² 草名
ɳa¹ziəŋ¹ma¹ 狗尾草	ɳa¹wat⁷ 牛蒡草	ɳa¹wai³ 野草

有相当一部分"草"类植物也可以直接用专称作为植物名，前面不带通称ɳa¹。如ɕom⁴"荨麻"、ŋa:i⁶"艾蒿"。ŋa:i⁶也有不同的种类，本身就可以作通称。不能以ɳa¹作为通称的植物，有些也可以带附加语素ko¹"株、棵"，如ko¹ɕom⁴、ko¹ŋa:i⁶等。

"菜"类植物指可以供人、家禽和家畜食用的草本植物，大多以pjak⁷作为通名。例如：

pjak⁷ʔan¹ 芹菜	pjak⁷pa:u¹ 莴苣菜	pjak⁷pja² 东南菜
pjak⁷teŋ² 苦菜	pjak⁷tuk⁸ 菜薹	pjak⁷fu² 浮萍
pjak⁷xom¹ 葱，香菜	pjak⁷tɕep⁷ 韭菜	pjak⁷ma:n⁶ 辣菜
pjak⁷ʔbum⁴kai⁵ 小蕹菜	pjak⁷naŋ¹ 小牛皮菜	pjak⁷ŋa:i⁶ 茼蒿
pjak⁷za⁵ 苦菜	pjak⁷zom¹ 苋菜	pjak⁷san³ 蕨苔
pjak⁷ɕun¹ 椿菜	pjak⁷jeu¹ 青菜	pjak⁷ju² 油菜

一些可以入药的草本（甚至部分木本和藤本）植物也以pjak⁷作为通称，

现列举几种如下。①

pjak⁷tɕim¹ "三棵针"，常绿灌木，高 2 米左右，生于海拔 1000 米以上山地，贵州黔南等部分布依族地区有分布；pjak⁷za:u² "川芎"，俗名大叶川芎，藁本，多年生草本植物，贵州多数地区有栽培；pjak⁷tin¹kai⁵ "马齿苋"，俗名马齿菜，一年生肉质草本，全株光滑无毛，生于田野、荒地及路旁，贵州及全国各地均有分布；pjak⁷tin¹ma⁴ "马蹄金"，俗名大马蹄草，崩大碗，多年生草本，生长于路边、田边等阴湿处，贵州各地均有分布；pjak⁷liət⁸kai⁵ "五香血藤"，俗名散血飞、小血藤，常绿木质藤本，全体无毛，生于山野灌木林中，贵州西部一些布依族地区有分布；pjak⁷mo⁵ "车前草"，俗名客妈叶，多年生草本，见于山野、路旁、花圃以及池塘、河边等地，贵州各地均有分布；pjak⁷tɕau³xa:u¹ "三花兔耳风"，俗名白头翁，多年生草本，见于山坡林下、路边，贵州南部布依族地区有分布；部分蔬菜类植物名称也不用pjak⁷ "菜"作通称，而是直接用专称或用附加语素的形式，常用的附加语素为luɯk⁸ "子"（表 "小" "嫩" 等义）、ko¹ "株" "棵" 等。

粮食作物是人工培植的植物，布依族地区主要有水稻、玉米、小麦、荞麦、高粱等，均以xau⁴ "粮" 作为通称。例如：

xau⁴pa:u² 秕谷	xau⁴pep⁸ 秕谷	xau⁴ka² 荞子
xau⁴pu⁴ 雄秧（不抽穗的秧）	xau⁴tai⁵ 玉米	xau⁴xɔŋ¹ 稗子
xau⁴tai⁵ɕut⁸ 糯玉米	xau⁴ka²ziə⁶³ 苦荞	xau⁴me⁶ka⁵ 大麦
xau⁴tai⁵sian¹ 黏玉米	xau⁴mak⁸ 麦子	xau⁴zu¹ 薏米
xau⁴ʔboŋ⁵ 荞子	xau⁴ʔdiŋ¹ 红米	xau⁴siən¹ 黏米
xau⁴me⁶sa:n¹ 小麦	xau⁴wɯəŋ³ 小米	xau⁴ɕiəm¹ 籼米

农作物名称如瓜、豆、薯等多以植物名词性词根前带附加语素luɯk⁸ "子"（表示 "小" "嫩"），很少用通称，例如：

luɯk⁸pa:p⁷ 扁豆②	luɯk⁸pak⁸ 萝卜	luɯk⁸pɯ⁵ 芋头
luɯk⁸pi⁶ 豌豆	luɯk⁸pja:u² 饭豆	luɯk⁸ka:t⁸ 野花椒
luɯk⁸tiən¹ 黄瓜	luɯk⁸fak⁸ 冬瓜	luɯk⁸ɕa:t⁸ 辣椒③
luɯk⁸kau¹ 豇豆④	luɯk⁸tɕɯ² 茄子	luɯk⁸ʔbu⁴ 葫芦
luɯk⁸kwa¹ 南瓜	luɯk⁸xam² 苦瓜	luɯk⁸ɕeu¹ 胡椒
luɯk⁸ʔit⁷ 葡萄	luɯk⁸tɕau⁵ 桐子	luɯk⁸ɣeu⁵ 慈菇

---

① 这部分材料引自潘炉台等编著《布依族医药》，贵州民族出版社 2003 年版。

② 也叫 xuk⁷pa:p⁷。

③ 也叫xuk⁷ɕa:t⁸。

④ 也叫xuk⁷kau⁶。

luɯk⁸tɕeu⁴ 薤子（野葱）　　　　　luɯk⁸sa:ŋ² 木姜子

（三）藤本植物

藤本植物较少，反映在语言中，相应的词汇也很少。布依语称藤葛为kau¹或ta:ŋ⁶，其中kau¹指植物本身，而ta:ŋ⁶则指藤葛的茎秆部分。例如：

kau¹ta:n¹ 何首乌　　　　kau¹ka:t⁷ 葛藤　　　　kau¹ɲoŋ² 老鸦藤

kau¹lai¹ 一种藤子　　　　kau¹ʔdot⁷ 野地瓜藤　　　　kau¹za:u⁴ 锯齿藤

kau¹zat⁷ma¹ 狗屁藤　　　　kau¹va:i¹ 一种藤子　　　　kau¹zen² 青藤

一些藤本植物由于质地较坚硬，常常被人们归入木本，同样，一些较柔软的藤本植物也被归到草本植物当中（详见上文）。

二　动物名词

布依语称动物为tuə²tuə²，绝大多数动物名词都可以冠以tuə²作为标记，此外，根据动物所属种类，动物名词有可以分别冠以该类动物名词的通称，如鸟类冠以zɔk⁸，鱼类冠以pja¹等。布依语中动物类词汇并不多，无法按照动物分类学的标准进行严格的分类，这里简要划分为禽类、兽类、鱼类（包括陆地爬行动物）和昆虫4类。

（一）飞禽类

tuə²ʔa:n⁵ja:ŋ² 鹳　　　　tuə²ʔa¹ 乌鸦　　　　tuə²pit⁷ 鸭子

tuə²kai⁵kai¹ 野鸡　　　　tuə²kai⁵ 鸡　　　　tuə²zɔm⁶ 鹰

tuə²zɔk⁸ 鸟　　　　tuə²jeu⁶ 鹞子　　　　tuə²xa:n⁵ 鹅

zɔk⁸“鸟”可以作为“飞禽”类名词的通称，与一系列专称构成新的飞禽类名词。例如：

zɔk⁸ʔen⁵ 燕子　　　　zɔk⁸kai⁵xa² 鹧鸪　　　　zɔk⁸lai³ 麻雀

zɔk⁸kan¹ 秧鸡　　　　zɔk⁸kweu⁵ 八哥　　　　zɔk⁸zuə⁵ 戴帽雀

zɔk⁸xa:n⁵ja:ŋ² 大雁　　　　zɔk⁸tɕeu¹ 画眉　　　　zɔk⁸tɕau³xa:u¹ 白头翁

zɔk⁸tɕum³ 竹鸡　　　　zɔk⁸za¹ 孔雀　　　　zɔk⁸ɕeu¹ 土画眉

zɔk⁸ʔja⁵ 喜鹊　　　　zɔk⁸zen² 百灵鸟　　　　zɔk⁸wak⁷ 鹭鸶

kai⁵“鸡”也还可以再进一步分为：

kai⁵pu⁴ 公鸡　　　　kai⁵tiən⁶ 野鸡　　　　kai⁵ton¹ 骟鸡

kai⁵fak⁸ 孵蛋的鸡　　　　kai⁵tɕiə¹ 乌骨鸡　　　　kai⁵toṇ¹ʔdeŋ⁴ 未骟的鸡

kai⁵me⁶ 母鸡　　　　kai⁵ziən⁶ 秧鸡　　　　kai⁵zuŋ² 雏鸡

kai⁵xan¹ma:n³ 提前打鸣的鸡　　　　kai⁵xa:ŋ⁶ 项鸡（未生蛋的母鸡，仔鸡）

（二）兽类

大量的兽类、家畜类动物名词可以以tuə²作为前加成分。例如：

tuə²tuə² 牲畜、动物　　　　tuə²ɲa¹ 野兽　　　　tuə²ɕiə² 黄牛

tuə²wa:i² 水牛　　　　tuə²ma⁴ 马　　　　tuə²li² 驴

tuə²juəŋ² 羊　　　　tuə²meu⁵ 猫　　　　tuə²liŋ² 猴子

tuə²ma¹ 狗　　　　tuə²ɕa:ŋ² 大象　　　　tuə²kwe³ 青蛙

tuə²kɔp⁷ 田鸡　　　　tuə²viu⁵ 豹子　　　　tuə²xa:n³ 果子狸

tuə²kuk⁷ 老虎　　　　tuə²mei¹ 熊　　　　tuə²lin⁶ 穿山甲

tuə²xat⁷ 竹狸（竹鼠）　　　　tuə²ma¹fa:ŋ² 狐狸　　　　tuə²ɕen⁶ 豪猪，箭竹

tuə²na⁵ 刺猬　　　　tuə²ma¹nai² 豺狗　　　　tuə²ʔdiəŋ¹ 狼

wa:i² "水牛" 之下还可以再进一步分为：

wa:i²pau¹ 矮腿水牛　　　　wa:i²tak⁸ 公水牛　　　　wa:i²ton¹ 骟过的水牛

wa:i²luɯk⁸ 小水牛　　　　wa:i²me⁶ 母水牛　　　　wa:i²zai¹ 未骟过的水牛

wa:i²ɕi¹ 犀牛　　　　wa:i²kau¹zak⁷ 断了角的水牛

wa:i²kau¹ta³ 叉角水牛（犄角向内合拢的水牛）

（三）鱼类（含两栖动物和陆地爬行动物）

tuə²pja¹ 鱼　　　　tuə²piŋ¹ 蚂蟥　　　　tuə²sai¹ 螺蛳

tuə²ŋɯɯ² 蛇　　　　tuə²ʔdiən¹ 蚯蚓　　　　tuə²n̩a:u⁶ 虾子

tuə²sip⁷ 蜈蚣　　　　tuə²wɯɯ¹ 甲鱼　　　　pja¹pjai⁴ 鲤鱼

pja¹pjok⁸ 青鱼　　　　pja¹tɕa:i³ 鲇鱼　　　　pja¹xau¹waŋ¹ 小油鱼

pja¹lut⁷ 泥鳅　　　　pja¹za:i² 斑鱼　　　　pja¹zun² 鲫鱼

pja¹ɕen⁴ 鳝鱼　　　　pja¹jeu¹ 青鱼

（四）昆虫类

tuə²pit⁸ 蝉　　　　tuə²mat⁷ 跳蚤　　　　tuə²pi⁶ 蜻蜓

tuə²tak⁷ 蚂蚱　　　　tuə²tak⁷tai⁵ 蟋蟀　　　　tuə²tiəŋ² 蜜蜂

tuə²to⁵ 马蜂　　　　tuə²ta¹lo⁵ 兔子　　　　tuə²te⁶ 蛔虫

tuə²kwa:u¹ 蜘蛛　　　　tuə²ʔba⁴ 蝴蝶　　　　tuə²ʔba⁴ 飞蛾

tuə²mɔt⁸ 蚂蚁　　　　tuə²ʔduŋ⁴ 蛀虫　　　　tuə²muɯ⁴ 米象、玉米虫

neŋ²keŋ² 绿头苍蝇　　　　tuə²neŋ² 苍蝇　　　　tuə²liə⁵ 牛虻、牛虱子

neŋ²ʔjai¹ 细腰蜂　　　　tuə²na⁶ 水獭　　　　tuə²nan² 虱子

tuə²non¹ 虫，蛆　　　　tuə²ʔjai¹ 泥蜂　　　　tuə²non¹pɯɯ¹ 毛毛虫

tuə²non¹toŋ² 青虫　　　　tuə²ziət⁸ 螟虫　　　　tuə²zau¹ 头虱

tuə²zi² 鸡虱　　　　tuə²zip⁷ 牛虻　　　　tuə²ʔda:i⁵ 竹虫

三　稻作农耕

布依族是一个传统的稻作民族，词汇系统中与稻作农耕相关的词比较丰富，大致可以分为如下几类。

（一）农田和耕地

tam²na² 田地，土地　　tɔŋ⁶ 坝子，田坝　　xɯn²（田、地）埂

xɯn²na² 田埂　　son¹ 园子，菜园　　na²ʔa:n⁵ 烂田

na²xɯ⁵ 干田　　na²tɕa³ 秧田　　na²ʔbak⁷lai¹ 梯田

zi⁶ 地，旱地　　zi⁶ʔaŋ¹ 肥地　　zi⁶tɔk⁷ʔwa:m¹ 山坳地

zi⁶mo⁵ 生荒，生地　　zi⁶fɯ² 荒地　　zi⁶ɕuk⁸ 熟地

son¹pjak⁷ 菜园　　ɕoi³ 畦，行

（二）耕作工具

fa⁶ɕai¹ 犁头　　pa⁵ɕai¹ 铧口　　we³ɕai¹ 犁镜

kɔŋ²ɕai¹ 犁弯　　ʔe⁵ 牛轭　　pɯɯn²pe⁶ 撮箕

fa⁶tɕiŋ¹ 薅锄，薅刀　　fa⁶kuə⁵ 锄头　　fa⁶za:u⁵ 耙

za:u⁵ɕa:ŋ² 磨耙　　fa⁶zep⁷ 截禾刀　　tɕa²n̠i² 钉耙

ɕa⁶ 绳子　　ɕau² 牛鼻绳　　wa:i⁴ 粪箕

ɕa⁶tɕiən¹ 缰绳　　ɕa⁶la:m⁶ 缆绳　　ɕa⁶ɕeu⁴ 犁索

（三）耕作方式

tɯ²za:u⁵ 耙田　　kɯən⁵ 排水　　tem³ 撒（种），点（种）

tɔk⁷ 撒种，播种　　kuə⁶na² 种田　　tɯ²ɕai¹ 犁地（田）

sem² 补栽　　le⁶wan¹ 选种　　lit⁷ 匀秧苗

mɔk⁷ 沤　　mɔn¹ 淹没　　ʔda:i¹ 薅

ʔdam¹na² 插秧　　zai⁵ 耙（田）　　ziət⁸ 浇水

ɕwa:u¹ 犁（二道）　　ɕɔm⁶ 烧、焚

（四）灌溉系统

pa⁵ta:ŋ² 稻田的排水口　　tam² 水池，水塘　　ʔbo⁵zam⁴ 水井

ʔdan¹kon¹ 戽斗　　lɔk⁷zam⁴ 水车　　kon⁶ 戽水

ka¹mɯəŋ¹ 沟　　ka¹zi³ 水沟　　kɔk⁷zam⁴ 水源

wa:i¹ 水坝　　tɕau³ta⁶ 河的源头　　zam⁴na² 田水

（五）农作物

wan¹tɕa³ 稻种，秧种　　ɕut⁸ 糯的　　wan¹xau⁴ 稻种、谷种

wa:i⁵mɯn⁶ 皮棉　　seŋ² 嫩芽　　wa:i⁵luəŋ² 铜丝棉

zo⁶tɕa³ 秧束　　n̠u² 稻草芯　　n̠u²xau⁴ 谷草、稻草

tin¹xau⁴ 谷种，谷源　　fɯəŋ² 稻草，麦秆　　nat⁸wan¹ 种子

xau⁴pep⁸ 秕谷　　xau⁴pa:u² 秕谷　　tɕa³ 秧苗

xau⁴siən¹zai⁵ 粳稻　　xau⁴na² 稻谷、稻子

xau⁴pu⁴ 雄秧（不抽穗的秧）

（六）田间管理

pɯn⁶ 粪、肥料	pɯn⁶zam⁴ 粪水	toŋ³pɯn⁶ 粪桶
zoŋ⁶ （犁过后的）土槽	tat⁷ 掐，摘（菜、花）	zum⁴ 壅培
pɯn⁶koŋ⁶ 圈肥、基肥	ta⁵la:p⁸ 晒冬	ɕaŋ³ 培植
tiən²tau⁶ 灰棚	xum⁴ 培土，壅土	za:ŋ³ 安，架，鞴
pɔk⁸ （植物长得）茂盛	tau⁶ 火灰，草木灰	

（七）容器及搬运工具

pa:i³ 鼎罐，砂锅	ʔeŋ⁶ 水缸	ʔeu⁴ 谷仓，粮仓
ka:ŋ¹ 缸（大的）	kop⁸ 笪箩	kom⁵ 鼎罐
tɕoi¹za:p⁷ 挑篓、挑箩	ʔbuŋ¹ 小囤箩	ʔdan¹tɕeu⁵ 笪箩
ʔdan¹ba:i⁴ 盛菜的筒子	ʔdan¹sa:ŋ⁶ 大囤箩	ʔdan¹sa:ŋ⁵ 大木桶
ʔdoŋ⁴ 簸箕（总称）	sa:ŋ⁵fai⁴ 木缸	sa:ŋ⁵zin¹ 石缸

（八）粮食加工及加工工具

lɔk⁷ 风车，风簸	ta⁵ 晒	ʔdan¹ɕa:n² 晒台
ʔiəŋ⁴ 炕	loi² 擂	la:ŋ⁴ 晾
keŋ³ 连枷	ʔdan¹toi⁶ 碓	ʔdan¹tau⁴ 挞斗
ʔbak⁷lai¹ 台阶、楼梯	ʔbi⁵ 剥	naŋ³ 蒸，甑子
ʔdan¹kun³ 碾子	zum¹ 碓窝，臼	ʔdan¹siŋ¹ 升子
so² 撮箕（撮粮食用）	ʔdan¹we⁴ 木槽，石槽	ʔduŋ⁵ 晒席
ɕwap⁷ （轻轻地）舂（碓）	kwa:u³ 门闩、栅栏	ʔbin⁴ 席子

（九）农耕季节及气候

ɲa⁵ʔda:t⁷ 夏天	ɲa⁵zau³ 春天	ɲa⁵tɕɔt⁷ 冬天
xa:i¹ɕiəŋ¹ 开春	xau³ɕun¹ 立春，入春	meu² 季、季节
xoŋ¹na² 农活、田里的活	ʔbɯn¹pum² 天阴	ʔbɯn¹zeŋ⁴ 天晴
zam⁴za:i² 露水	ɲa:i¹ 蓑衣	wɯn¹ 雨
wɯn¹pja³ 雷雨	wɯn¹la:u⁴ 大雨	wɯn¹mɔn⁵ 毛毛雨
wɯn¹nɔŋ² 暴雨	wɯn¹za⁵ 阵雨	

（十）农耕家畜及相关词汇

tuə²tuə² 牲畜、动物	tuə²ɕiə² 黄牛	tuə²wa:i² 水牛
tuə²ma⁴ 马	tuəŋ³ （牲口）饲料槽	tuə²luə² 骡
kɔŋ⁶ 牲口圈	ziəŋ⁶tuə² 牛圈	ton¹ 阉割、骟
ʔiəm¹ 阉（母牲畜）	kun⁴ 驯服	tɕa:u⁵ 驯（马）

（十一）计（丈）量工具及相关词汇

kan¹ 斤	teu⁶ 十斤（一吊）	twa⁶ 百斤
ɕon⁵ 寸	ɕik⁷ 尺	ʔdan¹ɕaŋ⁶ 秤

mou⁵³ 亩 za:u¹ 丈量、量 to³ 十筒

ka:i¹ 量米筒 siŋ¹ 升 ʔbo⁵ 筒

（十二）其他相关词汇

to³ti⁶ 土地神 meu²ʔdi¹ 丰收 meu²zɯŋ⁵ 丰收

meu²ʔdi¹ pi¹zɯŋ⁵ 丰收年

to³ta:ŋ⁴ 祭水口（"六月六"在稻田排水口举行祭祀仪式）

pat⁷kɔŋ⁶ 扫圈（为保牲畜平安而举行的一种仪式）

pat⁷ʔba:n⁴ 扫寨（在重大宗教节日为保全寨平安而举行的宗教活动）

四 亲属称谓

每个民族的亲属称谓与该民族的社会形态、婚姻制度、家庭形式等都有密切的关系，亲属称谓词是语言词汇系统中的一个重要组成部分。布依语中的亲属称谓词反映了布依族不同历史时期的家庭形式和家庭关系，既有传承下来的古老的称谓，也有通过语言接触从别的语言中（主要是汉语中）借入的新的亲属称谓词。以下分平辈、长一辈、祖辈及以上和晚辈四类对布依语中的亲属称谓词进行简要的介绍。

（一）祖辈及以上亲属

布依语中祖辈及以上亲属称谓词缺乏系统性，大多跟长一辈甚至平辈亲属称谓词存在交叉现象，其中男性亲属称谓词有：

pau⁵① 男性祖宗（常与ja⁶连用）；② 祖父；③ 丈夫（与平辈亲属称谓有交叉）。

lau⁴pau⁵ ① 祖宗，男祖宗；② 公公（丈夫的父亲，与长一辈亲属称谓有交叉）。

pau⁵tai¹ 曾祖父。

pau⁵ta¹ 外祖父（又作"岳父"，与长一辈亲属称谓有交叉）。

女性亲属称谓词有：

me⁶wa:ŋ⁶ 女始祖。

lau⁴ja⁶ ① 祖宗，女祖宗；② 婆婆（丈夫的母亲，与长一辈亲属称谓有交叉）。

ja⁶ ① 女性祖宗；② 祖母，奶奶；③ 妻子（与平辈亲属称谓有交叉）。

ja⁶ta:i⁵ 外祖母，外婆（又作"岳母"，与长一辈亲属称谓有交叉）。

ja⁶tai¹ 曾祖母。

ta:i⁵tɕe⁵ ① 外曾祖母；② 老太太，老婆婆（对一般老年妇女的称呼）。

这一类亲属称谓词中也有不少来自汉语，例如：

kuŋ³³ ① 公（祖父或祖父的弟弟）；② 对老年男性的尊称。

pau⁵⁵kuŋ³³ 爷爷　　　　　piau⁵³kuŋ³³ 表公　　　　　wai²⁴kuŋ³³ 外公

piau⁵³nai³³ 表奶　　　　　po³¹ 姥姥、外祖母　　　　nai³³ 奶奶

nai³³xa:u²¹ 曾祖母　　　　nai³³tɕe⁵⁵ 奶奶　　　　　nai³³nai³³ 奶奶（用于面称）

wai²⁴pho³¹ 外婆

（二）长辈亲属

长辈亲属称谓词有如下几对。

1. po⁶ "父" 和 me⁶ "母"，指己身之生父和生母，均可以与其他语素构成新的长一辈亲属称谓词，如 po⁶ 可以构成 po⁶ta¹ "岳父"、po⁶la:u⁴ "大伯、伯父"、po⁶luŋ² "舅父（母兄）、姑父（父之姐丈）、姨父（母之姐丈）"、po⁶nai⁶ "叔父"、po⁶na⁴ "舅父（母弟）、姑父（父之妹丈）、姨父（母之妹丈）" 等；me⁶ 可以构成 me⁶ʔa:u¹ "叔母、婶母"、me⁶pa³ "伯母"、me⁶leu² "叔母，婶母"、me⁶luŋ² "舅母（母亲的嫂嫂）"、me⁶na⁴ "舅母" 等。po⁶me³ 常常可以并称。

2. pa³ 和 leu²，分别指夫兄和夫弟的妻子，随孩子称时指 "（孩子的）伯母" 和 "（孩子的）婶婶"。并称义为 "妯娌"。

3. luŋ² 和 na⁴，分别指妻兄和妻弟，随孩称时指 "（孩子的）大舅" 和 "（孩子的）小舅"，其中 luŋ² 也可以泛指姻亲系列亲属中年长父亲的所有长一辈亲属；na⁴ 则可以泛指姻亲系列亲属中年幼于父亲的所有长一辈亲属。

4. ta:i⁵ 和 ta¹，分别指妻子之 "父" 和 "母"，即 "岳父" 和 "岳母"，随孩称时则指 "（孩子的）外祖父" 和 "（孩子的）外祖母"。

长一辈亲属称谓词中也有不少借自汉语的。例如：

ma³³ma³³ 妈妈　　　　　pa³¹pa³³ 爸爸　　　　　piau⁵³niaŋ³¹ 表娘

piau⁵³su³¹ 表叔　　　　ku³³ma³³ 姑妈　　　　　ku³³tie³³ 姑爹

tɕiu²⁴ma³³ 舅妈　　　　tɕiu²⁴tie³³ 舅爹　　　　ȵaŋ³¹ 娘娘, 婶婶

ȵaŋ³³ 姑姑　　　　　　pe³¹pe³¹ 父亲, 伯父　　　piau⁵³pe³¹ 表伯

ta²⁴pe³¹ 大伯　　　　　tie³³ 爹　　　　　　　　tɕiu²⁴ 舅

ta²⁴je³³ 大叔，叔叔（对年龄小于父亲的长者的称呼）

（三）平辈亲属

布依语中的平辈亲属称谓词基本形式包括如下几组。

1. pi⁴ 哥（或姐，可以指同胞，也可以泛指所有年长于己的平辈亲属），该词可以作为构词语素与别的语素构成新的亲属称谓词。例如 pi⁴paɯ⁴ "嫂嫂"、pi⁴ʔbɯk⁷ "姐姐"、pi⁴pu⁴sa:i¹ "哥哥"、pi⁴kei² "姐夫" 等。

2. nuəŋ⁴ 弟（或妹，可以指同胞，也可以泛指所有年幼于己的平辈亲属），可以与别的语素构成新的亲属称谓词。例如 nuəŋ⁴paɯ⁴ "弟妹"、nuəŋ⁴ʔbɯk⁷ "妹妹"、pau⁵nuəŋ⁴ "老弟"、nuəŋ⁴pu⁴sa:i¹ "弟弟"、nuəŋ⁴kei²

"妹夫"等。

pi⁴和nuəŋ⁴可以构成并列式合成词，即pi⁴nuəŋ⁴，表示"兄弟、姐妹、亲戚"等，还可以与别的语素组合构成新的亲属称谓词，如pi⁴nuəŋ⁴ʔa:u¹"家族内与己身平辈的男性亲属"、pi⁴nuəŋ⁴ lau⁵³piau⁵³ "老表弟兄"等。

3. pau⁵ "夫"和ja⁶ "妻"，"丈夫"也有称tɕa:u³的。ja⁶可以同别的语素构成新词，如ja⁶na⁴ "小姑（夫妹）"、ja⁶kuə⁴ "小姑（夫妹）"、ja⁶ʔdoŋ¹"亲家母"等。pau⁵ja⁶经常可以并称。

4. kwa:n¹ "夫"和pa² "妻"，通常情况下，这组词经常成对出现在民歌或民间故事中，口语中较少使用。pa²也可以跟别的语素构成新的亲属称谓词，如pa²kuə⁴ "姑嫂"、mai⁴pa² "妻子"等。

平辈亲属称谓词借入了不少汉语词①，例如：

piau⁵³sau⁵³ 表嫂	piau⁵³tɕe⁵³ 表姐	tɕie⁵³ 姐姐
kuə⁴ 小姑	piau⁵³ko³³ 表哥	ko³³ 哥
tɕie⁵³fu³³ 姐夫	laŋ³¹tɕiu²⁴ 郎舅	lau⁵³piau⁵³ 老表

（四）晚辈亲属

布依族对晚辈的称呼大多直呼其名，因此，晚辈亲属称谓词比较少，常用的有如下几个：

luɯk⁸ 儿子、女儿	la:n¹ 孙子、侄子	la:n¹ʔbɯk⁷ 孙女
luɯk⁸pau⁴ 儿媳妇	luɯk⁸ja⁶ 妻子儿女	koi² 女婿
koi²la:n¹ 孙女婿	koi³xɯn³tu¹ 上门女婿	la:n¹ta:i⁶ 长孙
la:n¹zo⁶ 外孙	luɯk⁸ta:i⁶ 长子	luɯk⁸la:u⁴ 长子
luɯk⁸luŋ²na⁴ 内侄	luɯk⁸lan³ 重孙、曾孙	luɯk⁸so⁶ 侄儿，侄女
liə⁵ 曾孙、重孙		

---

① 为了便于叙述，这里将亲属称谓中的汉语借词也一并进行分析。

第四章　词的结构规则

第一节　合成词的结构规则

布依语的合成词由两个或两个以上语素按复合和附加两种方式构成，复合式合成词的两个（或两个以上）语素都是实语素，而附加式合成词中只有一个语素是实语素，另一个（或两个）语素是虚语素。

一　复合式合成词的结构规则

布依语的复合式合成词根据词语内部两个语素之间的组合关系可以分为主谓式、述宾式、修饰式、并列式、补充式和重叠式6种。

（一）主谓式合成词

主谓式合成词是指由一个名词性词根加一个动词性或形容词性词根组合而成的一种具有主谓关系的合成词，名词性词根在前，动词（或形容词）性词根在后，后者对前者具有陈述或说明的作用。这种合成词不是两个词根意义的简单相加，而是在原词根意义的基础上有所改变或引申。主谓式合成词的词性取决于后一个语素，即当后一语素为形容词时，所构成的新词亦为形容词，当后一语素为动词时，所构成的新词即是动词。例如：

1. 名 + 形（n. + adj.）→形容词

pa⁵ pjoi⁵ 口齿伶俐	ta:m³ seu³ 胆怯	ta¹ sa:ŋ¹ 高傲
口　脆	胆　少	眼睛　高
xo²pɯn¹ 生气	ʔda:ŋ¹leu¹ 苗条	ʔda:ŋ¹ ʔbau¹ 灵便
喉　毛	身体　笔直	身体　轻
sam¹ la:u⁴ 贪心	na³mo⁵（人）陌生	pa⁵sɔm¹ 刻薄
心　大	脸　新	嘴　尖

这类词以名词性词根为被陈述对象，动词性词根或形容词性词根对名词性词根的性质、特征进行陈述或说明。

2. 名 + 动（n. + v.）→动词/形容词

ta¹zan¹ 眼看	ɕɯ¹ɕam¹ 灰心	na:i² zoi¹ 羡慕
眼睛见	心　沉	口水　溢出

pa⁵ ʔbe⁴ 咧嘴哭　　　　pja³pa⁵ 雷劈　　　　　tuŋ⁴ lo³腹泻
嘴 裂开　　　　　　　　雷 劈　　　　　　　　肚子 下泄

xiŋ¹xɯən³ 回音　　　　na³ʔbɯŋ¹ 发愁
声音 回响　　　　　　　脸 哭泣

无论是名词性词根加形容词性词根还是名词性词根加动词性词根构成的主谓式合成词，在句子中都是作为一个整体来使用的，形容词性的主谓式合成词整体可以接受副词的修饰，动词性的主谓式合成词可以带宾语。其与主谓短语的区别是词的中间不能插入其他成分。例如：

fɯŋ²ʔbau¹（手+轻）"惯偷"，不能插入否定副词成为fɯŋ² mi² ʔbau¹"手不轻"，也不能插入人称代词成为fɯŋ² te¹ ʔbau¹"他的手轻"。

因此，主谓式合成词的词义不是两个构词语素意义的简单相加，而是有所引申和变化。

（二）述宾式合成词

述宾式合成词是指由一个动词性词根加一个名词性词根构成的合成词，动词性词根在前，名词性词根在后，前者对后者起到支配和影响的作用。布依语的述宾式合成词有以下几种类型。

1. 动 + 名（v. + n.）→ 动词

这一类型的动宾式复合词占绝大多数。例如：

pan² peu¹ 得罪　　　pan² za:n² 结婚　　　po⁵ ma:u² 吹牛
成 罪　　　　　　　成 家　　　　　　　吹 谎话

taŋ⁴ fɯŋ² 住手　　　tɯ² ɕon² 相信　　　ka:ŋ³ sɯ⁵ 说媒
停 手　　　　　　　带 句子　　　　　　讲 媒

kɯn¹ tɕau³ 剥削　　　kɯn¹ kun¹ 当兵　　　xɯn³ tu¹ 上门、入赘
吃 头　　　　　　　吃 军　　　　　　　上 门

wa:i⁶ na³ 丢脸　　　ɕa:u⁴ tɕau³ 起头
坏 脸　　　　　　　造 头

由动词加名词构成的动宾式合成词有的可以带宾语，如pan²peu¹"得罪"、tɯ²ɕon²"相信"，但多数具有非及物性，其后不能再带宾语。有些动词中间可以插入其他成分，这类动词称为离合词，如pa:i⁵ sai¹"拜师"，可以说pa:i⁵ te¹ kuə⁶ sai¹"拜他为师"，pi¹ pa:i⁶ soŋ¹ ta:u⁵ sai¹"一年拜两次师"；kɯn¹ kun¹"当兵"，可以说kɯn¹ soŋ¹ pi¹ kun¹"当两年兵"，等等。有些词虽然从结构上看似比较松散，但作为布依族社会文化习俗中的一种普遍现象，在布依语中已经相对固定，因此可以看作一个词，如taɯ¹ kɯn² ɕa:i²"（守+上+棺材）守灵"、pat⁷ ʔba:n⁴"（扫 + 寨子）扫寨"，等等。

2. 动 + 名（v. + n.）→形容词

pan² na³ 体面、光彩	kuun¹ zeŋ² 费力	ʔau¹ zeŋ² 费劲
有　脸	吃　力气	要　力气
xo² sam¹ 合意	tɕet⁷ ɕɯ¹ 伤心	ma:i³ xe⁵ 好客
合　心	痛　心	喜欢　客人
ze¹ sam¹ 小心	ɕuəŋ⁵ sam¹ 放心	juŋ⁶ zeŋ² 努力
防护　心	放　心	用　力气

这类合成词由动词词根和名词词根构成，其词性为形容词，表示一种状态，可受副词的修饰，如pan² na³ "体面"，可以说pan²na³ ta²za:i⁴ "很有面子，很体面"，tɕet⁷ɕɯ¹ "伤心"，可以说leu⁴ tɕet⁷ɕɯ¹ tɕa²ɕi² pai⁰ "非常伤心"，等等。

3. 动 + 形（adj. + adj.）→形容词

pan² xo³ 贫穷	pan² liən¹ 异样	pan² ɕaɯ¹ 稀罕
成　穷	成　另外的	成　稀罕
pan² ɕiən⁶ 下贱	taɯ² kau⁵ 保守	zan¹ zoŋ⁶ 透明
成　贱	守　旧	见　亮

这类合成词虽由动词词根和形容词词根组成，但词义的核心在形容词部分，因此合成后是形容词。

4. 动 + 名（n. + n.）→名词

ta:u⁵ zi² 回门	taŋ² miŋ⁶ 极点	ka:u³ tɕiəŋ⁵ 镜子
回　门	到　命	照　镜
tiŋ³ tɕim¹ 顶针	toi⁵ na³ 对面	ɕam⁶ pɯəŋ² 同乡
顶　针	对　脸	共　地方

这类合成词也是动词词根加名词词根构成，但组合后意义发生了引申，指具有这两个词根所描述的特征的人、事物或情况。

5. 动 + 名（v. + n.）→副词

ɕuəŋ⁵ ʔda:ŋ¹ 亲自	ziən² ɕɯ² 马上	kuə⁶ ji⁵ 有时
放　身体	跟随　时间	做　时
kuə⁶ ɕɯ² 偶尔	tok⁷ pa⁵ 干脆	taŋ² tɕau³ 透顶
做　时	落　嘴	到　头

由动词词根和名词词根组合而成的复合式副词整体表示动作行为的方式、时间等。

6. 动 + 方位（v. + n.）→动词/副词

tau³ la³ 下来	lai⁶ laŋ¹ 追赶	ma¹ kɯn² 上来
来　下	追　后	来　上

ma¹ laŋ¹ 下来　　　　ma¹ ʔdaɯ¹ 进来　　　　pai¹ na³ 以后，往后

来　后　　　　　　　来　里边　　　　　　　去　前

这类词中，方位名词作为补充成分表示趋向和方位。

7. 动 + 代（v. + pron.）→ 代词/副词

kuə⁶ laɯ² 怎样　　　　kuə⁶ ma² 为什么　　　　pan² ʔju⁵ 怎样

做　哪　　　　　　　做　什么　　　　　　　成　怎样

这类词前一个词根意义较虚，核心意义在后一个词根上。

在布依语中，有些合成词虽然也是由动词词根加名词词根构成，但二者的关系不是支配与被支配或影响与被影响，而是修饰与被修饰的关系，因此不是述宾式合成词，而是修饰式合成词。例如：

xau⁴ naŋ³ 糯米饭　　　luɯk⁸ ɕiən⁴ 养子　　　　fuɯn² pa⁵ 劈的柴

饭　蒸　　　　　　　儿子　养　　　　　　　柴　劈

下文将重点讨论这一类词。

（三）修饰式合成词

修饰式合成词由两个或两个以上的词根按修饰与被修饰、限制与被限制关系组合而成，其中的被修饰（或被限制）成分是词的主体（或核心），修饰（或限制）成分处于从属地位，因此这类词又称为主从式合成词。在布依语中，修饰式合成词数量最为丰富，根据主体成分在词中的位置先后可分为正偏（中定）型、中状型、偏正（定中）型和状中型四种，其中正偏型和偏正型多为体词性合成词，中状型和状中型多为谓词性合成词。

1. 正偏（中定）型修饰式合成词

中心成分在前，修饰（限制）成分在后的合成词为正偏型合成词，亦称中定型修饰式合成词。正偏型修饰式合成词以名词为主，兼有少量的代词和数词，中心词根也以名词性的为主，修饰成分有形、名、动、代、量、数等语素，甚至有述宾型语素，分别举例如下。

（1）名 + 形（n. + adj.）→ 名词

pɯə⁶ piu¹ 单衣　　　　zi⁶ fɯə² 荒地　　　　pjak⁷ xam² 苦马菜

衣服　单　　　　　　地　荒芜　　　　　　菜　苦

tuŋ⁴ xa:u¹ 白痴　　　　xa:u⁵ pin³ 反话　　　lau³ wa:n¹ 甜酒

肚子　白　　　　　　话　反　　　　　　　酒　甜

mai¹ ʔbɯk⁷ 细纱　　　ʔbɔŋ⁵ xam² 苦荞　　　na² zeŋ⁴ 干田

线　细　　　　　　　荞　苦　　　　　　　田　干旱

这类词以名词词根作为中心成分，形容词性词根作为修饰成分，构成的新词不是两个词根意义的简单结合，而是发生了改变。

（2）名 + 名（n. + n.）→名词

?ak⁷ pɯə⁶ 衣襟　　　　pa⁵ pu¹ 铺子　　　　pɯn¹ tɕau³ 头发
胸　衣服　　　　　　　口　铺子　　　　　毛　头

ta¹ ɕaŋ⁶ 戥子（秤星）　ka⁶ zeŋ² 工钱　　　xa:u⁵ ?jai⁴ 布依语
眼睛 秤　　　　　　　价 力气　　　　　话　布依族

?iə¹ meu² 农药　　　　tɕo⁵ fɯŋ² 戒指　　　za:n² sau⁵ 厨房
药　庄稼　　　　　　　箍　手　　　　　　房子 灶

方位词即表示空间方位的名词。布依语中所有的方位词都可以作为语素成为正偏型名词的中心成分，放在修饰成分之前。例如：

kɯn² ?bɯn¹ 天上　　　la³ xa:ŋ² 下颌　　　laŋ¹ tu¹ 门后
上　天　　　　　　　下　颌　　　　　后　门

?daɯ¹ ?da:ŋ¹ 身上　　　?daɯ¹ ɕɯ¹ 心里　　zo⁶ tu¹ 门外
里边 身体　　　　　　　里边 心　　　　　外　门

由通称加专称构成的人或事物名词是正偏型修饰式合成词中数量较丰富、所占比例也较高的一类词。通称是人、事物或处所的大类的总括性称谓，作为中心成分出现在词首；专称是人、事物或处所的小类专属名称，作为限定成分置于词尾。试以几类常见的名词为例。

① 表示人的名词：

pu⁴xe⁵ 客人　　　　　pu⁴sai⁵ 官吏　　　　pu⁴kun¹ 军人
人　客　　　　　　　人　官　　　　　　人　军

pu⁴xa⁵ 汉族　　　　　pu⁴jeu² 苗族　　　　pu⁴?jai⁴ 布依族
族　汉族　　　　　　族　苗族　　　　　族　布依族

② 植物类名词：

fai⁴zɔt⁸ 金竹　　　　fai⁴ka:u⁵ 樟树　　　fai⁴tɕau⁵ 桐子树
树　金竹　　　　　　树　樟树　　　　　树　桐子

fai⁴pau² 苦竹　　　　fai⁴ pja:t⁸ 笓竹　　fai⁴lu⁴ 柳树
树　苦竹　　　　　　树　笓竹　　　　　树　柳

③ 蔬菜瓜果类名词：

pjak⁷pa:u¹ 莴苣菜　　pjak⁷teŋ² 苦菜　　　pjak⁷ka:t⁷ 青菜
菜　窝荠菜　　　　　菜　苦菜　　　　　菜　芥菜

ma⁵po⁴ 山楂　　　　　ma⁵ka:m¹ 柑橘　　　ma⁵?dai¹ 柿子
果 山楂　　　　　　果　竿子　　　　　果　柿子

④ 粮食作物类名词：

xau⁴wɯəŋ² 玉米　　　xau⁴ja:ŋ² 高粱　　　xau⁴?bɔŋ⁵ 荞
粮食 专称　　　　　粮食　高粱　　　　粮食　专称

⑤ 动物类名词：

pja¹pjɔk⁸ 青鱼	pja¹tɕa:i³ 鲇鱼	pja¹zun² 鲫鱼
鱼　专称	鱼　专称	鱼　专称
zɔk⁸kan¹ 秧鸡	zɔk⁸ʔen⁵ 燕子	zɔk⁸lai³ 麻雀
鸟　专称	鸟　专称	鸟　专称

⑥ 地名：

po¹mɯn⁶ 坡们	po¹kau⁵ 坡稿	po¹miən² 坡棉
坡　专称	坡　专称	坡　专称
ʔbo⁵sam² 磨桑	ʔbo⁵men² 磨棉	ʔbo⁵ȵan² 磨年
井　专称	井　专称	井　专称

这类名词中，大多数专称很难找到对应的意义，如上文中下标"专称"的名词，而有些专称是有意义的，如pu⁴ɕa:ŋ⁶"（人 + 匠）匠人"、pjak⁷ka:t⁷"（菜 + 芥）芥菜"、fai⁴lu⁴"（树 + 柳）柳树"、ma⁵ʔdai¹"（果 + 柿子）柿子"、xau⁴ja:ŋ²"（粮食 + 高粱）高粱"等。

（3）名 + 动（n. + v.）　→ 名词

po⁶ ɕiəŋ⁴ 养父	taŋ⁵ ʔiŋ¹ 椅子	kai⁵ ton¹ 阉鸡
父　养	凳子　倚靠	鸡　阉
ʔiə¹ ȵum⁴ 染料	mok⁸ ɕa⁶ 褥子	zam⁴ kun³ 开水
药　染	被子　垫	水　滚
zin¹ pan² 磨石	ɕɔn² zeu¹ 笑柄	ɕoŋ² to³ 供桌
石头　磨	句　笑	桌子　供

（4）名 + 述宾/补结构（n. + vp）→名词

pau⁵ ka³ mu¹ 杀猪匠	pɯə⁶ zuŋ²xi² 衬衣
男人　杀　猪	衣服　衬　汗垢
pu⁴ ka:i¹zeŋ² 苦力	koi² xɯn³tu¹ 上门女婿
人　卖　力气	女婿　上　门
xa:u⁵ nau²miŋ² 说明	ta¹ ʔjap⁷ʔja⁴ 眨巴眼
话　说明	眼睛　眨　睁

（5）名 + 代（n. + pron.）→名词 / 代词

ɕɯ² ni⁴ 现在	ŋon² ni⁴ 今天	mɯən⁶laɯ² 何时
时　这	天　这	时　哪
pi¹ ʔɯn⁵ 往年	pu⁴laɯ² 谁	tɕiə²laɯ² 哪里
年　别的	人　哪	处　哪
pa:i⁶ su¹ 你们	jiəŋ⁶ ma² 什么	
边　你们	样　什么	

（6）名/量 ＋ 数（n. / cls. ＋ num.）→名词、数词、形容词、副词等

pai² ʔdeu¹ 一下（数量），一起（副），立即、马上（副），一般（形）

次　一

tɕiə² ʔdeu¹ 一处（名），一起（副）　　　　ʔdiən¹ ʔit⁷ 冬月（名）

处　一　　　　　　　　　　　　　　　月　一

ȵiəŋ⁶ si⁵ 无名指（名）　　　　　　　　sam¹ ʔdeu¹ 一心（副）

指头　四　　　　　　　　　　　　　心　一

（7）名 ＋ 量（n. ＋ cls.）→名词

zin¹ ʔba:n¹ 片状石　　　pjak⁷ tuk⁶ 菜薹　　　xau⁴ nat⁸ 饭粒儿

石头　片　　　　　　　菜　棵　　　　　　饭　粒

za² tɕep⁷ 白芝麻　　　siu⁵ fan¹ 分凿①　　　wuɯn¹ za⁵ 阵雨

芝麻　块　　　　　　　凿子　分　　　　　　雨　阵

（8）名/量 ＋ 形/副（n. / cls. ＋ adj. / adv）→名词、副词

pai² pan⁶ 刚才　　　　pai² to⁶ 一起　　　　pai² kon⁵ 早先

次　刚才　　　　　　次　独　　　　　　　次　先

pi¹ kon⁵ 前年　　　　ta:u⁵ kon⁵ 上次　　　ta:u⁵ mo⁵ 重新

年　先　　　　　　　次　先　　　　　　　次　新

　　从以上例子可以看出，布依语正偏型修饰式合成词不仅数量丰富，而且结构类型多样，所构成的合成词除主要为名词以外，还有形容词、代词、副词、数量词等，可见该类词的词义在原词根意义的基础上已发生了较大改变。在名词类的正偏型复合词中，后一个成分主要对前一个成分起到说明或解释的作用。说明的情况包括状态、功能、来源出处、特性、属性、方位、时间等。

　　2. 中状型修饰式合成词

　　中状型修饰（限制）式合成词中心成分在前，修饰（限制）成分在后，说明中心成分的方式、状态和属性等。这类词多为动词和形容词。

　　（1）动 ＋ 动（v. ＋ v.）→动词

pin³ pɔk⁷ 来回翻滚　　　　　　　　tap⁸ toi⁵ 对折

翻　用铲子铲　　　　　　　　　　折叠 对

　　这类词数量较少，作为修饰成分的动词性语素主要起到说明中心成分的方式的作用。

———————

① 木工工具，凿口宽度为一分。

（2）动＋形（v.＋adj.）→动词

ta:i¹ ɕau⁴ 夭折　　　　　ta:i¹ ʔdoŋ⁴ 冻死　　　　tɔk⁷ fa⁶ 出生，出世
死　早　　　　　　　　　死　硬　　　　　　　　掉　成熟

tɕau⁵ xan¹ 急救　　　　　zuŋ⁵ zom⁶ 早起　　　　taŋ² kwa:i² 迟到
救　快　　　　　　　　　起　早　　　　　　　　到　晚

这类词中，作为修饰（限制）语的形容词性语素主要起到说明中心成分的方式、状态的作用。

（3）动＋副（v.＋adv.）→动词

pi¹ pɯəŋ⁵（垂悬物）左右摇摆　　　　tai³ ma:n³（小孩）嚎啕大哭
摇摆　垂悬状　　　　　　　　　　　　哭　声嘶力竭状

nin²zuŋ² 和衣而睡　　　　　　　　　wen¹ pɯəŋ⁵ 悬空
睡　不盖被子　　　　　　　　　　　挂　垂悬状

这类词中，作为修饰（限制）语的副词性语素主要起到说明中心成分的方式的作用。

（4）动＋名（v.＋n.）→动词

pi¹ leŋ² 摇摆　　　　　te⁵ xa:p⁷ 绽裂　　　　wen¹ wa:u² 悬挂
摇摆　铃　　　　　　　破裂　裂缝　　　　　　悬挂　蝙蝠

ka:t⁷ tuən⁶（线）断
断　段、节

这类词的名词性语素不是动词词根的宾语，而是起到说明中心成分（动词词根）的方式，动作实施的方式等的作用，这类复合动词多具有不及物性，其后都不能再带宾语。

此外，布依语中还有少量特殊的中状结构修饰式合成词，其中心成分为形容词，修饰成分为名词，组合构成一个新的形容词。例如：

xa:u¹tɕai⁵ 蛋白（像蛋一样白）　　　　ʔdiŋ¹liət⁸ 血红（像血一样红）
白　蛋　　　　　　　　　　　　　　　红　血

xen³tɕai⁵ 蛋黄（像蛋黄一样的黄色）
黄　蛋

xen³tɕim¹ 金黄（像金子一样的黄色）
黄　金

这类词中，名词性语素作为修饰成分，起到一种类比的作用。如xa:u¹tɕai⁵ "蛋白"，将某种事物的"白"与蛋白的"白"进行类比，说明其"像蛋白一样白"。

3. 偏正（定中）型修饰式合成词

偏正型修饰式合成词即修饰成分在前，中心成分在后的合成词，亦称

定中型修饰式合成词。这类词在布依语中所占比例较小，根据构成成分的来源可以分为纯固有词、固有词加汉语借词两种类型[①]。构成成分比较复杂，中心成分除主要为名词性语素外，个别形容词性语素、代词性语素也可作中心成分，修饰成分则由名词性、形容词性、数词性等语素充当。这类复合词大多为名词，只有少量为代词、副词以及其他词类。

（1）名 + 名（n. + n.）→名词

me⁶ tɯŋ⁴（大）棍子	me⁶ sau¹（大）柱头	me⁶ na² 大田
母（大）棍	母（大）柱头	母（大）田
me⁶ za:ŋ²（大）笋子	tɕau³ na² 头道田	tɕau³ xoŋ¹ 活路
母（大）笋子	头　田	头　活路

这类词中的me³本义为"母"，在上述词中有"大"的意思，tɕau³本义为"头"，在此义为"起头、开始"。

（2）形 + 名（adj. + n.）→名词

leu⁴pɯən² 全球	kon¹ tiən² 蜂糖	la:i¹ŋɔn² 长期
全　地方	空心的　糖	多　天
la:u⁴pi⁴ 老兄	leu⁴ ɕeu⁶ 一辈子	
大　兄	全部　世	

这类词中的部分修饰成分具有较强的黏附性，不能单独使用，如leu⁴。形容词性语素作为修饰成分前置于中心成分的情况在布依语中比较少见，如kon¹tiəŋ²"蜂糖"、kon⁵ŋɔn²"从前"这样的词为数不多。

（3）数 + 名（num. + n.）→名词

pjoŋ⁶ xɯn² 半夜	ku³ŋuət⁸ 九月	si⁵kak⁷ 四方形
半　夜	九　月	四　角
sa:m¹xat⁷ 三朝[②]	si⁵miən⁶ 周围	
三　早晨	四　面	

（4）副 + 量/名词（adv. + pron./n.）→代词

leu⁴ po² 大家	lap⁸ pu⁴ 大家	leu⁴za:n² 全家
全部　群	全　人	全　家

（5）副 + 名（adv. + n.）→副词

na:u⁵ɕeu⁶ 永远	lap⁸ji⁵ 经常
永远　世	全　时

[①] 从汉语中借入的复合词视为多音节的单纯词，不在分析之列。

[②] 新生儿第三天早上举行的仪式。

（6）. 数tɕi³ + 形/名（pron. + adj./n./pron）→代词/形容词

tɕi³pe⁶ 很多	tɕi³la:i¹ 多少	tɕi³noi⁶ 很多
几　齐	几　多	几　少
tɕi³zau⁶ 多少	tɕi³ si² 何时	tɕi³ji⁵ 几时
几　些	几　时	几　时

（7）指示 pɯn³ + 名（indicator + n.）→名词

pɯn³pɯəŋ² 世居，本地	pɯn³za:n² 本家，家门
本　地方	本　家

总体而言，正偏型仍是布依语修饰式合成词的主体，从构形上看，偏正型有可能是受汉语影响而产生的。布依语借入汉语偏正式合成词之后，基本上保存其原有的结构形式。在短语层面，甚至出现了修饰语与中心语之间以"的"作为定语标志的情况。

4. 状中型修饰式合成词

从结构上看，状中型与偏正型基本相同，修饰成分在前，中心成分在后，前者对后者起到修饰或限制的作用。所不同的是，偏正型是体词性的合成词，而状中型则主要是谓词性的合成词。状中型合成词主要是动词、形容词、副词以及少量连词。

（1）动 + 动（v. + v.）→动词

ŋa:n⁴nau² 认为，以为	zeu²nau² 传说	zum²zwa:i² 坐，爬行
猜　说	传　说	翻　爬
pɔm³nin² 伏案而睡	pja:i³ma¹ 步行	ɕap⁷kuə⁶ 筹备
伏　睡	走　来	筹备　做

这类合成词中的两个词根都是动词性的，后者为中心成分，是行为的主体，前者对后者起限制作用。

（2）形 + 动（adj. + v.）→动词

na:i⁶ nau² 再说	na:n² nau² 难说	ŋam² ʔdiəp⁷ 深思
慢　说	难　说	哑　想
ȵum⁴ zeu¹ 微笑	na:n² ʔdai⁴ 难得	
抿嘴 笑	难　得	

这类合成词中，前一个词根是形容词性的，为修饰成分，后一个词根是动词性的，为中心成分，前者说明后者的方式和程度。

（3）副ʔdi¹ + 形/动（adv. + adj./v.）→形容词/动词

ʔdi¹ xam² 生气	ʔdi¹ la:u¹ 害怕	ʔdi¹ zeu¹ 可笑
好　恨	好　怕	好　笑

ʔdi¹ tɕai² 可爱　　　　　ʔdi¹ za:i² 害羞　　　　　ʔdi¹ so⁶ 诚实

好　爱　　　　　　　　好　羞涩　　　　　　　　好　直

副词性词根ʔdi¹与动词词根结合后构成一个新的动词或形容词，前者
ʔdi¹对中心成分起到修饰作用。

（4）副 + 副（adv. + adv.）→副词

fi⁶sa:i⁶ 尚未　　　　　　fi⁶ɕaŋ⁶ 不曾　　　　　　xa²fi⁶ 尚未

未　曾　　　　　　　　未　曾　　　　　　　　还　未

laŋ³ɕi⁶ 再　　　　　　　mi²tiən⁶ 莫非，难道　　　mi²ɕa:ŋ² 很少

才　就　　　　　　　　不　难道　　　　　　　不　常

这类合成词的两个词根均为副词，组合成一个新的副词后意义稍有改
变，前者对后者有修饰或限制作用。

（5）副 + 动（adv. + v.）→副词

fi⁶ ɕa:u⁴ 不曾　　　　　　laŋ³ li⁴ 还有　　　　　　liŋ⁵ nau² 硬是

未　开始　　　　　　　再　有　　　　　　　　楞　说

mi² pan² 不行　　　　　　mi² xaɯ³ 别，甭①　　　　mi² li⁴ 没有

不　成　　　　　　　　不　给　　　　　　　　不　有

mi² ɕa:u⁴ 从不　　　　　na:n² ʔdai⁴ 难得　　　　na³ ʔdai⁴ 最好

不　开头　　　　　　　难　得　　　　　　　　宁愿　得

这类合成词与第五类比较相似，第二个词根为动词，但词义比较虚，
与前一词根构成新词后，意义有所改变。

（6）形 + 形/动/名（adj. + adj./v./n.）→形容词

ŋeŋ⁵ ko² 弯曲　　　　　　n̠at⁷ nak⁷ 艰难　　　　　ɕau ⁶ʔdi¹ 美丽

侧倾　弯　　　　　　　愁　重　　　　　　　　好看　好

siŋ³ seu⁵ 清楚　　　　　　ɕwa:n³ tɕe⁵ 太馋

清　照　　　　　　　　馋　老

这类词形容词词根在前，对其后的形容词、动词或名词性词根起到修
饰作用，构成新词后词义发生了改变。

（7）连/副 + 动/副（conj./adv. + v. /adv）→连词

pe⁶ nau² 即使　　　　　　ʔi⁵nau² 假如　　　　　　ʔi⁵zo⁴ 要是

即使说　　　　　　　　若　说　　　　　　　　若　知道

laɯ²ɕi⁶ 或者　　　　　　mi²kuən³ 尽管，虽然　　　tam⁴kuən³ 但是

或　就　　　　　　　　不　管　　　　　　　　但　管

这类词由两个成分构成，前者对后者有修饰或限制作用。

---

① mi¹xaɯ³常读作紧缩形式mjaɯ³。

　　修饰式合成词是布依语词汇中的一个大类，是布依语词汇系统中一个重要的组成部分，其内部构成组合规则也比较复杂。以这一构成方式构成的词所涵盖的词类也较多，不仅有实词，还有虚词。

（四）并列式合成词

　　并列式又称联合式，构成这类合成词的两个词根地位平等，没有主从、修饰与被修饰、限制与被限制或补充与被补充的关系，二者性质相同或相近，意义相同、相关或相反。布依语的并列式合成词有如下构成方式。

1. 名 + 名（n. + n.）→名词

pau⁵ ja⁶ 祖宗①	pit⁷ kai⁵ 家禽	pi¹ ʔdiən¹ 年纪
男祖宗 女祖宗	鸭子 鸡	年　月
po¹ pa⁵ 山坡	tai⁶ ɕoŋ¹ 口袋	ta¹ na³ 面子
山　山	袋子 包	眼睛 脸
tin¹ fuŋ² 手艺	kɔk⁷ tiə³ 底细	kɔk⁷pja:i¹本息
脚　手	根　底	首　尾
ʔbun¹ ʔdan¹ 天地	ɕen² ŋan² 钱财	zi⁶ na² 土地
天　地	钱　银	地　田

　　由两个名词性词根构成一个并列式合成词在同类词中占大多数，前后两个词根处于同等的地位，构成的新词在原词根意义上有的变化不大，如po¹ pa⁵ "山坡"、ʔbun¹ ʔdan¹ "天地"，有的则发生了较大变化，从字面看不出其意义，如ta¹ na³ "面子"、tin¹ fuŋ² "手艺"等。

2. 形/动 + 形/动（adj./v. + adj./v.）→名词

ta:i¹li³ 死活	tin³zai² 长短	ʔdi¹ʔja⁵ 好赖
死　活	短　长	好　坏
ka:i¹ɕuŋ⁴ 生意	xan¹zuŋ⁵ 缓急	la:u⁴ni⁵ 大小
卖　买	急　缓	大　小

　　个别名词性的并列式合成词由两个数词组合而成，如ʔit⁷ŋi⁶（一 + 二）"顺序" "知识"，ŋi⁶sa:m¹（二 + 三）"春、春天"。

　　由两个形容词词根或动词词根组成的名词性并列合成词从字面上看虽然是两个词根简单相加，但意义上已发生了引申，如tin³zai² "长短"表示"长度"，nak⁷ʔbau¹ "轻重"表示"重量"等。

3. 形 + 形（adj. + adj.）→形容词

kan³ka:ŋ⁵ 强壮，健康	pau⁶xan¹ 忙碌	kwa:ŋ⁵la:ŋ⁶ 宽阔
健壮 活泼	忙　急	广　宽

---

① 并列式合成词pau⁵ja⁶除了有"祖宗"的意思外，还有"夫妻"的意思。

lin³kwa:i¹ 机灵 　　　　　ʔon⁵pi² 肥胖 　　　　　səm¹ka:t⁷ 锋利
灵活 乖巧 　　　　　　　 胖 肥 　　　　　　　　尖 锋利

la:i¹noi⁵ 多少 　　　　　　la:u⁴xuŋ¹ 巨大 　　　　kɯ⁶tan² 膨胀
多 少 　　　　　　　　　　大 大 　　　　　　　　胀 肿

ʔwa⁴ʔdu³ 傻，愚蠢 　　　　zeu⁵n̥au⁵ 皱 　　　　　zeu⁵zo² 干枯
傻 蠢 　　　　　　　　　　蔫 皱纹 　　　　　　　蔫 枯

ʔun⁵pu² 松软 　　　　　　 ɕa⁴kon¹ 稀疏 　　　　　ɕam⁴seu⁵ 凉爽
软 松 　　　　　　　　　　稀疏 空 　　　　　　　凉快 清澈

xan¹n̥am² 赶紧，赶快
急 快

布依语中形容词性的并列式合成词均由两个形容词词根构成，组成的新词词义也发生了变化。

4. 动 + 动（v. + v.）→动词

ta:i²xan⁶ 称赞 　　　　　　pai¹ma¹ 交往 　　　　　kep⁸nep⁷ 压迫
捧 赞 　　　　　　　　　　去 来 　　　　　　　　夹 压

xɯn³zoŋ² 上下，升降 　　　ŋon²ŋo⁶ 围观 　　　　　xau³ʔo⁵ 出入
升 降 　　　　　　　　　　看 围观 　　　　　　　进入 出

ma:i³tɕai² 喜欢，爱好 　　　nen¹za:i² 记录 　　　　ɕuən²xam⁵ 探问
喜欢 爱 　　　　　　　　　记 写 　　　　　　　　探问 问

5. 名/副 + 名/副（n./adv. + n./adv）→副词

taŋ³wa:ŋ¹ 横竖（常用于否定结构，指不辨方向）
竖 横

kon⁵laŋ¹ 前后，先后 　　　xat⁷xam⁶ 早晚，朝夕 　　xɯn²ŋon² 日夜
前 后 　　　　　　　　　　早上 晚上 　　　　　　夜 昼

布依语并列式合成词的两个词根之间地位是平等的，不存在主从关系，但绝大多数情况下，这类词的内部排列顺序并不是随意的，而是遵从约定俗成的原则，具有一定的理据性。如 po⁶me⁶ "父母"、pau⁵ja⁶ "夫妻"、kwa:n¹pa² "夫妻"的顺序说明在布依族的文化观念中，po⁶ "父"、pau⁵（或 kwa:n¹）"夫"的家庭地位比 me⁶ "母"、ja⁶（或 pa²）"妻"的地位要高。同样，从语音上看，并列词的内部词根排列顺序也是有一定规律可循的，通常情况下，舒声音节与促声音节结合时，促声音节在前，舒声音节在后，先抑后扬，符合经济原则。如 pit⁷kai⁵ "家禽"、xat⁷xam⁶ "早晚、朝夕"等。

（五）述补式合成词

由两个实词语素构成，前者为叙述成分，后者为补充成分，后者说明前者的结果、程度、趋向、可能、状态、数量等。补充成分与叙述成分之

间是补充与被补充、说明与被说明的关系。布依语中的补充式合成词主要有以下几类。

1. 动 + 动（v. + v.）→动词

pjɔk⁷ɕin⁶ 唤醒，提醒　　　　lai⁶teu² 赶走　　　　　ʔdap⁷ta:i¹ 灭掉

叫　醒　　　　　　　　　　追　逃　　　　　　　熄灭　死

ʔdeŋ¹tɔm⁵ 推翻　　　　　　xau³ma¹ 进来　　　　　ʔo⁵pai¹ 出去

推　倒　　　　　　　　　　进入　来　　　　　　出　去

zun⁵tau³ 起来　　　　　　　ʔdam¹ʔo⁵ 出产

起　来　　　　　　　　　　栽　出

这类词的前一语素是行为动词，后一个语素有些是行为的结果，如pjɔk⁷ɕin⁶"唤醒"、ʔdeŋ¹tɔm⁵"推翻"，有些表示动作行为的趋向，如xau³ma¹"进来"、ʔo⁵pai¹"出去"等。

2. 动 + 形（v. + adj.）→动词

nau²miŋ² 说明　　　　　　　xa:i⁴wa:i⁶ 毁灭，毁坏　　nau²saɯ¹ 说清楚

说　明　　　　　　　　　　打　坏　　　　　　　说　清

ʔut⁷kau² 折弯　　　　　　　ŋa:u⁴luən⁶ 捣乱，扰乱　　ɕuəŋ⁵kva:ŋ⁵ 放宽

折　弯曲　　　　　　　　　搅　乱　　　　　　　放　宽

son¹kwa:i¹ 教育，教会

教　乖

在这类词中，形容词性语素做补充成分，有些表示结果，如nau²miŋ²"说明"、ʔut⁷kau²"折弯"，有些表示状态，如ʔbat⁷ʔiə⁵"挨饿"、ŋa:u⁴luən⁶"捣乱"等。

（六）重叠构词①

由两个相同的词根重叠构成一个词，这样的情况在布依语中比较少见。能重叠成词的多数为形容词词根，所构成的词有形容词，也有副词，少量为名词词根重叠，构成名词、副词或代词。例如：

1. 形容词性词根重叠 →形容词

nat⁷nat⁷ 牢固　　　　　　　na:i⁵ na:i⁵ 疲惫　　　　　seu⁵ seu⁵ 痛痛快快

紧　紧　　　　　　　　　　累　累　　　　　　　清楚 清楚

le¹ le¹ 与众不同的

另类的 另类的

2. 形容词性词根重叠 →副词

piən⁶piən⁶ 急忙　　　　　　tɕuk⁷tɕuk⁷ 足足　　　　liəm² liəm² 悄悄地

急　急　　　　　　　　　　足　足　　　　　　　悄悄 悄悄

---

① 重叠式构词法所构成的词不属于复合词，但布依语中这类词比较少，故暂将其归入此类。

la:i¹la:i¹ 过于，非常　　luəm³ luəm³ 好好地　　tɕan⁶tɕan⁶ 渐渐
多　多　　　　　　　　　好看　好看　　　　　　渐　渐

na:i⁶na:i⁶ 轻轻　　　　na:u⁵ na:u⁵ 长期，永远　ʔdam⁴ʔdam⁴ 默默
慢　慢　　　　　　　　永远　永远　　　　　　沉默　沉默

3. 副词性词根重叠→副词

ɕiŋ⁶ɕiŋ⁶ 老是，总是　　zaɯ⁴zaɯ⁴ 仍然，继续　za:i⁴ za:i⁴ 真正，确实
全是　全是　　　　　　仍然　仍然　　　　　　真正　真正

ŋan⁶ŋan⁶ 即将，马上　　jum⁶ jum⁶ 伤心状，痛哭状
马上　马上　　　　　　伤心状　伤心状

4. 名词性词根重叠→名词/副词/代词

ka:i⁵ka:i⁵东西　　　　ɕɯ²ɕɯ² 时时，常常　　ja:ŋ²jiəŋ⁶ 各种，各样
个　个　　　　　　　　时　时　　　　　　　　样　样

jiəŋ⁶jiəŋ⁶样样，各样
样　样

形容词性词根的重叠所构成的形容词主要起到加深程度的作用，而构成的副词则表示状态、方式、频度；名词性词根重叠所构成的名词和代词表示逐一的意义，构成的副词则表示频度。

二　附加式合成词的结构规则

布依语的合成词除了复合式构词以外，还有不少词是以实词词根附加虚语素构成的，称为附加式合成词。附加式合成词可分为前加和后加两类。

（一）前加式合成词

前加式即在词根之前附加一个虚语素，称为前加成分，也有称为前缀或词头的。布依语中的前加成分与前缀情况不完全相同，词缀本身没有意义，不能单独使用，只能黏附在词根上一起构成新词。布依语中只有一部分前加成分具有这样的特征，其余大多数都具有一定的意义，有些可以表示事物的量，有些则可以附加在名词之前表示该词所属的类别。布依语的前加成分除主要附加在词根之前构成名词以外，还可以构成动词、代词、副词和形容词。

1. 名词前加成分

布依语中的名词前加成分较多，根据意义虚实程度的不同以及能否作量词可分为专用前加成分和兼用前加成分。专用前加成分意义较虚，只能依附在名词词根之前，不能作量词，也不表示事物的类别。兼用前加成分则具有一定的词汇意义，多数可以变成量词独立使用，其作用也是表示事物类别。

（1）专用前加成分

专用前加成分数量较少，常用的有 tɯ⁰-、lɯ⁰-（多数情况读作高升调 35）、ka¹-、tɕa³-、lɯk⁸-、nɔk⁸-、ɕa⁴-、ɕi²-等。

① 前加成分 tɯ⁰-。前加成分 tɯ⁰-由表示动物类别及指量的前加成分 tuə¹¹进一步虚化而来，用于非动物类名词。例如：

tɯ⁰tet⁷（用树叶扎成的）毽　　　　　　　　　tɯ⁰pe¹ 檩

tɯ⁰pau¹（用棉线或细棕绳绕成的）小球　　　tɯ⁰ma:t⁷ 巫术、法术

tɯ⁰ʔbi³ 婴儿　　　　　　　tɯ⁰ŋau² 影子

大多数单音节人名（乳名）也可以用 tɯ⁰作为前加成分，如：

tɯ⁰ja³³ 小丫　　　　　tɯ⁰muŋ²⁴ 小孟　　　tɯ⁰fɯn³³ 小分

涉及隐私的人体器官也用 tɯ⁰-作前加成分。

② 前加成分 lɯ⁰⁽³⁵⁾。这是布依语中能产性较强的专用前加成分，来源较为复杂。从涉及的词汇范围来看，主要是工具家具类词汇和容器器皿类，此外，部分建筑物、交通工具、人体部位等方面的词汇也可以带 lɯ⁰作前加成分。例如：

A. 工具家具类

lɯ⁰tɕoi¹ 背篓　　　　　lɯ⁰liaŋ³ 伞　　　　　lɯ⁰naŋ³ 甑子

lɯ⁰ɕoŋ² 桌子　　　　　lɯ⁰ɕuŋ⁵ 枪　　　　　lɯ⁰luŋ³ 锁

B. 容器器皿类

lɯ⁰pɯn² 盆　　　　　lɯ⁰tɔŋ³ 桶　　　　　lɯ⁰sa:ŋ⁶ 囤箩

lɯ⁰xa:p⁸ 盒子　　　　lɯ⁰ŋom⁶ 钵　　　　　lɯ⁰siən¹ 箱子

C. 建筑物及其部分

lɯ⁰zuk⁸ 房间，卧室　　　lɯ⁰ʔeu⁴ 粮仓　　　lɯ⁰lu⁶ 茅坑

lɯ⁰kɔŋ⁶（牲口）圈、（牲口）棚　　　lɯ⁰sau¹ 灶

D. 身体部位

lɯ⁰ʔda:ŋ¹身体　　　　lɯ⁰tin¹ 脚　　　　　lɯ⁰tuŋ⁴ 腹部，肚子

lɯ⁰fɯŋ² 手　　　　　lɯ⁰ka¹ 腿　　　　　lɯ⁰tɕen¹ 胳膊

E. 自然风物

lɯ⁰po¹ 山　　　　　lɯ⁰pja¹ 山岩　　　　lɯ⁰ʔdɔŋ¹ 森林

lɯ⁰ta⁶ 河流　　　　lɯ⁰ʔba:n⁴ 村寨　　　lɯ⁰zi⁶ 旱地

F. 交通工具

lɯ⁰swa² 筏子　　　　lɯ⁰zuə² 船　　　　　lɯ⁰tɕeu⁶ 轿

G. 乐器类

lɯ⁰ȵan² 铜鼓　　　　lɯ⁰jen² 二胡，胡琴　　lɯ⁰tɕɔŋ¹ 鼓

lɯ⁰la² 锣

H. 其他类

lɯ⁰siən¹ 园子，菜园	lɯ⁰suən¹ 园子，菜园	lɯ⁰ma:u⁶ 帽子
lɯ⁰ɕɯ¹ 心里，心情	lɯ⁰ʔbon⁵ 床，铺	

根据目前掌握的材料，lɯ⁰-是布依语中最具能产性的一个前加成分，其中大部分是从表事物名词的通用前加成分ʔdan¹演变来的，一部分则是从表"小"义的名词前加成分lɯk⁸的进一步虚化，如lɯ⁰fɯŋ² "手"，lɯ⁰tɔŋ³ "桶"等。

③ 前加成分lɯk⁸-，本义为"儿子"，虚化为前加成分后表"小"的意思。可用于各类名词之前，包括身体部位，蔬菜、水果等植物以及其他名词。

A. 身体部位

lɯk⁸pap⁸ 瞳仁	lɯk⁸ta¹ 眼睛	lɯk⁸tin¹ 脚趾
lɯk⁸ɕau² 痤疮，青春痘	lɯk⁸fɯŋ² 手指	lɯk⁸lai³ 眼珠
lɯk⁸ʔdot⁵ 将手指关节弯曲（以敲击别人）		lɯk⁸nai¹ 冻疮

B. 蔬菜水果等植物

lɯk⁸tau⁶ 绿豆	lɯk⁸tiəŋ¹ 瓜	lɯk⁸fak⁸ 冬瓜
lɯk⁸kau¹ 豇豆*	lɯk⁸xam² 苦瓜	lɯk⁸tɕeu¹ 野葱
lɯk⁸tɕɯ² 茄子	lɯk⁸ma:n⁶ 辣椒	lɯk⁸ɕoŋ⁶ 蓖麻
lɯk⁸ʔit⁷ 葡萄	lɯk⁸tɕɔi³ 芭蕉	lɯk⁸ʔdot⁷ 野地瓜
lɯk⁸ʔbu⁴ 葫芦	lɯk⁸zat⁷ 菌子	lɯk⁸zai⁵ 板栗
lɯk⁸zen⁶ 苦楝子	lɯk⁸sa:ŋ² 木姜子	lɯk⁸wɯə⁶ 青冈子

C. 其他

lɯk⁸ŋa⁶ 河边的鹅卵石	lɯk⁸ma⁵ 冰雹	lɯk⁸zai⁴ 轮子
lɯk⁸zu⁶ 纽扣	lɯk⁸zu⁴ 轮子	lɯk⁸sak⁷ 骰子
lɯk⁸sai¹ 田螺	lɯk⁸fi² 火星，子弹	lɯk⁸ɕa¹ 铁砂子

lɯk⁸与部分名词结合时可表示量，如lɯk⁸fɯŋ² "捆成小捆的柴"，可以充当量词构成量词短语soŋ¹ lɯk⁸ fɯŋ² "两小捆柴"。但上述名词的前加成分lɯk⁸都不能作量词，比如，只能soŋ¹ ʔdan¹ lɯk⁸ʔbu⁴ "两个葫芦"，而不能说*soŋ¹ lɯk⁸ʔbu⁴ "两葫芦"，只能说soŋ¹ nat⁸ lɯk⁸tau⁶ "两粒绿豆"，而不能说*soŋ¹ lɯk⁸tau⁶ "两绿豆"等，这说明上述名词的前加成分lɯk⁸虚化的程度已经很高。

④ 前加成分ka¹-，作名词时本义为"腿"，用于河流、道路等名词前面，有"分支、支系"等意义。

ka¹ta⁶ 河流	ka¹ʔe⁵ 牛轭	ka¹tɕi² 旗子
ka¹ma⁴ 木马（木匠锯、刨木头时用的木头支架）		ka¹laŋ² 裹腿

ka¹muəŋ¹ 沟　　　　　　　ka¹ŋiə¹ 江　　　　　　　ka¹zai² 锭杆

ka¹zi³ 水沟　　　　　　　ka¹zɔŋ¹ 道路

　　与"河流""沟"等名词词根结合的ka¹也可以独立称为量词，如可以说soŋ¹ ka¹ ta⁶"两条河"。但ka¹zɔŋ¹"道路"只能说soŋ¹ teu² ka¹zɔŋ¹ 或soŋ¹ teu² zɔŋ¹"两条路"，而不能说*soŋ¹ ka¹zɔŋ¹。

　　⑤ 前加成分nɔk⁸-，本义指"条状"或"柱状"物，多作条柱状物体名词的前加成分，例如。

nɔk⁸tɯŋ⁴ 拐杖、拐棍　　　　nɔk⁸fai⁴ 木棍　　　　　nɔk⁸me⁴ 乳腺

nɔk⁸ʔda:t⁷ 阳光　　　　　　nɔk⁸sa:u⁴ 竹竿　　　　　nɔk⁸ka:ŋ⁶ 杠子

　　⑥ 前加成分ɕa⁴-/ɕa²-，这两个前加成分只是声调不同，均无词汇意义，可以互换，主要用于表"人"的名词性词根之前。例如：

ɕa⁴mai⁴ 姑娘，女孩　　　　ɕa⁴ja⁶ 妇女　　　　　　ɕa²la:n¹ 小孩，孩子

ɕa⁴pau⁵ 男子，男人　　　　ɕa⁴wa:ŋ² 青年，小伙子

　　在望谟布依语中，该前加成分也读作ɕi²-，例如：

ɕi²la:n¹ 儿童，孩子　　　　ɕi²mai⁴ 妻子　　　　　　ɕi²ja⁶ 女人，妇女

　　该前加成分还可以用于单音节人名（乳名）之前，例如 ɕi²lu²⁴"小路"、ɕi²tɕiaŋ²⁴"小绛"、ɕi²tɕian²⁴"小建"、ɕi²fuɯn³³"小芬"等。

　　⑦ 前加成分koŋ³-，本义为"树桩"，也有"蜷曲"等意思，用于圆盘状及钩状物体名词之前。例如：

koŋ³pau¹（蟹的）鳌　　　　koŋ³ta¹ 疙瘩　　　　　koŋ³xo² 脖子

koŋ³ŋau⁵ 钩子，木钩（一种工具）　　koŋ³ʔdo⁵ 骨头

koŋ³tɕe⁵ 老迈，衰老（代称老年人，有贬义）

　　⑧ 前加成分tɕa³-，无词汇意义，出现在表示时间的名词性词根之前。例如：

tɕa³xat⁵ 早上　　　　tɕa³xam⁶ 晚上　　　　tɕa³xuɯn² 夜里　　　tɕa³ŋon² 太阳，白天

　　在其他地区，类似的语素也有读作tɕau³"头"的，如贞丰北盘江一带的布依语中，tɕau³yat⁷"早上"，tɕau³yam⁶"晚上"等，因此，前加成分tɕa³有可能是tɕau³词义虚化和语音弱化的结果。

　　其他专用前加成分还有，如kam²-，kam²wa¹"花蕾"；ta²-，ta²xoŋ⁶"院落"、ta²zak⁸"生漆"；kɯə³-，kɯə³jiəŋ⁶"样子"；tɕin³-，tɕin³tɕa:ŋ¹"中间"；ɕaŋ³-，ɕaŋ³ja⁶"妇女"等，但能产性都不高。

　　（2）兼用前加成分

　　兼用前加成分具有一定的词汇意义，表示所指事物的大类，可以独立用作量词。为了便于阐述，我们将兼用前加成分分为表人、表动物、表植物、表工具、表自然景物、表衣物及其他纺织品、表身体部位、表建筑物、

表交通工具、表乐器及游艺用品、表抽象概念及其他等 11 类。

① 表示"人"的前加成分。表"人"的前加成分有pau⁵-，用于指称或称量年长的男性；mai⁴-，用于指称或称量年轻的女性；çoi⁴-，用于指称或称量儿童，不分性别。例如：

pau⁵pi⁴ 哥哥　　　　　　pau⁵tau² 头目、头子、头人　　pau⁵wɯəŋ² 王爷

mai⁴pa² 妻子、老婆　　　mai⁴ʔbɯk⁷ 姑娘　　　　　çoi⁴lɯk⁸ 小孩

çoi⁴ço² 年轻人，青年

② 表示"动物"的前加成分。表示动物的用tuə²-，表示家禽性别的用pu⁴-、me⁶-、xa:ŋ⁶-、tak⁸-、ço⁶等。例如：

pu⁴pit⁷ 公鸭　　　　　　pu⁴xa:n⁵ 公鹅　　　　　　tak⁸ma⁴ 公马

tuə²ʔa:n⁵ja:ŋ² 鹞（俗称饿老鹞）　　xa:ŋ⁶pit⁷（未下过蛋的）母鸭

me⁶kai⁵ 母鸡　　　　　　tak⁸wa:i² 公水牛　　　　　me⁶ma⁴ 母马

me⁶çiə² 母黄牛　　　　　tuə²pit⁸leŋ² 知了　　　　tuə²piŋ¹ 蚂蟥

tuə²te⁶ 蛔虫　　　　　　tuə²fa:n² 黄麂、麂子　　　tuə²mjau⁵ 猫

ço⁶çiə²（小）母牛　　　ço⁶ma¹（小）母狗　　　　ço⁶juəŋ²（小）母羊

③ 表示"植物"的前加成分。称量植物的量词ko¹-、ʔbɯ¹-、nam³-、ʔdak⁷-、teu²-、tçiəŋ⁵-、san³-等都可以作为植物类名词前加成分。例如：

ko¹xau⁴ 稻株，庄稼　　　ko¹pjak⁷ 菜，蔬菜　　　　teu²kau¹ 藤葛

ko¹ʔoi⁴ 甘蔗　　　　　　ʔbɯ¹tçit⁷ 刺桑叶（野生桑叶）

ʔbɯ¹muŋ² 芋荷叶　　　　ʔbɯ¹si¹ 桑叶　　　　　　nam³ʔon¹ 刺

ʔdak⁷sɯ² 红薯　　　　　ʔdan¹ma⁵ 果子　　　　　ʔdo⁵wa¹ 花

tçiəŋ⁵wa¹ 花朵　　　　　ʔbɯ¹zat⁷ 菌子，蘑菇　　san³ʔoi⁴ 甘蔗

④ 表示"工具"的前加成分。这类前加成分比较多，绝大多数都可以独立成为量词，部分前加成分能产性也比较强，常见的有pen⁵-、pɯn²-、teu²-、fa⁶-、ka:n³-、tçep⁷-、nam³-、ʔdak⁷-、ʔdan¹-、san³-、wa¹-等。

pen⁵pi² 扇子　　　　　　pɯn²ta:n³ 毯子　　　　　teu²xa:n² 扁担

fa⁶liəm¹ 镰刀　　　　　fa⁶ka:p⁸ 钳子，夹钳　　　fa⁶tçiəm⁵ 剑

fa⁶pa:u⁶ 推刨，刨子　　fa³³mit⁸ 刀　　　　　　　fa⁶ŋwi⁴ 锥子

ka:n³çi² 钥匙　　　　　　tçaŋ⁶tɯŋ⁴ 木棍　　　　　tçep⁷ta:p⁸ 木板

nam³teŋ¹ 钉子　　　　　ʔdan¹pa:t⁷ 钵　　　　　　ʔdan¹pe⁶ 粪箕

ʔdan¹taŋ¹ 灯　　　　　　ʔdan¹lɔk⁷ 水车　　　　　ʔdan¹çoŋ² 桌子

san³piən¹ 鞭子　　　　　san³ka:u⁶ 幡竿　　　　　wa¹kɔm⁶ 盖子

⑤ 自然景物名词的前加成分。这类名词的前加成分与景物的外形有一定的联系，而自然景物的外形又与人们日常生活中经常接触到的一些事物相类似，因此，这类前加成分多与表工具的名词前加成分相同，常见的有

pen⁵-、pi²-、teu²-、tɕep⁷-、mau⁴-、ʔdak⁷-、ʔdan¹-、wa⁶-等。例如：

pen⁵wɯə³ 云朵	pi²po¹ 山，山坡	pi²ta:t⁷ 山崖
teu²ta⁶ 河流	tɕep⁷zin¹ 石板	tɕep⁷wɯə³ 云朵
mau⁴po¹ 山，山峰	ʔdan¹po¹ 山，山坡	ʔdan¹kum² 坑
wa⁶po¹ 山坡、山峦	ʔdan¹ʔbo⁵ 井	ʔdan¹ʔda:t⁷ 太阳

⑥ 衣物及其他纺织用品类名词前加成分。这类名词的前加成分主要有 tɕeu¹-、tɕɔŋ⁵-、ʔbaɯ¹-、ʔdan¹-等。例如：

tɕeu¹wa:i⁵ 棉线，棉纱	tɕeu¹mai¹ 线	tɕɔŋ⁵mɔk⁸ 被子
tɕɔŋ⁵pɯə⁶ 衣服	ʔbaɯ¹pɔk⁸ 头巾	ʔbaɯ¹tɕi² 旗子
ʔdan¹si¹ 蚕茧，茧子	ʔdan¹ma:u⁶ 帽子	ʔdan¹sa³ 纺车

⑦ 身体部位类名词的前加成分。这类名词的前加成分主要有 teu²-、tɕaŋ⁶-、tɕeu¹-、ʔbaɯ¹-、ʔdak⁷-、ʔdan¹-、san³-等。例如：

teu¹za:ŋ⁶ 身材	tɕaŋ⁶ka¹pi²（较粗的）大腿
tɕaŋ⁶tɕen¹（较粗的）胳膊	tɕeu¹pjɔm¹ 发丝
ʔdak⁷tɕau³ 头	ʔdan¹ʔa:i¹（飞禽类动物的）嗉囊

ʔbaɯ¹lin⁴ 舌头	ʔbaɯ¹na³ 脸，脸面	ʔdak⁷pop⁷ 疙瘩
ʔdan¹pan⁵ 头旋	ʔdan¹tap⁷ 肝	san³jeu³ 牙齿

⑧ 建筑物类名词的前加成分。这类名词的前加成分主要有 pen⁵-、pi²-、ʔdan¹-、san³-等。例如：

pen⁵lau² 楼板	pi²ta⁵ 墙壁	pi²ɕiaŋ² 墙壁
ʔdan¹pu⁵ 铺子	ʔdan¹tɔn² 棚子，窝棚	ʔdan¹tɕeu² 桥
ʔdan¹meu⁶ 庙宇，寺	ʔdan¹za:n² 房子	san³pe¹ 檩子
san³tɔŋ⁶ 桩子，木桩	san³fa:ŋ¹ 枋子	

⑨ 交通工具类名词的前加成分。只有 ʔdan¹-，例如：

ʔdan¹tɕeu⁶ 轿子	ʔdan¹lan⁶ 轮子	ʔdan¹swa² 筏子

⑩ 乐器及游艺用品类名词的前加成分。这类名词的前加成分大多用 ʔdan¹-，只有极个别为其他前加成分。例如：

ʔdan¹xa:u⁶ 长号	ʔdan¹tɕɔŋ¹ 鼓	ʔdan¹ŋən¹ 铜鼓
ʔdan¹tom⁵ 花包、糠包	ʔdan¹ku² 线球、绣球	wa¹ɕa:u³ 小钹

⑪ 抽象概念及其他。这几类名词的前加成分主要有 pen⁵-、tuə²-、tɕep⁷-、man²-、ʔba³-、ʔbaɯ¹-、nat⁸-、ʔdan¹-、za⁵-、san³-、wa⁶等。例如：

tuə²fa:ŋ² 鬼	tuə²meu⁶（泥塑的）菩萨	tuə²luəŋ² 龙
tɕep⁷ʔiə¹ 药片	tɕep⁷ŋwa⁴ 瓦、瓦片	pen⁵fa² 铁板
man²ɕen²ɕoŋ⁶ 铜钱	ʔba⁵zoi⁴ 烂布，碎布头	ʔbaɯ¹peu³ 祭文
ʔbaɯ¹ŋau² 相片	nat⁸xa:n⁶ 汗、汗水	nat⁸nɔŋ⁴ 弹头

nat⁸ʔiə¹ 药粒儿，药丸　　　　ʔdan¹piŋ³ 饼　　　　ʔdan¹tɯɯm⁵ 汤圆，汤粑

ʔdan¹na:n⁶ 困难　　　　za⁵seŋ¹ 疟疾　　　　san³ɕuk⁷ 蜡烛

wa⁶pa:u⁵ 鞭炮

2. 代词前加成分

代词常见的前加成分有po²-、pu⁴-、xo³-、tɕɔŋ⁵-、ka:i⁵-、sam⁵-、ja⁵-等。其中po²、xo³-、tɕɔŋ⁵-、sam⁵-、ja⁵-是复数标记，出现在单数人称代词te¹ "他/她/它" 之前时将单数变为复数，也可以置于复数人称代词zau² "我们"、tu¹ "咱们"、su¹ "你们" 等之前。sam⁵-除指示代词外还可以用于疑问代词，二者均表示复数。po²-、pu⁴-、tɕɔŋ⁵-、ka:i⁵-可作名词的前加成分，也可独立成为量词。例如：

po²te¹ 他们　　　　　　　　　po²tu¹ 我们（排除式）

tɕɔŋ⁵ziə¹ 你们　　　　　　　　tɕɔŋ⁵woi⁵ 我们（谦称）

po²zau² 我们（包括式）　　　　pu⁴ʔɯn⁵ 别人，其他人

pu⁴laɯ² 谁　　　　ka:i⁵te¹ 他　　　　ka:i⁵mɯŋ² 你

ka:i⁵su¹ 你们　　　　kɯə³ma² 什么　　　　xo³tu¹ 我们

xo³za² 咱们　　　　tɕɔŋ⁵te¹ 他们　　　　tɕɔŋ⁵tu¹ 我们

sam⁵ni⁴ 这些　　　　sam⁵laɯ² 哪些

3. 数词前加成分

数词前加成分有ɕo¹- "初" 和ta²- "第" 两个，主要放在基数词前组合成序数词表示次序。例如：

ɕo¹ʔit⁷ 初一　　　　ɕo¹sa:m¹ 初三　　　　ɕo¹pet⁷ 初八

ɕo¹ɕip⁸ 初十　　　　ta²ŋi⁶ 第二　　　　ta²xa³ 第五

ta²ɕat⁷ 第七　　　　ta²ku³ 第九　　　　ta²ɕip⁸ 第十

布依语数词 "一" 和 "二" 有两套，即ʔit⁷、ʔdeu¹和ŋi⁶、soŋ¹，其中ʔdeu¹在各地布依语中都不能带前加成分ɕo¹-和ta²-，soŋ¹在部分地区可以带，但多数地区不能带。数词 "十一" 以后不再出现前加成分，直接用数词修饰名词或量词。例如：

ʔdiən¹sa:m¹ ɕo¹xa³ 三月初五（"五" 之前出现附加成分）

　三月　　初五

za:n² ta²sa:m¹ 第三家（"三" 之前出现附加成分）

　家　　第三

pet⁷ŋuət⁸ ɕip⁸sa:m¹ 八月十三（"十三" 之前不出现附加成分）

八月　　　十三

pa:i² ɕip⁸ŋi⁶ tai⁵ pa:i⁶soi⁴ pai¹ pu⁴ ɕip⁶xa³

　排　十二　从　左边　去　人　十五

第十二排左起第十五个（数词"十二"和"十五"之前都不出现附加成分）

4. 动词前加成分

布依语中部分动词前可以附加一个意义较虚的前加成分，表示动作行为的状态或方式。最常见的动词前加成分有 tuŋ^4-和 kuə^6-两个，其他还有 ta^3-、tɯ^2-、tu^6-、ka^3-、ka^6-、xup^8-、xu^5-、le^3-、lɔk^8-、ȵa^3-、ȵak^8-、ȵɔk^8-、zɔp^8-、sa^2-、sɔk^8-/sɔk^7-、ça^5-、ja^6-等，这里仅以几个较常用的动词前加成分为例。

（1）前加成分 tuŋ^4-。布依语中的前加成分 tuŋ^4-本身具有"相互"之义，出现在动词词根前面表示"相互"，是动作行为的"互动"标记。例如：

tuŋ^{4}ʔa:n^5 商量	tuŋ^{4}pa:ŋ^1 相帮	tuŋ^{4}pi^4 比试
tuŋ^{4}ka:p^5 交叉	tuŋ^{4}xut^7 吵架、对骂	tuŋ^{4}xa:i^4 打架
tuŋ^{4}tɕai^2 相爱	tuŋ^{4}ʔdiət^7 吵架、争吵	tuŋ^{4}nan^4 拥挤
tuŋ^{4}wet^7 交叉	tuŋ^{4}ɕeu^5 对比	tuŋ^{2}ɕom^2 团聚

带前加成分 tuŋ^4-的动词大多与人或动物的动作行为有关，大部分为及物动词，带前加成分之后词义和用法都发生了变化。动词词根原为单向动词，可以带宾语，即动作行为的方向是单向的，带前加成分后变成了双向性，因此不能带宾语了。如 puŋ^2"逢、遇"，zan^1"见"，xa:i^4"打"都可以带相应的宾语、组成述宾短语，可以说 puŋ^2 te^1"遇上他"，zan^1 pau^{5}sai^1"见老师"，xa:i^4 tuə^{2}kuk^7"打老虎"等，而带上前加成分 tuŋ^{4}之后，动词成了施事和受事之间的相互行为。

（2）前加成分 kuə^6-。kuə^{6}本义为"做"，是个及物动词，可带名词、名词短语、疑问代词等作宾语，但有些情况下，kuə^{6}又可以出现在动词词根之前充当该词根的前加成分，这时候的 kuə^{6}意义较虚，其作用是将原本及物的动词变成不及物动词。例如：

kuə^{6}pa:n^4 做伴	kuə^{6}taɯ^2 把守	kuə^{6}tiŋ^6 决定
kuə^{6}xa:i^5 为害	kuə^{6}ȵa:ŋ^6 发牢骚	kuə^{6}ȵau^5 生气，怄气
kuə^{6}ȵip^8 缝衣服	kuə^{6}ʔja:p^7 抢劫	kuə^{6}seu^5 刺绣
kuə^{6}sak^8 洗涤	kuə^{6}sɔŋ^5 送亲	kuə^{6}ɕam^2 玩耍

动词词根带前加成分 kuə^6-之后，词性没有发生改变，但原来可以带宾语的动词变成了不及物动词，如 taɯ^2"守"可以带宾语 za:n^2"家、屋"，变成述宾短语 taɯ^{2}za:n^2"守屋子"，但带上前加成分 kuə^{6}之后，不能说 kuə^{6}taɯ^2 za:n^2；再如 ȵip^8"缝"可以带宾语 pɯə^6"衣服"成为 ȵip^8 pɯə^6"缝衣服"，但不能说 kuə^{6}ȵip^8 pɯə^6。

前加成分 kuə^6-也可以出现在形容词词根之前，构成一个副词或形容词，例如 kuə^{6}na:u^5"（做 + 长久）长久，永远（副词）"，kuə^{6}ɕai^2"（做 + 齐）

完全、齐全（形容词）"

（3）前加成分 ta³-。主要出现在肢体等身体部位或与言语有关的动词性词根之前。例如：

ta³pa:t⁷ 打（耳光）　　　　　　ta³pja:u² 聊天，谈天，摆龙门阵

ta³nau² 虽然说……，即便……　　ta³ɕuə⁴ 摆龙门阵，聊天

（4）前加成分 tɯ²。没有实在意义，只出现在少量动词性词根之前，目前仅发现如下两个：

tɯ²taŋ⁴ 停息，停止（只用否定结构，与 mi²、fi⁶ 连用）

tɯ²teu² 逃跑

（5）前加成分 ta²-。没有实在意义，出现在部分行为动词之前表示该动作延续时间短。例如：

ta²ʔa⁴ 张开　　　　ta²ðan¹ 看见　　　　ta²ʔdiəp⁷ 想　　　　ta²ɕim¹ 看

ta²-也可以出现在形容词词根的前面，构成形容词。例如 ta²kan⁴ "（附加成分+勤快）勤快"

动词的其他前加成分能产性都很低，从目前掌握的材料来看，大多仅有一个实例，这里总体列举如下，不再分条细说。

tu⁶-: tu⁶tet⁷ 跳出、溅	pja:ŋ⁶-: pja:ŋ⁶sat⁷ 猛跳
ka:ŋ¹-: ka:ŋ¹ka² 阻碍，妨碍	ka³-: ka³ɲiə¹ 听，打听
ka⁶-: ka⁶juə⁶ 撒谎，扯谎	xup⁸-: xup⁸tɯ² 燃烧
xu⁵-: xu⁵ʔdiət⁷ 大喊大叫	le³-: le³la:u¹ 害怕
lɔk⁸-: lɔk⁸laŋ⁵ 拉扯	lɔk⁸leŋ⁵ 挣扎
ɲa³-: ɲa³la:u¹ 害怕	ɲak⁸-: ɲak⁸ɲau⁵ 生气，怄气
ɲɔk⁸-: ɲɔk⁸ɲa:u⁴（小孩）吵闹	ɲɔk⁸ɲa⁶ 发脾气
zɔp⁸-: zɔp⁸kwi⁶ 下跪	sa²-: sa²zwa:u⁵ 惯，习惯
sɔk⁸-/sɔk⁷-: sɔk⁸san⁵ 抖动	ɕa⁵-: ɕa⁵ziən² 晃动
ja⁶-: ja⁶pum⁶ 捉迷藏	

有些动词词根带前加成分之后，其词性发生了改变，例如：to⁶zɔŋ² "朝下，往下（副词）"，tuŋ⁴ʔju⁵ "一起（副词）"，tuŋ⁴wɯən⁶ "轮流（副词）"，kuə⁶ʔdai⁴ "一定（副词）"等。

（二）后加式合成词

后加式合成词即在词根之后加上一个虚语素构成的合成词，该语素称为"后加成分"，也有称为后缀或词尾的。布依语的后加成分大多没有实在意义，附着在词根之后表示一种状态、程度。与前加成分不同，后加成分大多不具能产性，一个后加成分通常只依附于某个词根，最多可以依附于两到三个词根，而一个词根则可以带多个不同的后加成分。形容词、动词

和副词都可以有后加成分。后加成分包括单音节和双音节两种，单音节后加成分除了一部分与词根构成双声或叠韵词之外，还找不到其他规律。双音节后加成分绝大部分为重叠形式，非重叠形式后加成分中有相当一部分原为双声、叠韵或双声兼叠韵结构，另有一部分词根加一个带-a韵母的音节再带一个其他语素。以下按后加成分的语音结构形式分别论述。

1. 单音节后加成分

单音节后加成分与词根的组合缺乏规律性，目前唯一发现的规律是有一部分附加式合成词的词根与后加成分之间是按双声、叠韵或双声叠韵的形式组合。

（1）词根与后加成分为双声结构的。

sa:n⁵sa² 散落	ʔbin¹ʔba⁴ 飞荡	ʔda:u¹ʔda⁴ 搅动
pɯm⁶pa⁴ （偷偷）拿，摸	tɕuk⁷tɕa⁵ 吵闹，咋呼	xum⁴xo⁶ 包围
ʔbit⁷ʔba:i¹ 偏，歪	lɯ⁶la:i⁶ 替换，互换	tɕum⁶tɕua⁴ 乱抓
ʔbau¹ʔbem³ 轻飘飘	ɕai²ɕuə² 齐全，齐备	wit⁸wen⁶ 甩动
zo²zwa:ŋ³ 干焦焦的	ʔbe¹ʔba:ŋ⁵ 摆满，铺满	ʔdiŋ¹ʔdɔŋ³ 大红
tɕe⁵tɕot⁸ 苍老，很老	taŋ⁴tɯk⁸ 停止，停息（只用于否定结构）	

（2）词根与后加成分为叠韵结构的。

lwa:i³twa:i⁴ 破破烂烂	wa²ɕwa³ 抓	ni⁵ʔi⁵ 细小
ŋai⁶tai⁴ 过分甜	jeu¹ʔeu⁴ 绿油油	tam⁵pam⁶ 矮墩墩
ʔun⁵sun⁶ 细嫩	ʔa:ŋ⁵ja:ŋ⁶ 高兴	ʔa:n⁴tɕa:ŋ³ 仰倒
tɕiŋ⁵ʔiŋ⁵ 尊敬	ŋɔk⁷sɔk⁸ 愚蠢	lot⁷ɕot⁸ 迟到

（3）词根与后加成分为双声叠韵结构的。

tɕe⁵tɕe⁴ 苍老，很老	ʔjut⁷ʔju⁴ 退缩	ɕau⁴ɕau¹ 很早
ʔda⁴ʔda⁶ 白白地	ʔbat⁷ʔbat⁸ 脱节	fu¹fut⁷ 揉，搓

（4）不规则的词根加后加成分形式。

ʔdiŋ¹ʔa⁵ 鲜红	lap⁷pe⁴ 黑暗，黑洞洞	la:u⁴ʔo⁵ 庞大
lɔk⁸ʔu⁴ 墨绿色，深绿色	xuk⁷taɯ¹ 笨拙	lɔk⁸ʔa:u⁴ 墨绿色
non⁶ɕau⁶ 鲜艳	ɲi⁵ʔbiu³ 细小	na:i⁵foi⁶ 虚弱
zeŋ⁴kaŋ¹ 干旱	jeu⁴xu² 围绕，盘旋	ʔja⁵ɕɔk⁸ 泼辣
zeu¹ɲum⁴ （抿着嘴）笑	pau⁴lan⁶ 圆溜溜	ni⁵mɯn⁵ 细小
ʔbe¹wa:ŋ⁵ （衣服随意地）披着，搭着（指衣着不整）		

有实义的词根带上没有实义的后附音节以后，词义通常不会发生很大的变化，动词词根带后附音节有的可以表示动作的方式，如ʔbin¹ʔba⁴“（飞＋后加成分）飞荡”，ʔbin¹为动词，带后加成分ʔba⁴表示“像纸片一样飞”，其他如ʔbin¹ʔba:ŋ¹（飞＋后加成分）、ʔbin¹ʔba:ŋ⁵（飞＋后加成分）等都

有类似的意义。形容词词根带后加成分后有的表示程度的加深，如zai²zo⁶（长 + 后加成分）长长的、la:i¹la:ŋ⁵（多 + 后加成分）很多、ŋai⁶tai⁴（甜 + 后加成分）过分甜、jeu¹ʔeu⁴（绿 + 后加成分）绿油油等。有的表示事物的状态，如sa:n⁵sa²（散 + 后加成分）、zoi⁴zeŋ⁵（破烂 + 后加成分）破烂、tɕe⁵tɕe⁴（老 + 后加成分）苍老等。有的词根带后附音节只是词汇双音节化的一种手段，后加成分没有造成词根意义上的任何变化，如形容词ʔbit⁷ʔba:i¹（偏 + 后加成分）偏、ɕai²ɕuə²（齐全 + 后加成分）齐全，动词tɕiŋ⁵ʔiŋ⁵（尊敬 + 后加成分）尊敬、wa²ɕwa³（抓 + 后加成分）抓。有些词根带后加成分后词性发生了变化，如zoŋ⁶zip⁸（亮 + 后加成分）萤火虫、zoŋ⁶zi¹（亮 + 后加成分）拂晓、lɔk⁸ʔu⁴（绿 + 后加成分）墨绿色等，均由形容词变成了名词。

2. 双音节后加成分

词根之后带两个音节作为后加成分的合成词在布依语中数量不多。与单音节后加成分相比，这类后加成分规律性要强一些。从后加语素的语音结构看主要有叠音式和非叠音式两种。叠音式包括声韵调完全相同和声韵母相同声调稍有不同两种情况，非叠音式后加成分包括双声叠韵和不规则结构两种，实际上不规则结构也是有一定规律可循的，即在词根和最后一个音节之间嵌入的是一个-a-韵音节。

（1）叠音式后加成分

作为后加成分的两个音节声、韵、调完全相同，或声、韵母相同，声调有所不同。有的词根能带两个或两个以上这样的叠音式附加成分，相当一部分则只能带一个后加成分。例如：

ʔbau¹: ʔbau¹ʔbet⁷ʔbet⁷ 轻飘飘	ʔbau¹jeŋ⁵jeŋ⁵ 轻飘飘
ʔbin¹: ʔbin¹fiu⁶fiu⁶ 飘飘悠悠	ʔbin¹fu²fu² 飞快的样子
ʔbin¹wiu³wiu³ 飞得高	
ʔda:t⁷: ʔda:t⁷fuɯt⁸fuɯt⁸ 热腾腾	ʔda:t⁷fo⁶fo⁶ 热乎乎
ʔdiŋ¹: ʔdiŋ¹doŋ⁵doŋ⁵ 红彤彤	ʔdiŋ¹fot⁸fot⁸ 通红，紫红
ʔdiŋ¹jɔk⁸jɔk⁸ 红彤彤	ʔdiŋ¹kaŋ²kaŋ² 红彤彤
ʔdiŋ¹non⁶non⁶ 红彤彤	ʔdiŋ¹tɔŋ²tɔŋ² 红彤彤
ʔdiŋ¹weŋ⁴weŋ⁴ 红艳艳	
ʔdoŋ⁴: ʔdoŋ⁴kan²kan² 硬邦邦	ʔdoŋ⁴ʔduət⁷ʔduət⁷ 硬邦邦
ʔdoŋ⁵: ʔdoŋ⁵liən³liən³ 亮铮铮	ʔdoŋ⁵lit⁷lit⁷ 亮晶晶
zau³: zau³zɯm⁶zɯm⁶ 暖暖和和	zau³fiu⁶fiu⁶ 热乎乎
zau³zɯn⁶zɯn⁶ 温嘟嘟，热乎乎	
fon⁴: fon⁴tiu⁴tiu⁴ 黑不溜秋	fon⁴zu⁴zu⁴ 黑乎乎

fon⁴kum⁴kum⁴ 黑乎乎

lɔk⁸： lɔk⁸ʔeu⁴ʔeu⁴ 浅绿色　　　　　　lɔk⁸ʔjau⁴ʔjau⁴ 浅绿色

　　　lɔk⁸jeu¹jeu¹ 绿葱葱　　　　　　　lɔk⁸ju²ju² 绿油油

lap⁷： lap⁷pum⁵pum⁵ 黑黢黢　　　　　lap⁷tɯ³tɯ³（天色）黑漆漆

　　　lap⁷tit⁷tit⁷（天）阴沉沉

nit⁷： nit⁷ʔjum⁴ʔjum⁴ 冷飕飕　　　　nit⁷sɯt⁷sɯt⁷ 阴森森

piəŋ⁶： piəŋ⁶za:t⁸za:t⁸ 平坦　　　　　piəŋ⁶zet⁸zet⁸ 平坦

xen³： xen³za:ŋ³za:ŋ³ 黄澄澄　　　　xen³kaŋ⁵kaŋ⁵ 黄泱泱

只能带一个后加成分的词根较多，例如：

ʔbeŋ¹： ʔbeŋ¹zep⁷zep⁷ 薄菲菲　　　　ʔdam⁴： ʔdam⁴zik⁸zik⁸ 静悄悄

ɕam⁴： ɕam⁴za:t⁸za:t⁸ 凉飕飕　　　　ɕut⁷： ɕut⁷pet⁷pet⁷ 淡淡的

ŋau¹： ŋau¹kwa:ŋ³kwa:ŋ³ 瘦筋筋　　ŋau²： ŋau²n̠um⁶n̠um⁶ 阴影蒙胧

n̠an⁵： n̠an⁵n̠iu³n̠iu³ 恶狠狠　　　　n̠uŋ⁵： n̠uŋ⁵n̠a:p⁷n̠a:p⁷ 慢腾腾

zai²： zai²zwa:m⁶zwa:m⁶ 长长的　　　zam⁴： zam⁴ʔja:p⁷ʔja:p⁷ 水汪汪

zau²： zau²zet⁸zet⁸ 滑溜溜　　　　　zeu¹： zeu¹n̠um⁴n̠um⁴ 笑嘻嘻

ma:n⁶： ma:n⁶za:t⁸za:t⁸ 辣乎乎　　　man⁶： man⁶ta:t⁸ta:t⁸ 稳稳地

mo⁵： mo⁵doŋ⁵doŋ⁵ 新崭崭　　　　　mo⁵： mo⁵tup⁸tup⁸ 雾茫茫

moŋ¹： moŋ¹ʔdup⁷ʔdup⁷ 灰扑扑　　na¹： na¹fɔk⁸fɔk⁸ 厚墩墩

taɯ⁵： taɯ⁵zep⁷zep⁷ 软绵绵　　　　xɯ⁵： xɯ⁵pɯk⁵pɯk⁷ 干巴巴

xa:u¹： xa:u¹po⁵po⁵ 白净净　　　　xa:u⁴： xa:u⁴ta:m⁵ta:m⁵ 滑溜溜

mu⁴： mu⁴tɕim²tɕim² 短而粗的、（尖状物）钝的

ʔjap⁷： ʔjap⁷ʔdoŋ⁵ʔdoŋ⁵/ʔdoŋ⁶ 亮晶晶，闪闪发光

这类后加成分中，有些是单音节后加成分的重叠，如xa:u¹po⁵po⁵ "白净净" 是xa:u¹po⁵的重叠，zau³zɯn⁶zɯn⁶ "温嘟嘟，热乎乎" 是zau³zɯn⁶的重叠。但并非所有的单音节后加成分都可以采用这种重叠形式。

（2）非叠音式后加成分。非叠音式后加成分包括双声叠韵式和不规则式两种，部分词根也能带两个以上后加成分。

① 双声叠韵式

xɔm³： xɔm³tɕap⁸tɕa:i¹ 卧状　　　　xɔm³tɕap⁸tɕu¹ 卧状

lap⁷： lap⁷ta²tum⁶ 黑黝黝　　　　　lap⁷fi²fau² 黑沉沉

ʔdiŋ¹： ʔdiŋ¹ka²kaŋ² 红彤彤　　　　ʔdiŋ¹sa²sa:t⁷ 赤贫

pau⁴： pau⁴li³lan⁶ 圆圆的、圆溜溜　mo⁵： mo⁵ta²tup⁸ 雾茫茫

mu⁶： mu⁶la:u²wa:u²（指人）笨拙　ʔwa⁴： ʔwa⁴ka²kaŋ² 傻里傻气

zam⁴： zam⁴ʔja²ʔja:p⁷ 水汪汪　　　ʔbin¹： ʔbin¹fa²fi⁶ 飘飘悠悠

② 不规则后附加成分

moŋ¹：moŋ¹ka²ʔdup⁷ 灰普普　　　　moŋ¹ka²ʔdu⁵ 灰溜溜

lɔk⁸：lɔk⁸ʔi⁴ʔa:u⁴ 绿油油　　　　çut⁵：çut⁵ta²pet⁷ 淡淡的

ni⁵：ni⁵pa²zi¹ 很小　　　　　　　zai²：zai²ta²zwa:m⁶ 长长的

mu⁶：mu⁶ta³xai⁶（指人）硕大且笨拙

　　词根和词尾语素之间插入一个以单元音-a 为韵母的音节是非叠音式后加成分在音韵上的一个特点，包括双声叠韵式和不规则结构都存在这种现象，如lap⁷ta²tum⁶ "黑黝黝"、moŋ¹ka²ʔdup⁷ "灰普普"、zai²ta²zwa:m⁶ "长长的"、ni⁵pa²zi¹ "很小"、ʔdiŋ¹ka²kaŋ² "红彤彤" 等，这一音韵特征使多音节词在交际过程中使用起来更具韵律感，更加悦耳，布依语四音格的产生也同样是为了满足这一语用要求。

　　与单音节后加成分一样，双音节后加成分与动词词根结合主要起到说明动作行为的状态、方式作用，与表状态的形容词词根结合则起到加深程度作用。个别名词性词根带后加成分之后，则变成了形容词，如mo⁵ta²tup⁸ "雾茫茫"、ðam⁴ʔja²ʔja:p⁷ "水汪汪" 等。

第二节　四音格的结构类型及语义特征

　　四音格是 "由四个音节构成的，内部结构凝固而稳定的，语义关系基本完整的，具有一定的音节关系的语言单位"[①]。包括布依语在内的汉藏语系语言中普遍存在着四音格这样一种语言单位。布依语四音格以词为主，涵盖少数短语。由于外部的语音形式为四个音节，所以称为 "四音"；又因内部结构具有整体性与稳定性，所以称为 "格"。布依语四音格的特点是：音节形式固定，具有复沓和谐的韵律特点，朗朗上口，生动形象；预制语块丰富，孳乳能力强；语义整体、特定，通常不能拆分改变结构，在句中的作用相当于词。[②]

一　四音格的结构类型

　　根据音节的异同情况，布依语四音格可分为 ABAC、ABCD、AABB、ABAB、ABCC 和 ABCB 六种类型，其中 ABAC 型较为普遍，ABCB 型最少。

（一）ABAC 型

ABAC 型四音格 1、3 音节完全重叠，在布依语四音格中占绝对优势。

[①] 戴庆厦主编：《汉语与少数民族语言语法比较》，民族出版社 2006 年版，第 445 页。

[②] 李倩倩：《布依语四音格研究》，硕士学位论文，中央民族大学，2012 年。

值得注意的是，"布依语四音格 ABAC 型中有个变式，它由双音节词重叠后改变一个音节的声调而成，其音节形式和读音与原音节发生了变异，当列入 ABAC 型"①，我们把变式（即 1、3 音节完全重叠，2、4 音节只有声调不同的四音格）记为 ABACⅡ，剩余的记为 ABACⅠ。

1. ABACⅠ型

这种四音格，是 ABAC 型最常见的类型。特点是 1、3 音节完全相同，2、4 音节不同。例如：

pan²piŋ⁶ pan²seŋ¹ 百病缠身　　　　　pi¹ tɕen¹ pi¹ ta:i⁴ 摆手扭脚

有　病　有　疟疾　　　　　　　　　　摆　手　摆　臀

kuə⁶lum² kuə⁶lai² 遗忘　　　　　　　kɔŋ² ŋe¹ kɔŋ² ŋa¹ 痛苦呻吟

忘记　　（衬）②　　　　　　　　　　呻吟 拟声 呻吟拟声

pan²tɔŋ³ pan²ta:ŋ³ 乱七八糟　　　　　ta²zi⁴ ta²ze⁴ 嘻嘻哈哈

成　乱　成　杂③　　　　　　　　　　（模拟人笑声）

2. ABACⅡ型

这是 ABAC 型中比较特殊的一类，与 ABACⅠ型的不同在于，此类四音格的 2、4 音节并非完全不同，而是声韵相同、声调不同。例如：

pu⁴pa:u³ pu⁴pa:u⁶ 担保人　　　　　　ta²za:i⁴ ta²za:i⁶ 千真万确

人 担保 人 （衬）　　　　　　　　　真正 确实 （衬）

la:i¹leu⁴ la:i¹leu⁶ 许许多多　　　　　ʔbat⁷ʔbo⁴ ʔbat⁷ʔbo⁵ 吞吞吐吐

多 全 多 （衬）　　　　　　　　　　结巴　结巴 （衬）

ɕan²ʔe⁴ ɕan²ʔe⁶ 很窄很窄　　　　　　ɕa⁵ŋa⁴ ɕa⁵ŋa⁶ 不停地扳动

窄（衬）窄（衬）　　　　　　　　　扳动　扳动

（二）ABCD 型

ABCD 型四音格，每个音节都不相同。例如：

ʔau¹ja⁶ ɕu⁴pau⁴ 娶妻　　　　　　　kan⁴kɯn¹ tɕik⁷sa:ŋ³ 好吃懒动

娶 老婆 娶 媳妇　　　　　　　　　　勤　吃　懒　动

lum²ʔan¹ wi⁵ni⁶ 忘恩负义　　　　　na³mak⁷ ka¹san⁵ 心惊肉跳

忘　恩　违　义　　　　　　　　　　脸 青紫 腿 颤抖

ɕai²ni⁴ pai¹na³ 从今以后　　　　　　ɕoŋ¹ɕo³ pau⁵ja⁶ 列祖列宗

从 这　以后　　　　　　　　　　　　祖宗　祖宗

---

① 吴启禄：《布依语、汉语的四音格结构及翻译》，《贵州民族学院学报》（哲学社会科学版）2002年第 5 期。

② 布依语四音格中，并非每个音节都表义。没有实际意义、只起补充作用的音节即"衬音"。在例子中用"（衬）"标注。

③ 布依语tɔŋ³ta:ŋ³一词有"凌乱、杂乱"之意。

（三）AABB 型

AABB 型四音格的前两个音节和后两个音节分别是一个音节的叠音形式，其中的绝大多数表示语义的加深，仅有少数为拟声词或拟态词。例如：

ʔaːŋ⁵ʔaːŋ⁵ jaːŋ⁶jaːŋ⁶ 高高兴兴　　　　pai¹pai¹ ma¹ma¹ 来来往往
高兴 高兴 （衬）　　　　　　　　去 去 来 来

saɯ¹saɯ¹ seu⁵seu⁵ 干干净净　　　　xaːu¹xaːu¹ po⁵po⁵ 雪白雪白
干净 干净 清洁 清洁　　　　　　白 白 亮 亮 （AB 雪白）

nap⁸nap⁸ ni⁶ni⁶ 详详细细　　　　ʔjo⁶ʔjo⁶ ʔjaːu⁶ʔjaːu⁶ 呜呜哇哇
详 详 细细 （AB 详细）　　　　（模拟叫喊声）

（四）ABAB 型

ABAB 型四音格的第 1、3 音节相同，第 2、4 音节也相同。例如：

pan²teu⁵ pan²teu⁵ 一阵一阵　　　　pjaːi³pai¹ pjaːi³pai¹ 走着走着
成 吊 成 吊　　　　　　　　　　走 去 走 去

tɕɔt⁷nit⁷ tɕɔt⁷nit⁷ 冷冷冰冰　　　　laːu⁴ʔu⁴ laːu⁴ʔu⁴ 硕大，粗大
（AB 寒冷）　　　　　　　　　　大（缀） 大（缀）

ʔjo⁶ʔja³ ʔjo⁶ʔja³ 叽叽喳喳　　　　ɕo⁶ɕa⁶ ɕo⁶ɕa⁶ 淅淅飒飒
（模拟鸟叫声）　　　　　　　　　（模拟水流声）

（五）ABCC 型

ABCC 型四音格，第 3、4 音节相同。例如：

ta¹luən² kwaːŋ⁴kwaːŋ⁴ 两眼无神　　taŋ³ʔdaŋ¹fit⁸fit⁸ 骄傲状
白内障 （衬）　　　　　　　　　抬 鼻子 （衬）

xap⁸fan² tɕaːt⁸tɕaːt⁸ 咬牙切齿　　　tɕau³ɲa¹ pan⁴pan⁴ 披头散发
咬 牙 拟声　　　　　　　　　　头 蓬乱 慕状

ta¹ŋaːŋ¹ paːŋ³paːŋ³ 东张西望　　　na³zaːi² ʔdum¹ʔdum¹ 羞羞答答
眼 张望 （衬）　　　　　　　　脸 花 （衬）

（六）ABCB 型

ABCB 型四音格的第 2、4 音节相同。例如：

pi¹ʔdi¹ ŋɔn² ʔdi¹ 良辰吉日　　　　ʔdai⁴ku⁵ kwa⁵ku⁵ 得过且过
年 好 日 好　　　　　　　　　得 时 过 时

pai¹ʔda⁴ taːu⁵ʔda⁴ 空手而去空手而回
去 空 回 空

后两种类型的四音格在布依语中都比较少见。

二　四音格的语义特征

（一）语义结构

从上文所列举的四音格类型来看，布依语四音格中的四个音节并非每个音节都是实语素，多数四音格由实语素和虚语素构成，有些四音格甚至没有实语素。其中的虚语素往往是为了构成四音形式而搭配的衬音音节。据此，我们将布依语中的四音格按语义结构分为"全实语素四音格""带衬音的四音格"和"全虚语素四音格"三类。

1. 全实语素四音格

全实语素四音格中的每个音节都有实在意义，整个四音格的含义是综合四个音节的意义来体现的。有的是叠加各项语素，从而得出一个更为概括的语义；有的是通过嵌入预制的语块[①]，来增加额外的关系含义。

（1）＋＋ 式[②]

这类四音格中由两个实语素通过直接重叠或交替重叠的形式构成，主要出现在 AABB 型和 ABAB 型中。例如：

pai^{1}pai^1 ta:u^{5}ta:u^5 来来去去　　　　　jeu^{1}jeu^1 lɔk^{8}lɔk^8 郁郁葱葱
　去　去　回　回　　　　　　　　　青　青　绿　绿

kun^{1}nin^2 kun^1 nin^2 吃了就睡　　　　pja:i^{3}pai^1 pja:i^{3}pai^1 走着走着
　吃　睡　吃　睡　　　　　　　　　走　去　走　去

（2）＋＋＋ 式

这类四音格由三个实语素按 ABAC 或 ABCB 的语序组合而成，即其中的 1、3 或 2、4 两个语素是同一语素的复现。例如：

li^{4}kun^1 li^{4}tan^3 有吃有穿　　　　　pan^{2}ʔja^5 pan^{2}ʔjan^1 结怨成仇
　有　吃　有　穿　　　　　　　　　成　仇　成　怨

pi^{1ʔ}di^1 ŋɔn^{1ʔ}di^1 良辰吉日　　　nau^{2}taŋ^2 kuə^{6}taŋ^2 说到做到
　年　好　日　好　　　　　　　　　说　到　做　到

这种语义结构的四音格绝大多数属于固定的结构，尤其是 ABAC 式，即结构中的 A 间隔复现构成一个固定的格式，B 和 C 的位置可以替换。

（3）＋＋＋＋ 式

这类四音格由四个完全不同、且都有实在意义的语素按 ABCD 语序组合而成。例如：

[①] 孟德腾：《现代汉语嵌入式预制语块研究》，博士学位论文，中央民族大学，2011 年。
[②] "＋"表示实语素，"－"表示无实际意义的衬音。

pa⁵tin³ lin⁴kɔm¹ 张口结舌　　　　na³ʔdiŋ¹ n̠in²kɯ⁶ 面红耳赤

嘴　短　舌　笨　　　　　　　　脸　红　筋　胀

zam⁴xɯn³ zuə²sa:ŋ¹ 水涨船高　　　sa:m¹pa:i⁶ si⁵miən⁶ 四面八方

水　涨　船　高　　　　　　　　三　边　四　面

2. 带衬音成分的四音格

衬音是四音格中的一个虚语素，没有实在意义。带衬音成分的四音格词多具有动词性或形容词性，衬音附加在实语素之后起到两个方面的作用：一是使该结构四音格化，使之更具韵律感和节奏感，表达更生动；二是起到说明动词或形容词语素的性质、方式或程度的作用。带衬音的四音格有如下几种形式。

（1）+－+－式

这类四音格词的第 1、3 音节为实语素，第 2、4 音节为衬音音节，按 ABAB 或 ABAC 语序组合而成。例如：

tam⁶te⁶ tam⁶te⁶ 踏步　　　　　ŋa:u¹ʔdu³ ŋa:u¹ʔdi³ 脏兮兮的

踩（衬）踩（衬）　　　　　　脏（衬）脏（衬）

zak⁸zem⁴ zak⁸zem⁶ 偷偷摸摸　　ʔdiən⁵ʔdin⁶ ʔdiən⁵ʔdeu⁴ 颠颠簸簸

偷（衬）偷（衬）　　　　　　颠簸（衬）颠簸（衬）

（2）+++－式

这类四音格词的前三个音节为实语素，只有第四个音节是衬音，组合方式有 ABCD、ABAC、ABAB₁、ABCC 等。例如：

ʔit⁷ko² ŋi⁶ŋeu⁶ 弯弯曲曲　　　　la:i¹leu⁴ la:i¹leu⁶ 许许多多

一　弯　二（衬）　　　　　　多　满　多（衬）

xan¹pau⁶ xan¹tɯ⁶ 匆匆忙忙　　　ʔdi¹tɕai² ʔdi¹nen⁶ 漂亮美丽

忙　忙　　（衬）　　　　　　优美　美好（衬）

（3）++－－式

这类四音格词前后分别由两个实语素和两个虚语素按 ABCC 或 AABB 语序构成，实语素多具形容词性或动词性，虚语素起到说明性状、程度或方式的作用。例如：

ʔon⁵tam⁵ pɔt⁷pɔt⁷ 矮矮胖胖　　　tɕau³n̠a¹ pan⁴pan⁴ 披头散发

胖　矮　（衬音）　　　　　　头发　蓬乱（衬音）

xap⁸fan² tɕa:t⁸tɕa:t⁸ 咬牙切齿　　man⁶man⁶ ta:t⁷ta:t⁷ 稳稳当当

咬　牙　（衬音）　　　　　　稳　稳　（衬音）

有衬音成分的四音格语义结构类型，由单音节词，或双音节语素（词）加入一到两个衬音构成。节奏上也讲求前后对应，如"+－+－"式和"++－－"式。"+++－"式从本质上讲和"++－－"式类似，语义重点都在前一个音步。不同之处在于，"＋＋＋－"的后两个音节是前两个音节变形得来的，变形部分保留了原式的首个音节，为了韵律需要改变了后一个音节；"＋＋－－"式的后两个音节不是前两个音节的变式，是为了增强生动、形象性添加的摹状、拟声衬音。

3. 全虚语素四音格

这类四音格词中的四个音节均为虚语素，按 ABAB 语序构成，其中的每个语素单独不能表义，联合起来才能构成一个语义单位，不能拆分。多数拟声、摹状的四音格词都属于这一类。例如：

nɯŋ³na:ŋ³ nɯŋ³na:ŋ³ 唠唠叨叨　　　　ŋi²ŋa² ŋi²ŋa² 咿咿呀呀
　拟声　　　拟声　　　　　　　　　　拟声　拟声

ʔjoᶜ²ja³ ʔjoᶜ²ja³ 叽叽喳喳　　　　kak⁷pɯŋ⁴ kak⁷pɯŋ⁶ 叮叮当当
　拟声　　　拟声　　　　　　　　　　拟声　拟声

ʔdi⁴ʔdiən² ʔdi⁴ʔdiən³ 急急忙忙　　　ʔɔt⁸ʔwa⁵ ʔɔt⁸ʔwa⁵ 摇摇晃晃
摹状　　　摹状　　　　　　　　　　摹状　摹状

saᶻʔɯk⁷ saᶻʔɯk⁷ 哭哭啼啼
摹状　　　摹状

（二）语义层次

根据语义结构，可将布依语四音格的分为单层语义、双层语义、不对称语义和多层语义几种语义层次。

1. 单层语义的四音格

四个音节是一个整体，联合起来才能表义，不能拆分。具体来说，可细分为以下不同的情况。

（1）四个音节为一个语素，拆分后各音节无意义，联合表达一个完整的含义，即上文的全虚语素四音格。例如：

tu⁴ti⁴ tu⁴ti⁴ 叽里咕噜　　　　　tɔt⁸ta:t⁸ tɔt⁸ta:t⁸ 叽嘎嘎

fɔt⁷fit⁸ fɔt⁷fit⁸ 哭状　　　　　　taŋ¹taŋ¹ ta:n³ta:n³ 蹦跳状

（2）由双音节词 AB 重叠得来，AB 重叠成为四音格的方式为 ABAB 或 AABB。例如：

la:u⁴pa² 硕大 — la:u⁴pa² la:u⁴pa² 硕大 （ABAB）

zoi⁴zeŋ⁵ 破烂 — zoi⁴zoi⁴ zeŋ⁵zeŋ⁵ 破破烂烂 （AABB）

ʔa:ŋ⁵ja:ŋ⁶ 高兴 — ʔa:ŋ⁵ʔa:ŋ⁵ ja:ŋ³ja:ŋ³ 高高兴兴 （AABB）

（3）由一个双音节单纯词嵌入语块形成。一般出现在 ABAC 型中，其中 AC 位置为该双音节。以双音节词 "tɔŋ³ta:ŋ³"（零碎、零散的东西）为例：

pan²tɔŋ³ pan²ta:ŋ³ 乱七八糟　　ka:i⁵tɔŋ³ ka:i⁵ta:ŋ³ 零零碎碎的东西
（语块：pan²…pan²…）　　　（语块：ka:i⁵…ka:i⁵…）

（4）由一个单音节词和两个衬音按 ABAC 语序组合而成，其中单音节实语素位于第 1、3 音节，第 2、4 音节为衬音。例如：

ti³tɕet⁷ ti⁶po⁴ 密密麻麻　　　　　　kɔŋ²ŋak⁷ kɔŋ²ŋau¹ 因痛苦而呻吟
密　　密　　　　　　　　　　　　哼 拟声　哼 拟声

2. 双层语义的四音格

双层语义层次的四音格，从中间分开后，前后两个双音节单纯词呈并列关系，但前两个音节内部不能再分，后两个音节内部也不能再分。例如：

ʔja⁵fa² ʔja⁵fɯ³ 怪模怪样　　　　　kuə⁶sak⁸ kuə⁶swa⁶ 洗濯
　难看　　丑　　　　　　　　　　　洗　　漂洗

pan²xo³ pan²na:n⁶ 受苦受难　　　　pan²tɕet⁷ pan²tɕai³ 疾病缠身
　贫穷　　遭难　　　　　　　　　　生病　　疾病

3. 不对称语义的四音格

不对称语义的四音格，语义重点一般落在前两个音节；后两个音节作为拟声、摹状的衬音，是不能够再分的。四个音节从中间两两分开后，形成第一个层次。承担语义的前两个音节，可再分的，形成第二个层次；不能再分的，只保留了一个层次。由于语义重点居前，前后呈现不平衡的状态，所以称为不对称语义的四音格词，主要见于 ABCC 型。例如：

tɕau³na¹ pan⁴pan⁴ 披头散发　　　　ta¹ŋa:ŋ¹ pa:ŋ³pa:ŋ³ 东张西望
头发 蓬乱（衬）　　　　　　　　眼 张望　（衬）

taŋ³ʔdaŋ¹ fit⁸fit⁸ 骄傲状　　　　　na³xɯ⁵ fɯt⁸fɯt⁸ 很冷淡
竖起 鼻子（衬）　　　　　　　　脸 干　（衬）

4. 多层语义的四音格

多层语义的四音格，四个音节从中间两两分开，形成第一个层次；前后两个音节又都可以切分，各自形成更深的一层。例如：

ta¹la:u⁴ ta¹sa:ŋ¹ 目空一切　　　　kuə⁶zi⁶ kuə⁶na² 耕田种地
眼 大　眼 高　　　　　　　　　做 地　做 田

xa:i¹ wa¹ pan² ʔdan¹ 开花结果　　　xa:n⁶lai¹ pɯə⁶ʔdik⁷ 汗流浃背
开 花 长 果　　　　　　　　　　汗 流 衣服 湿透

xap⁷pa⁵ xap⁷lin⁴ 哑口无言　　　　xam⁵pai¹ xam⁵ma¹ 反复追问
闭 嘴 闭 舌头　　　　　　　　　问 去 问 来

通过对收集到的四音格进行考察，发现布依语四音格的语义层次其实是比较复杂的。大部分四音格基于二二节拍的结构基础，属于双层或多层的语义结构。但不对称语义和交叉语义的四音格，在布依语中也并不鲜见。

从数量上看，从中间两两切分之后，还可以再做切分的多层语义层次，在布依语四音格中最为常见；其次是不对称型和单层语义层次型的四音格；

只能切分一次的双层语义四音格数量较少。从语义关系上看，双层语义层次的四音格，和多层语义层次四音格的第一层，前后两部分多为并列关系；不对称语义层次的四音格，语义重点多由前两个音节承担。

（三）语义关系

单层语义的四音格不存在结构成分之间的语义关系问题，这里需要做进一步解析的，一是双层语义层次的四音格，其前后两部分间的语义关系；再一类是多层语义四音格第一层间的关系及再切分后各语素间的语义关系。为使表述更为清晰，下文将按照不同的层次分别考量。

1. 第一层语义之间的关系

无论是双层还是多层语义的布依语四音格，都可切分为前后两个语义项，第一层两个部分之间的语义，以并列关系最为常见。这并列的两个部分，又分为同、近义关系，类义关系或者反义关系。同、近义关系的四音格，通过语义的重复来增强语势，强调语义；前后项语义相反的四音格，则是通过对比、反衬等手段，来丰富、深化语义。

（1）同、近义关系

前后两个部分在语义上有同义或近义关系，多描述事物的性质、状态。例如：

$tɕau^3 ɳa^1 \ tɕau^3 pɔk^8$ 披头散发　　　$tɕi^3 pi^1 \ tɕi^3 meu^2$ 几年几载
　头　蓬乱　头　蓬松　　　　　　　　几　年　几　载

$tɕot^7 nit^7 \ tɕot^7 nit^7$ 冷冷冰冰　　　$za{:}n^2 tɕik^7 \ za{:}n^2 ŋwa^4$ 砖瓦房
　寒冷　　寒冷　　　　　　　　　　房屋　砖　房屋　瓦

（2）类义关系

前后两部分表示的事物或动作属于同一类，整个四音格或指代一类事物、或表现一种中间状态、或表示拥有某类事物。例如：

$la{:}u^4 pau^5 \ la{:}u^4 ja^6$ 翁姑　　　　$pan^2 zi^6 \ pan^2 na^2$ 有田有地
　公公　　婆婆　　　　　　　　　有　地　有　田

$mi^2 xiŋ^1 \ mi^2 ɕa^5$ 不响不动　　　　$ɕa^2ʔem^1 \ ɕa^2ŋo^4$ 芦苇丛生
　无　声　不　晃动　　　　　　　丛　白茅　丛　芦苇

（3）反义关系

前后两部分语义相反，用来表示状态，事物的适宜性、相对性，或一类事物。例如：

$tɕiə^3 sa{:}ŋ^1 \ tɕiə^3 tam^5$ 高低不平　　　$mi^2 pi^2 \ mi^2 pjom^1$ 不肥不廋
　地方高　地方　低　　　　　　　　不　胖　不　瘦

$ɕim^1 laŋ^1 \ ɕim^1 na^3$ 瞻前顾后　　　$pa^5ʔdoŋ^4 \ ɕɯ^1ʔun^5$ 刀子嘴，豆腐心
　看　背后　看　前面　　　　　　嘴　硬　心　软

kuə⁶ka:i¹ kuə⁶ɕɯ⁴ 做买卖

做　卖　做　买

（4）其他关系

除了同、近义关系，类义关系和反义关系，有的四音格前后两个部分的语义不是并列的。个别四音格前后两个语义项是解说关系，还有的为时间关系、顺承关系或因果关系，例如：

pau⁵tɕe⁵ za:n²wɯn² 家中长者　　　　　tai⁵kɔk⁷ taŋ²pja:i¹ 从头到尾

　老者　　　家庭　　　　　　　　　　从　头　到　尾

ta² taŋ² ɕi⁶ kɯn¹ 一到就吃　　　　　　ta² jeu⁶ ɕi⁶ taŋ² 随叫随到

一　到　就　吃　　　　　　　　　　一　喊　就　到

2.　第二层语义的结构关系

布依语四音格的第一层多为并列或对称关系，这种对称也体现在第二层语义结构之中。大部分多层语义的四音格，前后语义项再切分后的语义关系呈现一致性，即前个语义项为主谓关系、后一个也为主谓关系，前个为动宾关系、后一个也为动宾关系，等等。只有少数情况，两个部分的词性不同、语义关系不同，靠意合来形成整体语义。

（1）两个直接成分都为主谓关系

pa⁵ʔdi¹ tuŋ⁴ʔja⁵ 口蜜腹剑　　　　　ta¹sa:ŋ¹ ta¹kwa:i¹ 自高自大

嘴　好　心　坏　　　　　　　　　　眼　高　眼　聪明

ka:i¹ mo⁵ ka:i¹ la:u⁴ 新街大道　　　　po¹ sa:ŋ¹ pja¹liŋ⁵ 崇山峻岭

街　新　街　大　　　　　　　　　　山　高　石山　陡

（2）两个直接成分都为述宾关系

ʔen⁴ʔda:ŋ¹ ʔiət⁷xɯət⁷挺胸伸腰　　　xa:i¹ wa¹ pan² ʔdan¹ 开花结果

挺　身　伸　腰　　　　　　　　　　开　花　长　果

tiu³tɕen¹ tiu³ka¹ 露胳膊挽袖子　　　　tit⁸ʔbaɯ¹ ʔiət⁷tɕi⁵ 舒枝展叶

卷　胳膊　卷　腿　　　　　　　　　发　叶　伸　枝

（3）两个直接成分都为述补关系

pa:n² pai¹ pa:n² ma¹ 问来问去　　　　　pai¹ʔda⁴ ta:u⁵la:ŋ⁵ 空手去空手回

盘问　去　盘问　来　　　　　　　　去　闲着　回　空闲

（4）两个直接成分都为偏正关系

kan⁴kɯn¹ tɕik⁷kuə⁶ 好吃懒做　　　　ko¹wa¹ ko¹fai⁴ 花木

勤　吃　懒　做　　　　　　　　　　树　花　树　木

kuə⁶ɕeu⁶ ku⁶ɕa:u² 世世代代　　　　　tɕa:ŋ¹luəŋ⁵ tɕa:ŋ¹ʔba:n⁴村中邻里

整　辈　整　代　　　　　　　　　　中间　寨子　中间　村寨

上文已经提到，布依语四音格多层语义层次的数量居多。多层语义层次的四音格，前后两段对称，再分后也结构对称。

xa:u¹po⁵ xa:u¹ʔdoŋ⁵ 明晃晃　　　　na³mu¹ na³ma¹ 死皮赖脸
白　亮　白　亮　　　　　　　　脸　猪　脸　狗

（四）四音格近义词

1. 四音格近义词举例

布依语四音格词中存在同义或近义现象，和很多语言相比，布依语四音格的近义词数量非常多，有些四音格甚至有五六个近义词与之对应。为了更直观地说明布依语四音格近义词的情况，下文按近义词数量的多少，简单作一个列举。例如：

（1）有两个近义词的

父母双全：pan¹po⁶ pan² me⁶　　　　　li⁴po⁶ li⁴me⁶

三番五次：tɕi³pai¹ tɕi³ta:u⁵　　　　　tɕi³pai¹ tɕi³ma¹

不干不净：mi²sa:m³ mi²saɯ¹　　　　mi²saɯ¹ mi²sa:m³

家庭和睦：za:n²ʔdi¹ fi²zau³　　　　za:n²ʔdi¹ za:n²zau³

高高兴兴：ʔa:ŋ⁵ʔa:ŋ⁵ ja:ŋ⁶ja:ŋ⁶　　　ʔa:ŋ⁵ja:ŋ² ʔa:ŋ⁵ja:ŋ⁶

出头露面：ʔo⁵ta¹ ʔo⁵na³　　　　　ʔo⁵tɕau³ ʔo⁵na³

娶　妻：ʔau¹ja⁶ ʔau¹paɯ⁴　　　　ʔau¹ja⁶ ɕu⁴paɯ⁴

（2）有三个近义词的

咬牙切齿：ʔa⁴pa⁵ zik⁸jeu³　　　　xap⁸fan² tɕa:t⁸tɕa:t⁸
　　　　xap⁸jeu³ xap⁸fan²

披头散发：tɕau³ɳa¹ pan⁴pan⁴　　　tɕau³ɳa¹ tɕau³pai⁶
　　　　tɕau³ɳa¹ tɕau³pɔk⁸

仔细端详：ɕim¹pai¹ ɕim¹ma¹　　　ɕim¹kɯn² ɕim¹la³
　　　　ɕim¹ʔdaɯ¹ ɕim¹zo⁶

周游天下：ɕun²leu⁴ la³ʔbɯn¹　　　ɕun²leu⁴ la³wɯə³
　　　　ɕun²ʔba:n⁴ ɕun²pɯəŋ²

（3）有四个近义词的

苦苦等待：ça³ta:i¹ ça³mat⁸　　　　ça³ʔim⁵ ça³ɳɯŋ²
　　　　ça³ʔim⁵ ça³ɳoŋ⁶　　　　ça³lap⁷ ça³xɯn²

疯疯癫癫：pan²pa⁶ pan²zum²　　　pan²pa⁶ pan²wa:ŋ⁴
　　　　pan²pa⁶ pan²woi³　　　　pan²pɔk⁸ pan²pa:t⁸

（4）有五个近义词的

成家立业：pan²ʔeu⁴ pan²za:n²　　　pan²ʔduə³ pan²za:n²
　　　　kuə⁶ʔduə³ kuə⁶za:n²　　　ça:u⁴ʔduə³ ça:u⁴za:n²
　　　　ça:u⁴ʔeu⁴ ça:u⁴za:n²

汗流浃背：xa:n⁶lai¹ pɯə⁶ʔdik⁷　　　xa:n⁶lai¹ xa:n⁶çɔn⁶

xa:n⁶lai¹ ʔda:ŋ¹ʔdik⁷　　　xa:n⁶çon⁶ xa:n⁶lai¹

xa:n⁶ço⁵ xa:n⁶zoi¹

2. 四音格近义词的成因

这里所说的近义词主要是指词汇意义的相近。没有考虑词义的轻重程度、词义的着重点、词义范围的大小和词义使用对象等因素，也抛开了感情色彩和语体色彩，词语的搭配和语法功能等因素。

布依语四音格同、近义词的形成，与其自身单音节、双音节的近义词多，衬音丰富等特点密切相关；加之预制语块丰富，嵌入不同的语块即可形成不同的四音格。

（1）置换语素

布依语四音格的有些近义词，只有个别语素不同，即通过置换近义语素可以形成不同的四音格。例如：

"成家立业"这组近义词里，pan²ʔeu⁴ pan²za:n² 和 "pan²ʔduə³ pan²za:n²中只有第二个语素不同。ʔeu⁴和ʔduə³是近义词，其中ʔeu⁴的含义为"房子""家""粮仓"；ʔduə³义为"家业""家当"。表达"出头露面"含义的一组近义词ʔo⁵ta¹ ʔo⁵na³ 和ʔo⁵tɕau³ ʔo⁵na³。ta¹实际为"眼"义；tɕau³为"头"的含义，两个四音格的语素义有细微的差别，但在整体上都表示爱出风头、出头露面的意思，是近义词。

又如"打架、干仗"既可以用tuŋ⁴ti² tuŋ⁴xa:i⁴，又可以用tuŋ⁴tuɯk⁷ tuŋ⁴-xa:i⁴。这组近义词同样只有一个语素不同，两者有细微的差别，ti²意为"打（铁）、打（鼓）"，tuɯk⁷意为"打（枪）"。

天地之间：la³ʔbɯn¹ kɯn²ʔdan¹　　la³ʔbɯn¹ kɯn²na:m⁶

（2）词序不同

由于词序不同而形成的不同四音格数量非常多，有些近义四音格是将前后两个音步的顺序颠倒形成的，有些则是由重叠方式不同造成的。

语素相同，词序不同而形成的布依语四音格，例如：

丰收年：　　meu²ʔdi¹ pi¹zuɯŋ⁵　　pi¹ʔdi¹ meu²zuɯŋ⁵

至亲至爱：　pu⁴çin¹ pu⁴tɕaɯ³　　pu⁴tɕaɯ³ pu⁴çin¹

狼心狗肺：　tuŋ⁴pɯn¹ tuŋ⁴ʔja⁵　　tuŋ⁴ʔja⁵ tuŋ⁴pɯn¹

打架、干仗：tuŋ⁴ti² tuŋ⁴xa:i⁴　　tuŋ⁴xa:i⁴ tuŋ⁴ti²

语素相同，重叠方式不同形成的布依语四音格，例如：

叽叽喳喳：tɕɔt⁸tɕɔt⁸ tɕa:t⁸tɕa:t⁸（AABB）tɕɔt⁸tɕa:t⁸ tɕɔt⁸tɕa:t⁸（ABAB）

冷冷冰冰：tɕot⁷tɕot⁷ nit⁷nit⁷（AABB）tɕot⁷nit⁷ tɕot⁷nit⁷（ABAB）

高高兴兴：ʔa:ŋ⁵ʔa:ŋ⁵ ja:ŋ⁶ja:ŋ⁶（AABB）

ʔaːŋ⁵jaːŋ² ʔaːŋ⁵jaːŋ⁶（ABAC_{II}）

其中，"高高兴兴"一组近义四音格，除了重叠方式不同，还改变了声调。

（3）更换衬音

通过更换衬音的方法，也可以形成不同的四音格。比如"疯疯癫癫"这组近义四音格，是通过改变最后一个音节的衬音得来的，可用pan²pa⁶ pan²<u>zum</u>²、pan²pa⁶ pan²<u>waːŋ</u>⁴或pan²pa⁶ pan²<u>woi</u>³来表示。"硕大、粗大"可用laːu⁴pa²laːu⁴<u>pa</u>²和laːu⁴ʔu⁴ laːu⁴<u>u</u>⁴表示。

又如"黑黢黢"（lap⁷pe⁴ lap⁷<u>pe</u>⁶）和"黑灯瞎火"（lap⁷pe⁴ lap⁷<u>pum</u>⁵）；"丑陋不堪"（ʔja⁵fa² ʔja⁵<u>fut</u>⁷）和"怪模怪样"（ʔja⁵fa² ʔja⁷<u>fɯ</u>⁶）等。

（4）嵌入不同预制语块

上文说过，嵌入预制语块是生成布依语四音格的一种方式。由于有的预制语块，其语框的含义有相似之处，因此嵌入类似的结构，可以生成有近似含义的四音格。尤其是pan²…pan²…、pa²…pa²…和li⁴…li⁴…，它们都表示"有……有……"的含义，都可以表示一种状态，使用者可根据个人习惯任选其一使用。例如：

有父有母：pan²po⁶ pan² me⁶（pan²…pan²…）
　　　　　li⁴po⁶ li⁴me⁶（li³¹…li³¹…）

慌慌张张：pan²lu² pan²li²（pan²…pan²…）
　　　　　pa²lu² pa²li²（pa²…pa²…）

成家立业：pan²ʔduə³ pan²zaːn²（pan²…pan²…）
　　　　　kuə⁶ʔduə³ kuə⁶zaːn²（kuə⁶…kuə⁶…）

再例如：表示"疯疯癫癫"这一含义的四音格，除了有一组通过更换衬音形成外，还可通过嵌入不同的预制语块形成近义词。即双音节词pɔk⁸paːt⁸（疯疯癫癫）嵌入pan²…pan²…或kuə⁶…kuə⁶…语块，形成四音格pan²pɔk⁸ pan²paːt⁸或kuə⁶pɔk⁸ kuə⁶paːt⁸。

（五）表义特征

1. 增量性

有些布依语四音格的词义并非各语素义的简单相加，而是在整体上表达了增量的含义。名词性四音格代表一类事物，各语素和整体义本质上是一般与个别的关系。动词性四音格强调动作的频繁重复性；形容词性四音格表示某种性质或状态程度的加深。意义含量的加深通常由"重复"来实现：除了语法上的重叠、语音上的回环往复，还可以通过语义的重复来达到这一效果。例如：

pu⁴xa⁵ pu⁴miən² 外人　　　　　pau⁵kwa:ŋ¹ ja⁶na:ŋ² 对被尊重者的尊称
　汉人　　彝族人　　　　　　　　　相公　　小姐

tuə²we⁴ tuə²fa:ŋ² 妖魔鬼怪　　　ko¹ɲa¹ ko¹fai⁴ 草木
　鬼　　鬼　　　　　　　　　　　　野草　树

xɯm⁵pai¹ xɯm⁵ma¹ 反复追问　　ʔbe⁴kɯn² ʔbe⁴tiə³ 到处乱摆
　问　去　问　来　　　　　　　　摆　上　摆　下

ʔdiŋ¹ʔdiŋ¹ non⁶non⁶ 万紫千红　xa:u¹xa:u¹ po⁵po⁵ 雪白雪白
　红　红　粉红　粉红　　　　　　白　白　亮　亮

2. 凝固性

四音格的词义是各语素义的有机融合，四个音节不能拆分，拆分后原义就不存在了。表现最为明显的是拟声、拟态词，这种四音格完全不能拆分，属于"词"一级的语言单位。例如：

ta²zi⁴ ta²ze⁴ 嘻嘻哈哈　　　　　kɔŋ²ŋak⁷ kɔŋ²ŋau¹ 因痛苦而呻吟

pjot⁷tɕen¹ pjot⁷ka¹ 摩拳擦掌　　pa²lɔŋ⁶ pa²la:ŋ⁶ 悠悠荡荡

还有些四音格虽然能够拆分，但拆分后的语义或者不完整、或者发生了变化。有的整体语义是语素义的引申、概括；有的整体义干脆与语素义无直接关系，体现了人们的心理认知或感情色彩。例如：

pan²ɕɔn² pan²xa:u⁵ 有理有据　　na³mu¹ na³ma¹ 死皮赖脸
　有　话　有　语言　　　　　　　脸　猪　脸　狗

3. 形象性

有的四音格，常常带有表示动作、声音、情态的语素，使得表述更为生动、形象。例如：

na³zau³ na³zeu¹ 和颜悦色　　　　sa²ʔɯk⁷ sa²ʔɯk⁷ 哭状
　脸　热　脸　笑　　　　　　　　打嗝　　打嗝

tam⁵tɕau³ tam⁵ziə² 垂头丧气　　xap⁸fan² tɕa:t⁸tɕa:t⁸ 咬牙切齿
　低　头　低　耳　　　　　　　　咬　牙　（拟声）

ke⁶leŋ⁶ ke⁶leŋ⁶ 丁零当啷　　　tɕɔt⁸tɕɔt⁸ tɕa:t⁸tɕa:t⁸ 叽叽喳喳
　拟声　拟声　　　　　　　　　　拟声　　拟声

第五章　词的分类

第一节　划分词类的原则

词类就是词的分类，是根据一定的标准划分出来的语法类别。划分词类的目的是更好地认识不同词类的功能和作用，更好地学习和研究语法，从而更好地揭示一种语言的语法规律。世界上的语言既有共性，也有个性。有的语言，词的类别是通过不同的形态来表现的，如俄语、英语等；有的语言，由于缺乏形态，因此词的类别需要通过其他语法手段才能表现出来，如布依语、汉语等。语言不同，词的类别也会有所不同。布依语跟汉语一样，均属于形态不发达的语言，但布依语在句法表现、词的结构等方面有许多自身的特点，词的性质和类别也跟汉语有所不同。比如，名词是布依语和汉语都具有的词类，但布依语的名词在很多情况下往往要带表示事物类别的前加成分，如ʔja⁵fa²"丑八怪"、juəŋ²"羊"、fai⁴loi¹"绵竹"、ʔeŋ¹"瓦缸"等，这些词经常跟表示pu⁴"人"、tuə²"动物"、ko¹"植物"、ʔdan¹"容器"等意义的前缀结合在一起，而汉语的名词，大多采用复合的方式构成，少部分采用派生的方式，如"桌子""山头""花儿"等。再如，汉语和布依语都存在表示语气的词类，但汉语的语气词通常是位于句末，而布依语语气词既可以位于句子前面，也可以位于句子中间，还可以位于句子末尾。

汉语词类的划分，至今还没有形成相对统一的意见，现在通行的十几个词类主要是根据句法分布的标准来确定的，也就是词类在句法中的结合能力和充当句法成分的能力。但汉语句子的词类与句法成分并不是一一对应的，句法分布的标准并不能完全解决词类划分的问题。与之类似，布依语作为一种非形态语言，也同样面临句法分布的标准难以用来完全解决词类划分的问题。从句法的特点来看，布依语是一种话题优先型语言，很多句子只是就一个话题进行陈述，而主语的概念并不凸显。此外，布依语受汉语的影响较大，无论是句法还是词法都有很多与汉语一致的情况，这在客观上也造成了词类划分的困难。

　　一般而言，划分词类的依据主要有词的意义、词的形态和词的语法功能三个原则。有的语言，比如俄语、英语，通常根据形态就可解决词类划分的问题；而非形态语言，如汉语、布依语，至今都没有找到一条行之有效的解决词类划分问题的标准。因此上述三个依据常常被综合使用，有时主要根据语法功能标准，其他两个作为参考，有时主要根据意义标准，功能和形态作为参酌。沈家煊（2011）认为，汉语词类的划分有两个困境：困境一，做到"词有定类"就"类无定职"，做到"类有定职"就"词无定类"；困境二，满足"简单原则"就违背"扩展规约"，满足"扩展规约"就违背"简单原则"，因此主张"名动包含"。布依语的词类虽然与汉语不尽一致，但名词可以充当谓语，动词也可以充当主语，这跟汉语的情况大体是一样的，所以"名动包含"模式对于布依语词类的划分是很有启发意义的。

　　布依语是一种注重对事物进行分类的语言，事物属性在事物分类中具有举足轻重的作用。从理论上讲，词都代表一定的概念，而概念是区分类别的，如名词表示事物，动词表示动作行为，因此根据词的意义对词进行分类是一条可资参考的办法。由于词类因语言不同而有所不同，而且，即使是同样的词，在不同的语言中其语法特点也往往大不相同，所以词类并不具有普适性。就语法功能来看，布依语注重词与词的结合能力，但不注重词与句法成分对应的功能；就形态来看，布依语的各种词类没有什么显性标志，但名词具有按类区分的倾向，动词也存在因语义范围不同而使用不同的特点。因此布依语词类的划分可以根据语法功能和意义两个标准并重的原则。这是根据布依语一方面跟汉语具有许多共同性，另一方面又具有自身的特点来确定的。

第二节　　词类概述

一　实词和虚词

　　实词和虚词一方面是根据意义的实在与否划分出来的，另一方面也是根据语法功能得出的结果。从意义上看，名词、动词、形容词、代词、量词等本身的意义都比较实在，如名词wa¹"花"表示"种子植物的有性繁殖器官"，动词pja:i³"走"表示"人或鸟兽的脚交互向前移动"，量词ko¹"棵"表示"植物类"，而虚词表示的意义比较抽象，本身只有语法意义，较少词汇意义，如介词ʔju⁵"在"、连词ziəŋ²"和"、助词ço⁵"着"等，这些词只能用来配合实词组词成句，帮助实词表达意义。从功能上看，实词都能充当句法成分，能单独回答问题，能和其他词结合成短语，而虚词都不能充当句法成分，不能单独回答问题。当然，实词和虚词的划分是相对的，比如将叹词和拟声词归在实词或虚词都有一定的理由，从意义上看，这两种词都是有具体意义的，但它们充当句法成分的能力较弱，不过从总体上看，它们与实词的特点更接近，因此暂将它们归入实词。综上所述，布依语的实词可以分为名词、动词、形容词、代词、量词、数词、副词、叹词 8 类，虚词可分为介词、连词、助词、语气词 4 类。

二　大名词和摹状词

名词和摹状词的区分是沈家煊（2011）提出来的，他认为，汉语的名词、动词、形容词都可充当主语和宾语，因此可以把名词、动词、形容词归为一类叫做"大名词"，而名词、动词、形容词等的重叠形式可看作摹状词，这样既满足了"简单原则"又满足了"扩展规约"。沈先生的见解对于民族语言词类的划分是有指导意义的。布依语的名词如果是表示具体事物的，常常要带一个表示事物类别的前加成分才能充当主语，这个前加成分单独使用时又变成量词，这跟汉语稍有不同。例如：

（1）tuə²pja¹ ʔju⁵ ʔdaɯ¹ zam⁴ leu⁶pai¹ leu⁶ta:u⁶。鱼儿在水中游来游去。

　　　鱼儿　在　里　水　游去　游回

（2）tɕa⁴tɕin⁶ lai⁶ tuə²ɕiə² pai¹ koŋ⁶。甲金把黄牛赶到圈里。

　　　甲　金　追　黄牛　去　圈

当然，也有相当一部分名词不加前加成分就可直接充当主语的，特别是从汉语中借用的名词。如：

（3）xau⁴ xen³ pai⁰。谷子黄了。

　　　谷子　黄　了

（4）xo⁵³tshe³³ kwa⁵ ma¹ pai⁰。火车过来了。

　　　火车　过　来　了

动词可以直接做主语，也可以直接做宾语，这跟汉语是一致的，也就是说布依语的动词具备名词的特点，如：

（5）ma¹ je⁵³ pan²，mi² ma¹ je⁵³ pan²。来也行，不来也行。

　　　来　也　行　不　来　也　行

（6）kan⁴ pja:i³ luɯ³ kuɯəŋ⁴ka:ŋ⁵。勤走才健康。

　　　勤　走　才　健康

（7）te¹ ma:i³ tai³。他喜欢哭。

　　　他　喜欢　哭

形容词也可以单独充当主语或宾语，这时，形容词具有名词的特性，这和汉语的形容词能够充当主语和宾语的情形相同，如：

（8）peŋ² ɕi⁶ mi² ʔau¹，tɯk⁸ lɯŋ³ ʔau¹。贵了不要，便宜才要。

　　　贵　就　不　要　　便宜　才　要

（9）sa:ŋ¹ la:i¹ mi²li⁴ ma² ʔdi¹。太高了没什么好。

　　　高　多　没有　什么　好

（10）kan⁴ xam⁵ lɯŋ³ zo⁴ la:i¹，mi² xam⁵ ɕi⁶ mi² zo⁴。

　　　勤　问　才　懂　多　不　问　就　不　懂

　　　勤问才知道得多，不问就不知道。

动词和形容词除了可以单独充当主语和宾语外，还可以跟表示泛指的代词和表示类别的量词组合成短语充当主语和宾语。例如：

（11）ka:i⁵ kɯn¹ mi²li⁴ pai⁰。吃的没有了。

　　　　个　吃　没有　了

（12）kap⁸ tuə²la:u⁴，ɕuəŋ⁵ tuə²ni⁵。抓大的（动物），放小的。

　　　抓　只　大　放　只　小

摹状词是跟"大名词"相对而建立起来的一种词，其外延包含状态词、形容词的重叠形式、动词的重叠形式和量词的重叠形式，此外还包括名词性、动词性、形容词性的短语重叠之后的形式。布依语名词一般不能重叠，所以摹状词不是跟名词、动词等处于同一层次的词类，而是一个大类。摹状词大多描摹事物性质的程度、状态，如ʔdan¹ʔdan¹ "个个"、pja:i³pja:i³ "走走"、tam⁵tam⁵ "矮矮的"、xa:u¹xa:u¹ po⁵po⁵ "雪白雪白"等，此外，摹状词还模拟事物的声音，如ŋi²ŋa² ŋi²ŋa² "咿咿呀呀"、ʔjo⁶ʔjo⁶ ʔja:u⁶ ʔja:u⁶ "呜呜哇哇"等。

摹状词内部差异较大，因此不同的摹状词充当句法成分的功能是不同的。如：

（13）te¹ ʔju⁵ po¹ ɕiən⁵pai¹ ɕiən⁵ta:u⁵。他在山上转来转去。

　　　他　在　山　转去　转回

（14）ko¹ sa:ŋ¹sa:ŋ¹ te¹ tɯk⁸ fai⁴ za:n² ku¹。高高的那棵树是我家的。

　　　棵　高　高　那　是　树　家　我

（15）pa:i⁶zo⁶ ta:ŋ⁵ li⁴ zi⁶ pjak⁷ jeu¹ lɔk⁸lɔk⁸。窗外是绿油油的菜地。

　　　外面　窗　有　地　菜　绿　油　油

（16）te¹ ta:u⁵ ta:u⁵ kɯn¹ lau³，ta:u⁵ ta:u⁵ lau³ fi²。

　　　他　次　次　吃　酒　　次　次　酒　醉

　　　他次次喝酒次次醉。

例（13）的摹状词ɕiən⁵pai¹ ɕiən⁵ta:u⁵ "转来转去"相当于一个动词，在句中充当谓语；例（14）的摹状词sa:ŋ¹sa:ŋ¹ "高高的"充当定语；例（15）

的摹状词jeu¹ lɔk⁸lɔk⁸ "绿油油"充当定语；例（16）的摹状词ta:u⁵ta:u⁵ "次次"充当状语。

由此看来，把名词、动词、形容词归为一个大类还是可行的，当然，数词、量词、人称代词也具有名词的性质。不过，根据这个思路建立起一个比较严谨的词类体系还有一段相当长的路要走，因此本书还无法按照"大名词"和"摹状词"的设想来具体讨论各个词类，名词、动词、形容词依旧分开论述，只是在相关章节会强化名词、动词、形容词等的一致性。摹状词大多涉及重叠问题，也分别放在各个词类的功能上去处理。因此，词类的划分大致还是按照传统的思路。

第三节　实词及其语法特点

一　名词、动词和形容词

（一）名词的特点和功能

名词是表示事物名称的词。从本质上说，事物都占有一定的三维空间，因此，名词都具有空间性，无论是大自然的pa⁵ "山"、zam⁴ "水"、fai⁴ "树木"，还是人类社会创造的ɕiə¹ "车"、ɕuŋ⁵ "枪"、zuə² "轮船"，都是实实在在、具体可感的东西。事物是多种多样的，有的形状固定，如za:n² "房子"、zin¹ "石头"，有的没有固定的外在形态，如soi¹zum² "空气"、wɯə³ "云"、ʔdit⁷ "阳光"。人类认识事物的先后顺序总是从简单到复杂，从具体到抽象。因此，除了具体事物外，人类也会认识很多的抽象事物，甚至会想象出一些世界上根本不存在的事物。对于抽象事物，人类实际上是把它们看作跟具体事物一样，占有一定的空间，是认知中"存在"的，无非是视觉、触觉没有感受到而已，如siən¹ "仙"、ɕiə⁴ "神"、fa:ŋ⁴ "鬼"、wan¹ "魂魄"、pɯən²siən¹ "仙境"、pɯən²pat⁸ "佛界"，等等。

形态发达的语言，名词一般都带有特定的形态标记，而布依语属于形态极不发达的强分析型语言，名词缺乏明显的外部形态特征。不过，大多数名词在做主语或宾语时都需要带一个前加成分，这个前加成分有的意义已完全虚化，且具有一定的构词能力，如tɯ²、lɯ⁰；有的则带有一定的词汇意义，其作用是表示事物的类别，如fa⁶（植物类）、tuə²（动物类）。布依语名词一般不带后缀。

布依语的名词没有"数"的形态。在有指示代词限定的情况下，名词带前加成分做主语或宾语时，如果没有指定数量，通常表示单数，例如：

（1）pu⁴wɯn² te¹ tɯk⁸ pau⁵nuəŋ⁴ ku¹. 那个人是我弟弟。

　　　个 人 那 是 　弟弟 　我

（2）ku¹ fi⁶ za¹ ʔdai⁴ tuə²ɕiə² te¹. 我没有找到那头黄牛。

　　我 没 找 　得 头 黄牛 那

布依语名词的复数形式通常是在该名词前面添加po²、tɕoŋ⁵、ɕa:ŋ³①等前加成分来表示，如po²lɯk⁸sɯ¹"学生们"、tɕoŋ⁵pu⁴tɕe⁵"老人们"、ɕa:ŋ³ pu⁴ɕo²"年轻人们"，其中，po²和tɕoŋ⁵是比较常用的复数标志，除用于表示人的名词以外，也可以用于动物，如tɕoŋ⁵ɕiə²"（黄）牛群"、tɕoŋ⁵wa:i²"（水）牛群"、tɕoŋ⁵tuə²ma¹"狗（群）"、po²juəŋ²"羊群"等。生命度较低的动物也可以用po²或tɕoŋ⁵来表示复数，如tɕoŋ⁵mot⁸"蚁群"、tɕoŋ⁵tuə²tiən²"蜂群"等。无生命的事物则通过在名词前面添加表示个体和集合意义的前加成分来区分单复数，如ʔbaɯ¹sa¹"纸（单数）"，tap⁸sa¹"纸（复数，一沓纸）"，san³fai⁴"木头（单数）"，moŋ³fai⁴"木头（复数，一堆木头）"，ʔdak⁷zin¹"石头（单数）"，moŋ³zin¹"石头（复数，一堆石头）"，等等。

名词可以修饰名词，形成偏正关系，其语序是中心语在前，名词修饰语在后，如pit⁷mak⁸ lɯk⁸sɯ¹"学生的笔"、tin¹fɯŋ² ɕi²la:n¹"小孩的手脚"、kon⁶fɯŋ² mai⁴pi⁴"嫂嫂的手镯"、tɕa:ŋ¹ ta⁶"河中间"、pa:i⁶na:m² ɕe⁵xeŋ¹"册亨的南面"、pa:i⁶pak⁷ ta⁶n̩iə¹ʔdiŋ¹"红水河的北面"。

名词可以受动词、形容词、代词等的修饰，构成偏正关系，其语序一般是名词中心语在前，修饰语在后。受形容词修饰的如za:n² la:u⁴"大房子"、lɯk⁸ɕiə² fon⁴"黑的牛崽"、me⁶pit⁷ wa¹"花的母鸭"等；受动词修饰的如zam⁴ kɯn¹"喝的水"、fun² pa⁵"劈的柴"、ɕi²la:n¹ tɯk⁸zu⁴ te¹"跌倒的那个小孩"等；受代词修饰的如ɕen²ɕa:i² xo³te¹"他们的钱财"、ʔduə³za:n² po²tu¹"我们的家业"、za:n² ni⁴"这家"，等等；受方位词修饰的如tɕen¹ soi⁴"左胳膊"、zon¹ tɕa:ŋ¹"中间的路"、pu⁴wɯn² si⁵xen²"周围的人"，等等。少数形容词修饰名词时，其位置是在名词前面，如leu⁴ ʔba:n⁴"全村"、leu⁴ za:n²"全家"、la:i¹ za:n²"多家"，等等。疑问代词tɕi³"几"修饰名词时也要放在前面，如tɕi³ ʔdiən¹"几个月"、tɕi³ za:n²"几家"、tɕi³ pi¹"几年"，这种修饰关系中的名词大多也能充当量词。

布依语的名词一般不受副词修饰，如不能说*pi⁴nuəŋ⁴ ta²za:i⁴"确实兄

---

① ɕa:ŋ³作复数标记，用于表示人的名词前面，通行于册亨、望谟一带的布依语，在特定的语境中也可以直接跟形容词结合，如ɕa:ŋ³tɕe⁵"老人们"、ɕa:ŋ³ɕo²"青年们"。ɕa:ŋ³一般不能作量词。

弟"、*mi² ŋɔn²ço⁶ "不明天"等，但少数通过并列关系结合在一起的单音节名词可以受否定副词mi² "不"的修饰构成四音格结构，如luŋ² "舅（母之兄）"和na⁴ "舅（母之弟）"组合成并列式合成词luŋ²na⁴，表示"娘家人"，如后家无人则可说mi²luŋ² mi²na⁴，类似的结构还有mi²pi⁴ mi²nuəŋ² "无兄无弟"、mi²ʔduə³ mi²za:n² "无家无业"等。

除了能临时充当量词的部分名词以外，普通名词一般不能直接受数词的修饰，如可以说sa:m¹ za:n² "三家"、xa³ ŋɔn² "五天"、zɔk⁷ ʔdiən¹ "六个月"、ŋi⁶çip⁸ toi⁴ "二十碗"，但不能说*xa³ po¹ "五山"（汉语可以说"三山五岳"）、*si⁵ ta⁶ "四河"、*sa:m¹ xe⁵ "三客"、*zɔk⁷ tin¹ "六脚"。通常情况下，多数名词只能受由数词和量词组成的量词短语修饰，其语序是"二"以上的量词短语修饰名词时位置在前，数词"一"与量词组成的量词短语修饰名词时，量词在前，数词"一"在后，作为中心语的名词居中。例如：

soŋ¹ çoi⁴ lɯk⁸sɯ¹ 两个学生	xa³ ʔdan¹ ma⁵ ta:u² 五个桃子
两　个　学生	五　个　桃子
mau⁴ po¹ ʔdeu¹ 一座山	pa:i² fai⁴lu⁴ ʔdeu¹ 一行柳树
座　山　一	排　柳树　一

有些表示亲属称谓的名词，前面可以直接加数词，如xa³ pi⁴nuəŋ⁴ "五弟兄（姐妹或兄弟姐妹）"、sa:m¹ me⁶lɯk⁸ "三母子（或母女）"、si⁵ po⁶lɯk⁸ "父子（父女）四人"、soŋ¹ po⁶me⁶ "父母二人"、soŋ¹ pa³leu² "两妯娌"、soŋ¹ pau⁵ja⁶ "两夫妻"，等等。部分表示人或动物器官的名词前面也可以直接加数词，但这样的数名结合形式是固定的，数词不能变换，其顺序也是数词在前，名词在后。例如：

soŋ¹ fɯŋ² 双手	soŋ¹ tçen¹ 双臂	soŋ¹ tin¹ 双脚
两手	两　胳膊	两　脚
soŋ¹ ta¹ 双眼	si⁵ ka¹ 四条腿	xa³ zip⁸ 五爪
两眼	四腿	五　爪子

（3）kai⁵ li⁴ soŋ¹ ka¹，ma⁴ li⁴ si⁵ tai²。鸡有双腿，马有四蹄。

　　鸡有两腿　马有四蹄

表示单位的名词和表示时间的名词可以重叠，重叠以后具有"每×"的意思。例如：

（4）ʔba:n⁴ ni⁴ za:n²za:n² to³ li⁴ tiɛn²⁴sɿ²⁴tçi³³。

　　寨子　这　家　家　都　有　电视机

这个村家家都有电视机。

（5）te¹ pi¹pi¹ to³ pai¹ za:n² ta:i⁵ ʔjam⁵ɕiən¹。他每年都去外婆家拜年。

　　他　年年　都　去　家　外婆　　拜年

（6）ku¹ ŋon²ŋon² pai¹ pa⁵zɔn¹ ɕu⁴ te¹。我每天去路口接她。

　　我　天天　去　路口　接　她

名词可以跟动词、形容词形成主谓关系，其语序是名词在前，动词、形容词在后。名词加动词的如tuŋ⁴ ɕet⁷ "肚子痛"、ɕau³ ŋun⁶ "头晕"、ka¹ zak⁷ "腿断"、po¹ lwa³ "山塌"、zam⁴ ka:t⁷ "水断流" 等；名词加形容词的如pi¹niən² ʔun⁵ "年纪小"、ʔbɯn¹ lap⁷ "天黑"、ka¹zɔn¹ ɕai¹ "路远"、ʔbɯn¹ ɕɔt⁷ "天气冷"、po¹ sa:ŋ¹ "山高" 等。根据不同的语境，ka¹zɔn¹ ɕai¹和po¹ sa:ŋ¹也可以看成修饰关系，理解为 "远的路程" 和 "高山"。

除了上述名词，名词还包括几个特殊的小类，它们分别是时间词、方位词和处所词。

时间词是表示时间位置的词。时间词表示的是时间的绝对位置，因此不需要其他词语做参照。常见的时间词有pi¹ "年"、ʔdiən¹ "月"、ŋon² "天"、pai²ɕau⁴ "以前"、ʔiə⁵laŋ¹ "以后"、mɯən⁶ɕau⁴ "过去"、miən⁴ mo⁵ "将来"、ŋon²ni⁴ "今天" 等。时间词常常做中心语，但它的修饰语有一定的限制，只有表示数量、描写、领属意义的成分，才能做时间词的修饰语，如soŋ¹ xat⁷ "两个早晨"、ɕɯ² wam⁴ ɕam⁴ "凉爽的傍晚"、xat⁷ ɕo⁶ "明天早上"。

方位词是表示相对空间位置的词。所谓相对空间位置，意思是它表示的空间位置是不确定的，只有通过后面的名词做参照，所表示的空间位置才具体。常见的方位词有kɯn² "上"、la³ "下"、soi⁴ "左"、kwa² "右"、tuŋ³³ "东"、lan³¹ "南"、zu⁴ "西"、pak⁷ "北"、ʔdaɯ¹ "里"、zo⁶ "外" 等。

处所词是表示绝对空间位置的词。绝对空间位置指的是没有参照物的空间位置，这是与方位词不同的地方。处所词数量很少，只有 zek⁷ɕaɯ³ "附近"、 soŋ¹zek⁷ "两边"、 si⁵xen² "四周" 等几个。处所词可以带修饰语，但修饰语往往是领属性的或描写性的，如：zek⁷ za:n² "房屋周围"、si⁵miən⁶ pjak⁸zik⁸ "寂静的四周"。处所词前面不能再出现方位词，如 *ʔdaɯ¹ si⁵ɕiə² "四处里"、*kɯn² xen²ta⁶ "河边上"，但表示处所的名词可以带方位词，如ʔdaɯ¹ ɕiau²⁴sɿ³¹ "教室里"、 pa:i⁶pak⁷ miən⁴ku² "贞丰北边"。

布依语名词的基本句法功能是充当主语、宾语、谓语，少数情况下可以充当定语。名词作主语的如：

（7）nuən⁴ʔbɯk⁷ pai¹ to⁶ sɯ¹。妹妹去上学。

　　妹妹　　去　读书

（8）luuk⁸tɕa⁴ mi²li⁴ xau⁴ kɯn¹。孤儿没有饭吃。

　　　孤儿　没有　饭　吃

（9）tuə²wa:i² luɯŋ³li⁴ ʔju⁵ koŋ⁶。水牛还在圈里。

　　　头　水牛　还　在　圈

上述三个句子中的nuəŋ²ʔbuuk⁷ "妹妹"、luuk⁸tɕa⁴ "孤儿" 和tuə²wa:i² "水牛" 分别充当各句的主语。

名词充当宾语的如：

（10）te¹ sak⁸ puuə⁶。他洗衣服。

　　　他　洗　衣服

（11）ɕa:ŋ⁶suu¹ son¹ suu¹。老师教书。

　　　老师　　教　书

（12）soŋ¹ ɕoi⁴ɕo² te¹ ʔdot⁷ lau³。那两个年轻人喝酒。

　　　二　个青年那　喝　酒

例子中的puuə⁶ "衣服"、suu¹ "书" 和lau³ "酒" 分别在句子中充当宾语。作为宾语的名词不仅可以出现在动词之后，还可以出现在介词之后，即在介词短语中充当宾语。例如：

（13）te¹ tai⁵ pe³¹tɕin³³ ma¹ kui²⁴jaŋ³¹。他从北京来贵阳。

　　　他　从　北京　　来　贵阳

（14）pi⁴pauu⁴ ʔju⁵ za:n² kuə⁶ xoŋ¹meu²。嫂嫂在家做农活。

　　　嫂嫂　在家　做　农活

名词直接充当谓语，主要用来说明天气、时间、节日、容貌、性状等意义。例如：

（15）ŋon²ɕo⁶ ɕiəŋ¹ ta:n⁶ŋo⁴。明天端午节。

　　　明天　节日　端午

（16）pau⁵wei³¹ wuun² ɕe⁵xeŋ¹。老韦册亨人。

　　　老韦　人　册亨

例子中的ɕiəŋ¹ ta:n⁶ŋo⁴ "端午节" 和wuun² ɕe⁵xeŋ¹ "册亨人" 分别在句子中直接作谓语。

名词作定语的如：

（17）ʔdiən¹ŋon²（pu⁴kuə⁶meu²）ŋon² ʔdi¹ kuu⁶ ŋon²。

　　　日子　　　农民　　　天　好　过　天

农民的日子一天胜过一天。

（18）pu⁴lauu² ka:m³ ma¹ siŋ¹ ʔduə³za:n¹（pau⁵pi⁴）？

　　　谁　敢　来　争　家业　　老兄

谁敢来争老兄的家业？

例（17）中的pu⁴kuə⁶meu² "农民" 充当主语，diən¹ŋɔn² "日子" 的定语，例（18）中的pau⁵pi⁴ "老兄" 充当宾语，duə³za:n¹ "家业" 的定语。

此外，时间词还可以在句中充当状语，例如：

（19）te¹ ŋɔn²ço⁶ ta:u⁵ ma¹。他明天回来。

　　　　他　明天　　回来

（20）ku¹ xat⁷ xat⁷ to³ zun⁵ çau⁴ tɯk⁷ tɕhiu³¹。我每天早上都早起打球。

　　　我 早晨 早晨 都 起 早 打 球

上述例子中的ŋɔn²ço⁶ "明天" 和xat⁷ xat⁷ "每天早上" 分别在句子中充当状语。

（二）动词的特点和功能

动词就是反映事物运动变化的词。由于事物的运动变化总是有一个起点和终点，所以动词都带有时间性。

有的动词，表现的是事物相对静止的状态，如li⁴ "有"、sa:u⁶ "等于"、siŋ⁵ "姓"、tɯk⁸ "是"、pan²lum³ "好像" 等；有的动词表现的是事物由一个时间点到另一个时间点运动或变化的结果，如ta:i¹ "死"、piən⁵ "变化"、zeu⁵zo² "枯"、wa:i⁶ "坏" 等；有的动词，表示的是事物在某个时间段上距离的移动，如pai¹ "去"、pja:i³ "走"、le² "跑"、sat⁷ "跳"、sen³ "搬动"、sa:ŋ³ "活动"，等等；有的动词，表示一事物对另一事物的影响，如çiŋ³ "请"、jeu⁶ "叫"、xaɯ³ "让"、ça³ "等待"、çau⁵ "差遣"，等等；有的动词，表示人的心理活动，如ʔdiəp⁷ "想"、xam² "恨"、ma:i³ "喜欢"、mɯəŋ⁶ "希望"、ʔiən⁵ "后悔"，等等。事物运动变化的方式是多种多样的，动词因此也分为不同的类型。

由于布依语动词本身缺乏形态变化，因此，只能借助其他词语来表示时、体、态等语法范畴。通常所谓的 "时" 是指动词包含的时间。一件事情，可以是过去做的，也可以现在做，还可以将来再做。当使用动词来表达这种时间观念时，可以采取不同的方式。布依语需要使用其他词语对动词的 "时" 加以说明，如表达的是过去发生的事情，则使用çɯ²çau⁴ "过去"、pai²çau⁴ "以前"、mɯən⁶çau⁴ "过去"、 pai²ʔdu⁴ "从前" 等时间词语来帮助说明；如果表达的是现在发生的事情，就使用pai²ni⁴ "现在"、kaŋ⁵³ni⁴ "现在"、 ku⁵ni⁴ "现在"、mɯən⁶ni⁴ "现在"、çɯ²ni⁴ "此时" 等词语来帮助动词表示；如果表达的是将来发生的事情，就使用ʔan⁴ "以后"、ʔan⁴mo⁵ "将来"、ŋɔn²mo⁵ "将来"、pai¹na³ "往后"、pai²laŋ¹ "后来"、 tau³aŋ¹ "以后"、ʔiə⁵laŋ¹ "之后"、laŋ¹ŋɔn² "日后" 等时间词语来配合动词表示。例如：

（21）muɯən¹ɕau⁴ pu⁴wɯɯn² fi⁶sa:i⁶ zo⁴ kuə⁶meu²。

　　　　从前　　　人类　　未曾　会　做 庄稼

　　从前人们还不怎么会种庄稼。（表示过去）

（22）ɕɯ²ni⁴ ɕa:u⁴ ʔo⁵ tu¹ ɕi⁶ ma¹ mi² tep⁸ pai⁰。

　　　　现在　　刚　出 门　就 来 不 及 了

　　现在刚出门就来不及了。（表示现在）

（23）ku¹ ŋɔn²mo⁵ zo⁴ wa:n²ʔan¹ mɯɯŋ²。我将来会报答你的恩情。

　　　　我　　将来 会　报 恩 你　（表示将来）

动词除了可以表达事件所发生的时间属性，还可以表达事件进行到的程度或状态，是已经结束，还是在进行当中，前者一般叫作"完成体"，后者叫作"进行体"。"完成体"通常是在动词后添加ʔiə⁵ "完"、pai⁰ "了"、leu⁰ "了"来表示。例如：

（24）ku¹ ʔa:p⁷ ʔda:ŋ¹ ʔiə⁵ pai⁰。我洗完澡了。

　　　　我 洗　身体　完 了

（25）te¹ za:i² sin⁵ ʔiə⁵ pai⁰。他写完信了。

　　　　他 写 信　完 了

布依语的光杆动词形式通常情况下就包含"正在进行"的含义，也就是说动词不跟其他词语组合就可表示"进行体"。例如：

（26）te¹ nin² ʔju⁵ kɯɯn² ʔbon⁵。他在床上睡着。

　　　　他 睡　在 上　床铺

（27）te¹ tan³ pɯ⁶ ʔdiŋ¹。他穿着红衣服。

　　　　他 穿 衣服 红

如果要突出"正在进行"的意义，常见的是在动词后加一个助词li⁴ "有"来表示，也可以在动词前添加ʔju⁵ "在"、ta:i¹ka:n⁶ "正在"、 taŋ²ka:n⁶ "正在"等时间副词来表示。例如：

（28）ʔdan¹ toi⁴ te¹ tɕaŋ¹ li⁴ xau⁴tɕɔt⁷。碗里盛着冷饭。

　　　　个 碗 那 装 有　饭 冷

（29）te¹ ɕa:t⁷ ʔda:ŋ¹ taŋ²ka:n⁶。他正在洗澡。

　　　　他 洗　身子　正在

"态"是反映动词与主语关系的语法范畴。如果一个动作是由主语实施的，这是"主动态"，如果主语是动作的承受者，则是"被动态"。布依语的动词没有"态"的标志，所以一个动作行为只要是主语施行的，就属于"主动态"。如：

（30）mjau⁵ kɯɯn¹ pja¹ pai⁰。猫吃了鱼。

　　　　猫　吃　鱼 了

（31）te¹ lai⁶ ɕiə² pai¹ tɔŋ⁶ kɯn¹ zam⁴。他赶牛到田坝喝水。

　　　　他 赶 牛 去 田坝 吃　水

有的动词不需要借助其他词语就可表示"被动态"，如sak⁸"洗"、 ta⁵"晒"、 kɯn¹"吃"等，但通常情况是在动词前使用tɕo²、teŋ¹、tɯk⁸（都有"被"的意思）配合表示"被动态"。例如：

（32）pɯə⁶ sak⁸ ʔiə⁵ pai⁰。衣服洗了。

　　　衣服 洗　完 了

（33）ɕen² te¹ tɕo² pu⁴zak⁸ zak⁸ pai⁰。他的钱被小偷偷了。

　　　　钱 他 被　小偷　偷 了

狭义的形态变化是指动词通过添加词缀或改变词根来表示各种语法意义的语法形式，广义的形态变化还包括动词与其他词的组合形式、重叠以及带前加成分等。广义的形态变化在布依语动词中比较普遍，比如上述时、体、态的语法范畴大多是通过跟其他词的组合来完成的。动词重叠主要表示"短时""少量""轻微""不停"等语法意义，如ɕim¹ɕim¹"看看"、nɯ⁶nɯ⁶"想想"。当然，动词也可通过非重叠的方式来表示这些语法意义，如ʔdun¹ pai² ʔdeu¹"站站（站一下）"、ka³ɲiə¹"听听"等。此外，布依语部分表示动作行为的词，往往在前面带一个表示动作语义范围的词缀，如tɯk⁷tam³"用角相抵"、tɯk⁷xa:i⁴"打斗"、tɯk⁷xut⁷"咒骂"、kuə⁶sak⁸"洗涤"、kuə⁶pa:n⁴"陪伴"、kuə⁶ɲip⁸"缝纫"、tuŋ⁴ti²"打斗"、tuŋ⁴xut⁷"吵架"、tuŋ⁴pa:n⁴"陪伴"、tuŋ⁴tɕai²"相爱"、tɯk⁸peu¹"得罪"、tɯk⁸xut⁷"挨骂"、tɯk⁸ɕaŋ²"让人讨厌"等，tɯk⁷表示与人或动物肢体、器官相关的动作行为，kuə⁶表示人的动作行为，tuŋ⁴表示"相互"，是涉事双方互动的行为，tɯk⁸表示被动。但这种通过前加成分表示一定语法意义的手段在动词的构词方式中并不常见。

动词可以跟名词、动词、形容词、量词、代词、副词等组合成偏正、述宾、主谓、并列、连动等关系。

动词可以充当名词、量词的修饰语，也可以被形容词、副词修饰。动词充当修饰语时，其位置是在中心语之后；充当中心语时，它的修饰语可以在前面，也可以在后面，例如：

zɔn¹ pja:i³ 走的路　　　ɕen² sai³ 用的钱　　　lau³ ka:i¹ 卖的酒

tuə²ʔbin¹飞禽　　　　ka:i⁵ kɯn¹ 吃的东西　　pu⁴ ta:i¹ 死的人

ʔdi¹ kɯn¹ 好吃　　　na:n² nau² 难说　　　na:i⁶ pai¹ 慢走

pja:i³ ʔdi¹ 走好　　　ma¹ ɲam² 快快来　　　zun⁵ ɕau² 早起

动词在述宾关系中可充当述语，也可充当宾语，与它组合的词有名词、动词、形容词、代词，例如：

kɔn² ȵiə³ 割草　　　　kɯn¹ zam⁴ 喝水　　　　xa:i¹ zi⁶ 开荒

la:u¹ ta:i¹ 怕死　　　tɕai² tai³ 想哭　　　　ma¹ ɕim¹ 来看

ma:i³ ʔba:u⁵ʔdi¹ 爱美　　kɯn¹ ʔdi¹ 吃好的　　　ka:ŋ³ ma:u² 吹牛

xut⁷ te¹ 骂他　　　　ma¹ ni⁴ 来这儿　　　　pai¹ ʔun⁴te¹ 去那边

动词在主谓关系中既可以充当谓语，也可充当主语，跟它组合的词主要有名词、动词、形容词、代词。例如：

po¹ ʔjwa⁴ 山垮　　　　wɯn¹ taŋ⁴ 雨停　　　fi² mɯət⁸ 火灭

ma¹ ɕi⁶ ʔdi¹ 来就好　　xau³ lɯŋ³ xo² 给才对

pai¹ mi² pai¹ to³ pan² 去不去都行

pu⁴laɯ² ma¹ 谁来　　　po²zau² pai¹ 我们去　　mɯŋ² nau² 你说

动词与动词也可以构成语义相关、相反或相对的并列关系，例如：

ka:i¹ ɕɯ⁴ 买卖　　　　pai¹ ma¹ 来回　　　xɯn³ zɔn² 上下

xau³ ʔo⁵ 进出　　　　to⁶ ziəŋ² za:i² 读和写

sak⁸ pɯə⁶ jou⁶ zuŋ¹ xau⁴ 洗衣又做饭

动词跟动词还可以组合成连动关系，连动关系中前后动词具有时间上的先后顺序，例如：

pai¹ tɕe⁴ ɕɯ⁴ pjak⁷ 上街买菜　　　　ma¹ za:n² kɯn¹ xau⁴ 回家吃饭

zɔŋ² ta⁶ kap⁸ pja¹ 下河抓鱼　　　　ɕiə⁵ ɕen² pa:ŋ² te¹ 借钱帮他

动词在句子中的基本功能是充当谓语，但布依语的动词、名词、形容词具有一致的语法性质，也就是说具有名词性，所以动词也可以充当主语、宾语、定语和状语。例如：

（34）ku¹ tɯk⁷ ʔdai⁴ soŋ¹ tuə² pja¹。我打得两条鱼。

　　　我　打　得　两　条　鱼

（35）tuə²ɕiə² te¹ tɔk⁷ pai⁰。那头牛丢了。

　　　头　黄牛　那　丢　了

（36）ŋɔn²ni⁴ zau² kɯn¹ soŋ¹ ɕoŋ² lau³ pai⁰。今天我们吃了两桌酒。

　　　今天　我们　吃　两　桌　酒　了

上述例句中的 tɯk⁷ "打"、tɔk⁷ "丢" 和 kɯn¹ "吃" 均充当谓语。

动词可以充当主语和宾语。例如：

（37）tai³ li⁴ ma² juŋ⁶ le⁰。哭有什么用嘞。

　　　哭　有　什么　用　嘞

（38）ta:i¹ to³ mi² la:u¹，ku¹ la:u¹ kɯə³ma²。死都不怕，我怕什么。

　　　死　都　不　怕　我　怕　什么

（39）ɕoi⁴ lɯk⁸ te¹ ma:i³ tai³。他的儿子爱哭。

　　　个　儿　他　爱　哭

（40）te¹ nau² te¹ mi² la:u¹ xut⁷。他说他不怕骂。

　　　他　说　他　不　怕　骂

　　上述例（37）和例（38）中的tai³"哭"和ta:i¹"死"分别作主语，例（39）和例（40）中的tai³"哭"和xut⁷"骂"分别作宾语。

　　动词可以充当定语，例如：

（41）tuə²ɕiə² ta:i¹ te¹ mi²li⁴ pu⁴laɯ² ka:m³ kɯn¹。

　　　头牛　死　那　没有　　谁　　敢　吃

　　　死的那头牛没有人敢吃。

（42）ɕoi⁴ ʔdun¹ te¹ tɯk⁸ lɯk⁸ ku¹。站着的那个是我儿子。

　　　个　站　那　是　儿　我

（43）fa⁶liəm² nai⁴ ni⁴ mi² ʔdi¹ juŋ⁶。这把生锈的镰刀不好用。

　　　把镰刀　锈　这　不　　好　用

　　以上例句中的ta:i¹"死"、ʔdun¹"站"和nai⁴"锈"分别在各句中充当定语。

　　动词可以充当补语，例如：

（44）tuə²kuk⁷ te¹ tɕo² xa:i⁴ ta:i¹ pai⁰。那只老虎被打死了。

　　　　只　虎　那　被　打　死　了

（45）teu² zi³ ni⁴ mi² la:ŋ⁶，zau² sat⁷ ʔdai⁴ kwa⁵。

　　　条　沟　这　不　宽　我们　跳　得　过

　　　这条沟不宽，我们跳得过去。

　　上述例句中的ta:i¹"死"和kwa⁵"过"分别在句中充当补语。布依语中的动词充当补语时，通常要带一个前置的助词ʔdai⁴"得"，这一特征与汉语相同。

　　部分动词还可以充当状语，例如：

（46）te¹ tai³ ʔda⁵ pu⁴ zak⁸ ɕen² te¹。他哭着骂偷钱的那个人。

　　　他哭　骂　个　偷　钱　那

（47）me⁶ ku¹ mi² xaɯ³ ku¹ nin² ɕim¹ sɯ¹。我妈妈不让我睡着看书。

　　　妈　我　不　让　我　睡　看　书

　　以上例句中的tai³"哭"和nin²"睡"在各句中充当状语，分别说明ʔda⁵"骂"和ɕim¹"看"的方式。

　　（三）形容词的特点和功能

　　形容词是表示事物性质的词。宇宙万物都处于不停地运动和变化之中，但在变化之中会保持一种比较稳定的"性质"，这种性质使我们可以把一事物跟另一事物区分开来。"性质"是运动和物质之间的分界，事物失去"性质"反映的是时间变化，事物保持"性质"反映的是事物存在的相对静止的状态。形容词是反映事物性质的，因此它既具有一定的时间性，又具有一定的空间性，是处于动词和名词之间的一种词类。由于人们对事物的性质认识上有差异，因此形容词具有主观性，比如有的民族把红色、黑色看作一类色，而有的民族把蓝色、绿色归为一类色。不管怎样，事物的性质总是可以用词语来反映的，我们把反映事物稳定属性的词语称作形容词。

布依语形容词没有"级"的语法范畴，有关"级"的语法意义是通过副词来表示的。形容词的原级便是形容词本身，在原级和最高级之间有一个 to[1] "更"，比如 zai[2] to[1] "更长"、fon[4] to[1] "更黑"，但这不是严格意义上的"比较"，所以直到从汉语中借用了 pi[53]tɕiau[24] "比较"一词后，通过词汇意义表示比较级才形成一个完备的系统。单音节和双音节形容词都是原级，如 la:u[4] "大"、ni[5] "小"、zai[2] "长"、tin[3] "短"、sa:ŋ[1] "高"、tam[5] "矮"、la:u[4]sa:ŋ[1] "高大"、saɯ[1]seu[5] "干净"；在形容词前使用 pi[53]tɕiau[24] "比较"一词可以表示比较级，如 pi[53]tɕiau[24] la:u[4] "比较大"、pi[53]tɕiau[24] zai[2] "比较长"、pi[53]tɕiau[24] sa:ŋ[1] "比较高"；在形容词后面使用 pja:u[2] "最"可以表示最高级，如 la:u[4] pja:u[2] "最大"、zai[4] pja:u[2] "最长"、sa:ŋ[1] pja:u[2] "最高"。也可以用汉语借词 tsui[24] "最"来表示最高级，如 tsui[24] ʔdi[1] "最好"、tsui[24] sa:ŋ[1] "最高"、tsui[24] tɕai[1] "最远"等。汉语介词 pi[53]tɕiau[24] "比较"和 tsui[24] "最"放在形容词前，是受汉语影响的结果。

形容词是表现事物属性的，因此根据事物表现出来的不同性质，形容词可以分为不同的类型。当然，一个事物往往具有多个属性，所以一个事物也会有多个形容词来表现其性质，但很多事物除了与别的事物拥有不同的属性外，也与别的事物具有相同的属性，比如大小、新旧等。抽象事物也拥有自己的属性，因此也会有相对应的形容词。从具体事物来看，有的形容词是表现空间的，如 la:u[4] "大"、ni[5] "小"、kwa:ŋ[5] "宽"、ɕan[2] "窄"、faŋ[33] "方"、muɯn[2] "圆"；有的形容词是表现度量的，如ʔbau[1] "轻"、nak[7] "重"、tɕai[1] "远"、tɕaɯ[3] "近"、lak[8] "深"、ʔbok[7] "浅"、ʔbo[1] "松"、ʔdat[7] "紧"；有的形容词是表现颜色的，如 fon[4] "黑"、xa:u[1] "白"、ʔdiŋ[1] "红"、xen[3] "黄"、pik[7] "蓝"、lɔk[8] "绿"；有的形容词是表现属性的，如 mo[5] "新"、kau[5] "旧"、nit[7] "冷"、ʔda:t[7] "热"、ʔun[5] "软"、ʔdoŋ[4] "硬"；有的形容词表现属性分类，如 tɕim[1] "金"、ŋan[2] "银"、tak[8] "雄"、me[6] "雌"等；有的形容词表现主观评价，如ʔdi[1] "好"、wa:i[6] "坏"、ɕau[6] "美"、pjot[7] "丑"、peŋ[2] "贵"、tuuk[8] "便宜"、ʔja[5] "恶"；有的形容词表现年龄大小，如 tɕe[5] "老"、ɕo[2] "年轻"。从抽象事物来看，有的形容词表现时间，如 ɕau[4] "早"、lot[7] "晚"、zai[2]或 na:n[2] "长"；有的形容词表现速度，如 xan[1] "快"、na:i[6] "慢"；有的形容词表现方式，如 man[6] "稳"、kwa:i[5] "怪"。

　　形容词大多为单音节的，少部分是双音节。多音节形容词往往包含性质的程度，表示的是事物的状态，因此多音节形容词一般看作状态词，如 fon⁴ kum⁴kum⁴ "黑乎乎"、 n̠uŋ⁵ n̠a:p⁵n̠a:p⁵ "慢腾腾"等。状态词由形容词重叠或者带上词尾后产生，其语法性质跟表示性质的形容词有很大不同，如不能受程度副词的修饰，不能做主语等。此外，拟声词的性质近似于状态词，因此也归并在形容词范围。

　　形容词可以处在"X+to¹+名"这样一种语言格式中，其他词都不能进入 X 的位置，根据这个条件可以判断出一个词是不是形容词。例如：

（48）te¹ sa:ŋ¹ to¹ po⁶ te¹。他比父亲高。

　　　他 高 多 父 他

（49）taŋ¹ tien²⁴tɯn³³ zoŋ⁶ to¹ taŋ¹ ju²。电灯比油灯亮。

　　　灯 电灯 亮 多 灯油

　　形容词可以修饰名词、量词，形成名词性的偏正关系，其语序是中心语在前，修饰语在后，例如：

pɯə⁶ xa:u¹ 白衣服	paŋ² fon⁴ 黑布	po¹ sa:ŋ¹ 高山
san³ zai² 长的那根	ʔdan¹ ni⁵ 小的那个	ko¹ sa:ŋ¹ 高的那棵

　　形容词可以修饰动词形成偏正关系，也可以充当动词的补充成分形成述补关系，例如：

ʔdi¹ kɯn¹ 好吃	ʔja⁵ kuə⁶ 难做	na:n² pja:i³ 难走
kɯn¹ la:i¹ 吃得多	kɯn¹ ʔim⁵ 吃饱	pja:i³ xan¹ 走得快

　　形容词也可受副词的修饰形成偏正关系，其位置可以在副词之前，也可以在副词之后，例如：

leu⁴ ʔdi¹ 非常好	to³ luəm³ 都好看	mi² tɕe⁵ 不老
la:i¹ ta²za:i⁴ 真的多	xen³ tɕa²ɕi² 确实黄	seu³ pja:u² 极其少

　　形容词后面可以带补语，能做形容词补语的通常只有数量词"一些""一点儿"。例如：

ʔdi¹ nai⁶ 好一点儿	la:i¹ zau⁶ 多一些	seu³ ʔet⁷ʔdeu¹ 少一点儿

　　多数形容词都能重叠，尤其是单音节形容词，重叠后的形容词表示程度的加深，例如：

ta:ŋ¹ 高	sa:ŋ¹sa:ŋ¹ 高高的	zai² 长	zai²zai² 长长的
tam⁵ 矮	tam⁵tam⁵ 矮矮的	tɕai¹ 远	tɕai¹tɕai¹ 远远的

　　部分双音节形容词也可以按 AABB 式或 ABAB 式进行重叠，构成四音格，重叠后表示程度的加深，例如：

saɯ¹seu⁵ 干净　　　saɯ¹saɯ¹ seu⁵seu⁵ 或saɯ¹seu⁵ saɯ¹seu³ 干干净净

ʔaːŋ⁵jaːŋ⁶ 高兴　　　　ʔaːŋ⁵jaːŋ² ʔaːŋ⁵jaːŋ⁶ 或ʔaːŋ⁵ʔaːŋ⁵ jaːŋ⁶jaːŋ⁶ 高高兴兴

laːu⁴xuŋ¹ 粗大　　　　laːu⁴xuŋ¹ laːu⁴xuŋ¹ 或laːu⁴laːu⁴ xuŋ¹xuŋ¹ 粗粗大大

部分单音节形容词后面可以带一个重叠语素，其作用也是表示程度的加深，例如：

maːn⁶ zaːt⁸zaːt⁸ 辣乎乎　　　　　　ʔdiŋ¹ tɔŋ³tɔŋ³ 红彤彤

zai² zwaːm⁶ 或zai² zwaːm⁶zwaːm⁶ 长长的

ʔdɔŋ⁴ kaŋ² 或ʔdɔŋ⁴ kaŋ²kaŋ² 硬邦邦

xaːu¹ po⁵ 或xaːu¹ po⁵po⁵ 白花花

形容词可以用肯定否定相叠的形式表示疑问，也可以单独回答问题，例如：

ʔdi¹ mi² ʔdi¹? 好不好？　　　　　nak⁷ mi² nak⁷? 重不重？

ʔdi¹。好。　　　　　　　　　　　nak⁷。重。

形容词的基本句法功能是充当主语或宾语的修饰成分，即定语。例如：

（50）xe⁵（tɕai¹）kɯn¹ kon⁵。远客先吃。

　　　　客　　远　　吃　　先

（51）ko¹ fai⁴（laːu⁴）te¹ taːi¹ zo² pai⁰。那棵大树枯死了。

　　　　棵　树　　大　　那　死　干　了

（52）zaːn² ku¹ ʔdiən¹ pet⁷ ŋuət⁸ ɕi⁶ kɯn¹ xau⁴（mo⁵）pai⁰。

　　　　家　我　月　八　月　就　吃　粮　新　了

　　　　我家八月间就吃新粮食了。

以上句子中的tɕai¹ "远"、laːu⁴ "大" 和mo⁵ "新" 分别充当主语xe⁵ "客"、fai⁴ "树" 和宾语xau⁴ "粮" 的定语。

形容词可以充当谓语，例如：

（53）na³ ʔdiŋ¹ pai⁰，kɯn¹ mi² ʔdai⁴ lau³ pai⁰。脸红了，不能喝酒了。

　　　　脸　红　了，　喝　不　得　酒　了

（54）ma⁵taːu² wɯət⁷ tɕa²ɕi²，kɯn¹ mi² pan²。桃子很涩，不能吃。

　　　　桃子　涩　　非常　　吃　不　成

上述例句中的ʔdiŋ¹ "红" 和wɯət⁷ "涩" 分别充当句子的谓语。

形容词也常常充当状语和补语，例如：

（55）pi⁴laːu⁴ li⁴ ni⁵ ɕi⁶ kan⁴ kuə⁶ xoŋ¹。哥哥还小就勤干活。

　　　　哥哥　还　小　就　勤　干　活

（56）kaːi⁵ lau³ ni⁵ ʔja⁵ kɯn¹ taːza:i⁴。这种酒确实难喝。

　　　　个　酒　这　难　喝　确实

（以上两句中的形容词充当状语）

（57）ku¹ ziəŋ² te¹ nau² ʔdi¹ pai⁰。我跟他说好了。

　　　我　跟　他　说　好　了

（58）leu⁴ ʔba:n⁴ wɯn² pu⁴ tɕɔŋ⁵ wei³¹ to³ taŋ² ɕai² pai⁰。

　　　全　寨　人　个　姓　韦　都　到　齐　了

　　　全寨姓韦的人都到齐了。

（以上两句中的形容词充当补语）

形容词在句中还可以充当主语和宾语，例如：

（59）peŋ² jiə⁶ ʔau¹，tɯk⁸ jie⁶ ʔau¹。贵也要，便宜也要。

　　　贵　也　要　便宜　也　要

（60）kan⁴ ɕi⁶ li⁴ kɯn¹，tɕik⁷ ɕi⁶ tuŋ⁴ ʔiə⁵。勤劳就有吃，懒惰就饿肚。

　　　勤　就　有　吃　懒　就　肚　饿

（以上句子中的形容词充当主语）

（61）pu⁴ tɕe⁵ ni⁴ la:u¹ nit⁷。这位老人怕冷。

　　　人　老　这　怕　冷

（62）ku¹ ma:i³ pjak⁸zik⁸。我喜欢清静。

　　　我　喜欢　清静

（以上句子中的形容词充当宾语）

部分形容词充当谓语时还能带补语，例如：

（63）xaɯ³ te¹ la:i¹ ʔet⁷noi⁶。多给他一点儿。

　　　给　他　多　一点儿

（64）ko¹ fai⁴ ni⁴ sa:ŋ¹ soŋ¹ ɕiəŋ⁶ pet⁷。这棵树高两丈八。

　　　棵　树　这　高　二　丈　八

（以上句子中的形容词充当补语）

　　通过上述例句，我们不难发现，布依语的形容词既具有名词性，也具有动词性，甚至具有副词的性质，因此名词、动词、形容词有时很难分开，这是词根语与屈折语不能融合的地方，所以沈家煊（2011）主张把汉语的这三类词归为"大名词"，这对布依语同样适用。

二　代词、数词和量词

（一）代词的分类、特点和功能

　　代词具有询问、指示和替代等功能，与其他词类相比，它是一类比较特殊的词。根据词的语用功能，布依语代词可分为人称代词、指示代词和疑问代词三类。

1. 人称代词

　　人称代词的主要功能是代替人和事物的名称。根据指代的对象，人称代词可以分为以下几个类别：

第一人称单数：ku¹ 我、woi⁵ 我（谦称）

第一人称多数：zau² 咱们、po²zau² 我们（包括式）

　　　　　　　tu¹ 我们、po²tu¹ 我们（排除式）

第二人称单数：muɯŋ² 你

第二人称多数：su¹ 你们、po²su¹你们、xo³su¹你们、ziə¹ 你们

第三人称单数：te¹他

第三人称多数：po²te¹ 他们、tɕɔŋ⁵te¹ 他们、xo³te¹ 他们

反身代词：ʔda:ŋ¹kau⁵ 自己

旁指代词：fɯɯ⁴ 别人、wɯɯn²la:i¹别人、pu⁴ʔɯɯn⁵ 别人

统称代词：ta³pa:ŋ⁶ 大家、ta³tɕɔŋ⁵ 大家、ta²⁴ɕi³¹大家、leu⁴po² 大家

泛称代词：ka:i⁵

布依语人称代词没有"数"的形态变化，"单数"和"多数"是通过两组不同的词汇来表示的，比如单数的第一人称是ku¹、woi⁵ "我"，复数是zau²、tu¹ "我们、咱们"，单数的第二人称是muɯŋ² "你"，复数是su¹，也可以通过在单数或复数代词之前加po²、xo³、tɕɔŋ⁵来表示"多数"，相当于汉语的"们"，如po²zau²、tɕɔŋ⁵zau²、xo³zau²、po²woi⁵ "我们"，po²su¹、tɕɔŋ⁵su¹、xo³su¹、po²muɯŋ² "你们"，po²te¹、tɕɔŋ⁵te¹、xo³te¹ "他们"，其中po²和tɕɔŋ⁵都有"群"的意思。

布依语第一人称单数woi⁵是谦称代词，在一些地区主要是晚辈跟长辈交流时使用，但在望谟布依语中与ku¹的功能没有多大区别，长辈对晚辈时也可以使用。布依语没有专门的尊称代词，晚辈跟长辈（年长者）交流时，根据对方年龄或双方年龄的差距，可在人称代词muɯŋ² "你"之后加pu⁴tɕe⁵或pu⁴la:u⁴ "老人"，以示尊重。例如：

（65）muɯŋ² pu⁴tɕe⁵ kuɯn¹ kon⁵。您老人家先吃。

　　　 你　 老人 吃　先

（66）muɯŋ² pu⁴tɕe⁵ ma¹ za:n² naŋ⁶。您老人家到屋里来坐。

　　　 你　 老人 来 屋 坐

在望谟一些地区的布依语中，晚辈与长辈交流时称自己的小名，而不用人称代词woi⁵，也可以表示对长者的尊重。

布依语第一和第二人称代词存在跨类和跨数称代，即用复数表单数，第二人称表第一人称，旁指代词表第一或第二人称等，这是一种比较特殊的语用现象。例如：

（67）jiəŋ⁶jiəŋ⁶ to³ seu³ mi² ʔdai⁴ muɯŋ²。样样都离不开你。

　　　 样样　都 少 不 得 你

句中的muɯŋ² "你" 实际上是指说话者自己，即ku¹ "我"，表达说话者一种埋怨的情绪。

（68）fuɯə⁴ mi² pai¹ muɯŋ² mai³ jeu⁶ pai¹。别人不去你非要喊去。

　　　别人 不 去　你 非要 喊 去

句中的fuɯə⁴ "别人" 指的也是说话者自己，表达的也是埋怨的情绪。

反身代词ʔda:ŋ¹kau⁵ "自己" 既可表示复指，也可表示回指。例如：

（69）ʔau¹ zau² ʔda:ŋ¹kau⁵ ka⁶ kuə⁶，çi⁶ luɯŋ³ çiən⁴ ʔdai⁴ pa⁵。

　　　要 我们　自己 自 做 就 能 养 得 嘴

　　只有我们自己做，才能养活自己。

（70）çiau⁵³waŋ³¹ ka⁶ kuən³ko⁵ ʔda:ŋ¹kau⁵。小王只关心自己。

　　　　小 王 只 照顾　自己

反身代词还可以表示替代，代替句子中没有出现的某个主体。例如：

（71）siən⁵ ʔda:ŋ¹kau⁵ çi⁶ ʔda:ŋ¹kau⁵ ka⁶ pa:n⁵。

　　　事情　自己 就　自己 自 办

　　自己的事情自己办。

（72）ʔda:ŋ¹kau⁵ ʔau¹ li⁴ tça⁵ çiə¹ ʔdeu¹。自己要有一架车。

　　　　自己　　要有架 车 一

布依语统称代词既可指某个范围内的所有人，也可指某个人以外的所有人，例如：

（73）leu⁴po² ʔau¹ tai⁵ jiəŋ⁶ siən⁵ ni⁴ son¹ kwa:i¹。

　　　大家　要 从 样 事情 这 教 乖

　　大家要从这一事件中吸取教训。

（74）çoi⁴ luɯk⁸ni⁴ ni⁴ leu⁴po² to³ ma:i³ te¹。

　　　个 小孩 这 大家 都 喜欢 他

　　这个孩子大家都喜欢他。

此外，布依语中还有一个特殊的泛称代词ka:i⁵，其用法有点近似于古代汉语中的 "者"，但ka:i⁵只代替事物，不代替人，所以用法与 "者" 不同，而且也不等同于现代汉语中的 "的" 字结构。例如：

（75）son¹ xoŋ⁵ za:n² ni⁴，xoŋ⁵ ʔdeu¹ ka:i⁵ ku¹，xoŋ⁵ ʔdeu¹ ka:i⁵ muɯŋ²。

　　　两 间 屋 这　间 一 的 我　间 一 的 你

　　这两间屋子，一间我的，一间你的。

（76）ka:i⁵ kɯn¹ ka:i⁵ tan³ to³ mi² li⁴ pai⁰。吃的、穿的都没有了。

　　　　的 吃　的 穿 都 没有 了

ka:i⁵指代的内容有时要根据上下文环境才能推出，如例（75），有时根据它后面的词语就可以推知，如例（76）。

2. 指示代词

指示代词是用来指示人或事物、行动、性状、数量等的词。指示的意思就是说话人指称的事物跟说话人在空间和时间上距离的远近。布依语中的指示代词可分为近指和远指，ni⁴ "这" 是近指，te¹ "那" 是远指。此外，布依语中还有一个ʔun⁴，表示比te¹更远的距离。除了这几个词，布依语还经常使用ni⁴、te¹跟其他语素合成代词表示指示。

a. 表示时间的，例如：

现在、这时：çɯ²ni⁴、mɯən⁶ni⁴、ku⁵ni⁴、kaŋ⁵³ni⁴、ji⁵ni⁴

那时：çɯ²te¹、mɯən⁶te¹、ku⁵te¹、kaŋ⁵³te¹、ji⁵te¹

b. 表示处所的，例如：

这里、这儿：tçiə²ni⁴、kɯə²ni⁴、ʔben⁴ni⁴、ten⁶ni⁴

那里、那儿：tçiə²te¹、kɯə²te¹、ʔben⁴te¹、ten⁶te¹

c. 表示方式、程度的，例如：

如此、这样：taŋ³ni⁴、jiəŋ⁶ni⁴、saŋ³ni⁴、sa:u⁶ni⁴

那样、那般：taŋ³te¹、jiəŋ⁶te¹、saŋ³te¹、sa:u⁶te¹

d. 表示数量的，例如：

这些：sam⁵ni⁴、sau⁶ni⁴

那些：sam⁵te¹、sau⁶te

表示距离远近是指示，表示全部或者整体中的任一个体也是指示，这样的指示词有表示分指的pa:i⁴ "每"、ta:ŋ⁵ "各"，表示统指的liəŋ¹ "另"、leu⁴jiəŋ⁶ "一切"、jiəŋ⁶ma² "任何" 等。

近指和远指的区分是相对的，什么是近什么是远没有明确的、绝对的界限，这只是一个心理感觉，或者说是空间距离在心理上的反映。例如：

（77）ʔau¹ san³ tɯŋ⁴ te¹ ʔduŋ⁵ ma¹ pa:i⁶ni⁴。

　　　把　根　棍子　那　扔　来　边　这

　　把那根棍子扔到这边来。

（78）sa:u²çak⁸ te¹ tai⁵ kui²⁴jaŋ³¹ʔdwa:ŋ⁴ ma¹ wɯəŋ²mo⁴ pa:i⁶ni⁴。

　　　伙　土匪　那　从　贵阳　窜　来　望谟　边　这

　　那伙土匪从贵阳窜来望谟这边。

（79）soŋ¹ tuə² ma⁴，mɯŋ² ʔau¹ tuə² ni⁴，ku¹ ʔau¹ tuə² te¹。

　　　两　匹　马　你　要　匹　这　我　要　匹　那

　　两匹马，你要这匹，我要那匹。

例（77）中的 te¹ "那" 和ni⁴ "这" 实际距离并不远，但以说话人为参照点，离说话人近的空间称ni⁴ "这"，反之为 te¹ "那"；例（78）的空间距离较远，因为说话人是处于望谟，所以用pa:i⁶ni⁴ "这边"，如果说话人是在贵阳，则要用 pa:i⁶te¹ "那边"；例（79）表示的距离纯粹是一种心理距离，因为两匹马离说话人无所谓远近，ni⁴ "这" 和te¹ "那" 是可以互换的，所以这里区分的作用大于指示的作用。

布依语的ni⁴ "这" 和 te¹ "那" 一般不单独代替人或事物，如果处于主语位置，往往要跟名词、量词或量词短语等进行组合。可见，布依语的指示代词指示功能明显，替代功能较弱。例如：

（80）puɯn³ suɯ¹ ni⁴ tuɯk⁸ ka:i⁵ ku¹. 这本书是我的。

　　　　本　书　这　是　　的　我

（81）soŋ¹ ʔdan¹ ɕoŋ² te¹ tuɯk⁸ ka:i⁵ za:n² te¹. 那两张桌子是他家的。

　　　　二　个　桌　那　是　的　家　他

例（80）中ni⁴ "这" 与puɯn³ suɯ¹ "书本" 结合，例（81）中te¹ "那" 与数量短语soŋ¹ ʔdan¹ ɕoŋ² "两张桌子" 组合。

代词的区别功能既可以用指示词表示，也可以用人称代词表示，但所谓区别，往往要通过对举的方式来完成。例如：

（82）ka:i⁵ ni⁴ tuɯk⁸ ka:i⁵ ku¹, ka:i⁵ te¹ tuɯk⁸ ka:i⁵ muɯŋ².

　　　　个　这　是　的　我　个　那　是　的　你

这是我的，那是你的。

（83）ka:i⁵ ni⁴ tuɯk⁸ kaŋ³³pi³¹, ka:i⁵ te¹ tuɯk⁸ jan³¹pi³¹.

　　　　个　这　是　钢笔　个　那　是　铅笔

这是钢笔，那是铅笔。

（84）muɯŋ² tuɯk⁸ ɕa:ŋ⁶fai⁴, te¹ tuɯk⁸ ɕa:ŋ⁶zin¹. 你是木匠，他是石匠。

　　　　你　是　木匠　他　是　石匠

指示词不能单独表示区别，要跟其他词组合起来才能起到区分的作用；人称代词具有区别的作用，但都要通过对举的方式，或者对两件事或两个人，或者一个事物的两个方面进行比较才产生区别作用。代词表示指示的作用和表示区别的作用有时比较明显，但有时是区分不开的，所以往往把指示作用和区别作用合称为指别作用。例如：

（85）ʔdan¹ po¹ ni⁴ za:ŋ⁶ ʔdan¹ po¹ te¹. 这座山连着那座山。

　　　　个　山　这　连　个　山　那

（86）muɯŋ² ka⁶ kuə⁶ siən⁵ muɯŋ², ku¹ ka⁶ to⁶suɯ¹ ku¹.

　　　　你　自　做　事情　你　我　自　读书　我

你做你的事，我读我的书。

例（85）中的ni⁴ "这" 和te¹ "那" 既表指示，也表区别。例（86）中的muɯŋ² "你" 和ku¹ "我" 既分别表示指示，又相互区别。

3. 疑问代词

疑问代词是用来询问人或事物、行为、性状、数量等的词。可以分为下列几个小类：

a. 问人的疑问代词

谁：pu⁴laɯ²；什么人：pu⁴ma²

b. 问事物的疑问代词

什么：ku³ma²、kɯə³ma²、ka:i⁵ma²、jiəŋ⁶ma²、ja:ŋ²ma²

哪样：jiəŋ⁶laɯ²、ka:i⁵laɯ²

c. 问时间的疑问代词

什么时候：çɯ²laɯ²、ji²laɯ²、kaŋ⁵³laɯ²、mɯən⁶laɯ²、ku⁵laɯ²

几时：tɕi³çɯ²

d. 问处所的疑问代词

何处、哪里：kɯə²laɯ²、tɕiə²laɯ²、ʔben⁴laɯ²、ten⁶laɯ²

e. 问方式、程度的疑问代词

如何、怎样、怎么：taŋ³laɯ²、saŋ³laɯ²、sa:u⁶laɯ²、saŋ³ʔju⁵

f. 问数量的疑问代词

多少：tɕi³la:i¹、sa:u⁶la:i¹、pe⁶laɯ²

g. 问原因的疑问代词

为什么：wei⁶ma²

(87) pu⁴laɯ² ma¹ za¹ ku¹? 谁来找我？

　　　谁　来　找　我

(88) mɯŋ² xa² pai¹ tɕiə²laɯ²? 你要去哪里？

　　　你　要　去　哪里

(89) wei⁶ma² mi² nau²xaɯ³ ku¹? 为什么不告诉我？

　　　为什么　不　　告诉　我

疑问代词也有不表示疑问的，而是表示任指、虚指以及不定指。表示任指的疑问代词主要有pu⁴laɯ²谁、ja:ŋ⁶ma²什么、laɯ²哪。例如：

(90) mi²kuən³ pu⁴laɯ² nau², te¹ to³ mi² n̠iə¹。不论谁说，他都不听。

　　　不管　谁　说　他　都　不　听

(91) te¹ jiəŋ⁶ma² to³ mi² zo⁴xe⁶。他什么都不知道。

　　　他　什么　都　不　知道

例（90）pu⁴laɯ²“谁”用在mi²kuən³“不论”后面，表示所说的范围没有例外；例（91）jiəŋ⁶ma²“什么”跟副词to³“都”搭配表示任指，意为所说的范围并无例外。表示虚指的疑问代词主要有tɕiə²laɯ²“哪儿”、laɯ²“哪”、ma²“什么”。例如：

（92）te¹ tai⁵ pɯəŋ²zo⁶ ma¹, tɕiə²laɯ² to³ so⁵mo⁵。

　　　他　从　外地　来　　哪儿　都　陌生

　　他从外地来，哪儿都陌生。

（93）pa:ŋ¹ te¹ kuə⁶ xoŋ¹ mi² ʔdai⁴ ʔdan¹ ɕen² laɯ²。

　　　帮　他　干活　不　得　个　钱　哪

　　帮他干活一个钱也拿不到。

（94）mɯŋ² jien⁵³ ma² lum³ ma²。你演什么像什么。

　　　你　演　什么　像　什么

此外，ku³ma²"什么"可以表示否定、不满等。表示否定，一般需要与后面的句子搭配使用，表示不满通常要放在动词后面。例如：

（95）ʔdan¹ xa:p⁸ ni⁴ tɯk⁸ xa:p⁸ ku³ma²？lɯŋ³ tɯ² ɕi⁶ wa:i⁶ pai⁰。

　　　个　盒子　这　是　盒子　什么　刚　用　就　坏　了

　　这是什么盒子？刚用就坏了。

（96）mɯŋ² tɕai² zo⁴ ku³ma²？你想知道什么？

　　　你　想　知道　什么

4. 代词的基本特点

布依语的代词有如下基本特点。

a. 代词一般不能重叠，无论人称代词、指示代词还是疑问代词，只有疑问代词laɯ²在表示虚指的时候，可以重叠，相当于汉语的"等等"。例如：

（97）za:n² te¹ ɕiəŋ⁴ li⁴ tuə²ɕiə², tuə²wa:i², tuə²mu¹, tuə²juəŋ² laɯ²laɯ²。

　　　家　他　养　有　黄牛　　水牛　　猪　　羊　　等等

　　他家养了黄牛、水牛、猪、羊，等等。

（98）mɯŋ² pa:ŋ² ku¹ tɯ² sɯ¹, sa¹, pit⁷mak⁸ laɯ²laɯ² pai¹ xaɯ³ te¹。

　　　你　帮　我　带　书　纸　笔　　等等　去　给　他

　　你帮我带书、纸、笔之类的东西去给他。

b. 代词一般不受其他词类的修饰，只能充当其他词类的修饰语。代词经常修饰名词和量词，也经常修饰量词短语，表示领属和指示关系，语序是中心语在前，作为修饰语的代词在后，例如：

po⁶ mɯŋ² 你父亲　　　　　ɕen²ɕa:i² te¹ 他的钱财　　　　pɯn³ sɯ¹ ni⁴ 这本书

父　你　　　　　　　　　钱财　他　　　　　　　　　本　书　这

xau⁴ pu⁴laɯ² 谁的粮食　　　laɯ³ tɕiə²laɯ² 哪儿的酒

粮食　谁　　　　　　　　酒　哪里

tɕɔŋ⁵ ni⁴ 这一件（衣服）　　sa:m¹ toi⁴ lau³ te¹ 那三碗酒

件　这　　　　　　　　　三　碗　酒　那

ʔdan¹ ku¹ 我的那个　　　　fa⁶ muɯŋ² 你的那把　　　　　　ko¹ te¹ 那棵
　个　我　　　　　　　　把　你　　　　　　　　　　棵　那

c. 在有多重修饰语的短语结构中，作为修饰成分之一的人称代词和指示代词总是处于最末的位置，例如：

（99）tɕɔŋ⁵ puɯə⁶ ʔdiŋ¹ mo⁵ ku¹ te¹ luɯŋ³ sak⁸ fi⁶ xuɯ⁵。

　　件　衣　红　新　我　那　刚　洗　未　干

我那件新的红衣服刚洗，没干。

（100）ʔdan¹ toi⁴ za:i² pa⁵ wa:u⁶ ni⁴ fi⁶ za⁵。这只口缺了的花碗还没洗。

　　　个　碗　花　口　缺　这　未　洗

d. 除人称代词外，表示方式和程度的代词有时也可以修饰动词和形容词，代词修饰动词时置于动词之前，例如：

taŋ³laɯ² kuə⁶ 怎么做　　　taŋ³te¹ nau² 那么说　　　jiə⁶ni⁴ xam⁵ 这样问
　怎么　做　　　　　　　那样　说　　　　　　　这样　问

代词修饰形容词时置于其后，例如：

sa:ŋ¹ taŋ³ni⁴ 这么高　　　tɕai² saŋ³te¹ 那么远　　　zai² sa:u⁶ni⁴ 这么长
　高　如此　　　　　　远　那么　　　　　　　　长　如此

代词的基本句法功能是在句子中充当主语、宾语和定语。充当主语的如：

（101）ku¹ fi⁶ pai¹ to⁶ suɯ¹。我没有去读书。

　　　我　未　去　读　书

（102）pu⁴laɯ² ma¹ za¹ muɯŋ²? 谁来找你？

　　　谁　来　找　你

指示代词ni⁴ "这" 和te¹ "那" 一般不能单独做主语，必须与名词、量词或量词短语等结合才能充当主语，详见上文 "指示代词" 部分。

代词充当宾语的如：

（103）ɕiau⁵³li⁵³ ŋɔn²liən² ma¹ za¹ ku¹。小李昨天来找我。

　　　小李　　昨天　来　找　我

（104）te¹ ma¹ tɕiə²ni⁴ za¹ pu⁴laɯ²? 他来这儿找谁？

　　　他　来　这儿　找　谁

表处所的指示代词tɕiə²ni⁴ "这里" 处于宾语位置时，tɕiə² "处" 常常可以省略，因此，ni⁴在这种情况下可以单独充当宾语，例如：

（105）ʔau⁴ suɯ¹ ma¹ ço⁵ ni⁴。拿书来搁这儿。

　　　拿书　来　放　这

（106）ʔju⁵ ni⁴ ʔdai⁴ sa:m¹ pi¹ pai⁰。在这儿有三年了。

　　　在　这　得　三　年　了

代词常常可以充当定语,例如:

(107) çoŋ² sɯ¹ ku¹ ka¹ zak⁷ pai⁰。我的书桌腿儿断了。

　　　书桌　我　腿　断　了

(108) pɯn³ sɯ¹ ni⁴ tɯk⁸ sɯ¹ pu⁴laɯ²？这本书是谁的?

　　　本　书　这　是　书　谁

上述例句中的 ku¹ "我" 和 pu⁴laɯ² "谁" 分别充当主语 çoŋ²sɯ¹ "书桌" 和宾语 sɯ¹ "书" 的定语。

代词可以充当判断动词的宾语,例如:

(109) pu⁴ pa:i¹soi⁴ tɯk⁸ ku¹, pu⁴ pa:i⁶kwa² tɯk⁸ pau⁵pi⁴ ku¹。

　　　个　左边　是　我　个　右边　是　哥哥　我

　　左边的是我,右边那位是我哥哥。

(110) pu⁴ te¹ tɯk⁸ pu⁴ laɯ² ni⁰？那一位是谁呢?

　　　个　那　是　谁　呢

表示方式和程度的代词有时可以在句子中充当状语,例如:

(111) ka:i⁵ siən⁵ ni⁴ ku¹ mi² zo⁴ taŋ³laɯ² pa:n⁵。这件事我不知道怎么办。

　　　件　事　这　我　不　知　怎么　办

(112) lau⁵³sɿ³³ son¹ ku¹ jiəŋ⁶ni⁴ kuə⁶。老师教我这么做。

　　老师　教　我　这样　做

(113) mɯŋ² ʔdaŋ⁵ saŋ³ni⁴ pu⁴laɯ² pi³ ʔdai⁴ kwa⁵ mɯŋ²？

　　　你　厉害　如此　　谁　比　得　过　你

　　你这么厉害谁能跟你比?

上述例句中的 taŋ³laɯ² "怎样"、jiəŋ⁶ni⁴ "这样" 和 saŋ³ni⁴ "如此" 在句中充当状语,分别修饰 pa:n⁵ "办"、kuə⁶ "做" 和 ʔdaŋ⁵ "厉害"。

(二)数词的特点、分类和功能

差不多所有的语言都有数词,但数词在各种语言中的表现却不尽相同。桥本万太郎(1983)认为印欧语的数词在所有词中是最稳定的,但在东亚,情况并不是这样,很多语言的数词都是借自汉语,如日语"十一"以上的数借用汉语的数词体系,越南语"一万"以上的数转用汉语,朝鲜语"一百"以上脱离母语,而泰语"二"以上就进入汉语的计数体系。吴安其(2006)也证明了壮傣语的数词"二"以上都是借自汉语。可见,数词并不是与名词、动词等同时产生的词类,在有的语言中,数词是很晚才产生的。为什么有的语言原来有数词,而有的语言没有,乔氏认为这跟各民族所处的地域有很大关系。通商民型的语言,数词较早产生,因为商品交换要用到数词,农耕民型的语言,因为很少有机会用数词算钱,所以数词不发达。布依语的数词体系基本上跟汉语是一样的。

布依语"零"至"十"的系数词是：lin^2"零"、$ʔdeu^1$"一"、son"二"、$sa:m^1$"三"、si^5"四"、xa^3"五"、zok^7"六"、$ɕat^7$"七"、pet^7"八"、ku^3"九"、$ɕip^8$"十"，其中，"一"除了使用固有数词$ʔdeu^1$外，还使用汉语借词$ʔit^7$，"二"除了使用son^1外，还使用借自汉语的$ŋi^6$。$ʔit^7$和$ŋi^6$一般用作序数，但在大于"十"的数目中，它们又可充当基数，如$ɕip^8ʔit^7$"十一"、$ɕip^8ŋi^6$"十二"、$ŋi^6ɕip^8ʔit^7$"二十一"、$ŋi^6ɕip^8ŋi^6$"二十二"；几十以内的数，$ɕip^8$可省略，如$xa^3ʔit^7$"五十一"、$xa^3ŋi^6$"五十二"。但在"二百""二千""二万"这几个数中，"二"要用son^1，不能用$ŋi^6$；在"百""千""万"这几个位数词的后面以及有些表示度量衡的量词后面，"一"和"二"要用$ʔit^7$和$ŋi^6$，如$pa^5ʔit^7$"一百一十"、$ɕiən^1ŋi^6$"一千二百"、$fa:n^6ʔit^7$"一万一千"、$ɕiən^6ʔit^7$"一丈一尺"、$kan^1ŋi^6$"一斤二两"；"一百""一千""一万"可以省写为pa^5、$ɕiən^1$、$fa:n^6$。

序数的表示法也与汉语一致。"十"以内的序数，在前面添加一个前加成分ta^2，相当于汉语的"第"，如$ta^2ʔit^7$"第一"、$ta^2ŋi^6$"第二"，"十"以上的序数与基数词完全相同，不用添加前加成分ta^2，如$ɕip^8zok^7$"第十六"、$ɕip^8pet^7$"第十八"。农历的日期也要通过序数来表示，上旬的每一天是在数字前添加前加成分$ɕo^1$，相当于汉语的"初"，如$ɕo^1ŋi^6$"初二"、$ɕo^1ɕip^8$"初十"，"十"以上的日期前不添加$ɕo^1$。亲属称谓的排行处于第一的要用$la:u^4$来表示，如$tɕiu^{24}la:u^4$"大舅"、$po^6la:u^4$"大伯"，排行最小的要用lun^2，如$luɯk^8lun^2$"幺儿"、$nuəŋ^4lun^2$"幺兄弟（或幺妹）"，排行第二的要用$ŋi^6$来称谓，其他的依次用$sa:m^1$"三"、si^5"四"、xa^3"五"等，序数都放在名词后，如$pau^5ŋi^6$"老二"、$pau^5sa:m^1$"老三"、$ȵiəŋ^6si^5$"四指（即无名指）"，等等。

概数、分数、倍数的表示法几乎也借自汉语。概数主要有$tɕi^3$"几"、$la:i^1$"多"、$pai^1kuɯn^2$"以上"、pai^1la^3"以下"、$ta:u^5ʔdaɯ^1$"以内"、$xuɯn^3zoŋ^2$"上下"以及相邻两数表示推测等。例如：

$tɕi^3ɕiən^1$几千　　　$tɕi^3pai^1$几次　　　　$ɕip^8la:i^1tuə^2$十多只

$pa^5la:i^1kan^1$一百多斤　　　　　$sa:m^1ɕip^8xuɯn^3zoŋ^2$三十上下

$xa^3ɕip^8pai^1la^3$五十以下　　　　$zok^7ɕiən^1pai^1kuɯn^2$六千以上

$son^1pa^5ta:u^5ʔdaɯ^1$二百以内　　$ɕat^7pet^7pu^4$七八个人

分数的表示法通常连数字都借用汉语了，如$san^{33}fuɯn^{33}tsɿ^{33}ə^{24}$"三分之二"、$wu^{53}fuɯn^{33}tsɿ^{33}san^{33}$"五分之三"、$pe^{31}fuɯn^{33}tsɿ^{33}pe^{31}$"百分之百"；倍数的表示法是在数字后面加$top^8$，如$son^1top^8$"两倍"、$sa:m^1top^8$"三倍"、$xa^3top^8$"五倍"等。此外，"半"也是数词，在布依语中，"半"用$tiŋ^2$来表示，也可以用$pjoŋ^6$表示，$tiŋ^2$一般用来表示动作的一半，$pjoŋ^6$

主要是表示重量、时间、长度或条状物的一半；其他表示"半"的数词还有pɯən⁵、pjo⁶、ton⁶、fɯəŋ⁴等。

数词的功能有点近似于形容词，所以在汉语中，起初都是把数词归在形容词内，称作数量形容词。布依语中，数词做序数都放在名词后面，或者系数词放在表顺序的词缀后面组合成序数词。但数词与形容词还是有很大不同，如形容词能充当谓语但数词不能，数词能跟量词结合修饰名词但形容词不能，所以现在一般都把数词单独列为一类。数词是一个封闭的类，可分为系数词、位数词和其他数词三类。其中，系数词全部都能跟量词组合，位数词跟量词结合的能力稍受限制，但前面添加了系数词后，也可以自由与量词结合，如si⁵ pa⁵ kan¹ "四百斤"、soŋ¹ fa:n⁶ tuə² "两万头"；"半"也常常跟量词结合，如pjoŋ⁶ toi⁴ "半碗"、tiŋ²teu² "半条"；liŋ² "零"较少跟量词结合。

数词的基本语法功能是与量词组合成量词短语，充当各种句法成分。首先，数词与量词组合可以修饰名词充当定语。例如：

（114）kɔk⁷ ɕiən² te¹ li⁴ soŋ¹ tuə² ka³wu⁶。那墙脚有两只癞蛤蟆。

　　　　脚　墙　那　有　两　只　癞蛤蟆

（115）ku¹ laŋ³li⁴ soŋ¹ ʔdan¹ toi⁴ fi⁶ za⁵。我还有两个碗没洗。

　　　我　还有　两　个　碗　未　洗

数词跟量词组合后，还能放到动词后面充当补语。例如：

（116）te¹ pa:i⁴ ʔdiən¹ pai¹ ɕim¹ po⁶me⁶ soŋ¹ ta:u⁵。他每月去看父母两次。

　　　　他　每　月　去　看　父母　两　道

（117）te¹ xut⁷ ku¹ sa:m¹ ta:u⁵ pai⁰。他骂我三回了。

　　　他　骂　我　三　　回　了

由于布依语的数词系统是借自汉语，所以一般事物的数量就使用借用的数词系统表示，但加减乘除的运算原来是没有的，所以涉及汉语中的"三加二等于五"这种计算时，是不能表示为*sa:m¹tɕia³³soŋ¹tɯn⁵³ji³¹xa³的，只能表示为 sa:m¹ ʔdan¹ tɕia³³ soŋ¹ ʔdan¹ tɯn⁵³ji³¹ xa³ ʔdan¹。数词后面的量词因计算的事物不同可以改变，但不能单独使用数词进行计算，因此，布依语的数词也就不能单独充当主语或宾语。

（三）量词的特点、分类和功能

量词是表示事物类别或动作时间数量的称述单位，是非形态语言特有的语法现象。布依语同其他汉藏语系语言一样，属于量词非常丰富的语言。

布依语量词可以分为两大类型：名量词和动量词。

名量词主要用来表示事物的类别，专用的度量衡单位也属于名量词。根据语义内容，名量词又可以进一步分为有生量词和无生量词两个类别，下面又依次分为不同的小类。

1. 有生量词

a. 用于人的量词，通称用pu⁴"个"，根据性别、长幼、已婚未婚又分为三小类：

（a）表示性别，男性专用量词有pau⁵"个"（用于年长男性）、"个"（用于青年小伙）和女性专用量词有ja⁶"个"（用于年长女性）和mai⁴"个"（用于年轻女性）。

（b）表示长幼，pau⁵"个"（用于中年以上男性）、ja⁶"个"（用于中年以上女性）、ka:u⁶"个"（用于青年男性）、mai⁴"个"（用于青年女性）、çoi⁴"个"（用于青少年，不区分性别）、lɯk⁸"个"（常用于小孩。本义为"儿子"，用作量词称述中青年时，有调侃、轻视甚至侮辱对方的意思）。

（c）表示已婚和未婚，pau⁵"个"（通常用于中年以上已婚男性）、ja⁶"个"（通常用于中年以上已婚女性）、mai⁴"个"（通常用于未婚女性，有时也用于已婚女性）、çoi⁴"个"（用于未婚青少年，偶尔也可以用于年纪较小的已婚青年）。

b. 用于动物的量词，通称用tuə²"只"，根据性别、长幼、生育和未生育分为三小类：

（a）表示性别，雌性动物专用量词有me⁶"只、头"（用于家畜、家禽和兽类）、ço⁶"只、头"（用于家畜和兽类）、xa:ŋ⁶"只"（用于禽类）；雄性动物专用量词有tak⁸"只"（用于家畜兽类）、pu⁴"只"（用于雄性禽类）；

（b）表示长幼，lɯk⁸"只、头"（用于动物的幼崽）、ʔba:u⁵"头"（用于半大的牛）；

（c）表示生育未生育，me⁶"只"（表示已经产过崽的动物）、ço⁶"只、头"（表示未产过崽的动物）、xa:ŋ⁶"只"（表示未下过蛋的禽类）。

c. 用于植物的量词，通称用ko¹"棵"，根据生长的形式和生长的器官分为三小类：

（a）表示聚生植物：çoŋ²"丛、窝"（表示聚生在一起的植物，多指人工栽培）、ça²"丛、簇"（表示聚生在一起的植物，多指自然生长）；

（b）表示植物的幼苗，只有一个tça³"棵"（表示秧苗）；

（c）表示植物的叶子、花和果实，有ʔbau¹"片"（表示各种植物的叶子）、n̩o³（或ʔdo⁵）"朵"（表示各种花）、ʔdan¹"个"（表示各种果实）。

2. 无生量词

a. 表示形状，根据形状的表现形式分为具体形状和模糊形状两小类。

（a）表示具体形状，这类量词比较多，有的是通过量词的原型表示出事物的形状，有的是通过容器的方式表示所盛物体的形状，还有的是通过动作行为的方式或结果表示相关事物的形状，常见的就有：

ʔbaɯ¹ 片	ȵo³ 朵	ʔdan¹ 个	nat⁸ 颗	ʔdak⁷ 块
teu² 条	san³ 根	ziəŋ¹ 穗	toi⁴ 碗	ŋom⁶ 钵
ka:ŋ¹ 坛	ʔbe⁵ 瓢	ça:n³ 杯	kop⁷ 捧	ʔɯ² 背
kun³ 捆	kuɯt⁸ 扛	ʔum⁴ 抱	ta:p⁸ 摞	

（b）表示模糊形状，这类量词大多表示事物的"种类""群体""部分"意义，形状特征不明显，突出的是范围大小，如jiəŋ⁶"样"、po²"拨"、moŋ³"堆"、za⁵"阵"、tɕoŋ⁵"群"、zuəŋ⁴"行"、ku⁶"对"。

b. 表示功用，根据操作方式、套件又分为三小类：

（a）表示手工操作，如fa⁶"把"、tɕa⁵"架"；

（b）表示套件，如fu⁵"副"、ka¹"只"；

（c）表示工具，如ʔdan¹"个"、san³"根"、ka:n³"杆"。

c. 表示度量衡，根据称量的内容分为长短、容积和轻重三个类别：

（a）表示长短，如li²"厘"、fan¹"分"、çon⁵"寸"、çik⁷"尺"、ça:ŋ⁶"丈"、xɯp⁸"拃"、sɔm¹"庹"；

（b）表示容积，如siŋ¹"升"、tau⁴"斗"；

（c）表示重量，kan¹"斤"、ça:ŋ²"两"、çen²"钱"、teu⁶"十斤"、twa⁶"百斤"。

动作行为反映的实际上是一个时间量，因此，动量词主要表示动作行为的时间频次、幅度、范围、大小等。动量词可以根据来源、与动词的关系等进行分类，比如从来源上可以分为专用动量词和借用动量词，从关系上可以分为个体动量词和集体动量词。布依语的动量词数量不多，常见的有ʔdeu¹"觉（瞌睡）"、pai²"次、下"、tɯn⁶（或fɯə⁴）"顿"、to⁶"遍"、ta:u⁵"次、趟"等，另有临时借用名词来表示动作的时间的，如ta¹"眼"、tin¹"脚"、ʔa:m⁵"口"等。

名量词的基本功能是与数词结合充当句子的定语。例如：

（118）ku¹ çɯ⁴ ʔdai⁴ soŋ¹ tɕoŋ⁵ pɯə⁶。我买了两件衣服。

　　　我　买　得　两　件　衣服

（119）ʔdaɯ¹ ka:ŋ¹ nat⁸ zam⁴ ʔdeu¹ to³ mi²li⁴ pai⁰。缸里一滴水都没有了。

　　　里　缸　滴　水　一　都　没有了

名量词与数词结合还可以充当句子的主语、谓语和宾语。例如：

（120）kan¹ ʔdeu¹ tɯn⁵³ji³¹ çip⁸ ça:ŋ²。一斤等于十两。

　　　斤　一　等于　十　两

（121）tɯn⁶ xau⁴ ʔdeu¹ sa:m¹ çip⁸ man²。一顿饭三十元钱。

　　　顿　饭　一　三　十　元

（122）tɕi³ tuə² xap⁸ tuə² ʔdeu¹。几只咬一只。

　　　　几　只　咬　只　一

动量词不能单独充当动词的补充成分，只有跟数词结合后才能充当句子的补语，这是它最基本的功能。例如：

（123）sai³fu⁶ xam⁵ sa:m¹ to⁶。师傅问了三遍。

　　　师傅　问　三　遍

（124）pai²laŋ¹, ku¹ luŋ³ ʔdai⁴ zan¹ kwa⁵ te¹ ta:u⁵ ʔdeu¹。

　　　　后来　我　才　得　见　过　他　道　一

　　　后来，我才见过他一次。

名量词和动量词的区分是相对的，因为有些量词既可用作名量词，也用作动量词，如soŋ¹ tɯn⁶ xau⁴ "两顿饭"、xa:i⁴ soŋ¹ tɯn⁶ "打两顿"、za⁵ zum² ʔdeu¹ "一阵风"、po⁵ za⁵ zum² ʔdeu¹ "吹一阵"。从来源看，动量词很多都是来自名词。后来，用来表示名词的量词也逐渐用来表示动词，以致名量词和动量词的界限模糊起来。

名量词和动量词都能与指示代词结合，但是指示代词一定要放在量词短语的后面，量词和代词之间可以添加名词或名词性短语，如soŋ¹ ʔdan¹ kɯn²ni⁴ "上面这两个"。

三　副词和叹词

（一）副词的特点、分类和功能

由于缺乏形态变化，布依语的副词从词形上很难作区分。从意义上看，有的副词跟典型的实词没有多大区别，因为有明确的词汇意义；而有的则词义比较虚，不能单独使用，跟虚词比较接近，其范围难以确定，因此，布依语的副词情况比较复杂。

布依语的副词，既有自己的特点，同时又深受汉语的影响。句法功能上看，大多数副词主要作为形容词和动词的修饰语，在句中充当状语。除未然性否定副词mi²之外，几乎所有的副词都不能修饰名词，这是布依语副词区别于形容词的一个特点。从意义上看，相当一部分副词具有词汇意义，而一部分副词则只能表示动作行为的状态或程度的加深或减弱，词义较虚甚至没有词汇意义。从语序上看，布依语副词在句法结构中的位置比较灵活，单音节副词可在中心语之后，也可在中心语之前；借自现代汉语的副词基本上都在中心语之前。

根据表示的意义范围，副词可以分为以下类型。

1. 时间与频率副词：

lɯŋ³ 才　　　　　　kuə⁶na:u⁵ 永远　　　　　ɕa:u⁴ 刚刚

ta:i¹ka:n⁶ 正在	taŋ²ka:n⁶ 正在	çi⁶ 就
tam⁴tɯt⁷ 突然	pai²pan⁶ 刚才	ziən²çɯ² 马上
tçam⁶tça:ŋ⁶忽然	tam⁴tu⁵ 偶尔	si⁵çɯ² 经常
kon⁵ 先	tem¹、tsai²⁴ 再	ta:u⁵ 再

这类副词一般出现在中心语之前，也有少数出现在中心语之后。用于中心语之前的如：

lɯŋ³ zan¹ 才见到	ça:u⁴ taŋ² 刚到	çi⁶ pai¹ 就去
tsai²⁴ ma¹ 再来	ta:u⁵ nau² 又说	ziən²çɯ² ma¹ 马上来
si⁵çɯ² tuŋ⁴zan¹ 经常相见		tçam⁶tça:ŋ⁶ zun⁵ tau³ 忽然起来

用于中心之后的如：

pai¹ kon⁵ 先去	ʔau¹ tem¹ 再要	tuŋ⁴tçai² kuə⁶na:u⁵ 永远相爱
kɯn¹ taŋ²ka:n⁶ 正在吃		

也可以用两个意义相同或相近的副词同时修饰一个中心语，例如：

çiεn³³ kɯn¹ kon⁵ 先吃	tsai²⁴ ʔau¹ tem¹ 再要
先　吃　先	再　要　再

ta:u⁵ xut⁷ te¹ tem¹ 又骂了他一次
又　骂　他　再

2. 程度副词

pja:u² 最	tsui²⁴最	tai⁴过度	xɯn⁵³很
lau⁵³xo⁵³极其	çaɯ²极	kɯ⁶更加	kwa⁵太
leu⁴非常	nan⁴更	zau⁶很	tça²çi²非常
la:i¹ 过于	ta²za:i⁴确实	za:i⁴的确	

跟时间频率副词一样，程度副词可以放在中心语之前，也可用于中心语之后，例如：

leu⁴ xo³na:n⁶ 很贫困	tsui²⁴ ʔdi¹ 最好	xɯn⁵³ kwa:i¹ 很乖

以上用于中心语之前。用于中心语之后的程度副词要多一些，例如：

luəm³ pja:u² 极好看	ʔim⁵ la:i¹ 过于饱	la:i¹ ta²za:i⁴ 确实多
la:u⁴ tça²çi² 非常大	sa:ŋ¹ lau⁵³xo⁵³ 很高	ʔdi¹ çaɯ² 极好

程度副词中，现代汉语借入的成分比较多，布依语固有的程度副词大多意义比较虚，有的已不单独使用，而是变成形容词后表示程度加深的一个后缀。

3. 范围副词

to³、tu³³ 都	je⁵³ 也	ka⁶ 只、仅仅	ka⁶ 独自
pa⁵³liεn³¹ 总共、全部		kuə⁶leu⁴、kuə⁶çai²、leu⁴çai² 全部	

范围副词的数量较少，一般都用于中心语的前面，例如：

tu³³ zo⁴或to³ zo⁴ 都知道　　　ka⁶ pai¹ 独自去　　　　ka⁶ li⁴ 只有

je⁵³ ma¹ 也来　　　　　　　pa⁵³liɛn³¹ ʔau¹ 全部要

只有kuə⁶leu⁴、kuə⁶ɕai²、leu⁴ɕai² "全部"用于中心语后，例如：

kɯɯ¹ kuə⁶leu⁴ 全部吃　　　　　ʔau¹ kuə⁶ɕai² 全部要

4. 语气副词

za:i⁴ 确实　　　ʔan⁵原来　　　ta²za:i⁴一定　　　la:u¹恐怕

ʔbaŋ⁴ 也许　　mi²tiəŋ⁶难道　　phiɛn³³phiɛn³³偏偏　nan³¹tau²⁴难道

tau²⁴ti⁵³到底　　tɕiu²⁴tɕin⁵³究竟　　ɕa:ŋ⁵la:i¹ 幸亏

语气副词修饰的通常是整个句子，而不是句子中的某个成分。例如：

（125）mi²tiəŋ⁶ ku¹ pi³ mi² ʔdai⁴ te¹ mɯ⁰? 难道我比不过他？

　　　难道　我　比　不　得　他　么

（126）ku¹ mi² pai¹, mɯɯ² phiɛn³³phiɛn³³ jeu⁶ ku¹ pai¹。

　　　我　不　去　你　偏　偏　叫　我　去

　　　我不去，你偏偏叫我去

（127）ɕa:ŋ³la:i⁵ mɯɯ² ziəŋ² ku¹ pai¹, mi²ɕi⁶ kuə⁶ mi² leu⁴。

　　　幸亏　你　跟　我去　不然　做　不　完

　　　幸亏你跟我去，不然我做不完。

5. 否定副词

布依语中表示一般否定的副词有mi²、ʔbo⁴ "不"，fi⁶ "未、尚未"，mi²li⁴ "没有"。表示祈使否定的有mjaɯ³ "别"，mjau¹ "不要"。这类副词总是用于中心语之前。例如：

mi² sa:ŋ¹ 不高　　mi² tam⁵ 不矮　mi² pai¹ 不去　　mi² ma¹ 不来

fi⁶ taŋ² 未到˙　　fi⁶ kɯɯ¹ 没吃　mjaɯ³ pai¹ 别去　mjaɯ³ nau²别说

用于祈使否定的副词出现在句子的前面，可在主语之前，也可在主语之后，例如：

（128）mɯɯ² mjaɯ³ taŋ³ni⁴ kuə²! 你别这样做！

　　　你　别　这样　做

（129）mjaɯ³ te¹ kwa⁵ma¹ ni⁴! 别让他到这边来！

　　　别让　他　过　来　这

6. 方式副词

pau⁶mja:ŋ²赶快　　　pau⁶ɳa:ŋ²急忙　　　waŋ¹ma:u²慌忙

pai²to⁶一起　　　　tuŋ⁴toi⁶一起　　　tuŋ⁴pa:n⁴作伴

zak⁸zem⁶悄悄　　　kuə⁶zak⁸偷偷　　　liəm²liəm² 赶紧

sa³liəm²悄悄　　　ma:n⁶ma:n⁶慢慢　　　na:i⁵na:i⁵慢慢

方式副词通常都出现在中心语的前面，例如：

pai²to⁶ kɯn¹ 一起吃 tuŋ⁴toi⁶ pai¹ 一起去

liəm²liəm² xaɯ³ te¹ 悄悄给他 na:i⁶na:i⁶ nau² 慢慢说

但也有出现在中心语后面的。例如：

ma¹ pau⁶ȵa:ŋ² 急忙来 le² waŋ¹ma:u² 慌忙跑

除少数通过其他语素重叠而形成的副词，如方式副词na:i⁶na:i⁶、ma:n⁶ma:n⁶ "慢慢"，liəm²liəm² "悄悄" 等，绝大多数副词都不能重叠。副词一般不能用肯定否定相叠的形式表示疑问，即使是具有一定形容词特征的方式副词也没有这样的用法。除否定副词mi² "不" 和fi⁶ "未" 在一定的语境中可以单独回答问题之外，其他副词都不能单独回答问题。例如：

（130）xaɯ³ te¹ mi²? 给他不（给）？——mi²（xaɯ³）。不（给）。

　　　给 他 不　　　　　　　不 （给）

（131）ʔdai⁴ kɯn¹ xau⁴ fi⁶? 吃饭没吃？——fi⁶（kɯn¹）。没（吃）。

　　　得 吃 饭 未　　　　　　未 吃

在上面两个例句中，即便省略中心语，听话者也能完全理解句子的意思。

副词的基本功能是充当状语，大部分副词充当状语时都处于主语后面，只有表示时间、语气等的一部分副词可以放在主语前面。副词与中心词的位置不固定，有的处于中心词前，有的处于中心词后，详见上文。

除了主要充当状语之外，有些副词具有关联作用，在短语或句子中表示承接或并列关系，有些副词与连词搭配，表示上下句子之间的各种逻辑关系。例如：

（132）tɕɔŋ⁵ pɯə⁶ ni⁴ mi² tin³ mi² zai²。这件衣服不长不短。

　　　件 衣 这 不 短 不 长

（133）ça:u⁴ ma¹ çi⁶ teu² pai⁰。刚来就走了。

　　　刚 来 就 走 了

（134）kei² te¹ jou²⁴ kwa:i¹ jou²⁴ kɯən⁴。他女婿又聪明又勤快。

　　女婿 他 又 聪明 又 勤快

（135）liŋ⁵nau² mɯŋ² tu²çɔn² te¹, mɯŋ² çi⁶ pai¹ ziən² te¹ ʔau¹。

　　　既然 你 相信 他 你 就 去 和 他 要

既然你相信他，你就去跟他要。

（136）ça²nau² mɯŋ² mi² pai¹, ku¹ je⁵³ mi² pai¹。假如你不去，我也不去。

　　　假如 你 不 去 我 也 不 去

副词还可以放在形容词后边做补语，例如：

（137）ka:i⁵ ʔdiən¹ŋɔn² ni⁴ xo³na:n⁶ tɕa²ɕi² pai⁰。这日子困难极了。

　　　　个　　日子　　这　　困难　　非常　了

（138）ka:i⁵ siən⁵ ni⁴ ʔdi¹ pja:u² leu⁰。这件事好极了。

　　　　件　事　这　好　　极　了

副词放在句子前头，其作用是突出强调主语。例如：

（139）ȵiə³wa:ŋ⁶ zau² pa:ŋ¹ ʔdai⁴ muɯŋ² ʔet⁷ʔdeu¹ je³ na:n² nau²。

　　　　也许　　我们　帮　得　你　　一点　也　难　说

　　也许我们帮你一点也难说。

（140）ɕak⁸la:i⁵ ku¹ fi⁶ pai¹。幸亏我没有去。

　　　　幸亏　我　没　去

（二）叹词的特点和功能

叹词具有一定的词汇意义，而且可以单独回答问题，因此这里把叹词看作实词中的一个词类。叹词是用来表达强烈的感情和呼唤应答声音的词，所谓强烈的感情指的是喜悦、愤怒、惊讶、绝望等，呼唤指的是对人或物的某种叫唤，应答是对人或动物的呼唤或某种声音的回应。布依语叹词没有固定的调值，通常根据句子所表达的情感确定其调值。常见的叹词有ʔa⁰ "啊"、ʔa:i⁰ "哎"、ʔai⁰jou⁰ "哎呦"、ʔuɯ⁰ "哦"、xa:i⁰ "喂"、ɕo⁰ "呀"、ja⁰ "呀"、je⁰ "噫" 等。

叹词是一种特殊的实词。说特殊，主要是叹词不充当句法成分，不跟其他词组合，不跟句子发生结构关系，没有具体的词汇意义，总是独立于句子之外，做独词句或独立成分。例如：

（141）ʔo⁰! ku¹ ziən² ɕuɯ² ma¹。噢！我马上来。

　　　　噢　我　立即　来

（142）ɣuɯi⁰! muɯŋ² ɕuɯ²lauɯ² ma¹ taŋ² le⁰? 嘿！你什么时候到的呢？

　　　　嘿　你　何时　　来　到　呢

（143）xa⁰, ku¹ ɕim¹ zan¹ muɯŋ² pai⁰。哈，我看见你啦。

　　　　哈　我　看　见　你　了

叹词的功能就是表示各种感情和各种呼唤或应答的声音。例如：

1. 表示喜悦或兴奋

（144）xa⁰ xa⁰ xa⁰, ta²⁴ko³³, ɕoi⁴ luɯk⁸ʔbuɯk⁷ te¹ ʔbɔŋ¹ zeu¹ nau²。

　　　　呵呵呵　大哥　个　　姑娘　那　微　笑　说

　　"呵呵呵，大哥！"那姑娘微笑着说。

（145）ji⁰! ɕen² ku¹ za¹ ʔdai⁴ pai⁰。噫！我的钱找到啦！

　　　　噫　钱　我　找　得　啦

2. 表示悲伤或痛苦

（146）ʔai⁰! ku¹ zo⁴taŋ² ɕi⁶ lot⁷ pai⁰。哎！我知道时已经晚了。

　　　　哎！ 我　知道　就　晚　了

（147）ʔai⁰jou⁰! tɕet⁷ ta²zaːi⁴ pai⁰。哎呦！疼得很！

　　　　哎　呦　痛　非常　啦

3. 表示责怪或不满意

（148）xei⁰! muɯŋ² mi² nau² ɕɔn² ʔdeu¹ ɕi⁶ tɕai² taːu⁵ pai¹ na⁰。

　　　嗨！ 你　没　说　句　一　就　想　回　去　呐

　　　嗨！ 你一声都不吭就想走呐。

（149）ʔɯŋ⁰! muɯŋ² nau² ku³ma²? 嗯！你说啥?

　　　　嗯　你　说　什么

4. 表示惊奇或赞叹

（150）jo⁰! muɯŋ² ʔju⁵ tɕiə²ni⁴ na⁰。哟！你在这里呀！

　　　　哟　你　在　这里　呐

（151）ʔa⁰! puɯəŋ²kau⁵ ku¹ leu⁴ ʔdi¹tɕai² pai⁰。啊！我的家乡太美丽了。

　　　　啊！ 家乡　我　非常　美丽　了

5. 表示提醒或了解

（152）ʔaːi⁰, ʔbuɯn¹zoŋ⁶ pai⁰, zun⁵ xan¹ɲam² nai⁶。

　　　　哎　天　亮　了　起床　赶快　些

　　　　哎，天亮了，赶紧起床。

（153）ʔai⁰ja⁰, muɯŋ² tuɯk⁸ pau⁵sai¹ waŋ³¹ lau⁵³sɿ³³!

　　　　哎呀　你　是　老师　王　老师

　　　　哎呀，你是王老师！

6. 表示呼唤或应答

（154）wei⁰, ŋɔn²ɕo⁶ pai¹ xau³tɕe⁴。喂，明天去赶集。

　　　　喂　明天　去　　赶集

（155）ʔɯn⁰, ku¹ zo⁴ pai⁰。嗯，我知道了。

　　　　嗯　我　知道了

叹词因为表达的是强烈的感情，或者呼唤应答的声音，所以其声韵都可以超出常规。布依语没有变调的现象，但有些叹词似乎有几个声调，如ʔa³¹ "啊"、ʔa³⁵ "啊"、ʔa⁵³ "啊"，这实际上是语调，因为叹词本身就是独立成句，所以其调值可高可低，可曲可折，随着调值的改变，叹词的意义也发生变化。过去有把这种调值的变化看成是变调的，实际上是混淆了声调与语调的不同。

第四节　虚词及其语法特点

一　介词

（一）介词的特点及其分类

1. 介词及其分类

布依语介词产生的时间比较晚，其来源有两个：一是从动词虚化而成，如si[1]"沿着"、ço[5]"向、朝"等，二是借自汉语，如tço[2]"被"、wei[6]"为"等。关于介词的含义，汉语里历来有不同的看法，有"介绍"说、"前置外动词"说、"副动词"说等，比较通行的定义是："介词是用在名词、代词或短语前面，或者用在别的词的前边或后边，表示处所、方向、时间、对象、目的等"。布依语原来是不使用介词的，处所、方向等意义直接由动词和动词支配的名词表示出来，如li[4] tuə[2]neŋ[2] ʔdeu[1] za:ŋ[6] muɜŋ[4]"有一只蚊子粘在网上"，现在这种情况也比较常见。受汉语的影响后，介词一般都可用在名词或名词性成分前面，但名词或名词性成分前面有的需要使用方位词，有的也可以不使用。如：

（1）te[1] ʔju[5] kuɯn[2] puɯn[2] ʔbin[4] te[1] nin[2] ʔdak[7] pai[0]。他在席子上睡着了。

　　　他　在　上　　张　席子　那　睡　着　了

（名词前使用方位词）

（2）zɔk[8] ʔa:n[5]ja:ŋ[2] ʔju[5] kuɯn[2]ʔbuɯn[1] kwa[4]。大雁在天空盘旋。

　　　鸟　大雁　在　天空　　　盘旋

（名词前没有使用方位词）

所以，现在布依语介词的使用情况还比较复杂，有的只单独使用介词，处所方位等意义包含在介词后面的名词或名词性成分里，有的需要介词跟方位词搭配使用，处所方位等意义由方位词表示。

布依语常见的介词有：

ʔi[1]按照	ŋa:n[24]按	çap[8]、tai[5]从	çai[2] 从
çi[2]让	ço[6]朝	ʔau[1]、ziu[3]、tuɯ[2]把	pai[1] 往
toi[5]对	tum[6]趁	teŋ[1]、tço[2]、tuɯk[8]被	xam[5] 跟
ço[5]使	çap[8]ji[3]自从	si[1]ziən[2] 沿着	

介词的分类可以从各个角度来进行，有的根据引出对象来分，有的根据标志的内容来分，有的从句法的角度来分，有的根据功能差异来分。我们根据介词涉及成分的意义可以把布依语的介词分为8种类型。

a. 施事介词：在主语后面引出施事成分，如tço[2]、teŋ[1]、tuɯk[8]"被"，

çi² "让"、xaɯ³ "给"、tiə⁵ "替"、jeu⁶ "叫"。

b. 受事介词：在主语后面引出受事成分，如ʔau¹、tɯ²、ziu³ "把"。

c. 工具介词：在主语后面引出工具成分，如ʔau¹ tɯ²、ziu³ "用"。、

d. 对象介词：在主语后面引出表示对象或内容的成分，如ziəŋ² "和"，toi⁵ "对"，ço⁶ "向"，xaɯ³ "给"，pi³、to¹、kɯ⁶ "比"，kuan³³ji³¹ "关于"，tui²⁴ji³¹ "对于"。

e. 时空介词：在主语前面或后面引出表示时间或空间起点、终点、位置等的成分，如ʔju⁵ "在"，tai⁵ "从"，taŋ² "到"，pai¹、pai¹ço⁵ "向"，ço⁶ "到"，toi⁵、ʔwe⁵pai¹ "朝着"，si¹ziəŋ²、sui¹ziəŋ²、sun²⁴ziəŋ² "沿着"，çai²、çap⁸ "自从"，tum⁵ "趁"。

f. 方式介词：在主语前面或后面引出表示方式或根据的成分，如ʔi¹ "根据"，ŋa:n²⁴ "按"，kɯn³³tçi²⁴ "根据"，thuŋ³³ko²⁴ "通过"，tçin³³ko²⁴、kwa⁵ "过"，juŋ⁶ "用"，piŋ²、pʰin³¹ "凭"。

g. 原因目的介词：在主语前面或后面引出表示原因或目的的成分，完全借自汉语，如wei²⁴ "为"，wei²⁴laŋ³、wei²⁴tçhi³¹ "为了"。

h. 排除介词：在主语前面或后面引出被排除的成分，布依语中没有这类介词，也完全借自汉语，如tshu³¹liau⁵³ "除了"、tshu³¹fei³³ "除非"。

2. 介词的特点

介词大多是从动词演化而来，即使是借用的介词也是这样。有的介词，虽然已经虚化，但它的动词功能并没有消失。例如：

(3) te¹ ʔju⁵ pe³¹tçin³³ ʔdai⁴ sa:m¹ ʔdiən¹ pai⁰。他在北京三个月了。

　　他　在　北京　　得　三　月　了

其中的ʔju⁵还保留动词的功能，表示"居住、生活"。

(4) te¹ ʔau¹ fa⁶çik⁷ ma¹。 他拿尺子来。

　　他　拿　尺子　来

句中的ʔau¹已经开始虚化，但动词的意义仍然很明显。

(5) te¹ ʔau¹ sɯ¹ soŋ⁵ wei⁵tçi⁵ te¹。他把书送给他的朋友。

　　他　把　书　送　朋友　他

句中的ʔau¹已经虚化为介词，动词的意义则几乎消失了。

介词的位置比较固定，主要位于名词或名词性词语之前，表示这些成分与句子中其他成分的各种关系，因此是一种附着词。此外，介词也可以放在动词、形容词或动词性短语之前，表示对象、时间等。

介词通常不能重叠，但还保留动词功能的可以重叠，因此能否重叠是区分介词与动词的一个依据。

介词不能单独使用，只能与名词、代词和名词性短语一起组成介词短

语后才能充当句法成分或回答问题。

（二）介词的功能

1. 介词的基本功能是跟后面的名词或名词性成分组合成介词短语充当句子的状语，也可以跟动词或动词性短语组合成介词短语充当句子的状语。布依语的动词后面有时可以带介词，因此介词短语也能充当补语。但介词与名词或名词性成分以及动词或动词性成分的组合一般不充当定语。介词短语充当状语，有的是对整个句子的限制，有的是对谓语的修饰或限制，所以状语可在主语前面，也可在主语后面。例如：

（6）ʔju⁵ tɕɔŋ⁵ wɯn² pa:i⁶kwa² ni⁴, te¹ foŋ⁶ pai¹ leu⁴ xan¹。

　　　在　群　人　边　右　这　他　冲　去　非常　快

　　在右边的人中，他最快冲过去。

（7）wei⁶liau⁵³ lɯk⁸la:n¹, te¹ ʔo⁵ pai¹ ka:i¹ zeŋ²。

　　　为了　　儿　孙　他　出　去　卖　力气

　　为了儿女，他出去打工。

（8）mɯŋ² jin²⁴kai³³ ʔi¹ ka:i⁵ jiəŋ⁶ni⁴ pai¹ kuə⁶。你应该按照这个方法去做。

　　　你　　应该　依　个　这样　去　做

（9）tuə² ni⁴ ziəŋ² puʔɯn⁵ mi² tuŋ⁴lum³。这家伙跟别人不一样。

　　　个　这　和　　别人　不　一样

2. 介词跟它后面的成分构成介词短语后，可以放到动词或形容词后充当补语。例如：

（10）te¹ pai¹ taŋ² xen²ta⁶ ɕi⁶ tɯk⁷set⁷。他去到河边就钓鱼。

　　　他　去　到　河边　就　钓鱼

（11）te¹ nin² ʔju⁵ kɯn² ten⁶ ton⁶ ŋɔn² mi² zun⁵。他躺在床上半天不起。

　　　他　睡　在　上　床　半　天　不　起

（12）taŋ¹ŋɔn² ʔda:t⁷ lum³ fi²。太阳像火一样热。

　　　太阳　烫　　如　火

3. 几个特殊介词的功能。

tɯ²、ʔau¹、ziu³ "把"等几个介词可以跟其他成分构成 "介+名+动" 的特殊句式，表示主观处置意义。例如：

（13）te¹ tɯ² ka:i⁵ siən⁵ te¹ pa:n⁵ ʔdi¹ pai⁰。他把那件事办妥了。

　　　他　把　件　事情　那　办　好　了

（14）te¹ ʔau¹ soŋ¹ ʔdan¹ toi⁴ te¹ xa:i⁴ wa:i⁶ pai⁰。

　　　他　把　二　个　碗　那　打　坏　了

　　他把那两个碗打破了。

（15）te¹ ziu³ pɯn³ sɯ¹ ni⁴ ɕim¹ soŋ¹ to⁶ pai⁰。他把这本书看了两遍。

　　他　把　本　书　这　看　二　遍　了

tɕo²、teŋ¹、tɯk⁸"被"等几个介词也可跟其他成分构成"介+名+动"的特殊句式，表示被动意义。有时，介词后的名词可省略。例如：

（16）ɕen² te¹ tɕo² pu⁴zak⁸ zak⁸ leu⁰。他的钱被小偷偷了。

　　钱　他　被　小偷　偷　了

（17）ʔdan¹ za:n² te¹ tɕo² lit⁸ pai⁰。他的房子被拆了。

　　幢　房子　他　被　拆　了　（省略施事）

介词lien³¹"连"跟副词to³"都"、jiə⁶"也"等搭配使用，可以将受事放到动词前面，起突出强调的作用。有时为了强调施事，也可以把lien³¹"连"放在它的前面。例如：

（18）mɯŋ² lien³¹ ku¹ to³ mi² zo⁴na³？你连我都不认识？

　　你　连　我　都　不　认识

（19）lien³¹ mɯŋ² to³ mi² tɯ²ɕɔn² ku¹？连你都不相信我？

　　连　你　都　不　相信　我

二　连词

（一）连词的特点

连词就是连接词、短语和句子，以表示被连接的各个成分之间关系的词。布依语的连词有相当一部分借自汉语。常用的连词有：

ziəŋ² 和、跟、同	tem¹ 又、再
ta:m¹ 接、连	zo⁴、zo⁴laɯ² 或者
ɕa²nau²、ʔi⁵nau² 如果	ka⁶li⁴ 只有
mi²ɕi⁶ 不然	tan²⁴sɿ²⁴、tam⁴kuən³ 但是
mi²ka⁶ 不但	laŋ³li⁴ 而且、还有
tɕi²⁴zan³¹ 既然	jin³³wei²⁴ 因为

连词有三个特点：一是只起连接作用，连词表示前后两个成分之间的逻辑关系，对任何连接成分没有修饰或限制的作用；二是连词具有双向或多向关联性，可以关联两个或多个语法成分；三是连词连接的各个成分其语义地位并不平等，并列结构中，一般是处于前面的比处于后面的重要，因果结构和转折结构中一般是处于后面的比处于前面的重要。

连词既可以单独使用，也可以搭配使用。布依语中，连词通常是单独使用的，所谓搭配使用，主要是借自汉语。当然也有在汉语中是成对使用，但在布依语中是单独使用的情况。

（二）连词的功能

连词的作用是通过所连接的成分来体现的，除了连接词和短语外，连词还用于分句与分句的连接。从逻辑上看，前后分句之间主要有三种关系：并列、因果和转折，根据不同的关联词语，这三种关系又可细分为不同的类别。

1. 表示并列关系，这类连词常见的有 ziəŋ² "和" "跟" "同"，tem¹ "并" "和"，mi²tɯk⁸······çi⁶tɯk⁸ "不是······就是"，tɯk⁸······zo⁴tɯk⁸ "是······或是"，zo⁴laɯ² "或者"，pin²⁴tɕhie⁵³ "并且"，ə³¹tɕhie⁵³ "而且"，mi²tan²⁴······ə³¹tɕhie⁵³ "不但······而且"，mi²ka⁶mi²······ta:u⁵ "不但不······反而" 等。例如：

（20）tin¹ ziəŋ² fɯŋ² to³ tɕɔt⁷ pja:u² pai⁰。手和脚都冻极了。
　　　脚　和　手　都　冻　极　了

（21）te¹ pai¹ po¹ kon⁵, zan³¹xou²⁴ lɯŋ³ pai¹ tɕe⁴。他先上山，然后才去赶集。
　　　他去　山　先　　然后　才　去　集市

（22）kɯn¹ lau³xa:u¹ zo⁴laɯ²kɯn¹ lau³naŋ¹ mɯŋ² ka⁶ le⁶。
　　　吃　酒　白　或者　吃　酒　皮　你　自选
喝白酒还是喝啤酒你自己选。

（23）te¹ li⁴ çen²，ə³¹tɕhie⁵³ çen² la:i¹。他有钱，而且钱多。
　　　他　有　钱　而且　钱　多

2. 表示因果关系，常见的连词有 jin³³wei²⁴ "因为"、so⁵³ji⁵³ "所以"、jin³³tshl⁵³ "因此"、mien⁵³te³¹ "免得"、wei⁶lɯŋ³ "为此"、liŋ⁵nau²······çi⁶ "既然······就"、ça⁴nau²······çi⁶ "如果······就"、to³······çi⁶ "只要······就" 等。例如：

（24）te¹ jin³³wei²⁴ kan⁴，so⁵³ji⁵³ ʔdiən¹ŋɔn² lɯŋ³ ʔdi¹ kwa⁵。
　　　他　因为　勤快　所以　日子　才　好　过
他因为勤快，所以日子才好过。

（25）liŋ⁵nau² mɯŋ² çi⁶xɔn² te¹，mɯŋ² çi⁶ pai¹ ziəŋ² te¹ ʔau¹。
　　　既然　你　相信　他　你　就　去　和　他　要
既然你相信他，你就去跟他要。

（26）ça⁴nau² te¹ mi¹ ma¹ pa:ŋ¹，zau² to³ kuə⁶ mi² leu⁴。
　　　如果　他　不　来　帮　我们　都　做　不　完
如果他不来帮忙，我们都干不完。

（27）to³nau² mɯŋ² ʔdi¹ʔdi¹ çio³¹，tiŋ⁶ zo⁴ çio³¹ ʔdai⁴ ʔdi¹。
　　　只要　你　好好　学　定　会　学　得　好
只要你好好学，一定会学好。

3. 表示转折关系，常见的连词有ɕa⁴nau²、ʔi⁵nau²"假如、如果、要是"，pi¹nau²……tam⁴"虽然……但"，ji⁵³tɕhi³¹……na³ʔdai⁴"与其……宁可"，na³ʔdai⁴……je⁵³"宁可……也"，pi¹nau²……je⁵³"即使……也"，mi²ɕi⁶"否则"等。例如：

（28）te¹ ɕen² la:i¹, tam⁴kuən³ tɕet⁸ tɕa²ɕi²。他很有钱，但是很吝啬。
　　　　他　钱　多　　但是　吝啬　非常

（29）tɕi³¹sɿ⁵³ te¹ ma¹, je⁵³ pa:ŋ¹ mi² ʔdai⁴ ku³ma²。
　　　　即使　他　来　也　帮　不　得　什么
　　　　即使他来，也帮不了什么。

（30）ɕɯ² ni⁵ te¹ mi² kan⁴ ɕio³¹, wei⁶luŋ³ ɕɯ²ni⁴ jiən⁶ma² to³ mi² zo⁴。
　　　　时　小　那　不　勤　学　　因此　现在　什么　都　不　知
　　　　小的时候不勤学，因此，现在什么都不知道。

（31）na³ʔdai⁴ xɯn³ mi² pai¹, je⁵³ mi² juən⁶ pai¹ pɔŋ⁴ ta:i⁴ mɯŋ²。
　　　　宁可　升　不　去　也　不　愿　去　拍　屁股　你
　　　　宁可得不到提升，也不愿去拍你的马屁。

布依语连词的搭配使用是后来产生的语法现象，有直接借用汉语的，有自造的，而且有些关联词还不稳定，相同作用的关联词有时会有多种形式，没有统一的标准，所以，布依语的连词，特别是成对使用的关联词还处于发展过程中。

三　助词

（一）助词的特点和分类

助词是附着于其他词或短语，起辅助作用的词。可分为两类：一类是放在修饰语和中心语之间，具有连接作用的结构助词；一类是放在实词、短语或句子后面，帮助表示各种时态意义的助词。

布依语的定中结构，除代词做修饰语外，其他修饰语一般都要放在中心语后面，如kan²⁴pu²⁴ luɯk⁶sa:i¹ ɕi²ja⁶"男女干部"、ʔbɯn¹ ʔdi¹"好天气"，修饰语和中心语的关系是通过语序来实现的，中间并不需要结构助词。但受汉语的影响，现代布依语口语中出现了表示偏正关系的结构助词li³³"的"，如：

ɕio³¹ɕiau²⁴ li³³ ɕa:ŋ⁶sɯ¹　学校的老师
ɕiaŋ³³tsɯn²⁴fu⁵³ li³³ ɕiə¹　乡政府的车
taŋ⁵³ li³³ lin⁵³tau²⁴　党的领导

不过，这种用法还不是很普遍。

布依语的述补结构，述语和补语之间原来都不需要结构助词连接，补语直接放在述语后面，表示结果、可能、程度等。例如：

（32）pi¹kwa⁵ za⁵ nai¹ te¹ xa:i⁵ po²zau² leu⁴ na:n⁶。

　　　　去年　阵 雪 那　害　我们　非常　难

　　　去年那场雪害得我们好苦。

（33）ʔo⁰, meu² pi¹ni⁴ tau³ ʔdi¹ le⁰。啊，今年的庄稼长得真好哇。

　　　　啊，　庄稼 今年　生　好 嘞

后来，受汉语的影响，述语和补语之间使用结构助词ʔdai⁴"得"的情况逐渐多了起来，如：

kuə⁶ ʔdai⁴ ʔdi¹ 做得好　　　　　　nau² ʔdai⁴ xo³¹ 说得对

kɯn¹ ʔdai⁴ leu⁴ 吃得完　　　　　　pja:i³ ʔdai⁴ ȵam² 走得快

nau² ʔdai⁴ pu⁴pu⁴ ʔa:ŋ⁵ja:ŋ⁶ 说得大家高兴

时态助词，是指放在句末或动词之后表示时态关系的词语。布依语的时态助词主要有kwa⁵"过"、ʔiə⁵"完"、leu⁴"完"、ʔdai⁴"得"、pai¹"了"、ma¹"来"、ɕo⁵"着"、tau⁵³"着"、li⁴"有（着）"、pai⁰"了"等。

（二）助词的功能

助词的基本功能就是起标记作用，一是标记结构关系，二是标记时态意义。

结构助词li³³"的"表示修饰语和中心语的关系是定中关系，也就是修饰语充当定语，li³³"的"是定语的标记；结构助词ʔdai⁴"得"表示中心语跟补充成分的关系是述补关系，ʔdai⁴"得"是补语的标记。例如：

（34）taŋ⁵³ li³³ tsuɯn²⁴tshe³¹ te¹ to³ zo⁴。党的政策他都知道。

　　　　党　的　政 策　他 都 懂

（35）meu² xau⁴mak⁸ tau³ ʔdai⁴ jeu¹lɔk⁸lɔk⁸。麦苗长得绿油油的。

　　　　庄稼 麦子　长　得　绿 词尾

时态助词kwa⁵"过"、ʔiə⁵"完"、leu⁴"完"、ʔdai⁴"得"、pai¹"了"等附在动词后面，表示动作已经完成、已经经历或事情发生变化。例如：

（36）te¹ taŋ² kwa⁵ saŋ²⁴xai⁵³ soŋ¹ ta:u⁵。他到过上海两次。

　　　　他 到 过 　上海　两　次

（37）te¹ kɯn¹ ʔiə⁵ ɕi⁶ pai¹ pai⁰。他吃完就走了。

　　　　他　吃　完 就　走 了

（38）te¹ pai¹ ʔdai⁴ sa:m¹ ʔdiən¹ pai⁰。他去了三个月了。

　　　　他 去 得　三　 月 了

（39）zau² ka:i¹ pai¹ ŋi⁶ɕip⁸ pɯn³ sɯ¹。我们卖了二十本书。

　　　　我们　卖 去 二十　本　书

时态助词li⁴ "着（有）"、ço⁵ "着" 和汉语西南官话借词tau⁵³ "倒（着）"表示动作正在进行。例如：

（40）pa⁵tu¹ ʔdun¹ li⁴ soŋ¹ pu⁴ wuɯn²。门口站着两个人。

　　　　门口　站有　两个　人

（41）te¹ ka:ŋ³ço⁵ ka:ŋ³ço⁵ çi⁶ ka⁶ zeu¹ pai⁰。他讲着讲着就自己笑了。

　　　　他　讲着　讲着　就自笑　了

（42）soŋ¹ pu⁴ naŋ⁶ ço⁵ nau² wuɯn¹ toi⁵。两人坐着对歌。

　　　　两人　坐着　说　歌对

（43）te¹ nin² tau⁵³ kɯn¹ ʔiən¹。他躺着抽烟。

　　　　他睡倒吃　烟

四　语气词

（一）语气词的特点

　　每个句子都包含说话人的主观意愿和心态，这种主观情态可以通过不同的形式表现出来，比如用确定的方式、请求的方式、怀疑的方式等。有的语言，说话的语气都可以带一定的标记，这种标记，就是表示各种语气的词语，即语气词。语气词并不是所有语言都具有的词类，通常情况是非形态语言具有语气词，而形态语言没有语气词。不过，由于各种语言发展的程度不一样，语气词的表现形式也不一样。汉藏系语言的语气词一般都处于句末，而布依语除了句末语气词，还有句中语气词和句首语气词，因此，布依语的语气词更丰富、更复杂。

　　语气词在句子中的位置不同，其作用也各有侧重。句首语气词往往有提示、推测、总括等作用，句中语气词一般具有停顿、舒缓语气等作用，句末语气词则具有陈述、疑问、感叹等作用。除了分布位置的多样化，布依语语气词在音节上也独具特点，既有单音节的，也有多音节的，而且不同作用的语气词常常可以连用。布依语没有变调现象，但很多语气词往往会有几个声调，如la⁰，可以变读为la⁵³、la³⁵等调值，由于语气词是表达一句话的语气的，所以其调值的变化可以看成是语调的变化。

（二）语气词的功能

1. 句首语气词

　　句首语气词通常只用于叙述句的句首，表示叙述即将开始。常见的句首语气词有la⁰、lo⁰、lə⁰、çi⁶、lo⁰na⁰、pai⁰la⁰等。句首语气词虽然没有具体的词汇意义，但在不同的语境中，每个语气词都有自己独特的作用。下面分别举例分析。

（44）la⁰,　　çi⁶ çoi⁴ luɯk⁸ʔbuɯk⁷ te¹ xa:n¹ nei⁰, xa:n¹ po⁶ te¹。

　　 MP^① 然后 个　 女孩　 那 答应 MP 答应 父 她

那女孩答应她父亲。

（45）la⁰,　　çi⁶ pai²laŋ¹ ni⁰, çi⁶ pai¹ zan¹ li⁵³ waŋ³¹pau⁵³ nau² pai⁰。

　　 MP 于是 后来 MP 就 去 见　 李黄保　 说 MP

于是就去见李黄保说了。

例（44）的la⁰是对上文问话要回答之前作出的反应，因此具有延缓语气的作用；例（45）中的la⁰既对上文加以总结，同时又引出下文。

（46）lo⁰,　　çi⁶ pau⁵ ni⁴ mi² pai¹, tsai²⁴ sa:n³³ tsai²⁴ sɿ²⁴ tu³³ mi² pai¹,

　　 MP 于是 男人 这 不 去　 再　 三　 再 四 都 不 去

fuŋ¹ mo⁵ taŋ² mo⁵ pai⁰。

　封 新 到 又　 MP

于是这男人坚持不去，又送来信叫他去，他还是不去。

（47）lə⁰,　　pai²laŋ¹ çi⁶ ʔau¹ çen² pai¹　 te¹　 li⁵³waŋ³¹pau⁵³ za:i⁴ pai⁰。

　 MP　 后来　 就 拿 钱 去 塞给　 李黄保　 真 MP

后来真就把钱塞给了李黄保。

（48）çi⁶ muɯŋ² kuə⁶ taŋ³¹laɯ², xo³¹pi³¹ tçai² zan¹ xam⁶ni⁴ ma⁰！

　　 MP 你 做 怎么　 何必　 想见　 今晚 MP

你何必今天晚上一定要见他呢！

例（46）的lo⁰表示肯定，先是对上文描述的事实确认，然后对下文进行提示；例（47）的lə⁰表示推测，根据上文描述的理由，推断后面将发生的行为；例（48）的çi⁶表示质疑，说话人上文已经说明理由，而听话人却要采取与理由相反的行为。

布依语的句首语气词还有双音节的，这些语气词往往是两个单音节语气词的复合，如lo⁰和na⁰、pai⁰和la⁰组合成一个语气词，所以其表达的主观情态往往是复杂的。例如：

（49）lo⁰na⁰, çi⁶ zwa:t⁷ pai¹ za:n²。于是急忙回家。

　　　 MP 于是 急忙 去　 家

（50）pai⁰la⁰, çi⁶ nin² ŋaɯ⁶ pai⁰。已经睡着了。

　　　 MP 就 睡　 着 MP

例（49）的lo⁰na⁰具有总括上文的作用，同时对上文的相关内容持有疑问；例（50）的pai⁰la⁰表示解释，上文说明原因，下文说明结果，因此pai⁰la⁰具有连接上下文的作用。

___

① MP＝Motal patical，即语气词，下同。

2. 句中语气词

布依语的句中语气词比较多，好多用于句首的语气词也可用于句中，如çi⁶、pai⁰la⁰等。句中语气词通常用于叙述句，但也可用于疑问句及感叹句中。句中语气词表示语气的作用比较弱，但对于强调后面的内容、引起听话人注意方面作用明显。布依语的句中语气词比较多，常见的有ʔdai⁰、ʔde⁰、ʔdi⁰、lo⁰、ne⁰、ni⁰、mə⁰、mu⁰、ço⁰、ne⁰çi⁶、ni⁰çi⁶、pai⁰la⁰、pai⁰le⁰等，句中语气词在句中总的来说都是表示停顿、舒缓语气，但语气词不同，所处的语言环境不同，它们的作用也会有所差异。例如：

（51）ja⁶me⁶ te¹ kuə⁶ taŋ³laɯ² nau² mə⁰, ja⁶me⁶ te¹ nau²。

　　　母亲　她　做　　怎么　　说　MP　母亲　她　说

她母亲怎么说呢，她母亲说。

（52）pai²laŋ¹ ni⁰ mai⁴ te¹ nau² taŋ³laɯ² mə⁰, nau²。

　　　后来　MP　女子　那　说　　怎么　　MP　说

后来呢，那女子怎么说。

（53）tɕoŋ⁵woi⁵ ni⁰, taŋ³ pai⁰, miŋ⁶ peŋ² mu⁰, tɕai² xa² ma¹ ziəŋ²

　　　我们　MP　这样　MP　命　贵　MP　想　要　来　跟

pau⁵ lɯk⁸to² suən⁵miŋ⁶ kə⁰。

　　　报　陆夺　算　命　MP

我们呢，命很苦，想来找报陆夺给算一下。

例（51）的mə⁰表示停顿，同时包含轻微的提问；例（52）的ni⁰具有舒缓语气的作用，同时承接下文；例（53）的mu⁰表示话语含蓄，兼有提示下文的作用。

句中双音节语气词也比较丰富，大多也是两个单音节语气词复合在一起，如ne⁰çi⁶等于ne⁰加çi⁶，pai⁰la⁰等于pai⁰加la⁰，当然其作用不等于两个单音节语气词的简单相加，除了更加强调停顿、舒缓语气的作用外，还表示咏叹。例如：

（54）ji²⁴la:n³¹wa³³ pai¹ ne⁰çi⁶ lum³ tɕa:ŋ¹ka:i¹ taŋ³ni⁴, lə⁰, lum³

　　　玉兰花　　去　MP　像　街上　　这样　MP　像

kɯə² taŋ³ni⁴ la⁰。玉兰花呢去到街上，就这样去啦，到街上去啦。

　　　处　如此　MP

（55）la⁰, çi⁶ pai²laŋ¹ ni⁰, çoi⁴ lɯk⁸ʔbuk⁷ ni⁴ tai³ pai⁰la⁰, tai³ pai⁰!

MP　于是　后来　MP　个　　女孩　这　哭　MP　哭　MP

后来呢，这个女孩就哭了，哭了！

例（54）的ne⁰çi⁶表示停顿，同时对玉兰花的行为表达某种主观感情；例（55）的pai⁰la⁰表示舒缓语气，同时对这个女孩哭的行为表示哀叹。

3. 句末语气词

句末语气词通常表示陈述、疑问、感叹等语气，同时表示一句话已经完了。布依语句末语气词也相当丰富，主要以单音节为主，但双音节的也不少。常见的句末语气词有 leu^0、pai^0、le^0、ma^0、lo^0、no^0、$ʔdai^0$、lo^0na^0、leu^0pai^0、$mɯə^0le^0$、$ʔdai^0te^0$ 等。不同的语气往往使用不同的语气词，陈述语气常常使用 leu^0、pai^0、to^0、$ʔdai^0le^0$ 等语气词，疑问语气常常使用 le^0、la^0、me^0、mo^0、mu^0、na^0、pa^0、$mɯə^0$、$mɯə^0le^0$ 等语气词，感叹语气常常使用 ni^0、lo^0na^0、$ʔdai^0te^0$ 等语气词，此外还有停顿、祈使等语气，都可以用不同的语气词来表示。

陈述语气词用在句末表示判断、肯定、叙述、描写等。例如：

（56）$ku^1\ sa{:}m^1\ tem^3\ ɕi^6\ ma^1\ taŋ^2\ pai^0$。我三点钟就到了。

　　　我　三　　点　就　来　到　MP

（57）$tuə^2zɔk^8\ ʔdaɯ^1\ zam^4\ tɯk^8\ ŋau^2\ ʔda{:}ŋ^1kau^5\ mɯŋ^2\ ʔdai^0me^0$！

　　　只 鸟　里　水　是　影子　自己　　你　MP

水里的鸟儿就是你自己的影子呀！

（58）$ɕi^6\ pai^2laŋ^1\ lo^0\ ɕi^6\ tɯ^2\ pai^1\ sai^5\ zam^5\ pai^0lo^0$。

　　　于是 后来　MP 就 带 去 官 泗城府 MP

于是后来就（把她）带到了泗城府。

（59）$ɕi^6\ xo^3\ ta^{24}\ kuan^{33}\ ɕiau^{53}je^{24}\ te^1\ ju^5\ ʔdaɯ^1\ ɕoŋ^2\ te^1\ naŋ^6\ ɕa^3$。

　　　于是群 大　官　小爷　那 在 里面 桌子 那 坐 等

$kwa^5laŋ^1\ ʔbɯn^2ʔba{:}i^2\ leu^0$。

　　　过后　黑压压一片　MP

于是官绅们陆续在旁边就座，一会儿就黑压压的一片了。

例（56）的 pai^0 对到达时间进行判断；例（57）的 $ʔdai^0me^0$ 对叙述内容进行强调；例（58）的 pai^0lo^0 表示前面陈述的是事实；例（59）的 leu^0 表示前面是描写。

疑问语气词用在句末表示疑问语气，根据语义差别，又可分为不同的疑问语气。例如：

（60）$te^1\ fi^6\ zun^5\ pa^0$？他没有起来吧？

　　　他 未 起来 MP

（61）$mɯŋ^2\ ŋɔn^2ɕo^6\ pai^1\ mi^2\ pai^1\ mo^0$？你明天去不去呢？

　　　你　明天　去 不 去 MP

（62）$mɯŋ^2\ xam^6ni^4\ taŋ^3lau^2\ mi^2\ kɯn^1\ xau^6\ mɯə^0le^0$？

　　　你　今晚　怎么　没 吃 饭　MP

你今天晚上怎么不吃饭呢？

（63）muɯŋ² ka⁶ mi² pai¹, kwa:i⁵ ku¹ me⁰? 你自己不去，怪我吗？

　　　　你　自　不　去　　怪　我　MP

例（60）的pa⁰表示所提问题不能确定；例（61）的mo⁰表示是非问；例（62）的mɯə⁰le⁰表示特指问；例（63）的me⁰表示反问。

感叹语气词用于句末表示感叹语气，感叹语气词都是表示强烈感情的，有的表激动，有的表惊讶，有的表悲伤。感叹语气词跟叹词不同，前者用于句末，而后者用于句首，多独立使用，而且有一定的词汇意义。感叹语气词可以表示各种不同的感情。例如：

（64）ʔbɯn¹ leu⁴ ʔaŋ¹ le⁰! 天真热啊！

　　　天　非常　热　MP

（65）te¹ tuk⁷ ku² leu⁴ ʔdi¹ me⁰! 他球打得真好啊！

　　　他　打　球　非常　好　MP

（66）mɯŋ² jou²⁴ ka⁶ pai¹ za:p⁷ zam⁴ lo⁰na⁰! 你又自己去挑水啊！

　　　你　又　自　去　挑　水　MP

例（64）的le⁰表示抱怨；例（65）的me⁰表示赞美；例（66）的lo⁰na⁰表示惊奇。

感叹语气词表示的感情并不是固定的，有时甚至同一个语气词可以在相反的感情里出现。语气词可以连用，一个句子有两个语气词连用，表示这个句子有两种语气，不过前一个语气词表示的语气要弱一点，语气的重点都是在后一个语气词上。例如：

（67）kə⁵ku¹ fi⁶ li⁴ ja⁶ lə⁰me⁰, mɯŋ² ço⁵ ku¹ jaɯ⁰ nei⁰ke⁰。

　　　我　未　有　妻　MP　　你　放　我　MP　MP

　　我还没有妻子，你（让她）来追求我吧！

（68）çoŋ⁶ʔboŋ⁴ fai⁴, ku⁵te¹ çi⁶ fai⁴ ʔdai⁰ lə⁰na⁰!

　　　窗户　木　那时　就　木　MP　MP

　　那时窗户都是木窗户呀。

例（67）中语气词jaɯ⁰和nei⁰ke⁰连用，前者表示完结，后者表示请求，语气的重点在后者；例（68）中语气词ʔdai⁰和lə⁰na⁰连用，前一个语气词表示肯定，后一个语气词表示感叹，重点在感叹上。

第六章　短语的分类

第一节　短语概述

一　短语的来源及其定义

短语作为一级语法单位经历了较长时间的讨论。在西方，叶斯柏森在《语法哲学》里已经提出了短语的概念；在汉语里，吕叔湘先生在 20 世纪 70 年代首先提出这个概念，之前，短语有词组、结构、小句、词结等名称。到了 20 世纪 80 年代以后，短语逐渐取代了词组、结构等名称，被语言学界广泛接受。

由于非形态语言中的语法关系主要依靠语序以及各种语法单位的组合层次来体现，因此很多语法现象，特别是句法关系基本上都可以在短语中体现出来，所以，短语内部结构的分析对探讨整个语言的句法关系显得特别重要。受汉语的影响，很多民族语言的语法研究都采用了短语的说法，其分析方法也跟汉语保持一致。即便如此，因为每一种民族语都有自身的规律和特点，所以短语的种类、结构、功能等不可能跟汉语完全一样，而汉语里具有的短语也不可能完全在民族语中表现出来。

语序和虚词是布依语短语构成的重要手段。语序不同，短语的意义就会发生变化。如：

puɯə⁶ tan³ 穿的衣服　　　　tan³ puɯə⁶ 穿衣

pjak⁷ zuŋ¹ 煮的菜　　　　　zuŋ¹ pjak⁷煮菜

xau⁴ ka:i¹卖的粮食　　　　　ka:i¹ xau⁴ 卖粮食

同样，虚词不同，短语表达的意义也不相同。不过，虚词在布依语短语构成中的作用不是很突出，一般只有连词会造成意义上的差异。如：

kwa:ŋ¹ ɕaŋ⁶pek⁸ ziəŋ² na:ŋ² jiŋ¹ta:i² 梁山伯与祝英台

kwa:ŋ¹ ɕaŋ⁶pek⁸ zo⁴laɯ² na:ŋ² jiŋ¹ta:i² 梁山伯或者祝英台

最早对布依语短语（当时称词组）进行界定的是《布依语语法概要》（1956），其定义是"词与词按照一定的方式组合起来的比词大比句子小的一组词"，后来《布依语基础教程》（2005）中把短语（词组）定义为"词与词之间按照一定的方式构成不同的组合关系，表示不同的意思"。上述定义都把短语看作比词大一级的语法单位。不过，词是固定的语法单位，而短语不具有稳定性，所以对短语的定义需考虑到划分短语的目的及其性质和功能。首先，布依语是单音节为主的语言，所以由两个单音节词构成的短语比较多；其次，短语是为了搞清句子的内部层次关系而设立的一个语法单位，而非形态语言的语义关系跟语法关系往往不一致，所以通过短语的分析可以把这种差异揭示出来。据此，布依语的短语可以定义为：短语是为了表达某种语义关系，词和词按照一定的语法规则临时结合起来，在句子中充当各种句法成分的语法单位。

这个定义包含五层意思。

一是语义关系跟语法关系可能不一致，所以在句子局部范围，词跟词是为了表达某种语义关系而结合在一起的，比如wa¹ ʔdiŋ¹（花 + 红），可以表示偏正关系"红的花"，也可以表示主谓关系"花红（了）"，表面的语法关系跟内部的语义关系并不一致。

二是短语是为了表达某种语义关系临时组合起来的，同一个词可以跟其他词组合成不同的短语，而词是常备单位，任何语言环境它都是稳定的形式。

三是短语是按照一定的语法规则组合起来的，若没有语法规则的制约，词跟词不能构成短语，如ziəŋ² tço² "跟被"。

四是短语可以在句子中充当句法成分，因为有的单个词不能充当句法成分，如介词、连词，所以实词通过跟虚词组合起来，共同充当句法成分，例如：

（1）ku¹ tço² te¹ xɯə² tɔk⁷sat⁷ pai²ʔdeu¹。我被他吓了一跳。

　　　我 被 他 吓 惊跳 　一下

句中的tço² "被"和 te¹ "他"都不能单独充当句法成分，两者只有以短语的身份才能充当状语。

五是短语是一种语法单位，这种语法单位虽然具有临时性，但又是词不能代替的，在分析句子的时候，既要考虑单个的词，也要考虑词与词临时的组合，否则，句子的分析是进行不下去的。

二　短语的范围

（一）语法单位的界限

语法单位通常分为语素、词、短语、句子四级。两个或两个以上的语素组合在一起构成词，两个或两个以上的词组合在一起构成短语，词和短语通过语气构成句子。布依语中，句子构成的基本单位主要是单音节词和双音节词，固定短语很少，而且虚语素较少，单音节词只有在双音节词或多音节词中才称作语素，一般说来，单音节都是以词的面目出现的，所以在布依语中词是最基本的语法单位。

布依语中，语素跟词的区别比较明显，单音节虚语素很少，通常情况，一个音节就是一个词，只有在两个音节以上的词中，语素才作为一级语法单位出现。词跟短语的界限不是很明显，一般根据语用频率、整体意义、强制规定等办法来解决，也就是说几个音节经常搭配在一起，或者表达的是整体意义，或者长度一般不超过三个音节，满足这些条件的都可算作词，否则为短语。短语跟句子的关系与词跟短语的关系不同，因为词跟词相加等于短语，但短语跟短语相加不等于句子，所以短语和句子处在两个不同的层面，一个是静态单位，另一个是动态单位，两者划分的标准是不同的，因此短语和句子的界限不能从长度、意义、构成等方面来区分。在句法层面，短语跟语素、词相区别而存在，在语用层面，短语跟成句因素结合变成句子。

（二）短语与词的区别

布依语不仅缺乏形态，而且是以单音节为主，因此短语跟词的界限有很多模糊之处。从理论上说，短语是比词大一级的单位，因此短语的长度要大于词的长度。问题是，多数短语的长度都大于词，但有的词长度可能大于短语。多数情况下，布依语一个音节就是一个词，因此需要区分的是两个音节或两个音节以上的词跟短语的界限。汉语中往往认为"白菜""白纸"一个是词，一个是短语，而在布依语中这种区分是无效的，因为汉语采用插入法，也就是在两个音节间添加"的"字，能插入的是短语，不能的是词，而布依语是修饰语后置型语言，不需要结构助词的帮助，所以只能看作词。由于布依语具有很多特殊性，所以词的确定不能都按照汉语的方法来进行，可以根据实际情况做一些新的调整和规定。

布依语中词和短语的问题主要有以下几点。

第一是多音词与短语的区分问题。布依语中也不乏双音节词，如me⁶na⁴ "舅母"、me⁶leu² "婶婶"、mɯən⁶ɕau⁴ "过去"、ku⁵ʔdu⁴ "从前"、xau⁴ɕau² "晚饭"、ŋa:i²zom⁶ "早饭"、kwa⁵ta¹ "去世"，等等。还有从汉语中借用的双音节词和多音词，这些词表示的是一个意义，或者说是整体意义，而不是几个音节意义的简单相加，比如ʔda:t⁷fɯŋ² "棘手"的意义不等于ʔda:t⁷ "烫"加fɯŋ² "手"，而是两者组合后产生的隐喻意义。因此，如果一个语言片段的意义等于几个音节意义相加的总和，这个语言片段是短语，反之则是词。根据这个原则，人名、地名、单位机构名称以及事物的名称都看作词。

　　第二是布依语缺乏词缀，词的构成基本上是复合方式，即词根加词根，所以两个词或三个词构成的短语，跟两个音节或三个音节构成的词很容易混淆。除了代词、动词做修饰语的情况，词跟短语的界限还找不到严格的方法来区分，因此对这种情况可以采取强制的规定：如果两个或三个音节的组合有点像词，有点像短语，则看成词，如ça:t⁷ʔda:ŋ¹"洗澡"、tçai⁵kai⁵tiən⁶"野鸡蛋"；三个以上音节的组合，除了专名外，如果有点像词，又有点像短语，则看作短语，例如tçet⁷kɯn¹ nam³juŋ⁶"省吃俭用"。

　　（三）短语跟句子的区别

　　句子是由词和短语构成的，有时一个词加上句子语气就成为一个句子，多数情况下一个短语加上句子语气就成为一个句子。但不是所有的词和所有的短语都能通过这样的方式变成句子。由于短语的句法规则跟句子的句法规则有很大的一致性，所以很多短语只要加上句子语气就能成为句子，如主谓短语、述宾短语、述补短语等，于是就产生了这种看法：短语跟句子区分很明显，一个带句子语气，一个不带句子语气。其实短语和句子的区别并不是这样简单。从成句的条件看，有的短语带上句子语气可以成为句子，如ma:i³ ʔau¹ sɯ¹"喜欢读书"，只要有句末语气就可成为一个句子，但有的短语是不能添加句子语气的，如方位短语、介词短语、ka:i⁵字短语等。

　　短语要成为句子，有很多限制条件。首先，短语要能表达一个有效的意义，不能表达有效意义的短语是不能变成句子的，如tço²te¹"被他"、ziəŋ² mɯŋ²"跟你"、ço⁶ pa:i⁶na:m²"向南边"等，这些短语都是有意义的，但作为句子来说，这些意义表达是无效的；其次，短语必须带上语气，有的要带上语气词，有的要有句末标点符号，或者两者都有，比如ju⁶ ma¹"又来"是一个状中短语，但带上语气词变成ju⁶ ma¹ pai⁰"又来了"就成为一个句子了。

　　短语变成句子，必须要表达一定的时态关系，不表达时态关系，短语则是不自足的。比如kɯn¹ xau⁴"吃饭"、kɯn¹ xau⁴ ʔiə⁵"吃完饭"，to⁶ sɯ¹"读书"、to⁶ sɯ¹ taŋ²ka:n⁶"正在读书"。凡表达了时态关系的短语，加上句子语气就可变成句子，没有表达时态关系的短语，即使加上句末标点，意义也是不自足的。所以，能否表达时间观念是短语跟句子的一个重要区别。

　　短语变成句子，还受到一定的语用条件限制。有的短语，在一定的语气中可以成为句子，但不是在所有语气里它都可以成为句子。比如pan² piŋ⁶ pai⁰"生病了"在陈述语气和疑问语气里都可以成为句子，但在祈使语气和感叹语气里是不太容易成为句子的。短语成为句子，还受上下文语境的制约。有的短语，成句能力强，不需要上下文语境的提示，其意义都是自足的，如tau³ wɯn¹ pai⁰ "下雨了"、ʔdan¹ʔda:t⁷ ʔo⁵ ma¹ pai⁰ "太阳出来了"；有些短语要成为句子，其意义需要借助上下文语境的帮助才能自足。例如：ku¹ ɕɯ⁴ "我买"，这个主谓短语虽然添加了时体助词，但其意义是不确定的，因此必须借助上下文的提示才明确，如上文是问mɯŋ² ɕɯ⁴ tshe³³phiau²⁴ mi² ɕɯ⁴? "你买车票不买"，那么ku¹ ɕɯ⁴ "我买"这句话的意义就明确了。

三　短语的语法手段

短语是词和词根据一定的语法手段构成的，如果没有一定的规则，词和词就不能连在一起表达一个相对完整的意义。在布依语中，实词跟实词可以组合成短语，实词跟虚词也可以组合成短语，但虚词跟虚词不能组合成短语。短语的构成主要通过语序变换、虚词连接、语义组配、黏着附加等手段来完成。

（一）语序变换

词与词所在的位置不同，表达的语义关系就不同，因此构成的短语也不相同。布依语是一种特别重视语序的语言：名词在前动词在后，一般形成主谓短语，动词在前名词在后，通常形成述宾短语；特别要注意的是，中心语和修饰语的关系也是通过语序来体现的，很多情况下，中心语在前，修饰语在后，但状中短语的修饰语有时在前面，有时又在后面。

语序有时是固定的，如方位词跟名词组成的短语，方位词的位置总是处于名词的前面，例如la³ lau² "楼下"，tɕa:ŋ¹ po¹ "山上"，tɕa:ŋ¹ zɔn¹ "路上、途中"，kɯn² ɕwa:ŋ² "床上"、ʔdaɯ¹ zuk⁸ "卧室里"，zo⁶ za:n² "屋外"，等等。但语序通常是可以灵活变换的，不过，语序的变换要符合语义的组配，语义不能组配的，语序的变换就会失去意义。以ku¹ kɯn¹ xau⁴ "我吃饭"为例，如果变换为xau⁴ kɯn¹ ku¹ "饭吃我"，即使主谓结构关系没有改变，但句子的意义不能成立。语序改变后，有时结构关系会跟着改变，即使结构关系不发生改变，语义也会发生变化。例如mɯŋ² ma:i³ te¹ "你喜欢他"变换为te¹ ma:i³ mɯŋ² "他喜欢你"，虽然仍然是主谓关系，但语义关系发生了改变，原来是施事的变为受事，原来是受事的变为施事。有的偏正短语，只要变换位置，其主次关系随即发生改变。例如pu⁴pɯəŋ² tsuŋ³³kue³¹ "中国人民"变为tsuŋ³³kue³¹ pu⁴pɯəŋ² "人民的中国"。

（二）虚词连接

实词跟实词可以组合成短语，实词跟虚词也可以组合成短语，没有虚词的帮助，很多短语就无法构成，所以，虚词在句法结构中是比较重要的连接手段。布依语虽结构助词不发达，但一些句法结构受汉语的影响已经开始使用结构助词，没有结构助词的帮助，这类短语不能成立。例如：

（2）kɯɯn¹ ʔdai⁴ ʔim⁵
　　　 吃　 得　 饱

（3）xɔŋ² ʔdai⁴ tɕi³ xɯɯn² tɕi³ ŋɔn²
　　　 唱　 了　 几　 天　 几　 夜

（4）kue³¹tɕa³³ li³³ tshai³¹tshan⁵³
　　　 国　 家　 的　 财产

　　并列短语的几个成分有时也需要连词的帮助才能组合起来，否则，短语的意义是不自足的。例如：

（5）tuə²luə² ziən² tuə²ma⁴
　　　 骡子　 和　 马

（5）zo⁵ la² ziən² zo⁵ tɕoŋ¹
　　　 敲锣　 和　 敲鼓

（6）jou²⁴ zoŋ⁶ʔdoŋ⁵ jou²⁴ kwa:ŋ⁵ la:ŋ⁶
　　　 又　 明亮　 又　 宽敞

（三）语义组配

　　成分与成分的组合不仅要符合结构规则，也要符合语义规则，比如动词支配名词、形容词修饰名词等。许多在结构上合法的组合在语义上不一定合法，比如kɯɯn¹ zin¹ "吃石头"、ɕa:p⁸ ji⁵ "切空气"，所以不符合语义组合规则的短语是不能成立的，而符合语义组合规则的短语在结构上可能有不同的结构关系。

　　成分与成分的组合在语义上是有一定的规律可循的。首先，成分跟成分的位置关系受语言类型的影响，布依语是修饰语后置型语言，所以修饰成分往往要放到中心语后，放到中心语前语义要么不能组配，要么发生了语义关系的改变，比如pjak⁷ kɯɯn¹ "吃的菜"是名词和动词的组合，在布依语中属于动词修饰名词的合法组合，语义的搭配也是成立的，但在汉语中就变成"菜吃"了，虽然符合结构规则，但语义的组配不成立。其次，成分与成分的组合要符合逻辑事理，也就是前后成分之间的关系要符合事物发生、发展和结束的规律，符合事物与事物之间在空间和时间上的排列与组合。比如kɯɯn² ɕoŋ² li⁴ pjak⁷、lɯɯk⁸pak⁸、pjak⁷xa:u¹、jaŋ³¹ji²⁴ "桌子上有蔬菜、萝卜、白菜、洋芋"这个短语，从结构上看是没问题的，但语义上存在大概念和小概念并置的毛病，也就是"蔬菜"不能跟后面的三个小概念并列出现。再次，成分与成分的组合要符合一种语言的认知视角。

布依语跟汉语一样，也是以时间先后顺序来组织句法结构的，因此先发生的事情在句法上要放到前面，后发生的放到后面，否则，语义就会发生扭曲和变化，甚至不能成立。例如soi⁵ tin¹ pai¹ nin² "洗脚去睡"，不能变为pai¹ nin² soi⁵ tin¹ "去睡洗脚"，因为"洗脚"是先发生的事，颠倒位置后，时间关系发生错乱。

（四）附加黏着

附加主要是方位词、泛指代词这类意义不太具体的实词跟意义比较具体的实词的组合，主要有名词前面添加方位词和动词、形容词、代词等前面添加代词ka:i⁵等情况。这种组合方式形成的短语一般不能单独成句，只能充当某个句法成分。例如：

kɯn² tɕau³头上　　　　　kɯn² ʔba:n¹ xen¹ 砧板上　　　tɕa:ŋ¹ na² 田中间

la³ wa:i¹ 水坝下　　　　la³ tɕeu² 桥下　　　　　　la³ ko¹fai⁴树下

ka:i⁵tan³穿的　　　　　ka:i⁵ʔdiŋ¹红的　　　　　　ka:i⁵mɯŋ²你的

sa:m¹ɕip⁸ pi¹ ma¹ kɯn² 三十年以上

xa³ fa:n⁶ man² ta:u⁵ʔdaɯ¹ 五万元以内

soŋ¹ ɕiən¹ kan¹ pai¹ la³ 两千斤以下

黏着是指实词前面或者实词之间添加虚词的组合方式，比如名词前面添加介词、两个实词中间添加连词或助词的情况。例如：

xɔŋ² wɯən¹ zo⁴laɯ¹ tɯk⁷ tom⁵ 唱歌或者丢花包

pja:i³ ʔdai⁴ tiəm³ ɕuəŋ¹ ʔdeu¹ 走了一个小时

ʔda⁵ ʔdai⁴ ʔdi¹ 骂得好

使用黏着手段构成的短语有的能单独成句，如添加连词和添加助词的短语，但介词和名词的组合不能单独成句，只能充当状语或补语。例如：

ziəŋ² mɯŋ² 同你　　　　　　　toi⁵ po²zau² 对我们

tai⁵ kɯə²laɯ² 从哪里　　　　　ʔju⁵ kɯn² piəŋ⁶n̥a¹ 在草坪上

ʔau¹ mit⁸ 用刀

实词之间的连词无法确定是黏在前面的词语后或者后面的词语前，只能看作是黏在两个实词之间；两个实词间的助词，从语感上看可以认为是黏在前面的词后，如上面例子中的ʔdai⁴ "得"，但没有后面的词语，助词也显得没有意义，所以也把助词看成是黏在前后两个实词中间的成分。

第二节　短语的结构分类

根据短语内部各成分之间的组合关系，布依语的短语可以分为主谓短语、述宾短语、述补短语、并列短语、偏正短语、连动短语、量词短语、方位短语、介词短语和 ka:i⁵ 字短语等。

一 主谓短语

（一）主谓短语的结构特点

两个成分组合在一起，通常情况，前一个成分是名词或名词性的，表示人或事物，后一个成分是谓词性的，表示动作或性状，两者之间形成被陈述和陈述的关系，这样的结构形式叫作主谓短语。例如：

ʔbɯn¹ kweŋ⁵seu⁵ 天气晴朗　　　　pjom¹tɕau³ tɔk⁷ 头发掉

pau⁵waŋ³¹ ta:u⁵ma¹ 老王回来　　　ku¹ pja:i³ zɔn¹ 我走路

tuə²wa:u³ xɔŋ² 老鼠叫　　　　　　luk⁸ɲe² tai³ 婴儿哭

以ʔbɯn¹ kweŋ⁵seu³ "天气晴朗"为例，主语是ʔbɯn¹ "天气"，表明kweŋ⁵seu⁵ "晴朗"说的是什么事物，kweŋ⁵seu⁵ "晴朗"是谓语，表明ʔbɯn¹ "天气"的性状特征。ʔbɯn¹ "天气"和kweŋ⁵seu⁵ "晴朗"之间具有被陈述和陈述的关系，所以叫作主谓短语。

主谓短语中主语和谓语的语序一般是固定的，主语在前，谓语在后，如果颠倒主语和谓语的语序，要么语义关系不成立，要么形成述宾关系。如tuə²wa:u³ xɔŋ² "老鼠叫"变为xɔŋ² tuə²wa:u³ "叫老鼠"，luk⁸ɲe² tai³ "婴儿哭"变为tai³ luk⁸ɲe² "哭婴儿"，语义关系不成立；pjom¹tɕau³ tɔk⁷ "头发掉"变为tɔk⁷ pjom¹ tɕau³ "掉头发"，ku¹ pja:i³ zɔn¹ "我走路"变为pja:i³ zɔn¹ ku¹ "走我的路"，则是由主谓关系变为述宾关系。

主谓结构是布依语最基本的句法结构之一，因此主谓短语加上一定的语调或句末语气词就可实现为句子。例如：

（1）tɕɔŋ⁵ luk⁸sɯ¹ leu⁴ ʔa:ŋ⁵mai²。学生们非常快乐。

　　　群　学生　非常　快乐

（2）muŋ² fi⁶ ɕim¹ zan¹ me⁰? 你没有看到吗？

　　　你　未　看　见　吗

（3）muŋ² taŋ³lau² saŋ³ni⁴ nau² ni⁰? 你怎么能这样说呢？

　　　你　怎么　这样　说　呢

上述三个例子由于都带上了语调或语气词，主谓短语便都实现为句子。例（1）的主语是tɕɔŋ⁵ luk⁸sɯ¹ "学生"，谓语是leu⁴ ʔa:ŋ⁵mai² "非常快乐"；例（2）的主语是muŋ² "你"，谓语是fi⁶ ɕim¹ zan¹ "没有看见"；例（3）的主语是muŋ² "你"，谓语是taŋ³lau² saŋ³ni⁴ nau² "怎么这样说"。三个句子都具备主语和谓语，因此都是主谓句。

主谓短语是由主项和谓项构成的短语，因此主和谓各以对方为依存条件，没有主语也无所谓谓语，没有谓语也无所谓主语。从结构上看，主谓短语是离心结构，也就是主谓短语的语法功能跟充当主语的成分或充当谓语的成分的语法功能是不同的。从语义关系看，主语可以是谓语的施事，也可以是受事，其语义关系相当复杂。例如：

（4）te¹ ɕɯ⁴ ʔdai⁴ soŋ¹ ɕum⁶ tiəŋ²nai¹。她买了两包冰糖。

　　　她　买　得　两　包　　冰糖

（5）sɯ² ʔdiŋ¹ na:n² ʔom¹ɕuk⁸。红薯难煨熟。

　　　薯　红　难　　煨熟

（6）fa⁶ɕa⁴ jiə⁶ pan² ka³ wɯn²。柴刀也可以杀人。

　　　柴刀　也　成　杀　人

例（4）的主语te¹"她"是施事，例（5）的主语sɯ²ʔdiŋ¹"红薯"是受事，例（6）的主语fa⁶ɕa⁴"柴刀"是工具。

主谓短语的主语一般都是表示有定的事物，但主语如果不是由单个名词充当，而是由短语来充当，那么主语可以是无定的。例如：

（7）ko¹ fai⁴ ʔdeu¹ koŋ² pai⁰。一棵树倒了。

　　　棵　树　一　倒　了（量词名短语做主语）

（8）sa:m¹ me⁶ kai⁵ tau³ tɕai⁵ leu⁰。三只母鸡下蛋了

　　　三　母　鸡　生　蛋　了（量词名短语）

主谓短语的主语通常是体词性的，主要包括名词、代词、数词、数量短语、定中短语等，有时也可由动词或形容词充当，或者由谓词性短语如状中短语、述宾短语、述补短语以及主谓短语充当；谓语通常是谓词性的，主要由动词、形容词及谓词性短语充当，也可以由名词、疑问代词、数词、量词短语等充当。根据主语和谓语成分的不同，布依语主谓短语可进一步分为如下几类。

1. 主谓短语由"名词性成分 + 动词性成分"构成。例如：

（9）ŋɔn²ni⁴ tau³ nai¹。今天下雪。

　　　天　今　下　雪

（10）pa:i⁶na³ li⁴ mau⁴ po¹ ʔdeu¹。前面有座山。

　　　前面　有　座　山　一

（11）sa:m¹ ɕip⁸ tɯn⁵³ji³¹ xa³ tshun³¹ zɔk⁷。三十等于五乘以六。

　　　三　十　等于　五　乘　六

（12）ʔdan¹ʔda:t⁷ ʔo⁵ taŋ² pja:i¹ po¹。太阳升到山顶。

　　　太阳　升到　顶　山

（13）jiŋ¹ tɕɔŋ¹ la² zɔk⁸zai⁶ ku¹ ɕo⁴n̩iŋ⁶ pai⁰。锣鼓声把我惊醒了。

　　　声音　鼓　锣　惊动　我　惊醒　了

例（9）的主语是时间词ŋɔn²ni⁴"今天"，谓语是tau³ nai¹"下雪"，其

构成是"名词+述宾短语";例（10）的主语是方位名词pa:i⁶na³"前面"，谓语是li⁴ mau⁴ po¹ ʔdeu¹"有一座山"，其构成是"方位名词+述宾短语"；例（11）的主语是数词sa:m¹ɕip⁸"三十"，谓语是tɯn⁵³ji³¹ xa³ tshuun³¹ zɔk⁷"等于五乘以六"，其构成是"数词+述宾短语"；例（12）的主语是名词ʔdan¹ʔda:t⁷"太阳"，谓语是ʔo⁵ taŋ² pja:i¹po¹"升到山顶"，其构成是"名词+述宾短语"；例（13）的主语是定中短语jiŋ¹ tɕoŋ¹la²"锣鼓声"，谓语是连动短语zɔk⁸zai⁶ ku¹ ɕo⁴n̥iŋ⁶ pai⁰"把我惊醒了"，其构成是"定中短语 + 连动短语"。

2. 主谓短语由"名词性成分+形容词性成分"构成。例如：

（14）soŋ¹ ko¹ fai⁴ te¹ leu¹ sa:ŋ¹ ta²za:i⁴。那两棵树很笔直。

    两　棵　树　那　直　高　非常

（15）tɕiə² ni⁴ ʔa:n⁵ tɕa²ɕi²。这里非常泥泞。

    处　这　泥泞　非常

（16）ʔda:ŋ¹ te¹ leu¹ ta²za:i⁴。她的身材很苗条。

    身材　她　苗条　非常

（17）ʔbɯn¹ kweŋ⁵ pai⁰。天晴了。

    天　晴朗　了

例（14）的主语是soŋ¹ ko¹ fai⁴ te¹"那两棵树"，谓语是leu¹ sa:ŋ¹ ta²za:i⁴"非常笔直"，其构成是"定中短语+状中短语"；例（15）的主语是tɕiə²ni⁴"这里"，谓语是ʔa:n⁵tɕa²ɕi²"非常泥泞"，整个短语的构成是"代词+状中短语"；例（16）的主语是ʔda:ŋ¹ te¹"她的身材"，谓语是leu¹ ta²za:i⁴"非常苗条"，其构成是"定中短语+状中短语"；例（17）的主语是ʔbɯn¹"天"，谓语是kweŋ⁵"晴"，其构成是"名词+形容词"。从各种例子来看，形容词在主谓短语中很少单独充当谓语，一般都要跟副词结合成形容词性短语，然后才充当主谓短语的谓语。

3. 主谓短语由"名词性成分+状态词"构成。例如：

（18）tɕa³ tɕa:ŋ¹ toŋ⁶ lɔk⁸ ju²ju²。田坝里的秧苗绿油油的。

    秧　中间　田坝　绿油油

（19）ja⁶　te¹　ta²zi⁴ ta²ze⁴。那个女人嘻嘻哈哈的。

    妇女　那　嘻　嘻哈哈

（20）ɕoi⁴ luuk⁸ʔbuuk⁷ ni⁵ te¹ ŋe¹leu⁴ ŋe¹leu⁶。那个小女孩娇里娇气的。

    个　女孩　小那　娇　里　娇　气

例（18）的主语是tɕa³ tɕa:ŋ¹ toŋ⁶"田坝里的秧苗"，谓语是lɔk⁸ju²ju²"绿油油"，主谓短语的构成是"定中短语 + 状态词"；例（19）的主语是ja⁶ te¹"那个女人"，谓语是ta²zi⁴ ta²ze⁴"嘻嘻哈哈"，它的构成是"定中短语+拟声词"；例（20）的主语是 ¢oi⁴ luɯk⁸ʔbuɯk⁷ ni⁵ te¹ "那个小女孩"，谓语是 ŋe¹leu⁴ ŋe¹leu⁶ "娇里娇气"，它的构成是"定中短语+状态词"。这类短语的特点是，状态词直接充当谓语，后面一般不带助词。

4. 主谓短语由"谓词性成分+谓词性成分"构成。例如：

（21）kuə⁶ wuɯn² mjaɯ³ pa²⁴tau²⁴。做人不要霸道。

　　　做　人　不要　霸道

（22）khau⁵³sı²⁴ ta⁴xi³。考试开始。

　　　考试　开始

（23）to⁶ suɯ¹ leu⁴ kan⁴pau⁶。学习非常勤奋。

　　　读　书　很　勤奋

（24）tɕik⁷ kuə⁶ ¢i⁶ zo⁴ pan²xo³。懒惰就会贫穷。

　　　懒　做　就　会　成　穷

例（21）的主语是 kuə⁶ wuɯn² "做人"，谓语是 mjaɯ³ pa²⁴tau²⁴ "不要霸道"，其构成是"述宾短语 + 状中短语"；例（22）的主语是 khau⁵³sı²⁴ "考试"，谓语是 ta⁴xi³ "开始"，其构成是"动词+动词"；例（23）的主语是 to⁶ suɯ¹ "读书"，谓语是 leu⁴ kan⁴pau⁶ "非常勤奋"，其构成是"动词+状中短语"；例（24）的主语是 tɕik⁷ kuə⁶ "懒做"，谓语是 ¢i⁶ zo⁴ pan²xo³ "就会贫穷"，其构成是"状中短语+状中短语"。

除了上述四种类型外，还有"名词性成分+名词性成分"构成的主谓短语，例如：

（25）no⁶ ¢aɯ² xa³ kan¹。瘦肉五斤。

　　　肉　瘦　五　斤

（26）ŋɔn²¢o⁶ zɔk⁷ŋuət⁸zɔk⁷。明天"六月六"。

　　　明天　六　月　六

例（25）的主语是 no⁶ ¢aɯ² "瘦肉"，谓语是 xa³ kan¹ "五斤"，主谓短语的构成是"名词+数量短语"；例（26）的主语是 ŋɔn²¢o⁶ "明天"，谓语是 zɔk⁷ŋuət⁸zɔk⁷ "六月六"，其构成是"时间词+时间词"。

（二）主谓短语的句法功能

主谓短语在句子中的主要功能是充当谓语，也就是常说的主谓谓语句中的谓语，此外，主谓短语还可充当主语、宾语、定语、状语和补语。

1. 主谓短语充当谓语。例如：

（27）fuə⁴ xau⁴ ŋɔn²¢o⁶ ni⁴ muɯŋ² ʔau¹ saɯ³ ʔdi¹ leu⁴po²。

　　　顿　饭　明天　这　你　要　招待　好　大家

明天这顿饭你要招待好大家。

（28）tɕoŋ⁵ phin³¹ko⁵³ ni⁴ muŋ² ziu³ pai¹。这篮苹果你拿走。

　　　篮　苹果　这　你　拿　去

（29）ta:u⁵ pi⁵³sai²⁴ ni⁴ po²zau² ʔan⁵ jin³¹。这场比赛我们一定赢。

　　　次　比赛　这　我们　肯定　赢

（30）za:n² muŋ² ku¹ taŋ² kwa⁵。你的家我到过。

　　　家　你　我　到　过

（31）tɕoŋ⁵ luɯk⁸ʔbuɯk⁷ ni⁴ pu⁴pu⁴ ʔda:ŋ¹ leu¹ tuŋ⁴lum³。

　　　群　姑娘　这　个个　身材　苗条　相同

　这群姑娘个个身材一样苗条。

　　主谓短语充当谓语的句子，主语跟谓语之间大多是话题与述题的关系，谓语不是陈述主语的，而是描写主语或说明主语。例（27）主语是fuɯə⁴ xau⁴ ŋɔn²ɕo⁶ ni⁴"明天这顿饭"，谓语是muŋ² ʔau¹ saɯ³ ʔdi¹ leu⁴po² "你要招待好大家"，主语是主谓谓语关涉的事物；例（28）的主语是tɕoŋ⁵ phin³¹ko⁵³ ni⁴ "这篮苹果"，谓语是muŋ² ziu³ pai¹ "你拿走"，主语是主谓短语中动作行为的受事；例（29）的主谓关系同例（28）；例（30）的主语是za:n² muɯŋ² "你家"，谓语是 ku¹ taŋ² kwa⁵ "我到过"，主语是主谓谓语中动作行为关涉的处所；例（31）的主语是tɕoŋ⁵ luɯk⁸ʔbuɯk⁷ ni⁴ "这群姑娘"，谓语是pu⁴pu⁴ ʔda:ŋ¹ leu¹ tuŋ⁴lum³ "个个身材苗条"，主语是谓语关涉的对象，但这个句子的谓语是主谓结构套主谓结构。

　　2. 主谓短语充当主语。例如：

（32）te¹ xoŋ² wuɯən¹ ʔdi¹ n̠iə¹ ta²za:i⁴。他唱起歌来非常好听。

　　　他　唱　歌　好听　真正

（33）te¹ kuə⁶ siən⁵ na:i⁶pe⁵ na:i⁶pe⁵。他做事拖拖拉拉的。

　　　他　做　事　慢翻　慢翻

（34）muɯŋ² ta:u⁵ ma¹ mi² xo²。你回来不对。

　　　你　回　来　不　对

（35）ʔdan¹puɯt⁷ ʔo⁵ ŋau¹ nau²miŋ² piŋ⁶ te¹ nak⁷ pai⁰。

　　　个　肺　出　阴影　说明　病　他　严重　了

　肺部出现阴影说明他的病加重了。

　　主谓短语充当主语大多是表示一件事，谓语一般是对主语进行说明、描写或判断，因此谓语的中心语大多是性质形容词、状态词或者是表示说明判断的动词，少数情况也有谓语中心语由动作动词充当的。这几个例子中，例（32）和例（33）的谓语对主语进行描写，例（34）的谓语对主语进行判断，例（35）的谓语表示说明。

3. 主谓短语充当宾语。例如：

（36）ku¹ zo⁴xe⁶ po² ka:i¹zeŋ² ni⁴ leu⁴ na:n² kwa⁵。我知道这些苦力很艰苦。

　　　我　知道　群　卖力　这　很　难　过

（37）te¹ nau² kwa⁵ te¹ xa² ma¹ le⁰。他说过他要来的。

　　　他　说　过　他　要　来　嘞

（38）po⁶ ku¹ ɕau⁴ ɕi⁶ zo⁴xe⁶ ku¹ khau⁵³ ʔdai⁴ pai⁰。我父亲早就知道我考上了。

　　　父 我　早　就　知道　我　考　得　了

（39）mɯŋ² zo⁴xe⁶ ku¹ ma:i³ jiəŋ⁶laɯ² n̥a:p⁷ jiəŋ⁶ma²。

　　　你　知道　我　喜欢　哪样　讨厌　哪样

你知道我喜欢什么厌恶什么。

主谓短语充当宾语的句子，谓语中心语常常是表示感觉、心理的动词，如例（36）的zo⁴xe⁶ "知道"，例（39）的ma:i³ "喜欢"，宾语表达的通常是一个事件，而名词、代词等是不能表达事件的，因此在这种句子中只有主谓短语才适合充当宾语。

4. 主谓短语充当定语。例如：

（40）ku¹ puŋ² pu⁴ wɯɯn² mɯŋ² zo⁴na³ ʔdeu¹。我遇到一个你认识的人。

　　　我　逢　个　人　你　认识　一

（41）ɕɯ² mɯŋ² kam¹ tɕau³ te¹，pu⁴laɯ² to³ la:u¹。你掌权的时候谁都怕。

　　　时　你　握　头　那　谁　都　怕

（42）pau⁵ lau⁵³sɿ³³ tɕɔŋ⁵ lɯk⁸sɯ¹ to³ ma:i³ te¹ teu⁵ pai¹ ʔdaɯ¹ ɕiŋ² leu⁰。

　　　个　老师　群　学生　都　喜欢　那　调　去　里　城　了

学生们都喜欢的那位老师调进城了。

这几个例子中的主谓短语都是限制性定语。例（40）中的mɯŋ² zo⁴na³ "你认识" 限制pu⁴ xun² "人"，例（41）mɯŋ² kam¹tɕau³ "你掌权" 限制ɕɯ² "时候"，例（42）tɕɔŋ⁵ lɯk⁸sɯ¹ to³ ma:i³ "学生们都喜欢" 限制pau⁵ lau⁵³sɿ³³ "那位老师"。

如果主谓短语的谓语是形容词，则主谓短语是描写性的定语。例如：

（43）ɕoi⁴ lɯk⁸sɯ¹ pu⁴sa:i¹ pɯn¹tɕau³ zai² te¹ ŋɔn²ni⁴ fi⁶ ma¹。

　　　个　学生　男孩　头发　长　那　今天　未　来

头发长的那个男生今天没来。

（44）te¹ ʔju⁵ xɔŋ³ za:n¹ ɕoŋ⁶ʔbɔŋ⁵ wa:i⁶ te¹ ʔdai⁴ sa:m¹ ʔdiən¹ pai⁰。

　　　他　住　间　屋　窗户　坏　那　得　三　月　了

他在窗户坏了的那间屋里住了三个月。

例（43）pɯn¹tɕau³ zai² "头发长" 和例（44）ɕoŋ⁶ʔbɔŋ⁵ wa:i⁶ "窗户坏了" 分别对所修饰的中心语进行了描写。

5. 主谓短语充当状语。例如：

（45）tɕa⁴tɕin⁶ sam¹ mi² ʔju⁵ ʔda:ŋ¹ xa:n¹ nau²。甲金心不在焉地回答说。

　　　甲金　心　不　在　身　回答　说

（46）po²te¹ fɯŋ² kam¹ fɯŋ² tuŋ⁴sat⁷。他们手拉手地跳舞。

　　　他们　手　拉　手　跳舞

（47）pi¹ ta:m¹ pi¹ zau² ɕi⁶ tɕe⁵tɕa:i¹ pai⁰。年复一年我们就衰老了。

　　　年　连　年　我们　就　衰老　了

主谓短语做状语，其位置是在谓语中心语之前，它们之间没有助词连接。主谓短语做状语的句子，大主语和主谓短语的主语之间往往有从属关系，如例（45）的 sam¹ "心"是 tɕa⁴tɕin⁶ "甲金"身体的一部分，例（46）的也是这样。例（47）是表示时间的，状语处于主语的前面，有强调作用。

6. 主谓短语充当补语。例如：

（48）ku¹ ka:ŋ³ pa⁵ to³ xɯ⁵ pai⁰。我讲得嘴都干了。

　　　我　讲　嘴　都　干　了

（49）zau² pja:i³ zɔn¹ na:i⁵ sam¹ wa:ŋ⁶。我们走路累得心慌。

　　　我们　走　路　累　心　慌

（50）ŋau²ʔdoŋ⁵ ɕeu⁵ ta¹ ku¹ ɕim¹ mi² siŋ³。亮光照得我眼睛看不清。

　　　亮光　照射　眼睛　我　看　不　清

主谓短语做补语可以不需要结构助词的帮助直接与述语组合，主谓短语的主语跟句子的主语大多也具有从属关系，如例（48）的 pa⁵ "嘴"跟 ku¹ "我"，例（49）的 sam¹ "心"跟 zau² "我们"；偶尔也有主谓短语的主语跟句子的主语不存在从属关系的情况，如例（50）的 ta¹ "眼睛"跟 ŋau²ʔdoŋ⁵ "亮光"。

二　述宾短语

（一）述宾短语的结构特点

两个成分组合在一起，前一个成分是述语，后一个成分是宾语，述语和宾语之间是支配和被支配的关系，这样的结构叫作述宾短语。述宾短语中，述语表示动作行为，宾语表示动作行为所关涉的事物、对象。如果宾语由谓词性成分充当，那么宾语表示述语所支配的事物的动作、行为或性质。如 za:i² sɯ¹ "写字"、pat⁷ pa⁵na:m⁶ "扫地"、za⁵ toi⁴ "洗碗"、la:u¹ ʔda:t⁷ "怕热"、tɕai² zuə⁶ "想吐"、kɯn¹ tɕoi³tiəŋ² "吃香蕉"、tɯ² ɕi²la:n¹ "带孩子"、ʔda:i¹ na²tɕa³ "薅秧田"等都是述宾短语，每个短语的前一个成分都是述语，由动词担任，后一个成分都是宾语，大多由名词担任，少数由动词或形容词担任，如 ʔda:t⁷ "热"、zuə⁶ "吐"。述语和宾语的组合比较紧密，中间不能有停顿，也不能有虚词连接，位置关系只能是述前宾后，如果改变位置，述语和宾语的组合或者不成立，或者变为主谓关系。

述语和宾语在句法结构上是一个层面的成分，也就是宾语是相对于述语而言的，没有述语也就没有宾语。述语一般由单个动词充当，如za:i² suɯ¹"写字"的za:i²"写"，tɯ² çi²la:n¹"带孩子"的tɯ²"带"，述宾短语属于向心结构，述语是中心语，处于结构核心，宾语是支配的对象，是连带成分，述语的语法功能与述宾短语的语法功能是一致的，因此述宾短语属于动词性短语。

述宾短语由述语和宾语两个部分组成。述语不能是名词性成分，只能由能带宾语的及物动词、少部分不及物动词以及一部分形容词担任，此外还可以由谓词性的并列短语和述补短语担任。

及物动词带宾语的能力最强，大多数述宾短语的述语都是由及物动词担当的。例如：

（51）ku¹ xa² pai¹ ʔjam⁵ woi⁵tçi⁵。我下午要去拜访朋友。

　　　我　要　去　拜访　朋友

（52）ʔit⁷ pu⁴ lɯk⁸sɯ¹ to³ za:i² ço⁶ pai⁰。每个学生都签了字。

　　　　每个　学生　都　写　名　了

（53）te¹ çiən⁴ li⁴ sa:m¹ tuə² mjau⁵。他养了三只猫。

　　　　他　养　有　三　只　猫

（54）ku¹ çau⁴ çi⁶ zo⁴xe⁶ ka:i⁵ siən⁵ ni⁴ pai⁰。我早就知道了这件事。

　　　　我　早　就　知道　件　事情　这　了

例（51）的ʔjam⁵"拜访"，例（52）的za:i²"写"，例（53）的çiən⁴"养"，例（54）的zo⁴xe⁶"知道"都是及物动词充当述语。及物动词跟名词的组合是述宾短语最常见的结构形式。

不及物动词和一部分形容词也可以带宾语形成述宾短语，但这些动词或形容词是有限制的。例如：

（55）ku¹ nin² çwa:ŋ² la:u⁴。我睡大床。

　　　　我　睡　床　大

（56）ku¹ sa:ŋ¹ to¹ te¹ ʔdak⁷ tçau³ ʔdeu¹。我高他一头。

　　　　我　高　多他　颗　头　一

例（55）的述语是nin²"睡"，例（56）的述语是sa:ŋ¹"高"，这些述语如果是不及物动词，大多表示人的动作行为，而且，不及物动词的宾语，要么是施事宾语，要么是处所宾语；述语如果是形容词，宾语一般都是名词或代词，如果是量词短语，后面不能再出现名词。

　　动词性的并列短语和述补短语也可充当述语。布依语通常只是名词跟名词形成并列短语，动词跟动词，形容词跟形容词一般不形成并列短语。受汉语的影响后，汉语的动词性并列短语有的直接借到布依语中。例如：

（57）xo³su¹ tiau²⁴tsha³¹ niɛn³³tɕiu²⁴ ka:i⁵ siən⁵ ni⁴ pai² ʔdeu¹.

　　　你们　　调查　　　研究　　个　事情　这　一下

　　　你们调查研究一下这个问题。

　　例（57）中的tiau²⁴tsha³¹ niɛn³³tɕiu²⁴ "调查研究"两个动词组成并列短语充当述语。

　　述补短语充当述语主要有两种类型：一是动趋式，前一个词表示动作行为，后一个词表示方向；二是动结式，前一个词表示动作行为，后一个词表示结果。例如：

（58）ɕoi⁴ lɯk⁸ni⁵ te¹ fi⁶ pja:i³ ʔo⁵ zuk⁸nin². 那个小孩没有走出卧室。

　　　个　小孩　那　未　走　出　　卧室

（59）te¹　pja:i³ xau³ ʔdaɯ¹ za:n². 他走进屋里。

　　　他　走进　里　屋

（60）tuə² ma¹ ni⁵ tɕo² ti² zak⁷ ka¹ ʔdeu¹ pai⁰. 小狗被打断了一条腿。

　　　条　狗　小　被　打　断　腿　一　了

（61）ʔau¹ kuə⁶ siŋ³ɕwa⁶ ka:i⁵ siən⁵ ni⁴。要搞清楚这件事情。

　　　要　做　清楚　　件　事情　这

　　例（58）述语是pja:i³ ʔo⁵ "走出"，趋向动词ʔo⁵ "出"充当补语；例（59）述语是pja:i³ xau³ "走进"，趋向动词 xau³ "进"充当补语；例（60）的述语是ti²zak⁷ "打断"，动词zak⁷ "断"充当补语；例（61）的述语是kuə⁶ siŋ³ɕwa⁶ "搞清楚"，形容词siŋ³ɕwa⁶ "清楚"充当补语。

　　动结式述语在布依语中并不常见，因为一般很少有两个动词或形容词组合成述补短语充当述语的情况，只有述补短语直接充当谓语的情况较常见。例如：

（62）pɯn¹tɕau³ te¹ ȵum⁴ ʔdiŋ¹ pai⁰. 他的头发染红了。

　　　头发　他　染　红　了

（63）te¹ nin² xa:i¹ pa⁵na:m⁶, kɯn¹ fi² pai⁰。他仰着睡在地上，可能喝醉了。

　　　他　睡　仰　地上　　喝　醉　了

　　例（62）和例（63）的结果补语都是放在动词后面，补语后面没有宾语。

　　述语所带的宾语是指动词和形容词所带的宾语，也包括少数短语所带的宾语。动词所带的宾语既有名词性的，也有动词性和形容词性的，还包括主谓短语充当的。形容词带宾语的情况比较少见，除了sa:ŋ¹ "高"、tam⁵

"矮"、na:i⁵"累"等词语外，一般形容词是不能带宾语的。

　　动词所带的宾语包括名词性成分、谓词性成分和主谓短语充当的三种类型。

　　充当宾语的名词性成分有名词、代词、定中短语、名词性的并列短语、量词短语等。例如：

（64）te¹ ʔju⁵ ʔdaɯ¹ za:n² za:i² tso³¹wɯn³¹。他在家里写作文。

　　　　他　在　里边　家　写　　作文

（65）ku¹ xa² ʔau¹ ma⁵ phin³¹ko⁵³ sɔŋ⁵ te¹。我将把苹果送他。

　　　　我　要　把　果　苹果　　送　他

（66）pu⁴çak⁸ ʔju⁵ zek⁷tɕaɯ³ pai²ʔdeu¹。强盗就在附近。

　　　　　强盗　在　附近　　正好

（67）mit⁸ çiau⁵³tsaŋ³³ ça:ŋ¹ teŋ¹ woi⁵tɕi⁵ ʔda:ŋ¹kau⁵。

　　　　刀　　小张　　　伤着　朋友　　自己

　　　　小张的刀伤着他自己的朋友。

（68）tɕa:ŋ¹po¹ ʔdam¹ ma⁵puk⁸ ziən² ma⁵ta:u²。山上栽橙子和桃子。

　　　　　山上　栽　橙子　　和　桃子

（69）te¹ n̩iŋ² sa:m¹ pai² çuŋ⁵。他开了三枪。

　　　　他　射　三　下　枪

名词充当宾语比较自由，只要动名之间语义搭配，名词就可以成为动词的宾语；人称代词是代替人或事物的，因此也常常充当宾语；处所词、方位词和时间词充当宾语要分几种情况，方位词充当宾语需要参照点，处所词和时间词充当宾语都比较自由；定中短语、名词性的并列短语和量词短语的功能相当于名词，也可以充当动词的宾语。

　　动词也可以带谓词性宾语，谓词性宾语包括动词、形容词、述宾短语、状中短语。例如：

（70）ku¹ mi² zo⁴ ka:ŋ³。我不会讲。

　　　　我　不　会　讲

（71）muŋ² pu⁴tɕe⁵ tuk⁸ na:i⁵ pai⁰。您老人家受累了。

　　　　你　老人　受　累　了

（72）çuŋ³¹mau³³ ma:i³ kɯn¹ fai⁴zɔk⁸。熊猫喜欢吃竹子。

　　　　　熊猫　喜欢　吃　竹子

（73）te² mi² tɕai² çio³¹ kɯn¹ lau³。他不想学喝酒。

　　　　他　不　想　学　吃　酒

（74）te^1 zo^{4}xe^6 ʔja^5 kwa^5, mi^2 tɕai^2 pai^1。他知道难熬，不想去。

　　　他　知道　难　过　　不想　去

能带谓词性宾语的动词比较少，多数是心理动词，此外，助动词、表示遭受义的动词也可带谓词性宾语。

动词后边的宾语还可以由主谓短语充当。例如：

（75）ku^1 zo^{5}xe^6 te^1 ma:i^3 pu^{4}laɯ^2。我知道他喜欢谁。

　　　我　知道　他　喜欢　谁

（76）ku^1 ȵiə^{1}nau^2 te^1 taŋ^2 pai^0。我听说他已经到了。

　　　我　听说　他　到　了

能带主谓短语做宾语的动词也比较少，一般是表示心理、感知、显示、判断意义的动词，而且述语和宾语之间结构较松散，可以停顿。

　形容词一般是不能带宾语的，但布依语的形容词具有一定的时间性，所以跟动词具有相同的属性，特别是一些表示变化的形容词，如la:u^4"大"、ʔbau^1"轻"、lon^5"慢"、tin^3"短"等，所以形容词在一定条件下是可以带宾语的。例如：

（77）pau^{5}pi^4 ku^1 la:u^4 te^1 sa:m^1 pi^1。我哥哥比他大三岁。

　　　哥哥　我　大　他　三　岁

（78）ɕoi^4 lɯk^{8}ʔbuk^7 ni^5 te^1 na:i^5 me^6 te^1 ta^{2}za:i^4 pai^0。

　　　个　　女孩　小　那　累　妈　她　非常　了

　　　那小女孩使她的妈妈太劳累了。

虽然形容词可以带宾语，但毕竟较少见。在布依语中，动词带宾语是常态，随着汉语形容词的用法以及结构助词等借入布依语，形容词带宾语的情况可能会慢慢多起来。

（二）述宾短语的句法特点

述宾短语在一定条件下可以直接实现为无主句。在句子中，述宾短语经常充当谓语，在一定的条件下可以充当主语、宾语、定语和补语。

充当谓语是述宾短语的主要功能。例如：

（79）te^1 si^{1}zi^2 tuə^2 kuk^7 ni^4。他跟踪这只老虎。

　　　他　跟踪　只　老虎　这

（80）ku^1 li^4 sa:m^1 ɕoi^4 la:n^{1}zo^6。我有三个外孙。

　　　我　有　三　个　孙外

（81）nuəŋ^4 ku^1 ɕɯ^4 ʔdai^4 tiəŋ^{2}ʔdiŋ^1 pai^0。我妹妹买了红糖了。

　　　妹妹　我　买　得　红糖　了

述宾短语充当谓语有叙述、说明的作用，主要是对主语所代表的人或事物加以叙述和说明。

述宾短语也可充当主语、宾语，但受一定条件限制。例如：

（82）kuə⁶ xoŋ¹ ʔau¹ kan⁴。干活要勤奋。

　　　　干　活　要　勤奋

（83）ʔdam¹ fai⁴ mi² tɯk⁸ jiəŋ⁶ siən⁵ ŋa:i⁶ ʔdeu¹。

　　　种　树　不　是　件　事情　容易　一

种树不是一件容易的事情。

（84）soŋ¹ ɕoi⁴ lɯk⁸ te¹ to³ ma:i³ tɯk⁷ ɕen²。他的两个儿子都喜欢赌钱。

　　　两　个　儿他　都　喜欢　赌　钱

（85）zau² fi⁶ zan¹ ta:p⁷ pu²⁴kau²⁴。我们没有看见贴布告。

　　　我们　没　见　贴　　布告

例（82）、例（83）是述宾短语充当主语，例（84）、例（85）是述宾短语充当宾语。述宾短语一般都是表示一个事件，因此当它充当主语时，要求句子的谓语是表示可能、意愿、判断、说明的动词；当它充当宾语时，则要求句子的谓语是表示心理活动、感觉、判断以及意愿的动词。

述宾短语可以充当定语。例如：

（86）pu⁴to⁶sɯ¹ ɕi⁶ ʔau¹zo⁴ kue³¹fa³¹。读书人就要懂得国法。

　　　　读书人　就　要　懂　国法

（87）ka:i⁵ siən⁵ ɕoi⁶zɔn¹ te¹ pai¹ za¹ tshun³³tsaŋ⁵³。修路的事情找村长。

　　　件　事情　修　路　那　去　找　　村长

述宾短语做定语具有说明、描写中心语的作用，主要是对中心语代表的人或事物的性质、特征、范围等进行说明或描写。

述宾短语可以充当补语。例如：

（88）ʔdak⁷tɕau³ te¹ pau⁴ lum³ ʔdan¹tɕiu²。他的脑袋圆得像球。

　　　　脑袋　他　圆　像　　球

（89）te¹ ʔa:ŋ⁵ tɔk⁷ zam⁴ta¹ pai⁰。他高兴得流眼泪。

　　　他　高兴　流　　眼泪　了

述宾短语做补语，主要表示动作或性质的程度，因此对谓语有特别的要求，即充当谓语的动词或形容词要具有程度义，而表示心理活动的动词和形容词都能满足这个条件。

三　述补短语

（一）述补短语的结构特点

两个成分组合在一起，前一个成分是述语，表示动作或性质，后一个成分是补语，表示动作或性质的结果或程度，两者形成补充和被补充的关系，这种结构叫做述补短语。述补短语也是向心"结构"，述语是中心语，补语是补充述语的成分，述补短语的功能跟述语的功能保持一致。例如：

kɯn¹ ʔim⁵ 吃饱　　　　　　　nau² siŋ³ɕwa⁶ 说清楚

pja:i³ ʔo⁵ pai¹ 走出去　　　　ɕim¹ ʔdai⁴ siŋ³ 看得清

pja:i³ ʔdai⁴ ɳem⁶ 走得慢　　　naŋ⁶ pai²ʔdeu¹ 坐一下

le² tɕi³ ta:u⁵ 跑几趟　　　　　kɯn¹ soŋ¹ fɯə⁴ 吃两顿

kɯn¹ ʔim¹ "吃饱"中，kɯn¹ "吃"做述语，是结构的中心，ʔim⁵ "饱"做补语，是补充成分，前述后补形成述补短语，ʔim⁵ "饱"说明述语kɯn¹ "吃"的动作结果；ɕim¹ ʔdai⁴ siŋ³ "看得清"中，ɕim¹ "看"做述语，是结构中心，siŋ³ "清"做补语，是补充成分，ʔdai⁴ "得"是结构助词，连接述语和补语，述语借助结构助词引出补充成分，补语siŋ³ "清"说明述语ɕim¹ "看"的结果；naŋ⁶ pai²ʔdeu¹ "坐一下"中，naŋ⁶ "坐"做述语，是结构中心，pai²ʔdeu¹ "一下"做补语，是补充成分，补语是量词短语，对述语naŋ⁶ "坐"的时间加以说明。

述补短语中，述语和补语的位置是固定的，述语在前，补语在后，补语依附于述语，对述语加以补充。述语和补语的位次不能颠倒，否则，要么语义表达不成立，要么改变结构关系，成为状中短语。比如pja:i³ na:i⁶ "走慢"是述补短语，而ma:n⁶ pja:i³ "慢走"是状中短语。

述补短语也是一种表达完整事件的短语，因此加上一定的语调就可以实现为句子，成为非主谓句的一种结构类型。述补短语在主谓句中常常充当句法成分，成为句子的一个组成部分。

述补短语分为两种组合形式，一种是直接组合，一种是借助结构助词ʔdai⁴ "得"进行组合。不同的组合形式主要由补语来决定，当然，述语如果是形容词担任，往往要选择间接组合形式。述语和补语的联系比较紧密，因此中间不能有语音停顿。

述补短语的述语是谓词性的，因此充当述语的成分有动词、形容词。例如：

(90) ku¹ ji⁵³tɕin³³ ziəŋ² te¹ nau² so⁶ pai⁰. 我已经跟他说明了。
　　　我　已经　跟　他　说　直　了

(91) pai²laŋ¹, ku¹ lɯŋ³ ʔdai⁴ zan¹ kwa⁵ soŋ¹ ta:u⁵. 后来，我才见过两次。
　　　后来　我　才　得　见　过　两　次

(92) leu⁴tɕɔŋ⁵ to³ ʔa:ŋ⁵ ɕaɯ². 大家都高兴得不得了。
　　　大家　都　高兴　极了

(93) su¹ soŋ¹ pu⁴ ʔau¹ na:n²ni⁶ noi⁶! 你们两个要细心点儿！
　　　你们　两　人　要　细心　点儿

上例中的nau² "说"、zan¹ "见"、ʔa:ŋ⁵ "高兴"、na:n²ni⁶ "细心"都

是述语，其中例（90）和例（91）是动词充当述语，例（92）和例（93）是形容词充当述语。

　　述语后面有时会同时出现宾语和补语，形成"述+宾+补"的套合结构。对于这种结构的层次，一般是先把宾语跟述语处理为一个层次，然后补语是第二层次。例如：

（94）te¹ ŋon² ʔdeu¹ tɕap⁷ ku¹ soŋ¹ ta:u⁵。他每天催我两次。

　　　　他　天　一　催促　我　两　次

（95）muŋ² si⁵ɕɯ² kuan³³tsau²⁴ nuən⁴ ku¹ pai²ʔdeu¹。你随时关照我弟弟一下。

　　　　你　经常　关　照　弟弟　我　一下

　　这两例的谓语都是多层次句法结构，例（94）的谓语结构是（[tɕap⁷ ku¹] soŋ¹ ta:u⁵）"催我两次"，例（95）的谓语结构是（[si⁵ɕɯ² kuan³³tsau²⁴ nuən⁴ ku¹] pai² ʔdeu¹）"随时关照我弟弟一下"，补语soŋ¹ ta:u⁵"两次"和pai²ʔdeu¹"一下"都是依附于前面的述宾短语，因此可以把前面的述宾短语看作是这类特殊述补短语的中心语。

　　述补短语中充当补语的成分既可以是实词，也可以是短语。从实词来看，动词、形容词、代词、副词可以充当补语。从短语来看，量词短语、介词短语、述宾短语、述补短语、状中短语、主谓短语、并列短语等可以充当补语。其中动词、形容词充当补语的情况较常见。例如：

（96）te¹ ɕɯ²laɯ² let⁷ ʔo⁵ pai¹ ku¹ to³ mi² zo⁴。他什么时候跑出去我都不知道。

　　　　他　何时　溜　出　去　我　都　不　知道

（97）xoŋ¹ ku¹ fi⁶ kuə⁶ leu⁴。我的活还没有干完。

　　　　活　我　未　做　完

（98）tɕen¹pɯə⁶ te¹ tɯk⁸ loŋ⁵wa:i⁶ leu⁰。他的衣袖被扯烂了。

　　　　衣袖　　他　被　扯　坏　了

（99）pau⁵ ɕa:ŋ⁶ʔiə¹ ni⁴ ʔau¹ ka:i⁵ faŋ³³tsɿ⁵³ ni⁴ ʔiə¹ ʔdi¹ ŋi⁶ɕip⁸ la:i¹ pu⁴ wɯn²。

　　　　个　医生　这　用　个　方子　这　医　好　二十　多　个　人

　　　　这个医生用这个方子治好了二十多人。

　　例（96）充当补语的是趋向动词ʔo⁵ pai¹"出去"；例（97）充当补语的是动词leu⁴"完"，充当补语的动词可以是单音节的，也可以是双音节的；例（98）充当补语的是形容词wa:i⁶"烂"；例（99）充当补语的是形容词ʔdi¹"好"，形容词充当补语大多是单音节的，双音节的很少。

　　代词可以充当补语，但充当补语的主要是疑问代词，而且都要借助结构助词ʔdai⁴"得"的帮助。例如：

（100）ɕon² xa:u⁵ te¹ ni⁴ nau² ʔdai⁴ taŋ³laɯ²？他这话说得怎么样？

　　　　句　话　他　这　说　得　怎么样

（101）ka:i⁵ siən⁵ te¹ kuə⁶ ʔdai⁴ saŋ³ʔju⁵？那件事干得如何？

　　　　件　事　那　做　得　怎样

代词是代替其他词的词，因此如果代词代替动词、形容词、副词，就可充当补语，代替其他词则不能充当补语。

状态形容词可以充当补语。例如：

（102）te¹ ŋe⁴ çoi⁴ luɯk⁸ni⁵ te¹ sa²ʔuɯk⁷ sa²ʔuɯk⁸。他把小孩逗得哭哭啼啼的。

　　　　他　逗　个　小孩　那　哭哭　啼啼

（103）pi¹ni⁴ ko¹fai⁴tçi¹ to³ ma³ sa:ŋ¹sa:ŋ¹。今年松树都长得高高的。

　　　　今年　松树　都　长　高　高

（104）ja⁶ te¹ çwa:ŋ¹ʔda:ŋ¹ wa¹ça⁴ wa¹ça⁶。那女人打扮得花里胡哨的。

　　　　女人　那　打扮　花里　胡哨

上述例子都是状态形容词充当补语。单音节形容词重叠为状态形容词后，述语和补语之间一般不用结构助词ʔdai⁴ "得"，而是直接与述语组合。量词短语也可以直接充当补语。例如：

（105）ku¹ ma¹ ta:u⁵ ʔdeu¹ ʔda⁴ʔda⁴。我白来一趟。

　　　　我　来　次　一　白　白

（106）te¹ nuɯ⁶ pai¹ çiŋ² pai²ʔdeu¹。他想进城去一下。

　　　　他　想　去　城　一下

介词短语可以直接跟述语组合充当补语。例如：

（107）tçoŋ⁵ çi²la:n¹ ʔau¹ tuə² zɔk⁸ ta:i¹ te¹ mɔk⁷ ço⁵ kau¹za:n²。

　　　　群　孩子　把　只　鸟　死　那　埋　在　屋角

孩子们把那只死鸟埋在屋后。

（108）zau² tuɯk⁷ tçhiu³¹ pa:i⁶ xauɯ³ po²te¹ pai⁰。我们打球输给他们了。

　　　　我们　打　球　输　给　他们　了

述宾短语可以直接跟述语组合充当补语。例如：

（109）po⁶me⁶ kuə⁶ çoi⁴luɯk⁸ çe¹ te¹ tai³ ta¹ʔdiŋ¹ leu⁰。

　　　　父母　做　孩子　丢　那　哭　眼　红　了

丢了孩子的父母眼睛哭红了。

（110）tuə² mu¹ ni⁴ la:u⁴ lum³ wa:i²。这头猪大得像水牛一样。

　　　　头　猪　这　大　像　水牛

状中短语可以充当补语，但述语和补语之间要用结构助词ʔdai⁴ "得"来连接。例如：

（111）tuə²ma⁴ tak⁸ le² ʔdai⁴ ɳam² ta²za:i⁴。公马跑得非常快。

　　　　马　公　跑　得　快　非常

（112）fuɯ² mai⁴ʔbɯk⁷ te¹ san⁵ ʔdai⁴ pja:u² la:i¹。那姑娘的手抖得很厉害。

　　　手　　姑娘　那　颤抖　得　厉害　很

主谓短语可以直接跟述语组合充当补语。例如：

（113）leu⁴po² zeu¹ çoŋ⁶pa⁵ mi² ʔup⁷。大家笑得都合不拢嘴。

　　　大家　笑　嘴巴　不　合拢

（114）taŋ¹ seu⁵ leu⁴ za:n² to³ zoŋ⁶çe⁶ pai⁰。灯照得满屋都明亮了。

　　　灯　照　全　屋　都　明亮　了

并列短语可以直接跟述语组合充当补语，但只能是谓词性的并列短语。例如：

（115）pi¹ni⁴ te¹ ma³ kɯn²⁴ sa:ŋ¹ kɯn²⁴ ʔɔn⁵ pai⁰。今年他长得更高更胖了。

　　　今年　他　长　更　高　更　胖　了

（116）te¹ ma³ jou²⁴ leu¹ jou²⁴ nam⁵。她长得又苗条又漂亮。

　　　她　长　又　苗条　又　漂亮

（二）述补短语的句法功能

述补短语的主要功能是充当谓语，也可以充当主语、宾语和补语。例如：

（117）piŋ⁶ te¹ ʔiə¹ ʔdi¹ pai⁰。他的病医好了。

　　　病　他　医　好　了

（118）zoŋ⁶ʔdiən¹ xɯn³ sa:ŋ¹ pai⁰。月亮升高了。

　　　月亮　　升　高　了

（119）za:n² te¹ soŋ¹ pau⁵ja⁶ naŋ⁶ ʔdai⁴ ʔet⁵ʔdeu¹。他们夫妻俩坐了一会儿。

　　　家　他　两　夫妻　坐　得　一会儿

以上几例都是述补短语做谓语。

布依语中有一部分动词本身是包含动作和结果的，如ʔja⁴"睁开"、tat⁷"砍断"、kwa¹"拿起"、pjɔŋ³"刺破"等，但也有不包含结果的动词，因此，有的动词需要带补充成分才能充当述语，而有的动词则不需要带补充成分直接就可以充当述语。少数情况下，述补短语也可充当主语、宾语。例如：

（120）pai¹ ta:u⁵ ʔdeu¹ mi² pan²。去一次不行。

　　　去　回　一　不　行

（121）leu⁴tçɔŋ⁵ to³ nɯ⁶nau² kuə⁶ mi² ʔdi¹。大家都认为做得不好。

　　　大家　都　认为　做　不　好

例（120）述补短语做主语，例（121）述补短语做宾语。述补短语做主语和宾语的情况很少见，一般都要受一定条件限制，比如述补短语做主语，谓语要求是判断性的或描写性的，述补短语做宾语，谓语通常是表示感觉或心理的动词。

述补短语也可以充当补语。例如：

（122）te¹ tɔk⁷ɕɯ¹ sat⁷ pai¹ la³。她伤心得跳下去。

　　　　她　伤心　跳　去　下

（123）ŋɔn²ɕo⁶ ku¹ ʔo⁵tu¹ ɕau⁴ noi⁶。明天我出门早一点。

　　　　明天　我　出门　早　点儿

述补短语充当补语的例子也不多见，而且述补短语与述语之间一般也不需要使用结构助词。

四　并列短语

（一）并列短语的结构特点

两个或两个以上的实词或实词性成分组合在一起，前后成分之间性质相同或相近，没有主次之分，平等地相连在一起，这种结构叫作并列短语。例如 ku¹ ziəŋ² me⁶ "我和母亲"、ɕiə²wa:i² "黄牛和水牛"、jou²⁴ to⁶ jou²⁴ za:i² "又读又写"、ʔɔn⁴ ka:ŋ³ ʔɔn⁴ zeu¹ "边说边笑"、tɕa⁵la:u⁴ ziəŋ² kan³ka:ŋ⁵ "高大和健康"、nak⁷ ziəŋ² ʔbau¹ "轻和重"。并列短语之间的成分其词类性质一般是相同的，或者是名词跟名词，或者是动词跟动词，或者是形容词跟形容词，上述例子中的ku¹ ziəŋ² me⁶ "我和母亲"虽然是代词和名词并列，但代词ku¹ "我"是代替名词，所以短语的两个成分词性是相同的。并列短语中几个并列的成分其结构有大有小，有的是词跟词组合，有的是词跟短语组合，有的是短语跟短语组合。例如：

（124）li⁴ pa:i⁶kɯn² tau⁴ ziəŋ² pa:ŋ¹，ʔan⁵ kuə⁶ ʔdai⁴ ʔdi¹。

　　　　有　上边　支持　和　帮助　一定　做　得　好

有上级的支持和帮助，一定做得好。

（125）ka:i⁵tan³ ziəŋ² ka:i⁵kɯn¹ to³ tɯ² pai⁰。衣服和吃的都带了。

　　　　穿的　和　吃的　都　带　了

（126）lɯk⁸ ku¹ ziəŋ² lɯk⁸ te¹ tuŋ⁴ ʔju⁵ nien³¹tɕi³¹ ʔdeu¹。

　　　　儿子　我　和　儿子　他　同　在　年级　　一

我儿子和他儿子在一个年级。

例（124）的tau⁴ ziəŋ² pa:ŋ¹ "支持和帮助"是动词和动词并列组合，例（125）的ka:i⁵tan³ ziəŋ² ka:i⁵ kɯn¹ "衣服和吃的"是ka:i⁵字短语的并列组合，例（126）的lɯk⁸ ku¹ ziəŋ² lɯk⁸ te¹ "我儿子和他儿子"是定中短语与定中短语的并列组合。并列短语的各个成分之间有的使用连接手段，如使用表示停顿的标点符号、连词、关联副词等，有的不使用连接手段。例如：

（127）te¹ ɕɯ⁴ ʔdai⁴ sa:m¹ tuə² pja¹, tuə² pja¹jeu¹ ʔdeu¹, soŋ¹ tuə² pja¹ziəŋ²。

　　　他　买　得　三　条鱼　条　青鱼　一　两　条　鲤鱼

他买了三条鱼，一条青鱼、两条鲤鱼。

（128）te¹ ɕiəŋ⁴ tuə²luə² ziəŋ² tuə²ma⁴。他养骡子和马。

　　　他　养　骡子　和　马

（129）ɕoi⁴ ni⁴ jou²⁴ kwa:i¹ jou²⁴ kan³。这孩子又聪明又健康。

　　　孩子　这　又　聪明　又　健康

（130）ɕɯ²ni⁴ zɔn¹ la:u⁴ zɔn¹ kwa:ŋ⁵，pai¹ tɕiə²lau² to³ jiəŋ⁶ŋa:i⁶。

　　　现在　路　大　路　宽　去　哪儿　都　方便

现在的路又宽又大，去哪儿都方便。

例（127）的并列成分之间使用逗号连接，例（128）的并列成分之间使用连词连接，例（129）的并列成分之间使用关联副词连接，例（130）的并列成分之间没有使用连接手段。

从语法性质的角度看，并列短语有五种类型，名词性并列短语、动词性并列短语、形容词性并列短语、主谓短语构成的并列短语和介词短语构成的并列短语。一般情况，名词性短语由名词性成分构成，动词性短语由动词性成分构成，形容词性短语由形容词性成分构成，主谓短语构成的并列短语由主谓短语组合构成，介词短语构成的并列短语由介词短语组合构成。

1. 名词性成分构成并列短语。例如：

（131）te¹ tɕai² ka:i⁵ ʔiən¹ ziəŋ² lau³。他想戒掉烟和酒。

　　　他　想　戒　烟　和　酒

（132）tɕɔŋ⁵ lɯk⁸ʔbɯk⁷ ziəŋ² lɯk⁸sa:i¹ toi⁵ wɯən¹。男孩和女孩对歌。

　　　群　女孩　和　男孩　对　歌

（133）ka:i⁵ʔdi¹ ziəŋ² ka:i⁵wa:i⁶ tuŋ⁴ tim²。好的和坏的互补。

　　　好的　跟　坏的　互　补

（134）kɯn² po¹ kɔk⁷ po¹ to³ li⁴ kuə⁶ɕwa⁶ wun¹。山上山下都有好多人。

　　　上　山　脚　山　都　有　好多　人

（135）mɯŋ² ziəŋ² ku¹ to³ xo³ʔdiŋ¹ ta²za:i⁴。你和我都非常穷。

　　　你　和　我　都　穷　非常

例（131）和例（132）的并列短语由名词构成，例（133）的并列短语由ka:i⁵字短语构成，例（134）的并列短语由方位短语构成，例（135）的并列短语由人称代词构成。这些构成并列短语的成分都是名词性的。

2. 动词性成分构成并列短语。例如：

（136）te^1 ʔɔn^4 ka:ŋ^3 ʔɔn^4 zeu^1。他边说边笑。

　　　他　边　讲　　边　笑

（137）tɕa:ŋ^{1}xam^6 ʔju^5 tɕa:ŋ^1 luəŋ^5 po^5 ʔbaɯ^{1}fai^4 ɕun^2 sa:u^1。

　　　　晚上　　在中寨　吹　叶木　玩耍 女友

晚上在寨子中吹木叶、玩朋友。

（138）zau^2 mi^2 ʔdai^4 kɯn^1 la:ŋ^5，ʔdɔt^7 la:ŋ^1，ʔju^5 la:ŋ^5。

　　　我们 不　得　吃　白　喝　白　住　白

我们不能白吃、白喝、白住。

例（136）的并列短语由动词充当，例（137）的并列短语有两个述宾短语充当，例（138）的并列短语由三个状中短语充当。

3. 形容词性成分构成并列短语。例如：

（139）xoŋ^5 za:n^2 ni^4 jou^{24} kwa:ŋ^{5}la:ŋ^6 jou^{24} zoŋ^{6}ʔdoŋ^5。这间房子又宽敞又明亮。

　　　间 房子 这 又　　宽敞　又　　明亮

（140）ma^{5}ta:u^2 pɯəŋ^2 ni^4 ŋai^6 la:i^1，wa:n^1 la:i^1。这地方的桃子很香很甜。

　　　桃子　　地方 这 香　很　甜　很

例（139）的并列短语由形容词充当，例（140）的并列短语由两个状中短语充当。布依语中形容词构成并列短语有时也不需要连词的帮助。例如：

（141）toi^5 lɯk^{8}ta^1 ɕoi^4 lɯk^{8}ʔbɯk^7 te^1 leu^4 la:u^4 ʔdoŋ^5。

　　　　对　眼睛　个　姑娘　那 很　大　亮

姑娘的那一双眼睛又大又亮。

4. 主谓短语构成并列短语。例如：

（142）pɯəŋ^2 zau^2 ni^4 tɯk^8 po^1 sa:ŋ^1 xɔŋ^3 lak^8。我们这个地方是山高谷深。

　　　　地方 我们 这 是　山　高　山谷 深

（143）zau^2 tɯk^7 tɕhiu^{31} tɯk^7 xa:n^6 lai^1 pɯə^6 ʔdik^7。我们打球打得汗流浃背。

　　　　我们 打　球　打　汗水 流 衣服　湿透

例（142）主谓短语po^1 sa:ŋ^1 "山高"和主谓短语xɔŋ^3 lak^8 "谷深"构成并列短语，例（143）主谓短语xa:n^6 lai^1 "汗水流"和主谓短语pɯə^6 ʔdik^7 "衣服湿透"构成并列短语。

5. 介词短语构成并列短语。例如：

（144）te^1 ʔju^5 za:n^2 ʔju^5 zo^6 to^3 tɯk^8 jiəŋ^{6}ʔdeu^1。他在家和在外面都是一样的。

　　　　他 在 家 在外 都 是　　一样

（145）ku^1 kuə^6 ka:i^5 siən^5 ni^4 tɯk^8 wi^6 ʔda:ŋ^{1}kau^5，je^{53} wi^6 pu^{4}ʔɯn^5。

　　　我 做　件　事 这 是 为　　自己　　也 为　别人

我做这事既是为了自己，也是为了别人。

（146）ʔau¹ fa⁶ mit⁸ ni⁴ ziəŋ² ʔau¹ fa⁶ mit⁸ te¹ mi² tuŋ⁴lum³。

　　用　把　刀　这　和　　用　把　刀　那　不　相同

用这把刀跟用那把刀不一样。

例（144）介词短语ʔju⁵ za:n² "在家" 和介词短语ʔju⁵ zo⁶ "在外" 组合成并列短语；例（145）介词短语wi⁶ ʔda:ŋ¹kau⁵ "为自己" 和介词短语 je⁵³ wi⁶ pu⁴ʔɯn⁵ "也为别人" 组合成并列短语；例（146）介词短语 ʔau¹ fa⁶mit⁸ ni⁴ "用这把刀" 和介词短语ʔau¹ fa⁶mit⁸ te¹ "用那把刀" 组合成并列短语。

（二）并列短语的句法功能

并列短语有多种类型，有的由名词性成分构成，因此其语法功能也相当于名词；有的由动词性成分构成，因此其语法功能相当于动词；有的由形容词性成分构成，因此其语法功能相当于形容词；主谓短语的性质是谓词性的，也就是说可以是动词性的，也可以是形容词性的；介词短语的性质比较复杂，有的相当于动词，有的相当于副词，这要根据具体的句法环境才能确定。所以，并列短语在句法中可以充当多种成分。

1. 并列短语充当主语。例如：

（147）mai¹ ziəŋ² ʔda:i⁴ kweu³ tuŋ⁴ʔju⁵。线和麻缠在一起。

　　　　线　和　麻　缠　　一起

（148）pau⁵pi⁴ ku¹ ziəŋ² pi⁵ʔbɯk⁷ te¹ tɯk⁸ pau⁵ja⁶。我哥哥和她姐姐是夫妻。

　　　　哥哥　我　和　　姐姐　她　是　夫妻

（149）ɕai¹ zi⁶ tɯ² na² to³ zo⁴ kuə⁶。犁地打田（耙田）都会做。

　　　　犁　地　打　田　都　会　做

（150）la³za:n² ziəŋ² kau¹za:n² to³ ʔdam¹ li⁴ fai⁴tɕi¹。房前和房后都栽有松树。

　　　　屋前　和　　屋角　都　栽　有　松树

（151）ɕɯ²ni⁴ zɔn¹ la:u⁴ zɔn¹ kwa:ŋ⁵, pai¹ ma¹ leu⁴ ŋa:i⁶。

　　　　现在　路　大　路　宽　　去　来　很　方便

现在路又大又宽，来往很方便。

例（147）充当主语的是两个名词组合成的并列短语，例（148）充当主语的是两个定中短语构成的并列短语，例（149）充当主语的是述宾短语和述宾短语构成的并列短语，例（150）充当主语的是两个方位短语构成的并列短语。例（151）充当主语的是两个动词构成的并列短语。动词性短语、形容词性短语构成的并列短语很少充当主语，只有谓语是表示判断、评价等意义时，动词性、形容词性的并列短语才能充当主语，如例（149）和例（151）。

2. 并列短语充当谓语。例如：

（152）çoi⁴ ni⁴ jou²⁴ tai³ jou²⁴ tçuŋ¹。这孩子又哭又闹。

　　　孩子 这 又 哭 又 闹

（153）leu⁴tçɔŋ⁵ pai²to⁶ kɯn¹ lau³ kɯn¹ ça²。大家一起喝酒喝茶。

　　　　大家 一起 吃 酒 吃 茶

（154）leu⁴po² pai²to⁶ pai¹ po¹ pai²to⁶ ʔau¹ fɯn²。大家一起上山砍柴。

　　　　大家 一起 去 山 一起 砍 柴

（155）çɯ²te¹ kwa:n¹ te¹ jou²⁴çɔ² jou²⁴ kan³。那时她丈夫又年轻又英俊。

　　　　那时 丈夫 她 又 年轻 又 英俊

例（152）充当谓语的是两个动词组合成的并列短语，例（153）充当谓语的是两个述宾短语构成的并列短语，例（154）充当谓语的是两个状中短语构成的并列短语，例（155）充当谓语的是两个形容词构成的并列短语。名词性的并列短语不充当谓语，动词性、形容词性的并列短语充当谓语的情况也不是很常见，只有动词、形容词或者其他动词性短语、形容词性短语充当谓语才是常态。

3. 并列短语充当宾语。例如：

（156）su¹ mjaɯ³ juə⁴ pu⁴tçe⁵ ziəŋ² pu⁴ni⁵。你们不要哄骗老人和小孩。

　　　你们 别 哄骗 老人 和 小孩

（157）ku¹ si⁵çɯ² çim¹ zan¹ tça:ŋ¹na:ŋ⁶ fon⁴ziəŋ² zam⁴waŋ² saɯ¹。

　　　我 经常 看 到 山峰 黑 和 湖水 清澈

　　我经常看到黑色的山峰和清澈的湖水。

（158）fai⁴tçi¹ mi² la:u¹ zum² po⁵ wɯn¹ sɔn¹。松树不怕风吹雨打。

　　　松树 不 怕 风 吹 雨 淋

例（156）充当宾语的是两个名词组合成的并列短语，例（157）充当宾语的是两个定中短语构成的并列短语，例（158）充当宾语的是两个主谓短语构成的并列短语。

4. 并列短语充当定语。例如：

（159）tshɯn³¹tçi³¹ ku¹ ziəŋ² te¹ tuŋ⁴lum³。我的成绩和他的一样好。

　　　　成绩 我 跟 他 相同

（160）ka:i⁵ siən⁵ ka³ wɯn² ziəŋ² çuəŋ⁵ fi² mɯŋ² mjaɯ³ pai¹ kuə⁶。

　　　种 事情 杀人 和 放火 你 不要 去 做

　　杀人放火的事情你不要去做。

（161）ɲiə¹ pau⁵tçe⁵ te¹ nau¹ çeu⁶kon⁵ tuə²meu⁵ ziəŋ² tuə²ma¹。

　　　听 老人 那 说 故事 猫 和 狗

　　听那位老人讲猫和狗的故事。

例（159）充当定语的是两个代词构成的并列短语，例（160）充当定语的是两个述宾短语构成的并列短语，例（161）充当定语的是两个名词构成的并列短语。

5. 并列短语充当状语。例如：

（162）ka:i⁵ siən⁵ ni⁴ toi⁵ zau² ziən² toi⁵ su¹ to³ tɯk⁸ jiən⁶ʔdeu¹。

　　　件 事情 这 对 我们 和 对 你们 都 是 　一样

这件事对我们和对你们都一样。

（163）zau² ma³ wi⁶ ʔda:ŋ¹kau⁵ wi⁶ ʔeu⁴za:n² fɯn²⁴tou²⁴。

　　　我们 要 为 　自己 为 　家庭 　奋斗

我们要为自己、为家庭而奋斗。

（164）tɕɔŋ⁵ lɯk⁸ni⁵ to³ ma³ la:u⁴ kan³ka:ŋ⁵ ʔa:ŋ⁵mai²。

　　　群 孩子 都 长 大 　健康 　快乐

孩子们都健康快乐地长大。

例（162）和例（163）是介词短语构成的并列短语充当状语，例（164）是形容词构成的并列短语充当状语。

6. 并列短语充当补语。例如：

（165）wɯn¹ tau³ jou²⁴ la:u⁴ jou²⁴ ɕu⁵。雨下得又大又猛。

　　　雨 下 又 大 又 猛

（166）pi¹ni⁴ te¹ ma³ kɯn²⁴ sa:ŋ¹ kɯn²⁴ ʔɔn⁵ pai⁰。今年他长得更高更胖了。

　　　今年 他 长 更 　高 更 胖 了

（167）te¹ tɯk⁸ pet⁷ pa⁵ tin³ lin⁴ kɔm¹。他被吓得张口结舌。

　　　他 被 吓唬 嘴 短 舌头 笨拙

（168）leu⁴tɕɔŋ⁵ to³ piən⁵ pan² xap⁷ pa⁵ xap⁷ lin⁴。大家都变得哑口无言了。

　　　大家 都 变 成 闭 嘴 闭 舌头

例（165）是两个形容词构成并列短语充当补语，例（166）是形容词做中心语的两个状中短语构成并列短语充当补语，例（167）是两个主谓短语构成的并列短语充当补语，例（168）是两个述宾短语构成的并列短语充当补语。

五 偏正短语

（一）偏正短语的结构特点

两个成分组合在一起，其中一个是中心语，另一个是修饰语，两个成分之间是偏和正、修饰和被修饰、限制和被限制的关系，这种结构叫作偏正短语。例如：

xa:i²naŋ¹ fon⁴ 黑皮鞋　　　　　ɕa:ŋ⁶ʔiə¹ ʔdi¹ 好医生

pu⁴ wɯɯn² te¹ 那个人　　　　　soŋ¹ pu⁴ ɕa:ŋ⁶ wɯɯən¹ 两个歌手

na:i⁶na:i⁶ nau² 轻轻说　　　　　n̪am²n̪am² pja:i³ 慢慢走

naɯ⁶ tɕa²ɕi² 非常憨笨　　　　　ma:n⁶ma:n⁶ fon⁴ 渐渐黑

zo⁴ ɕai² 全部清楚

　　以xa:i²naŋ¹ fon⁴ "黑皮鞋"为例，xa:i²naŋ¹ "皮鞋"做中心语，是被修饰的成分，fon⁴ "黑"做修饰语，是修饰成分，修饰语和中心语形成定中关系，因此是偏正短语。偏正短语分定中短语和状中短语两种类型，以名词或名词性成分做中心语，其他成分做修饰语的是定中短语，如ɕa:ŋ⁶ʔiə¹ ʔdi¹ "好医生"；以动词、形容词或者动词性成分、形容词性成分做中心语的是状中短语，如na:i⁶na:i⁶ nau² "轻轻说"、naɯ⁶ tɕa²ɕi² "非常憨笨"等。定中短语和状中短语虽然都属于偏正短语，但两者的性质有较大差别，因此句法功能也不相同。

　　定语和中心语的语序比较灵活，有的定语处于中心语前面，这类定语以数词为"二"以上的量词短语为主。例如：

soŋ¹ pu⁴ ɕa:ŋ⁶wɯɯən¹两个歌手　　　sa:m¹ ŋon² xoŋ¹ 三天的活

　两　个　　歌手　　　　　　　　三　天　活

xa³ɕip⁸ kan¹ xau⁴ 五十斤粮食　　　si⁵fa:n⁶ man² ɕen² 四万元钱

　五十　斤　粮食　　　　　　　　四万　元　钱

多数情况下定语必须处于中心语后面，例如：

ɕa:ŋ⁶ʔiə¹ ʔdi¹ 好医生　　　　　pu⁴xe⁵ pɯɯəŋ²tɕai¹ 远方的客人

　医生　好　　　　　　　　　客人　远方

po⁶me⁶ zau² 我们的父母　　　　　tuə²ɕiə² ka¹ zak⁷ 断了腿的黄牛

　父母　我们　　　　　　　　　黄牛　腿　断

　　通常情况下，名词、代词、形容词、动词以及一般的短语充当定语，要放在中心语后面。但数词为"一"的量词短语以及指示词跟量词构成的量词短语作定语修饰中心语时，除了度量衡单位（专用量词）、极少数名词和量词外，量词要放在中心语前面，数词"一"和指示词要放在中心语后面。而且，这类量词短语一般不能独立使用，如不能说ko¹ʔdeu¹"一棵"、ʔdan¹te¹"那个"，只有在中间加入名词后它们才能成为合法的短语。例如：

ʔdan¹ ma⁵ta:u² ʔdeu¹ 一个桃子　　　tuə² wa:i² xa:u¹ ʔdeu¹ 一头白水牛

　个　　桃子　一　　　　　　头　水牛　白　一

san³ tɯŋ⁴ ni⁴ 这根棍子　　　　ʔdan¹ ɕoŋ² te¹ 那张桌子

　根　棍子　这　　　　　　个　　桌子　那

状语和中心语的语序也一样，有的状语要放在中心语前。例如：

leu⁴ ʔdi¹tɕai² 非常可爱　　　　ʔdi¹ʔdi¹ kuən³ko⁵ 好好关照

非常　可爱　　　　　　　　好　好　关照

ziəŋ²ɕɯ² pai¹ 马上去　　　　　　　　lɯŋ³ ta:u⁵ ma¹ 刚回来

　马上　去　　　　　　　　　　　　　才　回　来

借自现代汉语的副词修饰中心语也放在前面。例如：

ji⁵³tɕin³³ taŋ² 已经到了　　　　　　　tɕhio³¹sŋ³¹ ʔdi¹ 确实好

　已经　到　　　　　　　　　　　　　确实　好

je⁵³ pai¹ 也去　　　　　　　　　　　tsai²⁴ ʔau¹ 再要

　也　去　　　　　　　　　　　　　　再　要

有的状语则要放在中心语之后，如表示程度、时间的副词。

ʔdi¹mai² tɕa²ɕi² 非常热闹　　　　　　na:i⁵ ta²za:i⁴ 累得很

　热闹　非常　　　　　　　　　　　　累　确实

to⁶ sɯ¹ kon⁵ 先读书　　　　　　　　ʔju⁵ na:n² 长住

读书　先　　　　　　　　　　　　　　住　久

定中短语和状中短语是偏正短语的两种主要类型，定中短语的两个成分一个是正项，一个是偏项，偏项和正项之间的关系是修饰和被修饰的关系。状中短语是状语和中心语直接构成的谓词性短语，状语和中心语的关系是修饰和被修饰、限制和被限制的关系。状中短语的中心语分为两种类型，一是动词为中心语，二是形容词为中心语。

偏正短语是一种向心结构，它的核心成分是中心语，因此中心语的语法性质是什么，整个偏正短语的功能就是什么。偏正短语的中心语有名词、动词和形容词，因此偏正短语可分为名词性偏正短语、动词性偏正短语和形容词性偏正短语。例如：

（169）tɕa:ŋ¹xɯn² pai⁰，　taŋ¹ ʔdaɯ¹ za:n² laŋ³li⁴ zoŋ⁶。夜深了，屋里的灯还亮着。

　　　　半夜　　了　灯　里边　屋子　还在　亮

（170）te¹ teu² tai⁵ ʔdaɯ¹ zuk⁸ ʔo⁵ ma¹ lu²li²。他慌慌张张地从卧室里跑出来。

　　　他　逃　从　里　卧室　出　来　慌张

（171）ɕoi⁴ɕo² te¹ kan⁴ ta²za:i⁴。那小伙子非常勤快。

　　　小伙子　那　勤快　非常

例（169）偏正短语是名词性的，所以taŋ¹ ʔdaɯ¹ za:n² "屋里的灯" 充当句子的主语；例（170）偏正短语是动词性的，所以teu² tai⁵ ʔdaɯ¹ zuk⁸ ʔo⁵ma¹ lu²li² "慌慌张张地从卧室里跑出来" 充当句子的谓语；例（171）偏正短语是形容词性的，所以kan⁴ ta²za:i⁴ "非常勤快" 也充当句子的谓语。动词性偏正短语跟形容词性偏正短语的区别在于前者可以充当宾语，而后者不能。

定中短语的中心语主要由名词或者名词性短语充当。例如：

（172）lɯk⁸la:n¹ ma³ zo⁴taŋ² wa:n² ʔan¹ pu⁴tɕe⁵。儿孙要懂得报答老人的恩情。

　　　儿孙　要　知道　回报　恩情　老人

（173）ɕiə¹ ku¹ tɕo² pu⁴ʔɯn⁵ koi⁶ pai¹ pai⁰。我的车被别人骑走了。

　　　　车 我 被 别人 骑 去 了

（174）tɕen¹ ka¹ te¹ ziŋ⁶ ta²za:i⁴。他的胳膊和腿很细。

　　　　胳膊 腿 他 细小 非常

例（172）的中心语是名词ʔan¹"恩情"，例（173）的中心语是名词ɕiə¹"车"，例（174）的中心语是并列短语tɕen¹ ka¹"胳膊和腿"。

定中短语的定语常常由名词、代词、形容词充当。例如：

（175）ʔbɯn¹ fi⁶ zoŋ⁶ la⁵³pa³³ ɕio³¹ɕiau²⁴ ɕi⁶ ʔdaŋ¹ pai⁰。

　　　　天 没 亮 喇叭 学校 就 响 了

天不亮学校的喇叭就响了。

（176）lɯk⁸ mɯŋ² mi²li⁴ lɯk⁸ ku¹ kan⁴ tai³。你的孩子没有我的孩子爱哭。

　　　　孩子 你 没有 孩子 我 爱 哭

（177）te¹ tan³ tɕoŋ⁵ pɯə⁶ fon⁴ ʔdeu¹。他穿一件黑色的衣服。

　　　　他 穿 件 衣服 黑 一

（178）leu⁴ po¹ to³ tɯk⁸ wa¹ ʔdiŋ¹ non⁶non⁶。满山都是红彤彤的花儿。

　　　　满 山 都 是 花 红 彤彤

例（175）充当定语的是名词ɕio³¹ɕiau²⁴"学校"，例（176）充当定语的是代词mɯŋ²"你"、ku¹"我"，例（177）充当定语的是形容词fon⁴"黑"，例（178）充当定语的是状态形容词ʔdiŋ¹ non⁶non⁶"红彤彤"。

另外，定中短语、量词短语、主谓短语以及动词性短语和形容词性短语也可充当定语。例如：

（179）tuə²ɕiə² za:n² ku¹ tɕo² pu⁴ka⁴ ɕɯ⁴ pai¹ leu⁰。我家黄牛被商人买去了。

　　　　黄牛 家 我 被 商人 买 去 了

（180）te¹ ŋɔn²liən² ɕɯ⁴ ʔdai⁴ soŋ¹ tai⁶ xau⁴sa:n¹。他昨天买了两袋大米。

　　　　他 昨天 买 了 两 袋 大米

（181）ka:i⁵ wei⁵tɕi⁵ te¹ puŋ² te¹ tɯk⁸ tshun³³tsaŋ⁵³ ʔba:n⁴ tu¹。

　　　　个 朋友 他 逢 那 是 村长 村 我们

他遇到的那个朋友是我们村村长。

（182）pu⁴ tan³ tɕoŋ⁵ pɯə⁶ ɕi³³tsuaŋ³³ te¹ tɯk⁸ tɕu³¹tsaŋ⁵³。

　　　　个 穿 件 衣服 西装 那 是 局长

那个穿西装的是局长。

（183）lɯk⁸sɯ¹ leu⁴ kan⁴ leu⁴ kwa:i¹ lɯŋ³ ɕio³¹ ʔdai⁴ xau³, zo⁴ ʔdai⁴ la:i¹。

　　　　学生 很 勤奋 很 聪明 才 学 得 进 懂 得 多

勤奋聪明的学生才学得进去，懂得多。

例（179）定中短语za:n² ku¹ "我家" 充当定语，例（180）量词短语son¹ tai⁶ "两袋" 充当定语，例（181）主谓短语 te¹ pun² "他遇到" 充当定语，例（182）述宾短语tan³ tɕɔn⁵ pɯə⁶ ɕi³³tsuan³³ "穿西装" 充当定语，例（183）两个并列的状中短语leu⁴ kan⁴ leu⁴ kwa:i¹ "很勤奋很聪明" 充当定语。

状中短语的中心语常常由动词和动词性短语充当，形容词和形容词性短语也经常充当中心语。例如：

（184）nai³³ te¹ tɕam⁶tɕa:ŋ⁶ kwa⁵pai¹ leu⁰。她奶奶突然去世了。

　　　奶　她　突然　　过去　了

（185）te¹ le² kwa⁵ pai¹ fau⁴fam⁶。他急忙跑过去。

　　　他　跑　过　去　急忙

（186）tɕiə²ni⁴ ʔa:n⁵ tɕa²ɕi²。这里泥泞不堪。

　　　　这里　泥泞　非常

（187）tɕon⁵ zam⁴ na:i⁶na:i⁶ pjak⁸ ma¹ la³。水浪慢慢平静下来。

　　　　浪　水　慢慢　平静　来 下

例（184）中心语由动词kwa⁵pai¹ "去世" 充当，例（185）中心语是述补短语le² kwa⁵ pai¹ "跑过去"，例（186）中心语由形容词ʔa:n⁵ "泥泞" 充当，例（187）中心语是述补短语pjak⁸ ma¹ la³ "平静下来"。

状中短语的状语主要由副词和形容词等来充当。例如：

（188）te¹ si⁵ɕɯ² pai¹ ɕim¹ pau⁵tɕe⁵ te¹。他常常去看那位老人。

　　　　他　经常　去　看　老人　那

（189）pau⁵pi⁴ ku¹ pi¹kwa⁵ pai¹ ta:ŋ¹ pin³³ ʔiə⁵。我哥哥去年去当兵了。

　　　　哥哥　我　去年　去　当　兵　了

（190）mɯn² ta:u⁵ta:u⁵ to³ ma¹ lot⁷。你回回都迟到。

　　　　你　回回　都　来　迟

（191）te¹ jeu⁶ ku¹ ʔiəp⁷ʔjwa:i⁵ pja:i³。他要我快走。

　　　　他 要 我　迅速　走

例（188）副词si⁵ɕɯ² "常常" 充当状语，例（189）时间词pi¹kwa⁵ "去年" 充当状语，例（190）重叠动量词ta:u⁵ta:u⁵ "回回" 充当状语，例（191）形容词ʔiəp⁷ʔjwa:i⁵ "迅速" 充当状语。

状语也可由介词短语、量词短语、主谓短语以及动词性短语、形容词性短语充当。例如：

（192）pu⁴ʔau¹fɯn² tai⁵ tɕa:ŋ¹ pa:n²po¹ zai⁴ ma¹ la³。樵夫从半山腰滚下来。

　　　　樵夫　从　中间　山坡　滚动　来 下

（193）teu² ça⁶ ni⁴ li⁴ soŋ¹ çiəŋ⁶ zai²。这根绳子有两丈长。

　　　根　绳子 这 有 两　丈　长

（194）te¹ pai¹ za:n² ta:m¹ za:n² ça² xam⁵。他挨家挨户地去查问。

　　　他 去 家　挨 家 询 问

（195）tuə²ma⁴ pja:i³ mi² tɯ²taŋ⁴。马不停地走。

　　　马　　走　不　停止

（196）te¹ ziəŋ² ku¹ nau² leu⁴ ʔa:ŋ⁵ja:ŋ⁶。他很高兴地对我说。

　　　他 跟 我 说 很 高兴

例（192）充当状语的是介词短语tai⁵ tça:ŋ¹ pa:n²po¹ "从半山腰"， 例（193）充当状语的是量词短语soŋ¹ çiəŋ⁶ "两丈"，例（194）充当状语的是动词性并列短语za:n² ta:m¹ za:n² "挨家挨户"，例（195）充当状语的是动词性状中短语mi² tɯ²taŋ⁴ "不停止"，例（196）充当状语的是形容词性状中短语leu⁴ ʔa:ŋ⁵ja:ŋ⁶ "很高兴"。

（二）偏正短语的句法功能

偏正短语的语法功能内部差异较大，定中短语的性质是体词性的，所以其功能相当于名词；状中短语的性质是谓词性的，所以其功能相当于动词或形容词。不同的性质决定了定中短语和状中短语不同的语法功能。

定中短语在句子中主要充当主语、宾语和定语。例如：

（197）pi¹ ta²ŋi⁶ lɯk⁸kei² pu⁴xo³ te¹ʔdai⁴ pit⁷pu⁴ ma¹。第二年，穷女婿拿公鸭来。

　　　年 第二 女婿　穷人 那 得 公鸭　来

（198）ku¹ ʔau¹ kuə⁶ wɯn² pan²ʔdi¹ to¹ leu⁴ pɯən²。

　　　我 要 做 人 富裕 多 全 天下

我要做人世间独一无二的富人。

（199）woi⁵tçi⁵ pau⁵pi⁴ ku¹ tço²pau⁵sai¹ te¹ kwa:t⁷ pai⁰。

　　　朋友 哥哥 我 被 师傅 他 批评 了

我哥的朋友被他的师傅批评了。

例（197）充当主语的是定中短语lɯk⁸kei² pu⁴xo³ te¹ "穷女婿"，例（198）充当宾语的是定中短语wɯn² pan²ʔdi¹ to¹ leu⁴pɯən² "人世间独一无二的富人"，例（199）充当定语的是定中短语pau⁵pi⁴ ku¹ "我哥哥"。

状中短语在句子中主要充当谓语、状语、补语和定语。例如：

（200）li⁴ pu⁴ wɯn² ʔdeu¹ tam⁴tɯt¹ tai⁵ xen² zɔn¹ ʔo⁵ tau³。

　　　有 个 人 一　忽然 从 边 路 出 来

有一个人突然从路边出来。

（201）no⁶ ʔda:ŋ¹ te¹ ʔaŋ¹ ta²za:i⁴。他身上很烫。

　　　肌肉 身体 他 热 非常

（202）pu⁴xe⁵ leu⁴ ȵau⁵ teu² pai⁰. 客人很生气地走了。

　　　客人　很　生气　走　了

（203）pau⁵tɕe⁵ te¹ zeu¹ ʔdai⁴ leu⁴ ʔak⁷kak⁷. 那个老人笑得很厉害。

　　　老人　那　笑　得　很　厉害

（204）te¹ tɯk⁸ pu⁴ wɯn² leu⁴ ʔdi¹ʔju⁵ ʔdeu¹. 她是一个很幸福的人。

　　　她　是　个　人　很　好在　一

例（200）充当谓语的是动词性状中短语tam⁴tɯt⁷ tai⁵ xen²zɔn¹ ʔo⁵ tau³ "忽然从路边出来"，例（201）充当谓语的是形容词性状中短语ʔaŋ¹ ta²za:i⁴ "非常烫"，例（202）充当状语的是状中短语leu⁴ ȵau⁵ "很生气"，例（203）充当补语的是状中短语leu⁴ ʔak⁷kak⁸ "很厉害"，例（204）充当定语的是状中短语leu⁴ ʔdi¹ʔju⁵ "很幸福"。

六　连动短语

（一）连动短语的结构特点

两个或两个以上的动词、动词性成分，形容词、形容词性成分组合在一起，中间没有语音停顿，没有关联词语，表示先后连接的动作行为或者动作方式，或者表示目的、原因与结果等，这种结构关系叫作连动短语。例如：

ʔau¹ siə⁶kom¹ tak⁷ xau⁴ 拿勺舀饭　　　　　pan² lau³¹pin²⁴ ta:i¹ 得痨病死

拿　勺　盛　饭　　　　　　　有　痨病　死

ɕiŋ³ ku¹ pai¹ kuə⁶ pu⁴pa:n⁴ 请我去陪客

请　我　去　做　人　陪

连动短语可分为两种类型。第一种是两个或几个动词前后相接，表示先后发生的事情，如ʔau¹ siə⁶kom¹ tak⁷ xau⁴ "拿勺舀饭"就包含先ʔau¹ siə⁶kom¹ "拿勺"和后tak⁷ xau⁴ "舀饭"两件事情；第二种从形式上看也是两个或几个动词连在一起，但前一个动词的宾语在语义上又是后一个动词的逻辑主语，所以以往通常把这种句法称作"兼语短语"，如ɕiŋ³ ku¹ pai¹ kuə⁶ pu⁴pa:n⁴ "请我去陪客"中，ku¹ "我"既是动词ɕiŋ³ "请"的宾语，在语义上也是第二个动作kuə⁶ "做"的发出者，因此是第二个动词的逻辑主语。因为句法成分是从句法结构的角度分析出来一种功能类别，是一种形式切分，所以跟语义没有太大的关系，因此我们不认为ku¹ "我"既充当"请"的宾语，又充当pai¹ "去"的主语，而是把这种结构看成前后几个动作连在一起，表示先后发生的几件事情，即ɕiŋ³ ku¹ "请我"是首先发生的事情，pai¹ "去"是接下来发生的事情，kuə⁶ pu⁴pa:n⁴ "陪客"是最后发生的事情。所以，我们把"兼语短语"一概处理为连动短语。

连动短语从理论上说可以表示无限的动作连接在一起，但事实上常见的连动短语只有两三个动作相连。例如：

（205）te¹ pja:i³ ma¹za:n²。他走着回家。

　　　他 走 来 家

（206）leu⁴tɕɔŋ⁵ naŋ⁶ kɯn¹ ɕa² leu⁴。大家坐着喝茶。

　　　　大家 坐 吃 茶 全部

（207）te¹ naŋ³ tɕ:ŋ¹po¹ kuə⁶ vɯən¹。他坐山上唱歌。

　　　　他 坐 山上 唱 歌

也有三个或四个动词连用的现象。例如：

（208）lai⁶ tuə²ɕiə² pai¹ kɯn¹ zam⁴。赶牛去喝水。（三个动词连用）

　　　　赶 牛 去 吃 水

（209）te¹ ʔiət⁷ fɯŋ² ziu³ tɯŋ⁴ le² kwa⁵ pai¹ xa:i⁴ tuə¹ɕiə²。

　　　　他 伸 手 拿 棍子 跑 过 去 打 牛

　　　　他伸手拿棍子跑过去打牛。（四个动词连用）

连动短语中，几个连接的谓项有时并不全用动词来表示，而可能是用动词和形容词来表示。例如：

（210）ku¹ ɕim¹ su¹ na:i⁵ pai⁰。我看书看累了。

　　　　我 看 书 累 了

（211）pu⁴ɕak⁸ ɕim¹ zan¹ tɕin⁵³tsha³¹ tau³taŋ² ɕi⁶ ʔak⁷luə⁵ pai⁰。

　　　　强盗 看 见 警察 来 到 就 惊慌 了

　　　　小偷看见警察来就惊慌了。

上述例子中的第一个谓项都是用动词来充当，例（210）是ɕim¹"看"，例（211）是ɕim¹zan¹"看见"，第二个谓项都是用形容词来充当，例（210）是na:i⁵"累"，例（211）是ʔak⁷luə⁵"惊慌"。不过，由动词和形容词组成的连动结构比较少见，大多都是由动词跟动词，或者动词性短语跟动词性短语组成。

连动短语的构成比较灵活，既有动词跟动词的组合，也有动词跟短语的组合，还有短语跟短语的组合。按谓项跟谓项的组合情况，可概括为以下十种。

1. 谓项由动词和动词充当。例如：

（212）ŋɔn²la:ŋ⁵ leu⁴po² to³ ʔo⁵ pai¹ ɕun²。平时大家都出去玩耍。

　　　　平时 大家 都 出 去 玩耍

（213）te¹ pai¹ nin² leu⁰。他去睡觉了。

　　　　他 去 睡觉 了

2. 谓项由动词和述宾短语充当。例如：

（214）pu⁴tɕaɯ³ pu⁴ɕin¹ to³ ma¹ pa:ŋ¹ ʔjau⁴ za:n²。

　　　　邻居　亲人　都　来　帮　扶起　房子

　　远亲近邻都来帮忙立房子。

（215）te¹ pai¹ ta:i⁵ xe⁵。他去接待客人。

　　　　他　去　待　客人

3. 谓项由述宾短语和动词充当。例如：

（216）te¹ pan² piŋ⁶ ʔju⁵ kun² ɕwa:ŋ² ʔiət⁷na:i⁵。

　　　　他　生　病　在　上　床　休息

　　他生病躺在床上睡觉休息。

（217）ɕiŋ³ te¹ kwa⁵ma¹。请他过来。

　　　　请　他　过　来

4. 谓项由动词和述补短语充当。例如：

（218）pai¹ nau² ta:u⁵ ʔdeu¹。去说一次。

　　　　去　说　回　一

（219）po²su¹ ma¹ toi⁵ pai²ʔdeu¹。你们来校对一下。

　　　　你们　来　对　一下

5. 谓项由述补短语和动词充当。例如：

（220）let⁷ ʔo⁵ pai¹ nau²。跑出去说。

　　　　溜　出　去　说

（221）tuə²kuk⁷ sat⁷ pɔŋ⁶ pai¹ sau⁴。老虎跳起来猛咬。

　　　　老虎　跳　跃　去　咬

6. 谓项由述宾短语和述宾短语充当。例如：

（222）po²zau² li⁴ tɕhiɛn³¹li²⁴ pa:u³ ʔdɔŋ¹fai⁴。我们有权保护森林。

　　　　我们　有　权利　保护　树林

（223）ku¹ tɯ² te¹ za¹ pau⁵jiəŋ¹。我带他找乡长。

　　　　我　带　他　找　乡长

7. 谓项由述补短语和述补短语充当。例如：

（224）ɕoi⁶ ʔdi¹ pai⁰ ɕɯ⁶ pai²ʔdeu²⁴。修好了试一下。

　　　　修　好　了　试　一下

（225）kun¹ fi² pai⁰ tɯk⁷ lam⁴ pai² ʔdeu¹。喝醉了摔了一跤。

　　　　喝　醉　了　跌　倒　次　一

8. 谓项由述宾短语和述补短语充当。例如：

（226）tɯ² tuə² pja¹ ni⁴ ɕaŋ⁶ pai²ʔdeu¹。把这条鱼称一下。

　　　　把　条　鱼　这　称　一下

（227）ta:i⁵ leu²tɕɔŋ⁵ pja:i³ pai¹ la³。带领大家走下去。

　　　带　　大家　　走　去　下

9. 谓项由述补短语和述宾短语充当。例如：

（228）kuə⁶ leu⁴ pai¹ za:n²。干完回家。

　　　做　完　去　家

（229）le² kwa⁵ pai¹ xap⁷ tu¹。跑过去关门。

　　　跑　过　去　关　门

10. 谓项由述宾短语和主谓短语充当。例如：

（230）te¹ lɯŋ³ pai¹ taŋ² pa⁵ ka:m³ ɕi⁶ ʔda:ŋ¹ swa¹ pai⁰。

　　　他　刚　去　到　口　洞　就　身体　发抖　了

　　　他刚到洞口就全身发抖了。

（231）me⁶ te¹ ta² ʔdɔt⁷ zam⁴ ɕi⁶ na³ tɕet⁷。他妈妈一喝水就脸痛。

　　　妈　他　一　喝　水　就　脸　痛

（二）连动短语的句法功能

连动短语在语法性质上相当于动词，因此通常情况下可以自由充当句子的谓语。例如：

（232）te¹ tɕien²⁴ji²⁴ ku¹ pai¹ son¹ sɯ¹。他建议我去教书。

　　　他　建议　我　去　教书

（233）leu⁴po² pai¹ jeu⁶ pu⁴ wɯn² te¹ ma¹。大家去叫那个人来。

　　　大家　去　叫　个　人　那　来

例（232）的谓语是tɕien²⁴ji²⁴ ku¹ pai¹ son¹ sɯ¹ "建议我去教书"，例（233）的谓语是 pai¹ jeu⁶ pu⁴ wɯn² te¹ ma¹ "去叫那个人来"。两个例子的谓语都包含三个动作关系。

连动短语一般情况下不充当主语，但当谓语表示判断、疑问、描写等意义时，连动短语可以充当主语。例如：

（234）pai¹ po¹ tɯk⁷tau⁵ tɯk⁸ ka:i⁵ pan²⁴fa³¹ ʔdeu¹。上山打猎是个办法。

　　　去　山　打猎　是　个　办法　一

（235）pai¹ kɯn¹ lau³ ʔdi¹ mi² ʔdi¹？　去喝酒好不好？

　　　去　喝　酒　好　不　好

（236）te¹ tɕa:i⁵ta¹ xa:i¹ ɕiə¹ wei³¹ɕien⁴² ta²za:i⁴。他熬夜开车很危险。

　　　他　熬夜　开　车　危险　非常

连动短语也可以充当宾语，但谓语通常是表示感觉、心理或者是眼、耳、口、鼻活动的动词。例如：

（237）ku¹ zo⁴ɲiə¹ li⁴ wɯn² mi² ʔa:ŋ⁵。我觉得有人不高兴。

　　　我　感觉　有　人　不　高兴

（238）ja⁶ la:u⁴ ka⁶ zo⁴ ço⁵ fi² zuŋ¹ xau⁴。大老婆只知道烧火煮饭。

　　　　老婆 大　只 知道 烧 火 煮　饭

（239）te¹ zak⁸zem⁶ nau² xau³ ʔdaɯ¹ za:n² naŋ⁶ pai²ʔdeu¹。

　　　　她 悄悄　说 进 里 屋 坐　一下

　　她悄悄说进屋坐一下。

例（237）的宾语是li⁴ wɯɯn² mi² ʔa:ŋ⁵ "有人不高兴"，例（238）的宾语是ço⁵ fi² zuŋ¹ xau⁴ "烧火煮饭"，例（239）的宾语是xau³ ʔdaɯ¹ za:n² naŋ⁶ pai²ʔdeu¹ "进屋坐一下"，三个句子的谓语都是表示感觉、心理或五官活动的动词。

此外，连动短语还可以充当句子的补语。例如：

（240）te¹ ʔa:ŋ⁵ ta³ wa⁵fɯŋ² xu⁵ʔdiət⁷。

　　　　他 高兴 拍　巴掌 大喊大叫

　　他高兴得拍着巴掌大喊大叫。

（241）çoi⁴ lɯk⁸ te¹ tɕo² pu⁴pɯə⁵ xɯə² ʔa⁴ pa⁵ mi² ka:ŋ³ xa:u⁵。

　　　　个 孩子那 被　强盗　吓 张 嘴不 讲 话

　　那个小孩被强盗吓得张着嘴巴说不出话。

例（240）的补语是ta³ wa⁵fɯŋ² xu⁵ʔdiət⁷"拍着巴掌大喊大叫"，例（241）的补语是ʔa⁴ pa⁵ mi² ka:ŋ³ xa:u⁵ "张着嘴巴说不出话"。这类句子有的在谓语后带有结构助词ʔdai⁴ "得"，这是汉语影响的结果；根据布依语的句法习惯，表示结果或程度的补语通常不带补语标志。

七　量词短语

（一）量词短语的结构特点

两个成分组合在一起，一个成分是基数词、序数词或指示词，另一个成分是量词、时间词或部分事物名词，这种结构叫作量词短语。量词短语由数词和量词，量词和指示词或者数词和名词构成，除了表度量衡的量词和极少数量词和名词外，数词ʔdeu²⁴ "一"和指示词一般不能单独跟量词构成量词短语，而是要跟名词组合成量词短语才成立。量词短语中，数词、指示词是修饰语，量词、时间词或事物名词是中心语。例如：

sa:m¹ ta:u⁵ 三次　　　　　soŋ¹ pai² 两下　　　　　soŋ¹ za⁵ 两场

soŋ¹ pi¹ 两岁　　　　　　sa:m¹ ŋɔn² 三天　　　　xa³ʔ diən¹ 五个月

soŋ¹ tɕoŋ⁵ 两件　　　　　kan¹ ʔdeu¹ 一斤　　　　sa:m¹ pu⁴ 三人

pu⁴ ta²ŋi⁶ 第二人　　　　ça:n⁵lau² ta²si⁵ 四楼　　sa:m¹xat⁷ 第三天早上

neŋ² （po¹） te¹ 那座山　　ko¹ （fai⁴） ni⁴ 这棵树

其中sa:m¹ ta:u⁵ "三次"是数词sa:m¹与量词ta:u⁵的组合；sa:m¹ ŋɔn²

"三天"是数词 sa:m¹ 与时间名词 ŋɔn² 的组合；sa:m¹ pu⁴ "三人"是数词 sa:m¹ 跟名词 pu⁴ 的组合；ça:n⁵lau² ta²si⁵ "四楼"是序数词 ta²si⁵ 跟名词 ça:n⁵lau² 的组合；neŋ²（po¹）te¹ "那座（山）"是量词 neŋ² 与指示词 te¹ 的组合，中间的名词不能省略。这种由数词跟量词、名词，指示词跟量词组合的结构就是量词短语。从语义上看，表示事物和动作的量词可以自由跟数词进行组合，时间词以及其他可以临时充当量词的名词也可以跟数词自由组合，但普通名词一般只跟序数词进行组合，不跟基数词进行组合。

　　量词短语的语序通常是数词在前，其他词在后，但数词如果是基数 ʔdeu¹ "一"和序数，则要放在其他词的后面。如果基数词表示顺序，也要放在后面。量词跟指示词组合成量词短语，指示词要放在与它们搭配的名词后面。例如：

（242）te¹ lɯŋ³ çɯ⁴ ʔdai⁴ tçɔŋ⁵ pɯə⁶tuŋ⁶ ʔdeu¹。他刚买了件棉衣。

　　　他　刚　买　得　件　冬衣　一

（243）te¹ ʔau¹ mai⁴ ni⁴ mai⁴ ta²sa:m¹ pai⁰。他娶这个妻子是第三个了。①

　　　他　娶　个　这个　　第三　了

（244）tuə² kai⁵ te¹ fak⁸ pai⁰。那只鸡孵蛋了。

　　　只　鸡　那　孵蛋　了

　　例（242）的数词是 ʔdeu¹ "一"，所以要放在 pɯə⁶tuŋ⁶ "棉衣"后面；例（243）的 ta²sa:m¹ "第三"是序数词，所以位于 mai⁴ "个"的后面；例（244）的指示词是 te¹ "那"，所以也放在名词 kai⁵ "鸡"的后面。

（二）量词短语的句法功能

　　量词短语的主要句法功能是充当名词的修饰语，作句子的定语。例如：

（245）te¹ ka⁶ pu⁴to⁶ ʔju⁵ sɔŋ¹ xoŋ⁵ za:n²。他一个人就住两间房。

　　　他　自　个　一　住　两　间　房

（246）ʔdaɯ¹ za:n² li⁴ sɔŋ¹ kwaŋ⁶ mai¹ to²。家里有两束粗纱。

　　　里　家　有　二　把　线　粗

　　例（245）sɔŋ¹xoŋ⁵ "两间"充当名词 za:n² "房"的定语，例（246）sɔŋ¹kwaŋ⁶ "两束"充当名词 mai¹to² "粗纱"的定语。

　　量词短语也常常充当句子的主语。如：

（247）sɔŋ¹ pi⁴nuəŋ² ŋɔn² ʔdi¹ mi² lum³ ŋɔn²。

　　　两　兄弟　天　好　不　像　天

　　兄弟俩的关系也一天不如一天了。

---

① mai⁴ 指人的量词，专用于青少年女性。

（248）tɕi³ pa³leu² tuŋ⁴ɕiə² pai¹ xau³ tɕe⁴。妯娌几个相约去赶集。

　　　　几　妯娌　　相约　去　赶　街

例（247）的主语由soŋ¹ pi⁴nuəŋ⁴ "两兄弟" 充当，例（248）的主语由tɕi³pa³leu² "几妯娌" 充当。

量词短语还可以充当句子的补语。例如：

（249）te¹ sa:ŋ¹ sa:m¹ ɕik⁷。他身高三尺。

　　　　他　高　　三　尺

（250）muɯŋ² pai¹ ta:u⁵ ?deu¹ pa⁰。你去一趟吧。

　　　　你　去　回　一　吧

例（249）sa:m¹ ɕik⁷ "三尺" 充当形容词谓语sa:ŋ¹ "高" 的补语，例（250）数ta:u⁵ ?deu¹ "一趟" 充当动词谓语pai¹ "去" 的补语。

八　方位短语

（一）方位短语的结构特点

方位短语是指由方位词跟名词或其他实词和短语组合在一起的短语。在方位短语中，方位词充当中心语，名词或其他实词和短语充当修饰语。例如pa:ŋ⁴ zɔn¹ "路边"、pa:i⁶na³ ?ba:n⁴ wɯn² "村子前边"、kɯn² ɕoŋ² "桌子上"、la³ ko¹fai⁴ la:u⁴ "大树脚下"。

从语法性质上看，方位短语是名词性的，其中方位词是中心词，名词或其他成分是修饰成分。从语序上看，方位词要放在名词或其他成分的前面，其他成分放在后面。从结构上看，方位短语由方位词跟名词组合而成，也经常跟其他语法成分进行组合，如kɯn² po¹ "山上"、?dau¹ zam⁴ "水里"、kon⁵ ju²zam⁴ "游泳前"。此外，时间词也经常跟方位词进行组合，如ŋɔn²ni⁴ ta:u⁵?dau¹ "今天之内"、laŋ¹ ?diən¹zau³ "春天以后"。

（二）方位短语的句法功能

方位短语是名词性短语，经常充当主语，这是它的主要功能。此外，方位短语还充当宾语、定语和状语。

1. 充当主语。例如：

（251）tɕa:ŋ¹ zi⁶ li⁴ ?dak⁷ zin¹ ?deu¹。地里面有一块石头。

　　　　里　地　有　块　石头　一

（252）soŋ¹ ŋɔn² ?du⁴ tuɯk⁸ ?diən¹ɕiəŋ¹ sa:m¹ɕip⁶。两天前是正月三十。

　　　　两　天　前　是　正月　三　十

2. 充当宾语。例如：

（253）te¹?au¹sɯ¹pai¹ ɕo⁵ kɯn² ɕoŋ²。他把书放到桌子上。

　　　　他　把　书　去　放　上　桌子

（254）tuə² zɔk⁸siu⁵kon¹ te¹ ʔbin¹ pai¹ kɯn² ko¹fai⁴。啄木鸟飞到树上。

　　　　只　啄木鸟　那　飞　去　上　树

3. 充当定语。例如：

（255）xau⁴tɕa³ kɯn² po¹ ta:i¹ zo² pai⁰。山上的庄稼枯死了。

　　　　秧苗　　上山　死　枯　了

（256）ka:i⁵ siən⁵ xa³ pi¹ tau³laŋ¹ te¹ pu⁴laɯ² pai¹ zo⁴ le⁰?

　　　　件　事　五　年　以后　那　谁　去　知　嘞

　　五年以后的事情谁知道？

4. 充当状语。例如：

（257）kon⁵ kɯn¹xau⁴ te¹ zau² mai³ ʔau¹ soi⁵ fɯŋ²。吃饭前我们要洗手。

　　　　前　吃　饭　那我们　必须要　洗　手

（258）te¹ ka³ ta:i¹ tuə²wa:i² ɕai² ɕi⁶ teu² pai⁰。他杀死牛后就走了。

　　　　他　杀死　水牛　后　就　走　了

九　介词短语

（一）介词短语的结构特点

介词跟后面的名词、代词、名词性短语、形容词性短语等构成的句法结构叫做介词短语。例如：ʔju⁵ tɕiə²ni⁴"在这里"、tai⁵ kɯn²lau²"从楼上"、wi⁶ lɯk⁸la:n¹"为儿孙"、tɕo² xap⁸ ta:i¹"被咬死"等。

介词短语是一种虚实结合的结构，前面的部分是介词，后面的部分是实词或短语。介词后面的成分多数情况是名词性的，但少部分也有动词性或形容词性的，其构成形式主要有以下几种情况。

1. 介词 + 名词

（259）te¹ ŋɔn²liən² kwa⁵ zɔn¹ tɯk⁸ ʔɔn¹ n̩a:p⁸。 他昨天过路被刺划伤了。

　　　　他　昨天　　过　路　被　刺　划

（260）ku¹ lɯŋ³ tai⁵ tɔŋ⁶la³ ma¹, fi⁶ zan¹ te¹。

　　　　我　刚　从　下坝　来　没有　见　他

　　我刚从下坝来，没有见他。

（261）ʔau¹ n̩iəŋ⁶wi⁴ pai¹ ʔdet⁷ te¹。用食指去触摸他。

　　　　用　食指　去　触摸他

例（259）是介词tɯk⁸"被"跟名词ʔɔn¹"刺"构成介词短语，例（260）是介词tai⁵"从"跟名词tɔŋ⁶la³"下坝"构成介词短语，例（261）是介词ʔau¹"用"跟名词n̩iəŋ⁶wi⁴"食指"构成介词短语。

2. 介词+代词

（262）pu⁴ wɯn² te¹ wau⁶ fɯŋ² ço⁵ ku¹.　那个人朝我招手。

　　　个　人　那　招　手　朝　我

（263）te¹ toi⁵ mɯŋ² xa² fi⁶ çɯ¹ çam¹.　他对你还没有死心。

　　　他　对　你　还　没　心　沉

（264）tem⁵ te¹ mi² ʔju⁵ za:n².趁他不在家。

　　　趁　他　不　在　家

例（262）是介词ço⁵ "朝" 跟代词ku¹ "我" 组成介词短语，例（263）是介词toi⁵ "对" 跟代词mɯŋ² "你" 组成介词短语，例（264）是介词tem⁵ "趁" 跟代词te¹ "他" 组成介词短语。

3. 介词+名词性短语

（265）ʔju⁵ kɯn² pjaŋ⁶ȵa¹ naŋ⁶.　在草坪上坐。

　　　在　上　草坪　坐

（266）si¹ kɔk⁷ fai⁴ pin¹ pai¹ kɯn².沿着树向上爬。

　　　沿　脚　树　爬　去　上

（267）xaɯ³ soŋ¹ pu⁴ wɯn² ʔju⁵ tçiə²ni⁴ kuə⁶taɯ².让两个人在这儿把守。

　　　让　两　个　人　在　这里　把守

例（265）是介词ʔju⁵ "在" 跟方位短语kɯn² pjaŋ⁶ȵa¹ "草坪上" 构成介词短语，例（266）是介词si¹ "沿" 跟偏正短语kɔk⁷ fai⁴ "树脚" 构成介词短语，例（267）是介词xaɯ³ "让" 跟量词短语soŋ¹ pu⁴ wɯn² "两个人" 构成介词短语。

4. 介词+动词性短语

（268）lɯk⁸ni⁵ toi⁵ to⁶ sɯ¹ taŋ³laɯ² nɯ⁶?　小孩怎么看待读书？

　　　小孩　对　读书　怎么　想

（269）tai⁵ çon⁶ çen² taŋ² taŋ³ za:n² tam⁶ ʔau¹ soŋ¹ pi¹.

　　　从　攒　钱　到　立　房子　仅　用　两　年

从攒钱到盖房子只用了两年。

（270）wei²⁴ xa:i⁴ pa:i⁵ pu⁴çau² pai¹ liɛn²⁴ wu⁵³.　为了打败仇人去练武。

　　　为了　打　败　仇人　去　练　武

例（268）是介词toi⁵ "对" 跟述宾短语to⁶ sɯ¹ "读书" 构成介词短语，例（269）是介词tai⁵ "从" 跟述宾短语çon⁶ çen² "攒钱" 构成介词短语，（270）是介词wei²⁴ "为了" 跟述宾短语xa:i⁴ pa:i⁵ pu⁴çau² "打败仇人" 构成介词短语。

（二）介词短语的句法功能

介词短语一般不能单独成句，它只能作为一个整体去充当句法成分，作句子的状语和补语。

1. 介词短语作状语。例如：

（271）tuə²ma¹ ʔju⁵ tɕaːŋ¹ zɔn¹ zu⁴ziŋ⁴。狗在路上打滚。

　　　　狗　在中间　路　打滚

（272）toi⁵ lɯk⁸ni⁵ muɯŋ² mjaɯ³ ʔja⁵ laːi¹。你别对小孩太凶。

　　　　对小孩　你　别　凶　多

（273）tai⁵ tɕiə²ni⁴ pai¹ ɕiŋ² ʔau¹ soŋ¹ kaːi⁵ tsuŋ³³thou³¹。

　　　　从　这里　去　城　要　两　个　钟头

　　　　从这儿进城要两个钟头。

　　介词短语都能充当状语，但由于状语的位置并不固定，有的在主语前，有的在主语和谓语之间，因此介词短语充当状语也可以处于不同的位置。上述例子中，例（271）的介词短语ʔju⁵ tɕaːŋ¹ zɔn¹"在路上"充当状语，处于主语和谓语之间；例（272）的介词短语toi⁵ lɯk⁸ni⁵"对小孩"充当状语放在主语前面。

　　2. 介词短语作补语。例如：

（274）te¹ fi⁶ ʔdun¹ xan¹，xɔm³ pai¹ pa⁵naːm⁶ leu⁰。

　　　　他　没　站　稳当　倒　去　地上　了

　　　　他没站稳，扑倒在地上了。

（275）xen⁵tu¹ tɔk⁷ ma¹ tiə³ leu⁰。门闩掉到地上了。

　　　　门闩　掉　到　下　了

（276）te¹ ʔau¹ tuə² nai⁵ taːi¹ te¹ mɔk⁷ ɕo⁵ kau¹ zaːn²。

　　　　他　把　只　鼠　死　那　埋　在　角落　屋

　　　　他把那只死老鼠埋在屋后。

　　介词短语作补语的例子并不是很多，在布依语中，除了pai¹"去"、ma¹"来"等几个介词组成的短语充当补语外，多数情况下，介词短语都不充当补语。例（274）pai¹ pa⁵naːm⁶"在地上"充当述语xɔm³"到"的补语，例（275）ma¹ tiə³"到地上"充当述语tɔk⁷"掉"的补语，例（276）ɕo⁵ kau¹ zaːn²"在屋后"充当述语mɔk⁷"埋"的补语。

十　kaːi⁵字短语

（一）kaːi⁵字短语的结构特点

　　泛指代词kaːi⁵用在名词、动词、形容词、代词等实词前面，或者用在动词性短语前面，跟这些成分组合成名词性短语，用来指称具体事物。此前，语言学界一般把kaːi⁵看成代词（喻世长，1956）或量词（吴启禄，1988），但kaːi⁵一般不单独使用，而是跟其他词类组合成短语后才能充当句法成分。例如：

　ka:i⁵ ɕi²la:n¹ 孩子的、ka:i⁵te¹ 他的

　ka:i⁵tan³ 穿的、 ka:i⁵ʔdiŋ¹ 红的

　　ka:i⁵字短语可以代替具体事物，因此可能有人会把它看成是汉语"的"字短语在布依语中的翻版，其实两者并不相同，主要表现在：ka:i⁵字短语只能用来表示具体事物，不能用来表示人，而汉语的"的"字短语既可代替人，也可代替具体物体或事件；ka:i⁵字短语的ka:i⁵是代词，汉语"的"字短语的"的"是助词；与ka:i⁵字组合的成分只有人称代词、动词、形容词以及动词性短语等，而汉语里与"的"字组合的词和短语有名词、代词、动词、形容词、动词性短语、主谓短语、方位短语等；在句法功能上，两者也有很多不同，因此ka:i⁵字短语是布依语特有的一种句法结构。

　　ka:i⁵字短语分为两个部分，前一部分是没有具体意义的泛指代词ka:i⁵，后一部分是与ka:i⁵组合的成分，有实词，也有短语。根据组合的内容，具体可分为以下几类。

　　1. "ka:i⁵ +名词"。例如：

（277）tɕɔŋ⁵ puə⁶ te¹ tuk⁸ ka:i⁵ puɯn¹juəŋ²。 那件衣服是羊毛的。

　　　　　件　衣服　那　是　的　毛　羊

（278）tan³ xa:i² ʔau¹ tan³ ka:i⁵ naŋ¹ ɕiə²。 穿鞋要穿牛皮的。

　　　　　穿　鞋　要　穿　的　皮　牛

　　2. "ka:i⁵+动词"。例如：

（279）zau² mi² ji⁵ ma² ka:i⁵ kɯn¹ ka:i⁵ tan³ pai⁰。

　　　　　我们　不　担忧　啥　的　吃　的　穿　了

　　　　　我们不愁什么吃的和穿的了。

（280）su¹ ɕi⁶ tu² ka:i⁵ juŋ⁶ kɯ³ pai¹ ʔdaɯ¹ ʔbu⁴ te¹。

　　　　　你们　就　把　的　用　藏　到　里　葫芦　那

　　　　　你们就把用的东西藏到那葫芦里面。

　　3. "ka:i⁵+形容词"。例如：

（281）ʔdo⁵wa¹ tɕa:ŋ¹po¹ tuk⁸ ka:i⁵ ʔdiŋ¹。山上的花是红的。

　　　　　花　中间　山　是　的　红

（282）ku¹ kɯn¹ ka:i⁵ la:u⁴, mi² kɯn¹ ka:i⁵ ni⁵。我吃大的，不吃小的。

　　　　　我　吃　的　大　不　吃　的　小

　　4. "ka:i⁵+代词"。例如：

（283）ku¹ tam⁴ ʔau¹ ka:i⁵ ku¹。我只拿我的。

　　　　　我　只　拿　的　我

（284）suɯ¹ ni⁴ tuk⁸ ka:i⁵ pu⁴laɯ²? 这本书是谁的？

　　　　　书　这　是　的　谁

5. "ka:i⁵+动词性短语"。例如：

（285）ŋɔn²ço⁶ li⁴ ka:i⁵ ŋɔn²ço⁶ kuə⁶。明天有明天要做的事情。
　　　　明天　有　的　明天　做

（286）ka:i⁵ mi² kɯn¹ ʔau¹ ʔjau⁴ ʔdi¹。不吃的东西要放好。
　　　　的　不　吃　要　放好

ka:i⁵字短语可以代替名词，如例（277）中的ka:i⁵ pɯn¹juəŋ²"羊毛的"，实际上指的是tçɔŋ⁵ pɯə⁶ pɯn¹juəŋ²"羊毛的衣服"，ka:i⁵代替tçɔŋ⁵pɯə⁶"衣服"；例（285）中的ka:i⁵ ŋɔn²ço⁶ kuə⁶，意思是"明天做的事情"，ka:i⁵代替siən⁵"事情"，所以ka:i⁵字短语实际上是ka:i⁵后隐去名词的一个结构。由于隐去的名词是一个中心成分，因此并不是所有的名词、动词、形容词、代词都可以与ka:i⁵进行组合，只有表示区别或分类意义的名词、动词、形容词、代词才可以与ka:i⁵构成ka:i⁵字短语。一般来说，表示领有、质料、处所的名词可以与ka:i⁵组合，如ka:i⁵ ku¹"我的"、ka:i⁵ naŋ¹çiə²"牛皮的"、ka:i⁵ pak⁷tçiŋ¹"北京的"。此外，形容词、多数动词和部分短语可以与ka:i⁵组合，如ka:i⁵ xa:u¹"白的"、ka:i⁵ kɯn¹"吃的"、ka:i⁵ mɯŋ² siəŋ³ ku¹"你送我的"。

（二）ka:i⁵字短语的句法功能

ka:i⁵字短语的性质实际上近似于定中短语，所以它在句子中主要是充当主语和宾语。例如：

（287）ka:i⁵ juŋ⁶ lɯk⁸sɯ¹ li⁴ ja:ŋ²ma² zau⁶？学生用品有些什么？
　　　　的　用　学生　有　什么　些

（288）ka:i⁵ kɯn¹ to³ tɯ² pai¹。吃的都带走。
　　　　的　吃　都　带　走

（289）pɯn³ sɯ¹ ni⁴ mi² tɯk⁸ ka:i⁵ ku¹。这本书不是我的。
　　　　本　书　这　不　是　的　我

（290）ku¹ ʔdai⁴ zan¹ ka:i⁵ te¹ nɯ⁶ tçai² ʔau¹ te¹。我见到了他想要的。
　　　　我　得　见　的　他　想　想　要　那

例（287）和例（288）是ka:i⁵字短语充当主语，例（289）和例（290）是ka:i⁵字短语充当宾语。

此外，ka:i⁵字短语还可以与介词构成介词短语充当句子的状语。例如：

（291）mɯŋ² ʔau¹ ka:i⁵ ʔdiŋ¹ ziu³ pai¹。你把红的拿走。
　　　　你　把　的　红　拿　走

（292）me⁶la:u⁴ toi⁵ ka:i⁵ fon⁴ mi² ma:i³。大妈对黑的不喜欢。
　　　　妈　大　对　的　黑　不　喜欢

第三节　短语的功能分类

短语的功能分类是从句法功能的角度提出来的，也就是短语能不能充当句法成分，能充当哪些句法成分。通常的做法是，把功能相当于名词的叫作名词性短语或体词性短语，把功能相当于动词的叫作动词性短语，把功能相当于形容词的叫作形容词性短语。动词性短语和形容词性短语统称为谓词性短语。主谓短语的性质比较特殊，有的是动词性的，如 te¹ pai¹ "他去"，有的是形容词性的，如 pɯə⁶ ɕau⁶ "衣服漂亮"，有的是名词性的，如 ŋɔn²ɕo⁶ ɕiəŋ¹sa:m¹ "明天三月三"，因此，本书把主谓短语单独列一类。这样，短语的功能类型可分为名词性短语、动词性短语、形容词性短语和主谓短语。

一　名词性短语

名词性短语是其功能相当于名词的短语，包括偏正短语中的定中短语、名词性并列短语、量词短语、ka:i⁵字短语。

名词性短语的功能是充当主语和宾语。例如：

（1）za:n²sɯ¹ zau² liə² ɕiŋ² mi² tɕai¹。我们学校离城不远。
　　　学校　我们　离　城　不　远

（2）soŋ¹ pu⁴ wɯn² ʔdaɯ² ɕiaŋ²⁴phiɛn²⁴ te¹ tɯk⁸ po⁶ ku¹ ziən² ku¹。
　　　两　个　人　里　相片　那　是　父　我　和　我
　　相片上的两个人是我父亲和我。

（3）tuə² ma¹ ni⁴ ʔja⁵ ta²za:i⁴。这条狗可厉害了。
　　　条　狗　这　凶　非常

（4）soŋ¹ pi⁴nuəŋ⁴ ɕau⁴ to³ zo⁴xe⁵ ka:i⁵ siən⁵ ni⁴ pai⁰。两兄弟早就知道了这件事。
　　　两　兄弟　早　都　知道　件　事情　这　了

（5）ʔdaɯ¹ ɕa:n³ tɕaŋ¹ li⁴ ɕa²。杯子里装着茶。
　　　里边　杯子　装　有　茶

（6）te¹ ta:u⁵ta:u⁵ pai¹ za:n² to³ tɕan⁵ ka:i⁵ juŋ⁶。
　　　他　次　次　去　家　都　搜刮　的　用
　　他每次回家都搜刮用的东西。

例（1）是定中短语 za:n²sɯ¹ zau² "我们的学校" 充当主语，例（2）是名词性并列短语 po⁶ ku¹ ziən² ku¹ "我父亲和我" 充当宾语，例（3）是量词短语 tuə² ma¹ ni⁴"这条狗" 充当主语，例（4）是量词短语 soŋ¹ pi⁴nuəŋ⁴ "两兄弟" 充当主语，例（5）是方位短语 ʔdaɯ¹ ɕa:n³ "杯子里" 充当主语，例（6）是 ka:i⁵ 字短语 ka:i⁵ juŋ⁶ "用的" 充当宾语。

名词性短语可以充当定语。例如：

（7）tɕa:ŋ¹ zɔn¹ li⁴ zi²din¹ tuə² ma⁴ʔdeu¹。 路上有一匹马的脚印。

    中间 路 有 脚印 匹 马 一

（8）ja⁶nai³³ te¹ ɕiən⁴ li⁴ sa:m¹ tuə² mjau⁵。 他的奶奶养了三只猫。

    奶奶 他 养 有 三 只 猫

（9）ȵa¹ tɕa:ŋ¹ po¹ to³ zo²za:ŋ³ leu⁰。 山上的草都干焦焦的了。

    草 中间 山 都 干焦焦 了

例（7）充当定语的是量词短语 tuə²（ma⁴）ʔdeu¹ "一匹"，例（8）充当定语的是量词短语 sa:m¹ tuə² "三只"，例（9）充当定语的是方位短语 tɕa:ŋ¹ po¹ "山上"。

二　动词性短语

动词性短语的功能相当于动词，包括偏正短语中以动词为中心语的状中短语、动词性并列短语、述宾短语、述补短语、连动短语。

动词性短语的主要功能是充当谓语。例如：

（10）ku¹ juən⁶ ziəŋ² te¹ kuə⁶ za:n²。我愿意跟她结婚。

    我 愿意 跟 她 做 家

（11）te¹ tiŋ² zup⁸ mum⁶ tiŋ² zeu¹。他一边将胡子一边笑。

    他 边 将 胡子 边 笑

（12）ɕi²ja⁶ kuə⁶ zo⁵, pu⁴sa:i¹ kuə⁶ na²。女人织布，男人种田。

    妇女 做 布 男人 做 田

（13）ʔdan¹ʔda:t⁷ ʔo⁵ taŋ² pja:i¹ po¹。太阳升到山顶。

    太阳 出 到 顶 山

（14）ku¹ ŋɔn²ɕo⁶ tɯ² pai¹ xaɯ³ mɯŋ²。我明天给你带去。

    我 明天 带 去 给 你

例（10）是状中短语 juən⁶ ziəŋ² te¹ kuə⁶za:n² "愿意跟她结婚" 充当谓语，例（11）是并列短语 tiŋ²zup⁸ mum⁶ tiŋ²zeu¹ "一边将胡子一边笑" 充当谓语，例（12）是述宾短语 kuə⁶ zo⁵ "织布" 和 kuə⁶ na² "种田" 分别在两个分句中充当谓语，例（13）是述补短语 ʔo⁵ taŋ² pja:i¹po¹ "升到山顶" 充当谓语，例（14）是连动短语 ŋɔn²ɕo⁶ tɯ² pai¹ xaɯ³ mɯŋ² "明天给你带去" 充当谓语。

动词性短语还可以充当其他句法成分。例如：

（15）pau⁵sai¹ liu³¹ sam¹ tɕai² kuə⁶ xoŋ¹。刘老师热爱干活。

    老师 刘 心 喜欢 干活

（16）to⁶ ta:u⁵ ʔdeu¹ nen¹ mi² ʔdai⁴。读一遍记不住。

　　　读　回　一　记　不　得

（17）çoi⁴ lɯk⁸ni⁵ ni⁴ ka⁶ zo⁴ xaɯ³ te¹ ʔdot⁷ zam⁴。

　　　个　孩子　这　只　懂　给　他　喝　水

　　　这孩子只知道给他喝水。

　　　例（15）的述宾短语kuə⁶ xoŋ¹ "干活" 充当宾语，例（16）的述补短语to⁶ ta:u⁵ʔdeu¹ "读一遍" 充当主语，例（17）的连动短语xaɯ³ te¹ ʔdot⁷ zam⁴ "给他喝水" 充当宾语。

三　形容词性短语

　　形容词性短语的功能相当于形容词，包括偏正短语中以形容词为中心语的状中短语、述补短语中以形容词为述语的短语、形容词性并列短语、介词短语。

　　形容词性短语的主要功能是充当谓语、定语、状语和补语。例如：

（18）pi¹ni⁴ ʔbɯn¹ zo²za:ŋ³ ta²za:i⁴。今年天气异常干旱。

　　　今年　天　干旱　非常

（19）te¹ tɯk⁸ mai⁴ lɯk⁸ʔbɯk⁷ jou²⁴ kwa:i¹ jou²⁴ nam⁵ ʔdeu¹。

　　　她　是　个　姑娘　又　聪明　又　漂亮　一

　　　她是个聪明又漂亮的姑娘。

（20）te¹ ʔju⁵ ŋɔn² çin³³tɕhi³³san³³ to⁶ sɯ¹。他在星期三上课。

　　　他　在　天　星期三　　读书

（21）pu⁴ wɯn² te¹ piŋ⁶ lau⁵³xo⁵³ ta²za:i⁴。那个人病得很厉害。

　　　个　人　那　病　厉害　非常

　　　例（18）是状中短语zo²za:ŋ³ ta²za:i⁴ "异常干旱" 充当谓语，例（19）是并列短语jou²⁴ kwa:i¹ jou²⁴ nam⁵ "又聪明又漂亮" 充当名词lɯk⁸ʔbɯk⁷ "姑娘" 的定语，例（20）是介词短语ʔju⁵ ŋɔn² çin³³tɕhi³³san³³ "在星期三" 充当状语，例（21）是状中短语lau⁵³xo⁵³ ta²za:i⁴ "很厉害" 充当补语。

　　形容词性短语有时也可以充当主语和宾语。例如：

（22）ʔa:ŋ⁵ja:ŋ⁶ la:i¹ ça:ŋ¹ ʔda:i¹。大喜伤身。

　　　　高兴　多　伤　身体

（23）pu⁴pɯən² to³ nɯ⁶nau² ʔdi¹ ta²za:i⁴。老百姓都认为很好。

　　　　百姓　都　认为　好　非常

（24）na:n⁶ noi⁶ na:i⁵ noi⁶ ku¹ to³ mi² la:u¹。苦点儿累点儿我都不怕。

　　　困难　点儿　累　点儿　我　都　不　怕

　　　例（22）是述补短语ʔa:ŋ⁵ja:ŋ⁶ la:i¹ "高兴多" 充当主语，例（23）是

状中短语 ʔdi¹ ta²za:i⁴ "很好" 充当宾语,例(24)是并列短语 na:n⁶ noi⁶ na:i⁵ noi⁶ "苦点儿累点儿" 充当主语。

四　主谓短语

主谓短语兼有名词、动词和形容词的性质,因此在句子中可以充当主语、谓语、宾语、定语、状语和补语。例如:

(25)te¹ pa:n⁵ siən⁵ mi² te³¹li³¹。他办事不得力。

　　　他　办　事　不　得力

(26)çoi⁴ lɯk⁸ʔbɯk⁷ te¹ ku¹ zan¹ kwa⁵。那个姑娘我见过。

　　　个　姑娘　那我　见　过

(27)ku¹ mɯəŋ⁶ ŋɔn²ço⁶ zɔk⁷ŋuət⁸zɔk⁷。我希望明天是六月六。

　　　我　希望　明天　　六月六

(28)pu⁴ wɯn² te¹ ma:i³ te¹ ku¹ mi² ma:i³。他喜欢的那个人我不喜欢。

　　　个　人　他 喜欢 那 我 不　喜欢

(29)zau² pu⁴ ta:p⁷ pu⁴ ʔdun¹。我们一个挨一个地站着。

　　　我们 个　挨　个　站

例(25)te¹ pa:n⁵ siən⁵ "他办事" 充当主语,例(26)ku¹ zan¹ kwa⁵ "我见过" 充当谓语,例(27)ŋɔn²ço⁶ zɔk⁷ŋuət⁸zɔk⁷ "明天六月六" 充当宾语,例(28)te¹ ma:i³ "他喜欢" 充当定语,例(29)pu⁴ ta:p⁷ pu⁴ "一个挨着一个" 充当状语。其中,例(25)、例(26)、例(28)和例(29)的主谓短语是动词性的,例(27)的主谓短语是名词性的。

第七章　句子

第一节　主谓句和非主谓句

从句法成分的角度看，有的句子既有主语，也有谓语，这样的句子被称作主谓句。有的句子，可以由单个的词构成，也可以由名词短语、动词短语、形容词短语构成，这种句子分析不出哪个是主语，哪个是谓语，因此称作非主谓句。布依语的句子，主谓句和非主谓句都普遍存在，其中非主谓句更占优势，因为布依语通常只注重事件本身，而不注重事件的主体。在口语交际中，很多句子都是没有主语的。以一段对话为例：

甲说：kɯn¹ xau⁴ ʔiə⁵ lɯŋ³ pai¹。吃了饭再走。

　　　　吃　饭　完　才　去

乙答：mi² kɯn¹ pai⁰。不吃了。

　　　　不　吃　了

说话人没有说出主语mɯŋ² "你" 或 su¹ "你们"，听话人也没有说出主语ku¹ "我"，交际完全是根据事件本身来进行的，至于说话的主体，反而没有出现。当然，有时主语也不能省去。例如：

甲问：za:n² mɯŋ² ʔju⁵ tɕiə²laɯ²？你家住哪里？

　　　　家　你　住　哪里

乙答：za:n² ku¹ ʔju⁵ ɕe⁶laɯ²。我家住者楼。

　　　　家　我　住　者楼

主语za:n² mɯŋ² "你家" 和za:n² ku¹ "我家" 如果省去，句意就不完整，交际也难以进行下去。这种情况与其说主语不可缺少，倒不如认为主语是事件不可或缺的一部分，因此把布依语看成 "事件型" 语言或者话题型语言也是合适的。

主谓句的类型一般是根据它的谓语来划分的。由于充当谓语的成分通常是动词性成分、形容词性成分和名词性成分，此外还有主谓短语，所以主谓句大致就可分为动词谓语句、形容词谓语句、名词谓语句和主谓谓语句。

一　主谓句

（一）动词谓语句

动词谓语句主要包括由单个动词构成的谓语句和动词短语构成的谓语句两种类型。

1. 单个动词谓语句。例如：

（1）ɕen² te¹ tɔk⁷ pai⁰。他的钱丢了。

　　钱　他　丢　了

（2）tuə² ɕiə² fon⁴ te¹ ta:i¹ pai⁰。那头黑牛死了。

　　头　黄牛　黑　那　死　了

2. 动词短语谓语句

充当谓语的动词短语主要有述宾短语、述补短语、状中短语和连动短语，单个动词一般不组合成并列短语充当谓语。如：

（3）ku¹ pi¹kwa⁵ ɕi⁶ zo⁴na³ pau⁵ wɯəŋ² pai⁰。我去年就认识老王了。

　　我　去年　就　认识　老　王　了

（4）leu⁴tɕɔŋ⁵ ʔaŋ¹ ʔdai⁴ ʔo⁵ xa:n⁶。大家热得冒汗。

　　大家　　热　得　出　汗

（5）te¹ tam⁴ ʔju⁵ ŋɔn² ɕin³³tɕhi³³san³³ to⁶ sɯ¹。他只在星期三上课。

　　他　只　在　天　星期三　　读　书

（6）xau⁴ mɯn⁶ to³ tɕo² ʔau¹ pai¹ kuə⁶ tan²⁴kau³³ pai⁰。面粉都被做了蛋糕。

　　面粉　都　被　拿　去　做　蛋糕　　了

例（3）充当谓语的是述宾短语zo⁴na³ pau⁵ wɯəŋ² "认识老王"，例（4）充当谓语的是述补短语ʔaŋ¹ ʔdai⁴ ʔo⁵ xa:n⁶ "热得出汗"，例（5）充当谓语的是状中短语 ʔju⁵ ŋɔn² ɕin³³tɕhi³³san³³ to⁶sɯ¹ "在星期三上课"，例（6）充当谓语的是连动短语tɕo² ʔau¹ pai¹ kuə⁶ tan²⁴kau³³ "被拿去做蛋糕"。

（二）形容词谓语句

形容词谓语句包括单个形容词充当谓语的句子和形容词短语充当谓语的句子两种类型。

1. 单个形容词谓语句。例如：

（7）piŋ⁶ ʔdi¹ leu⁰。病好了。

　　病　好　了

（8）pɯn¹tɕau³ xa:u¹ pai⁰ 头发白了。

　　头发　　白　了

（9）wa¹ tɕa:ŋ¹po² ʔdiŋ¹ pai⁰。山上的花红了。

　　花　山上　红了

2. 形容词短语谓语句。例如：

（10）tça:ŋ¹tçe⁴ ʔdi¹mai² tça²çi²。街上非常热闹。

　　　　街上　　热闹　非常

（11）leu⁴po² to³ ʔim⁵ pai⁰。大家都吃饱了。

　　　　大家　都　饱　了

（12）çoi⁴ ni⁴ ma³ jou²⁴ sa:ŋ¹ jou²⁴ ʔɔn⁵ pai⁰。

　　　　孩子这　长　又　高　又　胖　了

　　　　这孩子长得又高又胖了。

例（10）充当谓语的是状中短语ʔdi¹mai² tça²çi²“非常热闹”，例（11）充当谓语的是述补短语to³ ʔim⁵“都饱”，例（12）充当谓语的是并列短语jou²⁴ sa:ŋ¹jou²⁴ ʔɔn⁵“又高又胖”。

（三）名词谓语句

布依语的名词一般不能单独充当谓语，通常要跟量词短语或时间词组合成名词短语才可以充当谓语，充当谓语的名词短语主要是定中短语和量词短语。例如：

（13）ŋɔn²ço⁶ pja:i¹ xop⁷。明天周末。

　　　　明天　末尾　周

（14）ça:t⁸zo² soŋ¹ man² çen² kan¹。干辣椒两元钱一斤。

　　　　干辣椒　两　元　钱　斤

（15）ʔdan¹toi⁴ ʔdeu¹ zɔk⁷ man² çen²。一个碗六块钱。

　　　　个　碗　一　六　元　钱

（16）ma⁵li² sa:m¹ kan¹。梨子三斤。

　　　　梨子　三　斤

例（13）是定中短语 pja:i¹ xop⁷“周末”充当谓语，例（14）和例（15）是量词短语与名词组合构成名词短语充当谓语，例（16）是量词短语sa:m¹ kan¹“三斤”直接充当谓语。

（四）主谓谓语句

主谓谓语句就是由主谓短语充当谓语的句子，其中，主谓短语又可根据谓语性质分为以下几种类型。

1. 由动词充当谓语的主谓谓语句。例如：

（17）ka:i⁵ siən⁵ ni⁴ ku¹ pai¹ pa:n⁵。这件事我去办。

　　　　件　事　这　我　去　办

（18）puɯəŋ² te¹ ku¹ ma:i³。那个地方我喜欢。

　　　　地方　那　我　喜欢

2. 由形容词充当谓语的主谓谓语句。例如：

（19）xo³te¹ soŋ¹ pu⁴ pa⁵ ʔja⁵。他们两个说话很泼辣。

　　　　他们　两　个　嘴　凶

（20）ʔba:n⁴ ni⁴ fuŋ³³tɕin⁵³ ʔdi¹。这个村风景好。

　　　　村　这　风景　好

3. 由状中短语充当谓语的主谓谓语句。例如：

（21）ka:i⁵ siən⁵ ni⁴ zau² tiau²⁴tsha³¹ taŋ²ka:n⁶。这件事情我们正在调查。

　　　　件　事　这　我们　　调查　　正在

（22）ka:i⁵ ɕen² ni⁴ su¹ pa:ŋ¹ ku¹ miɛn⁵³。这笔钱你们给我免了。

　　　　个　钱　这　你们　帮　我　免

4. 由并列短语充当谓语的主谓谓语句。例如：

（23）ɕoi⁴ luɯk⁸ la:u⁴ te¹ jou²⁴ ma:i³ kɯn¹ jou²⁴ tɕik⁷kuə⁶。

　　　　个　儿子　大　他　又　爱　吃　又　懒

　　他大儿子好吃懒做。

（24）luɯk⁸ni⁵ za:n² te¹ pu⁴pu⁴ ʔba:u⁵ʔdi¹ jou²⁴ kan³ka:ŋ⁵。

　　　　孩子　家　他　个个　　漂亮　又　　健康

　　他们家的孩子个个长得既漂亮又健康。

二　非主谓句

非主谓句是相对于主谓句而言的。既然主谓句是指有主语和谓语两个部分的句子，那么非主谓句就是指主谓不齐全的句子，或者说一个句子找不出主语或找不出谓语，那么这个句子就是非主谓句。非主谓句是非形态语言典型的一种句子形式。有的句子形式上不需要主语，如leu⁴ ɳa:p⁷ ta:i¹ pai⁰ "真气死人"；有的句子，语义上补不出主语，如tau³ wɯn¹ pai⁰ "下雨了"；甚至有的句子仅仅表达某种感情，因此是说不上有主语或谓语存在的，如ʔai⁰ja⁰ "哎呀"。非主谓句不等同于省略句，因为省略句是承前或蒙后省略主语或谓语的句子，也就是说省略句的主语或谓语是为了避免重复而省略了，实际上是存在的，而非主谓句的主语和谓语要么是补不出来，要么是不需要补出来。试比较下面的句子：

（25）ʔa⁰! tuə²kɯə²。啊！蛇。

　　　　啊！　蛇

（26）pu⁴laɯ² xa:i⁴? 谁打的？　/ ku¹。我。

　　　　谁　打　　　　　我

例（25）是在路上突然遇到蛇说出的句子，不需要借助上下文语境也知道是什么意思；例（26）句中的ku¹ "我"，不借助上文意思是不明确的，有了上文的提问，就可以知道ku¹"我"的后面省略了xa:i⁴"打"。因此，例（25）是非主谓句，例（26）是省略句。从这点看，非主谓句不需要借助上下文语境意思也是明确的，而省略句离开上下文语境意思则不明确。据此，可以把无主句、独词句、叹词句以及主语或谓语不出现的句子纳入非主谓句的范围。

根据充当非主谓句的成分的性质，非主谓句可以分为动词性非主谓句、形容词性非主谓句、名词性非主谓句、叹词和拟声词非主谓句。

（一）动词性非主谓句

动词性非主谓句由动词和动词性短语构成。例如：

（27）ta:i¹ pai⁰。死了。

　　　死　了

（28）ʔau¹ ʔdan¹ɕoŋ² ma¹ taŋ³ tɕiə²ni⁴。把桌子放这儿。

　　　拿　桌子　来　放　这里

（29）pja:i³ ʔdai⁴ sa:m¹ ŋon² taŋ³te¹。走了三天左右。

　　　走　得　三　天　那样

例（27）是不及物动词构成的非主谓句；例（28）是连动短语构成的非主谓句；例（29）是述补短语构成的非主谓句。

（二）形容词性非主谓句

形容词性非主谓句由形容词和形容词性短语构成。例如：

（30）ni⁵ leu⁰。小了。

　　　小　了

（31）ʔdi¹ ta²za:i⁴。非常好。

　　　好　非常

（32）ʔa:ŋ⁵ ɕaɯ²。高兴得不得了。

　　　高兴　极了

例（30）是形容词构成的非主谓句；例（31）是形容词做中心语的状中短语构成的非主谓句；例（32）是述补短语构成的非主谓句。

（三）名词性非主谓句

名词性非主谓句由名词、量词短语、定中短语等构成，光杆名词在特殊语境中可以单独构成非主谓句。例如：

（33）A: ɕiəŋ¹ ni⁴ ɕiəŋ¹ ku³ma²? 这是什么节日？

　　　　节日 这　节日 什么

B: zɔk⁷ŋuət⁸zɔk⁷。六月六。

　　　　　六月六

（34）A: tuə²jiɐ⁶ te¹ tuɯk⁸ tuə² ku³ma²? 那是什么野生动物？

　　　野物　那 是　动物 什么

B: tuə²kuk⁷！ 老虎！

老虎

（35）A: ʔdaɯ¹ fuɯŋ² muɯŋ² li⁴ tɕi³ ʔdan¹？你手里有几个？

里 手 你 有 几 个

B: soŋ¹ ʔdan¹。两个。

两 个

例（33）是时间词构成非主谓句；例（34）是事物名词充当非主谓句；例（35）是量词短语充当非主谓句。

（四）叹词和拟声词非主谓句

叹词非主谓句由叹词构成，拟声词非主谓句由拟声词构成。例如：

（36）"wa⁰！""哇！"

哇

（37）"kuŋ⁰luk⁰ kuŋ⁰luk⁰。""咕咚咕咚。"

咕 咚 咕 咚

（38）"ɕwa⁰ɕwa⁰。""哗哗。"

哗 哗

例（36）是吆喝牛停下来的叹词构成的非主谓句；例（37）是模拟肚子里声响的拟声词构成的非主谓句；例（38）是模拟流水声响的拟声词构成的非主谓句。

第二节　复杂单句

一　复杂单句的含义

由单个成分如动词、形容词、叹词等构成的句子，或者由单个成分跟单个成分组合而成的句子，通常结构都较简单，句子也较短，表达的意义也相对较单纯。如果一个句子的主要成分增加了几个修饰语，或者句子的某个主要成分是由复杂的结构构成，或者一个句子包含了多个动作关系，那么这个句子就会变成复杂单句。例如：

（1）ŋon²laŋ¹，pi⁴ te¹ ɕi⁶ ɕio³¹ nuəŋ⁴ te¹ tɯ² fa⁶ɕa⁴ ʔdeu¹ pai¹ kɯn²po¹nin² tɕiə²

天 后 哥 他 就 学 弟 他 拿 柴刀 一 去 上 山 睡 地方

jiən⁵ te¹。

原来 那

第二天，他哥哥就学着弟弟拿着一把柴刀到山上睡在原来的地方。

（2）ʔju⁵ tɕin³tɕaːŋ¹ tsɯn²⁴nin³¹ ziən² kuan³³lin⁵³ soŋ¹ ʔdan¹ tsɿ²⁴tsɿ²⁴
　　　　在　中间　　　镇宁　和　　关岭　两　个　自治
ɕien²⁴ pu⁴ʔjai⁴ ziən² pu⁴jeu²，li⁴ nɔk⁸ zam⁴ tɔk⁷taːt⁷ ʔdeu¹。
县　布依族　和　苗族　有　股　水　掉崖　一
在镇宁和关岭两个布依族苗族自治县之间，有一股瀑布。

　　例（1）是一个主谓句，全句包含 4 个动作关系，并且主语、谓语和宾语都带有修饰语，所以结构比较复杂。例（2）也是一个主谓句，它的复杂之处在于前置状语，这个状语包含了介词短语、方位短语、定中短语和并列短语等多个结构关系，因此结构较为复杂。

　　句子的复杂化，一般来说不是句子内部因素造成的。语言是对现实世界的间接反映，随着人类对主客观世界的认识越来越深刻，句子也就变得越来越复杂了。因此，句子的复杂化是语言外部环境的变化造成的，没有社会进步、科学发展和人类思维的精密，就不会产生复杂的句子。

二　复杂单句的构成

　　吕叔湘先生（1979）认为，句子从简单变成复杂，无外乎通过三个途径：添枝加叶，局部发达，前后衔接。添枝加叶指的是句子的主要成分增加了修饰语；局部发达，指句子的某个成分或者是由结构复杂的短语充当，或者是包含了多个修饰语；前后衔接指的是多个动作关系通过一个句子来表示，这个句子就会变得复杂化。

　　1. 增加修饰语导致句子复杂化，包括增加定语和增加状语两种类型。主语和宾语带有多个定语，或者定语由复杂的短语构成。例如：

（3）pu⁴ɕo² ka¹ saːŋ¹ to¹ pu⁴ʔɯn⁵ noi⁶ te¹ tai⁵ ʔdaɯ¹ ɕiŋ² kuəˀ xoŋ¹ taːu⁵ ma¹。
　　年轻人　腿　高 多　别人 一点 那 从　里　城 做 活路　回 来
个子比一般人高一些的那个年轻人从城里打工回来。

（4）ʔdiən¹zɔk⁷ŋuət⁸，xoŋ²tam² te¹ xaːi¹ wa¹ xo³¹xua³³ jou²⁴ laːu⁴ jou²⁴ ʔdi¹ ɕim¹。
　　月　六月份　池塘 那 开 花　荷花　又 大 又 好 看
六月间，池塘里开满了又大又好看的荷花。

（5）ku¹ ɕim¹ zan¹ ɕoi⁴ pu⁴ wɯn² lɯk⁸ʔbɯk⁷ te¹ tɯk⁸ lɯk⁸paɯ⁴ ku¹ te¹。
　　我　看　见 个　人　　姑娘 他 是 儿媳 我 那
我看见了他姑娘是我儿媳妇的那个人。

　　例（3）的主语是pu⁴ɕo²“年轻人”，定语有ka¹ saːŋ¹ to¹ pu⁴ʔɯn⁵ noi⁶“个子比别人高一点”和te¹“那”，其中第一个定语由主谓短语构成；例（4）的宾语是wa¹“花”，定语有xo³¹xua³³“荷花”、jou²⁴ laːu⁴ jou²⁴ ʔdi¹ ɕim¹“又大又好看”、te¹“那”，其中，第二个定语由并列短语构成；例（5）的宾语是lɯk⁸ʔbɯk⁷"姑娘"，定语由一个复杂的定中短语和指示词te¹"那"构成，其中pu⁴wɯn²"人"是定中短语的中心语，ɕoi⁴ lɯk⁸ʔbɯk⁷ te¹ tɯk⁸ lɯk⁸paɯ⁴ ku¹"他姑娘是我儿媳"是主谓短语充当定语。

谓语带有多个状语或者状语由复杂的短语构成。例如：

（6）ɕɯ²ni⁴, nat⁸ ma⁵ tai⁵ kɯn² tɕau³ ɕo³ɕo³ ʔbin¹ kwa⁵.

　　时 这　颗子弹从　上 头　噬噬　飞 过

　　这时，子弹噬噬地从头上飞过。

（7）po²te¹ taŋ² ɕɯ²ziŋ² lɯŋ³ tai⁵ neŋ²po¹ lai⁶ tuə²ɕiə² ta:u⁵ ma¹.

　　他们 到 下午 才　从　山顶 赶 黄牛　　回 来

　　他们到了下午才从山上把牛赶回来。

（8）ka:i⁵ siən⁵ ni⁴ toi⁵ pu⁴la:u⁴ ziəŋ² pu⁴ni⁵ to³ mi² ʔdi¹.

　　　件 事情这 对　大人 和　小孩都不 好

　　这件事对大人和小孩都不好。

例（6）的谓语是ʔbin¹ kwa⁵"飞过"，状语有ɕɯ²ni⁴"这时"、tai⁵ kɯn² tɕau³"从头上"、ɕo³ɕo³"噬噬"；例（7）的谓语是连动短语lai⁶ tuə²ɕiə² ta:u⁵ ma¹"赶牛回来"，状语有taŋ² ɕɯ²ziŋ²"到下午"、lɯŋ³"才"、tai⁵ neŋ² po¹"从山上"；例（8）的谓语是mi² ʔdi¹"不好"，状语有toi⁵ pu⁴la:u⁴ ziəŋ² pu⁴ni⁵"对大人和对小孩"、to³"都"，而前一个状语是一个复杂的并列短语，由两个介词短语构成。

2. 句子的某个成分由复杂短语构成，导致句子复杂化。

主语由复杂短语充当。例如：

（9）pau⁵ ɕam⁶sɯ¹ ku¹, pu⁴ tan³ tɕoŋ⁵ pɯə⁶ ɕi³³tsuaŋ³³ te¹, tɯk⁸ tɕu³¹tsaŋ⁵³.

　　老　同学 我 个 穿 件 衣服　西装　那 是　局长

　　我的老同学，那个穿西装的，是位局长。

（10）te¹ ʔau¹ lɯk⁸ tau³ pa:i⁵tɕi⁵ ku¹ nau²miŋ² te¹ ɕu⁴ ziəŋ² ku¹ kuə⁶ɕin¹.

　　　他 把 儿子 来 拜寄　我 说明　他 愿意 跟 我 亲近

　　他把儿子拜寄给我说明他愿意跟我亲近。

例（9）的主语是pau⁵ ɕam⁶sɯ¹ ku¹, pu⁴ tan³ tɕoŋ⁵ pɯə⁶ ɕi³³tsuaŋ³³ te¹"我的老同学，那个穿西装的"，由两个具有同位关系的定中短语构成，第二个定中短语还包含量词短语；例（10）的主语是te¹ ʔau¹ lɯk⁸tau³ pa:i⁵tɕi⁵ ku¹"他把儿子拜寄给我"，由主谓短语构成，主谓短语中还包含状中短语、述宾短语和介词短语。

谓语由复杂短语充当。例如：

（11）pu⁴ ɕa:ŋ⁶sɯ¹ ʔdeu¹, ka⁶li⁴ ma:i³ jiəŋ⁶ xoŋ¹ te¹, te¹ lɯŋ³ kuə⁶ ʔdai⁴ ʔdi¹.

　　　个 老师　一 只有喜欢 样 活那他 才 做　得 好

　　一个老师只有当他热爱他的工作时才能干得好。

（12）ça⁴pau⁵ ziəŋ² çi²ja⁶ ʔdaɯ¹ ʔba:n⁴ çan⁶ mɯŋ² kwa:i⁵ ku¹, ku¹ kwa:i⁵ mɯŋ².
　　　　男人　和　　女人　里　村　总是　你　怪　我　我　怪　你
　　村里的男人和女人总是你责怪我，我责怪你。

例（11）的谓语是ka⁶li⁴ ma:i³ jiəŋ⁶ xoŋ¹ te¹, te¹ lɯŋ³ kuə⁶ ʔdai⁴ ʔdi¹
"只有当他热爱他的工作时才能干得好"由一个条件复句形式构成；例（12）的谓语是mɯŋ² kwa:i⁵ ku¹, ku¹ kwa:i⁵ mɯŋ² "你责怪我，我责怪你"，由一个并列复句形式构成。

宾语由复杂短语充当，或者宾语由近宾语和远宾语构成。例如：

（13）ça:ŋ⁶sɯ¹ çiau⁵³tsaŋ³³ siəŋ³ xaɯ³ lɯk⁸sɯ¹ ʔda:ŋ¹kau⁵ san³ pit⁷mak⁸ ʔdeu¹.
　　　老师　　小张　　送　给　学生　　自己　　根　笔　一
　　小张的老师奖给了自己的学生一支钢笔。

（14）ku¹ zo⁴xe⁶ mɯŋ² ma:i³ jiəŋ⁶laɯ¹ ȵa:p⁷ jiəŋ⁶laɯ².
　　　我　知道　你　喜欢　哪样　讨厌　哪样
　　我知道你喜欢什么厌恶什么。

例（13）的宾语是lɯk⁸sɯ¹ ʔda:ŋ¹kau⁵ san³ pit⁷mak⁸ ʔdeu¹ "自己的学生一支钢笔"，由一个近宾语和远宾语构成；例（14）的宾语是mɯŋ² ma:i³ jiəŋ⁶laɯ² ȵa:p⁷ jiəŋ⁶laɯ² "你喜欢什么厌恶什么"，由一个复杂的主谓短语构成。

定语由复杂短语充当。例如：

（15）ka:i⁵ siəŋ⁵ kuə⁶ ʔdi¹ ka:i⁵ zɯn²⁴wu²⁴ pau⁵tçau³ tçiau³³ xaɯ³ ku¹ ni⁴ tɯk⁸
　　　件　事　做　好　件　任务　　领导　交　　给　我　这　是
　　ka:i⁵ çin³³jien²⁴ leu⁴po² tuŋ⁴çam⁶.
　　件　心愿　　大家　　相同
　　做好领导交给我的任务这件事是大家共同的心愿。

（16）sɯ¹mo¹ lɯn⁶ çeu⁶kon³ ço⁵wɯəŋ² ziəŋ² xa:n⁵wɯəŋ² siŋ¹ ʔin⁵ ziəŋ² ça:i².
　　　摩经　讲述　古代　祖王　和　安王　争夺　印　和　财
　　摩经讲述了祖王和安王争夺王印和财产的故事。

例（15）充当主语的定语是kuə⁶ ʔdi¹ ka:i⁵ zɯn²⁴wu²⁴ pau⁵tçau³ tçiau³³ xaɯ³ ku¹ "做好领导交给我的任务"，由一个复杂的述宾短语充当，其中又包括定中短语和主谓短语；例（16）充当宾语的定语是ço⁵wɯəŋ² ziəŋ² xa:n⁵ wɯəŋ² siŋ¹ ʔin⁵ ziəŋ²ça:i²"祖王和安王争夺王印和财产"，由主谓短语构成，主谓短语的主语和宾语又由并列短语构成。

状语由复杂短语充当。例如：

（17）çiau⁵³tsaŋ³³ tam⁴ ka⁶ ʔda:ŋ¹kau⁵ loŋ¹ xaɯ³ thuŋ³¹sɿ²⁴ mi² çiə⁶.
　　　小张　　由于　自己　错　给　同事　不　信
　　小张由于自己的错误失去了同事的信任。

（18）ɕiau⁵³tsaŋ³³ wei⁶ nuəŋ⁴sa:i¹ ʔda:ŋ¹kau⁵ tɕo² ɕiau⁵³li⁵³ juə⁶ pai⁰。

　　小张　为　弟弟　　自己　被　小李　骗　了

　　小张为了自己的弟弟被小李欺骗了。

例（17）充当状语的是tam⁴ ka⁶ ʔda:ŋ¹kau⁵ loŋ¹ "由于自己的错"，由介词短语构成，其中又包含一个主谓短语；例（18）的状语是tɕo² ɕiau⁵³li⁵³ "被小李"、 wei⁶ nuəŋ⁴sa:i¹ ʔda:ŋ¹kau⁵ "为自己的弟弟"、ɕi⁶ "就"，其中第二个状语又包含一个定中短语。

补语由复杂短语充当。例如：

（19）te¹ zuk⁷zu³ lum³ ʔbaɯ¹ fai⁴ ʔdaɯ¹ zum² la:u⁴ ziəŋ² wɯɯn¹ nɔŋ²。

　　他　哆嗦　像　叶　树　里　风　大　和　雨　浓

　　他哆嗦得像暴风雨中的树叶。

（20）pu⁴zak⁸ se³ tai⁵ tu¹sa:n² xeŋ⁶ pai¹ zo⁶。小偷急得从窗户跳出去。

　　小偷　急　从　窗户　跳　去　外面

例（19）的补语是lum³ ʔbaɯ¹fai⁴ ʔdaɯ¹ zum² la:u⁴ ziəŋ² wɯɯn¹ nɔŋ² "像暴风雨中的树叶"，由一个复杂的述宾短语充当，其中又包含定中短语、并列短语和方位短语；例（20）的补语是tai⁵ tu¹sa:n² xeŋ⁶ pai¹ zo⁶ "从窗户跳到外面"，由一个状中短语充当，其中又包含介词短语和述宾短语。

3. 句子包含多个动作关系，这些动作关系分别通过前后相连的动词或动词性短语体现出来，因而导致句子复杂化。

谓语由两个或两个以上的动词或动词性短语构成，几个动词中心语有一个共同的主语，也是共同的逻辑主语。例如：

（21）ku¹ pja:i³ pai¹ za:n² nin² taŋ² kɯɯn² ɕwa:ŋ² ʔdiəp⁷ ka:i⁵ siən⁵ te¹。

　　我　走　去　屋　躺　到　上　床　想　件　事　那

　　我走进屋躺到床上想那件事。

（22）po²zau² li⁴ tɕhien³¹li²⁴ pa:u³ ʔdɔŋ¹fai⁴。我们有权利保护森林。

　　我们　有　权利　保护　森林

（23）mɯɯŋ² pai¹ ɕɯ⁴ soŋ¹ piŋ² lau³ xaɯ³ zau² kɯɯn¹。你去买两瓶酒来给我们喝。

　　你　去　买　两　瓶　酒　给　我们　喝

例（21）的谓语有三个动词中心语，共同的主语是ku¹ "我"；例（22）的谓语有两个动词中心语，共同的主语是po²zau² "我们"；例（23）的谓语有三个动词中心语，共同的主语是mɯɯŋ² "你"。

谓语由两个或两个以上的动词或动词性短语构成，几个动词中心语没有共同的逻辑主语。例如：

（24）ku¹ tɯ² te¹ pai¹ za¹ pau⁵jiəŋ¹。我带他去找乡长。

　　我　带　他　去　找　乡长

（25）ɕiau⁵³xuŋ³¹ ziu³ ɕen² xaɯ³ me⁶ ʔjau⁴。小红把钱交给妈妈保存。

　　　　小红　　拿钱　给　妈妈　保存

（26）te¹ li⁴ ɕoi⁴ luɯk⁸ ʔdeu¹ ʔju⁵ kui²⁴jaŋ³¹ to⁶ ta²⁴ɕio³¹。

　　　　他　有　个孩子　一　在　贵阳　读大学

　　　　他有一个孩子在贵阳读大学。

例（24）的谓语有三个动词中心语，第一个动词中心语的逻辑主语是ku¹"我"，第二个和第三个动词中心语的逻辑主语是te¹"他"；例（25）的谓语有两个动词中心语，第一个动词中心语的逻辑主语是ɕiau⁵³xuŋ³¹"小红"，第二个动词中心语的逻辑主语是me⁶"妈妈"；例（26）的谓语有两个动词中心语，第一个动词的逻辑主语是te¹"他"，第二个动词中心语的逻辑主语是luɯk⁸"孩子"。

第三节　复句

一　复句及其特征

复句是由两个或两个以上意义相互联系，结构各自独立的分句构成的句子。先比较下面的句子：

（1）tiŋ² zeu¹ tiŋ² nau² sat⁷ pai¹ ʔdaɯ¹ ta⁶。笑着闹着跳进河里。

　　　一边　笑一边　说　跳　去　里边　河

（2）li³¹sɿ²⁴ nau² te¹ ma:i³ ku¹。李四说他喜欢我。

　　　李四　说他喜欢我

（3）ʔdan¹ ɕa:n³ ni⁴ te⁵ pai⁰, muɯŋ² ʔau¹ te¹ ɕit⁷ ɕe¹。

　　　个　杯子　这破了　你　拿它扔丢

　　　这个杯子破了，你把它扔了。

（4）ku¹ ʔjam⁵ pau⁵ li³¹sɿ³³ te¹ pai⁰, te¹ pai²ɕau⁴ teŋ¹ ɕam⁶ɕoŋ² ku¹。

　　　我　拜访　个律师那了　他　以前　是　共桌　我

　　　我拜访了那位律师，他以前是我同学。

例（1）是一个连动句，几个动词按照时间先后组合在一起，中间没有停顿，所以是单句；例（2）是主谓短语充当宾语的句子，两个主谓短语没有形成各自独立的结构，所以是单句；例（3）是复句，由两个分句构成，前后两个分句意义上相互联系，结构上各自独立，共同组成一个句子；例（4）也是复句，前一个分句是主谓结构，后一个分句也是主谓结构，意义上相互联系，前后分句各自独立。

通过对这几个句子进行比较可以发现，复句跟单句的区别主要表现在结构形式上。首先，复句无论由多少个分句组成，句末始终只能有一个统一全句的语调，在书面上用句号、问号和叹号表示，这跟单句是一样的。其次，复句里的分句，在结构上跟单句是一致的，可以是主谓句形式，也可以是非主谓句形式，因此，当这些分句单独出现，并且句末使用终止性标点符号时，就变成了独立的单句，所以复句实际上就是由两个或两个以上没有取得独立资格的单句形式组成的。再次，分句与分句之间虽然结构上相对独立，但意义上是相互联系的，几个分句组合在一起共同表达一个复杂的意思。最后，分句跟分句之间，有明显的界限，书面上用逗号、分号来表示，如果分句之间没有停顿，这个句子要么是紧缩句，要么是连动句，或者是主谓谓语句。

从理论上说，单句跟复句的区别是很明显的，但在实际的语言运用中，有些句子是单句还是复句，往往不好区分。例如：

（5）muɯŋ² nau², li⁴ ma² siən⁵? 你说，有什么事？

    你　 说　 有什么 事

（6）waŋ³¹ lau⁵³sɿ³³, pai¹ tɕiə²lauɯ²? 王老师，去哪儿？

    王　老师　　去　哪儿

上面两个句子都是复句。例（5）如果没有中间的逗号，后面的 li⁴ ma² siən⁵ "有什么事" 可处理为 nau² "说" 的宾语，例（6）如果句子中间没有逗号，waŋ³¹ lau⁵³sɿ³³ "王老师" 可处理为全句的主语。由于两个复句的分句都不是典型的单句形式，所以这两个句子是单句还是复句，界限模糊。其实在实际的语言环境中，由于语气、停顿的出现，这种模糊界限会消失，是单句还是复句一目了然。但对复句的讨论一般是根据典型语法形式来进行的，从而产生了一批非典型形式的复句，在这里不作讨论。

二　复句分类的依据

复句的分类可以根据分句之间的意义关系，也可以根据表示分句之间语法关系的形式来进行。根据意义关系来进行的分类，其缺点是不能有效揭示复句的结构规律；根据语法形式来进行的分类，也不能很好地揭示没有形式标志的分句之间的意义关系。因此，通常是把意义标准和形式标准结合起来。邢福义（1986）认为，复句的分类只能抓住前后分句间的关系，不能只看某个分句，要从关系出发，用标志控制。从关系上看，复句类是关系的聚合，每个聚合都有聚合点。从形式上看，复句类有代表性的标志和它的义同、类同形式。复句类有交叉形式。布依语的复句，原来大多没有形式标志，后来才逐渐借用了汉语的一些关联词语，也创造了部分关联词语。根据布依语句子的实际情况，我们认为邢福义的分类依据是行之有效的，因而这里采用了邢福义分析复句的"三分系统"理论。

　　所谓"三分系统"，是指根据分句之间的关系，把复句分为三大类别：因果类复句、并列类复句、转折类复句。邢福义（2002）认为：所有句子，在没有语法标志的情况下，要么属于因果关系，要么属于并列关系，要么属于转折关系。当句子配上了关联词语之后，三个大类复句又可分为不同的小类。因果类复句根据关联词语的不同，可以分为一般因果句、推断句、假设句、条件句和目的句。并列类复句根据关联词语的不同可以分为并列句、连贯句、递进句和选择句。转折类复句根据关联词语的不同可以分为一般转折句、让步句和假转句。当然，类与类之间会有交叉关系。没有配上标志的句子，前后分句之间如果存在原因与结果的关系，那就属于因果关系，前后分句之间如果存在并举罗列的关系，那就属于并列关系，前后分句之间如果存在矛盾对立的关系，那就属于转折关系。例如：

（7）te^1 leu^4 kan^4，ku^1 ma:i^3 te^1。他很勤快，我喜欢他。

　　　他　很　勤快　我　喜欢　他

（8）li^4 wuɯn^2 za^1 te^1，li^4 wuɯn^2 za^1 ku^1。有人找他，有人找我。

　　　有　人　找　他　有　人　找　我

（9）mɯŋ^2 ma:i^3 te^1，te^1 mi^2 ma:i^3 mɯŋ^2。你喜欢她，她却不喜欢你。

　　　你　喜欢　她　她　不　喜欢　你

　　例（7）是因果关系，配上wei^6……laŋ^{3}çi^6"因为……所以"、liŋ^{5}nau^2……çi^6"既然……就"、ça^4……çi^6"如果……就"、to^5……çi^6"只要……就"、……wei^6"……为了"等关联词语，就分别成为一般因果复句、推断复句、假设复句、条件复句和目的复句。例（8）是并列关系，配上……jiə^6"也"、ʔiə^5 laŋ^1"然后"、mi^{2}ka^6……xa^{4}luɯŋ^3"不仅……而且"、ça^{4}mi^2……ça^{4}mi^2"或者……或者"等关联词语，就分别成为一般并列句、连贯句、递进句、选择句。例（9）转折关系，配上……kuən^{3}çi^6"……但是"、tam^{4}tep^7……jiə^6"即使……也"、mi^{2}ʔan^4"否则"等关联词语，就分别成为一般转折句、让步句、假转句。当然，上述句子在配搭关联词语时，有时句子要作一定的调整。例如：

（10）te^1 çam^{3}çi^6 zo^4 leu^4 kan^4，wei^{24} xaɯ^3 ku^1 ma:i^3 te^1。

　　　他　肯定　会　很　勤快　为　让　我　喜欢　他

　　　他肯定会很能干，为了让我喜欢他。

　　这是根据例（7）配搭目的复句关联词语的情况，此外，配搭假转复句的关联词语时，句子往往也要进行一定的调整。

三 因果类复句

（一）因果复句

因果复句一般是前一分句说出理由，后一分句说出结果。例如：

（11）wei⁶ ʔbɯn¹ tɕot⁷, ku¹ ŋon²ni⁴ fi⁶ ʔo⁵ tu¹。因为天气冷，我今天没有出门。

　　　因为　天　冷　我　今天　未　出　门

（12）jin³³wei²⁴ tau³ wɯn¹, te¹ mi² pai¹。因为下雨，他不去。

　　　　因为　　下　雨　他 不 去

（13）wei⁶ pan² piŋ⁶, te¹ mi² kuə⁶ tɕau³ pai⁰。由于生病，他不当领导了。

　　　　由于　生病　他 不 做　头　了

（14）ʔbɯn¹ mi² ʔdi¹, wei⁶laŋ³ pi⁵³sai²⁴ mi² kuə⁶ pai⁰。

　　　　天　不　好　因此　　比赛　不　做　了

　　由于天气不好，因此比赛取消了。

因果复句的关联词语都是从汉语中借用的，但跟汉语的使用情况又有所不同。汉语里表示因果关系的关联词语既可以单用，也可以搭配使用，而布依语中通常是单用，一般不搭配使用。

（二）推断复句

推断复句的前一分句表示原因，后一分句表示根据原因推断的结果。例如：

（15）to³　zo⁴ jiəŋ⁶ni⁴ mi² ʔdi¹, ɕi⁶ nɯ⁶ tɕo⁵ji⁵ ʔɯn⁵。

　　　既然 知道 这样　不　好　就　想　办法 别的

　　　既然知道这样不好，就想别的办法。

（16）liŋ⁵nau² mɯŋ² xa:u⁵ taŋ³ni⁴, ku¹ ɕi⁶ mi² kuə⁶ lo⁰。

　　　　既然　你　说　这样　我　就 不 做　喽

　　　既然你这样说，我就不干喽。

（17）tɕi²⁴zan³¹ ma¹ taŋ², ku¹ fi⁶ ta⁵³suan²⁴ ta:u⁵ pai¹。

　　　　既然　　来 到　我 没 打算　　回 去

　　　既然来了，我就没有打算回去。

（18）ʔi⁵nau² mɯŋ² ɕi⁶ɕɔn² te¹, mɯŋ² ɕi⁶ pai¹ ziəŋ² te¹ ʔau¹。

　　　　既然　你 相信 他　你 就 去 跟 他 要

　　　既然你相信他，你就去跟他要。

推断复句的关联词语还没有定型，既有用布依语词语表示的，也有直接借用汉语的。汉语里表示推断关系的关联词语都要搭配使用，而布依语中既可以搭配使用，也可以单独使用。

（三）假设复句

假设复句的前一分句提出假设，后一分句表示假设实现之后的结果。例如：

（19）ça⁴nau² mɯŋ² taŋ² kon⁵, çi⁶ nau² xaɯ³ ku¹ zo⁴。

　　　　如果　你　到　先　就　说　给　我　知道

　　　　如果你先到，就通知我。

（20）liŋ⁵nau² çiau⁵³waŋ³¹ ziən²laŋ¹ xa:i¹ ka:i⁵ wi⁵ te¹, te¹ çi⁶ mi² zo⁴

　　　　如果　小王　　　跟着　开　个　会那　他　就　不会

mi² xa:n¹ ka:i⁵ siən⁵ te¹ pai⁰。

不　答应　件　事情　那　了

　　　　假如小王参加那个会，他就不会答应那件事儿了。

（21）ʔi⁵ mɯŋ² mi² pa:ŋ¹ ku¹, ku¹ taŋ³laɯ² kuə⁶ ʔdai⁴ leu⁴。

　　　　假如　你　不　帮　我　我　怎么　做　得　完

　　　　假如你不帮我，我怎么做得完。

（22）ʔi⁵nau² mɯŋ² taŋ² çau⁴, çi⁶ ʔdai⁴ zan¹ te¹ pai⁰。

　　　　如果　你　到　早　就　得　见到　他　了

　　　　如果你早到，就可以见到他了。

假设关系的关联词语通常是搭配使用的，表示假设和结果一致。假设句的前后分句之间也是一种因果关系，只不过这种原因和结果是假设出来的。

（四）条件复句

条件复句的前一分句提出某种条件，后一分句表示根据这个条件产生的结果。例如：

（23）to³nau² te¹ kwa⁵ ma¹, leu⁴po² to³ zo⁴ ça:m¹ te¹ son¹。

　　　　只要　他　过来　　大家　都　会　请　他　教

只要他过来，大家都会请教他。

（24）tɯŋ³ po²su¹ kan⁴ kuə⁶ xoŋ¹ kuə⁶ meu² çi⁶ zo⁴ li⁴ kɯn¹ li⁴ tan³ pai⁰。

只要　你们　勤　干　活　干农活就　会　有　吃　有　穿　了

只要你们勤劳动，就会有吃有穿。

（25）ka⁶li⁴ zau² ʔda:ŋ¹kau⁵ ka⁶ kuə⁶, çi⁶ lɯŋ³ çiən⁴ ʔdai⁴ pa⁵。

只有　我们　自己　独自做　就　才　养　得　口

只有我们自己做，才能养活自己。

（26）mi²çi⁶ naŋ⁶ zok⁸fa⁴, lɯŋ³ nep⁸ ʔdai⁴。除非坐飞机才来得及。

除非　坐　鸟铁　才　赶　得

　　条件复句的关联词语一般都要搭配使用。条件复句分为两种：一种是充分条件，表示提出的条件足够了，就可以实现某种结果；一种是必要条件，表示提出的条件是必不可少的，否则不能实现期望的结果。

　　（五）目的复句

　　目的复句的前一分句表示动作行为，后一分句表示动作行为的目的。例如：

　　（27）çoi⁶ ʔdi¹ zɔn¹, xaɯ³ tçɔŋ⁵ çi²la:n¹ ʔdi¹ pai¹ to⁶ sɯ¹。

　　　　　　修　好　路　给　众　孩子　好　去　读　书

　　　　　修好路，让孩子们好去上学。

　　（28）xo³te¹ xam⁶xam⁶ tça:i⁵ ta¹, wei⁶ kuə⁶ pan¹ xoŋ¹ po²te¹ leu⁴。

　　　　　　他们　夜　夜　熬　眼睛　为　做　份　活　他们　完

　　　　　他们每天晚上熬夜，为的是完成他们的任务。

　　（29）te¹ naŋ⁶ çiə¹ xo⁵³tshe³³ ta:u⁵ pai¹, wei⁶ mi² xaɯ³ ʔdaɯ¹ za:n² zuə̃⁶。

　　　　　　他　坐　车　火车　回　去　为　不　给　里　家　惦记

　　　　　他坐火车回去，为的是不让家里惦记。

　　（30）kuə⁶ ʔdi¹ nai⁶, miɛn⁵³te³¹ te¹ li⁴ xa:u⁵ nau²。

　　　　　　做　好　点　免得　他　有　话　说

　　　　　做好一点，免得他有话说。

　　目的复句在布依语中很少见，还处于借用过程中。目的复句分为两种，一种是表示要达到什么目的，通常不用关联词，有时可借用汉语的ji⁵³piɛn²⁴“以便”表示，另一种是表示要避免什么结果，可借用汉语关联词语miɛn⁵³te³¹“免得”，也可以不用。

四　并列类复句

　　（一）并列复句

　　并列复句的几个分句描写或叙述几件事情或一个事情的几个方面，前后分句之间是罗列或并举的关系。例如：

　　（31）ku¹ fi⁶ to⁶ ta²⁴çio³¹ ʔiə⁵, jiə⁶ fi⁶ zo⁴ mɯn³¹ tsɿ³³sɿ³¹ ni⁴。

　　　　　　我　未　读　大学　过　也　未　会　门　知识　这

　　　　　我既没上过大学，也没有学过这方面的知识。

　　（32）kai⁵ jiə⁶ ʔbin¹ pai⁰, tçai⁵ jiə⁶ te⁵ pai⁰。鸡也飞了，蛋也打了。

　　　　　　鸡　也　飞　了　蛋　也　破　了

　　（33）te¹ tiŋ² ʔdot⁷ lau³, tiŋ² kɯn¹ ʔiə̃n¹。他一边喝酒，一边抽烟。

　　　　　　他　边　喝　酒　边　吃　烟

（34）ku¹ mi² tuuk⁸ xo²n̥a:p⁷，tuuk⁸ xo²ʔdiət⁷。我不是生气，而是激动。

    我 不 是 生气 是 激动

并列复句有的使用关联词语，有的不用。表示罗列关系的复句，前后分句之间要么都是从肯定方面来描写或叙述，要么都是从否定方面来描写或叙述。表示并举关系的复句，前后分句之间是从肯定和否定两方面来对比叙说事情或理由。

（二）连贯复句

连贯复句的前后分句之间按照一定的时间顺序或逻辑顺序叙说相关的动作和情况。例如：

（35）te¹ pi¹ tɕau³ ʔiə⁵，kwa⁵laŋ¹ jou²⁴ ta:u⁵ wa:t⁷ fuuŋ²。

    她 摇头 完 过后 又 回 挥手

    她摇了摇头，接着又做了个手势。

（36）te¹ fu³¹ɕi³¹ loŋ⁶ ʔdeu¹，ʔiə⁵laŋ¹ ɕi⁶ khau⁵³ ʔdai⁴ ta²⁴ɕio³¹ pai⁰。

    他 复习 段 一 过后 就 考 得 大学 了

    他复习了一段时间，然后就考上大学了。

（37）ɕiau⁵³min³¹ kuun¹ ɕau² ʔiə⁵，ɕi⁶ ʔo⁵ pai¹ ɕun² pai⁰。

    小明 吃 晚饭 后 就 出去 玩 了

    小明吃了晚饭，就出去玩了。

（38）te¹ ɕat⁷ nap⁷ zo⁴ n̥iŋ⁶，kuun¹ ŋa:i²zom⁶ ʔiə⁵ ɕi⁶ pai¹ kuə⁶ xoŋ¹。

    他 七 点 惊醒 吃 早餐 后 就 去 干活

    他七点钟醒来，吃了早点去工作。

连贯复句有的使用关联词语，有的不用。前后分句之间既可以是时间上的连贯关系，也可以是空间上的连贯关系，还可以是逻辑事理上的连贯关系。

（三）递进复句

递进复句的前后分句之间在意思上具有程度加深、数量增多、范围扩大以及时间延长等关系。例如：

（39）mi²ka⁶ ʔau¹ ta:m³ la:u⁴，xa² ʔau¹ nam¹ni⁶ tem¹。不仅要胆子大，还要细心。

    不只 要 胆 大 还 要 细心 再

（40）te¹ mi²ka⁶ tuŋ⁴suu¹ lak⁸，suu¹ jiə⁶ za:i² ʔdai⁴ luəm³。

    他 不只 知识 深 字 也 写 得 好看

    他不但知识丰富，而且字也写得好。

（41）te¹ mi² zo⁴xe⁶ ku¹ tuuk⁸ wuun² kuuə²lauu²，kuun²⁴ mi² zo⁴ siən⁵ za:n² ku¹ pai⁰。

    他 不 知道 我 是 人 哪儿 更 不 知道 事情 家 我 了

    他不知道我是哪里人，更不了解我的家庭情况了。

（42）pu⁴ɕo² to³ pɯə¹ mi² ziən²,　xa² nau² tɯk⁸ pau⁵ tɕe⁵.
　　　　年轻人都 抬 不 动 　还 说 　是 老 人
　　　小伙子都搬不动，何况是老头子。

递进复句一般都要使用关联词语，有的搭配使用，有的单独使用。递进关系有时是通过正反对比来加深程度，有时是通过两相映衬来推进结论。

（四）选择复句

选择复句的各个分句叙述的事实或现象不能并存，需要从中进行选择。例如：

（43）ŋɔn² tɕe⁴，mi²ɕi⁶ mɯŋ² ma¹，mi²ɕi⁶ nuəŋ⁴ mɯŋ² ma¹.
　　　　天 集市　要么 你 来 　要么 弟弟 你 来
　　　赶场天，要么你来，要么你弟弟来。

（44）mɯŋ² xa² to⁶ sɯ¹ zaɯ⁴zaɯ⁴,　xa²ɕi⁶ ɕap⁷ za¹ xoŋ¹ kuə⁶.
　　　　你 要 读书 　继续 　还是 准备 找 活 做
　　　你是继续读书，还是准备找工作。

（45）te¹ mi² tɯk⁸ ɕa:ŋ⁶sɯ¹,　ɕi⁶ tɯk⁶ ɕiaŋ³³ kan²⁴pu²⁴.
　　　　他 不 是 老师 　就 是 乡 干部
　　　他不是老师，就是乡上的干部。

（46）ɕa⁴mi² kɯn¹ kai⁵,　ɕa⁴mi² kɯn¹ pja¹。要么吃鸡，要么吃鱼。
　　　要么 吃 鸡 　要么 吃 鱼

选择复句都要使用关联词语，而且一般都是搭配使用，很少单独使用。选择关系分为两种情况：一种是不定选择，可以在几个选项中选择这个，也可以选择那个；二是限定选择，只可以在选项中选择一个选项。

五　转折类复句

（一）转折复句

转折复句的前一个分句和后一个分句表达的意思刚好相对或相反，形成单纯直接的转折关系。例如：

（47）leu⁴ɕo² mɯən⁶ te¹ pai¹，tam⁴ɕi⁶ te¹ mi² pai¹。大家希望他去，但是他不去
　　　大家 希望 他 去 　但是 他 不 去

（48）mɯŋ² nau² ʔdai⁴ ʔdi¹，tam⁴ ku¹ xa² fi⁶ zo⁴ leu⁴.
　　　　你 说 得 好 可是 我 还 没 懂 全
　　　你说得好，可是我还没有全懂。

（49）sam⁵ kui³³tse³¹ ni⁴ ʔdi¹ ta:u⁵ ʔdi¹，tam⁴ɕi⁶ kuə⁶ mi² taŋ².
　　　　些 规则 这 好 倒是 好 　只是 做 不 到
　　　这些规则虽好，只是做不到。

（50）pau⁵ tshun³³tsaŋ⁵³ taŋ² za:i⁴ pai⁰ ,　tam⁴çi⁶ lot⁷ tçi³ fan¹çuəŋ¹.
　　　位　村长　　到　真的　了　　但是　晚　几　分钟
村长终于来了，不过晚了几分钟。

转折复句的典型特点就是关联词语不搭配使用，因此是一种简单转折句。使用关联词语tam⁴çi⁶"但是"、tam⁴"可是"等表示的转折意味要强些，使用关联词语tam⁴kuən³"但是"、mi²kwa⁵"不过"等表示的转折意味要弱些。

（二）让步复句

让步复句的前一分句表示让步，后一分句表示转折。实质上，前一分句是最大限度的假设，后一分句跟前一分句意思上完全相背。例如

（51）pi¹nau² xo³te¹ za:n² tuŋ⁴nam²,　tam⁴çi⁶ mi² tuŋ⁴ pja:i³ na:u⁵.
　　　尽管　他们　家　相　挨着　　不过　不　相互　往来　永远
尽管他们是邻居，但是从不来往。

（52）tam³tep⁷ li⁴ ça:ŋ⁶ʔiə¹ leu⁴ ʔdi¹,　to³ tçau⁵ mi² ta:u⁵ miŋ⁶ te¹.
　　　即使　有　医生　很　好　都　救　不　回　命　他
即使有高明的医生，也不能挽回他的生命。

（53）na³ʔdai⁴ to¹ la:u⁵ xoŋ¹, jiə⁶ ʔau¹ kuə⁶ siŋ³çwa⁶ ka:i⁵ siən⁵ ni⁴.
　　　宁可　多　耽误　活　也　要　做　清楚　件　事情　这
宁可多花时间，也要弄清楚这个问题。

（54）mi²kuən³ taŋ³laɯ² kuə⁶, me⁶laŋ¹ to³ mi² tçai² te¹.
　　　不论　　怎么　做　　后母　都　不　喜欢　他
无论怎么做，后母都不喜欢他。

让步复句分容忍性让步句，使用关联词语pi¹nau²……tam⁴çi⁶"尽管……但是"；虚拟性让步句，使用关联词语tam⁴tep⁷……jiə⁶"即使……也"；忍让性让步句，使用关联词语na³ʔdai⁴……jiə⁶"宁可……也"；无条件让步句，使用关联词语mi²kuən³……to³"无论……都"。

（三）假转复句

前一分句陈述一件事情，后一分句表示否定性转折，意思是前面陈述的事情如果不这样就会变成另一件事。例如：

（55）çon² xa:u⁵ ni⁴ nau² ʔdai⁴ pai⁰,　mi²çi⁶ te¹ zo⁴ nɯ⁶ pan² liəŋ¹.
　　　句　话　这　说　得　了　　不然　他　会　想　成　别的
这句话该说了，否则她会误解。

（56）ça⁴mi² taŋ² çai² leu⁴,　mi²çi⁶ te¹ mi² ʔa:ŋ⁵ja:ŋ⁶.
　　　除非　到齐　完全　　不然　他　不　高兴
除非全部到齐，否则他不高兴。

（57）pja:i³ n̠am² noi⁶, mi²ʔan⁴ xa² sɔn¹ wɯɯn¹。走快点，不然要淋雨。

　　　　走　快　点　否则　要　淋　雨

（58）taŋ²ɕɯ²te¹ mɯŋ² mai³ pai¹, ɕa⁴mi² ta:u⁵ laŋ¹ ku¹ mi² ma¹ za:n² mɯŋ²。

　　　　到　那时　你　必须　去　要不　次　后　我　不　来　家　你

　　　　到时你要去，要不下次我不来你家了。

假转复句的前一分句可以表示原因，与后一分句形成因果性假转关系；也可以表示选择，与后面的分句形成选择性假转关系；还可以表示条件，与后面的分句形成条件性假转关系。

第四节　常见句式

一　存在句

（一）存在句的定义

存在句是表示某个事物在某个空间方位存在、出现或消失的句式，其句法形式可概括为"方位短语+存在动词+名词短语"。例如：

（1）xen² zɔn¹ li⁴ ko¹ fai⁴ ʔdeu¹。路边有一棵树。

　　　　边　路　有　棵　树　一

（2）pa⁵tu¹ ʔdun¹ li⁴ tɕi³ pu⁴ wɯɯn²。门口站着几个人。

　　　　口门　站　着　几　个　人

（3）kɯɯn² ɕiən² wen¹ li⁴ ʔbaɯ¹ wa¹ ʔdeu¹。墙上挂着一幅画。

　　　　上　墙　挂　着　张　画　一

例（1）至例（3）的主语都是表示空间方位的方位短语，谓语由表示存在的动词充当，例（2）和例（3）都带动态助词li⁴"着"，宾语都由量词短语充当。

（二）存在句的特点

存在句由三个部分构成，主语是表示空间方位的方位短语，动词必须表示存在方式，宾语是表示存在事物的名词或名词性短语，凡是不符合这三个条件的都不能看作存在句。例如：

（4）ʔdaɯ¹pɯən² zeu² li⁴ ka:i⁵ ɕɔn²pja:ŋ² ni⁴。民间流传着这样的谣言。

　　　　里　地方　流传着　个　谣言　这

（5）pi¹ ʔdeu¹ li⁴ ɕip⁸ŋi⁶ ʔdiən¹。一年有十二个月。

　　　　年　一　有　十二　月

这两个句子之所以不是存在句，是因为它们不是说明事物的位置，而是着重说明时间。存在句的结构是"存在空间+存在方式+存在事物"，而例

（4）没有存在方式和存在事物，例（5）没有存在空间，也没有存在事物。

存在方式是通过具有存在、出现和消失意义的动词来表示的。布依语中表示存在的动词最常用的是 li⁴ "有"，其他有 woi³ "悬挂"、wen¹ "挂"、ʔdun¹ "站"、naŋ⁶ "坐"、tɕaŋ¹ "装"等；表示出现的动词有 ʔo⁵ "出"、pja:i³ ʔo⁵ "走出"、ʔbin¹ ma¹ "飞来"、ʔo⁵ ma¹ "出来"等；表示消失的动词有 tɔk⁷ "掉"、ɕe¹ "丢失"、xam⁶ "烧"等。

（三）存在句的分类

存在句分为静态存在句和动态存在句两种类型。静态存在句是动词表示静止状态或非动作行为。例如：

（6）tɕa:ŋ¹ zi⁶ li⁴ ko¹ fai⁴ ʔdeu¹。地里有棵树。

　　中间 地 有 棵 树 一

（7）kɯn²lau² woi³ li⁴ tɕi³ ɕa:n³ taŋ¹。楼上挂着几盏灯。

　　　上 楼 挂着 几 盏 灯

（8）kɯn² ɕwa:ŋ² ɕo⁵ li⁴ soŋ¹ pɯn³ sɯ¹。床上放着两本书。

　　　上 床 放着 两 本 书

动态存在句是动词表示动作行为或动作行为的变化过程，有时句末带有表示"完成"的助词。例如：

（9）kɯn² ko¹fai⁴ tɔk⁷ tɕi³ ʔdan¹ lɯk⁸ma⁵ ma¹ la³。树上掉下来几个水果。

　　　上 树 掉 几 个 水果 来 下

（10）ʔdaɯ¹za:n² ma¹ pu⁴xe⁵ pai⁰。家里来客人了。

　　　里 家 来 客 了

（11）kɯn²ʔbɯn¹ ʔbin¹ li⁴ zɔk⁸ ʔa:n⁵ja:ŋ²。天上飞着大雁。

　　　上 天 飞着 鸟 大雁

（四）存在句的句式意义

存在句是表示某个事物在某个空间位置存在、出现和消失的句式，因此主语部分体现的是空间性，也就是事物存在的位置。如果主语部分表示的是动作行为发生的时间和位置，那么就不可能构成存在句；同样，存在句的动词是表示存在方式的，所以不能表示存在方式的动词也不能构成存在句；此外，宾语部分表示的往往是具体事物，抽象事物是不占据空间位置的，因此表示抽象事物的名词和名词性短语是不能构成存在句的，除非抽象事物被当作具体事物了。

存在句的一个典型特点就是表示空间方位的方位短语必须放在句子前面，而存在事物必须放在句子后面，这样才能表示存在空间包容存在事物。至于存在方式，可以是静止的，也可以是运动的。静态存在句表现的是事物静止的状态，动态存在句表现的是事物运动的状态，因此也可以说静态

存在句突出的是空间位置存在的静态事物，动态存在句突出的是空间位置
存在的运动事物。例如：

（12）la³ za:n² mo³ li⁴ soŋ¹ mo³ fun²。房前堆着两堆柴。

　　　　下　屋　堆　着　两　堆　柴

（13）ʔdau¹tam² leu⁶ɕwa⁵ tɕi³ tuə² pit⁷。池塘里游动着几只鸭子。

　　　　里　池塘　游动　几　只　鸭子

例（12）是静态存在句，突出了soŋ¹ mo³ fun² "两堆柴" 在 la³za:n²
"房前" 静态持续的动作，例（13）是动态存在句，突出了 tɕi³ tuə² pit⁷ "几
只鸭子" 在 ʔdau¹ tam² "池塘里" 持续游走的动态动作。

二　处置句

（一）处置句的定义

处置句是通过特定的虚义动词或介词对谓语涉及的对象进行处置，并
对整个句子描述的内容作出结果评价的一种句式。例如：

（14）te¹ kuə⁶ ɕen² tɔk⁷ leu⁰。他把钱弄丢了。

　　　　他　做　钱　丢　了

（15）ti² ʔdak⁷ fa² kuə⁶ fa⁶mit⁸。把铁块打成刀。

　　　　打　块　铁　做　刀

（16）ʔau¹ no⁶ sam² kuə⁶ nɯn⁶。把肉剁成碎粒。

　　　　拿　肉　剁　做　碎粒

例（14）至例（16）都是处置句。例（14）用动词 kuə⁶ "做" 对名词
ɕen² "钱" 进行处置，例（15）也是用动词 kuə⁶ "做" 来表示处置，不同
的是，前一句 kuə⁶ "做" 是在实义动词前，这句在实义动词后；例（16）
用动词 ʔau¹ "拿" 表示处置。处置句叙述的虽然是一个客观内容，但表达
的却是一个主观评价，而且是一个结果评价。例（14）的评价结果是
ɕen² tɔk⁷ leu⁰ "钱丢了"，责任者是 te¹ "他"；例（15）的评价结果是
ʔdak⁷ fa² kuə⁶ fa⁶mit⁸ "铁块打成刀"；例（16）的评价结果是 no⁶ sam² kuə⁶
nɯn⁶ "肉剁成碎粒"，后两例都没有出现施动者。

（二）处置句的特点

处置句涉及三个句法要素，两个句式主体。处置句叙述的实际上是一
个 "完整事件"，意思是 "什么把什么怎么了"，因此，句子的主语可以是
人，也可以是其他事物，在句法上用名词、代词、名词性短语表示，有时
也可以用动词表示。例如：

（17）te¹ kuə⁶ tɕiəŋ⁵ta¹ wa:i⁶ pai⁰。他把眼镜弄坏了。

　　　　他　做　眼镜　坏　了

（18）tuə²nai⁵ ʔau¹ taŋ²jiən⁶ peu³ ʔo⁵ ma¹。老鼠把东西搬出来。

　　　老鼠　　拿　东西　　搬 出 来

例（17）叙述的事件可概括为"他弄坏了眼镜"，主语用代词表示；例（18）叙述的事件可概括为"老鼠搬出了东西"，主语用名词表示。

谓语部分除了充当谓语中心语的实义动词外，必须要有一个表示"处置义"的虚义动词，一般是用kuə⁶"做"和ʔau¹"拿"、tɯ²"带"、ziu³"提"等来表示。"处置义"动词必不可少，因为没有它，处置句就不能成立。例如：

（19）me⁶ wa¹ kuə⁶ tɕoŋ⁵ xau⁴ɕi² tɔk⁷ tɕa:ŋ¹ zɔn¹ pai⁰。

　　　妈 花 做 篮子 糍粑 丢 中间 路 了

　　　阿花的妈妈把糍粑篮子丢在路上了。

（20）ʔau¹ te¹ soŋ⁵ xaɯ³ pau⁵ wɯɯəŋ²。把它送给老王。

　　　　拿 它 送 给 老 王

（21）lɯk⁸tɕa⁴ tɯ² ʔdan¹ tam⁶ pai¹ la³ li⁴ ku³ fa:n⁶ la:i¹ ɕiəŋ⁶ lak⁸。

　　　力嘎 把 地 踏 去 下 有 九 万 多 丈 深

　　　力嘎把地踏下去有九万多丈深。

例（19）的处置义是通过虚义动词kuə⁶"做"体现的，例（20）的处置义是通过ʔau¹"拿"体现的，例（21）的处置义是通过tɯ²"带"来体现的，这三个例子如果没有虚义动词的帮助，句式的主观评价义是无法体现出来的，它们也只能叫作一般主谓句，而不是处置句。

处置句的谓语必须要涉及一个对象，这个对象在"事件"中必须发生变化，否则，处置句是无法作出评价结果的。例如：

（22）ʔdai⁴ xa³ɕip⁸ to³ xa² kuə⁶ tiŋ³ te¹ tɔk⁷。到五十岁了还把乌纱帽（官）给丢掉。

　　　　得 五 十 都 还 做 顶子 他 丢掉

（23）ku¹ ʔau¹ pit⁷mak⁸ te¹ kuə⁶ wa:i⁶ pai⁰。我把他的笔弄坏了。

　　　　我 拿 笔 他 做 坏 了

（24）te¹ tɯ² fu¹ lau³ te¹ lum² ço⁵ tɕa:ŋ¹tɕe⁴ pai⁰。他把酒壶忘在街上了。

　　　　他 把 壶 酒 他 忘 在 街上 了

例（22）谓语涉及的对象是tiŋ³ te¹"他的官"，发生的变化是tiŋ³ te¹tɔk⁷"他的官丢掉了"；例（23）谓语涉及的对象是pit⁷mak⁸ te¹"他的笔"，发生的变化是 pit⁷mak⁸ wa:i⁶ pai⁰ "笔坏了"；例（24）谓语涉及的对象是fu¹ lau³ te¹"他的酒壶"，发生的变化是fu¹ lau³ te¹ lum² ço⁵ tɕa:ŋ¹tɕe⁴ pai⁰"他的酒壶忘在街上了"。

有些句子表面上看起来具有处置义，但没有表示处置义的虚义动词，因此不是处置句。例如：

（25）te¹ jiən⁶ ȼen² xauɯ³ ku¹。他把钱递给我。

    他   递   钱   给   我

（26）muɯ² sen³ ȼoŋ² ʔo⁵ pai¹。你把桌子搬出去。

    你 移动 桌子 出 去

由于没有表示处置义的虚义动词，这两例都不是处置句。虽然句子叙述的也是一个"完整事件"，但只是一个客观的叙述，没有体现出主观评价。

处置句的否定形式是在虚义动词前添加否定词fi⁶"未"或mjauɯ³"别"，如果否定词添加在实义动词前，那就不是处置句。例如：

（27）te¹ fi⁶ ʔau¹ tso¹¹ȵie³¹ tȼiau³³ xauɯ³ ku¹。他没有把作业交给我。

    他 未 拿 作业 交 给 我

（28）mjauɯ³ kuə⁶ ka:n³tuɯ⁶ tɔk⁷ pa⁵na:m⁶。别把筷子丢在地上。

    别 做 筷子 丢 地上

处置句一方面叙述的是客观内容，一方面表现的是主观评价，因此处置句包含两个句式主体：一个是事件发生的主体，一个是评价主体，即叙述者。事件的主体是句子的主语，有时在句子中不出现；评价主体永远都不会在句子中出现。例如：

（29）te¹ kuə⁶ ʔdan¹ʔdi¹ te¹ pjɔŋ³ pai⁰。他把苦胆弄破了。

    他 做 个 苦胆 那 破 了

（30）zɔk⁸lai³ kuɯn¹ xau⁴na² kuə⁶ leu⁴。麻雀把稻谷吃光了。

    麻雀 吃 稻谷 做 光

例（29）叙述的是te¹ pjɔŋ³ ʔdan¹ʔdi¹ te¹"他刺破苦胆"这个客观事件，事件的主体是te¹"他"，但句式体现的是一个主观评价，即"刺破苦胆"这事是te¹"他"干的，评价结果是pjɔŋ³"弄破"；例（30）叙述的事件是zɔk⁸lai³ kuɯn¹ leu⁴ xau⁴na²"麻雀吃光稻谷"，体现的主观评价是"吃光稻谷"的是"麻雀"，而不是其他鸟，评价结果是kuɯn¹leu⁴"吃光"。这些主观意义都是通过句式表现出来的，而处置句又是通过虚义动词形成的。

（三）处置句的分类

根据虚义动词或介词的不同，处置句可分为ʔau¹字处置句、kuə⁶字处置句、tuɯ²字处置句、ziu³字处置句和pa⁵³字处置句。

1. ʔau¹字处置句

ʔau¹字处置句是布依语处置句中最常见的句式，其结构形式是"ʔau¹+处置对象+实义动词"。例如：

（31）ʔau¹ tu¹ xap⁷ ʔdi¹。把门关好。

    拿 门 关 好

（32）nuən⁴ʔbɯk⁷ ʔau¹ pɯn³ sɯ¹ te¹ ɕom⁶ pai⁰。妹妹把那本书烧了。

　　妹妹　　　拿　本　书　那　烧　了

（33）te¹ ʔau¹ ka:i⁵ siən² ni⁴ ka:u⁵ xaɯ³ tshun³³tsaŋ⁵³。他把这件事告诉村长。

　　他　拿　件　事情　这　告诉　给　　村长

2. kuə⁶字处置句

kuə⁶字处置句分为两种结构形式，一种是"kuə⁶+处置对象+实义动词"，另一种是"实义动词+处置对象+kuə⁶"。例如：

（34）te¹ kuə⁶ zam⁴za:p⁸ lai¹ pai¹ ʔdaɯ¹ ɕa:u⁴。他把泔水弄到锅里去了。

　　他　做　泔水　流　去　里　锅

（35）te¹ kuə⁶ pi³¹ ɕiən² te¹ lwa³ pai⁰。他把那堵墙弄垮了。

　　他　做壁　墙　那　垮　了

3. tɯ² 字处置句

tɯ² 本义是"带"，虚化后也可以在处置句中表达处置义，意义跟"ʔau¹"字句基本相同。例如：

（36）leu⁴po² pai²to⁶ tɯ² ɕa:n⁴ lau³ tɕa:ŋ¹ fuɯŋ² tɕiŋ⁵ te¹。大家一起举杯向他敬酒。

　　大家　　一起拿　盏　酒　中　手　敬　他

（37）lɯk⁸tɕa⁴ tɯ² ʔbɯn¹ ɕeŋ⁵ pai¹ kɯn² ku³ fa:n⁶ la:i¹ ɕiən⁶。

　　力嘎　拿　天　撑　去　上　九　万　多　丈

力嘎把天撑上去九万多丈高。

4. ziu³字处置句

ziu³本义为"提"，虚化后可在处置句中表示处置义。例如：

（38）ku¹ xa² ziu³ ɕa:n³ lau³ ni⁴ tɕiŋ⁵ mɯŋ²。我要把这杯酒敬给你。

　　我　要　拿　杯　酒　这　敬　你

（39）leu⁴po² ziu³ te¹ ta:ŋ⁵ pu⁴xuk⁷。大家把他当傻子。

　　大家　拿　他　当　傻子

5. pa⁵³字处置句

pa⁵³借自汉语"把"，跟其他处置句表达的意义基本相同，在布依语中没有动词的用法，只能作介词。例如：

（40）te¹ pa⁵³ lɯk⁸ ku¹ soŋ⁵ taŋ² za:n²。他把我儿子送到家。

　　他　把　儿　我　送　到　家

（41）pau⁵liu³¹ pa⁵³ na² tɯ² soŋ¹ ta:u⁵ leu⁰。老刘把田犁两遍了。

　　老刘　把　田　犁　两　遍　了

（四）处置句的句式意义

处置句表达的是叙述者对处置句描述内容的主观评价，也就是事件主体对受涉对象作了什么处置。从句法上看，处置句可分为三段：首段是处置句的主语部分，表示一个动作行为的发出者，也就是处置句叙述内容的主体，或称事件主体，有的处置句主语不出现；第二段是虚义动词+处置对象（"实义动词+处置对象+kuə⁶"结构中，首段是实义动词+处置对象），这是处置句的关键所在，因为虚义动词的出现，给整个句式带来了特别的意义，即"处置句是表示叙述者对句式描述事件的主观评价"；第三段是实义动词+补充成分，表示叙述者的评价结果。按照事物发生、发展和结束的过程，处置句的各个部分也要遵守事件的时间先后顺序，因此，处置句对动词有特别的要求：只有能体现叙述者对处置句描述内容主观评价的动词才能进入这个句式中，有的动词虽然包含了主观评价，但没有评价结论，这种动词必须要带上补充成分才能使句子成立。比较下列句子：

（42）te¹ ʔau¹ ʔdan¹za:n² ka:i¹ pai⁰。他把房子卖了。（成立）

　　　他　拿　　房子　　卖　了

（43）te¹ ʔau¹ ʔdan¹za:n² ɕɯ⁴pai⁰。他把房子买了。（不成立）

　　　他　拿　幢　房子买 了

（44）te¹ ʔau¹ zɔn¹ ɕoi⁶ pai⁰。他把路修了。（不成立）

　　　他　拿　路　修　了

（45）te¹ ʔau¹ zɔn¹ ɕoi⁶ ʔdi¹ pai⁰。他把路修好了。（成立）

　　　他　拿　路　修　好 了

例（42）中，动词ka:i¹"卖"体现了叙述者的主观评价，并且带了表示"完结"义的助词pai⁰"了"，包含了评价结果，因此句子是成立的；例（43）中，动词ɕɯ⁴"买"表示"得到"，不能体现叙述者的主观评价，所以句子不成立，只有在后面添加补充成分，句子才能成立。例（44）中，动词ɕoi⁶"修"没有遵守句子叙述内容的时间先后顺序，因此不能反映叙述者的评价结果，所以句子不成立，而例（45）在动词后添加了补充成分，把评价结果反映出来了，因此句子就成立了。

三　被动句

（一）被动句的定义

主语是动作行为的受事成分，而动作行为的施事或导致动作行为发生的成分用特定介词来引介，这种句式就是被动句。从句法上看，被动句都使用一个表示被动的介词做标志，在布依语中，这些介词有tɯk⁸"被"、tɕo²"被"、teŋ¹"被"等，而且，这个介词和它关涉的成分一定要充当谓语中心语前的状语，否则，就不是被动句。例如：

（46）pɯə⁶ sak⁸ ʔiə⁵ pai⁰。衣服洗完了。

　　　衣服　洗　完 了

（47）ku¹ zo⁴taŋ² te¹ tɯk⁸ lau⁵³sɿ³³ tɕin⁵³kau²⁴ pai⁰。我知道他被老师警告了。

　　　我　知道 他 被 老师　　警告　 了

（48）ɕiau⁵³waŋ³¹ tɕo² ɕiau⁵³li⁵³ xa:i⁴ tɕau³ te⁵ pai⁰。小王被小李打破头了。

　　　小王 被　 小李　 打 头 破了

例（46）的主语pɯə⁶ "衣服"虽然是受事成分，但句子没有被动标志，所以，这种类型的句子都不能看作被动句；例（47）的tɯk⁸ lau⁵³sɿ³³ "被老师"因为不是充当谓语中心语的状语，所以也不是被动句；例（48）的tɕo² ɕiau⁵³li⁵³ "被小李"充当谓语中心语xa:i⁴ "打"的状语，所以是被动句。

（二）被动句的特点

被动句有两个基本的格式，一个是表示被动的介词及其关涉的成分充当谓语中心语的状语，一种是表示被动的介词直接跟谓语中心语结合。例如：

（49）toi⁴ tɕo² te¹ kuə⁶ te⁵ pai⁰。碗被他打破了。

　　　碗 被 他 打 破 了

（50）tɕau³ pja¹ tɕo² kɯn¹ pai⁰。鱼头被吃了。

　　　头 鱼 被 吃 了

例（49）是介词短语充当状语的类型，例（50）是介词直接跟谓语中心语结合的类型。前一个例子有强调施事的作用，后一个例子施事没有出现，因此受事得到了强调。

被动句的主语一般由名词性词语充当，多为受事，而且要求是有定的。例如：

（51）sou⁵³piau⁵³ ku¹ tɕo² pu⁴zak⁸ zak⁸ pai¹ pai⁰。我的手表被小偷偷走了。

　　　手表　 我 被 小偷　 偷 走 了

（52）ɕon² xa:u⁵ ni⁴ kan⁴ tɕo² wɯn² nɯ⁶ loŋ¹。这句话容易被人误解。

　　　句 话 这 容易 被 人　 想 错

例（51）的sou⁵³piau⁵³ "手表"单独不能充当主语，因为是无定的，例（52）的xa:u⁵ "话"也是这样。充当主语的名词性词语，只有跟其他词组合产生有定性后，在被动句中才是合法的。

被动句的谓语通常要求用动作性强的动词来充当，非自主性动词，表示能够、意愿、趋向的动词以及不及物动词不能用于被动句。例如：

（53）ʔdo⁵wa¹ tɕo² ʔbɯt⁷ pai⁰。花被掐了。

　　　花 被　 掐 了

（54）pu⁴zak⁸ teŋ¹ zau² lai⁶ teu² pai⁰。小偷被我们赶走了。

　　　小偷　 被 我们 赶 走 了。

（55）çoi⁴ te¹ tɯɯk⁸ tɕi³³niu³¹ ta:u⁵ mo⁵。那小伙子又被拘留了。

　　　小伙 那 被 拘留 次 新

上述例子中的动词都是动作性比较强的动词。有些动词如ʔai¹"咳嗽"、tɕai²"愿意"、ta:u⁵ma¹"回来"、tɯɯk⁷ti²"打架"等是不能进入被动句的。

被动句的否定形式是"否定词+表示被动的介词"，表示时间的副词和表示能愿的助动词通常也要放在表示被动的介词前。例如：

（56）çiə¹ ku¹ fi⁶ tɕo² tsaŋ³³sa:n³³ kuə⁶ wa:i⁶。我的车没有被张三弄坏。

　　　车 我 未 被 张三 做 坏

（57）te¹ fi⁶ tɯɯk⁸ kap⁸。他没有被抓。

　　　他 没有 被 抓

（58）te¹ si⁵çɯ² to³ tɯɯk⁸ zeu¹。他经常被取笑。

　　　他 经常 都 被 笑

（三）被动句的分类

根据被动标志的不同，布依语被动句可分为tɯɯk⁸字被动句、tɕo²字被动句和teŋ¹字被动句。被动句的标志由于来源不同，因此它们的语法意义会有微小的差别。

1. tɯɯk⁸字被动句

tɯɯk⁸字被动句是最常见的被动句式，这种被动句在布依语各土语点中都在使用。tɯɯk⁸原为动词，主要有"打""挖掘""赌""挨"等意义，其表示被动的用法是从动词"挨"演化而来。用tɯɯk⁸表示被动意义，民族特色更浓厚，语体色彩也更庄重，被动意义更凸显。例如：

（59）ʔdɔŋ¹fai⁴ la:u⁴ tɯɯk⁸ fi² zem³ pai⁰。大森林被火烧了。

　　　　森林 大 被 火 烧 了

（60）pjak⁷ tɯɯk⁸ te¹ kɯɯn¹ leu⁴ pai⁰。菜被她吃光了。

　　　　菜 被 她 吃 完 了

（61）ka:i⁵ siən⁵ ni⁴ tɯɯk⁸ te¹ kuə⁶ lwa:n³ pai⁰。这件事被他办糟了。

　　　　件 事 这 被 他 做 糟糕 了

2. tɕo²字被动句

tɕo²字被动句也是较为常见的句式。tɕo²字借自贵州汉语方言"着"，意思是"遭"，即"遭受"。用tɕo²表示被动意义，地域特点明显，口语色彩浓厚，使用范围较广。例如：

（62）wa¹tu¹ tɕo² zum² po⁵ xa:i¹ pai⁰。门被风吹开了。

　　　　门扇 被 风 吹 开 了

（63）xau⁴mɯɯn⁶ to³ tɕo² ʔau¹ pai¹ kuə⁶ tan²⁴kau³³ pai⁰。面粉都被拿去做蛋糕了。

　　　　面粉 都 被 拿 去 做 蛋糕 了

（64）te^1 tɕo^2 pau^{5}kuŋ^{33} xut^7 ʔba:t^7 ʔdeu^1。他被爷爷骂了一顿。

　　　　他　被　爷爷　　骂　顿　一

3．teŋ^{1}字被动句

teŋ^{1}字是本民族语，原为动词，主要有"遭受""打中""是"等意义，其表示被动的用法是从动词"遭受"虚化而来。但用teŋ^{1}字被动句只在一些地方使用，因此teŋ^{1}字被动句强调的是方言特征。例如：

（65）te^1 teŋ^1 lai^2 tiəŋ^2 ʔdam^5 pai^0。他被蜂刺蜇了。

　　　　他　被　蜂刺蜂　蜇　了

（66）po^{2}zau^2 teŋ^1 te^1 lɯn^{53}lo^{31} pai^0。我们被他冷落了。

　　　　我们　被　他　冷落　　了

（67）te^1 pi^{1}kwa^5 teŋ^1 khai^{33}tshu^{31} leu^0。他去年被开除了。

　　　　他　去年　被　开除　　　了

（四）被动句的句式意义

被动句通常是表示"不幸""不如意"或"不希望发生"的事件，因此谓语中心语往往都带有"伤害"的语义特征，如上述例子中的zem^3"烧"、xut^7"骂"、ʔdam^5"蜇"、ʔbɯt^7"掐"等；有的被动句，其谓语中心语虽然不带伤害的语义特征，但谓语对受事主语施加了不好的影响，这时，被动句就表示所叙述的事件是说话者不希望发生的。例如：

（68）me^{6}la:u^4 tɕo^2 la:n^{1}ʔbɯk^7 te^1 ɕiŋ^3 pai^1 lo^0。大妈被侄女请去了。

　　　　大妈　被　侄女　　她　请　去　了

（69）tɕa^5 ɕiə^1 te^1 tɕo^2 wɯn^2 koi^6 pai^1 pai^0。他的车被人骑走了。

　　　　辆　车　他　被　人　骑　去　了

例（68）和例（69）的谓语中心语ɕiŋ^3"请"和koi^6"骑"都不带伤害义，但me^{6}la:u^4 tɕo^2 ɕiŋ^3 pai^1"大妈被请去"和tɕa^5 ɕiə^1 tɕo^2 koi^6 pai^1"车被骑走"都是说话者不希望发生的事情。由此可以认为，被动句也是表示说话者主观态度的一种句式。被动句的使用条件是：如果一个句子的谓语表示伤害的意义或者谓语对受事主语施加的影响是说话者不希望发生的事情，那么就需要使用被动句。

四　比较句

（一）比较句的定义

比较句就是由相关比较参项构成一定的格式并表示比较关系的句子。事物与事物进行比较，要么是比较性质、形状的相同、相等以及相似，要么是比较性质、程度或者形状的大小、高低以及差别。无论是从相同点还是从不同点进行比较，都可以分为不同的小类。根据比较句的性质，等比句常用的比较词有lum³"像"、pe⁶"齐"、tuŋ⁴lum³"相同"等，差比句常用的比较词有to¹"多"、kɯ⁶"更"、pi⁵³"比"、mi²li⁴"没有"、lau⁵"超过"等。例如：

（70）te¹ foŋ⁶ xan¹ lum³ na⁵ jiəŋ⁶ni⁴。他冲得像箭一样快。

　　　他 冲 快 像 箭 这样

（71）te¹ sa:ŋ¹ pe⁶ ku¹。他跟我一样高。

　　　他 高 齐 我

（72）te¹ ʔɔn⁵ to¹ ku¹。他比我胖。

　　　他 胖 多 我

（73）siən⁵ mɯŋ² pi⁵³ siən⁵ te¹ la:i¹。你的事情比他多。

　　　事 你 比 事 他 多

例（70）和例（71）是比较事物性质、形状的相同和相似的，所以属于等比句；例（72）和例（73）是比较事物的性质、程度差异的，所以是差比句。从形式上看，比较句可切分为不同的参项。例（70）的比较参项有主项te¹"他"，客项na⁵"箭"，比较词 lum³"像"，比较结论是xan¹"快"，比较视点是速度，句子中没有出现；例（71）的比较参项有主项te¹"他"，客项ku¹"我"，比较词pe⁶"齐"，比较视点是高度，在句子中没有出现，比较结论是sa:ŋ¹"高"，在句子中省略了；例（72）的比较参项有主项te¹"他"，客项ku¹"我"，比较词to¹"多"，比较视点是体态，在句子中没有出现，比较结论是ʔɔn⁵"胖"；例（73）的比较参项有主项siən⁵ mɯŋ²"你的事"，客项siən⁵ te¹"他的事"，比较词pi⁵³"比"，比较结论la:i¹"多"，比较视点是数量，句子中没有出现。比较句都可切分为上述五个参项，但由于比较句内部在结构、特点上表现各异，因此各个参项在句法位置、比较视点、隐现条件等方面会有一定的不同。

（二）比较句的特点

比较句是主项和客项进行比较，因此前后比较项的性质和结构是相同的，如果主客项出现了相同或相关的成分，在不改变原义的前提下可省略主项或客项中的相同成分，不过多数情况下是省略客项的有关成分。例如：

（74）xa:u⁵ xa⁵ mɯŋ² nau² ʔdai⁴ ʔdi¹ to¹ te¹。你汉话说得比他好。

　　　话 汉 你 说 得 好 多 他

（75）ʔda:ŋ¹ te¹ ʔdi¹ to¹ ɕɯ²ɕau⁴。他的身体比过去好。

　　　身体 他 好 多 过去

例（74）在客项中省略了中心语xa:u⁵ xa⁵"汉话"，例（75）在主项中省略了时间词ɕɯ²ni⁴"现在"。

比较句的否定形式有两种类型：一是比较词借自汉语，否定副词只能放在比较词前面；一是布依语固有的比较句否定形式，否定副词不能放在述语前面，而是放在述语后面跟lau⁵"超过"或kwa⁵"过"组合表示否定。例如：

（76）te¹ mi² pi⁵³ muɯŋ² sa:ŋ¹。他不比你高。

　　　他　不　比　你　高

（77）taŋ¹ ju² zoŋ⁶ mi² lau⁵ taŋ¹ tien²⁴tuɯn³³。油灯没有电灯亮。

　　　灯　油　亮　不　过　灯　　电灯

例（76）的比较词pi⁵³"比"借自汉语，所以否定词放在它的前面，例（77）否定词mi²"不"跟动词lau⁵"超过"组合表示比较否定。

表示比较项之间的差距很大时，程度副词不能放在述语的前面，而是直接放在客项后面。例如：

（78）ɕɯ²ni⁴ ʔdiən¹ŋɔn² wɯɯn²pɯɯən² ʔdi¹ to¹ ɕɯ²ɕau⁴ la:i¹ pai⁰。

　　　　现在　　生活　　　人民　　　好　多　过去　多　了

　　　现在人民的生活比过去好多了。

（79）te¹ la:u⁴ to¹ ku¹ la:i¹。他比我大得多。

　　　他　大　多　我　多

例（78）和例（79）都是表示主项和客项差距很大的比较，程度副词la:i¹"多"放在客项的后面。

有时，比较句可以不用比较词，而是直接使用形容词对主项和客项进行比较。例如：

（80）ku¹ tam⁵ muɯŋ²。我比你矮。

　　　我　矮　你

（81）tuə²ma⁴ ni⁴ sa:ŋ¹ tuə²juən² te¹。这匹马比那只羊高。

　　　　马　这　高　羊　那

表示相同和相似的比较词（lum³、pe⁶）与客项组合成述宾短语充当比较句的状语，其位置要放在述语的后面。例如：

（82）te¹ ɕau⁶ʔdi¹ lum³ mai⁴ xa⁵。她像汉族姑娘一样漂亮。

　　　她　漂亮　像　姑娘 汉族

（83）ʔdan¹ za:n² ni⁴ la:u⁴ pe⁶ ʔdan¹ te¹。

　　　　幢　房子　这　大　如　幢　那

　　　这幢房子跟那幢房子一样大。

例（82）中，lum³"像"与mai⁴ xa⁵"汉族姑娘"组合成述宾短语充当述语ɕau⁶ʔdi¹"漂亮"的状语；例（83）中，pe⁶"如"跟ʔdan¹ te¹"那幢"组合成述宾短语充当述语la:u⁴"大"的状语。两个状语都放在述语的后面。

（三）比较句的分类

比较句从不同的角度可以分为不同的类型。这里根据比较句的性质分为等比句和差比句两大类型，每个大类又根据结构差异分为不同的小类。

等比句就是表示事物性质相同或不同的句式。其中，比较结论可以用形容词表示，也可以用动词表示。否定形式则是在比较词前面加否定副词mi^2来表示。常用的比较词有lum^3"像"、pe^6"齐"等。等比句可以分为四个小类。

1. 主项+比较词+客项。例如：

（84）$çoi^4$ $luuk^8ni^5$ ni^4 lum^3 pau^5po^6 te^1。这个小孩像他父亲。

　　　个　小孩　这　像　父亲　他

（85）$tuə^2luə^2$ lum^3 $tuə^2ma^4$。骡子像马。

　　　骡子　像　马

这是用比较词直接表示结论的比较。这种比较，可以是外形方面，如形体、相貌、高低等，也可以是性质方面，如性格、材料、结构等。

2. 主项+形容词+比较词+客项，有时心理动词也可表示比较结论。例如：

（86）$?dan^1$ toi^4 ni^4 $la:u^4$ pe^6 $?dan^1$ te^1。这个碗跟那个碗一样大。

　　　个　碗　这　大　如　个　那

（87）$muŋ^2$ kan^3 lum^3 mai^4 $luuk^8?buuk^7$ te^1。你像那个姑娘一样漂亮。

　　　你　漂亮　像　个　姑娘　那

（88）$me^6laŋ^1$ $tçai^2$ ku^1 lum^3 $me^6çin^1$。继母像亲妈一样疼爱我。

　　　后妈　疼爱　我　像　亲妈

这种比较句一般是比较主项和客项在性质或特征上的异同，比较结论要通过形容词来表示。由于心理动词跟形容词一样，也可以表示程度，所以比较结论有时也用心理动词来表示。

3. 主项+介词+客项+比较词。例如：

（89）$tçɔŋ^5$ wa^5 ni^4 $ziəŋ^2$ $tçɔŋ^5$ te^1 $tuŋ^4lum^3$。这条裤子跟那条裤子一样。

　　　件　裤子　这　跟　件　那　相　像

（90）ko^1 fai^4 ni^4 $ziəŋ^2$ ko^1 te^1 $tuŋ^4lum^3$。这棵树跟那棵树一样。

　　　棵　树　这　跟　棵　那　相　像

这种比较句实际上是第一种类型的变体。通过介词$ziəŋ^2$"跟"把客项提到述语前面，由比较词充当述语并表示比较结论。由于复杂谓语的述语一般不能用单音节词充当，所以述语就由单音节的lum^3变为双音节的$tuŋ^4lum^3$了。

4. 主项+客项+比较视点+比较词。例如：

（91）muŋ² ziən² te¹ ɕau⁶ʔdi¹ tuŋ⁴lum³。你跟她一样漂亮。

　　　你　　跟　他　漂亮　相　像

（92）fa⁶ɕa⁴ ziən² fa⁶wa:n¹ ka:t⁷ tuŋ⁴lum³。柴刀和斧头一样锋利。

　　柴刀　　跟　　斧头　锋利　相　像

这种比较句是比较主项和客项在某个特征上的相同点，其句式特点是主项和客项组合成并列短语充当句子的主语，比较视点和比较词形成主谓短语充当句子的谓语。比较词除了tuŋ⁴lum³外，还可以用lum³、pe⁶，这要根据比较视点来定。

差比句就是表示事物在某一性质上的程度差异的句子。通常情况，差比句都可以加否定词mi²"不"表示相反的比较结果。差比句可以分为五种小类。

1. 主项+比较结论+比较词+客项。例如：

（93）te¹ sa:ŋ¹ to¹ ku¹。他高过我（他比我高）。

　　　他　高　多　我

（94）te¹ ʔiəp⁷ kɯ⁶ zau² soŋ¹ pu⁴。他比我们俩快。

　　　我　快　更　我们　两人

2. 主项+比较词+客项+比较结论。例如：

（95）tuə² ma⁴ ni⁴ pi⁵³ tuə² te¹ sa:ŋ¹。这匹马比那匹高。

　　　匹　马　这　比　匹　那　高

（96）te¹ mi²li⁴ muŋ² pa⁵tiən²。他没有你嘴甜。

　　　他　没有　你　　嘴甜

3. 主项+谓词+比较词+客项。例如：

（97）tuə²zɔk⁸ ʔbin¹ mi² kwa⁵ fei³³tɕi³³。鸟飞不过飞机。

　　　鸟　　飞　不　过　飞机

（98）te¹ sat⁷ sa:ŋ¹ to¹ muŋ²。他跳得比你高。

　　　他　跳　高　多　你

4. 主项+比较词+客项+比较结论。例如：

（99）tuə² juən² ni⁴ pi⁵³ tuə² juən² te¹ ʔɔn⁵。这只羊比那只羊肥。

　　　只　羊　这　比　只　羊　那　肥

（100）zau² pi⁵³ po²te¹ kɯn¹ ʔiəp⁷。我们比他们吃得快。

　　　我们　比　他们　吃　快

5. 越+谓词+越+谓词。例如：

（101）tuə²mu¹ na:i⁶ kɯn¹ na:i⁶ pi²。猪越吃越肥。

　　　猪　越　吃　越　肥

（102）ko¹ fai⁴ te¹ ʔɔn⁵ ma³ ʔɔn⁵ sa:ŋ¹。那棵树越长越高。

　　　　棵　树　那　越　长　越　高

（四）比较句的句式意义

比较句就是表示主项与客项相互比较的句式。如果主项与客项在某一属性上相同或相近，比较句表示的语法意义就是说话者主观上认为主项与客项在性质程度上具有等同性，也就是主项在性质程度上与客项相同或相近。例如：

（103）ku¹ ziən² mɯŋ² sa:ŋ¹ tuŋ⁴lum³。我跟你一样高。

　　　　　我　跟　你　高　相　像

（104）lɯk⁸ ɕiau⁵³tsaŋ³³ lum³ ʔda:ŋ¹kau⁵ te¹。小张的儿子很像他自己。

　　　　儿子　小张　　像　自己　他

（105）ɕoi⁴ ni⁴ pja:i³ zɔn¹ lum³ po¹ te¹。这孩子走起路来像他父亲。

　　　　孩子这　走　路　像　父　他

如果主项与客项在性质上能够分出高下、大小、长短、好坏等差异，那么比较句表示的语法意义就是说话者主观上认为主项在性质的某个方面超过了客项，也就是主项与客项在程度上具有差异性，主项超过了客项。例如：

（106）xa:u⁵xa⁵ mɯŋ² ka:ŋ³ ʔdi¹ to¹ te¹。你汉语说得比他好。

　　　　汉语　　你　说　好　多　他

（107）lɯk⁸ mɯŋ² mi²li⁴ lɯk⁸ ku¹ kan³ tai³。你的孩子没有我的孩子爱哭。

　　　　孩子　你　没有　孩子　我　爱　哭

（108）siən⁵ mɯŋ² pi⁵³ siən⁵ te¹ la:i¹。你的事情比他多。

　　　　事情　你　比　事情　他　多

五　判断句

（一）判断句的定义

判断句就是由表示判断的动词与它的宾语组成述宾短语充当谓语的句子。布依语中，判断动词主要用tɯk⁸ "是"，有时也用teŋ¹ "是"。跟一般动词谓语句相比，判断句的动词跟宾语不发生直接的语义组合关系，而且判断句的动词是特定的，它的作用就是把主语和宾语联结起来，表示主语和宾语之间具有某种同一关系。例如：

（109）ŋɔn²ɕo⁶ tɯk⁸ ŋɔn² tɕe⁴。明天是赶场天。

　　　　　明天　是　天　集市

（110）pau⁵ tsaŋ³³ tɯk⁸ tshun³³tsaŋ⁵³ ʔba:n⁴ ni⁴。老张是这个村的村长。

　　　　老张　是　村长　　村　这

（111）ɕiau⁵³waŋ³¹ tɯk⁸ pau⁵tɔŋ² pi⁴ ku¹。小王是我哥哥的老庚。

　　　小王　　是　老庚　哥我

例（109）表示ŋɔn²ço⁶"明天"跟ŋɔn²tɕe⁴"赶场天"在时间上具有同一关系，例（110）表示pau⁵tsaŋ³³"老张"跟tshun³³tsaŋ⁵³"村长"具有归属关系，例（111）表示ɕiau⁵³waŋ³¹"小王"跟pau⁵tɔŋ²"老庚"具有一致关系。这些句子中的主语和宾语，有的能对换位置，有的不能。

（二）判断句的特点

判断句是对客观事物做出肯定和判断的句子，因此能充当句子主语和宾语的词语范围很大，差不多所有的名词或名词性短语都可以。词类中，名词、代词等可以充当主语和宾语，短语中，名词性短语、动词性短语、形容词性短语以及主谓短语等也常常充当主语和宾语。例如：

（112）ŋɔn²zɯ² tɯk⁸ ɕiən¹ zɔk⁷ŋuət⁸。后天是六月六。

　　　后天　是　节　六月

（113）ku¹ pai²çau⁴ tɯk⁸ ça:ŋ⁶sɯ¹ ʔba:n⁴ ni⁴。我以前是这个村的老师。

　　　我　以前　是　老师　村子这

（114）pau⁵ça:u⁵ ʔdan¹ za:n²sɯ¹ ni⁴ tɯk⁸ pau⁵waŋ²。这个学校的校长是老王。

　　　　校长　个　学校　这是　老王

（115）te¹ ta:u⁵ ma¹ tɯk⁸ ka:i⁵ lɔŋ¹ ʔdeu¹。他回来是一个错误。

　　　他　回　来　是　个　错误　一

判断句的基本功能是表示确认或肯定，同时也可以表示多种语义关系，这些语义关系主要有特征、领属、等同、归类、说明等。例如：

（116）tɕɔŋ⁵ pɯ⁶ ni⁴ tɯk⁸ ka:i⁵ fon⁴。这件衣服是黑色的。

　　　件　衣服这是　的黑色

（117）xo³te¹ tɯk⁸ ça:ŋ³ ço² xaɯ³ pu⁴tɕe⁵ sam¹ n̪a:p⁷ ʔdeu¹。

　　　他们　是　帮　年轻让　大人　心　烦乱　　一
　　　他们是一群让大人操心的年轻人。

（118）te¹ tɯk⁸ po⁶ ɕiau⁵³miŋ³¹。他是小明的父亲。

　　　他　是　父亲　小明

（119）tsaŋ³³ lau⁵³sɿ³³ tɯk⁸ pu⁴ son¹ xa:u⁵ʔjai⁴ te¹。张老师是那位教布依语的。

　　　张　老师　是　人教　布依语　那

判断句的否定形式就是在判断动词前加否定副词mi²"不"来表示。例如：

（120）ʔjam⁵ pi⁴nuəŋ⁴ mi² tɯk⁸ jiəŋ⁶ siən⁵ la:u⁴ ʔdeu¹。走亲戚不是一件大事。

　　　走访　亲戚　不　是　样　事情　大　一

（121）tuə²kɔp⁷ mi² tɯɯk⁸ tuə²kai⁵。田鸡不是鸡。

　　　　田鸡　不是　　鸡

（三）判断句的分类

判断句的主语有时由名词、代词或名词性短语充当，有时由动词或动词性短语充当，宾语也如此。因此，从句法结构的角度看，判断句可以分为以下几种类型。

1. 主语和宾语都由名词或名词性短语充当。例如：

（122）ɕiau⁵³tsaŋ³³ tɯɯk⁸ tɕin⁵³tsha³¹。小张是警察。

　　　　　小张　是　　警察

（123）za:n² kau⁵ tɯɯk⁸ za:n² xa²。旧房子是茅草房。

　　　　房子 旧　是　房子 茅草

（124）ŋɔn²ɕo⁶ tɯɯk⁸ ɕiəŋ¹sa:m¹。明天是三月三。

　　　　明天　　是　　三月三

2. 主语和宾语都由代词充当。例如：

（125）te¹ tɯɯk⁸ pu⁴laɯ²? 他是谁？

　　　　他　是　　谁

（126）tɕiə²ni⁴ tɯɯk⁸ tɕiə²laɯ²? 这儿是哪里（什么地方）？

　　　　这里　是　　哪里

3. 主语由代词充当，宾语由名词或名词性短语充当。例如：

（127）ku¹ tɯɯk⁸ lau⁵³sɿ³³ xa:u⁵ʔjai⁴。我是布依语老师。

　　　　我　是　老师　布依语

（128）pu⁴laɯ² tɯɯk⁸ po⁶ te¹? 谁是他的父亲？

　　　　　谁　　是　父　他

4. 主语由名词或名词性短语充当，宾语由代词充当。例如：

（129）pan³³tsaŋ⁵³ tɯɯk⁸ te¹。班长是他。

　　　　班长　　是　他

（130）pu⁴ tɯ² tɕiəŋ⁵ta¹ te¹ tɯɯk⁸ pu⁴laɯ²? 戴眼镜那位是谁？

　　　　个　戴　眼镜　那　是　　谁

（131）ka:i⁵ pa:i⁶na³ mɯŋ² te¹ tɯɯk⁸ ku³ma²? 你面前那个是什么？

　　　　个　　面前　你　那　是　　什么

5. 主语和宾语均由动词或动词性短语充当。例如：

（132）ʔda⁵ je⁵³ tɯɯk⁸ tɕai²。骂也是爱。

　　　　骂　也　是　爱

（133）tɯɯk⁷ tau⁵ je⁵³ tɯɯk⁸ kuə⁶ xoŋ¹。打猎也是干活。

　　　　打 猎物 也 是　干　活

（134）taŋ³ni⁴ kuə⁶ ɕi⁶ tɯk⁸ xa:i⁵ wɯn²。这样做就是害人。

　　　　这样 做 就 是 害 人

6. 主语由动词或动词性短语充当，宾语由名词或名词性短语充当。例如：

（135）tai³ mi² tɯk⁸ pan²⁴fa³¹。哭不是办法。

　　　　哭 不 是 办法

（136）pja:i³ zɔn¹ je⁵³ tɯk⁸ jiəŋ⁶ tuan²⁴niɛn²⁴ ʔdeu¹。走路也是一种锻炼。

　　　　走 路 也 是 样 锻炼 一

（四）判断句的句式意义

判断句就是通过判断词tɯk⁸"是"把主语和宾语连接起来，并对主语的性质作出肯定或判断，因此，主语表示的概念始终要小于或等于宾语表示的概念，而不可以大于宾语表示的概念。表示特征、归类、领属、说明的判断句，主语小于宾语表示的概念；表示等同的判断句，主语和宾语的概念相等。无论是表示特征、归类、等同还是表示领属、说明，判断句的句式意义都是对事物性质或状态进行肯定和确认。例如：

（137）ʔdan¹ tiŋ³ luəŋ² ni⁴ tɯk⁸ ka:i⁵ tɕhin³¹tshau³¹。这个铜鼎是秦朝的。

　　　　　个 鼎 铜 这 是 的 秦朝

（138）mɯŋ² tɯk⁸ ɕoi⁴ lɯk⁸ kwa:i¹ ʔdeu¹。你是一个聪明的孩子。

　　　　你 是 个 孩子 聪明 一

例（137）对ʔdan¹ tiŋ³ luəŋ² ni⁴"这个铜鼎"的状态进行肯定和确认，实际上是表达说话者对句子主语作出一个主观判断；例（138）对mɯŋ²"你"的特征进行说明，同时也是对主语所属范围进行肯定和确认。

第八章　句法成分

第一节　主语和谓语

句法成分的概念来自印欧语法，因为印欧语的句子只有一套结构，可以对所有的句子进行句法分析；而布依语的句子既有主谓句，也有非主谓句，所以句法分析并不适用于所有句子，只能对主谓句进行分析，而非主谓句是不能分析句法成分的。不过，一般会把分析主谓句的方法用来分析非主谓句，比如将由述宾短语充当的非主谓句也看作是述语和宾语构成的述宾结构。

一　主语和谓语的概念

主谓句都可以划分为两个部分，处于句子前面被陈述说明的部分是句子的主语，对主语进行陈述和说明的部分是谓语。一般说来，主语要提出一个陈述说明的问题，可以用"谁"或"什么"来回答，谓语则要对主语提出的问题进行陈述和说明，可以用"怎么样"或"是什么"来表示。例如：

（1）te¹ ma:i³ tuɯk⁷ lan³¹tɕhiu³¹。他喜欢打篮球。

  他　喜欢　打　　篮球

（2）tuə²na³ŋwa:i⁴ kwai⁶ no⁶ kuɯn¹。野猫找肉吃。

   脸花①　找　肉　吃

（3）ʔbɯɯn¹ leu⁴ kweŋ⁵seu⁵。天气非常晴朗。

  天气　非常　晴朗

（4）pi¹ ʔdeu¹ li⁴ ɕip⁸ŋi⁶ ʔdiən¹。一年有十二个月。

  年　一　有　十二　月

（5）xa:i⁴ wɯɯn² mjaɯɯ³ xa:i⁴ tɕau³。打人不要打头。

  打　人　不要　打　头

---

① 布依语对野猫的别称。

例（1）的主语是 te¹"他"，谓语是ma:i³ tɯk⁷lan³¹tɕhiu³¹"喜欢打篮球"，主语提出陈述的对象是"谁"，谓语说明主语"怎么样"。例（2）的主语是tuə²na³ŋwa:i⁴"猫"，谓语是kwai⁶ no⁶ kɯn¹"找肉吃"，主语提出谓语陈述的对象是"什么"，谓语陈述主语"怎么样"。其余几句的主语分别表示气候、时间和事件，谓语或者陈述主语，或者说明主语，回答"怎么样"或"是什么"的问题。主语和谓语的关系大体上就是这样。

主语和谓语是根据句法位置划分出来的两个成分。通常情况下，主语都处于句子前面，谓语处于句子后面，因此除了倒装句如ʔbin¹ pai¹ leu⁰，tuə² zɔk⁸ te¹"飞走了，那只鸟"之类句子外，主前谓后是布依语基本的句法规则。由于非形态语言都存在句法关系跟语义关系不一致的情况，所以，不能只根据动作行为的发出者即施事来判断主语，而是要根据位置关系。例如：

（6）pa⁵tu¹ ʔdun¹ li⁴ tɕi³ pu⁴ wɯn²。门前站着几个人。

　　门口　站　着　几　个　人

（7）pa:i⁶zo⁶ tau³ wɯn¹mon⁵。外面下着蒙蒙细雨。

　　　外边　下　毛雨

（8）ma¹ pu⁴xe⁵ pai⁰。来客人了。

　　来　客人　了

（9）ka:i⁵ siən⁵ ni⁴ taŋ³laɯ² kuə⁶ ni⁰？这件事怎么办呢？

　　　件　事情　这　怎么　做　呢

（10）pɯə⁶ sak⁸ ʔiə⁵ pai⁰。衣服洗了。

　　衣服　洗　完　了

例（6）处于主语位置的是名词 pa⁵tu¹"门口"，从语义关系上看，逻辑主语是 wɯn²"人"，但句法上仍要把 pa⁵tu¹"门口"看成主语；例（7）的主语是 pa:i⁶zo⁶"外面"，动词是 tau³"下"，实施动作行为的施事者不能找出；例（8）是非主谓句，虽然有逻辑主语，但动词前面没有名词成分，因此也找不到主语；例（9）从语义关系上看，ka:i⁵ siən⁵ ni⁴"这件事"是受事，也就是逻辑宾语，但处于主语位置，所以仍然是主语；例（10）的情况跟例（9）相同。

布依语虽然属于非形态语言，但单音节名词在很多场合不能单独充当主语，而是要跟表示类别的前加成分重新组合成名词才能充当主语；在总分结构或对举结构中，表类别的前加成分可以单独构成量词充当主语。例如：

（11）tuə²zɔm⁶ ʔju⁵ kɯn²ʔbɯn¹ ʔbin¹ pai¹ ʔbin¹ ta:u⁵。老鹰在天上飞来飞去。

　　鹰　　在　天上　飞　去　飞　回

（12）ko¹ʔoi⁴ to³ fak⁸ leu⁴ pai⁰。甘蔗都砍完了。

　　　甘蔗　都　砍　完　了

（13）soŋ¹ tɕɔŋ⁵ pɯ⁶ ku¹，tɕɔŋ⁵ tɕɔŋ⁵ to³ leu⁴ mo⁵。我的两件衣服，每件都很新。

　　　两　件　衣服　我　　件　件　都　很　新

（14）ʔdan¹ ɕuk⁸ ʔdan¹ mi² ɕuk⁸。有的果子熟了，有的没有熟。

　　　个　熟　个　不　熟

例（11）zɔm⁶ "老鹰" 不能单独充当主语，只有跟前加成分 tuə² 重新组合成名词才能成为句子的主语；例（12）前加成分 ko¹ 跟ʔoi⁴ "甘蔗" 组合成名词充当主语；例（13）是总分结构，主语是soŋ¹ tɕɔŋ⁶ pɯ⁶ ku¹ "我的两件衣服"，谓语由主谓短语tɕɔŋ⁵tɕɔŋ⁵ to³ leu⁴ mo⁵ "每件都很新" 充当，但主谓短语中的小主语由量词tɕɔŋ⁵充当，名词在这种情况下反而不能独立充当主语；例（14）是对举结构，主语由量词ʔdan¹充当，不能用名词ma⁵ "水果" 来充当。

二　主语和谓语的关系

布依语中，主语和谓语的区分主要是根据语序来确定的，除了倒装句外，主前谓后是通常的语序，比如 te¹ to⁶ suɯ¹ "他读书" 中，te¹ "他" 是主语，to⁶ "读" 是谓语，主语不能跑到谓语的后面。但在严格意义的形态语言如俄语中，主语和谓语的次序是可以任意变换的，一个句子不管主语放在哪个位置，其外在形态都是不变的，因此主语在句子中任何位置都不会影响意思的理解。而布依语是非形态语言，语序是重要的语法手段，句法成分如果变换位置，句子的意思就会不同。例如：

（15）ku¹ tuuk⁸ po⁶ te¹。我是他父亲。

　　　我　是　父　他

（16）tuə²mjau⁵ ma:i³ kɯn¹ tuə²nai⁵。猫喜欢吃老鼠。

　　　猫　　喜欢　吃　老鼠

例（15）中 ku¹ "我" 如果跟 te¹ "他" 调换位置，意思刚好相反；例（16）中如果 tuə²mjau⁵ "猫" 跟 tuə²nai⁵ "老鼠" 的位置调换，意思将变得不可理解。

主语和谓语的顺序有时也可以调换，但调换后不仅句式会发生改变，主语的性质和语法意义也会发生变化。因为布依语句子的主语往往表示有定的人和事物，而宾语一般表示无定的人或事物。例如：

（17）pu⁴xe⁵ ma¹ leu⁰。客人来了。

　　　客人　来　了

（18）ma¹ pu⁴xe⁵ pai⁰。来客人了。

　　　来　客人　了

（19）ʔdan¹za:n² ka:i¹ leu⁰。房子卖了。

　　　房子　卖　了

（20）ka:i¹ ʔdan¹za:n² leu⁰。卖房子了。

　　　卖　　房子　了

例（17）是主谓句，句子中的 pu⁴xe⁵ "客人" 是确定的，而例（18）是非主谓句，句子中的 pu⁴xe⁵ "客人" 是谁，说话人是不能确定的；例（19）和例（20）同理。

主语和谓语的位置是固定的，但主语和谓语的语义关系却比较复杂。有时主语是动作行为的发出者，这时句子的句法关系和语义关系一致。例如：

（21）ku¹ kɯn¹ xau⁴ ʔiə⁵ pai⁰。我吃过饭了。

　　　我　吃　饭　完了

（22）zɔk⁸tɕau³mjau⁵ tɕa:ŋ¹xɯn² ʔo⁵ ma¹ kap⁸ tuə²nai⁵。

　　　猫头鹰　　半夜　出来　抓老鼠

　　猫头鹰半夜出来抓老鼠。

有时主语是动作行为的受动者，是谓语动词涉及支配的对象，这时句子的句法关系和语义关系不一致。例如：

（23）pɯə⁶ sak⁸ ʔiə⁵ pai⁰。衣服洗了。

　　　衣服　洗　完　了

（24）wɯn³¹tsaŋ³³ za:i² leu⁴ pai⁰。文章已经写完了。

　　　文章　　写完　了

有时主语既不是动作行为的发出者，也不是动作行为的接受者，而是谓语叙述、说明、判断的对象，这时句法关系和语义关系是一致的。例如：

（25）fa⁶ mit⁸ ni⁴ ʔau¹ ma¹ zam³ fuɯn²。这把刀用来砍柴。

　　　把　刀　这　用　来　砍　柴

（26）çoi⁴ çi²la:n¹ ni⁴ ku³ ta²za:i⁴。这个孩子脾气很犟。

　　　个　小孩　这　犟　非常

这种类型的句子，主语要么是动作行为凭借的工具，要么是谓语叙述说明的对象，而谓语有时由形容词或形容词性短语充当。

三　主语和谓语的构成

布依语的句法成分不是通过词形变化来体现，而是通过语序和虚词表现出来，也就是每一个句法成分都有其相应的位置，成分与成分之间如果连接的虚词不同，句法关系就会不一样。主语和谓语的关系也是这样，主前谓后，主谓之间不能出现介词、连词，否则，主谓关系就不复存在。至于主语和谓语分别由什么成分担任，跟语序和虚词比起来，反倒是次要的，因为充当主语和谓语的成分是比较自由的，无论是体词性成分还是谓词性成分都可以充当主语或谓语，这是形态语言不具备的特点。

（一）主语的构成

具体来看，充当主语的成分可以分为两大类：一类是单独的词类，如名词、量词、动词、形容词等；另一类是短语，包括名词性短语、动词性短语和形容词性短语。先来看充当主语的词类。

1. 词类充当主语

a. 名词、代词、量词和数词充当主语

名词、代词是最常见的充当主语的词类，因为大多数句子表达的是一个事件，而动作行为的发出者、实施者往往是名词、代词表示的事物。例如：

（27）non¹ni⁵ ziən⁶ tɕi⁵tɕi⁵。小虫唧唧地叫。

　　　虫 小 叫 拟声

（28）tsaŋ³³san³³ xam⁶liən² nau² wɯɯən¹ pai⁰。张三昨晚唱了歌。

　　　张三　　昨晚 说 歌 了

（29）ŋɔn²ni⁴ ku¹ ɕuɯ⁴ ʔdai⁴ tɕɔŋ⁵ pɯɯ⁶ ʔdeu¹。我今天买了一件衣服。

　　　今天 我 买 得 件 衣服 一

（30）po²te¹ kɯɯn¹ xau⁴ pai⁰。他们吃饭了。

　　　他们 吃 饭 了

例（27）的主语是名词 non¹ni⁵ "小虫"，例（28）的主语是表示人名的名词 tsaŋ³³san³³ "张三"，可见名词充当主语是比较自由的。但布依语有很多表示具体事物的名词单独不能充当主语。例（29）的主语是人称代词 ku¹ "我"，例（30）的主语是表示复数的第三人称代词 po²te¹ "他们"，由于代词是代替名词、动词、形容词等词的，所以也常常用来充当主语。

表示时间、空间位置的名词也经常在句子中充当主语。例如：

（31）pa:i⁶na³ li⁴ tuə² ŋɯɯə² ʔdeu¹ wa:ŋ¹ tɕa:ŋ¹ zɔn¹。

　　　前面 有 条 蛇 一 横 中间 路

　　前面有一条蛇横在路上。

（32）kwa:m⁶kwa⁴ mi²li⁴ zam⁴。周围没有水。

　　　周围　　没有 水

（33）n̥a⁵ zau³ ma¹ taŋ² pai⁰。春天来到。

　　　季节暖 来 到 了

例（31）的 pa:i⁶na³ "前面"是方位词，例（32）的 kwa:m⁶kwa⁴ "周围"是处所名词，例（33）的 n̥a⁵ zau³ "春天"是时间词，都可在句子中充当主语。

量词一般不单独充当主语，但它具有代替名词的功能，因此在上下文的提示下，量词可以充当后一个句子的主语或者主谓谓语句中的小主语，见前述例子。

数词一般是在数学运算中充当主语，其他情况较少出现。例如：

（34）çip⁸ʔit⁷　tɯɯ⁵³ji³¹　zɔk⁷　tçia³³　xa³。十一等于六加五。

　　　十 一　等于　六　加　五

（35）fa:n⁶　sa:m¹　mi²　tuɯk⁸　ka:i⁵　so⁵　ni⁵　ʔdeu¹。一万三千不是一个小数目。

　　　万　三　不　是　个　数目小 一

例（34）的主语是 çip⁸ʔit⁷ "十一"，例（35）的主语是 fa:n⁶sa:m¹ "一万三千"。其他场合，数词往往要先跟其他词结合成量词短语才能充当主语。

量词的重叠形式也可以在句子中充当主语，表示"无例外"。例如：

（36）ʔju⁵　ʔdaɯ¹　ʔba:n⁴　pu⁴　pu⁴　to³　çia³³　te¹。在村里人人都欺负他。

　　　在　里　村子　人人　都　欺负 他

（37）tiəŋ¹kwa¹　pi¹　ni⁴　ʔdan¹ʔdan¹　la:u⁴　pau⁴。今年的西瓜个个又圆又大。

　　　西瓜　今年　个　个　大 圆

（38）tçoi¹　ma⁵ta:u²　ni⁴　ʔdan¹ʔ dan¹　to³　ʔdiŋ¹。这背篓桃子，个个都红。

　　　背篓　桃子　这　个　个　都 红

例（36）是表人的量词 pu⁴ "人"重叠充当整个句子的主语；表物的量词重叠后一般只充当第二分句的主语或主谓谓语句的小主语，如例（37）的ʔdan¹ʔdan¹ "个个"充当主谓短语"个个又圆又大"的小主语，例（38）的ʔdan¹ ʔdan¹ "个个"充当主谓短语"个个都红"的小主语。

b. 动词、形容词充当主语

动词、形容词充当主语的情况比名词性成分充当的要少，一般是用于表示判断、评价、肯定的句子，其他场合则不能使用。例如：

（39）pai¹　leu⁰　ʔdi¹　to¹　mi²　pai¹。去了比不去好。

　　　去 了　好　多　不 去

（40）tai³　mi²li⁴　ma²　juŋ⁶。哭没有什么用。

　　　哭 没有　啥 用

（41）xo³xam²　xa:i⁵　ʔda:ŋ¹。痛苦伤身体。

　　　痛苦　害　身体

（42）kan⁴　mi²　kwa:ŋ¹　je³　ʔim⁵，tçik⁷　mi²　ta:i¹　je³　ʔiə⁵。

　　　勤快不　富　也　饱　懒　不　死也 饿

　　　勤快不富裕也饱，懒不死也饿。

动词、形容词单独充当主语一般不能表达一个事件，也不表示具体的事物，而是表达事件或事物的动作行为或性质，因此动词、形容词充当主语有很多限制。布依语的主语"务实不务虚"，无论是词或短语，所指越具

体，越能充当主语，反之则越不能充当主语。上述句子的主语所指都不具
体，因为都是对事件或事物的动作行为及性质作出判断或评价的，所以动
词、形容词能充当主语。

2. 短语充当主语

a. 名词性短语充当主语

名词性短语主要包括量词短语、方位短语、定中短语、名词性的并列
短语。名词性短语的功能相当于名词，因此常常充当主语。例如：

（43）tuə² ma¹ te¹ poŋ⁶ ma¹ so⁶ ku¹。那条狗向我扑过来。

　　　条　狗　那　扑　来　向　我

（44）kun² ɕwa:ŋ² nin² li⁴ pu⁴ piŋ⁶ ʔdeu¹。床上睡着一个病人。

　　　上　床　　睡　有　个　病　一

（45）sa:m¹ tuə² mjau⁵ ni⁴ tuuk⁸ ja⁶ ni⁴ ɕiəŋ⁴。这三只猫是这位女士养的。

　　　三　　只　　猫　这　是　女士　这　养

（46）tɕem³ʔboŋ⁵ te¹ lak⁸ ta²za:i⁴。她的酒窝很深。

　　　酒窝　她　深　非常

（47）tuə² ni⁴ ziəŋ² pu⁴ʔun⁵ mi² tun⁴lum³。这家伙和别人不一样。

　　　家伙 这　和　　别人　不　相同

例（43）充当主语的是量词短语 tuə² ma¹ te¹ "那条狗"，例（44）充
当主语的是方位短语 kun² ɕwa:ŋ² "床上"，例（45）充当主语的是量词短
语 sa:m¹ tuə² mjau⁵ "这三只猫"，例（46）充当主语的是定中短语 tɕem³ʔboŋ⁵
te¹ "她的酒窝"，例（47）充当主语的是并列短语 tuə² ni⁴ ziəŋ² pu⁴ʔun⁵
"这家伙和别人"。名词性短语由于所指都是具体的，因此充当主语的自由
度很大。

b. 动词性短语和形容词性短语充当主语

充当主语的动词性短语有述宾短语、述补短语、动词为中心语的偏正
短语、动词性的并列短语；充当主语的形容词性短语有形容词为述语的述
补短语、形容词为中心语的偏正短语。例如：

（48）xa:i⁴ wun² mjauu³ xa:i⁴ tɕau³。打人不要打头。

　　　打　人　别　打　头

（49）le² tɕi³ koŋ² mi² na:i⁵ ʔet⁷lauu²。跑几圈一点儿不累。

　　　跑　几　圈　不　累　一点儿

（50）ʔjap⁷ʔjwa:i⁵ pja:i³ ku¹ nep⁸ mi² ʔdai⁴。快走我追不上。

　　　迅速　　走　我　追　不　得

（51）nau² ziəŋ² za:i² to³ seu³ mi² ʔdai⁴。说和写都不能少。

　　　说　和　写　都　少　不　得

（52）peŋ² la:i¹la:i¹ mi²li⁴ pu⁴ ɕuɪ⁴。太贵了没有人买。

　　　贵　多　多　没有　人　买

（53）sam¹so⁶　la:i¹　je⁵³　kuə⁶ mi² pan² siən⁵。太老实也办不成事。

　　　心直　　多也　做　不成　事

例（48）充当主语的是述宾短语 xa:i⁴ wuɪn² "打人"，例（49）充当主语的是述补短语 le² tɕi³ koŋ² "跑几圈"，例（50）充当主语的是状中短语 ʔjap⁷ʔjwa:i⁵ pja:i³ "快走"，例（51）充当主语的是并列短语 nau² ziən² za:i² "说和写"，例（52）充当主语的是述补短语 peŋ² la:i¹la:i¹ "太贵"，例（53）充当主语的是状中短语 sam¹so⁶ la:i¹ "太老实"。有的动词性短语和形容词性短语不充当主语，如连动短语、形容词性的并列短语。上述充当主语的动词性短语和形容词性短语其性质相当于动词和形容词，因此充当主语要受到一定条件的限制。

c. 主谓短语充当主语

主谓短语充当主语常常是表示一件事，要求谓语对主语进行说明、描写或判断。例如：

（54）muɪŋ² ɕuɪ²lauɪ² ma¹ ɕi⁶ nau² xauɪ³ ku¹ kon⁵。你何时来先告诉我。

　　　你　何时　　来就　说　给　我　先

（55）te¹ ɕio³¹ xoŋ² wuɪn¹ lam³sam¹ ta²za:i⁴。她学唱歌很认真。

　　　她　学　唱　歌　认真　　非常

（56）puɪn¹tɕau³ xa:u¹ nau²miŋ² wuɪn² tɕe⁵ pai⁰。头发白说明人老了。

　　　头发　　白　说明　　人　老　了

例（54）充当主语的是主谓短语 muɪŋ² ɕuɪ²lauɪ² ma¹ "你何时来"，例（55）充当主语的是主谓短语 te¹ ɕio³¹ xoŋ² wuɪən¹ "她学唱歌"，例（56）充当主语的是主谓短语 puɪn¹tɕau³ xa:u¹ "头发白"。

（二）谓语的构成

谓语一般由动词、形容词或者动词性短语和形容词性短语充当，此外还可由主谓短语充当。名词在一定条件下也可充当谓语，但仅限于表示年龄、籍贯、天气、价格、外貌或者时间的词。

1. 动词和动词性短语充当谓语

（57）ɕoi³¹ luɪk⁸ʔbuɪk⁷ ni⁵ te¹ ŋon²ɕo⁶ zoŋ²lai¹。他的小女儿明天出嫁。

　　　个　女儿　小　他 明天　出嫁

（58）po⁶ te¹ ta:i¹ pai⁰。他父亲死了。

　　　父亲 他　死 了

（59）pau⁵tɕau³ phei³³tsun⁵³ po²zau² pai¹。头儿批准我们去。

　　　头目　　批准　　我们　去

（60）taŋ²jiən⁶ ku¹ teŋ¹ te¹　len⁵　pai¹ pai⁰。我的东西被他顺手拿走了。

　　　东西　我　被　他　顺手拿走　了

例（57）的谓语由动词 zoŋ²lai¹"出嫁"充当，例（58）的谓语由动词 ta:i¹"死"充当，例（59）的谓语由连动短语 phei³³tsun⁵³ po²zau² pai¹"批准我们去"充当，例（60）的谓语由状中短语 teŋ¹ te¹ len⁵ pai¹"被他顺手拿走"充当。

2. 形容词和形容词短语充当谓语

（61）pau⁵po⁶ te¹ tɕe⁵tɕe⁴ pai⁰。他父亲很老了。

　　　父亲　他　苍老　了

（62）ma⁵ta:u² ʔdiŋ¹ pai⁰。桃子红了。

　　　桃子　红　了

（63）tɕen¹ka¹ ku¹ tɕet⁷ tɕa²ɕi²。我的四肢非常痛。

　　胳膊 腿 我 痛 非常

（64）xoŋ⁵ za:n² te¹ jou²⁴ kwa:ŋ⁵la:ŋ⁶ jou²⁴ zoŋ⁶ʔdɔŋ⁵。那间房子又宽大又明亮。

　　间 房屋那 又　　宽大　又　　明亮

（65）pen⁵na³ te¹ ʔdiŋ¹ tɔŋ²tɔŋ²。她的脸红彤彤的。

　　脸庞 她 红 彤 彤

例（61）的谓语由形容词"苍老"充当，例（62）的谓语由形容词"红"充当，例（63）的谓语由形容词为中心语的状中短语"非常痛"充当，例（64）的谓语由两个形容词组合的并列短语"又宽大又明亮"充当，例（65）是状态形容词"红彤彤"充当谓语。

3. 名词和时间词充当谓语

（66）ɕiau⁵³waŋ³¹ wɯn² pe³¹tɕin³³。小王是北京人。

　　　小王　　人　北京

（67）ʔdiən¹zɔk⁷ ɕo⁵zɔk⁷ ɕiəŋ¹ zɔk⁷ŋuət⁸zɔk⁷。六月初六是"六月六"节。

　　　月　六　初六 节日 六 月 六

例（66）的谓语由名词 wɯn² pe³¹tɕin³³"北京人"充当，例（67）的谓语由时间词 ɕiəŋ¹ zɔk⁷ŋuət⁸zɔk⁷"'六月六'节"充当。

4. 主谓短语充当谓语

（68）ka:i⁵ wɯn²⁴thi³¹ ni⁴ mɯŋ² ʔda:ŋ¹kau⁵ ka⁶ kai⁵³tɕie³¹。这个问题你自己解决。

　　　个　问题　这　你　自己　自　解决

（69）ta:u⁵ ni⁴ khau⁵³sɿ²⁴ ku¹ fi⁶ tɕi³¹ke³¹。这次考试我没有及格。

　　　次　这　考试　我　没有　及格

例（68）谓语由主谓短语 mɯŋ² ʔda:ŋ¹kau⁵ ka⁶ kai⁵³tɕie³¹"你自己解决"充当，例（69）谓语由主谓短语 ku¹ fi⁶ tɕi³¹ke³¹"我没有及格"充当。

四　复杂谓语

一个句子的谓语由单个动词或形容词充当，这个句子的谓语叫作简单谓语；如果是由两个或两个以上的动词、形容词组合而成，或者由两个或两个以上的动词短语、形容词短语等组合而成，这个句子的谓语就是复杂谓语。例如：

（70）pau⁵sai⁵ ta⁵³ fuŋ¹ sin⁵ pai¹ nau² waŋ³¹tɕa:ŋ²⁴jiɛn³¹ ma¹ pai⁰。

　　　　官　打　封　信　去　叫　　王江元　　来了

　　县官派人送信去叫王江元来。

其中有四个动作关系：一是 ta⁵³ fuŋ¹ sin⁵"送信"，二是 pai¹"去"，三是 nau²"叫"，四是 ma¹"来"，如果搞不清楚这四个动作关系，就不容易理解和正确使用这种复杂谓语句。

从结构上看，复杂谓语存在两个或两个以上的谓项，谓项与谓项之间遵循时间先后顺序。但复杂谓语是指谓项之间没有语音停顿的结构形式，如果一个句子虽然有共同的主语，但谓项之间有语音停顿，那么这个句子就是并列复句了，如 leu⁴tɕɔŋ⁵ tuŋ⁴ ɕuə⁴ ɕeu⁶kon⁵，xɔŋ² wɯən¹"人们摆龙门阵，唱着"。从复杂谓语谓项与谓项之间的语义关系来看，复杂谓语主要有以下几种类型。

1. 前一个谓项表示动作的过程，后面的谓项表示动作的结果；或者前一个谓项表示动作的方式，后面的谓项表示动作的目的。例如：

（71）ku¹ kwin⁴ xa:i¹ tu¹ ʔo⁵ pai¹。我推门出去。

　　　　我　推　开门　出去

（72）muŋ² naŋ⁶ ʔa:n⁵ kuə⁶ wɯən²。你坐在宝座上当国王。

　　　　你　坐宝座　做　王

（73）te¹ tai⁵ za:n² ʔo⁵ ma¹ za¹ ɕa:ŋ⁶ʔiə¹ lu²li²。他急忙从家里出来找医生。

　　　　他　从　家　出　来　找　医生　急忙

例（71）前面的谓项 kwin⁴ xa:i¹ tu¹"推开门"表示先发生的动作，后面的谓项ʔo⁵ pai¹"出去"表示后发生的动作，两个动作之间是时间先后关系；例（72）第一个谓项 naŋ⁶ ʔa:n⁵"坐宝座"表示方式，第二个谓项 kuə⁶ wɯən²"当国王"表示动作的目的，两个谓项之间是方式和目的的关系；例（73）第一个谓项ʔo⁵ ma¹"出来"表示动作的方向，第二个谓项 za¹ ɕa:ŋ⁶ʔiə¹"找医生"表示动作的目的，前后两个动作的关系是趋向与目的的关系。虽然这三个句子的谓语表示的语义关系有所不同，但前面的谓项都表示某种条件，后面的谓项是承接前面的动作而达成的结果。

2. 前一个谓项对事物进行肯定的陈述或说明，后面的谓项则进行否定的陈述或说明，因此后面的谓项前都要加上否定副词 mi²。例如：

（74）pu⁴ wuɯn² ni⁴ ɕe¹ tɕɔŋ⁵ luɯk⁸ mi² kuən³。这个人丢下一群孩子不照管。

　　个　人　这　丢下　群　孩子　不　照管

（75）te¹ ʔjau⁴ ʔdi¹ mi² tuɯ² ʔo⁵ ma¹。她藏着不拿出来。

　　她　藏　好　不　拿　出　来

（76）tɕɔŋ⁵ ɕi²la:n¹ pan³ tɕen¹puɯə⁶ ku¹ mi² ɕuəŋ⁵。孩子们抓住我的衣袖不放。

　　群　孩子　抓住　　衣袖　我　不　放

这类句子的前后两个谓项虽然一个表示肯定，一个表示否定，但都是围绕一件事情来进行陈述的。例（74）ɕe¹ "丢下" 的意思其实就是 mi² kuən³ "不照管"；例（75）ʔjau⁴ ʔdi¹ "藏着" 也就等于 mi² tuɯ² ʔo⁵ ma¹ "不拿出来"；例（76）pan³ "抓住" 当然就是 mi² ɕuəŋ⁵ "不放"。

3. 前一个谓项表示某种动作，后面的谓项表示由这个动作产生的结果或情况。例如：

（77）te¹ zo⁴n̩iə¹ ɕɔn² ka:ŋ³ ni⁴ xo²pu² pai⁰。他听着这句话就生气了。

　　他　听到　句　讲　这　生气　了

（78）ku¹ ju² taŋ² tɕa:ŋ¹ ta⁶ ɕi⁶ na:i⁵ pai⁰。我游到河中央就累了。

　　我　游　到　中间　河　就　累　了

（79）tɕi³ pu⁴ wuɯn² ɕim¹ laŋ¹ jou²⁴ n̩uən³ pai⁰。几个人看着又烦恼了。

　　几　个　人　看后　又　烦恼　了

例（77）是先 zo⁴n̩iə¹ "听着" 然后才 xo²pu² "生气"，例（78）是 ju² taŋ² tɕa:ŋ¹ ta⁶ "游到河中央" 才导致 na:i⁵ "累" 的，例（79）是因为 ɕim¹ laŋ¹ "看着" 才产生 n̩uən³ "烦恼" 的。

4. 一个谓项的宾语从语义上看是后面的谓项的逻辑主语，后面的谓项是前一个谓项导致的结果或者是对第一个谓项的补充说明。例如：

（80）muɯŋ² jeu⁶ pu⁴ wuɯn² te¹ ma¹。你叫那个人来。

　　　你　叫　个　人　那　来

（81）pau⁵sai⁵ pa:i⁵ ku¹ tshu³¹tshai³³。领导派我出差。

　　　领导　派　我　出　差

（82）te¹ li⁴ ɕoi⁴ luɯk⁸ ʔdeu¹ ʔju⁵ kui²⁴jaŋ³¹。他有一个孩子在贵阳。

　　他　有　个　孩子　一　在　贵阳

例（80）中 pu⁴ wuɯn² te¹ "那个人" 是 jeu⁶ "叫" 的宾语，语义上又是 ma¹ "来" 的逻辑主语，第二个谓项是第一个谓项导致的结果；例（81）中 ku¹ "我" 是 pa:i⁵ "派" 的宾语，同时又是 tshu³¹tshai³³ "出差" 的逻辑主语，后面的谓项是由于第一个谓项而产生的结果；例（82）中 luɯk⁸ "孩子" 是 li⁴ "有" 的宾语，又是 ʔju⁵ "在" 的逻辑主语，第二个谓项是对第一个谓项作补充说明。

5. 其他复杂谓语。例如：

（83）ɕiau⁵³xuŋ³¹ ziu³ ɕen² xau³ me⁶ ʔjau⁴。小红把钱交给妈妈保存。

　　　　小红　拿钱　给　妈妈　保存

（84）ku¹ pa:n⁴ te¹ pai¹ tɕa:ŋ¹ka:i¹ ɕɯ⁴ taŋ²jiən⁶。我陪她上街买东西。

　　　　我　陪　她　去　街上　　买　东西

（85）wuun²ʔba:n⁴ to³ pai¹ pa:ŋ¹ te¹ kuə⁶ ten⁶za:n²。村里人都去帮他修地基。

　　　　人　村子　都　去　帮　他　修　地基

例（83）有三个谓项，前面两个谓项是连续的动作行为，第二个谓项的宾语 me⁶ "妈妈" 又是第三个谓项的逻辑主语，主语 ɕiau⁵³xuŋ³¹ "小红" 对第三个谓项没有支配作用；例（84）第一个谓项的宾语是 te¹ "她"，同时 te¹ "她" 又是第二个谓项和第三个谓项的逻辑主语，主语 ku¹ "我" 对第一个谓项和第二个谓项有支配作用，但对第三个谓项没有支配作用；例（85）有三个谓项，第二个谓项的宾语 te¹ "他" 是第三个谓项的逻辑主语，同时主语 wuun²ʔba:n⁴ "村里人" 对三个谓项都有支配作用。

第二节　述语和宾语

一　述语和宾语的关系

述语就是谓语中关涉或影响宾语和补语的成分，一般由动词充当，也可由形容词、动词短语、形容词短语充当。述语是相对于宾语和补语而存在的概念，当述语和宾语组合成谓语时，二者构成述宾关系；当述语和补语组合成谓语时，二者构成述补关系。因此，没有述语，就不能划分出宾语和补语；同样，没有宾语和补语，也不能划分出述语。例如：

（1）mjau⁵ kɯn¹ pai⁰。猫吃了。

　　　　猫　吃　了。

（2）mjau⁵ kɯn¹ pja¹ pai⁰。猫吃鱼了。

　　　　猫　吃　鱼　了。

例（1）的 kɯn¹ "吃" 是谓语，因为没有宾语，所以不存在述语；例（2）的 kɯn¹ pja¹ "吃鱼" 是谓语，kɯn¹ "吃" 是述语，pja¹ "鱼" 是宾语。

述语和宾语的关系从语义上看是多种多样的。根据宾语表示的内容，这些关系可以概括为：

受事：ɕɯ⁴ pɯə⁶ "买衣服"、pen¹ naŋ¹ "剥皮"

施事：ma¹ pu⁴xe⁵ "来客人"、ʔbin¹ pai¹ tuə² zɔk⁸ ʔdeu¹ "飞走一只鸟"

存在：li⁴ ɕen² "有钱"、ʔdun¹ li⁴ sam⁵ wuun² ʔdeu¹ "站着一些人"

材料：mja:m⁶ na:m⁶ʔa:n⁵ "糊稀泥（用稀泥糊墙）"、tap⁸ tɕik⁷ "砌砖"

称谓：ta:ŋ¹ ɕiaŋ³³tsaŋ⁵³ "当乡长"、wai¹ waŋ³¹ "姓王"

结果：taŋ³ za:n² "盖房子"、za:i² suɯ¹ "写字"

处所：pai¹ pe³¹tɕin³³ "去北京"、ʔju⁵ za:n²xa² "住茅屋"

时间：ɕun² tɕi³ ŋon² "玩几天"、ɕa³ sa:m¹ pi¹ "等三年"

数量：ɕuɯ⁴ soŋ¹ tɕa¹ "买两台"、kuən³ ŋi⁶ɕip⁸ fa:n⁶ "值二十万"

上述语义关系基本上可以归纳为三类：第一类从受事到结果，宾语表示各种事物；第二类从处所到时间，宾语表示空间关系和时间关系；第三类就是数量，宾语表示各种数量关系。

二　述语的类型

布依语中最常见的是动词作述语，除此而外，形容词、动词短语、形容词短语也可以作述语。

（一）动词述语

充当述语的动词主要有及物动词、关系动词、心理感知动词。例如：

（3）ʔit⁷ pu⁴ luuk⁸suɯ¹ to³ za:i² ɕo⁶ pai⁰。每个学生都签了字。

　　每 个 学生　都 写 名 了

（4）te¹ tuuk⁸ po⁶ ɕiau⁵³miŋ³¹。他是小明的父亲。

　　他 是 父亲 小明

（5）tuə²ɕiə² ma:i³ kuun¹ n̠iə³ ʔun⁵。黄牛喜欢吃嫩草。

　　黄牛 喜欢 吃　草 嫩

及物动词是能够带宾语的动词，在动词中占大多数，凡是及物动词都可以充当述语，如例（3）的 za:i² "写"；关系动词不表示动作行为，在句子中主要表示主语和宾语之间是同一或类属关系，如例（4）的 tuuk⁸ "是"；心理感知动词表示感觉和心理活动，可以受程度副词的修饰，既可以带名词性宾语，也可以带谓词性宾语，如例（5）的 ma:i³ "喜欢"。

（二）形容词述语

充当述语的形容词主要有表示空间、度量、颜色、年纪、属性、评价的形容词。例如：

（6）puuən² ni⁴ ʔaŋ¹ la:i¹ pai⁰。这个地方太热了。

　　地方 这 热 多 了

（7）muuŋ² tam⁵ ku¹ ʔdak⁷ tɕau³ ʔdeu¹。你比我矮一头。

　　你 矮 我 个 头 一

形容词一般都能带补语，一部分形容词还可以带宾语，分别形成述补短语和述宾短语。例（6）是表示属性的形容词ʔaŋ¹"热"充当述语，例（7）是表示空间的形容词 tam⁵"矮"充当述语。

（三）动词短语述语

充当述语的动词短语主要有述宾短语、述补短语、并列短语、状中短语、连动短语。例如：

（8）te¹ soŋ⁵ xaɯ³ ku¹ tɕi³ xa:p⁸ ʔiən¹。他送给我几包烟。

　　　　他 送 给 我 几 盒　烟

（9）te¹ xa:i⁴ ta:i¹ tuə² wa:u³ ʔdeu¹ pai⁰。他打死了一只老鼠。

　　　　他 打 死 只 老鼠 一 了

（10）leu⁴po² to³ tsɿ³³tshɿ³¹ pa:ŋ¹maŋ³¹ te¹。大家支持和帮助他。

　　　　大家 都 支持　帮助　他

（11）pi⁴sa:i¹ mi² zo⁴xe⁶ taŋ³laɯ² xa:i¹ jiəŋ⁶ ɕiə¹ ni⁴。哥哥不知道怎么开这种车。

　　　　哥哥 不　知道　怎么 开 样 车 这

（12）ku¹ ʔdiəp⁷ pai¹ ʔdiəp⁷ ma¹ ʔdiəp⁷ mi² ʔo⁵ ka:i⁵ pan²⁴fa³¹ ʔdeu¹。

　　　　我 想 去 想 来 想 不 出 个 办法　一

　　　　我想来想去想不出一个办法。

述宾短语充当述语主要是基于有的句子有两个宾语，在层次划分上，一般是先把动词跟第一个宾语当述语处理，如例（8）的 soŋ⁵ xaɯ³ ku¹"送给我"；述补短语充当述语常常见于后面有宾语的情况，如例（9）的 xa:i⁴ ta:i¹"打死"是述补短语，后面的宾语是 tuə² wa:u³ ʔdeu¹"一只老鼠"；动词性并列短语充当述语跟单个动词充当述语并无太大区别，只要语义搭配即可，如例（10）的 tsɿ³³tshɿ³¹ pa:ŋ¹maŋ³¹"支持和帮助"；状中短语充当述语主要是指动词前有否定副词、能愿动词的情况，如例（11）的动词 zo⁴xe⁶"知道"前带否定副词 mi²"不"；连动短语通常不充当述语，因为连动短语一般不会带一个共同的宾语，只有重复语义的连动短语才可以带一个共同的宾语，这时，连动短语才能被看作述语，如例（12）的ʔdiəp⁷pai¹ ʔdiəp⁷ma¹ ʔdiəp⁷ mi² ʔo⁵"想来想去想不出"，它们的宾语是 ka:i⁵ pan²⁴fa³¹ ʔdeu¹"一个办法"。

（四）形容词短语述语

充当述语的形容词短语主要有述宾短语、述补短语。例如：

（13）ku¹ sa:ŋ¹ te¹ ʔdak⁷ tɕau³ ʔdeu¹。我高他一个头。

　　　　我 高 他 颗 头 一

（14）po⁶ mɯŋ² kɯəŋ⁴ka:ŋ⁵ to¹ ku¹。你父亲比我健壮。

　　　　父 你　健壮 多 我

形容词短语充当述语主要见于有的形容词带双宾语和有的形容词先形成述补短语再带宾语的情况。带双宾语的通常是把第一个宾语跟形容词合在一起看作述语，如例（13）sa:ŋ¹ te¹ "高他"是述语，ʔdak⁷tɕau³ ʔdeu¹ "一个头"是宾语；同样，形容词跟其他成分先形成述补短语再带宾语的，述补短语也看作是述语，如例（14）的 kɯəŋ⁴ka:ŋ⁵ to¹ "健壮多"是述语，ku¹ "我"是宾语。

三　宾语的类型

宾语一般是由名词或名词性短语充当，少数情况下，动词、动词性短语、形容词和形容词性短语也可以充当宾语，此外，还有主谓短语充当宾语。

（一）名词性宾语

名词性宾语主要包括名词、代词和量词充当的宾语和名词性并列短语、定中短语、量词短语、ka:i⁵字短语充当的宾语。例如：

（15）te¹ kuə⁶ tsu⁵³zuɯn²⁴ pai⁰。他当了主任。

　　　他　做　　主任　了

（16）pu⁴lauɯ² to³ zo⁴na³ te¹。谁都认识他。

　　　　谁　都　认识 他

（17）pu⁴ xut⁷ pu⁴。一个人骂一个人。

　　　　个　骂　个

（18）ka:i⁵ fai⁴ ni⁴ ʔju⁵ zek⁷tɕau³ pai²²ʔdeu¹。这种树就在附近。

　　　　个　树　这　在　附近　　正好

（19）ʔdauɯ¹ za:n² ka⁶ li⁴ po⁶ ziən² ku¹。家里只有父亲和我。

　　　　里　家　只　有 父亲 和　我

（20）te¹ ziu³ san³ tuɯŋ⁴ ʔdeu¹。他拿一根棍子。

　　　他 拿 根　棍子　一

（21）muɯŋ² ʔbet⁸ toi⁴ ɕo⁵ kuɯn¹ ɕoŋ²。你把碗摆放桌子上。

　　　你　　摆 碗 放 上　桌子

（22）ka:i⁵ taŋ²jiən⁶ ni⁴ mi² tuɯk⁸ ka:i⁵ ku¹。这东西不是我的。

　　　　个　东西 这 不 是　的　我

例（15）至例（18）分别有名词、代词和量词充当宾语，例（19）至例（22）是名词性短语充当宾语。

（二）动词性宾语

动词性宾语主要包括动词充当宾语和述宾短语、述补短语充当宾语两大类型。例如：

（23）ɕoi⁴ ɕi²la:n¹ ni⁴ la:u¹ tuɯk⁸xa:i⁴。这孩子怕打。

　　　　个 孩子 这 怕　挨打

（24）zau^2 to^3 ma:i^3 to^6 suɪ^1。我们都喜欢读书。

　　　我们 都 喜欢 读 书

（25）te^1 tsu^{53}tsaŋ^{33} kuə^6 leu^4。他主张干完。

　　　他 主张 做 完

动词、动词性短语充当宾语要受到一定的限制，一般要求谓语动词是表示感觉、心理、判断和意愿的动词。例（23）la:u^1"怕"和例（24）的 ma:i^3"喜欢"是表示心理活动的动词，例（25）的 tsu^{53}tsaŋ^{33}"主张"是表示意愿的动词，所以后面都可以带动词性宾语。

（三）形容词性宾语

形容词性宾语主要包括形容词充当宾语和状中短语、述宾短语、述补短语、并列短语充当宾语等几种类型。例如：

（26）luɪk^8 ku^1 tuɪk^8 ɕam^4 pai^0。儿子着凉了。

　　　儿子我 受 凉 了

（27）pu^{4}siəŋ^1 tɕa:n^{1}nau^2 leu^4 ʔdi^1。布香认为很好。

　　　布香　认为 非常 好

（28）ku^1 muɪəŋ^6 sa:ŋ^1 noi^6。我希望高一点。

　　　我 希望 高 一点

（29）ku^1 ɕim^1 mi^2 zan^1 sa:ŋ^1 zo^{4}laɪu^2 tam^5。我看不见高还是矮。

　　　我 看 不 见 高 　还是 矮

（30）po^{2}zau^2 to^3 ma:i^3 ʔa:ŋ^5 mai^2。我们都高兴热闹。

　　　我们 都 喜欢 高兴 热闹

形容词和形容词短语充当宾语也要受到一定的句法限制，通常也要求谓语是表示感觉、心理、判断、意愿的动词，有时表示动作行为的及物动词也可以带形容词性宾语。例（26）的宾语是形容词 ɕam^4"凉"，例（27）的宾语由形容词性状中短语 leu^4 ʔdi^1"非常好"充当，例（28）的宾语由形容词性述宾短语 sa:ŋ^1 noi^6"高一点"充当，例（29）的宾语是形容词性述补短语 sa:ŋ^1 zo^{4}laɪu^2 tam^5"高还是矮"，例（30）的宾语是形容词性并列短语 ʔa:ŋ^5 mai^2"高兴热闹"。

（四）主谓短语宾语

主谓短语的性质有时相当于动词，有时相当于形容词，但都可以充当宾语。例如：

（31）ku^1 ɕau^4 to^3 zo^{4}xe^0 ku^1 khau^{53} ʔdai^4 pai^0。我早就知道我考上了。

　　　我 早 都 知道 我 考 　得 了

（32）ku^1 ɕa^3 te^1 ɕam^1 ma^1 la^3。我等待她平静下来。

　　　我 等待她平静 来 下

例（31）的宾语由主谓短语 ku¹ khau⁵³ ʔdai⁴ "我考上"充当，其性质相当于动词，例（32）的宾语由主谓短语 te¹ ɕam¹ ma¹ la³ "她平静下来"充当，其性质相当于形容词。

第三节　定语、状语和中心语

一　定语的作用

定语是用来修饰主语和宾语的附加成分。主语和宾语如果没有修饰成分，句子的意义就会显得不具体，范围也显得不确定。为了解决这个矛盾，往往是在充当主语和宾语的中心语前面或后面添加修饰成分，对它们的性质、范围等进行修饰或限制。例如：

（1）ɕoi⁴ luɯk⁸suɯ¹ ɕo² te¹ fi⁶ ma¹。那个年轻的学生没来。

　　个　学生　年轻　那　没　来

（2）te¹ tɯɯk⁷ ʔdai⁴ pja¹ ʔdaɯ¹ ta⁶。他打得河里的鱼。

　　他　打　得　鱼　里边　河

（3）te¹ ɕɯ⁴ ɕoŋ² fai⁴。他买木头桌子。

　　他　买　桌子　木头

以上是定语对名词中心语的修饰或限制。这些名词中心语在句子中都可以充当主语或宾语。

布依语中，定语的位置并不是固定的。一般而言，定语是位于中心语的后面，但"二"以上数词构成的量词短语充当定语时，则要位于中心语的前面。例如：

（4）te¹ tan³ xa:i² mo⁵。他穿新鞋子。

　　他　穿　鞋　新

（5）pi⁴ʔbuɯk⁷te¹ tɯɯk⁸ lau⁵³sɿ³³。他姐姐是老师。

　　姐姐　他　是　老师

（6）soŋ¹ ɕoi⁴ luɯk⁸ ku¹ to³ tɯɯk⁸ ta²⁴ɕio³¹suɯn³³。我的两个孩子都是大学生。

　　两　个　孩子　我　都　是　大学生

（7）ku¹ ŋa:i²zom⁶ kɯn¹ sa:m¹ tɕep⁷ tan²⁴kau³³。我早餐吃三块蛋糕。

　　我　早餐　吃　三　块　蛋糕

例（4）和例（5）的中心语都是位于定语的前面，例（6）和例（7）因为是量词短语充当定语，所以位于中心语的前面。

当指示代词或数词ʔdeu¹"一"跟量词组合成"量名指"或"量名数"结构时，量词要位于中心语的前面，指示代词和数词要位于中心语的后面。这是布依语定语位置的特殊之处。例如：

（8）pai¹ za¹ tuə² juəŋ² tɕo² xap⁸ ta:i¹ te¹ ta:u⁵ ma¹。去找那只被咬死的羊回来。

　　去　找　只　羊　被　咬　死　那　回　来

（9）te¹ xa² ɕɯ⁴ ʔdan¹ ɕoŋ² ni⁵ ka¹ tam⁵ ʔdeu¹。他想买一张矮腿的小桌子。

　　他　想　买　张　桌子　小　腿　矮　　一

例（8）的 tuə²"只"跟 te¹"那"组合成量词短语修饰中心语 juəŋ²"羊"，量词位于中心语前，指示代词位于中心语后；例（9）的ʔdan¹"张"跟数词 ʔdeu¹"一"组合成量词短语修饰中心语 ɕoŋ²"桌子"，量词位于中心语前，数词位于中心语后。

二　定语和中心语的关系

定语可以从多个方面来修饰中心语，定语与中心语的关系非常复杂，不过从语法意义的角度看，定语跟中心语的关系主要表现为两个方面：限制性和描写性。

限制性定语主要从时间、位置、数量、领属、范围等对中心语进行解释和说明。例如：

（10）ju⁰, meu² pi¹ni⁴ ma³ ʔdi¹ ta²za:i⁴ le⁰。呦，今年的庄稼长得真好哇。

　　呦　庄稼　今年　长　好　真的　嘞

（11）wa¹ tɕa:ŋ¹ po¹ tɕa:i⁵ pai⁰。山上的花凋谢了。

　　花　中间山　凋谢　了

（12）ku¹ ɕɯ⁴ ʔdai⁴ ɕip⁸ pɯm³ sɯ¹。我买了十本书。

　　我　买　得　十　本　书

（13）ɕiə¹ te¹ tɕo² wɯm² koi⁶ pai¹ pai⁰。他的车子被人给骑走了。

　　车　他　被　人　骑　去　了

描写性定语从性质、状态、特征、用途、材料、职业等方面对中心语加以描写。例如：

（14）ŋon² te¹ ku¹ tan³ tɕoŋ⁵ pɯə⁶ xa:u¹moŋ¹ ʔdeu¹。　那天我穿一件灰白色的衣服。

　　天　那　我　穿　件　衣服　　灰白　一

（15）tɕa:ŋ¹ po¹ xa:i¹ zim¹ wa¹ ʔdiŋ¹ non⁶ pai⁰。　山上开满了红彤彤的花。

　　中间山　开　满　花　红　粉　了

（16）te¹ tɯk⁸ pu⁴ wɯm² ʔdi¹so⁶ ʔdeu¹。他是一个诚实的人。

　　他　是　个　人　诚实　一

（17）ʔdan¹ ʔeŋ¹ zam⁴ ni⁴ la:u⁴ ta²za:i⁴。这个水缸很大。

　　个　缸子　水　这　大　非常

（18）te¹ ʔau¹ ɕiə¹ fai⁴ pai¹ ɕwa:u⁶ zin¹。他用木板车去拉石头。

　　他　用　车　木　去　拉　石头

（19）ɕa:ŋ⁶su¹ wai²⁴ji⁵³ pan³³ zau² wai¹ li⁵³。我们班的外语老师姓李。

　　老师　外语　班　我们　姓　李

限制性定语的作用就是把中心语跟其他事物区分开来，因为中心语表示的事物存在同类现象，而定语就是把中心语从同类事物中区分出来，指明是"哪一个"。例如：

（20）po⁶ ɕiau⁵³tsaŋ³³ kwa:i⁵ ʔda:ŋ¹kau⁵ te¹。小张的爸爸责怪他自己。

　　父　小张　责怪　自己　他

（21）ɕiəŋ¹la:u⁴ pi¹ni⁴ te¹ fi⁶ ka³ mu¹。今年的春节他没有杀猪。

　　春节　今年　他　没　杀　猪

例（20）po⁶ ɕiau⁵³tsaŋ³³"小张的父亲"跟其他人的父亲相区分，例（21）ɕiəŋ¹ la:u⁴ pi¹ni⁴"今年的春节"跟去年、前年的春节相区别。

描写性定语的作用就是对中心语进行描写，说话者不在乎中心语是哪类事物，而是关心中心语是"什么样"的事物，因此由形容词充当的定语往往都是描写性的。例如：

（22）pa:ŋ⁴ta⁶ ʔdam¹ li⁴ fai⁴lu⁴ sa:ŋ¹sa:ŋ¹。河边栽着高高的柳树。

　　河边　栽　有　柳树　高　高

（23）te¹ tuuk⁸ pu⁴sa:i¹ ʔba:u⁵ʔdi¹ ɕdeu¹。他是一个漂亮的小伙子。

　　他　是　男孩　漂亮　一

例（22）的定语 sa:ŋ¹sa:ŋ¹"高高的"突出了中心语 fai⁴lu⁴"柳树"外形特征，例（23）的定语ʔba:u⁵ʔdi¹"漂亮"描绘了中心语的外貌特点。

当然，限制性和描写性的区分是相对的，有时要根据具体的语境才能作出正确的判断。如例（23）pu⁴sa:i¹ ʔba:u⁵ʔdi¹"漂亮小伙子"也可以看成是限制性的，因为还有一般的或不漂亮的小伙子存在。

三　充当定语的成分

充当定语的成分包括词类和短语两大范围。从词类方面看，名词、数词、代词、形容词、动词都可以充当定语；从短语方面看，名词性短语、动词性短语、形容词性短语也可以充当定语。下面从词类和短语两个方面进行说明。

1. 充当定语的词类。例如：

（24）te¹ tan³ tɕɔŋ⁵ puɯ⁶ naŋ¹ ʔdeu¹。他穿一件皮衣服。

　　他　穿　件　衣服　皮　一

（25）pu⁴ ʔdeu¹ ka:ŋ³ ɕɔn² ʔdeu¹。一人讲一句。

　　　　个　一　讲　句　一

（26）po²te¹ kuən³ ɕen² ɕa:i² leu⁴tɕɔŋ⁵。他们管理大家的钱财。

　　　　他们　管理　钱　财　大家

（27）pau⁵ ʔɔn⁵tam⁵ te¹ tuuk⁸ pu⁴tɕau³。那个矮胖的男人是当头的。

　　　　男子　胖　矮　那　是　头儿

（28）la³ ʔba:n⁴ tɕiə²tɕiə² to³ tuuk⁸ zi⁶ pjak⁷ jeu¹ lɔk⁸lɔk⁸。

　　　　前　村子　处　处　都　是　地　菜　绿　油油

　　　　村前到处都是绿油油的菜地。

（29）ku¹ ɕim¹ zan¹ tɕi³ tuə² kuk⁷wiu³ puuət⁷。我看见几只奔跑的豹子。

　　　　我　看　见　几　只　豹子　奔跑

例（24）是名词 naŋ¹"皮"充当定语，例（25）是数词 ʔdeu¹"一"充
当定语，例（26）是代词 leu⁴tɕɔŋ⁵"大家"充当定语，例（27）是形容词 ʔɔn⁵tam⁵
"矮胖"充当定语，例（18）是状态形容词 jeu¹ lɔk⁸lɔk⁸"绿油油"充当定语，
例（29）是动词 puuət⁷"奔跑"充当定语。

2. 充当定语的短语。例如：

（30）pu⁴ wuun² muuŋ² ma:i³ te¹ mi² ma:i³ ku¹。你喜欢的人不喜欢我。

　　　　个　人　你　喜欢那　不　喜欢　我

（31）ka:i⁵ siən⁵ ʔau¹ fuun² te¹ tɕau³³ xauu³ soŋ¹ pu⁴ te¹。砍柴的事情交给他们两个。

　　　　件　事情　砍　柴　那　交　给　两　个　他

（32）po²zau² to³ tɕa:n¹nau² te¹ tuuk⁸ ɕoi⁴ luuk⁸ sam¹so⁶ kan⁴pau⁶ ʔdeu¹。

　　　我们　都　认为　他　是　个　孩子　诚实　勤劳　一

　　我们都认为他是一个诚实、勤劳的孩子。

（33）tuə² kai⁵ za:n² muuŋ² te¹ ʔju⁵ ʔdauu¹ zi⁶。你家那只鸡在地里。

　　　　只　鸡　家　你　那　在　里　地

（34）te¹ tuuk⁸ ɕoi⁴ luuk⁸ʔbuk⁷ leu⁴ ʔja⁵fa² ʔdeu¹。她是一个非常害羞的姑娘。

　　　　她　是　个　姑娘　非常　害羞　一

（35）ja⁶ ni⁴ ɕiən⁴ li⁴ sa:m¹ tuə² mjau⁵。这位女士养了三只猫。

　　　　女　这　养　有　三　只　猫

（36）ʔdan¹ma⁵ kuun² ko¹ fai⁴ te¹ ʔdan¹ ʔdan¹ ʔdiŋ¹non⁶。

　　　　果子　上　棵　树　那　个　个　粉红

　　树上的果子个个粉红。

例（30）是主谓短语 muuŋ² ma:i³"你喜欢"充当定语，例（31）是述
宾短语 ʔau¹ fuun²"砍柴"充当定语，例（32）是并列短语 sam¹so⁶ kan⁴pau⁶
"诚实和勤劳"充当定语，例（33）是定中短语 za:n² muuŋ²"你家"充当定

语，例（34）是状中短语 leu⁴ ʔja⁵fa² "非常害羞" 充当定语，例（35）是量词短语 sa:m¹ tuə² "三只" 充当定语，例（36）是方位短语 kɯn² ko¹ fai⁴ "树上" 充当定语。

四 多项定语

一个句子的主语或宾语包含了多个修饰成分，这些修饰成分就是多项定语，如ʔdan¹ çoŋ² ni⁵ ka¹ tam⁵ ʔdeu¹ "一张矮腿的小圆桌"、tuə²juəŋ²tço² xap⁸ ta:i¹ te¹ "那头被咬死的羊"、çoi⁴ lɯk⁸ ni⁵ ȵe² ni⁴ "这个小孩子" 等。多项定语的顺序不是任意排列的，而是按照一定的规则排列起来对中心语进行修饰和限制。

中心语前面如果出现量词，并且量词是跟指示代词 ni⁴ "这"、te¹ "那" 和数词ʔdeu¹ "一" 组合成量词短语，量词始终要处于中心语前，指示代词和数词ʔdeu¹ "一" 始终要处于中心语的最后面，其他定语一定要处于中心语和指示代词或数词ʔdeu¹ "一" 之间。例如：

（37）ka:i⁵ tçhiu³¹tui²⁴ ŋɔn²ço⁶ xa² pi⁵³sai²⁴ te¹ taŋ² pai⁰。

　　个　球队　明天　要　比赛　那　到　了
　　明天要比赛的那支球队到了。

（38）san³ xa:n² çiəŋ⁶ ʔdeu¹ te¹ za:p⁷ mi² pan² taŋ²jiəŋ⁶。

　　根　扁担　丈　一　那　挑　不　成　东西
　　那根一丈长的扁担挑不成东西。

如果量词前面出现 soŋ¹ "二" 以上的数词，那么量词短语要放在中心语前面。例如：

（39）soŋ¹ teu⁵ wɯən¹ ni⁴ te¹ to³ zo⁴ xɔŋ²。这两首歌他都会唱。

　　二　首　歌　这　他　都　会　唱
（40）sa:m¹ tçep⁷ tiəŋ² to³ tço² te¹ kɯn¹ leu⁴ pai⁰。三块糖都被他吃完了。

　　三　块　糖　都　被　他　吃　完　了
除了上述讨论的情况，布依语的定语都要放在中心语后面，主要有并列类多项定语、递加式多项定语和交错类多项定语，它们的排列顺序也是有规律可循的。

并列类多项定语在句法结构上的地位虽然是平等的，但在修饰中心语时，或者是按照递升、递降的顺序排列，或者是按照跟中心语的亲疏关系来排列，关系密切的离中心语近，关系不密切的离中心语远。例如：

（41）pi⁴nuəŋ⁴ ʔba:n⁴ kɯn² ʔba:n⁴ la³ to³ ma¹ pa:ŋ¹ te¹。

　　亲戚　寨　上　寨　下　都　来　帮　他
　　前村后寨的亲戚们都来帮他。

（42）siən⁵ ka:i⁵ ku¹ ziəŋ² ka:i⁵muŋ² to³ ʔau¹ pa:n⁵ leu⁴. 我的和你的事情都要办完。

　　　事情　我的　　和　　你的　都　要　办　完

递加式多项定语之间互不修饰，各个定语的性质往往也不相同，但它们仍然要按照一定的顺序排列。一般是描写性定语先修饰中心语，然后才是限制性定语修饰中心语。并列的描写性定语和限制性定语则根据与中心语的亲疏关系来确定。例如：

（43）tɕɔŋ⁵ puɯə⁶ mo⁵ ʔdiŋ¹ ŋɔn²liən² muŋ² ɕur⁴ te¹ ɕe¹ pai⁰.

　　　件　衣服　新　红　　昨天　你　买　那　丢了

　　　昨天你买的那件新的红衣服丢了。

（44）ko¹ fai⁴ sa:ŋ¹pja:u² la³ za:n² pau⁵wei³¹ te¹ ta:i¹ zo² pai⁰.

　　　棵　树　高极　下　房屋　老韦　那　死枯　了

　　　老韦家房子前边那棵高高的树枯死了。

交错类多项定语既包含并列式多项定语，又包含递加式多项定语，它们的排列顺序首先要根据与中心语的亲疏关系来确定，然后再根据并列式定语和递加式定语的排列规律来确定顺序。例如：

（45）teu² ta⁶ jou²⁴ kau² jou²⁴ zai² waŋ²⁴mo³¹ ɕien²⁴ te¹.

　　　条　河　又　弯　又　长　望谟　　县　那

　　　望谟县那条又弯又长的小河。

（46）mai²ja⁶ tan³ puɯə⁶ paŋ²za:n² pik⁷tɕam⁴, fuŋ² ʔum⁴ ɕoi⁴ luɯk⁸ ni⁵ ʔdeu¹.

　　　妇女　穿　衣服　布　家　蓝紫　手　抱　个　孩子小　一

　　　一个身穿深蓝土布衣服，手抱孩子的妇女。

五　状语的作用

状语是谓语中心语的修饰成分。由于谓语常常由动词和形容词充当，所以在短语中状语经常用来修饰动词和形容词。例如：

（47）te¹ ʔau¹ fa⁶wa:n¹ pai² ta:m¹ pai² fak⁸ ko¹ fai⁴ te¹.

　　　他　拿　斧头　次　连　次　砍　棵　树　那

　　　他用斧头一下一下地砍那棵树。

（48）ɕa:ŋ⁶suɯ¹ ku¹ leu⁴ mi² ʔa:ŋ⁵. 我老师非常不高兴。

　　　老师　我　非常　不　高兴

例（47）的状语 pai² ta:m¹ pai² "一下一下地" 修饰动词谓语 fak⁸ "砍"，例（48）的状语 leu⁴ "非常" 和 mi² "不"，共同修饰形容词谓语 ʔa:ŋ⁵ "高兴"。

状语一般是修饰谓语的，所以状语通常是位于谓语前面或后面。有时状语会位于主语前面，这时，状语修饰的是整个句子。例如：

（49）za⁵ nai¹ pi¹kwa⁵ te¹ xa:i⁵ po²zau² leu⁴ na:n⁶。去年那场雪害得我们好苦。

　　　　场　雪　去年　那　害　我们　非常　难

（50）wei⁶ ka:i⁵ siən⁵ ni⁴，te¹ to³ mi² ziəŋ² ku¹ tuŋ⁴ka:ŋ³ pai⁰。

　　　　为　件　事　这　他　都　不　和　我　讲话　了

　　　为了这件事，他都不跟我讲话了。

例（49）的状语 pi¹kwa⁵ "去年" 位于主语前，修饰整个句子，例（50）的状语是 wei⁶ ka:i⁵ siən⁵ ni⁴ "为这件事"，由于位于主语前，所以也是修饰整个句子的。

有的状语处于主语后复杂谓语前，有的状语处于复杂谓语后，这时，状语修饰的是它后面或前面的谓语部分。例如：

（51）jiəŋ⁶ni⁴ toi⁵ te¹ ma¹ nau² tɯk⁸ siən⁵ ʔdi¹。这对于他来说是件好事。

　　　　这样　对　他　来　说　是　事情　好

（52）te¹ teu² ʔiə⁵laŋ¹ fi⁶ ta:u⁵ ma¹ ɕiŋ⁶ɕiŋ⁶。他走了以后一直没有回来。

　　　　他　走　以后　未　回　来　一直

例（51）的状语 toi⁵ te¹ ma¹ nau² "对他来说" 修饰后面的谓语 tɯk⁸ siən⁵ ʔdi¹ "是件好事"，例（52）的状语 ɕiŋ⁶ɕiŋ⁶ "一直" 修饰它前面的谓语 fi⁶ ta:u⁵ ma¹ "没有回来"。

状语的位置比较灵活，有的位于谓语前面，有的位于谓语后面。但同一词语充当状语的位置通常是固定的。有几个副词充当状语时，习惯上位于谓语后面，或者位于整个句子的后面。例如：

（53）pu⁴zak⁸ tam⁴tep⁷ le² pai⁰。小偷突然跑了。

　　　　小偷　突然　跑　了

（54）zum² po⁵ ʔdan¹ ʔbu⁴ te¹ pi¹pɯɯŋ⁵ pai¹pai¹ ta:u⁵ta:u⁵。

　　　　风　吹　个　葫芦　那　摇摆　去　去　回　回

　　　风吹那个葫芦来来回回地摇摆。

（55）tɕiə²ni⁴ ʔa:n⁵ tɕa²ɕi²。这里泥泞不堪。

　　　　这里　泥泞　非常

（56）me⁶laŋ¹ te¹ ɕim¹ zan¹ ɕi⁶ ta¹ ʔdiŋ¹ leu⁴。他的继母看见了非常眼红。

　　　　后母　他　看　见　就　眼　红　非常

（57）ɕap⁸ tai⁵ te¹ ma¹ ʔiə⁵，ku¹ ɕi⁶ mi² ʔdi¹ʔju⁵ liŋ⁶。自从他来了，我就不得安宁。

　　　　自从　他　来　过　我　就　不　舒服　一直

例（53）中的时间副词 tam⁴tep⁷ "突然" 充当状语，处于谓语前面；例（54）的动词 pai¹pai¹ ta:u⁵ta:u⁵ "来来回回" 充当状语，处于谓语后面；例（55）中的程度副词 tɕa²ɕi² "非常" 也是专职充当状语，处于谓语后面；例（56）的程度副词 leu⁴ "非常" 可以处在谓语前面，也可以处在谓语后面；

例（57）的时间副词 liŋ⁶ "一直" 习惯上处于谓语后面。

六　状语和中心语的关系

状语可以表示多种意义，可以从多个角度对谓语进行修饰和限制。布依语中的状语可根据其功能归纳为两大类别，一是限制性状语，二是描写性状语。两大类别之下，还可以分为若干小类。

限制性状语主要从时间、位置、范围、依据、对象等方面对谓语或对句子进行陈述和说明。例如：

（58）te¹ pai²ɕau⁴ ʔju⁵ xoŋ⁵ zuk⁸ ni⁴ ʔiə⁵。他从前住过这间房间。

　　　他　从前　　住　间　房间　这　过

（59）te¹ ʔju⁵ ʔdaɯ¹za:n² mi² ɕim¹ suɯ¹。他在家里不看书。

　　　他　在　里家　不　看　书

（60）sau¹ za:n² to³ tɯk⁸ zam⁴ ʔom⁵ mjɔn⁶ leu⁰。房柱全部被水沤烂了。

　　　　柱　房　都　被　水　沤　腐朽　了

（61）zau² ʔi¹ za:u⁵pɯəŋ² ma¹ pa:n⁵。我们按照风俗来办。

　　　我们　按　　风俗　来　办

（62）ɕiau⁵³tsaŋ³³ toi⁵ mai⁴sa:u¹ te¹ leu⁴ ʔdi¹。小张对女朋友很好。

　　　小张　　对　女友　他　非常　好

例（58）的 pai²ɕau⁴ "从前" 表示时间，例（59）的 ʔju⁵ ʔdaɯ¹ za:n² "在家里" 表示位置，例（60）的 to³ "全部" 表示范围，例（61）的 ʔi¹ za:u⁵pɯəŋ² "按风俗" 表示依据，例（62）的 toi⁵ mai⁴sa:u¹ te¹ "对女友" 表示对象。其他限制性状语还有表示方向、程度、语气、关联、数量、重复、否定等内容的，这些都要根据所使用的词或短语才能作出判断。

描写性状语可以分为两小类：描写动作者的状语和描写动作的状语。描写动作者的状语主要是对动作者作出动作时的表情、姿态及心理活动进行描写；描写动作的状语主要是对动作的方式、情况等进行描写。例如：

（63）te¹ ʔbe⁴ pa⁵ zeu¹ pai⁰。他咧嘴笑了。

　　　他　咧　嘴　笑　了

（64）te¹ nam⁶ni⁶ ɕim¹ suɯ¹。他认真看书。

　　　他　认真　看　书

（65）tuə² ma¹ te¹ jeu⁴xu⁴ ʔdan¹ ɕoŋ³ ni⁴ pja:i³ mi² taŋ⁴。

　　　条　狗　那　围绕　张　桌子　这　走　不　停

那条狗围绕这张桌子不停地走。

（66）mjau⁵ ni⁵ xɔŋ² meu⁵meu⁵。小猫咪呜咪呜地叫。

　　　猫　小　叫　咪　呜

例（63）的 ʔbe⁴ pa⁵ "咧嘴" 充当状语，描写 zeu¹ "笑" 的表情；例（64）的 nam⁶ni⁶ "认真" 充当状语，描写 ɕim¹ su¹ "看书" 时的心理活动，例（65）的 mi² taŋ⁴ "不停" 充当状语，描写 pja:i³ "走" 的方式，例（66）的 meu⁵meu⁵ "咪呜咪呜" 充当状语，描写 xoŋ² "叫" 的情况。

七 充当状语的成分

充当状语的词类一般是副词，因为副词的主要功能就是修饰或限制谓语，所以几乎所有的副词都可以充当状语。此外，形容词和时间词也可以充当状语。充当状语的短语常见的是介词短语，因为介词短语的性质近似于副词。其他充当状语的短语还有形容词性短语、名词性短语和主谓短语。

1. 充当状语的词类。例如：

（67）te¹ tam⁴ta² zo⁴n̪iə¹ laŋ¹ za:n² xoŋ² kok⁷kak⁷ pai²²deu¹.

他　忽然　听见　后房子　响　咯噔　一下

他忽然听到后屋里咯噔响了一声。

（68）ʔdak⁷fa² ɕiə⁶ ʔi⁴ʔa:u⁴. 铁块迅速熔化了。

铁块　熔化　迅速

（69）leu⁴po² kɯn¹ ta:u⁵ lau³ ʔdeu¹ seu⁵seu⁵. 大伙痛痛快快地喝一次酒。

大伙　喝　次　酒　一　痛痛快快

（70）ku¹ ŋon²ɕo⁶ tɯ² pai¹ xaɯ³ mɯŋ². 我明天带去给你。

我　明天　带　去　给　你

例（67）是副词 tam⁴ta² "忽然" 充当状语，例（68）是形容词 ʔi⁴ʔa:u⁴ "迅速" 充当状语，例（69）是状态形容词 seu⁵seu⁵ "痛痛快快" 充当状语，例（70）是时间词 ŋon²ɕo⁶ "明天" 充当状语。

2. 充当状语的短语。例如：

（71）tuə²mot⁸ tai⁵ kok⁷ fai⁴ pa:n⁶ pai¹ kɯn². 蚂蚁从树根上爬上去。

蚂蚁　从　根　树　爬　去　上

（72）te¹ ziəŋ² ku¹ nau² leu⁴ ʔa:ŋ⁵ja:ŋ⁶. 他很高兴地跟我说。

他　跟　我　说　很　高兴

（73）te¹ pai¹ pe³¹tɕin³³ ta:u⁵ ta²ŋi⁶. 他第二次去北京。

他　去　北京　次　第二

（74）te¹ pai¹ za:n² ta:m¹ za:n² ɕa²xam⁵. 他一家挨一家地去查问。

他　去　家　挨　家　询问

例（71）是介词短语 tai⁵ kok⁷fai⁴ "从树根" 充当状语，例（72）是形容词作中心语的状中短语 leu⁴ ʔa:ŋ⁵ja:ŋ⁶ "很高兴" 充当状语，例（73）是量词短语 ta:u⁵ ta²ŋi⁶ "第二次" 充当状语，例（74）是主谓短语 za:n² ta:m¹ za:n²

"一家挨一家"充当状语。

八 多项状语

谓语如果有多个修饰成分，这些修饰成分就是多项状语，如 ŋɔn²ço⁶ muŋ² ʔju⁵ kuɯə²te¹ ça³ ku¹ "明天你在那儿等我"中，ŋɔn²ço⁶ "明天"和ʔju⁵ kuɯə²te¹ "在那儿"分别充当 ça³ "等"的状语。布依语状语的位置比较灵活，有的位于主语前，有的位于谓语前，有的位于谓语后，但多项状语排列在一起，哪个状语在前，哪个状语在后，都是按照一定的规律来排列的。

如果句子中既有时间状语又有位置状语，那么时间状语要放在位置状语之前。如果句子有多项时间状语，那么大的单位在前，小的单位在后。例如：

（75）ku¹ ŋɔn²ni⁴ ʔju⁵ za:n² sa:n¹ tçoi¹。我今天在家编背篓。

　　　我　今天　在　家　编　背篓

（76）te¹ ŋɔn²liən² tça³xat⁷ çip⁸ tem³ luɯŋ³ ça⁵ʔda:ŋ¹。他昨天早上十点才动身。

　　　他　昨天　早上　十　点　才　动身

如果句子中有多个副词作状语，单音节程度副词可以放在谓语前面，双音节程度副词则要放在谓语后面；语气副词、方式副词跟其他副词共同修饰谓语时常常放在谓语后面，双音节时间副词也常常放在谓语后面。其他副词按时间、重复、范围、否定、方式的顺序修饰谓语。例如：

（77）tçi³ pu⁴ wuɯn² ni⁴ siŋ⁵ to³ leu⁴ ʔdi¹。这几个人性格都非常好。

　　　几　个　人　这性格　都　非常　好

（78）tçen¹ ka¹ te¹ to³ ziŋ⁶ ta²za:i⁴。他的四肢都很小。

　　　胳膊腿　他　都　细小　非常

（79）te¹ mi² ma¹ za:i⁴ pai⁰。他确实不来了。

　　　他　不　来　真的　了

（80）muɯŋ² taŋ³laɯ² çam²çwa⁶ jou²⁴ mi² pai¹ le⁰？你怎么突然又不去了？

　　　你　　怎么　　突然　又　不　去　嘞

（81）te¹ ʔan⁵ kuə⁶ ʔdam⁴ ʔba:ŋ⁴。她也许悄悄地做。

　　　她　也许做　悄悄　可能

（82）ta² çim¹ ta:u⁵ ʔdeu¹ çi⁶ nen¹ ʔdai⁴ kuə⁶na:u⁵ pai⁰。只见过一次就永远记住了。

　　　只　见　次　一　就　记　得　永远　了

例（77）范围副词 to³ "都"和程度副词 leu⁴ "非常"共同修饰谓语ʔdi¹ "好"；例（78）范围副词 to³ "都"在谓语 ziŋ⁶ "小"前，程度副词 ta²za:i⁴ "非常"在谓语后面；例（79）否定副词 mi² "不"在谓语 ma¹ "来"前，语气副词 za:i⁴ "确实"在谓语后面；例（80）有三个副词作状语，分别是

时间副词 ҫam²ҫwa⁶ "突然"、重复副词 jou²⁴ "又"、否定副词 mi² "不"，都按照各自在句法中的位置共同修饰谓语 pai¹ "去"；例（81）语气副词ʔan⁵ "也许"位于谓语 kuə⁶ "做"前，方式副词ʔdam⁴ "悄悄"和语气副词ʔba:ŋ⁴ "可能"位于谓语后面；例（82）时间副词 ҫi⁶ "就"位于谓语 nen¹ ʔdai⁴ "记住"前，时间副词 kuə⁶na:u⁵ "永远"位于谓语后。

副词跟其他短语或词类作状语修饰谓语时，一般是副词、介词短语在谓语的前面，其他短语或词类在谓语的后面，副词通常又放在介词短语的前面。例如：

（83）ka³ zan¹ te¹ ҫan⁶ naŋ⁶ tҫiə²te¹ sam¹ mi² ʔju⁵ ʔda:ŋ¹。

　　　只　见　他　仍然　坐　那儿　心　不　在　身

　　　只见他仍然心不在焉地坐在那儿。

（84）te¹ ʔju⁵ ʔdaɯ¹ za:n² lam³sam¹ za:i² tso³¹wuɯn³¹。

　　　他　在　里　家　认真　写　作文

　　　他在家里认认真真地写作文。

（85）ku¹ tam⁴ ʔju⁵ tҫa³xam⁶ to⁶ sɯ¹。我只在晚上看书。

　　　我　只　在　晚上　读　书

例（83）频率副词 ҫan⁶ "仍然"放在谓语 naŋ⁶ "坐"前面，主谓短语 sam¹ mi² ʔju⁵ ʔda:ŋ¹ "心不在焉"放在谓语后面；例（84）介词短语ʔju⁵ ʔdaɯ¹ za:n² "在家里"放在谓语 za:i² "写"前面，形容词 lam³sam¹ "认真"放在谓语前面；例（85）范围副词 tam⁴ "只"和介词短语ʔju⁵ tҫa³xam⁶ "在晚上"一起充当 to⁶ sɯ¹ "看书"的状语，其中范围副词又放在介词短语的前面。

第四节　补语

一　补语的特点

补语是对充当谓语的动词或形容词进行补充说明的成分。从句法位置看，补语只能处于谓语后面，并且形式上一般不带什么标志。除了受汉语句法影响的句子，补语带有形式标记ʔdai⁴ "得"外，其他句子的补语都是从语义上对谓语进行补充说明。例如：

（1）ku¹ ʔaŋ¹ ʔo⁵ xa:n⁶ pai⁰。我热出汗了。

　　　我　热　出　汗　了

（2）meu² xau⁴mak⁸ ma³ ʔdai⁴ jeu¹ lɔk⁸lɔk⁸。麦苗长得绿油油的。

　　　庄稼　麦子　长　得　绿　油油

（3）xa:n² zuəm¹ taŋ²jiəŋ⁶ xɔŋ² ket⁷ket⁷。扁担压得咯吱咯吱直响。

　　　扁担　压　东西　　响　拟声

（4）leu⁴po² to³ ɕim¹ mi² zan¹。大家都看不见。

　　　大家　都　看　不　见

（5）te¹ foŋ⁶ xan¹ lum³ nam³ na⁵ jiəŋ⁶ʔdeu¹。他冲得像箭一样快。

　　　他　冲　快　像　根　箭　一样

例（1）、例（3）至例（5）是没有补语标记的句子，全都是从语义上对谓语进行补充说明。例（3）的 xɔŋ² ket⁷ket⁷ "咯吱咯吱响" 表示结果，例（4）的 mi² zan¹ "看不见" 表示可能，例（5）的 xan¹ lum³ nam³ na⁵ jiəŋ⁶ʔdeu¹ "像箭一样快" 表示状态。例（2）的补语借用了汉语的 "得" 作补语标记，补语表示状态。

从结构上看，补语是对谓语进行补充说明的，但从语义上看，表述的重心常常是补语，而不是谓语。例如：

（6）te¹ jou²⁴ ʔdot⁷ fi² pai⁰。他又喝醉了。

　　　他　又　　喝醉　了

（7）fuɯn² ta⁵ zo² pai⁰。柴晒干了。

　　　柴　晒　干　了

例（6）的表述重心是 fi² "醉"，例（7）的表述重心是 zo² "干"，两个句子的述语都只是在语义上起辅助作用。

如果补语是对主语进行描写说明的，即使没有述语，句子也能成立，但没有补语，句子反而不能成立。例如：

（8）naŋ¹pa⁵ la:n¹ni⁵ to³ tɕɔt⁷ fot⁸ leu⁰。孩子的嘴唇都冷得发紫了。

　　　嘴唇　孩子　都　冷　发紫　了

（9）pi¹ni⁴ te¹ ma³ kuɯn¹ sa:ŋ¹ kuɯn¹ ʔɔn⁵ pai⁰。今年他长得更高更胖了。

　　　今年　他　长　更　高　更　胖　了

例（8）和例（9）的述语省略掉，句子照样能成立，而省略掉补语，句子却不能成立。例（8）和例（9）的句子都可以变换为：

（10）naŋ¹pa⁵ la:n¹ni⁵ to³ fot⁸ leu⁰。孩子的嘴唇都发紫了。

　　　嘴唇　孩子　都　发紫　了

（11）pi¹ni⁴ te¹ kuɯn¹ sa:ŋ¹ kuɯn¹ ʔɔn⁵ pai⁰。今年他更高更胖了。

　　　今年　他　更　高　更　胖　了

二　补语的类型

根据语义内容，补语可以分为以下七种类型。

（一）结果补语

当动作本身没有包含结果时，往往在述语后面用动词或形容词来表示述语产生的各种结果，这种补充成分叫作结果补语。例如：

（12）te¹ xa:i⁴ ta:i¹ tuə² wa:u³ ʔdeu¹ pai⁰。他打死了一只老鼠。

　　　他　打　死　只　鼠　一　了

（13）puɯ¹tɕau³ ku¹ n̩um⁴ ʔdiŋ¹ pai⁰。我的头发染红了。

　　　　头发　我　染　红　了

结果补语只能由动词和形容词充当。例（12）的补语由动词 ta:i¹ "死"充当，例（13）的补语由形容词 ʔdiŋ¹ "红"充当。

充当结果补语的词基本上是单音节动词或形容词，双音节动词或形容词充当结果补语主要借自汉语。例如：

（14）ka:i⁵ siən⁵ ni⁴ te¹ fi⁶ nau² tɕhin³³tshu⁵³。这件事他没说清楚。

　　　　件　事　这　他　没说　　清楚

（15）ɕen² siu¹ leu⁴ɕai² pai⁰。钱全部收齐了。

　　　　钱　收　全齐　了

例（14）充当结果补语的是汉语借词 tɕhin³³tshu⁵³ "清楚"，例（15）充当结果补语的是 leu⁴ɕai² "齐全"。

布依语中结果补语出现的频率还不是很高，因为有些动词本身就包含结果，这跟汉语动词都不包含结果是不同的。例如：

（16）pe⁵ ʔdan¹ xau⁴ɕi² te¹ pan² soŋ¹ fɯəŋ⁶。把那个糍粑掰成两半。

　　　　掰　个　糍粑　那　成　两　半

（17）zam⁴ wun¹ za:t⁸ ɕiəŋ² pai⁰。雨水浸湿墙壁了。

　　　　水　雨　浸　墙壁　了

例（16）和例（17）中的两个动词 pe⁵ "掰"和 za:t⁸ "浸"都包含了动作的结果"开"和"湿"，所以这类动词是不能出现结果补语的。

布依语的结果补语也可以不跟述语结合在一起，述语和结果补语之间可以出现宾语。例如：

（18）ɕɯ³ pja¹ ʔau¹ xɯk⁷pja¹ ʔo⁵ lɯŋ³ʔdi¹ kɯn¹。煎鱼要把鳃拿掉才好吃。

　　　　煎鱼　拿　鱼鳃　出　才　好　吃

（19）te¹ ti² ʔdan¹ tɕoŋ¹ te¹ pjɔŋ³ leu⁰。他把鼓打破了。

　　　　他　打　个　鼓　那　破　了

例（18）的结果补语是ʔo⁵ "出"，例（19）的结果补语是 pjɔŋ³ "破"，两个补语都是单独出现在宾语的后面。

（二）趋向补语

趋向补语就是用在充当述语的动词、形容词后面表示事物运动和变化的方向、趋势的补充成分。趋向补语有两个特点：一是补语与述语之间不用助词连接，中间可以出现宾语，也可以不出现宾语；二是补语只能由趋向动词充当。例如：

（20）tuŋ², mi²zo⁴ ma¹ taŋ²jiəŋ⁶ tɔk⁷ ma¹ la³. 噔，不知什么东西落了下来。

　　　　噔　不知　啥　东西　　掉　下　来

（21）te¹ jeu⁶ fuə⁴ tai⁵ la³ka¹ te¹ ʔdon⁴ kwa⁵ pai¹. 他让别人从他胯下钻过去。

　　　　他　让　别人　从　胯下　他　钻　过　去

（22）ku¹ tai⁵ ʔdauu¹ çoŋ¹puuə⁶ ʔjɔk⁷ çen² ʔo⁵ tau³ xauu³ te¹.

　　　　我　从　里　兜衣　掏　钱　出　来　给　他

　　　我随即从衣兜里掏钱出来给他。

例（20）的趋向补语是 ma¹ la³ "下来"，例（21）的趋向补语是 kwa⁵ pai¹ "过去"，例（22）的趋向补语是ʔo⁵ tau³ "出来"。前两例的述语跟补语是结合在一起的，后一例的述语和补语之间有宾语 çen² "钱"。

趋向补语可以分为简单趋向补语和复合趋向补语。简单趋向补语就是由 ma¹ "来"、pai¹ "去"、ʔo⁵ "出"、kwa⁵ "过" 等单音节趋向动词充当的补语，复合趋向补语就是由简单趋向动词复合成双音节趋向动词充当的补语。例如：

（23）çoi⁶ ʔdan¹ tçeu² ni⁴ xauu³ çiə¹ xa:i² kwa⁵. 修这座桥给车开过。

　　　　修　座　桥　这　给　车　开　过

（24）ʔdan¹ za:n² ni⁴ ʔau¹ ma¹ tçaŋ¹ pu⁴fa:m⁵. 　这幢房子拿来装犯人。

　　　　幢　房子　这　拿　来　装　犯人

（25）te¹ xan¹ lum³ na⁵ foŋ⁶ kwa⁵ pai¹. 他像箭一样快地冲过去。

　　　　他　快　像　箭　冲　过　去

（26）tai⁵ ʔdauu¹ zam⁴ la:u² te¹ ma¹ kuun². 从水里把他捞上来。

　　　　从　里　水　捞　他　来　上

例（23）的 kwa⁵ "过" 和例（24）的 ma¹ "来" 是简单趋向补语，kwa⁵ "过" 表示人或事物 "经过" 或 "通过"，ma¹ "来" 表示动作朝说话人的方向进行；例（25）的 kwa⁵ pai¹ "过去" 和例（26）的 ma¹ kuun² "上来" 是复合趋向补语，kwa⁵ pai¹ "过去" 表示人或事物改变位置或方向，ma¹ kuun² "上来" 表示人或事物由低到高。

简单趋向补语跟述语结合得很紧密，有时就相当于一个复合词，后面可以带宾语。而且，简单趋向补语大多数只能出现在动词后，只有少数可以出现在形容词后。复合趋向补语一般用在动词后面，表示引申意义的复合趋向补语有的可以用在形容词后面。如果句子中同时出现趋向补语和宾语，则宾语的位置要根据具体情况而定。谓语是使动意义的动词，宾语往往要放在趋向补语前，如例（22）和例（26）；宾语是表示处所意义的，其位置要在趋向补语的后面。

（三）可能补语

可能补语一般是在表示结果的述补短语和表示趋向的述补短语中间加入 ʔdai⁴ "得" 和 mi² "不" 形成的，加入 ʔdai⁴ "得" 的是可能补语的肯定形式，加入 mi² "不" 的是否定形式。另外，可能补语还可以在述语后加 mi² ʔdai⁴ "不得" 形成。例如：

（27）te¹ jien⁵³ ʔdai⁴ ʔdi¹。他演得好。

　　　他　演　得　好

（28）ʔdan¹ po¹ te¹ tai⁵ tɕiə²ni⁴ nen⁶ mi² ʔo⁵ sa:ŋ¹ tam⁵。那座山从这儿看不出高矮。

　　　座　山　那　从　这儿　看　不　出　高矮

（29）te¹ ŋɔn²ni⁴ ʔan⁵ ma¹ mi² ʔdai⁴ pai⁰。他今天也许来不了啦。

　　　他　今天　也许　来　不　成　了

（30）ku¹ nen¹ mi² ʔdai⁴ ɕo⁶ te¹ pai⁰。我记不得他的名字了。

　　　我　记　不　得　名字　他　了

例（27）的可能补语是在结果补语的前面加 ʔdai⁴ "得" 形成的，例（28）的可能补语是在趋向补语前加 mi² "不" 形成的；例（29）和例（30）是在述语后加 mi² ʔdai⁴ "不得" 形成的，不过两者在语义上有差别：例（29）的 ʔdai⁴ "得" 表示结果意义，而例（30）的 ʔdai⁴ "得" 表示可能。

可能补语虽然大多是结果补语和趋向补语转换而成的，但并不是所有的结果补语和趋向补语都可以转换成可能补语，因为动作的结果有的并不需要依靠某种能力来实现。例如：

（31）ʔdo⁵ ɕa²zai² te¹ tɕo² ʔbit⁷ teŋ¹ pai⁰。　他的脊椎骨被扭伤了。

　　　骨　脊椎　他　被　扭　着　了

（32）muɯŋ² ʔan⁵ nen¹ lɔŋ¹ pai⁰ pa⁰? 你可能记错了吧？

　　　你　也许　记　错　了　吧

例（31）中的 ʔbit⁷ teŋ¹ "扭伤" 和例（32）中的 nen¹ lɔŋ¹ "记错" 中都不能插入 ʔdai⁴ "得" 和 mi² "不"，因为这种结果不存在 "可能" 的情况。

可能补语与宾语同时出现时，宾语要处于可能补语后面。例如：

（33）te¹ pan² ta¹luə², ɕim¹ mi² zan¹ taŋ²jiəŋ⁶。她瞎了，看不见东西。

　　　她　成　眼瞎　看　不　见　东西

（34）ku¹ suən⁵ mi² ʔo⁵ ka:i⁵ tsaŋ²⁴ ni⁴。我算不出这个账来。

　　　我　算　不　出　个　账　这

例（33）的宾语 taŋ²jiəŋ⁶ "东西" 处于可能补语 mi² zan¹ "不见" 的后面，例（34）的宾语 ka:i⁵ tsaŋ²⁴ ni⁴ "这个账" 处于可能补语 mi² ʔo⁵ "不出"

的后面。

（四）数量补语

用在充当述语的动词或形容词后面表示动作、变化的数量，这样的补充成分就是数量补语。数量补语分三种：一是表示动作持续时间的时量补语，二是表示动作次数及差异的动量补语，三是形容词后表示比较结果的比较数量补语。

1. 时量补语

时量补语表示动作持续时间的长短，因此只能由表示时段的量词短语充当。从性质上看，时量补语是名词性的，所以也有把时量补语当宾语看待的。例如：

（35）muɯŋ² wa:ŋ¹ ma¹ pa:i⁶ ni⁴ naŋ⁶ ʔet⁷ʔdeu¹。你拐到这边来坐一会儿。

　　　你　横　来　边　这　坐　一会儿

（36）ka:i⁵ siən⁵ te¹ ʔiə⁵ ʔda⁴ soŋ¹ pi¹ pai⁰。那件事搁置两年了。

　　　件　事　那　完闲着　两　年　了

（37）ŋɔn²ni⁴ te¹ lot⁷ɬaŋ¹ sa:m¹ fan¹ ɕuəŋ¹。今天他迟到三分钟。

　　　今天　他　迟到　三　分　钟

例（35）的补语ʔet⁷ʔdeu¹“一会儿”表示动作 naŋ⁶“坐”持续的时间，例（36）的补语soŋ¹ pi¹“两年”表示动作ʔiə⁵ʔda⁴“搁置”从发生到说话时的一段时间，例（37）的补语sa:m¹ fan¹ ɕuəŋ¹“三分钟”表示与某个标准时间相差的时间。

如果宾语与时量补语同时出现，补语的位置比较自由，可以在宾语前面，也可以在宾语后面。例如：

（38）te¹ za:i² ʔdai⁴ soŋ¹ ʔdiən¹ sɯ¹ pai⁰。他写了两个月的字。

　　　他　写　得　两　月　字　了

（39）muɯŋ² ɕa³ ku¹ pai²ʔdeu¹。 你等我一会儿。

　　　你　等　我　一会儿

例（38）的补语soŋ¹ ʔdiən¹“两月”在宾语sɯ¹“书”前，例（39）的补语pai²ʔdeu¹“一会儿”在宾语ku¹“我”的后面。

2. 动量补语

动量补语用在充当述语的动词后面表示动作进行的次数，有时，形容词也可以带动量补语。动量补语也只能由表示动作数量的量词短语充当。例如：

（40）te¹ pan² za:n² teu² za:n² la:i¹ ta:u⁵ pai⁰。她都结婚离婚好几回了。

　　　她　成家　逃家　多　次　了

（41）ʔdan¹taŋ¹ zoŋ⁶ pai²ʔdeu¹ ɕi⁶ ʔdap⁷ pai⁰。灯泡亮了一下就灭了。

      灯　亮　一下　　就　灭　了

例（40）的补语 la:i¹ ta:u⁵ "多次" 表示动作 pan² za:n² teu² za:n² "结婚离婚" 的次数，例（41）的补语 pai²ʔdeu¹ "一下" 用在形容词 zoŋ⁶ "亮" 的后面，表示性质变化的数量。

如果述语后面同时出现宾语跟动量补语，动量补语只能在宾语后面。例如：

（42）te¹ ɕim¹ ku¹ sa:m¹ ta:u⁵ pai⁰。他看了我三次。

      他　看　我　三　　回　了

（43）ku¹ ʔjap⁷ pai² ta¹ ʔdeu¹。我眨了一下眼。

      我　眨　次　眼　一

例（42）的补语 sa:m¹ ta:u⁵ "三次" 在宾语 ku¹ "我" 的后面，例（43）的补语 pai² ʔdeu¹ "一下" 较特殊，所以宾语放在量词短语中间。

3. 比较数量补语

比较数量补语只能出现在充当述语的形容词后面，表示甲项与乙项在性质程度上的比较结果。比较数量补语只能由量词短语充当。例如：

（44）ku¹ pi⁴ muuŋ² sa:m¹ pi¹。我比你大三岁。[1]

      我　大　你　三　岁

（45）ʔdan¹ ɕoŋ² ni⁴ sa:ŋ¹ ʔdan¹ te¹ xa³ fan¹。这张桌子比那张桌子高五分。

    张　桌子这　高　　张　那　五　分

（46）te¹ tam⁵ ku¹ soŋ¹ san⁵ fuuŋ²。他比我矮两个指头。

      他　矮　我　两　指节　手

比较数量补语从结构上看跟时量补语和动量补语是一样的，其特别之处在于述语一定是由形容词充当，补语必须处于宾语的后面。

（五）状态补语

状态补语用在动词或形容词之后，表示动作呈现或达到的状态。有的状态补语有助词 ʔdai⁴ "得" 作标志。例如：

（47）ɕoi⁴ te¹ ma³ la:u⁴sa:ŋ¹ la:u⁴sa:ŋ¹。那孩子长得高高大大的。

      孩子那　长　大　高　　大　高

（48）pja³zai¹ ʔdaŋ¹ ziə² ku¹ ɲiə¹ mi² siŋ³。雷声响得我耳朵听不清楚。

      雷声　　响　耳朵我　听　不　清

（49）ʔdauɯ¹ za:n² zim² ʔdai⁴ siŋ³siŋ³ ɕwa⁶ɕwa⁶。屋子收拾得整整齐齐。

      里　　家　收拾　得　清清　　楚楚

---

① pi³¹ 原义为 "兄、姊"，这里引申为 "比……（年纪）大"。

例（47）是状态形容词 la:u⁴sa:ŋ¹ la:u⁴sa:ŋ¹ "高高大大" 充当补语，描写动词 ma³ "长" 的状态；例（48）是主谓短语 ziə² ku¹ ȵiə¹ mi² siŋ³ "我耳朵听不清楚" 充当补语，说明动词 ʔdaŋ¹ "响" 的程度；例（49）是状态形容词 siŋ³siŋ³ ɕwa⁶ɕwa⁶ "整整齐齐" 充当补语，描述动词 zim² "收拾" 的状态。前两例没有使用助词 ʔdai⁴ "得"，后一例使用了，大概也是受汉语的影响而出现的。

状态补语是说明动词和形容词所呈现和达到的状态的，所以状态补语对充当述语的动词和形容词有一定的限制。首先，只有心理动词、表示具体动作行为的动词可以自由带状态补语；其次，形容词一般都可以带状态补语，但包含程度义的形容词不能带状态补语，如 xen³tɕim¹ "金黄"、xa:u¹pe⁵ "雪白"、tɕe⁵tɕot⁸ "苍老" 等；最后，动词、形容词重叠后也不能带状态补语。

（六）介词短语补语

由介词 ʔju⁵ "在"、pai¹ "朝"、ɕo⁶ "在" 等构成的介词短语放在动词、形容词后面充当补语，叫作介词短语补语，介词短语补语是从汉语中借过来的句法结构，布依语一般不使用这种表达方式。例如：

（50）te¹ lam⁴ ʔju⁵ kɔk⁷ ko¹ fai⁴ la:u⁴ te¹。他倒在那棵大树脚下。

　　　他　倒　在　脚　棵　树　大　那

（51）muŋ² ŋeŋ¹ pai¹ pa:i⁶ʔdaɯ¹。你侧朝里面。

　　　你　侧　向　里面

（52）ta:u³ zam⁴ ɕo⁵ ʔdaɯ¹ puɯn²。把水倒在盆里。

　　　倒　水　在　里边　盆

很多情况下，布依语不用介词短语补语就能表示这些意义。例如：

（53）ʔau¹ ʔdan¹ leŋ² woi³ xo² tuə²ma⁴。把铃铛挂在马的脖子上。

　　　拿　个　铃　挂　脖子　马

（54）pa:i⁶na³ li⁴ tuə² ŋuɯ² ʔdeu¹ wa:ŋ¹ tɕa:ŋ¹ zɔn¹。前面有一条蛇横在路上。

　　　前面　有　条　蛇　一　横　中间　路

（55）ʔbaɯ¹na³ te¹ fi⁶ ɕiən⁵ kwa⁵ ma¹ pa:i⁶ni⁴。他的脸还没有转朝这边。

　　　脸庞　他　未　转　过　来　这边

介词短语补语只能放在充当述语的动词、形容词后面，而且介词短语后面不能再出现宾语和其他补语。

三　补语和宾语的区别

补语和宾语的区分在语法界一直是一个悬而未决的问题。一般认为，如果动词性成分或形容词性成分处于谓语后面，则看作是补语；如果是名词性成分处于谓语后面，则看作宾语。问题是，动词、形容词经常可以充当宾语，而且，宾语很多情况下也是对谓语进行补充说明的。所以，语法界常常出现取消补语的呼声，主张把谓语后面的成分都看作宾语。

补语跟宾语具有三个方面的共性：首先，补语和宾语都只能放在谓语后面，因此在位置上不好区分开来；其次，补语和宾语都是谓语支配或关涉的对象，都是谓语的连带成分，因此从功能上看两者没有截然界限；再次，很多词类或短语既可以充当补语，也可以充当宾语，因此从成分的构成上看不出两者的差异。所以，补语和宾语从客观上看是不能截然分开的。

虽然如此，两者在语义、构成和功能上还是有一些不同，因此我们在这里对补语和宾语只作一般性的区分，对两者的模糊之处不作探讨。

从位置上看，补语和宾语都处于谓语后面，但当补语和宾语同时出现时，除了结果补语、趋向补语要在宾语前面外，其他补语要放在宾语的后面。例如：

（56）kaŋ⁵ na³pja³ te¹ pai² ʔdot⁷　ʔdeu¹。用手指弯敲他的额头一下。

　　　　敲击　额头　他　次　手指弯　一

（57）ku¹ ʔdiən¹ pai¹ za:n² soŋ¹ ta:u⁵。我每月回家两次。

　　　　我　月　去　家　两　回

例（56）的补语 pai² ʔdot⁷ ʔdeu¹ "一手指弯" 位于宾语 na³pja³ te¹ "他额头" 后面，例（57）的补语 soŋ¹ ta:u⁵ "两回" 位于宾语 za:n² "家" 后面。

从与述语的关系来看，宾语通常直接受述语的支配和关涉，而补语只是间接受述语的支配和关涉，多数情况是对述语进行补充和说明。例如：

（58）kɯɯ² ɕwa:ŋ² nin² li⁴ pu⁴ lau³ fi² ʔdeu¹。床上睡着一个醉汉。

　　　　上　床　睡　有　个　酒醉　一

（59）ka:i⁵ tɕa³ ni⁴ ʔdam¹ ti⁶ la:i¹。这秧子栽得太密。

　　　　个　秧子　这　栽　密非常

例（58）的宾语 pu⁴ lau³ fi² ʔdeu¹ "一个醉汉" 是述语 nin² "睡" 关涉的对象，直接陈述 nin² "睡" 的人；例（59）的补语 ti⁶ la:i¹ "非常密" 表示一种程度，重在说明述语 ʔdam¹ "栽" 的情况。

从构成成分的倾向性看，充当补语的通常是动词、形容词、副词、介词短语，而充当宾语的通常是量词、名词、代词、定中短语。有些短语如量词短语、述宾短语、主谓短语等既可充当补语，也可充当宾语，界限比较模糊，只能从语义上去判断。例如：

（60）te¹ ma:i³ kɯn¹ fɯn⁵³ tshaŋ³¹。他喜欢吃粉肠。

　　　　他　喜欢　吃　粉肠

（61）te¹ zeu¹ tuŋ⁴ tɕet⁷ pai⁰。他笑得肚子痛了。

　　　　他　笑　肚子　痛　了

例（60）的 kɯn¹ fɯn⁵³tshaŋ³¹ "吃粉肠" 是述宾短语充当宾语，例（61）的 tuŋ⁴ tɕet⁷ "肚子痛" 是主谓短语充当补语，虽然都属于动词性短语，但充当的句法成分是不同的，因为前者是表示述语的内容，而后者是表示述语的状态。

四　补语和状语的区别

布依语中，补语处于谓语的后面，状语也经常处于谓语的后面，因为补语和状语都没有结构助词作标志，所以有时界限很模糊。由于补语不能处于谓语前面，所以，与补语混淆的情况仅限于处于谓语后面的那部分状语。因此，可以这样认为，处于谓语前面的不可能是补语，处于谓语后面的可能是状语，也可能是补语。

布依语中处于谓语后面的状语主要有这么几种情况：一是表示程度的几个副词，如 ta²za:i⁴ "非常"、la:i¹ "太"、ɕauɯ² "极了"、pja:u² "最"、tɕa²ɕi² "非常" 等，这些词经常单独处于谓语后面充当状语；二是状态形容词充当状语常常处于谓语后面；三是有多项状语时，除介词短语充当状语处于谓语前面外，其他短语和词类往往处于谓语后面。除此以外，其他情况都可判断为补语。下面两个句子，表面上看起来是副词充当补语，实际上是充当状语。例如：

（62）kwa⁵ ʔdɔŋ¹lap⁷ fuɯəm⁴ʔdit⁷ tɕa²ɕi²。过密林阴森得很。

　　　　过　密林　阴森　非常

（63）ʔdan¹ tɕa:ŋ⁵ ni⁴ ɕiən⁵ muɯn² ta²za:i⁴。这只陀螺转得很圆。

　　　　个　陀螺　这　转　圆　非常

比较麻烦的是下面这种情况。介词短语充当状语一般是处于谓语前面，但下面这个句子的介词短语却处于谓语后面，表面上看是补语，实际上也是状语。如：

（64）te¹ pja:i³ ma¹ ɕo⁶ ku¹。他向我走来。

　　　　他　走　来　向　我

第九章 时空范畴

第一节 布依族的时空观

一 时间、空间概述

时间和空间是物质存在的基本形式。时间是物质运动的持续性，空间是物质运动的广延性。没有时间，就无所谓空间；没有空间，也无所谓时间。人类认识客观世界虽然并不是从时间和空间开始的，但世界上所有的语言都不可避免地要表达时间和空间。从自然属性的角度看，时间和空间对所有语言而言都是相同的，但人类认识时间和空间具有主观性，各个民族由于受文化背景、地理环境等因素的影响，对时间和空间的感知具有较大的差异，这种差异反映在语言结构中，就形成各种语言不同的时空观。

几千年来，布依族一直生活在南、北盘江和红水河流域，居住环境大多是河谷两岸或山间小坝子。整个地区重峦叠嶂，丘陵起伏，沟壑纵横；一年四季界限不分明，夏天不是很热，冬天不是很冷，阴天多，晴天少。这种自然地理条件对于观察天象和确定方位都会带来较大的不便，所以布依族在认知时间和空间时产生了一些独特的表达方式。

布依族对时间的认识首先是从白天黑夜的轮流交替开始的。根据昼夜交替的规律，把白天黑夜的轮流看作一个 360° 的圆周，并划分为 12 个角，每个角占 30°。然后根据"天干"表示方位的方法，把每个角看作一个方位，每个方位等于一个时辰，这样，一天就可划分为 $\varphi u^2 pjau^3$ "丑时"、$\varphi u^2 \eta an^2$ "寅时"、$\varphi u^2 mau^3$ "卯时"、$\varphi u^2 \varphi i^2$ "辰时"、$\varphi u^2 su^3$ "巳时"、$\varphi u^2 sa^4$ "午时"、$\varphi u^2 fat^8$ "未时"、$\varphi u^2 san^1$ "申时"、$\varphi u^2 zu^4$ "酉时"、$\varphi u^2 sat^7$ "戌时"、$\varphi u^2 kau^4$ "亥时"、$\varphi u^2 \varphi au^3$ "子时" 十二时辰。（黄义仁，1985）

布依族历法把一年分为 12 个月，分别是 $?dian^1 ?it^7$ "十一月"、$?dian^1 la:p^8$ "十二月"、$?dian^1 \varphi i\partial\eta^1$ "正月"、$?dian^1 \eta i^6$ "二月"、$?dian^1 sa:m^1$ "三月"、$?dian^1 si^5$ "四月"、$?dian^1 xa^3$ "五月"、$?dian^1 zok^7$ "六月"、$?dian^1 \varphi at^7$ "七月"、$?dian^1 pet^7$ "八月"、$?dian^1 ku^3$ "九月"、$?dian^1 \varphi ip^8$ "十月"。布依族一般把十一月看作一

年的开始，也就是布依族历法的正月，但十一月和十二月要一起称为ʔit⁷la:p⁸
"一月和腊月"，二月至十月的称谓不变。

布依族没有春、夏、秋、冬的季节概念。从气候的角度看，一年分为
ʔdiən¹zau³ "温和的季节"（四月到十月）和ʔdiən¹nit⁷ "寒冷的季节"（十一
月到次年的三月）两个季节。现实生活中，季节的概念是用ŋuət⁸来表示的，
通常要两个月连在一起才能称ŋuət⁸，如三四月称为sa:m¹si⁵ ŋuət⁸，七八月
称为ɕat⁷pet⁷ ŋuət⁸ "七八月"，但冬月腊月，正月二月不能称ŋuət⁸。布依族
的这种季节观念实际上是与农业耕作密切相关的，因为三四月刚好是春耕
季节，五六月正是夏耘时节，七八月到了秋收季节，九十月则是冬藏季节，
冬月、腊月、正月和二月因为没有农活，所以就不能称ŋuət⁸了。

布依族虽然是一个古老的民族，但历史上没有建立过严格意义的国家，
所以至今也没有发现它的纪年历，因而其历史大事也就没有确切年代记载，
大多是通过古歌、民间故事、摩经流传下来，所以在讲述过去的事时，往
往用ɕeu⁶kon⁵ "从前"一类词语来表示。在古代，布依族据说使用了"物候
历法"，后来出现了"以十一月为岁首的历法"，最后吸收了汉族传统的农
历历法。到了现代，布依族也采用公历纪年了。

布依族对空间的认识也有自己的特点。在布依语中，天和地都被看成
是圆形物体。天称为ʔbɯ n¹，就像一把无柄的伞，地称为ʔdan¹，就像一个圆
形的球，所以天和地的关系就是宽广无边的外层空间包围着一个圆形实体。
同时，布依族先民经过长期的观察，还把天分为若干层，这在一定意义上
反映了布依族的空间多层观念。（黎汝标，1993）

由于天地都被看成是圆形物体，所以布依语中没有东南西北的方位概
念。布依语表示方位有两种方法，一种是四方测定法，另一种是十二等分
方位法。四方测定法就是把居住地定为中心点，面向太阳升起的方向，规
定日出方为外方，相反方向为里方，日出的右方为上方，相反方向为下方。
这四个方位大致跟东西北南的方位等同。十二等分方位法就是把天空看作
是一个圆周，以所站立的地点为中心，把圆周分为十二个等分，每个等分
为一个方向。以日出方为起点，按逆时针方向顺序分别称为 poŋ¹mau³ "卯
向"、poŋ¹ɕi² "辰向"、poŋ¹sɯ³ "巳向"、poŋ¹sa⁴ "午向"、poŋ¹fat⁸ "未向"、
poŋ¹san¹ "申向"、poŋ¹zu⁴ "酉向"、poŋ¹sat⁷ "戌向"、poŋ¹kau⁴ "亥向"、poŋ¹ɕɯ⁵
"子向"、poŋ¹pjau³ "丑向"、poŋ¹nan² "寅向"，虽然布依族没有东南西北的
方位概念，但poŋ¹mau³ "卯向"、poŋ¹zu⁴ "酉向"、poŋ¹sa⁴ "午向"、poŋ¹sɯ³
"子向"四个方位跟东西北南的方位是一致的。（黄义仁，1985）可见，布
依族不是没有方位概念，只不过是对方位的认知角度有所不同而已。

由于受汉语的影响，布依语现在已经很少使用这些方位概念了。但是，

汉语的方位概念，布依语通过借用和创造也都建立起来了。例如东南西北，布依语分别叫做 tuŋ¹、na:m²、sai¹、pak⁷，上下左右分别叫 kɯn²、la³、soi⁴、kwa²。由于布依语各个土语点受汉语影响的程度不同，因此各个土语点的方位概念在语音上是有较大差别的。不管怎样，空间范畴在现代布依语中已经成为一个完整的系统。

二 表示时间的词语

（一）时间词语

时间词语包括时间词和时间短语，时间短语主要由时间词跟数词、方位词等构成。

1. 时间词语的类型

从有定无定的角度出发，时间词可分为确定时间和非确定时间。

a. 确定时间，如 ŋon²ni⁴ "今天"、ŋon²liən² "昨天"、pi¹mo⁵ "明年"、pi¹kwa⁵ "去年"、ɕiən¹ ta:n⁶ŋo⁴ "端午节"、ɕiən¹sa:m¹ "三月三"、ɕuŋ⁵miŋ² "清明"、ɕo¹xa³ "初五"、xam⁶ sa:m¹ɕip⁸ "除夕夜"。

b. 非确定时间，如 kuə⁶ji⁵ "有时"、mɯən⁶ɕau² "从前"、ŋon²liən⁶ "将来"、pa:i⁴pi¹ "每年"、pi¹ʔɯn⁵ "往年"、ŋon²lau² "哪天"。

从有无参照点的角度出发，时间词可分为时点和时段。

a. 时点的参照点是时间的位置，如 ŋon²ni⁴ "今天"、pi¹ni⁴ "今年"、ŋon²ɕo⁶ "明天"、pi¹mo⁵ "明年"、ʔdiən¹ʔit⁷ "冬月"、ɕɯ²ni⁴ "现在"、soŋ¹ tem³ "两点"、ʔdiən¹ɕiən¹ ɕo¹xa³ "正月初五"。

b. 时段没有参照点，是指时间的长短，大多由时间短语表示，如 tɕi³ ŋon² "几天"、sa:m¹ pi¹ "三年"、ɕin³³tɕhi³³thiɛn³³ kwa⁵ laŋ¹ "星期天以后"、soŋ¹ xam⁶ "两晚"、 mi²na:n² "不久"、xa³ɕip⁸ pi¹ ʔdu⁴ "五十年前"。

2. 时间词语的功能

有的时间词语用来表示现在。例如：

（1）ɕɯ²ni⁴ te¹ laŋ³li⁴ kɯn¹ xau⁴。他这会儿正在吃着饭。

　　　现在 他 正在 吃 饭

（2）tam⁴ ɕɯ²ni⁴，tau³ nai¹ la:u⁴ pai⁰。恰恰这时候，下起了大雪。

　　　刚刚 现在 下 雪 大 了

（3）ŋon²ni⁴ ku¹ ɕɯ⁴ ʔdai⁴ tɕoŋ⁵ pɯə⁶ ʔdeu¹。我今天买了一件衣服。

　　　今天 我 买 得 件 衣服 一

例（1）和例（2）中的时间词都是 ɕɯ²ni⁴ "现在"，例（3）中的时间词 ŋon²ni⁴ "今天"，也表示现在。

有的时间词语用来表示过去。例如：

（4）te¹ pai²ɕau⁴ teŋ¹ ɕam⁶ ɕoŋ² ku¹。他以前是我同桌。

　　　他　以前　是　共　桌　我

（5）ŋon²liən² pu⁴ xe⁵ te¹ tai⁵ kuə²lauɯ ma¹？昨天那位客人是从哪儿来的？

　　　昨天　个客　那　从　哪里　来

（6）te¹ pi¹kwa⁵ pai¹ saŋ²⁴xai⁵³ ʔiə⁵。他去年去了上海。

　　　他　去年　去　上海　过

例（4）中的时间词 pai²ɕau⁴ "以前"，例（5）中的 ŋon²liən² "昨天"，例（6）中的 pi¹kwa⁵ "去年" 均表示过去。

有的时间词语用来表示将来。例如：

（7）mo⁵zɯ² ku¹ zo⁴ wa:n²ʔan¹ muŋ² pu⁴tɕe⁵。将来我会报答您老人家。

　　　以后　我　会　报恩　你　老人

（8）pi¹mo⁵ ku¹ luŋ³ pai¹ ɕim¹ muŋ²。明年我再去看你。

　　　明年　我　再　去　看　你

（9）za:n² te¹ ʔdiən¹laŋ¹ taŋ³ za:n²。他家下个月建房子。

　　　家　他　月　后　立　房

例（7）中的时间词 mo⁵zɯ² "以后"，例（8）中的 pi¹mo⁵ "明年"，例（9）中的 ʔdiən¹laŋ¹ "下月" 均表示将来。

（二）时间副词

时间副词不是表示动作行为的具体时间，而是表示动作行为的发生或状态存在的时间，因此其功能就是配合时态助词表达动作行为的现在、过去和将来。

1. 时间副词的类型

a. 表时副词，如 kuə⁶na:u⁵ "长久"、na:i⁶ɕap⁷ "暂时"、na:u⁵ "永远"、pai²pan⁶ "刚刚"、luŋ³ "才"、mja:ŋ² "立即"、sam⁴sa:t⁷ "忽然"、tiəŋ⁶ti⁵ "正好"、zai² kuə⁶ʔdai⁴ "终于"、ɕi⁶ "就"、to³ "都"、ɕɯ²ɕau⁴ "当初"、ɕa:u⁴ "刚刚"、fi⁶ɕa:u⁴ "未曾"、xa⁴ "将要"、laŋ³ʔju⁵ "正在"。

b. 表频率副词，如 pi¹ taŋ²lap⁷ "终年"、ɕan⁶ "总是"、ɕɯ²ɕɯ² "常常"、ɕa:ŋ² "往往"、loŋ¹liəŋ⁵ "偶尔"、kuə⁶ɕɯ² "有时"、ɕɯ²ʔdeu¹ "一时"、na:i⁶na:i⁶ "渐渐"。

c. 表序副词，如 luŋ³ɕi⁶ "然后"、ziəŋ²laŋ¹ "随后"、ɕauɯ²zai² "很久"、mi²na:n² "不久"、ji⁵ʔdeu¹ "一会儿"、laŋ³ "再"。

2. 时间副词的功能

时间副词的主要功能是修饰动词、形容词充当状语，表示动作是将要发生或者已经完成，状态是正在持续或者已经停止，有时跟时态助词 pai⁰ "了"、kwa⁵ "过"、ʔiə⁵ "完"、leu⁰ "了" 等配合使用。

时间副词表示动作行为已经完成。例如：

（10）po²zau² ŋɔn²ni⁴ zai²kuə⁶ʔdai⁴ zan¹ muɯŋ² pai⁰。我们今天终于见到你了。

　　　我们　今天　　终于　　　见　你　了

（11）ku¹ zo⁴taŋ² çi⁶ lot⁷ pai⁰。我知道时已经晚了。

　　　我　知道　就　晚　了

（12）çau⁴ ku¹ to³ zo⁴xe⁶ ka:i⁵ siən⁵ ni⁴ pai⁰。我早就知道了这件事。

　　　早　我　都　知道　件　事　这　了

例（10）的时间副词 zai² kuə⁶ʔdai⁴ "终于"，例（11）的时间副词 çi⁶ "就"，例（12）的时间副词 to³ "都" 分别与时态助词 pai⁰ "了" 搭配表示动作行为已经完成。

时间副词表示动作行为正在进行。例如：

（13）te¹ ʔju⁵ xoŋ² wuɯn¹。他在唱歌呢。

　　　他　在　唱　歌

（14）pau⁵ tsaŋ³³ lau⁵³sŋ³³ laŋ³li⁴ le²。张老师还在跑步。

　　　个　张　老师　　还在　跑

（15）za:n² te¹ kuɯn¹ xau⁴ taŋ²ka:n⁶。他家正在吃饭。

　　　家　他　吃　饭　正在

例（13）的时间副词ʔju⁵ "在"，例（14）的时间副词 laŋ³li⁴ "正在"，例（15）的时间副词 taŋ²ka:n⁶ "正在" 表示动作行为正在进行。由于副词位置比较灵活，所以例（15）的 taŋ²ka:n⁶ "正在" 放在句子末尾。

时间副词表示动作行为是过去发生。例如：

（16）çɯ²çau⁴ te¹ je⁵³ tɯk⁸ pu⁴ wuɯn² çau⁶ʔdi¹ ʔdeu¹。她当初也很漂亮。

　　　当初　她　也　是　个　人　漂亮　一

（17）te¹ ça:u⁴ ʔo⁵ pai¹。他刚刚出去。

　　　他　刚刚　出　去

（18）te¹ luɯŋ³ xuɯn³ ta:i² mi² na:n² çi⁶ ʔo⁵ siən⁵ pai⁰。他刚上台不久就出事了。

　　　他　才　上　台　不　久　就　出　事　了

例（16）的时间副词 çɯ²çau⁴ "当初"，例（17）的时间副词 ça:u⁴ "刚刚"，例（18）的时间副词 luɯŋ³ "才" 和 mi² na:n² "不久" 表示动作行为是过去发生。

时间副词也可以表示动作行为是将来发生。例如：

（19）ŋɔn²ço⁶ muɯŋ² taŋ² kuə²te¹ çɯ²te¹，xo³te¹ to³ xa² pai¹ pai⁰。

　　　明天　你　到　那里　那时　　他们　都　要　走　了

你明天到那儿时，他们即将要走了。

（20）ku¹ pai²ʔdeu¹ ma¹ za¹ muŋ²。我一会儿来找你。

　　　我　一会儿　来　找　你

例（19）的时间副词 xa²"将要"和例（20）的时间副词 pai²ʔdeu¹"一会儿"表示动作行为是将来发生。

三　表示空间的词语

（一）空间词语的类型

空间词语包括方位词、处所词和表示空间的短语。

1. 方位词

单音节方位词一般不能单独表示确定的空间位置，往往要借助名词或上下文才可以表示。例如：

（21）na³ za:n² li⁴ soŋ¹ ko¹ fai⁴。房前有两棵树。

　　　前　房　有　两　棵　树

（22）kuə⁶ ʔa:n¹ ʔdi¹ koi⁶ kɯn²。做好鞍鞯骑在上面。

　　　做　鞍鞯　好　骑　上

例（21）的方位词 na³"前"用 za:n²"房子"做参照，所以表示的空间位置是确定的；例（22）的方位词 kɯn²"上"以前面的 ʔa:n¹"鞍鞯"为语境，因此表示的空间位置也是确定的。

合成方位词可以表示确定的空间位置，而且大多是表示处所。例如：

（23）pa:i⁶ na³ li⁴ soŋ¹ tuə² ŋɯə² wa:ŋ¹ tɕa:ŋ¹ zɔn¹。前面有两条蛇横在路上。

　　　边　前有　两　条　蛇　横　中间　路

（24）te¹ lɯŋ³ tai⁵ pa:i⁶ zo⁶ ma¹，pɯə⁶ to³ li⁴ ʔdik⁷。

　　　他　才　从　边　外　来　衣服　都　还　湿

他刚从外面来，衣服还湿着。

2. 处所词

处所词是表示处所的名词，但这里不包括表示地名的处所词。表示地名的处所词一般看作普通名词。处所词可以表示绝对空间位置，因此可以单独使用。例如：

（25）si⁵xen² mi²li⁴ zam⁴。四周没有水。

　　　四　周　没有　水

（26）soŋ¹zek⁷ to³ ɕoi⁶ li⁴ zɔn¹ la:u⁴。两边都修了大路。

　　　两　旁　都　修　有　路　大

此外，语素 tɕiə²"处"跟其他语素构成的词也是处所词，如 lap⁸tɕiə²"处处"、tɕiə²tɕai¹"远处"、tɕiə²ʔɯn⁵"别处"等，它们也可以单独表示确定的空间位置。例如：

（27）tɕiə²tɕiə² to³ li⁴ tsui²⁴tsɯn²⁴ te¹。到处都有他的罪证。

　　　　处　处　都　有　罪　证　他

（28）tɕiə²tɕai¹ taŋ¹ zoŋ⁶ ʔjap⁷mja:u²。远处灯光忽闪忽闪的。

　　　　远处　灯　亮　　忽闪

3. 空间短语

空间短语是指表示空间位置义的短语，包括方位词构成的短语和处所词构成的短语，它们表示的空间位置也是确定的。例如：

（29）tɕa:ŋ¹xun² pai⁰, taŋ¹ ʔdau¹ za:n² laŋ³li⁴ zoŋ⁶。夜深了，屋里的灯还亮着。

　　　　　半夜　了　灯　里边　屋子　还在　亮

（30）ʔju⁵ zek⁷tɕau³ ʔba:n⁴ za¹ mi² ʔdai⁴ ka:i⁵ zin¹ ni⁴。在寨子附近找不到这种石头。

　　　　在　　附近　寨子　找　不　得　种　石　这

例（29）的ʔdau¹ za:n²"屋子里边"是方位词跟名词构成短语，例（30）的 zek⁷tɕau³ ʔba:n⁴"寨子附近"是处所词跟名词构成短语。

（二）空间词语的功能

单音节方位词不能单独表示确定的空间位置，只有跟名词结合后才能表示事物的空间位置，因此，单音节方位词可以看成是事物空间位置的标记。例如：

（31）kun² ɕoŋ² pjak⁷ kuə³ma² to³ li⁴, kun¹ mi² leu⁴。桌子上什么菜都有，吃不完。

　　　　上　桌子　菜　什么　都　有　吃　不　完

（32）ʔdan¹ za:n² xen² tam² te¹ tɕau³ ta:u⁵ tiə³ ʔju⁵ ʔdau¹ zam⁴。

　　　　幢　房子　边 池塘 那 头　倒 底　在　里　水
　池塘边的那幢房子倒映在水中。

例（31）有 ɕoŋ²"桌子"作参照，方位词 kun²"上"表示的空间位置就是"桌子的上面"；例（32）有 zam⁴"水"作参照，房子倒映的空间位置就清楚了，意思是ʔdau¹ zam⁴"水里面"，而不是 na³ zam⁴"水外面"。

合成方位词虽然能表示确定的空间位置，但实际上是以说话人为参照点的，只是没有出现在句子中。例如：

（33）pa:i⁶laŋ¹ li⁴ soŋ¹ ʔdan¹ po¹。后面有两座山。

　　　　边 后 有 两　座　山

（34）san³ sau¹ te¹ ŋeŋ¹ pai¹pa:i⁶ kwa²。那根柱子朝右边歪斜。

　　　　根 柱子 那 歪斜 去　边　右

例（33）的 pa:i⁶laŋ¹"后面"是指说话人的后面，参照点没有出现；例（34）的 pa:i⁶kwa²"右边"是以说话人为参照点的位置，参照点同样没有出现在句中。

合成方位词的参照点当然也可以出现在句中，这时方位词表示的空间位置就是相对于参照点的位置。例如：

（35）la:n¹ni⁵ te¹ ʔju⁵ pa:i⁶　laŋ¹ ɕiə¹。那个孩子在车子后边。

　　　孩子　那　在　边　后　车

处所词表示的空间位置是说话人视角中的空间位置。例如：

（36）si⁵miən⁶to³ tɯk⁸po¹。四面都是山。

　　　四　面　都　是　山

（37）ku¹ pai¹ tɕiə²ʔɯn⁵ za¹。我去别处找。

　　　我　去　别处　找

空间短语表示的空间位置是相对于句子中参照点的位置。例如：

（38）kwa:m⁶kwa⁴ toŋ⁶ na² ni⁴ mi²li⁴ ʔiən¹wɯn²。这个坝子周围没有人烟。

　　　　周围　坝子　这　没有　人烟

（39）si⁵miən⁶po¹ ni⁴ to³ tɯk⁸ lɯ³xa:i³。这座山的四面都是大海。

　　　四　面　山　这　都　是　大海

第二节　时态意义

一　时和体

严格来说，布依语没有通过动词的形态变化来表示时和体的语法形式。在表达时和体这两个语法意义时，主要是通过其他一些词语配合动词一起表达。

时和体的概念来自印欧语法。通常而言，时（tense）是指句子表达的事件发生的时间，主要包括"过去时""现在时"和"将来时"三种形式；体（aspect）是指动作的进程和状态变化，也就是动作和状态在一定时间内的各种情况，主要包括"一般体""进行体""完成体""完成进行体"四种形式。布依语是典型的非形态语言，所以时和体跟印欧语相比无论是形式和意义都有很大不同。

从形式上看，布依语表示"过去""现在"和"将来"都没有专门的动词形式，而是使用助词、副词、时间词等来跟动词配合表示相关意义。例如：

（1）te¹ kɯn¹ kun¹ ʔiə⁵。他当过兵。

　　他　当　兵　完

（2）ɕɯ²ni⁴ ɕɯ² ma⁵ta:u² xa:i¹ʔdo⁵。现在是桃树开花的时候。

　　现在　时　桃子　开　花

（3）ku¹ ŋɔn²mo⁵ zo⁴ wa:n²ʔan¹ muŋ²。我将来会报答你的。

　　我　将来　会　报答　你

例（1）用时态助词ʔiə⁵"过"表示事件是过去发生；例（2）用时间词çuɯ²ni⁴"现在"表示事件是现在发生；例（3）用时间词ŋɔn²mo⁵"将来"表示事件是以后发生的。

布依语对"体"的区分并不是很严格，有时一般体跟进行体都用同样的方式表示。例如：

（4）te¹ ziu³ ʔdan¹ çɔŋ¹ ʔdeu¹。他提着一个包。

　　他　提　个　包　一

（5）kuɯ² çwa:ŋ² nin² li⁴ pu⁴piŋ⁶ ʔdeu¹。床上躺着一个病人。

　　上　床　睡　有　病人　一

例（4）表示的动作状态既可以理解为一般体"总是提着一个包"，也可理解为进行体"正在提着一个包"；例（5）表示的动作状态也是这样，既可以理解为一般体"床上总躺着一个病人"，也可以理解为"床上正在躺着一个病人"。

从意义上看，"时"可以分为过去、现在和将来，用图表示为：

过去　　　　　　现在　　　　　　将来

布依语的动词，本身不能表示事件的发生是过去、现在还是将来，事件发生的时间一般要通过时间词、副词或者时态助词才能表示出来。也就是说，"时"的表达不是通过形式来实现的，而是通过一定的词语来完成的。例如：

（6）pi¹kwa⁵ ku¹ ça:u⁴ pai¹ pe³¹tçin³³ ʔiə⁵。我去年刚去过北京。

　　去年　我　刚　去　北京　完

（7）pai²ni⁴ zau² jiən⁶jiən⁶ to³ li⁴ pai⁰。我们现在什么都有了。

　　现在　我们　样　样　都　有　了

（8）mo⁵zɯ² ku¹ çɯ⁴ ʔdan¹ çiə¹ ʔdeu¹ xaɯ³ muŋ²。以后我给你买一辆车。

　　以后　我　买　辆　车　一　给　你

例（6）表示过去时间的词语有 pi¹kwa⁵"去年"、ça:u⁴"刚"、ʔiə⁵"完"，动词 pai¹"去"没有形式变化，因此事件发生的时间是通过上述几个词来表示的；例（7）表示的是现在时间，动词 li⁴"有"也没有形式变化，事件发生的时间是通过时间词 pai²ni⁴"现在"来表示的；例（8）表示的是将来时间，动词 çɯ⁴"买"没有发生形式变化，事件发生的时间是通过时间词 mo⁵zɯ²"以后"来表示的。

　　"体"跟"时"是两个不同的概念,但彼此密切相关。"体"表示动作状态,要么持续,要么间断。语法上把"持续"称为"进行",把"间断"称为"开始"或"完成"。"体"跟"时"的关系用图可表示为:

开始 ⟶ 进行 ⟶ 完成

时点　　　　　　　　时段　　　　　　　　时点

　　布依语的动词没有表示"进行"的形式,也没有表示"完成"的形式。动作行为的状态一般是通过副词或时态助词来表示的,动词有时候本身就跟某种"体"相联系。例如:

（9）ka:i⁵ siən⁵ te¹ ʔju⁶ tuŋ⁴lun⁶ mai² leu⁴。那件事正在热烈讨论中。

　　　件 事情 那 在 讨论 热烈 非常

（10）kɯ¹ to³ kɯɯn¹ xau⁴ ʔiə⁵ pai⁰。我都吃过饭了。

　　　我 都 吃 饭 完 了

　　例（9）的动词 tuŋ⁴lun⁶ "讨论"没有表示动作状态的形式,"进行体"是通过副词ʔju⁵ "正在"来表示的;例（10）的动词 kɯɯn¹ "吃"也不表示动作的状态,"完成体"是通过表示结果的动词ʔiə⁵ "完"和时态助词pai⁰ "了"来表示的。

　　动词虽然不直接表示时态,但动词跟时态密切联系。有的动词,表示动作行为处于进行或持续当中,如ʔdun¹ "站"、le² "跑"、nin² "睡"、ʔbin¹ "飞"、lai⁶ "追"等;有的动词,表示的是一个完整动作,动作的起点和终点几乎重合,这类动词叫作瞬时动词,如ta:i¹ "死"、lum² "忘"、ma¹ "来"、zo⁴xe⁶ "知道"、non² "醒"等。前一类动词跟时段相联系,后一类动词跟时点相联系。无论是表示时段的动词还是表示时点的动词,只有跟助词、副词及时间词等结合起来才能表示时态。例如:

（11）te¹ ma¹ leu⁰。他来了。

　　　他 来 了

（12）te¹ çau⁴ çi⁶ ma¹ leu⁰。他早就来了。

　　　他 早 就 来 了

　　例（11）的动词 ma¹ "来"跟助词 leu⁰ "了"结合,表示进行体,意思是"正在来";例（12）的动词 ma¹ "来"由于前面有 çau⁴ çi⁶ "早就"限制,所以跟 leu⁰ "了"结合后,表示动作已经完成。

二　时态助词

　　布依语本身对"体"的区分不是很严格,除了特别强调,句子通常都是表示一般体。时态助词产生以后,"体"的区分开始明显起来。布依语常见的时态助词有 pai⁰ "了"、leu⁰ "了"、ʔdai⁴ "得"、li⁴ "有"、kwa⁵ "过"、

ʔiə^5"完"等。

（一）pai^0"了"和 leu^0"了"

时态助词 pai^0"了"最初是由动词 pai^1"去"演化成语气助词，然后再由语气助词演化成时态助词。时态助词 pai^0 用于句末，其作用是放在动词后表示动作行为完成或开始。

pai^0"了"用在瞬时动词后面表示动作行为已经完成。例如：

（13）pat^8 ço^5 pai^{2}ʔdeu^1，tçi^5 fai^4 zak^7 pai^0。"啪"的一声，树枝断了。
　　　　啪　的　一下　　枝树　断　了

（14）ʔm^0, ku^1 zo^4 pai^0。嗯，我知道了。
　　　　嗯　我　知道　了

pai^0"了"用在持续动词后面表示动作行为开始。例如：

（15）te^1 xoŋ^2 wɯən^1 pai^0。他唱起来了。
　　　　他　唱　歌　了

（16）wa^1 xa:i^1 pai^0。花开起来了。
　　　　花　开　了

时态助词 leu^0"了"由动词 leu^4"完成"演化而来，常常放在句末表示动作行为已经完成。例如：

（17）ʔdɯ^1 ça:ŋ^1 mo^3 li^4　xau^4 la:i^1 leu^0。仓库里堆了很多粮食。
　　　　里边　仓库　堆　有　粮食　多　了

（18）ku^1 ma^1 tçiə^{2}ni^4 ʔdai^4 sa:m^1 ŋon^2 leu^0。我到这儿有三天了。
　　　　我　来　这儿　得　三　天　了

leu^0"了"和 pai^0"了"的区别是，leu^0"了"只表示动作行为的完成，而 pai^0"了"不仅表示动作行为的完成，还表示动作行为的开始。

（二）ʔdai^4"得"

时态助词 ʔdai^4"得"由动词演化而来，通常用在句子中间，表示动作行为的完成、实现或持续。

ʔdai^4"得"用在句子中间表示动作行为已经完成。例如：

（19）kwa^5 ʔdai^4 leu^4 ŋon^2 ʔdeu^1。整整过了一天。
　　　　过　得　全　天　一

（20）te^1 çɯ^4 ʔdai^4 sa:m^1 tuə^2 pja^1。他买了三条鱼。
　　　　他　买　得　三　条　鱼

ʔdai^4"得"用在句子中间表示动作行为正在持续中。例如：

（21）pja:i^3 ʔdai^4 ka:i^5 çiau^{53}sɿ^{31} ʔdeu^1 pai^0。走了一个小时了。
　　　　走　得　个　小时　一　了

（22）ʔju⁵ ʔdai⁴ sa:m¹ ʔdiən¹ pai⁰。住了三个月了。

　　　　住　得　三　　月　了

ʔdai⁴ "得" 虽然是时态助词，但没有成句的作用，因此不能放在句末。

（三）li⁴ "有"

时态助词 li⁴ "有" 由表示存在的动词演化而来，常常放在动词后面表示动作行为正在进行或持续。例如：

（23）ʔdau¹ ça:ŋ³ tçaŋ¹ li⁴ ça²。杯子里装着茶。

　　　　里边　杯子　装　有　茶

（24）pa⁵tu¹ ʔdun¹ li⁴ tçi³ pu⁴ wɯn²。门口站着几个人。

　　　　门口　站　有　几　个　人

li⁴ "有" 作为时态助词，仅限于存在句中，其他表示进行或持续的句子通常是用一般体来表示进行体。例如：

（25）te¹ tan³ tçɔŋ⁵ wa⁵ mo⁵ ʔdeu¹。她穿着一条新裤子。

　　　　她　穿　件　裤子　新　一

（26）tçɔŋ⁵ wɯn² te¹ xa:t⁷ tçiən² kɯn¹ lau³。那群人在猜拳、喝酒。

　　　　群　人　那　猜　拳　喝酒

（四）kwa⁵ "过" 和 ʔiə⁵ "完"

时态助词 kwa⁵ "过" 由动词演化而来，主要有两个作用：一是放在动词后面表示动作行为已经完成；二是表示动作行为曾经经历或存在。

kwa⁵ "过" 放在动词后表示动作行为已经完成，后面有时加助词 pai⁰ "了" 或 leu⁰ "了"。例如：

（27）kɯə³ma² xo³na:n⁶ te¹ to³ ʔdai⁴ zan¹ kwa⁵ pai⁰。什么苦头他都吃过了。

　　　　什么　　苦难　他　都　得　见　过　了

（28）ku¹ pai¹ çim¹ kwa⁵ leu⁰, mi² lum³ mɯŋ² nau² te¹。

　　　　我　去　看　过　了　不　像　你　说　那

　　　　我去看过了，不像你所说的。

kwa⁵ "过" 放在动词后表示动作行为曾经发生或存在，但现在没有进行或持续，有时放在形容词后表示状态曾经存在，但现在状态已经不存在。例如：

（29）ku¹ taŋ² kɯə²te¹ kwa⁵, zo⁴na³ teu² zən¹ te¹。我去过那里，所以认识那条路。

　　　　我　到　那里　过　认识　条　路　那

（30）te¹ çɯ²çau⁴ fi⁶ ma¹ kwa⁵ pe³¹tçin³³。他从前没有来过北京。

　　　　他　从前　没　来　过　北京

（31）te¹ ku⁵çau⁴ çau⁶ʔdi¹ kwa⁵。她从前漂亮过。

　　　　她　从前　好看　过

ʔiə⁵ "完" 由表示"结束"的动词演化而来，作用跟 kwa⁵ "过" 是相同的，通常凡是使用 kwa⁵ "过" 的地方都可以用为 ʔiə⁵ "完"。例如：

（32）ku¹ ʔdot⁷ zam⁴ ʔiə⁵ pai⁰，mi² xo² xɯ⁵。我喝过水了，不渴。

　　　　我　喝　水　完　了　不　喉咙　干

（33）ku¹ taŋ² saŋ²⁴xai⁵³ ʔiə⁵。我到过上海。

　　　　我　到　上海　过

但 kwa⁵ "过" 可以用作动词充当谓语，而 ʔiə⁵ "完" 却没有这个功能。例如：

（34）muŋ² kwa⁵ ʔdai⁴ taŋ³laɯ² zau⁶？你过得怎么样？

　　　　你　过　得　怎样　些

（35）ku¹ kwa⁵ ʔba:n⁴ ni⁴ soŋ¹ ta:u⁵，fi⁶ zan¹ ko¹ fai⁴ te¹ ʔiə⁵。

　　　　我　过　村　这　两　次　没见　棵　树　那　过

　　　　我从这个村经过两次，没见过那棵树。

三　"体" 的基本类型

（一）一般体

一般体表示动作行为的不定状态，通常只对动作行为、事件作一般性的简单叙述。因此，一般体可以分为现在时间、过去时间和将来时间三种情况。一般体常常通过时间词、副词等体现出来。

一般体可以表示人或事物现在的状况，也可以表示经常或习惯性的动作。例如：

（36）ja⁶ te¹ tɯk⁸ ça:ŋ⁶ʔiə¹。他妻子是医生。

　　　　妻子　他　是　医生

（37）te¹ mi² ça:ŋ² ʔau¹ çen² çiə⁵ xaɯ³ pu⁴ʔɯn⁵。他从不把钱借给别人。

　　　　他　不曾　把　钱　借　给　别人

例（36）表示的是 ja⁶ te¹ "他妻子" 现在的情况；例（37）表示 te¹ "他" 的经常性的动作行为，用副词 mi² ça:ŋ² "从不" 体现出来。

一般体可以表示过去时间发生的动作状态，或者是表示过去时间经常性的动作行为。例如：

（38）te¹ pi¹kwa⁵ pai¹ saŋ²⁴xai⁵³ ʔiə⁵。他去年去了上海。

　　　　他　去年　去　上海　过

（39）pau⁵sai⁵ li³¹sɿ³³ te¹ pai²çau⁴ teŋ¹ çam⁶çoŋ² ku¹。那位律师以前是我同桌。

　　　　官员　律师　那　以前　是　共桌　我

例（38）表示 te¹ "他" 过去的动作行为，用时间词 pi¹kwa⁵ "去年" 表示动作的时间状态；例（39）表示 pau⁵sai⁵ li³¹sɿ³³ te¹ "那位律师" 过去的状态，用时间词 pai²ɕau⁴"以前"表示存在状态。

一般体还可以表示将来时间发生或可能发生的动作行为和事件。例如：

（40）mi²li⁴ ɕen² tshe³³fei²⁴，ku¹ ɕi⁶ mi² pai¹ puɯ⁰。没有车费，我就不去呗。

      没有 钱 车费 我 就 不 去 呗

（41）muɯŋ² ŋɔn²ɕo⁶ zo⁴ ma¹ mi²？你明天会来吗？

      你 明天 会 来 不

例（40）表示可能的习惯性动作行为；例（41）泛指将来发生的动作行为，用时间词 ŋɔn²ɕo⁶"明天"表示动作行为的时间状态。

（二）进行体

进行体表示动作行为正在进行，它强调动作的暂时性、持续性和未完成性，因此时间状态是不定的，可以是现在、过去和将来。进行体一般用动作动词搭配时态助词、时间词或副词来表示。

进行体表示在现在时间范围内正在进行或持续的动作行为。例如：

（42）pau⁵pi⁴ ku¹ ʔdam¹ pjak⁷ taŋ²ka:n⁶。我哥哥正在种菜。

      哥哥 我 种 菜 正在

（43）ɕiau⁵³tuŋ³³ pɔŋ⁴ phi³¹tɕhiu³¹。小东拍着皮球。

      小东 拍 皮球

例（42）用动词 ʔdam¹"种"和副词 taŋ²ka:n⁶"正在"表示动作行为现在正在进行；例（43）用动词 pɔŋ⁴"拍"表示动作行为现在正在进行。

进行体表示在过去时间范围内正在进行或持续的动作行为。例如：

（44）ku¹ taŋ² ʔdaɯ¹ ta²⁴thin³³ ɕɯ² te¹，tsan³³san³³ laŋ³ʔju⁵ xoŋ² wɯən¹。

      我 到 里边 大厅 时 那 张三 正在 唱 歌

      我进大厅时，张三正唱着歌。

（45）pai²te¹ tɕa:ŋ¹ka:i¹ ʔdun¹ li⁴ sam⁵ wɯn² ʔdeu¹。那时，街上站着一些人。

      当时 街上 站 有 些 人 一

例（44）用动词 xoŋ² wɯən¹"唱歌"、副词 laŋ³ ʔju⁵"正在"和表示过去时间的短语 ku¹ taŋ² ʔdaɯ¹ ta²⁴thin³³ ɕɯ² te¹"我进大厅时"共同表示动作行为在过去某个时间范围内正在进行；例（45）用动词 ʔdun¹"站"、时态助词 li⁴"有（着）"和时间词 pai²te¹"那时"共同表示动作行为在过去某个时间范围内正在进行。

进行体表示在将来时间范围内正在进行或将要发生的动作行为。例如：

（46）ɕiə¹ xo⁵³tshe³³ tɕa³xam⁶ ɕip⁸ŋi⁶ tem³ zun⁵tin¹。火车晚上十二点出发。

      车 火车 晚上 十二 点 动身

（47）piau⁵³kuŋ³³ te¹ xa² ta:i¹ pai⁰。他表公要死了。

      表公 他 要 死 了

例（46）用动词 zun⁵tin¹ "出发" 和时间词 tɕa³xam⁶ ɕip⁸ŋi⁶ tem³ "晚上十二点" 表示动作行为是在事先计划、安排的时间范围内发生；例（47）用动词 ta:i¹ "死" 和副词 xa² "要" 表示不久将发生的动作行为。

（三）完成体

完成体表示动作行为已经完成，或者说动作行为已经产生结果意义。完成体跟时间没有直接关系，因此可以出现在现在时间、过去时间和将来时间中。完成体可以通过动词、时间词、副词、时态助词等来体现。

完成体表示的动作行为如果是在现在时间以前完成的就属于现在完成体。现在完成体表示的动作行为有的发生的时间不明确，但现在已经完成；有的发生在过去某个时刻，持续到现在，也可能刚刚结束。例如：

（48）ʔdan¹ za:n² ɕiau⁵³tsaŋ³³ ka:i¹ ʔiə⁵ pai⁰。小张的房子卖掉了。

　　　幢　房子　小张　　卖　完　了

（49）te¹　pja⁶　zau² ʔdai⁴ xa³ pi¹ pai⁰。他离开我们有五年了。

　　　他　离别　我们　得　五　年　了

例（48）用动词 ka:i¹ "卖"、结果动词ʔiə⁵ "完" 和时态助词 pai⁰ "了" 来表示动作行为在说话前已经完成；例（49）用动词 pja⁶ "离开"、时态助词 pai⁰ "了" 表示动作行为持续到现在。

完成体表示的动作行为如果是在过去时间以前完成的就是过去完成体。过去完成体表示动作行为在过去某个时刻以前已经发生的情况，或者表示过去没有实现的希望、打算和意图。例如：

（50）za:n² te¹ ʔdiən¹ kon⁵ ɕi⁶ kuɯn¹ xau⁴mo⁵ leu⁰。他家上个月就吃新粮了。

　　　家　他　月　先　就　吃　新粮　了

（51）ku¹ puɯn³ tɕai² pai¹ pa:ŋ¹ te¹, tam⁴kuən³ fi⁶ nep⁸ ʔdai⁴ ɕiə¹。

　　　我　本　想　去　帮　他　但是　没　赶　得　车

我本想去帮他的，但没赶上车。

例（50）用动词 kuɯn¹ "吃"、时间词ʔdiən¹kon⁵ "上个月"、副词 ɕi⁶ "就" 和时态助词 leu⁰ "了" 一起表示动作行为在过去某个时刻前已经完成；例（51）用动词 tɕai² "想"、pai¹ "去"、pa:ŋ¹ "帮"、nep⁸ "赶"，副词 puɯn³ "本" 和表未然的否定副词 fi⁶ "没" 等一起表示过去的打算没有实现，强调了几个动作的先后关系。

完成体表示的动作行为如果是在将来某个时间以前完成的就叫作将来完成体。将来完成体表示的动作行为有可能是在将来的某个时刻前已经完成，也有可能是持续到将来的某个时间或某个动作行为之前，甚至是对现在或将来已经完成的动作行为的推测。例如：

（52）$ŋɔn^2ço^6$　$muŋ^2$　$taŋ^2$　$kuɯə^2te^1$　$çɯ^2te^1$，xo^3te^1　to^3　pai^1　pai^0。

　　　　明天　　你　　到　　那里　　那时　　他们　　都　　走　　了

　　　明天你到那儿时，他们都已经走了。

（53）$ʔdiən^1mo^5$　$çoi^4$　$luuk^8ni^5$　ni^4　$çi^6$　$ʔdai^4$　pi^1　$ʔdeu^1$　pai^0。

　　　　　下月　　个　　小孩　　这　　就　　得　　岁　　一　　了

　　　下个月这个孩子就满一岁了。

例（52）用动词 pai^1 "走"、时态助词 pai^0 "了"、时间词 $ŋɔn^2ço^6$ "明天"以及表示将来某个时间的短语 $muŋ^2$ $taŋ^2$ $kuɯə^2te^1$ $çɯ^2te^1$ "你到那儿时"一起表示动作行为在将来某个时刻前已经完成；例（53）用动词 $ʔdai^4$ "得"、时间词 $ʔdiən^1mo^5$ "下月"、副词 $çi^6$ "就"、时态助词 pai^0 "了"共同表示动作行为持续到将来某个时刻。

（四）经历体

经历体表示动作行为曾经发生。从语义上看，经历体与完成体具有相同之处，曾经发生的动作行为对于现在来说就是已经完成，而且两者的动作行为都发生在某个参照时间之前。但经历体表示的动作行为跟现在时间没有关系，而完成体表示的动作行为跟现在时间发生关系；经历体不强调动作行为的结果，而完成体是要突出动作行为的结果的。

经历体一般是通过在句末或动词后加时态助词 kwa^5 "过"或 $ʔiə^5$ "完"来表示。例如：

（54）te^1　fi^6　to^6　$suɯ^1$　kwa^5。他没有读过书。

　　　　他　　未　　读　　书　　过

（55）$za:n^2$　$muɯŋ^2$　ku^1　$taŋ^2$　$ʔiə^5$。你的家我到过。

　　　　　家　　你　　我　　到　　过

kwa^5 "过"和 $ʔiə^5$ "完"表示的语法意义是相同的，都表示曾经经历，所以两者可以互换。

经历体虽然不表示完成，但经历体表示的动作行为已经完成。有时要在 kwa^5 "过"后加表示完成的时态助词。例如：

（56）$puɯŋ^3$　$suɯ^1$　ni^4　ku^1　$çim^1$　$ʔiə^5$　pai^0。这本书我看过了。

　　　　　本　　书　　这　　我　　看　　过　　了

（57）　$pun^1ta^1tçau^2$　te^1　$ɲum^4$　kwa^5　leu^0。她的眉毛染过了。

　　　　　　眉毛　　她　　染　　过　　了。

经历体一般是表示过去发生的动作行为，因此往往用动作性强的动词来表示。有些动词如 $tçe^5$ "老"、$ta:i^1$ "死"、zo^4 "知道"、$la:i^5$ "以为"等是不能用来表示经历体的。例如：

*（58）ku¹ zo⁴xe⁶ kwa⁵ te¹ ma:i³ pu⁴laɯ²。我知道过他喜欢谁。
　　　　我　知道　过　他　喜欢　谁

*（59）çoi⁴ ço² te¹ xam⁶liən² tçɔt⁷ xo² ta:i¹ ʔiə⁵ pai⁰。那小伙子昨晚上吊死过了。
　　　　个　年轻　那　昨晚　勒脖子　死　过　了

（五）反复体

反复体表示动作行为或状态变化的重复发生。反复体一般是通过动词重叠的形式来表示。动词重叠有不同的形式，最常见的是单音动词的重叠，如 pja:i³"走"→pja:i³pja:i³"走走"；çim¹"看"→çim¹çim¹"看看"。四音格的动词重叠形式也比较多，有的是 AABB 式，如 pai¹pai¹ ma¹ma¹"来来往往"；有的是 ABAB 式，如 pja:i³ pai¹ pja:i³ pai¹"走着走着"，有的是 ABAC 式，如ʔda:u¹pai¹ ʔda:u¹ta:u⁵"搅来搅去"。

动词重叠后就会产生一定的语法意义。有的动词重叠后，表示动作行为的持续进行或经常性反复。例如：

（60）xo³su¹ mi² luɯk⁸ çiən⁵pai¹ çiən⁵ma¹。你们不要逛来逛去。
　　　你们　不要　转　去　转来

（61）nau²ço⁵ nau²ço⁵ çi⁶ lum² pai⁰。说着说着就忘记了。
　　　说　着　说　着　就　忘　了

有的动词重叠后，表示动作行为在短暂时间中进行或在短暂时间中完成。例如：

（62）muɯŋ² ma¹ çim¹çim¹ puɯn³ suɯ¹ ni⁴。你来看看这本书。
　　　你　来　看看　本　书　这

（63）ku¹ tsai²⁴ nuɯ⁶nuɯ⁶ pai²ʔdeu¹ tem¹。我再想想看。
　　　我　再　想想　一下　再

有的动词重叠后，既可以表示动作行为较长时间的持续进行，也可以表示动作行为短时进行，这要根据上下文语境来判断。例如：

（64）ta² pja:i³ ta² pja:i³，pja:i³ ʔdai⁴ pa⁵ la:i¹ li⁴ zɔn¹。走啊走啊，走了一百多里路。
　　　一　走　一　走　　走　得　百　多　里　路

（65）zau² ma¹ ça:ŋ⁶ʔi⁵ ȵiə¹ȵiə¹。我们来随便听听。
　　　我们　来　随便　听听

（六）起始体

起始体表示动作行为或状态变化开始发生或出现，并有持续下去的意思。布依语的起始体表达方式比较灵活，有时是通过动词 çau⁴ji³"开始"、ta⁴xi³"开始"、ça:ŋ¹"开始"等来表示，有时是通过时态助词 pai⁰"了"、leu⁰"了"来表示，有时是把前两种形式综合起来表示，有时又是用副词 mo⁵"再、重新"来修饰动词表示动作行为重新开始。

1. 用动词来表示动作行为开始发生，但动作行为的持续时间不确定，可长可短。例如：

（66）ʔbau¹ fai⁴ çau⁴ji³ lɔn⁵。树叶开始落了。

　　　叶子 树 开始 掉

（67）ma¹ po²zau¹ ta⁴xi³ tuŋ⁴ta⁴。 让我们开始比赛吧。

　　　来 我们 开始 比赛

2. 用时态助词 pai⁰ "了" 或 leu⁰ "了" 来表示动作行为或状态变化开始发生或出现，动作行为或状态变化持续的时间一般都不太长。例如：

（68）ʔo⁰！ku¹ nɯ⁶ taŋ² pai⁰。啊！我想起来了。

　　　啊 我 想 到 了

（69）lin⁴kai⁵ te¹ ʔdiŋ¹ leu⁰。他的扁桃体发红了。

　　　小舌 他 红 了

3. 用动词和时态助词一起表示动作行为开始发生，动作行为持续的时间不确定。例如：

（70）te¹ ça:ŋ¹ ziəŋ² ku¹ ka:ŋ³ xau⁵ pai⁰。他开始和我讲话了。

　　　他 开始 和 我 讲 话 了

（71）çau⁴ji³ kɔn² xau⁴mak⁸ pai⁰。开始割麦子了。

　　　开始 割 麦子 了

4. 用副词 mo⁵ "再、重新" 来修饰动词，表示动作行为重新开始，动作行为持续的时间不确定。例如：

（72）soŋ¹ pu⁴ wun² ta:u⁵ ka:ŋ³ xa:u⁵ mo⁵ pai⁰。两人又说起话来了。

　　　两 个 人 又 讲 话 重新 了

（73）ʔi⁵，tau³ wun¹ mo⁵ pai⁰。咦，又开始下雨了。

　　　咦 下 雨 再 了

第三节　空间意义

一　词类与空间的关系

从意义的角度看，词类是对客观事物属性的归类，所以具有词汇意义的词属于实词，只有语法意义而没有词汇意义的词属于虚词。由于语言是通过人的认知对客观事物的反映，所以词类也可以看作是某种语言对客观事物表现出来的各种属性的意义分类。

空间是客观事物存在的位置。从知觉的角度，似乎只有实体性物质才占有空间，非实体性物质不占有空间。实际上，人类在长期的与大自然互动的过程中已经认识到，物质世界是非常复杂的，有的形之于我们的视觉器官，有的闻之于我们的听觉器官，有的触之于我们的感觉器官，因此，客观事物都是占有一定的空间位置的，虽然占有的方式各不一样。客观事物在占据空间位置的同时，会表现出各种各样的物质属性，比如有的以运动的形式出现，有的以静止的形式出现；有的凸显自己的性质，有的凸显自己的方向，有的凸显自己的形状，等等。客观事物的这些特点都会映射到语言中去。

对客观事物的分类是人类高级认知活动的基础。人类对客观事物的认识遵循从个别到一般，从具体到抽象的规律。先是对具体事物形成概念，然后通过这些概念扩大对客观事物的认识：把具有相同或相近属性的事物归并在一定范围，把没有共同属性的事物区分开来。事实上，客观事物的共同性和差异性都是在一定范围表现出来的，范围越大，共同性越多，范围越小，差异性就越明显。而且，事物的属性是复杂多变的，因此各种事物都可以根据某种属性划归在不同范围。由于掌握了对客观事物进行区分和归并的方法，所以在面对各种纷繁复杂的客观现象时，人类不仅能够分析它们，而且还能够对它们进行多角度的综合。因为客观事物总是处于一定的空间位置中，所以无论我们从哪一个角度对客观事物进行归类，每个类别都会包含一定的空间意义。

词类虽然主要是根据句法功能划分出来的语法类别，除了虚词和实词中的数词、副词外，实词大多都能够表示具体的空间意义。实词中的名词、动词、形容词、代词、量词等可以从各个角度表示事物的空间意义，其中，名词的小类方位词和处所词统称为空间词，因为表示空间位置意义，所以单列一节；形容词包括性质形容词和状态形容词，因为两者的空间意义并不相同，所以我们也分开来讲。虽然每个词类的句法功能不同，但它们包含的词汇意义跟空间都具有或多或少的关系。词类包含的空间意义主要表现在两个方面：一是有的词类反映了客观事物本身的维度，因此它们具有空间意义，如名词、动词、代词、方位词和处所词；二是有的词类本身不表示空间维度，但它们表示事物的空间量，如性质形容词、状态词。从这两点来说，实词大多是具有空间意义的。

二 名词的空间性

名词是表示事物名称的词。典型的名词都是表示具体事物的，而具体事物都具有三维空间，所以名词的典型特点就是"空间性"。抽象事物的空间性不怎么明显，但我们往往也把抽象事物当作是具体事物，具有长宽高的属性，因此抽象事物也具有空间性。

典型的名词是对客观世界中实体事物的范畴化，这些事物一般都占据一定的空间，随具体事物类型的不同而表现出大小、多少、高低、厚薄、聚散等特征（陈平，1988）。也就是说，典型的名词一般都具有实体、三维、个体、离散、数量等特征，这些名词表现出来的空间性是最强的。在布依语中，名词往往由前加成分和名词性词根构成，前加成分表示名词的类属。如果名词表达数量意义，则前加成分就变成独立的量词。例如：

（1）tuə² pja¹ tɕo² mjau⁵ kuɯn¹ pai⁰。鱼被猫吃了。

　　　条 鱼 被 猫 吃 了

（2）ko¹ fai⁴ ni⁴ zo² ta:i¹ pai⁰。这棵树枯死了。

　　　棵 树 这 枯 死 了

（3）ʔdan¹ za:n² te¹ laŋ³ taŋ³。那幢房子刚刚建起来。

　　　幢 房子 那 刚 立

上述例子中的名词 pja¹ "鱼"、fai⁴ "树"、za:n² "房子" 都是表示具体事物的名词，具有典型名词的特征，因此它们的空间性比较明显。而且，在布依语中，这些典型的名词往往都归在不同的类别里，如 pja¹ "鱼" 归为动物类，fai⁴ "树" 归为植物类，za:n² "房子" 归为容器类。

有些名词虽然也表示具体事物，但这类事物形体不固定，不能分割出个体来，有的甚至没有视觉特征，虽然我们能感知它们的存在，如 zam⁴ "水"、wuɯn¹ "雨"、nɔk⁸ʔda:t⁷ "阳光"、xi⁵ "空气"、soi¹zum² "风" 等。这些事物尽管没有固定的形状，甚至不能通过视觉来感知它们，但它们仍然占据一定的空间。布依语中，这类名词前面一般不带前加成分，即使带了也不表示它们的性质，而是表示它们的形状，这跟用量词来表示它们的形状具有相同的作用，因此我们可以通过量词或其他词来把握这类事物的空间性。例如：

（4）ʔit⁷ pu⁴ wuɯn² to³ kuɯn¹ soŋ¹ ʔɔm⁵ zam⁴。每个人都喝两口水。

　　　每 个 人 都 吃 两 口 水

（5）nɔk⁸ʔda:t⁷ ɕeu⁵ tai⁵ ɕoŋ⁶ʔbɔŋ¹ ma¹ ʔdaɯ¹。阳光从窗户照进来。

　　　阳光 照 从 窗户 来 里

（6）zum² po⁵ ʔbaɯ¹fai⁴ teu⁵ pai⁰。风把树叶吹走了。

　　　风 吹 树叶 走 了

例（4）中的ʔɔm⁵ "口" 是表示长宽高三维度的量词，所以当用它来限制 zam⁴ "水" 时，"水" 的空间性就被凸显出来了；例（5）的 nɔk⁸ʔda:t⁷ "阳光" 由于可以"从窗户照进来"，因此也被当作实体性事物，所以也具有空间性；例（6）的 zum² "风" 虽然是看不见的，但它可以发出动作 po⁵ "吹"，而且还能使树叶发生位移，可见它也是客观存在的物体，当然也就具有空间性了。

抽象名词从本质上说是没有空间性的，因为抽象名词是表示抽象概念名称的词，而许多抽象概念所表示的事物，客观世界并不存在，只不过是人的心理认为它们存在或人的想象赋予它们存在而已，如 fa:ŋ² "鬼"、ʔdaɯ¹ "思想"、siən¹ "神仙"、la³na:m⁶ la³ʔdan¹ "阴曹地府" 等。但既然人在主观上认为这些事物是存在的，那么也会赋予它们跟具体事物一样的性质。实际上，抽象事物占据的空间并不是真实的空间，而是一种心理空间。例如：

(7) pu⁴tɕe⁵ nau² tɕa:ŋ¹ ʔdoŋ¹ te¹ li⁴ tuə²ɕiə⁴。老人说山林里有神。

　　老人　说　中间　山林　那　有　神

(8) ʔdaɯ¹ mi² zon² ɕi⁶ tɕa:u⁵。思想不通就教育。

　　思想　不　通　就　教

(9) tuə²siən¹ ʔju⁵ pɯəŋ²siən¹。神仙在仙界。

　　神仙　在　仙界

例（7）的 tuə²ɕiə⁴ "神" 被看成是有生命的事物，所以名词前面带表示动物类的前加成分 tuə²，而且，既然 tuə²siən¹ "神仙" 是山林里存在的一种事物，自然就会占据一定的空间；例（8）的 ʔdaɯ¹ 本义为 "里边"，在这里意思是 "思想"，本来不具有空间维度，但仍然被看作是管道一类事物，所以用 zon² "通" 来陈述它，换言之，它跟管道是一样的，可以堵塞，也可以疏通；例（9）的 pɯəŋ²siən¹ "仙界" 也是一个客观上并不存在的处所，但人在主观上认为有神仙，当然就会判断有神仙居住的地方，所以 pɯəŋ²siən¹ "仙界" 表现出来的空间性跟 "人间" 表现出来的空间性显然就不会有差别了。

三　动词的方向性

动词是表示客观事物运动变化的词。事物的运动变化总有一个起点和终点，因此动词都带有 "时间性"；同时，事物的运动变化总是以空间为背景，每一个运动变化都表现为空间位置的差异，也就是从一个空间点移动到另一个空间点。典型的动词是动作动词，动作的结构可以描述为起点、过程和终点，这在时间上表现为连续性，在空间上表现为方向性。就这个意义而言，动词的空间意义是通过方向性来体现的。

典型的动词都具有方向性，因为这些运动变化都是在物理空间进行的，其变化过程表现为不同的方向。有的动词只有一个运动方向，如 naŋ⁶ "坐"、ʔdun¹ "站"、ma¹ "来"、lɔk⁷ "拔" 等；有的动词具有多个运动方向，如 le² "跑"、pja:i³ "走"、ʔdoi⁵ "敲"、let⁷ "划"、lu⁵ "捅" 等。有些动词，如判断动词、评价动词、表示心理活动的动词等没有方向性或者说方向性不强，但这是从物理空间的角度而言的。如果把这些动词放到心理空间的角度去考察，它们仍然存在一个在空间位置上的变化，从这点来说，这些动词也具有方向性。

单向动词的方向主要有纵向、横向和内外向三种类型（张国宪，2000）。纵向动词表示垂直运动，运动的方向有的向上，有的向下。横向动词表示水平运动，运动的方向有的离参照点远，有的离参照点近。内外向动词表示内外运动，运动的方向有的由外到里，有的由里到外。例如：

（10）te¹ ʔjau⁴ ʔdai⁴ ku¹ zun⁵ma¹。他能够把我举起来。

　　　　他　举　得　我　起来

（11）tuŋ² pai²ʔdeu¹，mi²zo⁴ ma² taŋ²jiən⁶ tɔk⁷ ma¹ la³。

　　　　噔　一下　不知　啥　东西　掉　下来

　　　"噔"的一下，不知什么东西落了下来。

（12）te¹ ɕui¹ tu¹ pja:i³ pai¹ ʔdaɯ¹。他推开门走进去。

　　　　他　推　门　走　去　里面

（13）te¹ zeŋ² la:u⁴，zau² ɕiəŋ³ mi² kwa⁵ te¹。他力气大，我们拉不过他。

　　　　他　力气　大　我们　拉　不　过　他

（14）ʔau¹ ɕen² ʔɔt⁷ pai¹ ʔdaɯ¹ ɕoŋ¹。把钱塞在衣兜里。

　　　　把　钱　塞　去　里　衣兜

（15）ko¹ pjak⁷ ni⁴ lɔk⁷ mi² ʔo⁵ ma¹。这棵菜拔不出来。

　　　　棵　菜　这　拔　不　出　来

例（10）的动词ʔjau⁴"举"表示的是向上运动；例（11）的动词 tɔk⁷ "掉"表示的是向下运动；例（12）ɕui¹"推"表示的是向前运动；例（13）的 ɕiəŋ³"拉"表示的是往回运动；例（14）ʔɔt⁷"塞"表示由外到里的运动；例（15）lɔk⁷"拔"表示由里到外的运动。

多向动词表示多个运动方向。有的动词方向是不定的，既可以表示向上运动，也可以表示向下运动；有的动词可以表示同时向多个方向运动。例如：

（16）tuə²pja¹ ʔju⁵ ʔdaɯ¹ zam⁴ leu⁶pai¹ leu⁶ta:u⁵。鱼儿在水中游来游去。

　　　　　鱼　在　里　水　游去　游回

（17）te¹ ŋon² ŋon² pai¹ tɕe⁴ ɕiən⁵。他天天上街玩耍。

　　　　他　天天　去　街　逛

（18）ʔdan¹ fa⁶pa:u⁵ ni⁴ fi⁶ te⁵。这个鞭炮没有爆炸。

　　　　个　鞭炮　这　没　爆炸

例（16）的动词 leu⁶"游"表示的方向是不定的，可前可后，可上可下；例（17）的动词 ɕiən⁵"逛"表示的方向也是不定的，因为它既可以表示个体活动，也可以表示群体活动，而动作的方向可以是单向，也可以是多向；例（18）的动词 te^5 "爆炸" 表示的方向是由里到外，但爆炸同时又是向各个方向进行的，包括前后左右上下。

　　有的动词表示属性、判断、评价、心理活动等，动作性不强，不产生空间位置变化，如 tɕoŋ^5 "姓"、tuuk^8 "是"、kwa:i^5 "责怪"、muuən^6 "希望"等，因此通常把这些动词看作无向动词。但我们认为，无向动词是从有向动词发展而来，物理空间可以隐喻心理空间。因此，无向动词在物理空间是没有方向性的，但在心理空间仍然具有一定的方向性。试比较：

　　（19）te^1 siu^1 ʔdai^4 soŋ^1 man^2 ɕen^2。他收到两元钱。

　　　　他　收　得　两　元　钱

　　（20）te^1 wai^1 ŋan^{33}。他姓安。

　　　　他　姓　安

　　例（19）的动词 siu^{1}ʔdai^4 "收到" 表示的方向是横向，即由远到近，表达的意思是 "他原来没有这两元钱，现在拥有了这两元钱"；例（20）的动词 wai^1 "姓" 不表示运动方向，但表达的意思是 "他原来不具有姓氏，现在有了'安'这个姓"，也就是说，ŋan^{33} "安" 这个姓是后来得到的。因此 wai^1 "姓" 这种动词跟 siu^{1}ʔdai^4 "收到" 这种动词是存在一定的语义对应关系的。

　　同样，判断词 tuuk^8 "是" 表达的也是一个从隐到显的过程。如 te^1 tuuk^8 pu^{4}zak^8 "他是小偷" 中的 "他" 原来的身份是隐藏的，由于动词 tuuk^8 "是" 的作用，身份显示为 pu^{4}zak^8 "小偷"，所以判断动词跟内外向动词具有一定的语义对应关系。由此推之，评价动词跟多向动词，心理动词跟单向动词都可以在方向上进行一定的对应，只不过这些无向动词表示的是心理空间的方向性罢了。

四　性质形容词的无界性

　　性质形容词是表示事物性质的词。客观事物除了占据一定的空间位置外，其空间量的大小、长短、高低、远近、方圆、宽窄等往往要通过形容词才能表示出来。性质形容词本身不具有空间性，但性质形容词可以表示客观事物的体积、距离、形状等空间量。空间量主要表现为 "有界" 和 "无界" 的对立，具体形式就是性质形容词和状态词的对立。沈家煊（1995）认为，"有界" 代表一个不定的 "量幅"，而 "无界" 代表量幅上的某一段或某一点，如 "白" 是对各种程度的 "白" 的概括，而 "雪白" "灰白" 表示的是 "白" 在程度上的某一段或某一点。虽然两者并无明确的界限，但我们在主观上感到它们有界限存在。从这个角度来说，性质形容词表示的程度或量是无界的。

　　客观事物存在的空间可以分为一维空间、二维空间和三维空间三种形式，因此性质形容词表示的空间量也分为三种类型：一是一维空间量，如 sa:ŋ¹ "高"、tam⁵ "矮"、zai² "长"、tin³ "短"、tɕai¹ "远"、tɕaɯ³ "近"；二是二维空间量，如 kwa:ŋ⁵ "宽"、ɕan² "窄"；三是三维空间量，如 la:u⁴ "大"、ni⁵ "小"、faŋ³³ "方"、pau⁴ "圆"、ʔbɯk⁷ "粗"、zek⁸ "细"、na¹ "厚"、ʔba:ŋ¹ "薄"、lak⁸ "深"、ʔbɔk⁷ "浅"。三个维度的空间量其大小是没有明确的标准的，都是相对的。在三个维度的性质形容词中，有的表示的维度比较明显，如 sa:ŋ¹ "高" 和 tam⁵ "矮" 凸显一维度，kwa:ŋ⁵ "宽" 和 ɕan² "窄" 凸显二维度，lak⁸ "深" 和 ʔbɔk⁷ "浅" 凸显三维度；有的表示的维度不明显，如 la:u⁴ "大" 和 ni⁵ "小"。由于性质形容词表示的空间量在程度上可以切分为不同的量级，如 sa:ŋ¹ "高" 可分为 sa:ŋ¹noi⁶ "较高"、sa:ŋ¹sa:ŋ¹ "高高"、sa:ŋ¹pja:u² "很高" 等不同的量级，所以我们把性质形容词看成是没有量级之分的，因此是无界的，而性质形容词切分出来的各个段点往往被看作是一个个独立的量级，因此是有界的。

　　沈家煊（2004）认为，在性状这个认知域，性状和事物遵守有界/无界匹配的规律，并认为在其他语言中也有表现。布依语中，由于修饰语一般是处于中心语的后面，所以性质形容词修饰名词时，也要放在名词的后面。这种修饰语后置的组合手段客观上把无界名词都有界化了。所以，布依语中表示空间量的性质形容词经常可以自由跟有界或无界名词组配。例如：

（21）ɕoi⁴ sa:ŋ¹ te¹.　高的那个孩子。

　　　　个　高　那

（22）tuə²ɕiə² pja:u⁶.　半大的黄牛。

　　　　黄牛　半大

（23）muɯn⁶ ʔun⁵ kuə⁶ xau⁴ luŋ³ ʔdi¹ kun¹.　细面做出来的饭才好吃。

　　　　面　细　做　饭　才　好　吃

　　例（21）的性质形容词 sa:ŋ¹ "高" 修饰短语 ɕoi⁴ te¹ "那个小孩"，是无界配有界；例（22）中的性质形容词 pja:u⁶ "半大" 修饰名词性短语 tuə²ɕiə² "黄牛"，是无界配有界；例（23）的性质形容词 ʔun⁵ "细" 修饰名词 muɯn⁶ "面"，是无界配无界。也就是说，布依语中是不存在汉语里的 "高孩子" 和 "高的孩子" 这种对立的。此外，布依语中的名词很多都区分大小粗细厚薄，其本身是有界的，所以也就不需要表空间量的性质形容词修饰它。从这个意义上看，有界/无界匹配的原则在布依语中也是适用的。

五　状态词的有界性

　　状态词是表示客观事物状态的形容词。在布依语中状态词是一个外延比较宽的词类，凡量词、动词、性质形容词等的重叠形式都可看作状态词，此外还包括性质形容词带词缀的状态词和拟声词。一般来说，除状态词外，凡是重叠以前能够表示空间意义的，重叠以后也能表示空间意义，两者的区别主要是空间量的不同。由于布依语除能临时借用为量词的名词以外，大多数名词都不能重叠，所以表示空间意义的状态词主要是量词、动词和形容词的重叠形式，当然也包括动词短语和形容词短语的重叠形式。

状态词跟性质形容词的不同在于前者总是表示一定的量段或量点，而后者表示的是一个量幅。状态词跟性质形容词一样本身不具有空间性，但可以表示空间量的程度。具体来说，状态词表示客观事物的大小、长短、高低、远近、方圆、宽窄等空间量的具体程度，或者说就是把量词、动词和形容词表示的空间量有界化。比如性质形容词 pau⁴ "圆" 表示的是事物的三维性质，它表示的空间量在内部是同质的，不作区分的，因此是无界的。但在空间量的程度上，pau⁴ "圆" 可以有 pau⁴zan² "圆乎乎"、pau⁴lan⁶ "圆溜溜"、pau⁴li³lan⁶ "圆圆的" 等程度之分，它们之间似乎有界限存在，而且在感觉上也把这些圆看作是不同的圆，因此认为它们是有界的。不过，由于状态词内部成分复杂，各成分之间性质差异较大，所以状态词表示的空间量程度从内部来说并不是统一的。

多数量词由于可以表示客观事物的形状，所以它们的空间性比较强。但量词不像性质形容词那样可以切分出不同的程度等级，因此其重叠形式只表示一个空间量程度，或者说每个量词的重叠形式只表示一个空间量程度。例如：

（24）tiəŋ¹kwa¹ pi¹ni⁴ ʔdan¹ʔdan¹ la:u⁴ pau⁴。今年的西瓜个个又圆又大。

　　　　西瓜　今年　个 个　大 圆

（25）toi⁴ lɯk⁸tuə⁶ ni⁴ nat⁸nat⁸ to³ fa⁶。这碗黄豆颗颗饱满。

　　　碗　黄豆　这 颗 颗　都 饱满

例（24）的量词 ʔdan¹ "个" 表示的形状义是 "圆形"，重叠后表示周遍义，也就是 "所有的西瓜"；例（25）的量词 nat⁸ "颗" 表示的形状义是 "颗粒状"，重叠后表示周遍义，即 "每一颗黄豆"。可见，量词的重叠形式表示的空间量实际上是最大程度的空间量。

动词由于具有方向性，所以动词重叠后表示的空间量程度就是方向的具体变化。表示不同方向的单音节动词可以重叠为 ABAB 或 AABB 的形式。例如：

（26）te¹ ʔju⁵ po¹ ɕiən⁵pai¹ ɕiən⁵ta:u⁵。他在山上转来转去。

　　　他 在 山　转 去　转 回

（27）li⁴ kuə⁶ʔja:i⁵ wuın² ʔju⁵ tɕe⁴ pai¹pai¹ ma¹ma¹。

　　　有　很多　　人　在　街　去　去　来　来

　　　有很多人在街上来来往往。

　　例（26）如果仅仅说 ɕiən⁵ "转"，是没有具体方向的，但说成 ɕiən⁵pai¹ ɕiən⁵ta:u⁵ "转来转去" 后，就把转的形式具体化了，也就是 "无方向的到处转"，同时也表示转的方向主要是横向；例（27）如果只说 pai¹ ma¹ "来往"，能表示它的方向是横向，但说成 pai¹pai¹ ma¹ma¹ "来来往往" 后，不仅表示动作的反复进行，同时也表示动作方向交叉重复多次。

　　性质形容词具有无界性，但性质形容词重叠后就成为状态词了，所以性质形容词的重叠形式表示的空间量程度是有界的。布依语中，无论是单音节还是双音节重叠都不常见，因为状态词表示的意义大多覆盖了性质形容词重叠表示的意义。从功能上看，性质形容词重叠后就是表示事物空间量的程度加深。例如：

　　（28）xen²ta⁶ li⁴ tɕi³ ko¹ fai⁴ziən⁴ sa:ŋ¹sa:ŋ¹。河边有几棵高高的白杨树。

　　　河边　有　几　棵　白杨树　高　高

　　（29）ɕuı²te¹ wuəŋ²tai⁵ koi⁶ tuə²ma⁴ la:u⁴la:u⁴ sa:ŋ¹sa:ŋ¹ ʔdeu¹。

　　　那时　皇帝　骑　匹　马　大　大　高　高　一

　　　那时，皇帝骑着一匹高高大大的马。

　　例（28）的 sa:ŋ¹sa:ŋ¹ "高高" 表示一维空间量 "高" 的程度，意思是 "很高"；例（29）的 la:u⁴la:u⁴ sa:ŋ¹sa:ŋ¹ "高高大大" 也是对 "高大" 的空间量加深程度，意思是 "很高大"。

　　状态词跟性质形容词形成有界和无界的对立。形容词表示的空间量是一个不定的 "量幅"，而状态词表示的空间量是量幅上的某一段或某一点，所以状态词表示的空间量都是具体的。每一个状态词表示的量段或量点都是一个程度，因此对于同一个 "量幅"，可以出现多个状态词表示它。如果把 "量幅" 分为若干等级，那么每个状态词表示的就是其中的一个程度量。因此可以认为，状态词的作用就是表示空间量的一个程度。例如：

　　（30）ziu³ san³ tuıŋ⁴ zai²zwa:m⁶zwa:m⁶ ʔdeu¹ lai⁶ laŋ¹ te¹。

　　　拎　根　棍　长　（附加成分）　一　追　后　他

　　　拎一根长长的棍子跟在他后面。

　　（31）ŋɔn²ni⁴ te¹ tan³ tɕɔŋ⁵ puıə⁶ ʔba:ŋ¹zep⁷zep⁷ ʔdeu¹。

　　　今天　他　穿　件　衣服　薄　（附加成分）　一

　　　今天他穿着一件非常薄的衣服。

　　例（30）的 zai²zwa:m⁶zwa:m⁶ "长长的" 表示棍子长的程度，意思是 "有点长"，这跟 "很长" 等程度区分开来；例（31）的 ʔba:ŋ¹zep⁷zep⁷ "薄薄的" 表示衣服的厚度，意思是"很薄"，这跟"非常薄"等程度区分开来。

六　代词的指位性

代词一般分为人称代词、指示代词和疑问代词三类。从替代功能看，似乎只有指示代词跟空间意义有关系，指示代词 ni⁴"这"和 te¹"那"就是表示近指和远指，所以吕叔湘（1985）认为"近指和远指的分别，基本上是空间的"。实际上，人称代词和疑问代词同样具有空间意义。布依语中的人称代词 muŋ²"你"虽然是代替听话人的，但暗含离说话人距离近的意思，而 te¹"他"，是代替听话人以外的指称对象，相对来说离说话人的距离也较远，而且，布依语的 te¹"他"与指示代词 te¹"那"同形同音似乎不是一个巧合，因为在表示距离远这个意义上具有关联性。疑问代词 kɯə²laɯ²"哪儿"可以就空间方位进行提问，其所指不是距离远近，而是空间位置或方向。

人称代词表面上看跟空间意义没有关系，实际上无论是人或物都要占据一定的空间位置，所以指代人或物的人称代词毫无疑问是包含空间义的。人称代词并不表示所指对象的形状大小等空间量，它的功能其实就是代替什么就表示什么。由于说话人、听话人以及所指对象之间处于不同的话语位置，所以人称代词可以反映说话人跟听话人和所指对象之间的空间距离或空间位置关系。例如：

（32）ji⁵, muŋ² taŋ³laɯ² pjɔm¹ pan² taŋ³ne⁴。哎呀，你怎么瘦成这样。

　　　哎呀　你　怎么　瘦　成　这样

（33）xɯ², muŋ² ɕiə⁶ te¹。哼，你信他的。

　　　哼　　你　信　他

例（32）从叹词 ji⁵"哎呀"可知，muŋ²"你"和说话人处于话语场合，所以离说话人的距离比较近；例（33）从句子内容来看，muŋ²"你"处于话语场合，而 te¹"他"不在话语场合，因此离说话人距离远。

有时可能三方都处于话语场合，但从说话人的角度看，心理上也觉得听话人的距离要近些。例如：

（34）muŋ² xam⁵ te¹, ku¹ teŋ¹ mi² teŋ¹ taŋ³ni⁴ nau²? 你问他，我是不是这样说的？

　　　你　问　他　我　是　不　是　这样　说

例（34）中，te¹"他"可能处于话语场合，也可能没有在话语场合，但说话人是把信息传递给听话人 muŋ²"你"的，所以无论 te¹"他"在不在话语场合，说话人都觉得跟听话人的距离更近。

指示代词最主要的是 ni⁴"这"和 te¹"那"，ni⁴"这"表示近指，te¹"那"表示远指，这里的近和远其实就是性质形容词表示的空间量，中间没有明确的界限，因此是一个"量幅"。"近"和"远"主要指空间距离，但也指心理距离。布依语中，ni⁴"这"和 te¹"那"一般不单独使用，而是要跟其他语素（主要是表类别和方位的语素）合成一个词使用，共同表示所指对象与说话人的空间距离或方向。例如：

（35）ka:i⁵ ni⁴ tɯk⁸ pɯn³ sɯ¹ mo⁵ ʔdeu¹。这是一本新书。

　　　个　这是　个　书　新　一

（36）fɯəŋ⁴ te¹ tɯk⁸ pa:i⁶tuŋ¹。那边是东方。

　　　边　那　是　东方

例（35）的 ka:i⁵ ni⁴"这个"由指示代词和表示类别的语素合成，表示 sɯ¹"书"离说话人近；例（36）的 fɯəŋ⁴ te¹"那边"由指示代词和表示方位的语素合成，表示与说话人相对的一个方向。

疑问代词虽然是表示疑问的，但 kɯə²laɯ²"哪里"只提问方位处所，所以其作用相当于方位词和处所词。但方位词和处所词表示的空间位置一般都比较明确，而疑问代词 kɯə² laɯ²"哪里"表示任指，其空间位置是不确定的。例如：

（37）ŋon²liən² pu⁴xe⁵ te¹ tai⁵ kɯə²laɯ² ma¹？那位客人昨天是从哪儿来的？

　　　昨天　客人那　从　哪里　来

（38）ku¹ zo⁴xe⁶ te¹ pai¹ kɯə²laɯ² pai⁰。我知道他去哪儿了。

　　　我　知道他　去　哪儿　了

例（37）是说话人提出疑问，kɯə²laɯ²"哪儿"表示的位置要根据听话人的回答才能确定；例（38）的 kɯə²laɯ²"哪儿"对于说话人来说位置是确定的，但对于听话人来说，要根据说话人的回答才能确定。

七　量词的形状性

量词是表示事物形体单位的词。布依语的量词有的表示有生命的事物，有的表示无生命的事物。对于无生命的事物，量词主要是从形状特征进行分类的。所谓形状特征就是指客观事物占据的空间位置表现出来的具体形状，这种具体形状其实并不精确，而是一种"相似性"。由于具有相似形状特征的事物都可归为一类，因此名词的空间性可以通过量词来具体化。对于那些没有具体形状的事物，如 zam⁴"水"、wɯə³"云"等，量词可以赋予它们具体的形状，如 piŋ²"瓶"、toi⁴"碗"、pen⁵"片"、ʔdo⁵"朵"等都可以把 zam⁴"水"、wɯə³"云"的形状具体化。所以，量词的作用在于凸显客观事物的形状特征。

量词表达的形状可分为具体形状和模糊形状两大类。具体形状主要有点状，如 nat⁸"粒"；线状，如 teu²"条"、san³"根"；面状，如ʔbaɯ¹"张"、

çak⁷ "层"; 体状, 如ʔdak⁷ "块"、n̠um⁵ "团"。模糊形状表示的形状特征相对要弱一点，主要强调事物的整体性，可分为：配置义类，如 fu⁵ "副"、ton⁵ "段"; 聚集义类，如 po² "群"、ça² "丛"; 组织义类，如 zo⁶ "窝"、za:n² "家"; 围拢义类，如 kun³ "捆"、kop⁷ "捧"。表示具体形状的量词一般都是根据原型形成 "家族相似性"，如ʔbaɯ¹ 的本义是 "树叶"，后来把凡是跟 "树叶" 形状相似的都称作 "张"。表示模糊形状的量词其空间义主要是聚集义，有的是具体形状义的聚集，如 pa:i² "排" 是线状的聚集；有的是非具体形状义的聚集，如 tɕɔŋ⁵ "帮"。模糊形状量词仍然是根据一个原型形成它的空间义的，如 kop⁷ 的本义是 "双手合拢"，后来凡是能用这个动作托住的事物都可用 "捧"，如 xau⁴ "米"、ze⁵ "沙子" 等。

表示具体形状的量词在内部主要是通过形状的不同来表示空间义的。从大的角度来说，点状跟面状相区别，线状跟体状也相区别；从小的角度来说，点状跟点状相区别，线状跟线状也相区别。例如：

（39）nam³ teŋ¹ te¹ zon² ma¹ zo⁶ pai⁰。那颗钉子冒出来了。

　　　颗 钉子 那 冒 来 外 了

（40）ʔjɯ⁵ ço⁵ pai²ʔdeu¹, sik⁷ ʔdai⁴ pen⁵ paŋ² ʔdeu¹ ma¹ la³。

　　　咮 的 一下 撕 得 块 布 一 来 下

　　"咮" 的一声，撕下一块布来。

（41）li⁴ san³ pɯn¹ ʔdeu¹ tɔk⁷ tai⁵ kɯn² ma¹ la³。有一根毛从上面掉下来。

　　　有 根 毛 一 掉 从 上 来 下

（42）xo²pɯə⁶ te¹ li⁴ teu² lan³¹kan³³ ʔdeu¹。他的衣领上有一条花边。

　　　衣领 他 有 条 花边 一

例（39）的量词 nam³ "颗" 表示的是尖状物，例（40）的量词 pen⁵ "块" 表示的是平面状，因此 teŋ¹ "钉子" 和 paŋ² "布" 通过量词在形状上区分开来。例（41）量词 san³ "根" 表示的形状和例（42）的量词 teu² "条" 表示的形状都是线状，具有 "细长" 的意思，但前者带有 "圆柱状"，凸显三维性，后者带有 "条状"，凸显二维性。

表示模糊形状的量词，大类之间主要是根据聚集义的不同来区分形状的；在同一小类范围，量词之间主要是通过数量大小、有序无序等来区分形状。例如：

（43）kɯn² ko¹fai⁴ li⁴ tɕɔŋ⁵ mɔt⁸ ʔdeu¹。树上有一群蚂蚁。

　　　上 棵 树 有 群 蚂蚁 一

（44）kau¹ za:n² li⁴ zon² mɔt⁸ ʔdeu¹。屋角有一窝蚂蚁。

　　　角 屋 有 窝 蚂蚁 一

(45) te¹ fuɯ² kam¹ mik⁷ xau⁴na² ʔdeu¹。他手拿一把稻谷。

    他 手 拿 把 稻谷 一

(46) ku¹ xat⁷ ni⁴ ʔɯ² ʔdai⁴ soŋ¹ kɯət⁸ xau⁴na²。我今早背了两捆稻谷。

    我 今早 背 得 两 捆 稻谷

    例（43）和例（44）的量词都是表示模糊形状的，但量词 tɕoŋ⁵ "群"表示的是聚集义，强调群体性，而量词 zoŋ² "窝"表示的是组织义，强调一致性。例（45）和例（46）的量词都是表示围拢义的，但量词 mik⁷ "把"表示的数量较小，而量词 kɯət⁸ "捆"表示的数量较大。

    由于语言认知的差异以及量词来源的复杂性，有些在汉语中形状并不相同的事物在布依语中往往被看作是相同的形状。例如：

(47) te¹ ʔau¹ ʔdak⁷ tɕim¹ pai¹ ziə⁶ ʔdan¹ za:n² ʔdeu¹。

    他 拿 块 金子 去 换 幢 房子 一

    他拿金块去换一幢房子。

(48) ʔdan¹ tɕeu² ni⁴ li⁴ ɕip⁸ ʔdan¹ koŋ³。这座桥有十个拱券。

    座 桥 这 有 十 个 拱券

    例（47）的 "房子" 和例（48）的 "桥" 在汉语中是两种形状的事物，因此一个使用量词 "幢"，一个使用量词 "座"。但在布依语中，"房子"和 "桥" 都被看作是 "容器类" 事物，所以用量词 ʔdan¹ 来表示它们属于相同形状。

八　空间词的定位性

    空间词是指表示空间位置的词语，包括方位词和处所词。其中，方位词表示的方位，实际上是先确定某个参照点，然后再确定某事物的具体位置。换句话说，方位词表示客观事物相对于某个参照点所处的具体空间位置。不过，由于各语言对空间参照点的选择并不相同，所以对客观事物所处的具体空间位置认识是有差异的。如布依语是以居住点相对的日出的右方为上，相反方向为下，而汉语是以南方为上，北方为下。当然，在具体事物的空间位置关系上，布依语和汉语大多还是相通的，如以某事物为基准，处于上边的为上，处于下边的为下。处所词表示的空间位置表面上是没有参照点的，所以称作绝对空间位置。因此，方位词和处所词的作用就是确定客观事物在空间里的具体位置。

    方位词对客观事物所处空间位置的确定主要包括两个方面：一是客观事物面对的某一位置，二是客观事物在空间占据的点、线、面或体（廖秋忠，1992）。前者被称作方向，后者被称作位置。方向有语境外的方向和语境内的方向之分：语境外的方向是指语言本身确定的方向，也就是拓扑方向，如布依语的"十二向"、汉语的"东、西、南、北"，这种方向是固定的；语境内的方向是指以某个物体为参照的方向，立足点不同，方向就会发生变化。所以，方位词对客观事物位置的确定，参照点是必不可少的。例如：

（49）nep^8 juən^2 pai^1 pa:i^6 ʔda:t^7 ʔo^5 te^1 pai^0。赶着羊群往东边去了。

　　　赶　羊　去　边　太阳　出　那　了

（50）za:n^2 ku^1 xoŋ^5 pa:i^6 na^3 tɯk^8 ji^{2}tau^6。我家前面一间是火塘。

　　　　家　我　间　前　面　是　火塘

例（49）juən^2"羊"的位置是立足点，ʔda:t^7"太阳"出来的方向是固定的，这属于语境外的参照点；例（50）pa:i^{6}na^3"前面"的参照点是 za:n^2 ku^1"我家"，没有这个参照点，ji^{2}tau^6"火塘"的位置是无法确定的，这是语境内的参照点。

方位词对事物位置的确定是以参照点为前提的，但事物跟参照点的关系，不同的语言有时会有不同的理解。因此，即使事物处于相同的空间位置，不同的语言对其位置的确定也会有所不同。例如：

（51）wuun^1 zam^4 ʔju^5 tɕa:ŋ^1 zɔn^1 kan^1 pan^2 xɔŋ^2 leu^0。

　　　雨　水　在　中间　路　积　成　塘　了

雨水在路上积成水塘了。

（52）wa^1 tɕa:ŋ^1 po^1 tɕa:i^5 pai^0。山上的花凋谢了。

　　　花　里　山　凋谢　了

（53）piŋ^2 wa^1 tɔk^7 pai^1 la^{3}na:m^6 te^5 ʔbɯ^{1}ʔba:i^1 leu^0。

　　　花瓶　掉　去　地下　裂开　粉碎　了

花瓶掉在地上全粉碎了。

例（51）的参照点是 zɔn^1"路"，事物是 wuun^{1}zam^4"雨水"，确定的位置是 tɕa:ŋ^1"中间"；例（52）的参照点是 po^1"山"，事物是 wa^1"花"，确定的位置是 tɕa:ŋ^1"里"；例（53）的参照点是 na:m^6"地"，事物是 piŋ^{2}wa^1"花瓶"，确定的位置是 la^3"下"。而这些事物所处的位置在汉语中都是"上"，可见，同样的空间位置，在不同的语言中解读是不同的。究其原因，大概是两种语言对参照点的认知存在差异。布依语把"路""山"看作是"容器类事物"，把"地上"看作是视点之下的事物，而汉语把这些事物都看作基准，无所谓内外之分或上下之分，所以事物都处于它们上面了。不过，由于汉语的影响，布依语对事物位置的确定跟汉语也逐渐变得一致起来。

处所词表示的空间位置是不需要参照点的，所以被称作"绝对空间位置"。实际上，处所词表示的空间位置并不是没有参照点，而是参照点没有在句子中出现。从道理上讲，任何事物所处的位置也都是需要参照点的，因为没有参照点，事物所处的位置就无法确定。不过，学界对处所词的看法还不一致，有的把地名、专名都看作处所词，如果这样，处所词的范围就很大，而且它们跟名词一样具有完全意义的"空间性"，这跟本书所指的处所词还是有较大差别的，所以我们把这些词都看作是名词。处所词在布依语中数量较少，大概有 kwa:m⁶kwa⁴ "周围"、si⁵wi² "四周"、zek⁷tɕauɯ³ "附近"、tɕiə²tɕiə² "到处"、lap⁸tɕiə² "处处" 等十来个。处所词对事物位置的确定也不同于方位词：一是处所词以说话人的视点为参照点，二是处所词确定的位置不是一个点，而是一个面或体。例如：

（54）zek⁷tɕauɯ³ li⁴　ti⁶　fai⁴tɕuŋ¹ ʔdeu¹。附近有一片青冈林。

　　　　附近　有 丛林 青冈树　一

（55）tɕiə²tɕiə² piən⁵ miən⁶ mo⁵。处处变新貌。

　　　处 处 变　面貌 新

例（54）的事物是 ti⁶ fai⁴tɕuŋ¹ "青冈林"，确定的位置是 zek⁷tɕauɯ³ "附近"，参照点没有出现，实际上是说话人的视点；例（55）的事物是 miən⁶mo⁵ "新貌"，确定的位置是 tɕiə²tɕiə² "处处"，参照点就是说话人的视点。前一例的视点有一个明确的范围，而后一例的视点是遍指，包括所有范围。

第十章 语气范畴

第一节 语气概述

一 语气的性质

在形态语言中，语气通常被看作是通过动词词形变化表示的一组句法和语义对立（克里斯特尔，1978），如英语的陈述语气、祈使语气和虚拟语气。叶斯柏森（1924）认为，语气是以动词形式表现心理态度为条件的，因此是一个句法范畴，而不是一个意念范畴。言外之意，语气是一种心理态度，只不过在形态语言中，这种态度是通过动词的形态来表示的。利奇和斯瓦特威克（1974）把语气看作是说话者的感情和态度，并用它去影响听话者的感情和态度。这同样是强调了语气的主观性，但认为语气有"言外之力"的作用。帕默（1986）探讨了语气和情态的概念，认为多数语言中只出现其中一种，因此在语气和情态系统之间并不总是有明确的区分，在有些语言中，情态系统同时具有语气系统的特征。从帕默的论述看，语气分为"写实"（realis）的和"非写实"（irrealis）的两种情况，直陈式属于写实，虚拟式属于非写实，而祈使式在语气的直陈式和虚拟式系统以外，也就是说，祈使式不属于语气范畴。

在非形态语言中，动词没有形态变化，但不能依此认为没有语气范畴，相反，非形态语言也要表示各种各样的感情和心理态度，因此语气范畴肯定是客观存在的。但是，一般意义上的语气是通过形态表现出来的句法范畴，而非形态语言的语气不能借助动词词形变化这种手段来表现，因此语气的内容和形式跟形态语言肯定不一致。传统上，非形态语言一般把语气分为陈述、祈使、疑问和感叹四种类型，但这种划分并不是按照同一标准进行的，因为陈述、疑问和感叹属于句调语气，而祈使跟句调没有多大关系，所以，这里对传统语气的划分重新作了调整。

布依语研究中语气划分的标准长期以来都是跟汉语保持一致的，如喻世长（1956）把布依语语气分为叙述语气、疑问语气、祈使语气和感叹语气四类，《布依语语法概要》（1959）除了把叙述语气改称为陈述语气外，其他三种名称和含义都保持不变，除此之外，很少有对布依语语气进行专门研究的文献。根据布依语的特点，我们认为布依语的语气不能根据形态标志来确认，因此布依语也属于语气和情态不明确区分的语言；其次，布依语的语气词具有音节多样，句法位置灵活的特点，因此布依语的语气跟其他语言相比具有明显不同的特点；第三，由于布依语长期受汉语的影响，语气也不例外，因此也不否认布依语语气跟汉语语气具有一致的方面。根据这些认识，我们把布依语语气定义为：

　　语气是说话人对句子所表达的命题和所描述的内容的主观态度，这种主观态度往往通过不同的词语来表示。

　　这里的"命题"和"内容"是指句子包含的信息，既有"写实"的，也有"非写实"的，无论什么句子，都反映说话人的某种主观态度，因此可以这样认为，任何句子都属于一定的语气，不表达语气的句子是不存在的。所谓"不同的词语"，是指语气词、叹词以及表示可能、请求、推测等情态的词语。布依语中，各种语气都没有相应的语法形式，一般情况下，语气都是通过不同的词语来表示，如疑问语气要使用表示疑问的语气词，感叹语气往往要使用叹词，陈述语气没有相对稳定的标志词语，通常都是表示判断、肯定、叙述、描写等客观性比较凸显的词语；此外，祈使语气、能愿语气、假设语气也要使用动词、助动词、副词等来帮助表达。例如：

（1）puɯn^3 suɯ^1 ni^4 mi^2 ʔdi^1 me^0?　这本书不好吗？

　　　本　书　这不　好　吗

（2）ʔit^7 ʔdiən^1 tu^6 li^4　siən^5 kuə^6，ya^0，na^0!　每个月都有事情做啊！

　　　每　月　都有　事情　做　啊　哪

（3）tuə^2 ɕiə^2 te^1 tam^{4}ta^2 sat^7 zun^5 ma^1。那头牛猛地跳起来。

　　　头　牛那　猛然　跳　起来

（4）te^1　zo^4 ju^{2}zam^4。他会游泳。

　　　他　会　游泳

（5）ɕiŋ^3 muŋ^2 pai^1 pa^{5}tu^1!　请你到门口！

　　　请　你　去　门口

　　上述例子中，前三例表达的是功能语气，后两例表达的是意志语气。例（1）表达的是疑问语气，其标志是语气词 me^0"吗"，如果去掉这个语气词，句子表示的就是否定语气；例（2）表达的是感叹语气，句末连用两个语气词，具有加强感叹的作用；例（3）表达的是陈述语气，是对一个事件的描述，因此使用的是 tam^{4}ta^2"猛然"、sat^7"跳"这些表示状态和动作的客观性词语；例（4）表达的是能愿语气，其标志是助动词zo^4"会"；例（5）

表达的是祈使语气，使用了表示请求、命令的动词 ɕiŋ³ "请"。虽然一定的语气总是跟一定的词语倾向性搭配，但这种搭配并不十分严格，因为有的词可以用在多种语气中。所以，特定词语对于语气的判断来说只是一个充分条件，而不是必要条件。

二　语气的表达手段

语气作为一种语法范畴，从道理上说应该通过一定的语法形式表现出来，这在形态语言中是理所当然的事情，但在非形态语言中，一定的语法意义是否都由一定的语法形式来表示，看法则各有不同。形态语言中的语法形式都属于一种比较封闭的系统，而非形态语言中，固然存在一定的语法形式，但不是所有的语法范畴都有相对应的语法形式。有的把特定句式、语气词等也看作语法形式，这也未尝不可，但只能看成狭义的语法形式。布依语的语气没有广义的语法形式，大多是通过语调、特定句式或者特定的词语来表达，对某种语气的判断一般要综合多种手段，仅仅根据一个条件往往难以得出结论。利奇和斯瓦特威克（1974）把英语语气的表达手段归纳为语调、叹词和助动词三种，而帕默（1986）把语气纳入情态的范围，认为表达情态的语法手段有情态动词、动词的屈折变化、小品词和附着形式等。除了形态的因素，语调、叹词、助动词等手段对布依语也是适用的，只是布依语还有语气词、疑问代词、语气副词、特殊句式等手段。

由于非形态语言的语气都是通过语义体现出来，不存在什么语气跟什么形式对应的规律，所以语调、语气词、助动词等只是辅助手段，还必须跟句子的内容结合起来才能作出正确的判断。胡明扬（1988）研究了语气词跟语气对应的各种情况，认为根据语气词的使用范围来确定语气意义是不合适的，比如"啊"，可以用于陈述、祈使、疑问和感叹语气，所以应该先考察语气词的语气意义，再参考其他方法来作出判断才行得通。语气的表达既可以通过单一的形式表现出来，比如通过某个特定词语，也可以通过复合的形式表现出来，比如通过助动词和语气词，或者语调和叹词等。在布依语中，如果一个句子只有单一的语气表达手段，那么这个句子通常只表示一种语气；如果一个句子具有复合形式的语气表达手段，那么这个句子可能表示多种语气。虽然句子的语气比较复杂，但只要坚持从意义出发，用标志控制的原则，一般都能够区分出各种语气。

单一的语气表达手段主要有语调、语气词、叹词、助动词、语气副词、疑问代词、特殊句式等。先来看语调表达的语气。

语调是最容易被忽视的语气表达手段，因为语调没有一定的语音形式，只有通过句子升降、屈折的语音变化才能表现出来，所以在判断语气时，一般都没有把语调考虑在里面。实际上，同样的句子，语调不同，语气是不同的。例如：

（6）te^1 pai^1 pai$^{0(33)}$。他走了。

　　他　走　了

（7）te^1 pai^1 pai$^{0(35)}$？他走了？

　　他　走　了

（8）mɯŋ^2 zo^4 xa:i^1 ɕiə^1？你会开车？（语调上升）

　　你　会　开　车

（9）mɯŋ^2 zo^4 xa:i^1 ɕiə^1！你会开车！（语调下降）

　　你　会　开　车

例（6）和例（7），例（8）和例（9）是两组相同的句子，但因语调不同，每组句子表达的语气并不相同。例（6）的语调比较平缓，所以表达的是陈述语气；而例（7）的语调是往上高扬，所以表达的语气是疑问语气；例（8）的语调也是往上直升，所以是疑问语气；例（9）的语调由上而下，表示惊讶，是感叹语气。

从布依语的情况来看，语调跟语气确实存在某种对应关系，但这种对应是从句法上体现的。通常的情况是，陈述语气是平调，疑问语气是升调，感叹语气是降调。从语义的角度看，什么语气用什么语调则没有严格的规律。比如确定语气可以是升调，也可以是降调；假设语气可以是平调，也可以是升调。因此可以这样说，语调在句法上是语气的主要标志，但在词汇形式的范畴，语调只能是语气的参考因素。

语气词是布依语表达语气的最主要的手段。与汉语相比，布依语语气词更丰富，更复杂，不仅有句首语气词，如 la^0、lə^0、lo^{0}na^0、pai^{0}la^0 等，还有句中语气词，如 ʔdai^0、ʔde^0、ni^0、ɕo^5、ni^{0}ɕi^6、pai^{0}la^0、pai^{0}le^0、pai^1 lɯ^{0}ma^{0}等，句末语气词，如 pai^0、le^0、ma^0、lo^0、no^0、leu^{4}pai^0、mɯə^{0}le^0 等。语气词大多是轻声调，如出现平调、升调和降调，通常认为这种变化是句调。此外，语气词既有单音节的，也有双音节和多音节的。一般来说，处于句首和句中的语气词表示意志语气，而处于句末的语气词既可以表示意志语气，也可以表示功能语气。例如：

（10）ka^5 ɕi^6 pa:i^6 po^{2}zau^2 ka^6 kuə^6 pai^0 pa^0？这种陶缸是我们这边自己烧制的吧？

　　大缸 呢 地方　我们 自己 做　了　吧

（11）ʔbɯn^1 leu^4 ʔaŋ^1 le^0！天真热啊！

　　天　非常 热　啊

（12）ku^1 mi^2 tɕai^2 pai^1 pai^0。我不想去了。

　　我 不　想　去　了

（13）mi^2 luuk^6 xap^7 tu^1 kei^0! 不要关门哪！

　　不　要　关　门　哪

（14）te^1 mi^2 pai^1 ʔdai^0。他不去的。

　　他　不　去　的

例（10）的 pai^0 pa^0 是双音节语气词表示疑问，例（11）是语气词 le^0 表示感叹，例（12）是语气词 pai^0 表示陈述，这几个例子的语气词都是表示功能的。例（13）表示的是祈使语气，但不是通过语气词 kei^0 表示出来的，因为不使用该词，祈使语气仍然存在，所以 kei^0 是帮助表示祈使语气。例（14）表示的是确定语气，语气词ʔdai^0 具有加强肯定的作用，这两例的语气词都是帮助表示意志语气的。

叹词是半实半虚的词，从功能上看，近于实词，从意义上看，近于虚词。叹词的特点就是可以独立成句。但布依语的语气词可位于句首、句中和句尾，也可以停顿，所以叹词跟语气词有时不容易分开。试比较：

（15）ʔai^{0}ja^0, xo^{3}woi^5 teŋ^1 xo^{3}tɕi^5 te^1。哎呀，我们是他的朋友。

　　哎呀　我们　是　　朋友　他

（16）ma^{0}lo^0, ɕi^6 me^6 te^1 mi^2 kuə^6 laɯ^2 pan^2。他母亲没做什么。

　　MP　呢 母亲 他 没 做 啥　成

（17）pai^{0}la^0, ɕi^6 nin^2 ŋaɯ^6 pai^0。就睡着了。

　　MP　就 睡 着 了

（18）naŋ^6 mi^2 zo^{4}xe^6 ɕuə^4 kɯə^{3}ma^2 zau^6 pai^{0}la^0! 坐着不知道聊什么！

　　坐 不　知 聊　什么　些 MP

例（15）中的ʔai^{0}ja^{0}是叹词，例（16）的 ma^{0}lo^0 是语气词，其实它们之间是没有严格的界限的。从位置上看，两者都处于句首；从功能上看，例（15）的ʔai^{0}ja^{0}表示感叹语气，例（16）的 ma^{0}lo^0 表示停顿语气；所不同者，前者表示功能语气，后者表示意志语气。例（17）的 pai^{0}la^0 和（18）的pai^{0}la^{0}同形同音，不同点是一个在句首，一个在句尾，但都看作语气词。实际上，例（17）的 pai^{0}la^0 从功能上看跟叹词是没有多大区别的，同样，例（18）的 pai^{0}la^0 既表示语气也表示感叹。

助动词是指ʔan^5"可能"、zo^4"会"、ɕam^{3}ɕi^6"肯定"等表示能愿、需要、肯定等意义的动词，它们不能直接充当述语，但常常放在动词前面帮助表示各种能愿意义。助动词不直接表示功能语气，但很多情况下可以直接表示意志语气。例如：

（19）ŋon^{2}ni^4 mi^2 zo^4 tau^3 wun^1。今天不会下雨。

　　今天　不　会　下　雨

（20）ku^1 kho^{53}ji^{53} nau^2 xau^3 mu^2。我可以告诉你。

　　我　可以　　说　给　你

（21）ku^1 pai^{2}çau^4 ʔau^1 pai^1 pa:u^5 pe^{31}ta^{24} la^3 xo^2 ta^{2}za:i^4。我当初真应该报考北大。

　　我　过去　应该　去　报　北大　才　合　真正

例（19）中的 zo^4"会"，例（20）中的 kho^{53}ji^{53}"可以"以及例（21）中的 ʔau^1"应该"都是表示能愿的助动词，所以这几个句子都表示能愿语气，句子表示的"事件"都没有成为现实。这几个句子如果不使用助动词，则都是表示确定语气，句子表示的"事件"都是已经实现了的。

语气副词表示说话人对所述内容进行主观评价，通常位于谓语前面，也可以位于主语前面，有时位于谓语后面。语气副词可以单独表示功能语气、意志语气，也可以跟其他语气词配合表示功能语气或意志语气。例如：

（22）mu^2 ziə^{2}la^1 pai^1 tam^6 phei^{24}phan^{31} to^0。你跟着去不过是凑热闹而已。

　　你　跟后　去 不过　配盘　MP

（23）ku^1 la:u^1 mu^2 mi^2 ka:m^3 pai^1 pa^0。恐怕你不敢去吧。

　　我　恐怕　你　不　敢　去　MP

（24）te^1 ŋɔn^{2}ni^4 ma^1 mi^2 ʔdai^4 ʔba:ŋ^4。他今天可能来不了。

　　他　今天　来　不　成　大概

（25）ku^1 ka^6 mi^{2}li^4 çen^2 ʔdai^0。我只是没有钱罢了。

　　我　只　没有　钱　MP

例（22）语气副词 tam^6"不过"跟语气词 to^{0}配合表示肯定性陈述语气，也表示确定语气。例（23）语气副词 la:u^1"恐怕"跟语气词 pa^{0}配合表示陈述语气，同时也表示假设语气。例（24）语气副词 ʔba:ŋ^4"大概"处于谓语后面，表示假设语气。例（25）语气副词 ka^6"只是"跟语气词 ʔdai^{0}结合表示陈述、确定的语气。

疑问代词一般是用来表示疑问的，所以疑问代词往往作疑问语气的标志。常见的疑问代词有 pu^{4}lau^2"谁"、kwə^{3}ma^2"什么"、lau^2"哪"、tçiə^{2}lau^2"哪里"、sam^{5}lau^2"哪些"等。疑问代词可兼表功能语气和意志语气，一般是表示功能语气中的疑问语气，少数情况表示意志语气中的假设语气。例如：

（26）mu^2 pan^2 ta^{3}lau^2 mə^0？你怎么啦？

　　你　成　怎么　MP

（27）su^1 ni^4 tɯk^8 ka:i^5 pu^{4}lau^2？这书是谁的？

　　书　这　是　的　谁

（28）za:n^2 te^1 li^4 jiə^{6}ma^2 siən^5 ni^0？他家里有什么事呢？

　　家　他　有　什么　事情　呢

例（26）的疑问代词是 taŋ³laɯ² "怎么"，例（27）的疑问代词是 pu⁴laɯ² "谁"，例（28）的疑问代词是 jiəŋ⁶ma² "什么"，三个疑问代词都表示疑问语气，但（28）的 jiəŋ⁶ma² "什么"还兼表假设语气。

特殊句式跟语气息息相关，有的句式通常只跟某种语气相联系，一般不会同时兼有几种语气，如存在句在功能上通常是陈述语气，在意志上是确定语气；比较句在功能上通常是陈述语气，在意志上也是确定语气。有的句式，跟语气没有固定的联系，根据不同的语境，有时属于这种语气，有时属于那种语气，如处置句。一般来说，存在句、被动句、比较句总是跟陈述语气和确认语气相联系，而判断句多数情况下属于陈述语气、确定语气，有时是感叹语气，有时是疑问语气。处置句从功能上看，可以是陈述语气，可以是疑问语气，也可以是感叹语气；从意志上看，可以是确定语气，也可以是祈使语气。此外，肯定否定的重叠形式只能属于疑问语气和假设语气，不太可能属于其他语气。例如：

（29）ʔdaɯ¹ ça:ŋ¹ mo³ li⁴ xau⁴ la:i¹ pai²leu⁴。仓库里堆了很多粮食。

　　　里边　仓库　堆　有　粮食　多　非常

（30）te¹ sa:ŋ¹ to¹ ku¹ zək⁷ çon⁵。他比我高六寸。

　　　他　高　多　我　六　寸

（31）te¹ tça³xat⁷ ʔau¹ kai⁵ ka³ pai⁰。他早上把鸡杀了。

　　　他　早上　把　鸡　杀　了

（32）çiau⁵³waŋ³¹ tço² çiau⁵³li⁵³ xa:i⁴ tçau³ te⁵ pai⁰。小王被小李打破了头。

　　　小王　　被　小李　打　头　破　MP

（33）xo³su¹ pai¹ mi² pai¹？你们去不去？

　　　你们　去　不　去

从功能上判断，例（29）、例（30）、例（31）、例（32）属于陈述语气，例（33）是疑问语气；从意志上判断，例（29）至例（32）属于确认语气，例（33）属于假设语气。根据不同语境，有的句子可以属于其他语气。如例（31），后面添加感叹号就属于感叹语气。

复合形式的语气表达手段比较复杂，有的是采用两种手段表达一种语气，有的是采用三种甚至四种手段表达一种语气。但最常见的是特殊句式跟语气词、疑问代词、助动词、叹词、否定词等复合表达语气，也有表达语气的词类之间相互复合表达语气的。

特殊句式跟表达语气的词类能够形成复合形式表达各种语气。例如：

（34）siən⁵ mɯŋ² pi³ siən⁵ te¹ la:i¹ ʔba:ŋ⁴。你的事情大概比他多。

　　　事情　你　比　事情　他　多　大概

（35）muɯŋ² tuuk⁸ tshun³³tsaŋ⁵³ me⁰？你是村长吗？

　　　你　　是　　村长　　　MP

（36）ʔau¹ no⁶ ʔdauɯ¹ za:n² ʔjau⁴ ʔdi¹ pa⁰。把家里的肉藏起来吧。

　　　把　肉　里边　房子　藏　好 MP

（37）te¹ tuuk⁸ pa:i³ ɣa⁰！他被打啊！

　　　他　被　　打　　MP

（38）ʔdauɯ¹ ka:m³ ni⁴ ʔan⁵ li⁴ ŋuɯə²pja³。这个洞里面可能有蟒蛇。

　　　里边　洞　这　可能　有　蟒蛇

例（34）是比较句跟语气副词ʔba:ŋ⁴“大概”结合，表示陈述语气和假设语气；例（35）是被动句跟否定词虚化而来的语气词 me⁰“吗”复合，表示疑问语气和假设语气；例（36）是处置句跟语气词 pa⁰“吧”复合，表示陈述语气和祈使语气；例（37）是被动句跟语气词 ɣa⁰“啊”复合，表示感叹语气和确定语气；例（38）是存在句跟助动词ʔan⁵“可能”复合，表示陈述语气和能愿语气。

肯定和否定的重叠形式也可以跟其他表示语气的词类复合表示疑问语气和假设语气。例如：

（39）çoi⁴ luuk⁸ te¹ ʔa:ŋ⁵ mi² ʔa:ŋ⁵ le⁰？那孩子高兴不高兴？

　　　个　孩子　那　高兴　不　高兴 MP

（40）muɯŋ² pai¹ mi² pai¹ za:i⁴？你肯不肯去？

　　　你　去　不　去　真的

例（39）由ʔa:ŋ⁵“高兴”形成肯定否定形式跟语气词 le⁰“嘞”复合，表示疑问语气和假设语气；例（40）由 pai¹“去”形成肯定否定形式跟语气副词 za:i⁴“真的”复合，表示疑问语气和假设语气。

在一般句式里，表示语气的词类之间可以复合在一起表示各种语气。例如：

（41）muɯŋ² juən⁶ ziən² te¹ kuə⁶ za:n² pa⁰。你愿意跟他结婚吧。

　　　你　愿　跟　他　做　家 MP

（42）mi²tiŋ⁶ nau² te¹ fi⁶ çim¹ zan¹ ku¹ me⁰？难道他没看见我？

　　　难道　说　他　未　看　见　我 MP

（43）te¹ ʔan⁵ zo⁴ ma¹ pa⁰。他也许会来吧。

　　　他　也许　会　来　MP

（44）ji⁵, muɯŋ² taŋ³lauɯ² pjɔm¹ pan² taŋ³ne⁴！哎呀，你怎么瘦成这样！

　　　MP　你　怎么　瘦　成　这样

例（41）是助动词 juən⁶“愿”跟语气词 pa⁰“吧”复合，表示陈述语气和能愿语气；例（42）是 mi² tiŋ⁶ 语气副词“难道”跟语气词 me⁰“么”

复合，表示疑问语气和假设语气；例（43）是语气副词 ʔan⁵ "也许"、助动词 zo⁴ "会" 和语气词 pa⁰ "吧" 复合，表示陈述语气和假设语气；例（44）是叹词 ji⁵ "哎呀" 跟疑问代词 taŋ³laɯ² "怎么" 复合，表示感叹语气和停顿语气。

三　语气分类的依据和语气类型

语气分类的依据是一个分歧很大的问题，至今仍然是各表其说。叶斯柏森在《语法哲学》中把语气看作是表达说话人对句子内容的某种态度，并强调语气是一种句法范畴，而不是一个意念范畴。长期以来，对语气的研究似乎都是围着叶斯柏森的观点打转。在汉藏语系，大家几乎都把语气分为陈述、疑问、感叹和祈使四种类型，但分类的标准和依据则模棱两可，似乎既有意义标准，也有形式标准。其实，用这种方法划分出来的语气类型是非常凌乱的，因为它不能反映语气的本质。所以，对布依语而言，应该根据实际情况重新确立语气分类的标准。

叶斯柏森（1988）在《语法哲学》中已经认识到有的语气属于句法范畴，有的属于意念范畴，但没有深入论证。帕默（1986）在《语气和情态》中则主张把语气和情态统一起来，或者说语气属于情态范围，是为了方便才维持传统的陈述语气、虚拟语气等名称的。语气和情态，只不过是论述的方法不同。大多数的语言，要么是语气系统这种方法明显，要么是情态系统这种方法明显，两者没有明确的区分。甚至一些语言的情态系统同时具有两种方法的特征。

在汉语学界，贺阳（1992）根据形式和意义相结合的原则把语气分为功能语气、评判语气和情感语气，这实际上是把语气和情态融合在一起了。齐沪扬（2002）则认为，以"表示说话人使用句子要达到的交际目的"为依据划分出来的语气是功能语气，以"表示说话人对说话内容的态度或情感"为依据划分出来的语气是意志语气。至于功能语气和情感语气到底是两个系统还是一个系统的两个方面，文中没有讨论。

根据布依语没有形态变化以及布依语语气词的特点，我们认为布依语的语气属于"同时具有两种方法特征"的系统。也就是说，布依语语气在句法上具有"表达说话人对句子内容的主观态度"的特征，也具有在句子语义上"表达说话人的主观态度"的特征，前者是语法意义，后者是词汇意义。一般认为，语气和情态之间没有必然的对应关系，但要注意的是，从词汇意义表现的语气必然属于一定的从句法关系表现的语气，而一定的从句法关系表现的语气不一定与一定的从词汇意义表现的语气对应。

在布依语中，严格来说从句法结构上是看不出语气有什么显性标志的。

根据前面的论述，表达语气的手段主要有语调、语气词、叹词、助动词等，而句法上显现的语气一般是通过语调来实现的，有时句末会有一定的语气词，但主要的标志是句号、问号和叹号。因此，可以认为，表示语调的句号、问号和叹号是从句法上判定句子语气的首要标志。传统上把祈使语气归入句法范畴其实是不恰当的，叶斯柏森（1988）也明确表示，祈使语气更接近于意念范畴。从布依语的情况来看，祈使语气主要是通过特定的词汇来表示的，这跟从句法范畴表现的语气是不同的。句法上体现的语气是表达说话人对句子内容的主观态度的，因此表示的是语法意义。一定的语气跟一定的语法意义形成规律对应，这种语气就是功能语气。从句法范畴的角度，我们把布依语语气分为陈述、疑问和感叹三种类型。例如：

（45）muɯŋ² tuɯk⁸ çoi⁴ luɯk⁸ kwa:i¹ ʔdeu¹。你是一个聪明的孩子。

　　　你　是　个 孩子 聪明　一

（46）muɯŋ² xa:i¹ wa:i¹ çoŋ⁶ʔboŋ⁴ ʔdeu¹ pan² mi²？你能开一下窗户吗？

　　　你　开　扇　窗户　一　成 不

（47）çiə¹ xo⁵³tshe³³ le² ʔdai⁴ leu⁴ xan¹ le⁰！火车跑得多快呀！

　　　车　火车　跑　得　非常 快 MP

例（45）是陈述语气，以句号为标志，例（46）是疑问语气，以问号为标志，例（47）是感叹语气，以叹号为标志。这三个句子在语气上其实是可以相互转换的，比如例（45）如果在句末改为叹号，则句子就是感叹语气，例（47）如果句末改为句号，则句子就是陈述语气。

通过词汇形式来体现的语气，同样表达的是说话人对句子内容的主观态度，这种态度有的称作情态，但这种主观态度跟句法不能形成规律对应，因此这种语气可以称作意志语气。根据使用词语的不同，句子表达的语气就会发生变化，如句子里使用了表示 ça:m¹ "请求"、çau⁵ "命令" 等意义的词语，句子就是祈使语气；句子里使用了 jin²⁴kai³³ "应该"、pan² "能" 等意义的词语，句子就是能愿语气。由于对什么词语表达什么语气的认识各有不同，因此对从词汇形式体现的语气在分类上差异较大。况且，有的语气并没有固定的词语来表示，有时是多个词语相互作用的结果，再加上范围大小的问题，语气的分类就更复杂了。我们根据句子中使用的比较典型的词语，把布依语的意志语气分为确定语气、能愿语气、祈使语气、假设语气和停顿语气五种类型。例如：

（48）ta:u⁵ pi⁵³sai²⁴ ni⁴ po²zau² ʔan⁵jin³¹。这场比赛我们一定赢。

　　　次　比赛　这　我们　肯定 赢

（49）te¹ ʔjau⁴ ʔdai⁴ ku¹ zun⁵ ma¹。他能把我举起来。

　　　他　举　得　我　起　来

（50）ça:m¹ muɯ² xa:i¹ çoŋ⁶ʔboŋ⁵ pai²ʔdeu¹! 请你开一下窗子!
　　　 请　 你　 开　 窗户　　 一下

（51）ça⁴nau² ku¹ zo⁴xe⁶, ku¹ çau⁴ to³ nau² pai⁰。要是我知道的话，我早就说了。
　　　 要是 我 知道　 我　早 都　说　了

（52）çi⁶ pai²laŋ¹ ni⁰çi⁶ pau⁵po⁶ te¹ mi² nau² pai⁰, ʔdam⁴ pai⁰。
　　　 然后 后来　 呢　 父亲　她 不　说 了　 沉默　了
　　　 于是，她爹就不再说话了。

例（48）是确定语气，主要通过副词ʔan⁵"肯定"来表示；例（49）是能愿语气，主要是通过 助动词ʔdai⁴"能"来表示；例（50）是祈使语气，主要通过动词ça:m¹"请"来表示；例（51）是假设语气，主要是通过关联词ça⁴nau²"要是"和to³"就"来表示；例（52）是停顿语气，主要通过语气词ni⁰çi⁶"呢"来表示。

综上所述，语气应从句法范畴和语义范畴两个角度进行分类。在句法范畴，语气可分为陈述、疑问和感叹三种类型；在语义范畴，语气可分为确定、能愿、祈使、假设和停顿五种类型（具体分类见表10-1）。过去对语气认识的困惑，实际上就是把句法范畴的语气和语义范畴的语气混在一起了。

表 10-1　　　　　　　　　　句法语气和语义语气

语气类别		例　句	标志词
句法语气	陈述语气	ku¹ pai¹ çɯ⁴ ʔdai⁴ tiəŋ² ʔdiŋ¹ pai⁰。我去买了红糖。	pai⁰、leu⁰等
	疑问语气	pu⁴laɯ¹ jeu⁶ muɯ² luən⁶ le² mo⁰? 谁叫你乱跑呢?	muə⁰le⁰、muə⁰等
	感叹语气	fuŋ³³tçin⁵³ kɯə²ni⁴ leu⁴ ʔdi¹ na⁰! 这儿风景多好哇!	ʔa⁰、xe⁰等
语义语气	确定语气	taŋ³ni⁴ ʔan⁵ kuə⁶ mi² ʔdi¹。这样肯定做不好。	ʔan⁵、tuk⁶等
	能愿语气	ku¹ juən⁶ ziəŋ² te¹ kuə⁶za:n²。我愿意跟她结婚。	zo⁴、juən⁶等
	祈使语气	mjaɯ³ n.iə¹ çɔn² te¹! 不要听他的!	çiŋ³、xeu⁶等
	假设语气	muɯ² zo⁴ na³ te¹ pa⁰? 你认得他吧?	pi⁶nau²、ʔba:ŋ⁴等
	停顿语气	çi⁶ pai²laŋ¹ ni⁰çi⁶ pau⁵po⁶ te¹ mi² nau²pai⁰。然后呢她父亲不说话了。	çi⁶、ne⁰等

第二节　功能语气

一　陈述语气

陈述语气就是说话人以平和、客观的态度叙述事情，阐述道理的一种语调。陈述语气一般是通过陈述句来体现，句末有的会带语气词 pai^0、leu^0、leu^0pai^0 等，有的不带语气词。陈述语气的主要特点就是句子语调平匀，句末调子略微下降。

（一）陈述语气词

陈述语气除了语调是最主要的标志外，常常还通过句末语气词来表示。常见的句末语气词有 to^0 "罢了"、$?dai^0no^0$ "的呀"、$?dai^0me^0$ "呀"、$?di^0$ "呀"、$?dai^0$ "呀"、$?dai^0le^0$ "嘞"、leu^0 "了"、leu^0pai^0 "了啦"、lo^0 "啦"、lo^0na^0 "啊"、lou^0 "喽"、ni^0 "呢"、no^0 "哟"、pai^0 "了" 等。这些语气词虽然都是表示陈述语气，但作用不完全相同。

有的语气词，其作用是表示确定，如 pai^0 "了"、$?di^0$ "呀"、leu^4pai^0 "了" 等，但在具体的语境中作用又各有侧重。例如：

（1）$t\text{ç}a^5\text{ç}iə^1\ tit^7\ \text{ç}o^5\ \text{ç}i^6\ tan^4\ pai^0$。车子 "嚓" 的一声就停住了。

　　　车　嚓着　就　停　MP

（2）$te^1\ je^{53}\ fi^6\ ma^1\ ?di^0$。他也没有来呀。

　　　他 也 没有 来　MP

（3）$tun^4\ ?iə^5\ leu^0pai^0$。肚子饿了。

　　　肚子 饿　MP

例（1）pai^0 "了" 表示所述事实确定无疑，在时间上已经成为现实；例（2）$?di^0$ "呀" 表示的确如此，语气比较肯定；例（3）leu^0pai^0 "了" 表示强调，申明事情显而易见。

有的语气词在句子中主要表示请求和命令，如 no^0 "哟"、pa^0 "吧"、ma^0 "啊"、$?dai^0$ "吧" 等。如果请求命令的语气较弱，句子语调平和，那么语气词表达的是陈述语气。例如：

（4）$mun^2\ ?ju^5\ t\text{ç}iə^2te^1\ \text{ç}a^3\ ku^1\ no^0$。你在那儿等我哟。

　　　你 在 那里 等 我 MP

（5）$leu^4po^2\ pai^1\ ma^0$。大家去嘛。

　　　大家　去 MP

（6）$mun^2\ xa^4\text{ç}i^6\ xam^5\ pu^4sai^1\ ?dai^0$。你还是问师傅吧。

　　　你　还是 问 师傅　MP

例（4）no^0 "哟" 表示主张；例（5）ma^0 "嘛" 表示催促；例（6）$?dai^0$ "吧" 表示规劝。三个句子的语调都是平调，所以语气词表示的是陈述语气。

有的语气词，对句子表达的内容进行假设和猜测，如 mu^0 "呢"、no^0 "吧"、na^0 "吧" 等。如果语调是升调，句子就表现为疑问语气，如果语调平和，则表现为陈述语气。例如：

（7）muŋ² xa² pai¹ mi² pai¹ mu⁰? 你去不去呢？

　　　你　要　去　不　去　MP

（8）te¹ naŋ⁶ ɕiə¹ ma¹ no⁰。他坐车来吧。

　　　他　坐　车　来　MP

例（7）mu⁰ "呢"表示疑问，句末用升调；例（8）表示猜测，语调平缓。

有时语气词处于句子前面或句子中间，具有提醒、舒缓语气的作用，例如：

（9）nei⁰! za:i² ʔju⁵ kuɯ²ni⁴ kə⁰。呐！写在这里。

　　　MP　写　在　这儿　MP

（10）ɕi⁶ pai²laŋ¹ ne⁰ɕi⁶, ɕoi⁴ luuk⁸ʔbuɯk⁷ ni⁴ xa:i¹ tu¹ pai¹ ɕai²。

　　　于是　后来　MP　个　女孩　这开门去一起

　　　于是这个女孩就去开门。

例（9）的语气词 nei⁰ "呐"处于句首，起提示作用，意思是"你瞧"；例（10）的语气词 ne⁰ɕi⁶ "呢"处于句中，对下文的内容先作短暂停顿，然后再进行表述，因此具有延缓语气的作用。

（二）肯定与否定

陈述语气可以使用肯定的形式来表示，也可以使用否定的形式来表示。肯定的陈述语气是通过陈述句的肯定形式来表示的，一般没有特定的词语作标志。否定语气通常是在肯定的陈述句中使用否定副词 mi² "不"、mi²li⁴ "没有"、fi⁶ "没有"等来表示。例如：

（11）ja⁶　ni⁴ ɕiəŋ⁴ li⁴ sa:m¹ tuə² mjau⁵。这女士养了三只猫。

　　　女士　这养　有　三　只　猫

（12）pu⁴ wuɯn² te¹ mi² ʔdi¹。那个人不好。

　　　个　人　那　不　好

肯定语气在程度上具有强弱之分。一般肯定语气不使用什么特定的词语来表示，特别强烈的肯定语气往往通过表示程度高的副词或者语气比较强烈的语气词来表示，肯定语气比较弱的一般使用表示程度低的副词或者语气不肯定的语气词来表示。例如：

（13）ku¹ ʔan⁵ xa² xa:i⁴ te¹ ta²za:i⁴。我非打他不可。

　　　我　一定　要　打　他　真的

（14）te¹ ŋən²ni⁴ ma¹ mi² ʔdai⁴ ʔba:ŋ⁴。他今天可能来不了。

　　　他　今天　来　不　得　大概

例（13）使用语气副词 ʔan⁵ "一定"加强肯定语气，例（14）使用语气副词 ʔba:ŋ⁴ "大概"来弱化肯定语气。

同样，否定语气也可以采用相同的方法来强化或弱化。例如：

（15）pau⁵ ça:ŋ⁶sɯ¹ ni⁴ leu⁴ mi² ʔa:ŋ⁵ja:ŋ⁶。这个老师非常不高兴。

　　　　男　　老师　　这 非常 不　高兴

（16）mɯŋ² ʔan⁵　fi⁶ tu² çen²ŋan²。你大概没带钱。

　　　　你　大概　没 带 钱银

例（15）使用程度副词 leu⁴ "非常"强化否定，例（16）使用语气副词 ʔan⁵ "大概"来弱化否定。

陈述句中如果出现了两个否定词，那么句子就构成双重否定。双重否定虽然形式上表示否定，但表示的语气比一般肯定语气还要强烈。例如：

（17）mɯŋ² mi² teŋ¹ mi² zo⁴xe⁶。你不是不知道。

　　　　你　不　是 不 知道

（18）çiau⁵³tsaŋ³³ mi² ka:m³ mi² ma¹。小张不敢不来。

　　　　小张　　不　敢 不 来

例（17）表示的意思是"我肯定知道"，双重否定表示的客观性较强，例（18）表示的意思是"小张必须来"，双重否定表示的主观性较强。

二　疑问语气

疑问语气就是说话人对陈述对象不能作出肯定或否定回答，而采用提问的方式来求证的一种语气。疑问语气是一种有标记的语气，一般通过疑问语气词来表示。疑问语气要通过疑问句来表达，疑问句在结构上可分为是非问、特指问和选择问三种形式，句末语调往往要上升。

（一）疑问语气词

布依语中，常见的疑问语气词有 pa⁰ "吧"、la⁰ "啦"、le⁰ "呢"、ma⁰ "嘛"、mɯə⁰ "吗"、mɯə⁰le⁰ "呢"、mo⁰ "么"、na⁰ "吧"等。疑问语气有不同范围和不同程度之分，因此不同的语言环境对疑问语气词会有不同的选择。

有时说话人对陈述对象不能作出肯定判断，同时感到惊奇或有提醒意味时，一般使用疑问语气词 la⁰ "啦"、mə⁰ "啦"来表达。例如：

（19）mɯŋ² mi² pai¹ la⁰？你不去啦？

　　　　你　不　去 MP

（20）ʔdaɯ¹ za:n² taŋ³lau² mo⁰？家里怎么啦？

　　　　里　家　　怎么 MP

如果说话人对陈述对象提出疑问，同时带有催促、责怪的意味时，往往使用疑问语气词 ma⁰ "嘛"、me⁰ "吗"来表达。例如：

（21）muŋ² ɕɯ²laɯ² pai¹ ma⁰？你什么时候去嘛？

　　　你　何时　去 MP

（22）te¹ ka⁶　mi² pai¹, kwa:i⁵ ku¹ me⁰？他自己不去，怪我吗？

　　　他 自己 不 去　怪　我 MP

如果说话人对陈述对象只是提出一般的疑问，态度平和，没有其他附加的感情色彩，则常常使用疑问语气词 le⁰ "呢"、mo⁰ "吗" 来表达。例如：

（23）xo³su¹ xa² pai¹ tɕiə²laɯ² le⁰？你们要去哪儿呢？

　　　你们　要 去　哪儿 MP

（24）zau² pai¹ mo⁰？我们去吗？

　　　我们 去 MP

有时说话人对陈述对象提出疑问，并带有猜测、奇怪、反诘等意味时，常常使用疑问语气词 na⁰ "吧"、 mɯə⁰le⁰ "呢"、mɯə⁰ "吗" 等来表达。例如：

（25）muŋ² tuk⁸ luk⁸sɯ¹ ɕio³¹ɕiau²⁴ ni⁴ na⁰？你是这所学校的学生吧？

　　　你 是 学生　　学校　这 MP

（26）te¹ xam⁶ni⁴ taŋ³laɯ² mi² kɯn¹ ɕau² mɯə⁰le⁰？他今晚怎么不吃晚饭呢？

　　　他 今晚　怎么 不　吃 晚饭 MP

（27）ku¹ ka:m³ pai¹ ziəŋ² muŋ² pi³ mɯə⁰？我敢跟你比吗？

　　　我　敢　去 和　你 比 MP

（二）是非问

说话人提出疑问，要求听话人用肯定或否定作出回答的句子，就属于是非问语气。从结构上看，包含是非问的句子跟陈述句没有多大的差别，无非是一个带有疑问语气词，一个不带疑问语气词。所以很多陈述句只要在句末添加一个疑问语气词就可以变成是非问句。例如：

（28）ŋɔn²ɕo⁶ tuk⁸ ta:n⁶ŋo⁴。——ŋɔn²ɕo⁶ tuk⁸ ta:n⁶ŋo⁴ ma⁰？

　　　明天　是　端午　　　明天　是　端午 MP

明天是端午节。——明天是端午节吗？

（29）ŋɔn²ni⁴ mi² faŋ²⁴tɕia²⁴。——ŋɔn²ni⁴ mi² faŋ²⁴tɕia²⁴ me⁰？

　　　今天 不 放假　　　今天 不 放假 MP

今天不放假。——今天不放假吗？

是非问也经常不使用疑问语气词，而是用否定词放在句末，不过，无论用或不用语气词，句末都要求使用升调。例如：

（30）ŋɔn²ni⁴ ɕia²⁴pan³³ te¹ ma¹ ɕu⁴ muŋ² mi²？今天下班他来接你吗？

　　　今天 下 班 他 来 接 你 不

（31）xo³te¹ to³ ma¹ leu⁴ fi⁶？他们都来了吗？

　　　他们　都　来　全部未

回答是非问，可以用肯定回答，也可以用否定回答，当然也可以详细回答。

有些是非问句，虽然带有疑问代词，但这个疑问代词如果不是特指，那么句子就是是非问句；如果代词是特指的，这个句子就是特指问句。例如：

（32）muɯŋ² xa² kun¹ taŋ²jiəŋ⁶ ka:i⁵ma²？你要吃什么东西？

　　　　你　要　吃　东西　　什么

（33）pu⁴laɯ² zo⁴na³ te¹？谁认识他？

　　　谁　　认识　他

例（32）如果强调的是 taŋ²jiəŋ⁶ "东西"，回答则要用 kun¹ "吃" 或 mi²kun¹ "不吃"，代词 ka:i⁵ma² "什么" 是泛指，所以是是非问；例（33）提问的重心是 pu⁴laɯ² "谁"，所以回答也要用代词来回答，因此是特指问。

是非问在疑问语气词的选择上有一定倾向性。一般来说，le⁰ "呢"、ma⁰ "嘛"、muə⁰le⁰ "呢" 等语气词不能用于是非问，而 mo⁰ "么"、muə⁰ "吗"、me⁰ "吗" 等则常常用于是非问句。例如：

（34）te¹ xa⁴ mi² kuə⁶ ta²za:i⁴ me⁰？他真的想不做吗？

　　　他　要　不　做　真的　MP

（35）muɯŋ² pai¹ kun² ʔdai⁴ ma⁰？你上得去吗？

　　　　你　去　上　得　MP

上述例子的句末都不能换为 le⁰ "呢"、muə⁰le⁰ "呢" 等句末语气词，因为 le⁰ "呢" 类语气词不能表达是非问语气。

（三）特指问

说话人用疑问代词提出疑问，要求听话人就疑问代词所指内容进行回答，这种问句就是特指问语气。由于特指问中已经包含疑问代词，所以句末常常不使用疑问语气词。常见的疑问代词有 pu⁴laɯ² "谁"、ka:i⁵ma² "什么"、tɕiə²laɯ² "哪儿"、sau⁶laɯ² "多少"、taŋ³laɯ² "怎样"。例如：

（36）pu⁴laɯ² tuuk⁸ li⁵³ lau⁵³ sน³³？谁是李老师？

　　　谁　　是　李　老师

（37）muɯŋ² tɕai² kun¹ kuə³ma²？你想吃什么？

　　　　你　想　吃　什么

（38）ʔdan¹ suɯ¹ ni⁴ taŋ³laɯ² za:i²？这个字怎样写？

　　　个　字　这　怎样　　写

例（36）是问人的，所以必须针对疑问代词 pu⁴laɯ² "谁" 来回答；例

（37）是问事物的，所以要根据疑问代词 kuə³ma² "什么" 回答出具体事物；例（38）是问方式的，也要根据疑问代词 taŋ³lauɯ² "怎样" 回答出具体内容。

特指问语气中，疑问代词一般都要重读，而且整个句子都不使用上升语调。

特指问语气一般不使用疑问语气词，如果非要使用，通常是使用 ni⁰ "呢"、la⁰ "啦"、le⁰ "呀" 等语气词，而不使用 muə⁰ "吗"、pa⁰ "吧" 等语气词。例如：

（39）muŋ² nu⁶ taŋ³lauɯ² zau⁶ ni⁰? 你想怎么样呢？
　　　你　想　怎样　些 MP

（40）pu⁴ wuɯn² te¹ tuk⁸ pu⁴lauɯ² le⁰? 那个人是谁呀？
　　　个　人 那 是 谁 MP

这两个例子中的语气词都不能换成 muə⁴ "吗"、pa⁰ "吧"，因为不同的疑问语气对语气词有不同的选择，muə⁴ "吗"、pa⁰ "吧" 等语气词一般只适用于是非问语气。

（四）选择问

说话人就几个并列的内容提出疑问，要求听话人选择其中一个内容作出回答，这种问句就是选择问语气。例如：

（41）muŋ² pai¹ lauɯ²ɕi⁶ mi² pai¹ ni⁰? 你去还是不去呢？
　　　你　去　还是　不 去 MP

（42）tuk⁸ muŋ² ʔuɯ¹ ku¹, lauɯ²ɕi⁶ ku¹ ʔuɯ¹ muŋ²? 是你背我，还是我背你？
　　　是　你　背　我　还是　我　背　你

（43）tuk⁸ kai⁵ lauɯ²ɕi⁶ tuk⁸ pit⁷ le⁰? 是鸡还是鸭子呀？
　　　是　鸡　还是　是　鸭 MP

这种选择问都是通过几个分句来表达的，句式灵活，变化也很多。关联词的使用，可以单用，如例（41），也可以套用，如例（42）和例（43）。选择问可以使用疑问语气词，也可以不使用，而且疑问语气词可以放在前面的分句，也可以放在后面的分句。

选择问除了用几个并列的分句来表示外，还有根据事物正反两个方面提问的方式，这种提问要求听话人要么作出肯定回答，要么作出否定回答。例如：

（44）puɯn³ suɯ¹ te¹ na¹ mi² na¹? 那本书厚不厚？
　　　本　书 那 厚 不 厚

（45）muŋ² ɕim¹ mi² ɕim¹ ka:i⁵ ku²⁴sɿ²⁴ ni⁴? 你看不看这个故事？
　　　你　看 不 看 件 故事 这

从回答方式看，这种选择问跟是非问有点相似，但从结构上看，选择问是从肯定否定两个方面提问，而是非问不是。

选择问对疑问语气词的使用也有一定的倾向，通常可以使用 ni⁰ "呢"、mo⁰le⁰ "呀"，但不能使用 muə⁰ "吗"、na⁰ "吧"。例如：

（46）xo³su¹ zo⁴ ma¹ ziəŋ²kuə⁶ mi² ni⁰？ 你们是否来参加呢？

　　　你们　会　来　参加　不　MP

（47）te¹ ŋɔn²ɕo⁶ ma¹ mi² ma¹ mo⁰le⁰？ 他明天来不来呀？

　　　他　明天　来　不　来　MP

选择问一般都可以不使用疑问语气词，因为选择问本身就带有猜测的意味。选择问如果使用了语气词，要么是减轻疑问语气，要么是增加某些感情色彩。例（46）的语气词 ni⁰ "呢" 具有减轻疑问语气的作用，例（47）的 mo⁰le⁰ "呀" 则具有责备的意味。

三　感叹语气

感叹语气是表示强烈感情的语气，一般要用感叹句来表示，句末通常使用升降调。感叹句有时用主谓句表示，有时用非主谓句表示，叹词单独也可以形成感叹句。由于表示感叹的语气词跟叹词在很多情况下区分不开，因此一般把具有词汇意义的处理为叹词，把没有词汇意义的处理为语气词。但句末叹词和句末语气词很多情况下是合二为一的，所以这里把句末表示感叹的语气词和叹词一概处理为语气词。布依语中，感叹语气大多是通过表示感叹的语气词来表示的。常用的感叹语气词有 ɣa⁰ "啊"、xe⁰ "呀"、je⁰ "噎" 等。例如：

（48）ʔai⁰ja⁰！ me⁶ zau² xe⁰！ 哎呀！我的妈呀！

　　　EP　　妈　我们　MP

（49）kwə²ni⁴ leu⁴ ʔdi¹ ɣa⁰！ 多么好的风景啊！

　　　这儿　非常　好　MP

（50）ɕiə¹ xo⁵³tshe³³ le² ʔdai⁴ leu⁴ xan¹ le⁰！ 火车跑得多快呀！

　　　车　火车　跑　得　非常　快　MP

例（48）中 ʔai⁰ja⁰ "哎呀" 是叹词单独成句，me⁶ zau² xe⁰ "我的妈呀" 是非主谓句感叹句，句末使用语气词 xe⁰ "呀"；例（49）是主谓句做感叹句，句末使用语气词 ɣa⁰ "啊"；例（50）也是主谓句做感叹句，句末使用语气词 le⁰ "呀"。

感叹语气除了使用表示感叹的语气词来加强语气外，也可以使用 leu⁴ "非常"、la:i¹ "多"、ta²za:i⁴ "真正" 等副词来加强语气。例如：

（51）leu⁴ ʔdi¹ pai⁰！太好了！

　　　　非常　好　MP

（52）muŋ² n̠iə¹ xaːu⁵ taˀzaːi⁴ ɣa⁰！你真听话啊！

　　　　你　听　话　真正　MP

布依语的语气词，不仅数量多，而且句法位置灵活，句前、句中都可出现，而处于句末的比较常见。这种语气表现形式，是布依语善于表达丰富感情的一种体现。例如：

（53）jiⁿ⁰！pi⁴ ɣei⁰，pi⁴ lei⁰，kwaːŋ¹ ɣei⁰ kwaːŋ¹！哥呀，哥！情郎呀，情郎！

　　　　EP 哥 MP 哥 MP　　情郎 MP 情郎

（54）muɯənˀʔdu⁴ te¹，ʔə⁰！li⁴ saːm¹ pa⁵leu⁴。从前有一家三妯娌。

　　　　从前　　那　MP 有 三　　妯娌

（55）kaːi⁵ ni⁴ zan¹ ʔbɯtˀɕɯ¹ ɕaɯ² ɣa⁰，na⁰！实在可怜呀！

　　　　个 这 见　　可怜 非常 MP MP

例（53）的句中语气词 ɣei⁰ 和 lei⁰，在句子中不但延缓了语气，同时也抒发了说话人对听话人的强烈感情；例（54）的句中语气词ʔə⁰ "哦" 表示停顿，具有提醒作用，表示叙述者对后面描述内容的主观态度；例（55）的句末语气词 ɣa⁰ "呀" 表示说话人对叙述对象的同情，语气词 na⁰ "哪"表示终止，具有总结作用，表示叙述者对前面描述内容的感情态度，所以前一个语气词是表示说话人的语气，而后一个语气词是表示叙述者的语气。

第三节　意志语气

一　确定语气

确定语气就是说话人对所述内容作出主观判断，肯定是这样或者肯定不是这样。因此，确定语气不能使用表示疑问的语气词，不能使用表示估计、猜测、可能的助动词、副词、数词。表示确定语气的句子，句末一般使用句号。感叹句也经常表示确定语气，因为有感叹语气词或感叹号的作用，感叹句表示的确定语气更强烈。反问句虽然使用问号，但它是使用字面意义相反的意义来表示确定语气。

确定语气从内容上可以分为认定、表明和强调三种类型。

（一）认定

认定语气就是说话人对所述内容认同、判断和肯定。认定语气常常使用 tɯk⁸ "是"、ʔan⁵ "一定"、pai⁰ "了" 等词来作标记。例如：

（1）kuə²ni⁴ tɯk⁸ kuə² fuŋ³³tɕin⁵³ tɕhi³³. 这个地方是风景区。

　　这里　是　处　风景　　区

（2）ta:u⁵ pi⁵³sai²⁴ ni⁴ po²zau² ʔan⁵ jin³¹. 这场比赛我们一定赢。

　　次　比赛　这　我们　肯定　赢

（3）puɯn³ sɯ¹ ni⁴ ɕim¹ leu⁴ pai⁰. 这本书看完了。

　　本　书　这　看　完 MP

例（1）用 tɯk⁸ "是" 对所述内容进行判断，例（2）用 ʔan⁵ "一定" 来强化认定语气，例（3）用 pai⁰ "了" 来肯定所述内容。

（二）表明

表明语气就是说话人对所述内容的真实性进行说明、解释、提醒和评判。这种语气有时使用一些副词或语气词，如 puɯn³ "本来"、kɔŋ⁵ɕeŋ⁶ "竟然"、ma⁰ "嘛" 等，有时也不使用。例如：

（4）ku¹ soŋ¹ pa:i⁶ to³ tɯk⁸peu¹ mi² ʔdai⁴. 我两边都得罪不起。

　　我　两边都　得罪　不　得

（5）te¹ puɯn³ mi² lɔŋ¹ ma⁰. 他本来就不错嘛。

　　他　本来　不　错 MP

（6）ɕak⁸la:i⁵ ku¹ fi⁶ pai¹. 幸亏我没有去。

　　幸亏　我　没　去

（7）te¹ kɔŋ⁵ɕeŋ⁶ ta:u⁵ ta:u⁵ to³ khau⁵³ ʔdai⁴ kwa⁵. 他居然每次都能通过考试。

　　他　居然　次　次　都　考　得　过

（8）lak⁸la:i² te¹ mi² ma¹ ku¹ je⁵³ ka⁶ zo⁴ taŋ³lau² kuə⁶.

　　其实　他　不　来　我　也　自知道　怎么　做

　　其实他不来我也知道怎么做。

例（4）对所述内容进行说明；例（5）用副词 puɯn³ "本来" 来对所述内容进行解释，认为理由很明显；例（6）用 ɕak⁸la:i⁵ "幸亏" 来对所述内容表示庆幸，实际也是对所述内容进行评判；例（7）用 kɔŋ⁵ɕeŋ⁶ "竟然" 来对所述内容进行评判，认为所述内容出乎意料；例（8）用 lak⁸la:i² "其实" 来对所述事实进行解释，指明真相。

（三）强调

强调语气就是说话人故意对所述内容进行夸大或缩小，一方面是确认事实，另一方面又加强了确定语气。强调语气有时也会使用一些副词或语气词，如 laŋ³ "还"、laŋ³li⁴ "仍然"、ni⁰ "呢"、le⁰ "呢" 等。例如：

（9）te¹ ɕɯ²ni⁴ laŋ³li⁴ kun¹ xau⁴ ni⁰. 他这会儿还在吃着饭呢。

　　他　现在　还在　吃　饭 MP

（10）mi² zo⁴ kuə⁶ çi⁶ jaɯ² pai⁰。不会做就算了。

　　　不会 做 就 算 MP

（11）jeu³ laŋ³li⁴ tɕet⁷ le⁰。牙齿还疼着呢。

　　　牙齿 还在 痛 MP

（12）ku¹ ma¹ tɕiə²ni⁴ çɯ⁴ pjak⁷ to⁰。我只是来这儿买菜罢了。

　　　我 来 这儿 买 菜 MP

例（9）laŋ³li⁴ "还在"表示所述内容正在进行，语气词 ni⁰ "呢"表示确认事实，同时又增加强调的语气；例（10）用 jaɯ² pai⁰ "算了"表示失望和不满，语气词 pai⁰ "了"有强调责备的意味；例（11）用语气词 le⁰ "呢"强调痛的程度，有夸大的意味；例（12）用语气词 to⁰ "罢了"对所述内容进行限制，有往小处说的意味。

除了使用副词、语气词帮助强调语气外，一些句式如反问句、感叹句也可以表示强调语气，并且比一般句子的强调意味更浓。例如：

（13）mi²tiŋ⁶ nau² te¹ fi⁶ çim¹ zan¹ ku¹ me⁰? 难道说他没看见我吗？

　　　难道 说 他 未 看 见 我 MP

（14）ʔbun¹ leu⁴ ʔaŋ¹ le⁰! 天好热啊！

　　　天 非常 热 MP

例（13）使用副词 mi²tiŋ⁶ "难道"跟语气词 me⁰ "么"搭配，增加句子反诘的语气，表面上是疑问的形式，实际上表达的语气更强烈；例（14）使用副词 leu⁴ "非常"跟语气词 le⁰ "啊"搭配，表达了强烈的感情，既确认了所述内容是客观事实，同时也具有夸大的意味。

二　能愿语气

能愿语气就是说话人对某人或某物是否具有实现所述内容能力和意愿的判断。由于能愿语气是一种表示主观判断的语气，所以并不关注叙述内容的真实性，而是关注说话人对所述对象的主观判断。从内容上看，能愿语气包括叙述主体（说话人）和叙述客体（叙述对象）两个方面的内容。一方面，叙述主体认为叙述客体是否具有某个方面的能力，另一方面，叙述主体认为叙述客体是否愿意完成某事，这实际上表示叙述主体认为叙述客体具有完成某事的能力。所以，能愿语气可分为能力语气和意愿语气两种类型，两种均包含肯定和否定两个方面的内容。

（一）能力

能力语气是指说话人主观上认为所述对象具有完成某事的能力，通过助动词 ʔdai⁴ "能够"、pan² "可以"、zo⁴ "会"等表示出来。例如：

（15）te¹ ʔjau⁴ ʔdai⁴ ku¹ zun⁵ ma¹。他能够把我举起来。

　　　他　举　得　我　起　来

（16）xo³su¹ pan² ʔau¹ tɕiəŋ⁵ waŋ²⁴jan⁵³tɕin²⁴ ɕim¹ zɔk⁸fa²。

　　　你们　可以　用　镜　望远镜　　看　鸟铁

　　　你们可以用望远镜看飞机。

（17）te¹ xa² mi² zo⁴ pja:i³ tin¹。他还不会走路。

　　　他　还　不　会　走　脚

　　此外，有些动补结构也能表达能力语气。例如：

（18）taŋ²laɯ² nau² jiə⁶ nau² mi² ʔdi¹。怎么说也说不好。

　　　怎么　说　也　说　不　好

（19）ma³ ʔden⁵ tin¹ lɯŋ³ ɕim¹ zan¹。要踮起脚才看得见。

　　　要　踮脚　才　看　见

nau² mi² ʔdi¹ "说不好" 的意思就是不能说好，ɕim¹ zan¹ "看得见" 的意思就是能看见。

（二）意愿

意愿语气是指说话人主观上判断所述对象是否具有完成某事的意愿，通过助动词 juən⁶ "愿意"、ɕu⁴ "肯"、tɕai² "想"、ʔau¹ "要" 等表示出来。例如：

（20）ku¹ juən⁶ ziəŋ² te¹ kuə⁶ za:n²。我愿意跟他结婚。

　　　我　愿　跟　他　做　家

（21）te¹ mi² ɕu⁴ ma¹。他不肯来。

　　　他　不　肯　来

（22）ku¹ tɕai² zo⁴xe⁶ mɯŋ² xa² ɕɯ⁴ kɯə³ma²。我想知道你将买什么。

　　　我　想　知道　你　要买　什么

（23）leu⁴po² ʔau¹ tai⁵ jiəŋ⁶ siən⁵ ni⁴ son¹ kwa:i¹。

　　　大家　要　从　样　事情　这　教　乖

　　　大家要从这一事件中吸取教训。

能愿语气都是用来表达说话人的主观性的，因此，只有表示能力、意愿的助动词才能与之相搭配。由于主观与客观不能用一种语气表达出来，因此，表示客观性的助动词、副词是不能跟表示意愿的助动词同时出现在能愿语气中的。

三　祈使语气

祈使语气就是说话人对听话人发出命令或要求，让听话人做什么或不做什么。祈使语气一般都是通过词汇形式来表示，如在句子中使用 ɕiŋ³ "请"、

ça:m¹ "求"、jeu⁶ "叫"、mjau³ "别" 等。根据祈使的内容，祈使语气可分为请求、命令、催促、提议、劝阻、禁止等种类，不过，这些分类实际上可概括为两大类型：一是说话人祈使听话人做出某种动作行为，二是说话人祈使听话人停止或不做出某种动作行为。祈使语气常常使用语气词 pa⁰ "吧"、ma⁰ "啊"、pai⁰ "了"、no⁰ "哇" 等，祈使句的语调一般是逐渐下降。

（一）请求

请求语气常常使用语气词 pa⁰ "吧"、ma⁰ "啊"，前者表达的语气较轻，后者表达的语气较重。例如：

（24）zau² pai¹ po¹ pa⁰！我们上山吧！

　　　我们　去　山　MP

（25）muŋ² nau² xan¹ noi⁶ ma⁰。你快讲啊。

　　　你　说　快　点儿 MP

请求语气也可以不使用语气词，有时直接用动词表示，有时在动词前使用 çiŋ³ "请"、ça:m¹ "求" 一类动词。例如：

（26）naŋ⁶ ma¹ la³！请坐！

　　　坐　来　下

（27）leu⁴po² nau² pai²ʔdeu¹。大家说说。

　　　大家　说　一下

（28）çiŋ³ muŋ² kwa⁵ ma¹。请你过来。

　　　请　你　过　来

（29）ça:m¹ muŋ² xa:i¹ çoŋ⁶ʔboŋ⁴ pai²ʔdeu¹！麻烦您开一下窗子！

　　　求　你　开　窗户　一下

（二）命令

跟请求语气相比，命令语气更具有强制性，句末不使用语气词。例如：

（30）ku¹ jeu⁶ muŋ² xan¹ noi⁶ pai¹！我命令你快点儿走！

　　　我　喊　你　快点儿 去

（31）xap⁷ tu¹ ʔdi¹！关好门！

　　　关　门　好

实际上，很多请求语气的句子只要去掉语气词，就变成命令语气。试比较：

（32）xau³ ku¹ ʔet⁷ zam⁴ ʔdeu¹ ʔdot⁷ ma⁰！给我点水喝呀！

　　　给　我 点儿 水　一　喝　MP

（33）xau³ ku¹ ʔet⁷ zam⁴ ʔdeu¹ ʔdot⁷！给我点水喝！

　　　给　我 点儿 水　一　喝

（三）催促

催促语气介于请求语气和命令语气之间，句末可以使用语气词。例如：

（34）pai¹ le⁰, pi⁴! 走啊，姐姐！

　　　　去　MP　姐姐

（35）ʔo⁵ pai¹ ɕim¹ pa⁰! 出去看看吧！

　　　　出　去　看　MP

（四）提议

提议语气就是说话人提出一种建议或主张，句末常常使用语气词 pa⁰ "吧"、no⁰ "吧" 等。例如：

（36）kuə⁶ ʔet⁷　siən⁵ ʔdeu¹ pa⁰。做点事情吧。

　　　　做　点儿　事情　一　MP

（37）wa:ŋ⁵ ɕi⁶ kan⁴ ma¹ naŋ⁶ noi⁶ no⁰。有空就经常来坐坐吧。

　　　　空闲　就　经常　来　坐　点儿　MP

有时也可以不使用语气词。例如：

（38）pau⁵su³¹, muɯŋ² ʔdot⁷ kon⁵! 大叔，您先喝！

　　　　大叔　　你　喝　先

以上四类是说话人要听话人做出某种动作行为的类型。

（五）劝阻

劝阻语气通常用 mjaɯ³ "别" ……、 mi²luɯk⁸ "不要" …… 来表示。例如：

（39）mjaɯ³ le⁶ wuɯn² lɔŋ¹。别挑错人。

　　　　别　选　人　错

（40）mi²luɯk⁸ xap⁷ tu¹ kei⁰。不要关门啦。

　　　　不要　关　门　MP

劝阻的行为有时是已经发生，有时是尚未发生。一般情况下，使用语气词 pai⁰ "了" 表示动作行为已经发生，使用其他语气词如 ma⁰ "嘛"、kei⁰ "哪" 等，劝阻的动作行为有可能已经发生，也有可能还没有发生。例如：

（41）mjaɯ³ nau² pai⁰! 别说了！

　　　　别　说　MP

（42）mi²luɯk⁸ ɕuɯ⁴ nei⁰。不要买嘞。

　　　　不要　买　MP

（六）禁止

禁止语气与劝阻语气相比，语气更重一些，带有强制性，一般不使用语气词。例如：

（43）mjau³ muɯŋ² pai¹! 不准你去！

　　　　不给　你　去

（44）mjau³ kɯn¹ ʔiən¹! 禁止吸烟！

　　　　别　吃　烟

以上两类是说话人要听话人停止或不要做出某种动作行为的类型。

四　假设语气

假设语气是指说话人对某种事实或动作行为进行假定、推测和估计。这种语气有时使用 ça²nau² "如果"、ʔi⁵zo⁴ "要是" 等关联词做标志，有时使用ʔba:ŋ⁴ "大概"、la:u¹ "恐怕" 等副词做标志，有时也使用 zo⁴ "会"、ʔan⁵ "可能" 等助动词做标志。可分为假定和测度两种类型。

（一）假定

假定语气往往用于说话人对某种事实或动作行为先进行假设，然后根据假设推出一个结果，或者直接对某种事实或动作行为进行假设判断。

假设关联词常常表示假定语气。例如：

（45）ça⁴nau² muɯŋ² taŋ² kon⁵, çi⁶ nau² xaɯ³ ku¹ zo⁴. 如果你先到，就通知我。

　　　　如果　你　到　先　就　说　给　我　知道

（46）ça⁴nau⁴ ku¹ zo⁴xe⁶, ku¹ to³ nau² çau⁴ pai⁰. 要是我知道的话，我早就说了。

　　　　要是　我　知道　我　都　说　早 MP

语气词有时也表示假定语气。例如：

（47）pu⁴ ça:ŋ⁶sɯ¹ ni⁴ ça:u⁴ ma¹ me⁰. 这是新来的老师吧。

　　　　个　老师　这　才　来 MP

（48）ŋon²ni⁴ mi² zo⁴ tau³ wɯn¹ pa⁰. 今天不会下雨吧。

　　　　今天　不　会　下　雨 MP

（二）测度

测度语气往往用于说话人对某种事实或动作行为不敢确定，采用推断、猜测和估计的方式来表示。

疑问句一般都可以表示测度语气。例如：

（49）ŋon²ni⁴ le⁰, za:n² te¹ li⁴ jieŋ⁶ma² siən⁵ ni⁰? 今天哪，他家里有什么事呢？

　　　　今天　MP 家 他 有　什么　事情 MP

（50）muɯŋ² xa² ta³suən⁵ pai¹ mi²? 你打不打算走？

　　　　你　要　打算　去　不

陈述句有时也可以表示测度语气。例如：

（51）pai²te¹ ku¹ ʔju⁵ çi⁶ mi² zo⁴ ʔo⁵ jiən⁶ siən⁵ ni⁴ pai⁰. 当时我要在场就不会出这事了。

　　　　那时 我 在 就 不 会 出 件 事情 这 MP

（52）te¹ ʔan⁵ ma¹ pa⁰。他也许来。

　　　他 也许 来 MP

测度语气最常见的形式是在陈述句或疑问句中用 la:u¹"恐怕"、zo⁴"会"等副词或助动词跟语气词 pa⁰ "吧"等搭配来表达。例如：

（53）ku¹ la:u¹ muŋ² mi² ka:m³ pai¹ pa⁰。恐怕你不敢去吧。

　　　我 怕 你 不 敢 去 MP

（54）muŋ² ʔan⁵ fi⁶ tu² ɕen²ŋan² pa⁰？你大概没带钱吧？

　　　你 也许未带 钱银 MP

五　停顿语气

停顿语气就是指说话人在叙述过程中，由于表达的需要使用语气词或插入语而形成的短暂性间歇。通常认为，停顿可分为语法停顿、逻辑停顿和生理停顿三种类型。语法停顿是说话过程中用来表达语法单位之间关系的停顿，书面上用各种标点符号表示；逻辑停顿是说话人在说话过程中为了突出强调某个内容而在没有标点的地方所做的短时停留；生理停顿是说话人在说话过程中因为换气而造成的停顿。严格意义上说，凡是在说话过程中出现的短暂性间歇都可称为停顿语气，但这样的话停顿语气的范围就太宽泛了。因此，这里所说的停顿语气首先排除逻辑停顿和生理停顿；其次，表达语法单位之间关系的停顿也排除在停顿语气之外，因为这种停顿几乎可以出现在所有的句子中。所以，这里所指的停顿语气主要是指：（一）说话人在叙述过程中，使用语气词独立表示停顿，语气词可以出现在句子前，也可以出现在句子中；（二）主谓句中的主语、谓语、状语或者非主谓句中的动词、时间名词等成分后面使用语气词表示停顿，语气词后面可以使用标点符号，也可以不使用标点符号，但语气词前后成分之间在句法上具有结构关系；（三）关联词或插入语后面使用语气词表示停顿，它们跟后面的成分不构成句法关系。

（一）语气词停顿

布依语中，语气词单独放在句首，具有舒缓语气、总结前文等作用，单独放在句中，具有突出强调和舒缓语气的作用。例如：

（55）lo⁰, ɕi⁶ ɕau⁵ kwa:n¹ te¹ teu² pai⁰。就劝她丈夫逃走了。

　　　MP 就 劝 丈夫 她 逃 MP

（56）pai⁰la⁰, ɕi⁶ nin² ŋaɯ⁶ pai⁰。就这样睡着了。

　　　MP 就睡 着 MP

（57）luk⁸ ɣei⁰, ne⁰, luk⁸ je⁵³ luŋ² mi² na⁴。儿啊，你没有母舅。

　　儿 MP MP 儿 也 大舅 没 小舅

（二）主语后停顿

语气词放在主语后面，往往具有引起注意、提示下文、舒缓语气等作用。主语跟语气词后面的谓语在句法上是主谓关系。例如：

（58）miau³¹tsu³¹ ni⁰　ji³¹ faŋ³³miɛn²⁴ tai²⁴piau⁵³ miau³¹tsu³¹……

　　　　苗族　MP 一　方　面　代　表　苗族

　　苗族呢，一方面代表苗族……

（59）pau⁵　te¹　çi⁶ teŋ¹ pu⁴xa⁵ lau² pu⁴ʔjai⁴? 那个男的是汉族还是布依族呢？

　　　　男人 那 MP 是　汉族　或　布依族

（三）谓语后停顿

语气词放在谓语后面，一方面延缓了语气，另一方面具有解释、夸张、提醒等作用。谓语跟语气词后面的成分具有述宾关系或述补关系。例如：

（60）kɯə²ni⁴ ku¹ tu⁶ mi² ta:ŋ⁵ tɕhin³³tshu⁵³ pai⁰ke⁰, kai⁵ siən⁵ ni⁴。

　　　　这个 我 都 不 太　　清楚　　MP 件 事 这

　　这个我都不太清楚了，这件事儿。

（61）ka:i⁵ siən⁵ ni⁴ ɣa⁰, ziən⁶ leu⁴ ʔba:n⁴ pai⁰。这事儿闹得呀，满城风雨。

　　　　件　事情 这 MP 传 全部 寨子 了

（四）状语后停顿

语气词放在状语后面，既可以舒缓语气，也有连接上文的作用。状语跟语气词后面的谓语中心语构成状中关系。例如：

（62）ʔiə⁵ çi⁶ tɕhi³¹tɕiu⁵³ nien³¹ taŋ¹ pa³¹ji³¹ nien³¹ kɯə⁶ fu²⁴ tsu⁵³zun²⁴。

　　　　后 MP 七 九　年　到 八 一 年 当　副主任

　　然后 1979 年到 1981 年当副主任。

（63）çi⁶　pai²laŋ¹ ni⁰çi⁶ pau⁵po⁶ te¹ mi² nau² pai⁰, ʔdam⁴ pai⁰。

　　　　然后 后来 MP　父亲 她 不 说 MP 沉默 MP

　　于是，她爹就不再说话了。

非主谓句中语气词放在动词后面或者时间名词后面，其作用跟主谓句中放在谓语后和状语后是一样的。

此外，语气词可以放在关联词后和称呼语后，具有舒缓语气和提醒注意的作用。例如：

（64）tam⁴kuən³ çi⁶　kai⁵te¹ su³¹ji³¹ fu²⁴tsɿ³¹ ʔdai⁰。不过那只是副职而已。

　　　　但是　MP 那个 属于 副 职 MP

（65）ko⁶ ɣe⁰, muŋ² ma¹ taŋ² mə⁰! 哥呀，你来啦！

　　　　哥 MP 你　来 到 MP

对于布依语语气范畴的认识，以前大多是比照汉语进行的，通常也把布依语的语气分为陈述语气、疑问语气、祈使语气和感叹语气四种类型。

但我们通过调查语料的分析发现，布依语的语气范畴跟汉语相比有很大不同。首先，布依语的语气词数量很丰富，常见的就有几十个；其次，布依语的语气词分单音节、双音节和三音节几种类型；再次，布依语的语气词可以放在句末，也可以放在句首和句中。另外，把语气分为陈述、疑问、祈使和感叹四种类型并不符合布依语的实际情况，因为陈述、疑问和感叹三种语气是根据句调划分出来的，而祈使语气是通过词汇意义表现出来的。因此本书把语气分为句法语气和语义语气，也可以叫作功能语气和意志语气，祈使语气应归在语义语气的范畴。

参考文献

（1）A.A.龙果夫：《现代汉语语法研究》，郑祖庆译，科学出版社 1958 年版。

（2）Andrews. 1985. *The Major Functions of the Noun Phrase*. Cambridge: Cambridge University Press.

（3）Bernard Comrie. 2005. *Aspect*. Peking: Peking University Press.

（4）Bernard Comrie. 2005. *Tense*. Peking: Peking University Press.

（5）Crof, W. 1991. Syntactic Categories and Grammarticl Relations. Chicago: University of Chicago Press.

（6）F.R.Palmer. 2001. *Mood and Modality*.Cambridge: Cambridge University Press.

（7）Fouconnier, Gilles. 1985. *Mental Spaces*. Cambridge: MIT Press.

（8）Frank, R. 2002. *Phrase Structure Composition and Syntactic Dependencies*. Cambridge, Mass: MIT Press.

（9）Levinson, Stephen C. 2003. *Space in Language and Cognition: Explorations in Cognitive Diversity*. Cambridge: University Press.

（10）Ronald W. Langacker. 1987. *Nouns and Verbs*. Language, Vol.63, No.1.

（11）Tian Qiao Lu. 2008. *A Grammar of Maonan*. Boca Raton: Universal Publishers.

（12）TianQiao Lu. 2012. *Classifiers in Kam-Tai Languages: A Cognitive and Cultural Perspective*. Boca Raton: Universal Publishers.

（13）奥托·叶斯柏森：《语法哲学》，何勇、夏宁生、司辉、张兆星译，商务印书馆 2009 年版。

（14）曹广衢：《布依语的dai³¹和汉语的“得”》，《语言研究》1982 年第 2 期。

（15）曹广衢：《布依语动词和趋向补语有关的语序问题》，《贵州民族研究》1988 年第 1 期。

（16）陈建民：《非主谓句》，人民教育出版社 1990 年版。

（17）陈平：《论现代汉语时间系统的三元结构》，《中国语文》1988 年第 6 期。

（18）崔应贤：《现代汉语定语的语序认知研究》，中国社会科学出版社 2002 年版。

（19）戴庆厦主编：《汉语与少数民族语言语法比较》，民族出版社 2006 年版。

（20）戴耀晶：《"前"的空间意义和时间意义》，范晓、李熙宗、戴耀晶编著《语言研究的新思路》，上海教育出版社 1998 年版。

（21）戴耀晶：《现代汉语时体系统研究》，浙江教育出版社 1997 年版。

（22）董绍克：《汉语方言词汇差异比较研究》，民族出版社 2002 年版。

（23）董为光：《汉语词义发展基本类型》，华中科技大学出版社 2004 年版。

（24）范晓：《短语》，商务印书馆 2000 年版。

（25）范晓：《介宾短语·复指短语·固定短语》，人民教育出版社 1990 年版。

（26）房玉清：《实用汉语语法》，北京语言文化大学出版社 1998 年版。

（27）冯力、杨永龙、赵长才：《汉语时体的历时研究》，语文出版社 2009 年版。

（28）高更生：《复杂单句》，人民教育出版社 1990 年版。

（29）葛本仪：《汉语词汇研究》，外语教学与研究出版社 2006 年版。

（30）贵州省民族语文指导委员会研究室，中国科学院少数民族语言调查第二工作队编：《布依语语法概要》，贵州民族出版社 1959 年版。

（31）贵州省民族语文指导委员会研究室及中国科学院少数民族语言调查第二工作队合作编撰：《布依语语法概要》，贵州民族出版社 1959 年版。

（32）郭锐：《现代汉语词类研究》，商务印书馆 2002 年版。

（33）郭堂亮：《布依族语言与文字》，贵州民族出版社 2009 年版。

（34）何霜：《忻城壮语语气词研究》，博士学位论文，中央民族大学，2007 年。

（35）贺阳：《试论汉语书面语的语气系统》，《中国人民大学学报》1992 年第 5 期。

（36）胡明扬：《语气助词的语气意义》，《汉语学习》1988 年第 6 期。

（37）黄伯荣：《陈述句 疑问句 祈使句 感叹句》，上海教育出版社 1984 年版。

（38）黄义仁：《布依族古代天文学初探》，《贵州民族研究》1985 年第 3 期。

（39）康忠德：《居都仡佬语参考语法》，博士学位论文，中央民族大学，2009 年。

（40）克里斯特尔：《现代语言学词典》，沈家煊译，商务印书馆 2000 年版。

（41）黎汝标：《布依族天文历法探究》，《贵州民族研究》1993 年第 3 期。

（42）李方桂：《莫话记略·水语研究》，清华大学出版社 2005 年版。

（43）李枫、姚晓波：《论新词语的新文化倾向》，《现代语文》2006 年第 8 期。

（44）李静：《汉语和布依语形容词重叠式对比及翻译》，硕士学位论文，中央民族大学，2015 年。

（45）李倩倩：《布依语四音格研究》，硕士学位论文，中央民族大学，2012 年。

（46）李如龙：《汉语词汇衍生的方式及其流变》，《河北师范大学学报》（哲学社会科学版）2002 年第 5 期。

（47）李英哲、郑良伟、Larry Foster、贺上贤、侯炎尧、Moira Yip：《实用汉语参考语法》，熊文华译，北京语言学院出版社 1990 年版。

（48）李子云：《汉语的修饰成分》，上海教育出版社 1989 年版。

（49）李子云：《汉语句法规则》，安徽教育出版社 1991 年版。

（50）利奇、斯瓦特威克：《交际英语语法》，张婉琼、葛安燕译，北京出版社 1987 年版。

（51）梁敢：《壮语体貌范畴研究》，博士学位论文，中央民族大学，2010 年。

（52）廖秋忠：《廖秋忠文集》，北京语言学院出版社 1992 年版。

（53）林晓恒：《中古汉语方位词研究》，中央民族大学出版社 2011 年版。

（54）刘朝华：《布依语汉语名量词对比研究》，云南人民出版社 2014 年版。

（55）刘晓红：《新时期汉语词汇的发展及其原因》，《海南师范学院学报》（人文社科版）1998 年第 4 期。

（56）刘月华、潘文娱等：《实用现代汉语语法》，商务印书馆 2012 年版。

（57）刘月华：《句子的用途》，人民教育出版社 1990 年版。

（58）龙海燕、蔡吉燕：《布依语的使用现状及其结构特征：以贵阳市花溪区牛村布依语为例》，《贵州民族学院学报》2011 年第 1 期。

（59）龙海燕：《贵阳市郊布依族语言使用情况及保护对策：兼论濒危语言保护问题》，《贵州民族研究》2013 年第 3 期。

（60）陆俭明：《现代汉语语法研究教程》（第四版），北京大学出版社 2013 年版。

（61）罗儒栋：《布依语形容词初探》，张和平主编《贵州民族语文研究集》，贵州民族出版社 1994 年版。

（62）吕叔湘：《汉语语法论文集》（增订本），商务印书馆 1984 年版。

（63）吕叔湘：《中国文法要略》，商务印书馆 1982 年版。

（64）马启忠、王德龙：《布依族文化研究》，贵州民族出版社 1998 年版。

（65）麦耘：《对国际音标理解和使用的几个问题》，《方言》2005 年第一期。

（66）蒙桂秀：《巴马壮语饮食词汇研究》，硕士学位论文，广西民族大学，2012 年。

（67）孟德腾：《现代汉语嵌入式预制语块研究》，博士学位论文，中央民族大学，2011 年。

（68）倪大白：《侗台语概论》，民族出版社 2010 年版。

（69）农友安、苏艳飞：《壮语中农业生产加工工具词汇研究》，《广西教育学院学报》2011 年第 5 期。

（70）农友安：《壮语农业生产工具词汇研究》，硕士学位论文，广西民族大学，2011 年。

（71）潘国英：《汉语状语语序研究及其类型学意义》，中国社会科学出版社 2010 年版。

（72）潘炉台等编著：《布依族医药》，贵州民族出版社 2003 年版。

（73）齐沪扬：《论现代汉语语气系统的建立》，《汉语学习》2002 年第 2 期。

（74）齐沪扬：《现代汉语短语》，华东师范大学出版社 2000 年版。

（75）齐沪扬：《现代汉语空间问题研究》，学林出版社 1998 年版。

（76）齐沪扬：《语气词与语气系统》，安徽教育出版社 2002 年版。

（77）齐旺：《台语北部方言核心词变异研究》，博士学位论文，中央民族大学，2012 年。

（78）齐旺：《壮语稻作词汇研究》，硕士学位论文，广西民族大学，2009 年。

（79）邵敬敏、任芝锳、李家树、税昌锡、吴立红：《汉语语法专题研究》，北京大学出版社 2009 年版。

（80）沈家煊：《"有界"与"无界"》，《中国语文》1995 年第 5 期。

（81）沈家煊：《如何解决"补语"问题》，《世界汉语教学》2010 年第 4 期。

（82）沈家煊：《形容词句法功能的标记模式》，《中国语文》1997 年第 4 期。

（83）沈家煊：《语法六讲》，商务印书馆 2011 年版。

（84）沈家煊：《再谈"有界"与"无界"》，语言学论丛编委会编《语言学论丛》（第三十辑），商务印书馆 2004 年版。

（85）史锡尧：《名词短语》，人民教育出版社 1990 年版。

（86）孙汝建：《语气和口气研究》，中国文联出版社 1999 年版。

（87）孙新乐：《布依语动词短语类别及其语序研究》，硕士学位论文，中央民族大学，2015 年。

（88）孙玄常：《宾语和补语》，上海教育出版社 1987 年版。

（89）孙永兰：《汉语词汇双音节化的原因及其作用》，《昭乌达蒙族师专学报》（汉文哲学社会科学版）1996 年第 2 期。

（90）覃晓航：《壮语特殊语法现象研究》，民族出版社 1995 年版。

（91）王均等编著：《壮侗语族语言简志》，民族出版社 1983 年版。

（92）王俊方：《车江侗语四音格词研究》，硕士学位论文，中央民族大学，2015 年。

（93）王伟、周国炎：《布依语基础教程》，中央民族大学出版社 2005 年版。

（94）王伟等主编：《布依语罗甸与贞丰方言词汇对照》，中央民族学院语文系第六教研组内部印刷，1955 年。

（95）王希杰：《数词·量词·代词》，人民教育出版社 1990 年版。

（96）韦景云、何霜、罗永现：《燕齐壮语参考语法》，中国社会科学出版社 2011 年版。

（97）韦庆稳：《壮语语法研究》，广西民族出版社 1985 年版。

（98）魏琳：《环江毛南语词汇研究》，博士学位论文，中央民族大学，2015 年。

（99）文炼：《处所、时间和方位》，上海教育出版社 1984 年版。

（100）吴定川：《望谟布依语音变》，《贵州民族语文研究集》，贵州民族出版社 1994 年版。

（101）吴定川：《布依语新兴语法现象分析》，《布依学研究》，贵州民族出版社 2004 年版。

（102）吴启禄：《布依语部分常用动词的虚化用法》，《布依学研究》，贵州民族出版社 1997 年版。

（103）吴启禄：《布依语、汉语的四音格结构及翻译》，《贵州民族学院学报》（哲学社会科学版）2002 年第 5 期。

（104）吴启禄：《布依语代词的特点》，张和平主编《贵州民族语文研究集》，贵州民族出版社 1994 年版。

（105）吴启禄：《布依语量词概略》，《贵州民族研究》1983 年第 3 期。

（106）吴启禄：《布依语数词"一"研究》，《贵州民族研究》1984 年第 3 期。

（107）吴启禄：《贵阳布依语》，贵州民族出版社 1992 年版。

（108）吴启禄：《论布依语动词虚化》，《贵州民族学院学报》1996 年第 4 期。

（109）吴为章：《主谓短语·主谓句》，人民教育出版社 1990 年版。

（110）吴雅萍：《仡佬语构词法浅析》，硕士学位论文，中央民族大学，2004 年。

（111）鲜红林：《云南罗平布依语词汇研究》，博士学位论文，中央民族大学，2011 年。

（112）谢娜：《布依语亲属称谓语义与语用分析》，硕士学位论文，中央民族大学，2012 年。

（113）邢福义：《词类辩难》（修订本），商务印书馆 2003 年版。

（114）邢福义：《汉语复句研究》，商务印书馆 2001 年版。

（115）邢福义：《形容词短语》，人民教育出版社 1990 年版。

（116）熊文华：《短语别裁》，民族出版社 2004 年版。

（117）徐李：《布依语附加式合成词研究》，硕士学位论文，中央民族大学，2015 年。

（118）徐枢：《宾语和补语》，黑龙江人民出版社 1985 年版。

（119）徐仲华：《主语和谓语》，上海教育出版社 1987 年版。

（120）杨华：《从新时期汉语词汇系统变异看社会变化对语言的影响》，《哈尔滨工业大学学报》（社会科学版）2001 年第 3 期。

（121）叶俐丹：《壮汉动物词汇对比研究》，硕士学位论文，广西民族大学，2015 年。

（122）喻翠容：《布依语简志》，民族出版社 1980 年版。

（123）喻世长：《布依语调查报告》，科学出版社 1959 年版。

（124）喻世长：《布依语语法研究》，科学出版社 1956 年版。

（125）袁善来《比工仡佬语词汇研究》，博士学位论文，中央民族大学，2011 年。

（126）袁毓林：《汉语词类的认知研究和模糊划分》，上海教育出版社 2010 年版。

（127）张国宪：《动词的动向范畴》，中国语文杂志社编《语法研究和探索》（九），商务印书馆 2000 年版。

（128）张鹤：《汉语—布依语色彩词对比研究》，硕士学位论文，中央民族大学，2015 年。

（129）张理明、于根元：《动词短语》，人民教育出版社 1990 年版。

（130）张敏：《认知语言学与汉语名词短语》，中国社会科学出版社 2008 年版。

（131）张明仙、杨文华：《罗平布依族当代语言演变动因——语言接触与语言兼用》，《曲靖师范学院学报》2006 年第 4 期。

（132）赵亮：《空间词汇系统的认知研究》，黑龙江人民出版社 2008 年版。

（133）中国科学院少数民族语言调查第一工作队：《布依语调查汇报》，贵州民族语文指导委员会编《布依族语言文字问题科学讨论会丛刊》，1957 年。

（134）周国炎、刘朝华：《布依语存在句研究》，《民族语文》2012 年第 4 期。

（135）周国炎、孙新乐：《布依语名词短语语序研究》，《中央民族大学学报》

2014 年第 4 期。

（136）周国炎、朱德康：《布依语连动式研究》，《民族语文》2015 年第
4 期。

（137）周国炎：《布依语、汉语被动结构对比研究》，戴庆厦主编《汉语与
少数民族语言语法比较》，民族出版社 2006 年版。

（138）周国炎：《布依语被动句研究》，《中央民族大学学报》2003 年第
5 期。

（139）周国炎：《布依语比较句的结构类型》，《布依学研究》，贵州民族出
版社 1998 年版。

（140）周国炎：《布依语处置式的来源及其发展》，《中央民族大学学报》1999
年第 3 期。

（141）周国炎：《布依语动词重叠及其表达功能初探》，《民族教育研究》1999
年第 A1 期。

（142）周国炎：《布依语名词前缀lɯ⁰研究》，《黔南民族师范学院学报》2014
年第 1 期。

（143）周国炎：《布依语人称代词中的几种特殊的称代方式》，《布依学研
究》，贵州民族出版社 1997 年版。

（144）周国炎：《布依族语言使用现状及其演变》，商务印书馆 2009 年版。

（145）朱德熙：《定语和状语》，上海教育出版社 1987 年版。

（146）朱德熙：《语法讲义》，商务印书馆 1982 年版。

（147）朱晓军：《空间范畴的认知语义研究》，新疆大学出版社 2010 年版。

（148）朱晓农：《内爆音》，《方言》2006 年第 1 期。

附录一　布依语长句（200个）

（1）ku¹ ɕɯ⁴ ʔdai⁴ ɕip⁸ pɯn³ sɯ¹, xaɯ³ mɯŋ² xa³ pɯn³。
　　我　买　得　十　本　书　给　你　五　本
　　我买了十本书，五本给你。

（2）ʔit⁷ pu⁴ lɯk⁸sɯ¹ to³ za:i² ɕo⁶ pai⁰。每个学生都签了字。
　　每　个　学生　都　写　名　了

（3）sa:m¹ pɯn³ sɯ¹ te¹ tɕo² pau⁵ ɕa:ŋ⁶sɯ¹ ni⁴ ʔau¹ xaɯ³ ɕoi⁴lɯk⁸sɯ¹ ni⁴ pai⁰。
　　三　本　书　那　被　位　老师　这　拿　给　个　学生　这　了
　　那三本书被这老师给了这学生。

（4）la:n¹ni⁵ tai³ mi² taŋ⁴, te¹ tɕo² zok⁸n̩iŋ⁶ pai⁰。小孩不停地哭，他被哭醒了。
　　小孩　哭　不　停　他　被　弄醒　了

（5）te¹ kuə⁶ tuə²ma² ta:i¹ pai⁰。他把狗弄死了。
　　他　做　只　狗　死　了

（6）ku¹ xaɯ³ te¹ poi² kuə⁶ʔja:i⁵ ɕen²。我让他还了很多钱。
　　我　让　他　还　很多　钱

（7）ku¹ ŋɔn²liən² ɕɯ⁴ ʔdai⁴ tɕɔŋ⁵ pɯə⁶ ʔdeu¹。我昨天买了一件衣服。
　　我　昨天　买　得　件　衣服　一

（8）ŋɔn²ɕo⁶ mɯŋ² taŋ² kɯə²te¹ ɕɯ²te¹, xo³te¹ to³ xa² pai¹ pai⁰。
　　明天　你　到　那里　那时　他们　都　要　走　了
　　你明天到那儿时，他们即将要走了。

（9）ɕa⁴nau² ku¹ zo⁴xe⁶, ku¹ ɕau⁴ to³ nau² pai⁰。要是我知道的话，我早就说了。
　　要是　我　知道　我　早　都　说　了

（10）te¹ nau² te¹ pai¹ tshan³³tɕia³³ wan⁵³xui²⁴。他说他会去参加晚会。
　　他　说　他　去　参加　晚会

（11）ŋɔn²liən² ku¹ za:i² sin⁵ pai⁰, tam⁴ fi⁶ za:i² leu⁴。
　　昨天　我　写　信　了　但是　未　写　完
　　我昨天写了信，但是没写完。

（12）fɯ⁴ xau⁴ ni⁴ po²te¹ kɯn¹ ʔdai⁴ ɕɯ² ʔdeu¹ pai⁰, to³ fi⁶ kɯn¹ ʔiə³⁵。
　　顿　饭　这　他们　吃　得　时辰　一　了　都　未　吃　完

这顿饭他们吃了两个小时了，可还没有吃完。

（13）mɯŋ² kɯn¹ xau⁴ ʔiə⁵ pai⁰ me⁰? kɯn¹ʔiə⁵ pai⁰。你吃过饭了吗？吃过了。
　　　　你　吃　饭　完　了　么　　吃　完　了

（14）ku¹ kɯn¹ zam⁴ ʔiə⁵ pai⁰, mi² xo² xɯ⁵。我喝过水了，不渴。
　　　　我　吃　水　完　了　不　喉咙　干

（15）po²te¹ ŋɔn²liən² ma¹ za¹ ku¹ ɕɯ²te¹, ku¹ to³ kɯn¹ xau⁴ ʔiə³⁵ pai⁰。
　　　　他们　　昨天　来　找　我　那时　我　都　吃　饭　完　了
　　　　他们昨天来找我时，我已经吃过饭了。

（16）ku¹ ɕau⁴ to³ zo⁴xe⁶ ka:i⁵ siən⁵ ni⁴ pai⁰。我早就知道了这件事。
　　　　我　早　都　知道　个　事情　这　了

（17）te¹ ʔju⁵ ʔdaɯ¹ zuk⁸ wen¹ li⁴ ɕiaŋ²⁴phien²⁴ la:n¹ni⁵ la:i¹ leu⁴。
　　　　他　在　里边　房间　挂　有　　相片　　孩子　多　了
　　　　他在房间里挂了很多孩子的照片。

（18）po²te¹ kɯn¹xau⁴ pai⁰, ɕa³ po²te¹ kɯn¹ ʔiə⁵ laŋ³ pai¹。
　　　　他们　吃　饭　了　等　他们　吃　完　才　去
　　　　他们吃饭了，等他们吃完再走。

（19）te¹ xɔŋ² wɯən¹ leu⁴ ʔdi¹n̩iə¹。他唱起歌来非常好听。
　　　　他　唱　歌　非常　好听

（20）kɯn¹ xau⁴ sa:m¹ ka:i⁵ ɕiau⁵³sɿ³¹, laŋ³ li⁴ kɯn¹。吃了三个小时，还在吃。
　　　　吃　饭　三　个　小时　还　在　吃

（21）te¹ lam⁴ pai⁰, lam⁴ ʔju⁵ kɔk⁷ ko¹ fai⁴ la:u⁴ pa⁵tu¹ te¹。
　　　　他　倒　了　倒　在　脚　棵　树　大　门口　那
　　　　他倒下了，倒在了门前的大树下。

（22）sam⁵ pjak⁷ ni⁴ kɯn¹ pai²⁰deu¹ ɕi⁶ piu⁵ pai⁰。这些菜吃一下就没了。
　　　　些　菜　这　吃　一下　　就　空　了

（23）ʔdan¹ taŋ¹ zoŋ⁶ pai¹ʔdeu¹ ɕi⁶ ʔdap⁷ pai⁰。灯泡亮一下就灭了。
　　　　盏　灯　亮　一下　　就　灭　了

（24）te¹ tiŋ² ɕim¹ tien²⁴sɿ²⁴ tiŋ² sa:n¹ pɯə⁶ mau³¹ɕien²⁴。
　　　　他　边　看　电视　边　编　衣服　毛线
　　　　他一边看电视一边打毛衣。

（25）sau⁶la:i¹ wɯn² to³ fɔŋ⁶ ma¹ xen² kwa:n¹ ku¹。很多人朝我先生冲过来。
　　　　很多　人　都　冲　来　旁边　丈夫　我

（26）ɕim¹ zan¹ pau⁵ tsaŋ³³ lau⁵³sɿ³³, la:i¹ ɕoi⁴ lɯk⁸sɯ¹ kwo⁶ pai¹ taŋ² xen²。
　　　　看　见　老　张　老师　多　个　学生　围　去　到　边
　　　　看到张老师，许多学生围了上去。

（27）zau² ʔju⁵ za:n² toi⁵ xo³te¹ leu⁴ ʔdi¹。我们在家里对他们很友好。
　　　我们 在 　家 对 他们 非常 好

（28）tam⁴ ɕɯ²ni⁴, tau³ nai¹ la:u⁴ pai⁰。恰恰这时候，下起了大雪。
　　　刚刚 这时 　下 　雪 大 了

（29）ŋɔn²ni⁴ te¹ ta:u⁵ pan² pu⁴ sam¹ ʔdi¹ ʔdeu¹ pai⁰。
　　　 今天 他 倒 成 人 心 好 一 了
　　　他今天倒成了一个善良的人了。

（30）xo³te¹ tɯk⁸ ɕa:ŋ³ ɕo² leu⁴ ȵa:p⁷ zau⁴ ʔdeu¹。
　　　 他们 　是 　帮 年轻 非常 恼火 永远 一
　　　他们是一帮永远愤怒的青年。

（31）ʔit⁷ pu⁴ wɯn² to³ kɯn¹ soŋ¹ ʔɔm⁵ zam⁴。每个人都喝两口水。
　　　每 个 人 都 吃 两 口 　水

（32）pu⁴laɯ² to³ mjaɯ³ xau³ ʔdaɯ¹。任何人不得进入。
　　　　谁 都 别 进 　里面

（33）ka:i⁵ma² to³ ka:i¹ leu⁴ pai⁰。什么都卖完了。
　　　什么 　都 卖 完 了

（34）ku¹ mi² ma:i³ ʔbaɯ¹ ɕiaŋ²⁴phien²⁴ ni⁴。我不喜欢这张照片。
　　　我 不 喜欢 张 　相片 　这

（35）ku¹ xa:i⁴ te¹, jau²⁴ fi⁶ xa:i⁴ mɯŋ²。我打了他，又没打你。
　　　我 打 他 又 未 打 你

（36）ma¹ po²zau² pai¹ pa⁰! 让咱们走吧！
　　　来 　我们 去 吧

（37）sam⁵ wɯn² xo³te¹ to³ teu² leu⁴ pai⁰。他们所有人都走了。
　　　 些 人 他们 都 走 全部 了

（38）ŋɔn²ni⁴ ɕia²⁴pan³³ te¹ ma¹ ɕu⁴ mɯŋ² mi²? 今天下班他来接你吗？
　　　 今天 下班 他 来 接 你 不

（39）ku¹ li⁴ ʔdan¹ zuk⁸ ni⁵ ʔdeu¹, ku¹ nɯ⁶ li⁴ xoŋ⁵ la:u¹ to¹。
　　　我 有 个 房间 小 一 我 想 有 间 大 多
　　　我有一个小房间，我希望我有一个大的。

（40）ku¹ ʔju⁵ ʔdaɯ¹ zuk⁸ ni⁵ nin², te¹ nin² ʔdaɯ¹ xoŋ⁵ zuk⁸ la:u⁴。
　　　我 在 里边 房间 小 睡 他 睡 里边 间 房间 大
　　　我睡在一个小房间里，而他睡在一个大房间里。

（41）ku¹ li⁴ soŋ¹ fa⁶ ɕui², te¹ juŋ⁶ fa⁶ la:u⁴ te¹, ku¹ juŋ⁶ fa⁶ ni⁵ te¹。
　　　我 有 两 把 锤子 他 用 把 大 那 我 用 把 小 那
　　　我有两把锤子，他用了大的那把，我用了小的那把。

(42) ku¹ zo⁴xe⁶ ʔdaːŋ¹kau⁵ ku¹ leu⁴ ʔdi¹ kwa⁵。我感到自己很幸福。
　　　我　知道　　自己　我　很　好　过

(43) pi⁴saːi¹ te¹ taŋ³laɯ² son¹, nuəŋ⁴saːi¹ mɯŋ² ɕi⁶ taŋ³laɯ² ɕio²。
　　　哥哥　他　怎么　教　弟弟　　你　就　怎么　学
他哥哥怎么教，你弟弟怎么学。

(44) ku¹ kuə⁶ ɕe¹ taŋ²jiən⁶ ʔdaːŋ¹kau⁵ pai⁰。我丢了自己的东西。
　　　我　做　丢　东西　　自己　了

(45) xo³te¹ kan⁴ tuŋ⁴ɕam⁶ ɕim¹ zo³¹nie³¹。他们经常相互看彼此的作业。
　　　他们　经常　相互　看　作业

(46) ʔdan¹ zaːn² ɕiau⁵³tsaŋ²⁴ kaːi¹ ʔiə⁵ pai⁰。小张的房子已经卖掉了。
　　　个　房子　小张　　卖　完　了

(47) kaːi⁵ ni⁴ kaːi⁵ ku¹, kaːi⁵ te¹ kaːi⁵ mɯŋ²。这是我的，那是你的。
　　　个　这　个　我　个　那　个　你

(48) kaːi⁵ ni⁴ tɯk⁸ kaŋ³³pi³¹, kaːi⁵ te¹ tɯk⁸ jan³¹pi³¹。这是钢笔，那是铅笔。
　　　个　这　是　钢笔　个　那　是　铅笔

(49) ŋɔn²ni⁴ ɕim¹ tiɛn²⁴jin⁵³ ku¹ ɕiŋ³ xe⁵。今天这场电影我请客。
　　　今天　看　电影　　我　请客

(50) ŋɔn²liən² pu⁴ xe⁵ te¹ tai⁵ kɯə²laɯ² ma¹? 昨天那位客人是从哪儿来的？
　　　昨天　个　客　那　从　哪里　来

(51) fɯ⁴ xau⁴ ŋɔn²ɕo⁶ ni⁴ mɯŋ² ʔau¹ saɯ³ ʔdi¹ leu⁴po²。
　　　顿　饭　明天　这　你　要　伺候　好　大家
明天这顿饭你要招呼好大家。

(52) pi¹kwa⁵ za⁵ nai¹ te¹ xaːi⁵ po²zau⁴ leu⁴ naːn⁶。去年那场雪害得我们好苦。
　　　去年　阵　雪　那　害　我们　非常　难

(53) kaːi⁵ tɕhiu³¹tui²⁴ ŋɔn²ɕo⁶ xa² pi³¹sai²⁴ te¹ tɯk⁸ kaːi⁵ ɕiɛn²⁴ laɯ² paːi⁵ ma¹?
　　　个　球队　　明天　要　比赛　那　是　个　县　哪　派　来
明天要比赛的那支球队是从哪个县派来的？

(54) ʔdan¹ ɕaːn³ ni⁴ te⁵ pai⁰, mɯŋ² ʔau¹ te¹ ɕit⁷ ɕe¹。这个杯子破了，你把它扔了。
　　　个　杯子　这　破　了　你　拿　它　扔　丢

(55) sam⁵ phin³¹ko⁵³ ni⁴ mɯŋ² to³ ʔau¹ pai¹。这苹果你都拿走。
　　　些　苹果　　这　你　都　拿　去

(56) mɯŋ² ʔju⁵ tɕiə²laɯ², te¹ jiə⁶ zo⁴ ʔju⁵ tɕiə²te¹ ʔo⁵na³。
　　　你　在　哪儿　他　也　会　在　那儿　出现
你在哪儿，他也会在哪儿出现。

（57）mɯŋ² ʔau¹ jiəŋ⁶ma² ku¹ to³ mi² nau²。你拿什么我都不反对。
　　　 你　拿　什么　我　都　不　说

（58）ku¹ mi² zo⁴xe⁶ taŋ³laɯ² xa:i¹ jiəŋ⁶ ɕiə¹ ni⁴。我不知道怎么开这种车。
　　　 我　不　知道　怎么　开　样　车　这

（59）ku¹ ʔjam⁵ pau⁵sai¹ li³¹sɿ³³ te¹ pai⁰, te¹ pai²ɕau⁴ teŋ¹ ɕam⁶ɕoŋ² ku¹。
　　　 我　拜访　官　律师　那　了　他　以前　是　共桌　我
　　　 我拜访了那位律师，他以前是我同学。

（60）ku¹ zo⁴xe⁶ mɯŋ² ma:i³ jiəŋ⁶laɯ² ɳa:p⁷ jiəŋ⁶ma²。
　　　 我　知道　你　喜欢　样　哪　讨厌　样　啥
　　　 我知道你喜欢什么厌恶什么。

（61）mɯŋ² puŋ² sam⁵ lɯk⁸sɯ¹ ni⁴, jiəŋ⁶ma² to³ mi² tɕai² ɕio³¹, mi² zo⁴
　　　 你　逢　些　学生　这　样　啥　都　不　想　学　不　知
　　　 ma² kuə⁶ pai⁰。
　　　 什么　做　了
　　　 你碰到这些学生，他什么都不想学，也真没办法。

（62）ku¹ puŋ² pu⁴ wɯn² mɯŋ² zo⁴na³ ʔdeu¹。我遇到一个你认识的人。
　　　 我　逢　个　人　你　认识　一

（63）mɯŋ² pai¹ ɕɯ² te¹, nau² xaɯ³ ku¹ pai²ʔdeu¹。你走的时候，告诉我一下。
　　　 你　去　时　那　说　给　我　一下

（64）mi²lɯk⁸ nau² pai⁰。不要再说了。
　　　 不要　说　了

（65）pai²to⁶ pai¹ xa³ pu⁴ wɯn²。总共去了五个人。
　　　 一起　去　五　个　人

（66）ta:u⁵ pi⁵³sai²⁴ ni⁴ po²zau² ʔan⁵ jin³¹。这场比赛我们一定赢。
　　　 场　比赛　这　我们　肯定　赢

（67）za:n² ku¹ kan⁴ kɯn¹ miən⁶。我们家常吃面条。
　　　 家　我　经常　吃　面

（68）te¹ ʔju⁵ kɯə²te¹ naŋ⁶ zaɯ⁴。他老是在那儿坐着。
　　　 他　在　哪儿　坐　着

（69）po²zau² so⁶ pja:i³ taŋ² za:n² tshe³³tsan²⁴。我们一直走到车站。
　　　 我们　直　走　到　房子　车站

（70）tuə² ni⁴ ziəŋ² pu⁴ʔɯn⁵ mi² tuŋ⁴lum³。这家伙和别人不一样。
　　　 家伙　这　和　别人　不　一样

（71）ɕa:m¹ mɯŋ² ti⁵ ku¹ ta:u³ ɕa:n³ zam⁴se⁵ ʔdeu¹。请你替我倒一杯开水。
　　　 求　你　替　我　倒　杯　开水　一

（72）jiəŋ⁶ ni⁴ toi⁵ te¹ nau² ma¹ tɯk⁸ jiəŋ⁶ siən⁵ ʔdi¹。这对于他来说是件好事。

样 这 对于 他 说 来 是 样 事情 好

（73）me⁶ to⁶ fuŋ¹ sin⁵ te¹, na³ ʔbɔŋ¹ leu⁴ ʔa:ŋ⁵ja:ŋ⁶。

妈妈 读 封 信 那 脸 光亮 非常 高兴

妈妈读着信，脸上露出高兴的神色。

（74）po²te¹ luŋ³ʔju⁵ ŋon² tɕie³¹mu³¹ ni⁰。他们正看着节目呢。

他们 还在 看 节目 呢

（75）te¹ tan³ tɕɔŋ⁵ wa⁵ pɯə⁶ mo⁵。她穿着一身新衣服。

她 穿 件 裤子 衣服 新

（76）tɕa:ŋ¹xɯn² pai⁰, taŋ¹ ʔdaɯ¹ za:n² laŋ³li⁴ zoŋ⁶。夜深了，屋里的灯还亮着。

半夜 了 灯 里边 屋子 还在 亮

（77）xen² tam² ʔdam¹ li⁴ ko¹ fai⁴ziən⁴ sa:ŋ¹ ʔdeu¹。池塘边栽着高高的白杨树。

旁边 塘子 栽 着 棵 白杨树 高 一

（78）te¹ sa:ŋ¹ to¹ ku¹ zɔk⁷ ɕon⁵。他比我高六寸。

他 高 多 我 六 寸

（79）ɕau⁴ji³ kɔn² xau⁴mak⁸ pai⁰。开始割麦子了。

开始 割 麦子 了

（80）soŋ¹ pu⁴wɯn² ta:u⁵ nau² xa:u⁵ mo⁵ pai⁰。两个人又说起话来了。

两 个 人 又 说 话 新 了

（81）pi¹ni⁴ tau³ tɕi³ za⁵ nai¹ ʔiə⁵。今年下过几场大雪。

今年 下 几 场 雪 过

（82）ku¹ ɕim¹ zan¹ po⁶ ku¹ pai⁰。我看见我父亲了。

我 看 见 父亲 我 了

（83）ŋon²liən² mɯŋ² pai¹ kuə⁶ jiəŋ⁶ma² pai⁰? 你昨天干什么去了？

昨天 你 去 做 什么 了

（84）wɯn² tɕe⁵ pai⁰, sak⁸ pɯə⁶ sam⁵ siən⁵ ni⁴ kuə⁶ mi² ʔdai⁴ pai⁰。

人 老 了 洗 衣服 些 事情 这 做 不 得 MP

人老了，洗衣服这些事情做不了啦。

（85）ɕa³ ku¹ nau² leu⁴ ʔiə⁵, mɯŋ² laŋ³ pai¹。等我说完了，你再走。

等 我 说 完 过 你 再 走

（86）meu² xau⁴mak⁸ tau³ ʔdai⁴ jeu¹ lɔk⁸lɔk⁸。麦苗长得绿油油的。

庄稼 麦子 长 得 绿 （后加成分）

（87）pu⁴ ɕa:ŋ⁶sɯ¹ ni⁴ ɕa:u⁴ ma¹ mɯ⁰? 这是新来的老师吧？

个 老师 这 刚 来 么

（88）siən⁵ ni⁴ taŋ³laɯ² kuə⁶ ni⁰? 这件事怎么办呢？
　　　事情　这　怎么　做　呢

（89）mɯŋ² ma¹ le⁰, mi²lɯk⁸ ʔdun¹ kɯə²te¹ zaɯ⁴。你来呀，不要总站在那里。
　　　你　来　呀　不要　站　那儿　一直

（90）ça⁴nau² zo⁴xe⁶ mɯŋ² xa² ma¹ ku¹ ʔan⁵ ça³ kon⁵ pai⁰。
　　　要是　知道　你　要　来　我　肯定　等　先　了
　　　早晓得你要来，我肯定要先等一下。

（91）pai²te¹ ku¹ ʔju⁵ çi⁶ mi²zo⁴ ʔo⁵ jiən⁶ siən⁵ ni⁴ pai⁰。
　　　那时　我　在　就不会　出　件　事情　这　了
　　　当时我要在场就不会出这事了。

（92）wa:n⁶ pan² pau⁵ tsaŋ³³, ka:i⁵ ka⁶çen² ni⁴ çi⁶ mi² zo⁴ ka:i¹。
　　　换　成　老张　个　价钱　这就　不　会　卖
　　　换成老张，这个价钱就不会卖。

（93）ça⁴nau² ŋɔn²ço⁶ ʔiət⁷na:i⁵ ŋɔn² ʔdeu¹ çi⁶ ʔdi¹ pai⁰!
　　　要是　明天　休息　天　一　就　好　了
　　　要是明天休息一天多好啊！

（94）te¹ ʔau¹ pai¹, kuən³（tam⁴çi⁶）te¹ mi² pai¹。他应当去，但是他不去。
　　　他　必须　去　但　但是　他　不　去

（95）ka:i⁵ siən⁵ ni⁴ nau² çi⁶ ŋa:i⁶, kuə⁶ çi⁶ ɳet⁷。这种事说起来容易做起来难。
　　　个　事情　这　说　就　容易　做　就　难

（96）te¹ çat⁷ nap⁷ zo⁴ɳiŋ⁶, kɯn¹ ɳa:i²çau⁴ ʔiə⁵ çi⁶ pai¹ kuə⁶ xoŋ¹。
　　　他　七　点　惊醒　吃　早餐　后　就　去　做　活路
　　　他七点钟醒来，吃了早点去工作。

（97）ka:i⁵ siən⁵ ni⁴ ɣa⁰, ziən⁶ leu⁴ ʔba:n⁴ pai⁰。这事儿闹得呀，满城风雨。
　　　个　事情　这　呀　传　全部　寨子　了

（98）taŋ² kui²⁴jaŋ³¹ çi⁶ xa:i⁴ tien²⁴xua²⁴ xaɯ³ ku¹。
　　　到　贵阳　就　打　电话　给　我
　　　到了贵阳就给我打电话。

（99）ça⁴nau² mi² ça³ mɯŋ², ku¹ mi² zo⁴ taŋ² lot⁷。不是等你的话，我不迟到。
　　　要是　不　等　你　我　不　会　到　迟

（100）ku¹ tam⁴ xa² pai¹ saŋ²⁴pan³³, te¹ çi⁶ taŋ² pai⁰。我刚要上班呢，他就来了。
　　　我　刚　要　去　上班　他　就　到　了

（101）ça⁴nau² mɯŋ² puŋ⁴ te¹, çi⁶ ti⁵ ku¹ tɕo¹ʔba:i⁵ te¹。
　　　要是　你　逢　他　就替　我　感谢　他
　　　你要是碰到他，就替我道谢了。

(102) ça:ŋ⁶sɯ¹ ziən² po²zau² nau²: "ku¹ mi² ma:i³ xoŋ²wɯən¹。"
　　　老师　　和　我们　说　我 不 喜欢　唱 歌
　　　老师对我们说："我不喜欢唱歌。"

(103) ʔjam⁵ pi⁴nuəŋ⁴ mi² tɯk⁸ jiən⁶ siən⁵ la:u⁴ ʔdeu¹。走亲戚不是一件大事。
　　　走访 亲戚　不 是　样 事情 大 一

(104) mɯŋ² xa:i¹ wa¹ çoŋ⁶ʔboŋ⁴ ʔdeu¹ pan² mi²? 你能开一下窗户吗?
　　　你 开 扇　窗户　一 成 不

(105) ku¹ nau² ʔiə⁵ pai⁰, tɯk⁸ mi²? 我已经说过了，不是吗?
　　　我 说 过 了　是 不

(106) soŋ¹ teu⁵ wɯən¹ ni⁴ xo³su¹ to³ zo⁴ xoŋ² mi²? 这两首歌你们都会唱吗?
　　　两 首 歌 这 你们 都 会 唱 不

(107) kɯə²ni⁴ liə² kui²⁴jaŋ³¹ li⁴ sau⁶laɯ² tçai¹? 这儿离贵阳有多远?
　　　这儿 离 贵阳 有 多少 远

(108) mɯŋ² kɯn¹ xau⁴ ni⁰, laɯ²çi⁶ kɯn¹ miən⁶? 你是吃饭呢，还是吃面?
　　　你 吃 饭 呢 还是 吃 面

(109) tɯk⁸ mɯŋ² ʔɯ¹ ku¹, laɯ²çi⁶ ku¹ ʔɯ¹ mɯŋ²? 是你背我，还是我背你?
　　　是 你 背 我 还是 我 背 你

(110) teŋ¹ mi² teŋ¹ li⁴ wɯn² tçhi³³ mɯŋ²? 是不是有人欺负她?
　　　是 不 是 有人 欺负 你

(111) piŋ⁶ wei²⁴pin²⁴ mɯŋ² ta:u⁵ tçet⁷ mo⁵ mi² teŋ¹? 你的胃病又犯了不是?
　　　病 胃病　你 又 痛 再 不 是

(112) ka:i⁵ çi³¹kuan²⁴ wa:i⁶ ni⁴ ka:i³ ʔdai⁴ ka:i³ mi² ʔdai⁴ ɣa⁰?
　　　个 习惯　坏 这 改 得 改 不 得 啊
　　　这种坏习惯改得了改不了啊?

(113) mɯŋ² sam¹ ʔja⁵ ʔju⁵, toi⁵ pu⁴laɯ² to³ fa:t⁷ ʔi⁵, teŋ¹ mi²?
　　　你 心 难 在 对 谁 都 发 气 是 不
　　　你心情不好，对谁都发脾气，是吧?

(114) ça² mɯŋ²? ka:ŋ³ ma² xa:u⁵ le⁰! po²zau² tɯk⁸ za:n² wɯn² ʔdeu¹.
　　　嫌 你 讲 啥 话 嘞 我们 是 家 人 一
　　　嫌弃你?哪儿的话呢!咱们是一家人。

(115) ku¹ mi² zo⁴xe⁶ te¹ tɯk⁸ mi² tɯk⁸ wɯn²¹ kui²⁴jaŋ³¹.
　　　我 不 知道 他 是 不 是 人 贵阳
　　　我不知道他是不是贵阳的。

(116) siən⁵ mɯŋ² pi⁵³ siən⁵ te¹ la:i¹。你的事情比他多。
　　　事情 你 比 事情 他 多

siən⁵ muɯŋ² la:i¹ to¹ siən⁵ te¹。你的事情比他多。

　事情　你　多　多　事情　他

siən⁵ muɯŋ² pi⁵³ siən⁵ te¹ la:i¹ to¹。你的事情比他多。

　事情　你　比　事情　他　多　多（语序不同）

（117）ku¹ mi² pi⁵³ muɯŋ² sa:ŋ¹ sau⁶laɯ² zau⁶。我不比你高多少。

　　我　不　比　你　高　多少　些

ku¹ sa:ŋ¹ to¹ muɯŋ² mi² sau⁶laɯ² zau⁶。我不比你高多少。

　　我　高　多　你　不　多少　些

（118）suɯ¹ ku¹ ziən² suɯ¹ muɯŋ² mi²（tuŋ⁴）lum³。我的书跟你的书不相同。

　　书　我　跟　书　你　不　同　像

（119）ʔda:ŋ¹ nuən⁴ te¹ lum³ te¹ kan³kaŋ⁵。他弟弟身体像他那样健壮。

　　身体　弟弟　他　像　他　健康

nuən⁴ te¹ kan³ka:ŋ⁵ lum³ te¹。他弟弟身体像他那样健壮。

　　弟弟　他　健康　像　他

（120）te¹ la:u⁴ to¹ muɯŋ² laɯ²çi⁶ muɯŋ² la:u⁴ to¹ te¹？他比你大还是你比他大呀？

　　他　大　多　你　还是　你　大　多　他

（121）te¹ xan¹ lum³ na⁵ foŋ⁶ kwa⁵ pai¹。他像箭一样快地冲过去。

　　他　快　像　箭　冲　过　去

（122）ʔju⁵ pa:ŋ¹ wuɯn² pa:i⁶kwa²，te¹ foŋ⁶ pai¹ leu⁴ xan¹。

　　在　帮　人　右边　他　冲　去　非常　快

在右边的那帮人当中，他最快冲过去。

（123）te¹ ʔau¹ ka:i⁵ siən⁵ ni⁴ ka:u⁵ xaɯ³ pau⁵ tshun³³tsaŋ⁵³。

　　他　把　个　事情　这　告诉　给　个　村长

他把这件事告诉村长。

（124）ku¹ ʔau¹ pit⁷mak⁸ te¹ kuə⁶ wa:i⁶ pai⁰。我把他的笔弄坏了。

　　我　把　笔　他　弄　坏　了

（125）ʔau¹ no⁶ ʔdaɯ¹ za:n² ʔjau⁴ ʔdi¹。把家里的肉藏起来。

　　把　肉　里边　房子　藏　好

（126）tuə² kai⁵ za:n² muɯŋ² te¹ ʔju⁵ ʔdaɯ¹ zi⁶。你家的那只鸡在地里。

　　只　鸡　家　你　那　在　里边　地

（127）te¹ li⁴ çoi⁴ luɯk⁸ ʔdeu¹ ʔju⁵ kui²⁴jaŋ³¹ to⁶ ta²⁴çio³¹。

　　他　有　个　孩子　一　在　贵阳　读　大学

他有一个孩子在贵阳读大学。

（128）te¹ teu² ʔiə⁵ laŋ³fi⁶ ta:u⁵ma¹ çiŋ⁶çiŋ⁶。他走了以后一直没有回来。

　　他　走　后　还未　回来　一直

（129）po²zau² li⁴ tɕhien³¹ taɯ² ʔdɔŋ¹fai⁴. 我们有权利保护森林。
　　　　我们　有　权　　守　树林

（130）te¹ pan² piŋ⁶ ʔju⁵ kɯn² ɕwa:ŋ² ʔiət⁵na:i⁵. 他生病躺在床上睡觉休息。
　　　　他　生病　在　上　床　休息

（131）pau⁵po⁶ son¹ ku¹ ka:i⁵ tɕo⁵ji⁵ ʔdeu¹. 父亲教了我一个好办法。
　　　　父亲　教　我　个　办法　一

（132）ɕoi⁴ lɯk⁸ ni⁵ ni⁴ leu⁴po² to³ ma:i³ te¹. 这个孩子大家都喜欢他。
　　　　个　孩子　小这　大家　都喜欢他

（133）xo³te¹ tɕi³ pu⁴ wɯn² ni⁴ siŋ⁵ to³ leu⁴ ʔdi¹. 他们这几个人性格都很开朗。
　　　　他们　几个　人　这性格　都非常好

（134）pɯn³ sɯ¹ ni⁴ ku¹ tam⁴ to⁶ ʔdai⁴ tiŋ² ʔdeu¹. 这本书我只读了一半。
　　　　本　书　这我　只读　得半　一

（135）pau⁵ɕa:u⁵ （ɕiau²⁴tsaŋ⁵³）ʔdan¹ za:n²sɯ¹ ni⁴ tɯk⁸ pau⁵ waŋ³¹.
　　　　校长　　　校长　　　个　学校　这是老　王
　　　　这个学校的校长是老王。

（136）ka:i⁵mɯŋ² ʔau¹ ɕo⁵ sam¹ te¹ jiə⁶ tɯk⁸ xoŋ¹nak⁷ po²zau².
　　　　　　你　　要　放　心　的　也　是　活路　重　我们
　　　　你所关心的也是我们的工作重心。

（137）ku¹ ɕɯ⁴ ʔdai⁴ pɯn³ sɯ¹ ʔdeu¹, la:n¹ni⁵ leu⁴ ma:i³ ɕim¹.
　　　　我　买　得　本　书　一　孩子　非常　喜欢看
　　　　我买了一本书，孩子非常喜欢看。

（138）pau⁵ ɕam⁶sɯ¹ ku¹, pu⁴ tan³ tɕɔŋ⁵ pɯə⁶ ɕi³³tsuaŋ³³ te¹, tɯk⁸ tɕɯ³¹tsaŋ⁵³.
　　　　个　同学　我　个　穿　件衣服　西装　那　是　局长
　　　　我的老同学，那个穿西装的，是位局长。

（139）ku¹ ɕim¹zan¹ fa⁶ mit⁸ pu⁴ wɯn² te¹ ʔau¹ ma¹ ka³ tuə²ɕiə² te¹.
　　　　我　看见　把　刀　个　人　那　拿　来　杀　黄牛　那
　　　　我看见那个人用来杀牛的那把刀。

（140）te¹ pɯŋ² pu⁴ wɯn² ti⁵ za:n² mɯŋ² ɕoi⁶ taŋ¹jiə⁶ te¹.
　　　　他　逢　个　人　替　家　你　修　东西　那
　　　　我遇到了给你家做家具的那个人。

（141）ʔdan¹ toi⁴ za:n² ku¹ juŋ⁶ te¹ tɯk⁸ ʔju⁵ jin³¹nan³¹ ɕɯ⁴ ʔdai⁴.
　　　　个　碗　家我　用那　是　在　云南　买得
　　　　我家用的碗是在云南买的。

（142）ka⁶ pau⁵jiəŋ¹ ɕi⁶ ʔdai⁴ ɕip⁸fa:n⁶ pai¹, ka⁶ te¹ kwa:i¹ to¹.
　　　　只　乡长　就得　十万　去　只他　聪明　多

光乡长就拿了十万元，就他聪明。

（143）ku¹ li⁴ pu⁴ wei⁵tɕi⁵ ʔdeu¹ ʔju⁵ kɯə²te¹ ʔju⁵。我有一个住在那儿的朋友。

　　　我 有 个 朋友 一 在 那儿 居住

（144）na:i⁵ ʔdai⁴ pja:i³ mi² ʔdai⁴ pai⁰。累得走不动了。

　　　累 得 走 不 得 了

（145）te¹ za:i² sɯ¹ kuə⁶ ʔdiən¹ pai⁰。他写了一个月的字。

　　　他 写 字 做 月 了

　　　te¹ za:i² ʔdai⁴ ʔdiən¹ sɯ¹ ʔdeu¹ pai⁰。

　　　他 写 得 月 字 一 了

（146）pai²ɕau⁴ xo³su¹ tau²⁴ti⁵³ tuŋ⁴ʔju⁵ ʔdai⁴ sau⁶laɯ² na:n²？

　　　从前 你们 到底 同住 得 多少 久

你们从前到底在一起共同生活了多久？

（147）te¹ li⁴ ka:i⁵ pa⁵³wo³¹ te¹ tai⁵ ʔdaɯ¹ po¹ za¹ ʔdai⁴ ʔiə¹ ta:u⁵ ma¹。

　　　他 有 个 把握 那 从 里边 山 找 得 药 回 来

很有把握地从山上把药采了回来。

（148）wei⁶ma² mɯŋ² mi² kuə⁶ siən⁵？为什么你不做事？

　　　为什么 你 不 做 事情

　　　mɯŋ² wei⁶ma² mi² kuə⁶ siən⁵？你为什么不做事？

　　　你 为什么 不 做 事情？

（149）te¹ ʔju⁵ kɯn² pɯn⁵³tsɿ³¹ za:i² zo³¹wɯn³¹。他在本子上写作文。

　　　他 在 上 本子 写 作文

（150）te¹ tɕo² xɯət⁸ ɕo⁵ kɯn² sau¹fai⁴ ʔdat⁷ʔdat⁷（man⁶man⁶）。

　　　他 被 捆 放 上 柱子 紧紧 牢牢

他被牢牢地捆在柱子上。

（151）te¹ pa:i⁶kɯn² li⁴ po⁶me⁶，pa:i⁶la³ li⁴ lɯk⁸la:n¹。他上有父母，下有儿孙。

　　　他 上边 有 父母 下边 有 儿孙

（152）pu⁴ wɯn² mɯŋ² xa² za¹ te¹ ɕi⁶ xa² taŋ² pai⁰。你正在找的人就要来了。

　　　个 人 你 要 找 那 就 要 到 了

（153）leu⁴po² ʔau¹ tai⁵ jiəŋ⁶ siən⁵ ni⁴（liŋ⁴ loŋ¹）son¹ kwa:i¹。

　　　大家 要 从 样 事情 这 领 错 教 乖

大家要从这一事件中吸取教训。

（154）xo³su¹ pan² ʔau¹ tɕiəŋ⁵ waŋ²⁴jan⁵³jin²⁴ ɕim¹ zok⁸fa²（fei³³tɕi³³）。

　　　你们 可以 用 镜 望远镜 看 鸟铁 飞机

你们可以用望远镜看飞机。

（155）çap⁸tai⁵ te¹ ma¹ ʔiə⁵, ku¹ çi⁶ mi² wa:ŋ⁵ liŋ⁶.

　　自从　他　来　了　我　就　不　闲　一直

自从他来了，我就一直没闲着。

（156）çap⁸ taŋ² muɯŋ² teu², te to³ leu⁴ ʔdi¹. 到你走之前，他都很好。

　　从　到　你　走　他　都　很　好

（157）te¹ kuə⁶zak⁸ teu⁴ kuɯə²te¹ pai⁰. 他偷偷地离开了现场。

　　他　偷偷　走　那里　了

（158）tap⁸ tçeu² kon⁵, xaɯ³ pu⁴kun¹ kwa⁵ ȵiə¹ leu⁴ ŋa:i⁶.

　　搭　桥　先　给　军人　过　江　很　容易

先搭桥，以便部队能顺利过江。

（159）wei⁶ ʔbɯn¹ mi² ʔdi¹, wei⁶laŋ³ pi⁵³sai²⁴ mi² kuə⁶ pai⁰.

　　由于　天　不　好　因此　　比赛　不　做　了

由于天气不好，因此比赛取消了。

（160）ça²nau² muɯŋ² mi² xa:n¹, çi⁶ nau² xaɯ³ te¹ so⁶ （nau² so⁶ xaɯ³ te¹）.

　　要是　你　不　答应　就　说　给　他　直　说　直　给　他

既然你不同意，就直接告诉他。

（161）ku¹ mi² pai¹ pai⁰, ça⁴nau² muɯŋ² mi² pai¹ çi⁶.

　　我　不　去　了　假如　　你　不　去　就

我不去了，假如你不去的话。

（162）tam⁴tep⁷ li⁴ ça:ŋ⁶ʔiə¹ leu⁴ ʔdaŋ⁵, to³ tçau⁵ mi² ta:u⁵ miŋ⁶ te¹.

　　即使　有　医生　很　厉害　都　救　不　回　命　他

即使有高明的医生，也不能挽回他的生命。

（163）mi²kuən³ xuan³¹tçin⁵³ pan² jiəŋ⁶laɯ² ça¹, po²te¹ to³ xa² ʔju⁵ tçiə²ni⁴

　　不管　环境　成　怎样　差　他们　都　要　在　这里

na:u⁵na:u⁵ pai⁰.

　　永远　了

不管环境条件差不差，他们都扎根在那里。

（164）tam⁴ ʔau¹ ʔdi¹ ʔdi¹ to⁶ sɯ¹, ʔdan¹ muɯəŋ⁶ laŋ³ ka⁶ pan².

　　只　要　好好　读书　个　希望　才　自　成

只有好好读书，才有大的希望。

（165）tam⁴ʔau¹ te¹ kwa⁵ma¹, leu⁴po² to³ zo⁴ ça:m¹ te¹ son¹.

　　只要　他　过来　大家　都　会　请　他　教

只要他过来，大家都会请教他。

（166）pau⁵ ça:ŋ⁶sɯ¹ xaɯ³ leu⁴po² nau²xa:u⁵, kuən³ pu⁴laɯ² jiə⁶ mi² nau².

　　个　老师　让　大家　讲话　但　谁　也　不　说

老师要大家发言，但谁也不说话。

(167) leu⁴po² ɕoŋ⁶pa⁵ mi² nau², tam⁴ ʔdaɯ¹sam¹ to³ mi² xa:n¹.
　　　 大家　　嘴　不 说　 但　 里边 心　都　不 答应
　　　 大家嘴上不说，但心里都不同意。

(168) pau⁵tshun³³tsaŋ⁵³ taŋ² za:i⁴ pai⁰, tam⁴ɕi⁶ lot⁷ tɕi³ fan¹ ɕuəŋ¹ pai⁰.
　　　 个　　村长　　到 真的 了　 但是　晚 几 分 钟　了
　　　 村长终于来了，不过晚了几分钟。

(169) pi⁶nau² xo³te¹ za:n² tuŋ⁴nam², tam⁴ɕi⁶ mi² tuŋ⁴wa:ŋ¹ na:u⁵.
　　　 虽然　他们 家　相邻　　 但是　不 相 往来　永远
　　　 虽然他们是邻居，但是从不来往。

(170) pi⁶nau² ka:i⁵ siən⁵ ni⁴ teŋ¹ ta²za:i⁴, leu⁴po² jiə⁶ mi²zo⁴ ʔau¹ ta:ŋ⁵
　　　 即使 个 事情 这 是 真正　 大家　也 不会 拿 当
jiən⁶ siən⁵.
件　事情
即使这事是真的，大家也不当回事。

(171) na³ʔdai⁴ to¹ lwa:u⁵ xoŋ¹, jiə⁶ ʔau¹ kuə⁶ siŋ³ɕwa⁶ ka:i⁵ siən⁵ ni⁴.
　　　 宁可　多　耽误　 活　也 要 做　 清楚 个 事情 这
　　　 宁可多花时间，也要弄清楚这个问题。

(172) na³ʔdai⁴ ta:i¹, jiə⁶ mjaɯ³ tɕo² kap⁸. 宁肯死，也不愿被抓住。
　　　 宁可 死 也 别　被 抓

(173) mi²kuən³ nau² ka:i⁵ma², te¹ to³ mi² n̥au⁵. 无论说什么，他都不生气。
　　　 不论　 说　什么　　他 都 不 生气

(174) ɕɔn² xa:u⁵ ni⁴ nau² ʔdai⁴ pai⁰, mi²ɕi⁶ te¹ zo⁴ nɯ⁶ pan²liəŋ¹.
　　　 句　话 这 说　得 了　 不然 他 会 想 成　别的
　　　 这句话该说了，否则她会误解。

(175) ɕa⁴mi² ŋi⁶ɕip⁸ pi¹ kɯn¹lau³ （pan²za:n²）, mi²ɕi⁶ ʔiə⁵ pai⁰.
　　　 要么　 二十 岁 吃酒　成家　　　不然 罢了
　　　 要么二十岁结婚，不然就拉倒。

(176) ku¹ fi⁶ to⁶ ta²⁴ɕio³¹ ʔiə⁵, jiə⁶ mi² zo⁴ mɯn³¹ tsɿ³³sɿ³¹ ne⁴.
　　　 我 未 读 大学　过 也 不 会 门　　知识　 这
　　　 我既没上过大学，也没有学过这方面的知识。

(177) naŋ⁶ zok⁸fa² jou²⁴ piən⁶ jou²⁴ man⁶seu⁵. 坐飞机又快又安全。
　　　 坐　飞机　又　快 又　安全

(178) ku¹ mi² tɯk⁸ xo²n̥a:p⁷, tɯk⁸ ʔa:ŋ⁵ʔbe⁴. 我不是生气，而是激动。
　　　 我 不 是　生气　是　激动

（179）te¹ pi¹ tɕau³ ʔiə⁵, ʔiə⁵laŋ¹ jou²⁴ ta:u⁵ wa:t⁷ fɯŋ²。
　　　他 摇 头 过　过后　又　回 挥 手
　　她摇了摇头，接着又做了个手势。

（180）te¹ zak⁷zeŋ² kuə⁶ loŋ⁶ ʔdeu¹, ʔiə⁵laŋ¹ ɕi⁶ khau⁵³ ʔdai⁴ ta²⁴ɕio³¹ pai⁰。
　　　他 努力 做 段 一　过后　就　考 得 大学 了
　　他努力了一段时间，然后就考上大学了。

（181）te¹ mi² ka⁶ tuŋ⁴sɯ¹ lak⁸, sɯ¹ jiə⁶ za:i² ʔdai⁴ luəm³。
　　　他 不 只 知识 深 字 也 写 得 好看
　　他不但知识丰富，而且字也写得好。

（182）mi² ka⁶ fa² zo⁴ tau³ nai⁴, luəŋ² jiə⁶ zo⁴ tau³ nai⁴。
　　　不 光 铁 会 生 锈　铜 也 会 生 锈
　　不光铁会生锈，铜也会生锈。

（183）te¹ mi² zo⁴xe⁶ ku¹ tɯk⁸ wɯɯn² kɯə²lau², kɯn²⁴ mi² zo⁴ siən⁵ za:n²
　　　他 不 知道 我 是 人　哪儿　更 不 知 事情 家
　　ku¹ pai⁰。
　　我 了
　　他不知道我是哪里人，更不了解我的家庭情况了。

（184）pu⁴ɕo² to³ pɯə¹ mi² ziən², xa² nau³ tɯk⁸ pau⁵tɕe⁵。
　　　青年 都 抬 不 动　还 说 是 老人
　　小伙子都搬不动，何况是老头子。

（185）mi² tɯk⁸ ɕa:ŋ⁶sɯ¹, ɕi⁶ tɯk⁸ ɕiaŋ³³ kan²⁴pu²⁴。
　　　不 是 老师　就 是 乡 干部
　　不是老师，就是乡上的干部。

（186）mɯɯŋ xa² to⁶ sɯ¹ zau⁴zau⁴, xa²ɕi⁶ kuə⁶ xoŋ⁴ ka:i¹ zeŋ²?
　　　你 要 读 书 继续　还是 做 活 卖 力
　　你是继续读书，还是准备去打工？

（187）ʔi⁵nau² taŋ³ni⁴ ɕa³, mi²na³ to¹ pja:i³ ɕim¹。
　　　与其 这样 等 不如 多 走 看
　　与其这样等，不如到处看看。

（188）xa:ŋ¹ ʔdi¹ ʔau¹ ɕo⁵ pa⁵mit⁸, ʔi¹ taŋ³ni⁴ nau², ɕi⁶ ʔau¹ ʔi¹ ʔit⁷ pu⁴
　　　钢 好 要 放 口 刀 依照 这样 说　就 要 依 每 个
　　wɯɯn² jiə⁶ pai²fɯŋ² ʔdi¹ te¹ ʔau¹ xoŋ¹ xaɯ³ kuə⁶。
　　人 样 手艺 好 那 拿 活 给 做
　　好钢用在刀刃上，这就是说，要根据每个人的特长安排不同的工作。

（189）pe³¹tɕin³³ nau² ma¹ tuuk⁸ puuən²kau⁵, kuən³ɕi⁶ jiə⁶ mi²li⁴ pi⁴nuəŋ⁴
　　　北京　　说　来　是　故乡　　但是　也　没有　亲人

　　　ɕin²⁴ pai⁰.
　　　亲　了

　　　北京虽说是故乡，然而也没有了亲人。

（190）wei⁶ wuun¹zam⁴ la:i¹, meu²xau⁴ tau³ ʔdai⁴ leu⁴ ʔdi¹.
　　　因为　雨　水　多　稻子　长　个　很　好

　　　因为雨水多，稻子长得很好。

（191）ɕuu² ku¹ xa² ʔo⁵tu¹, te¹ to³ ʔau¹ taŋ⁵ xa:u⁵ xauu³ ku¹ tɕa:ŋ¹zon¹
　　　时　我　要　出门　他　都　要　嘱咐　话　给　我　途中

　　　ʔau¹ ze¹sam¹.
　　　要　小心

　　　我出门前，她都要叮嘱我路上小心。

（192）ku¹ ma:i³ tuuk⁷sak⁷, jiə⁶ ma:i³ tuuk⁷ ku².
　　　我　喜欢　下棋　也　喜欢　打球

　　　我喜欢下棋，也喜欢打球。

（193）ɕa³ piŋ⁶ ku¹ ʔdi¹ noi⁶, ku¹ ɕi⁶ xa² pai¹ kuə⁶ xoŋ¹.
　　　等　病　我　好点儿　我　就　要　去　做　活

　　　我的病好一些的话，我就要去工作。

（194）te¹ kuun¹ toi⁴ miən⁶ ʔdeu¹, ʔiə⁵ laŋ¹ kuun¹ ʔet⁷ ma⁵ ʔdeu¹.
　　　他　吃　碗　面　一　然后　吃　点儿　水果　一

　　　他吃了碗面条，完了又吃了点水果。

（195）ɕa:ŋ⁶suu¹ jiə⁶ ʔdi¹, luuk⁸suu¹ jiə⁶ ʔdi¹, ŋɔn²ni⁴ to³ la:i¹ leu⁴ pai⁰.
　　　老师　也　好　学生　也　好　今天　都　多　很　了

　　　老师也好，学生也好，今天都很多了。

（196）te¹ kuun¹ pja¹ tɕo² ʔon¹pja¹ ka² pai⁰.他吃了块鱼被鱼刺卡了。
　　　他　吃　鱼　被　刺鱼　卡　了

（197）te¹ sɔŋ⁵ xauu³ ku¹ tɕi³ xa:p⁸ ʔiən¹, fi⁶ ʔdai⁴ tɕi³ ŋɔn² ku¹ ɕi⁶ ʔdot⁷
　　　他　送　给　我　几　盒　烟　未　得　几　天　我　就　抽

　　　leu³¹ pai⁰.
　　　完　了

　　　他送给我几包烟，我没几天就抽完了。

（198）ɕiau⁵³waŋ³¹ nau² te¹ ʔda:ŋ¹kau⁵ xa² pai¹ ʔdauu¹ ɕiŋ².
　　　小王　说　他　自己　要　去　里边　城

　　　小王说自己将去城里。

（199）ku¹ ɕɯ⁴ ʔdai⁴ ʔdan¹ ɕoŋ¹sɯ¹ ʔdeu¹, ku¹ leu⁴ ma:i³ tɕa²ɕi²。
　　　　我　买　得　个　　书包　　一　我　非常　喜欢　实在
　　　　我买了一个书包，我很喜欢它。

（200）ɕa⁴nau² ɕiau⁵³waŋ³¹ pai¹ xa:i¹wi⁵, ku¹ tuən⁵ te¹ zo⁴ siŋ¹ ka:ŋ³xa:u⁵。
　　　　假如　　小王　　去　开　会　我　断定　他　会　争　　讲话
　　　　假如小王出席会议，我断定他会争着发言。

（201）ɕiau⁵³tsaŋ³³ wei⁶ ka:i⁵ loŋ¹ ʔda:ŋ¹kau⁵ te¹ ɕi⁶ ɕe¹ ta:u⁵ tɕi³³xui²⁴
　　　　小张　　由于　个　错误　自己　　他　就　丢　次　　机会
　　　　ni⁴ pai⁰。
　　　　这　了
　　　　小张由于自己的错误失去了这次机会。

（202）ɕiau⁵³tsaŋ³³ ʔau¹ woi⁵tɕi⁵ ɕiau⁵³li⁵³ ta:ŋ⁵ woi⁵tɕi⁵ ʔda:ŋ¹kau⁵。
　　　　小张　　拿　朋友　　小李　　当　朋友　　自己
　　　　小张视小李的朋友为自己的朋友。

附录二　布依语长篇话语材料（故事五则）

1. po⁶ son¹ lɯk⁸（父教子）
父　教　子

ku⁵ʔdu li⁴ sa:m¹ po⁶lɯk⁸，po¹ te¹ kan⁴，te¹ jəu²⁴ zo⁴ ta:ŋ¹ za:n²，soŋ¹ ɕoi⁴ lɯk⁸
从前 有 三 父子　父那勤 他又会 当家　二个儿子

ŋa:i⁶ tɯk⁷ ɕen²。ɕi⁶ kan⁴ xam⁵ po⁶ te¹ ʔau¹ ɕen² pai¹ tɯk⁷ ɕen²。tɯk⁷ la:i¹ pai⁰，
爱 赌钱 于是 经常 问 父那拿钱去赌 钱 赌多了

laŋ¹ po⁶te¹ ɕi⁶ mi² ʔau¹ ɕen² xaɯ³ pai⁰，ɕi⁶ po⁶ te¹ jəu²⁴ xo²ɲa:p⁷，soŋ¹ ɕoi⁴
后来 父那就 不 拿钱给 了 于是父那又 生气 两个

lɯk⁸ je⁵³ xo²ɲa:p⁷。soŋ¹ ɕoi⁴ lɯk⁸ ɕi⁶ nau²："ɕa³ po⁶ zau² ta:i¹，ɕi⁶ xam⁵ kai⁵ ɕen²
儿子 也 生气 两个儿子就说 等父我们死就问个钱

te¹ xam¹ ɕo⁵ kɯə²laɯ²，zau² pai¹ ʔau¹。" ma¹laŋ¹，po⁶ te¹ pan² piŋ⁶ xa² ta:i¹ pai⁰，
那 埋 放 哪里 我们去要 后来 父那有病要死了

kɯə³ma² siən⁵ to³ taŋ⁵ leu⁴，ka⁶ fi⁶ taŋ⁵ kai⁵ ɕen² te¹，ɕi⁶ laŋ¹ soŋ¹ ɕoi⁴ lɯk⁸ pai¹
什么 事情 都嘱咐完 只 未嘱咐个钱那于是后 两个 儿子去

xam⁵，"po⁶！ɕen² mɯŋ² ʔdai⁴ xam¹ ɕo⁵ kɯə²laɯ²？" po⁶ te¹ ɕi⁶ nau²："ɕen² ku¹
问 父亲钱你得埋放哪里 父那就说 钱我

ʔdai⁴ xam¹ ɕo⁵ zi⁶ ziəŋ² na²，ŋon²ɕo⁶ xo³su¹ ka⁶ pai¹ za¹。" po⁶ te¹ ta:i¹ ʔiə⁵，ɕi⁶ taŋ²
得 埋 在地和 田 明天 你们 自 去 找 父那死后 就到

ɲa:m⁵ leu⁴，wɯn²la:i¹ to³ pai¹ kɯə⁶ meu¹ leu⁴ pai⁰，soŋ¹ ɕoi⁴ lɯk⁸ ɕi⁶ nau²："wɯn²
农忙 了 别人 都去 种庄稼 完了 两个儿子就说 别

la:i¹ to³ kɯə⁶ xoŋ¹，zau² je⁵³ pai¹ kɯə⁶ ʔet⁷ xoŋ¹ ʔdeu¹ pa⁰。" ɕi⁶ nau² xa² pai¹ za¹
人都做活 我们也去做点活一 吧 就说要去找

ɕen²，ɕi⁶ pai¹ pa⁶ zi⁶，zai¹ na² kɯə⁶ leu⁴，za¹ kɯə²laɯ² to³ za¹ mi² zan¹ ɕen²。tam⁴
钱 就去 挖地 犁田 全部找 哪儿都找不见钱 但

ɕi⁶ taŋ² pja:i¹pi¹，ɕi¹ pan² meu² to¹ fɯə⁴，xo³te¹ lɯŋ³ zo⁴ze⁶ po⁶ te¹ kɯə⁶ taŋ³ni⁴
是 到 年底 就有 庄稼多别人他们才 知道 父他做 这样

nau² çi⁶ xaɯ³ xo³te¹ ka⁶ kan⁴ kuə⁶ meu², mjaɯ³ tɯk⁷çen² pai⁰。 ʔiə⁵ laŋ¹ çi⁶ soŋ¹
说　就　给　他们　自勤　做　庄稼　别　赌钱了　完　后　呢　两

pi⁴nuəŋ⁴ je⁵³ mi² tɯk⁷ çen²,　çi⁶ zak⁷zeŋ² kuə⁶ xoŋ¹,　çi⁶ pan² wuun² ʔdi¹ pai⁰.
弟兄　也　不　赌钱　就　努力　做　活　就　成　人　好了

意译:

<h2 style="text-align:center">父教子</h2>

从前有三父子，父亲勤快，又会当家，两个儿子都爱赌钱，经常跟父亲拿钱去赌，得多少都输光，父亲很生气，就不给钱了，两个儿子也很生气，就说："等父亲要死的时候，我们就去问他把钱埋在哪里，我们就去拿。"后来，他们的父亲生病快死了，什么事情都嘱咐给两个儿子，只是没提钱的事。两个儿子就去问："爹呀！你把钱埋在哪儿了？"父亲说："我把钱埋在田地里了，你们自己去找。"他们的父亲就死了。到农忙时节，大家都去种庄稼了，两个儿子就说："别人都去种庄稼，我们也去种一点吧。"就说要去找钱，把地都挖遍了，也没找到钱。但到年底的时候，收的庄稼比别人多，他们才知道，父亲之所以说钱埋在田地里，是想让他们勤种庄稼，不要赌钱了。后来兄弟俩也不赌钱了，专心种庄稼，好好做人。

<h2 style="text-align:center">2. tɕin⁶ zɔŋ⁶ʔdiən¹ xaːi⁴ tuə²neŋ²
金　龙练　打　蚊子</h2>

li⁴ pau⁵ ta²⁴je³¹ ʔdeu¹, siŋ⁵ mi² ʔdi¹, zan¹ pu⁴laɯ² kan⁴ xut⁷ wuun², çi⁶ xo³ laːfɯəŋ²
有　个　大爷　一　脾气不好　见　谁　经常骂人　于是　众　手下

te¹ tɕo² te¹ xut⁷ laːi¹ pai⁰, çi⁶ nɯ⁶ xaɯ³ tɕin⁶ zɔŋ⁶ʔdiən¹ pai¹ ɕɯ³ te¹ taːu⁵ ʔdeu¹。 çi⁶ ŋon²
他　被　他　骂　多了　就　想　让　金龙练　去收拾他　回一　于是　天

ɕiən¹ zɔk⁷ ŋuət⁸, kwa⁵ ɕiən¹, pau⁵ ta²⁴je³¹ je⁵³ pai¹ kwa⁵ ɕiən¹, tɕin⁶ zɔŋ⁶ʔdiən¹ tuŋ⁴tɕa¹
节日　六　月　过节　个　大爷　也　去　过节　金龙练　一起

pai¹ ɕim¹ mai²。 pau⁵ ta²⁴je³¹ taŋ², tɕin⁶ zɔŋ⁶ʔdiən¹ çi⁶ fo⁵ pai¹ taŋ² toi⁵na³, waˀ³ paːt⁷
去看热闹　个　大爷　到　金龙练　就奔去　到　面前　手掌扇

ta²⁴je³¹ soŋ¹ pai² wa⁵, çi⁶ pau⁵ ta²⁴je³¹ çi⁶ lu²li², mi² zo⁴ teŋ¹ kə⁵ma², çi⁶ tɕin⁶ zɔŋ⁶ʔdiən¹
大爷　两　次　掌　于是个大爷　就愣住　不　知　是　什么　于是　金　龙练

çi⁶ nau²: "kə⁵ wuun² laˀ³fɯəŋ² xo³su¹, ta¹ paːm², li⁴ tuə²neŋ² ma¹ kɯn¹ ʔbaɯ¹ na³
就　说　个人　手下　你们　眼瞎　有　蚊子　来　吃　张　脸

pau⁵ ta²⁴je³¹, xo³su¹ to³ mi² zan¹。" çi⁶ pau⁵ ta²⁴je³¹ çi⁶ xut⁷ po² laˀ³fɯəŋ² te¹, nau²: "xo³su¹
个大爷　你们都不见　于是个大爷　就骂　群手下那　说　你们

ʔwa⁴。" laŋ¹ tɕin⁶ zɔŋ⁶ʔdiən¹, waŋ¹fuəŋ² te¹ li⁴ tuə²neŋ² ʔdeu¹ zaːi⁴, kɯə²laɯ²,
傻 后来 金 龙练 掌心 他 有 蚊子 一 真的 哪里

tuə²neŋ² waŋ¹fuəŋ² tɕin⁶ zɔŋ⁶ʔdiən¹ te¹ ɕi⁶ kap⁸ tai⁵ tɕiə²laɯ² ma¹ niʰ? ɕi⁶ pau⁵ ta²⁴je³¹
蚊子 掌心 金 龙练 他 就 抓 从 哪里 来呢 于是 个 大爷

ɕi⁶ mi² zo⁴ ku⁵laɯ² nau² pan², ȵaːp⁷ ɕi⁶ teu² paiʰ。
就 不知 怎么 说 成 生气 就 走了

意译：

金龙练打蚊子

有一位土司（大爷），脾气不好，见谁骂谁，他手下的人都被他骂遍了，大家就想让金龙练来收拾他一下。六月六这一天，土司去过节看热闹，金龙练也去了。金龙练看见土司，直奔到他面前，扇了他两巴掌。土司愣住了，不知为什么，金龙练说："你们这些下人，眼睛都瞎了，蚊子跑来叮老爷的脸，你们都看不见。"土司也骂他的那群下人，"你们这群傻瓜"，后来才知道，金龙练手心里的那只蚊子不知是他从哪儿抓来的。土司生气，转身就走了。

3. zam⁴ tum⁶ tɕiŋ¹ tum⁶ ʔaːn⁵
水 淹 京 淹 地方

muən⁶ʔdu⁴, li⁴ pau⁵ ta²⁴je³¹ ʔdeu¹, no⁶ laː³ʔbɯn¹ ku³ma² no⁶ to³ ʔdai⁴ kɯn¹ leu⁴
从前 有个 大爷 一 肉 天下 什么 肉 都 得 吃 完

paiʰ, tam⁴ɕi⁶ nau² no⁶ tuə²pja³ kɯn² ʔbɯn¹ fi⁶ ʔdai⁴ kɯn¹, ɕi⁶ te¹ jeu⁶ lɯk⁸ nuəŋ⁴
了 不过 说 肉 雷公 上 天 未 得 吃 于是 他 叫 儿 弟

ma¹ tuŋ⁴ ʔaːn⁵, kuə⁶ taŋ³laɯ² kap⁸ ʔdai⁴ tuə²pja³ ma¹ ka³ kɯn¹, laŋ¹ ɕi⁶ leu⁴po² nɯ⁶
来 商量 做 怎样 抓 得 雷公 来 杀 吃 后来 呢 大家 想

pai¹ nɯ⁶ taːu⁵, saːu⁶laɯ² tɕoⁱʔi⁵ tu³ mi² zo⁴ taŋ³laɯ² kap⁸ ʔdai⁴ tuə²pja³。laŋ¹ leu⁴po²
去 想 回 多少 主意 都 不知 怎样 抓 得 雷公 后来 大家

nɯ⁶ taŋ², ʔau¹ ʔde⁵ xau⁴ɕi², leu⁴ ɕi⁶ ʔau¹ naːm⁶ xen³ pai¹ ɕu⁵ ʔdaɯ¹ te¹, ɕi⁶ ʔde⁵ ɕi⁶ tuə²pja³
想 到 拿 打 糍粑 然后 就 拿 泥巴 黄 去 放 里边 那 于是 打 呢 雷公

ɕi⁶ nau² mi² xo²。ɕi⁶ tuə²pja³ ɕi⁶ ma¹ paːi⁶ tiə³, taŋ⁵ xo³te¹ mjaɯ³ ʔde⁵, tuə²pja³ ma¹
就 说 不合 于是 雷公 就 来 下边 告诉 他们 不要 打 雷公 来

taŋ² ʔiə⁵ ɕi⁶ ʔju⁵ pa⁵ tuəŋ³ ʔbin¹ pai¹ ʔbin¹ taːu⁵, xo³te¹ xaːi⁴ je⁴² xaːi⁴ mi² tɕo²。laŋ¹ xo³te¹
到 后 就 在 口 粑槽 飞 去 飞 回 他们 打 也 打 不着 后来 他们

nau² kə⁵ni⁴ mi² pan², jəu²⁴ taːu⁵ ʔau¹ naːm⁶ xen³ pai¹ ɕu⁵ mo⁵, ɕi⁶ tuə²pja³ mi² zo⁴ taŋ³laɯ² ʔdi¹,
说 这个 不成 又 再 拿 泥巴 黄 去 放 再 于是 雷公 不知 怎么 好

ɕi⁶ pai¹ nin² pa⁵ tuəŋ³, leu⁴po² ɕi⁶ ʔau¹ ʔde¹ɕi² xa:i⁴ tuə²pja⁴ te¹ ɕa:ŋ⁶, tɯ² pai¹ tɕaŋ¹ ɕu⁵
就　去　睡　口 粑槽　大家　就　拿　棍 粑粑 打　雷公 那 伤　拿　去　装　在

zoŋ⁵fa², pai¹ tɕaŋ¹ ɕu⁵ zoŋ⁵fa², ɕi⁶ leu⁴po² ɕi⁶ nɯ⁶ xa² ɕiəŋ⁴ te¹ pi²pi², ʔiə⁵ lɯŋ² ka³ kɯn¹,
铁笼　去　装　放　铁笼　于是 大家　就　想　要　养　它 肥肥　然后　才　杀　吃

ɕiəŋ⁴ ʔdai⁴ tɕi³ ŋon², ɕi⁶ pau⁵ ta²⁴je³¹ xa² pai¹ po¹ kuə⁶ xoŋ¹, ɕi⁶ xaɯ³ soŋ¹ɕoi⁴
养　得　几 天　后来　个 大爷　要 去 山 做 活路　就 让 两 个

la:n¹ni⁵ ʔju⁵ za:n² taɯ² tuə²pja³, pu⁴ la:u⁴ pai¹ po¹ ʔiə⁵, tuə²pja³ tɕi³ ŋon² mi² ʔdai⁴ kɯn¹
小孩　在 家 守 雷公　大人 去 山 后　雷公　几 天 不 得　吃

zam⁴, je⁵³ mi²ʔdai⁴ kɯn¹ xau⁴, ɕi⁶ ʔda:ŋ¹ te¹ ʔjap⁷ zip⁷ ʔjap⁷ zip⁷ ʔo⁵ ʔdoŋ⁵, soŋ¹ ɕoi⁴
水　也 不得　吃 饭 于是 身上 它　闪烁闪烁　出 光 两 个

la:n¹ni⁵ ni⁴ ɕi⁶ zan¹ mai², ɕi⁶ pai¹ xen² ɕim¹, tuə²pja³ ɕa:m¹ nau²: "xo³su¹ zan¹ ku¹ ʔjap⁷
小孩　这 呢 见 好玩　就 去 旁边 看　雷公　求 说　你们 见 我 闪烁

san²ni⁴, mai² mi² mu⁰? ɕau⁶ mi² mu⁰? " soŋ¹ ɕoi⁴ la:n¹ni⁵ nau²: "mai² ʔdai⁰! ɕau⁶ ʔdai⁰!"
这样　热闹 不 呢　好看 不 呢　两 个 小孩 说　热闹 呀 好看 呀

tuə²pja³ ɕi⁶ nau²: "ɕa⁴nau⁴ zan¹ ʔjap⁷ san²ni⁴ ɕau⁶, ɕi⁶ xo³su¹ pai¹ ʔau¹ zam⁴ ma¹
雷公　就 说　假如　见 闪烁 这样 好看 那么 你们 去 拿 水 来

xaɯ³ ku¹ kɯn¹, ɕi⁶ ʔjap⁷ men³ to¹! " soŋ¹ ɕoi⁴ la:n¹ni⁵ nau², "ʔo⁰! pu⁴la:u⁴ nau² mjaɯ³
给 我 吃　就 闪烁 漂亮 多　两 个 小孩 说　哦 大人 说 不要

ʔau¹ zam⁴ ma¹ xaɯ³ mɯŋ² kɯn¹, mjaɯ³ ʔau¹ ku³ma² xaɯ³ mɯŋ² kɯn¹ ɕiŋ⁶ ne⁰." ɕi⁶
拿 水 来 给 你 吃 不要 拿 什么 给 你 吃 完全 呢　于是

laŋ¹ tuə²pja³ nau²: "ɕa⁴nau² mi² ʔau¹ zam⁴ xaɯ³ ku¹ kɯn¹ ɕi⁶, kə³te¹ ʔdiək⁷ mi² pan²
后来 雷公 说 假如 不 拿 水 给 我 吃 呢 那个 跳 不 成

pai⁰. " ɕi⁶ laŋ¹ soŋ¹ ɕoi⁴ mi² zo⁴ ku⁵laɯ² kuə⁶ ʔdi¹, ɕi⁶ tuə²pja³ ta:u⁵ nau²: "ɕa⁴nau² mi²
了 于是 后来 两 个 不 知 怎样 做 好 于是 雷公 又 说　如果　不

ʔau¹ zam⁴ ʔeŋ¹ xaɯ³ kɯn¹, ɕi⁶ xo³su¹ ʔau¹ zam⁴ ɲa:ŋ⁵ ʔa:i¹ xaɯ³ kɯn¹ to³ pan²。" laŋ¹
拿 水 缸 给 吃 那 你们 拿 水 醪糟 给 吃 都 行　后来

ɕi⁶ soŋ¹ ɕoi⁴ ɕi⁶ pai¹ tak⁷ zam⁴ ɲa:ŋ⁵ ʔa:i¹ ma¹ xaɯ³ tuə²pja³ kɯn¹, tuə²pja³ ʔdai⁴ kɯn¹
呢 两 个 就 去 舀 水 醪糟 来 给 雷公 吃　雷公　得 吃

ʔom⁵ zam⁴ ɲa:ŋ⁵ ʔa:i¹ ʔdeu¹ ʔiə⁵, ɕi⁶ ʔjap⁷ la:u⁴ to¹, ɕi⁶ soŋ¹ ɕoi⁴ la:n¹ni⁵ ɕi⁶ ʔa:ŋ⁶ pai⁰。
口　水 醪糟　一 后　就 闪 大 多 于是 两 个 小孩　就 高兴 了

laŋ¹ tuə²pja³ te¹ nau²: "ɕa⁴nau² xaɯ³ ku¹ ʔjap⁷ luəm³ to¹ tem¹, xo³su¹ ɕi⁶ pai¹ ʔau¹ zam⁴
后来 雷公 他 说　如果 给 我 闪 好看 多 再　你们　就 去 拿 水

ʔeŋ¹ xaɯ³ ku¹ kɯn¹ le⁰." ɕi⁶ soŋ¹ ɕoi⁴ la:n¹ni⁵ te¹ zan¹ tuə²pja³ zo⁴ ʔjap⁷, ɕi⁶ ʔi¹ ɕon²
缸 给 我 吃 吧 于是 两 个 小孩 那 见 雷公 会 闪　就 依话

pai¹ ʔau¹ zam⁴ ʔeŋ¹ ma¹ xaɯ³ kɯn¹。tuə²pja³ ʔdai⁴ kɯn¹ zam⁴ ʔeŋ¹ ʔiə⁵, te¹ ɕi⁶, te¹
去　拿　水　缸　来　给　吃　　雷公　得　吃　水　缸　后　它　呢　它

nau² soŋ¹ ɕoi⁴ la:n¹ni⁵："ku¹ li⁴ ŋwi⁶ ʔbu⁴ ʔdeu¹, xo³su¹ tu:² pai¹ ʔdam¹。" ɕi⁶ soŋ¹ ɕoi⁴
告诉　两个　小孩　　我有　仁　葫芦一　　你们　拿去　栽　　于是　两个

la:n¹ni⁵ tu:² pai¹ ʔdam¹, ɕi⁶ ta:u⁵ ma¹, te¹ nau²："xo³su¹ ʔdam¹ laɯ² fi⁶?" soŋ¹ ɕoi⁴
小孩　拿去　栽　　就　回来　他说　你们　栽　还没　　两个

la:n¹ni⁵ nau²："ʔdam¹ ʔiə⁵ pai⁰。" laŋ¹ tuə²pja³ jəu²⁴nau²："xo³su¹ ta:u⁵ pai¹ ɕim¹ tau³
小孩　说　　栽　完了　　后来　雷公　又说　　你们　回去　看　生

laɯ² fi⁶?" soŋ¹ ɕoi⁴ la:n¹ni⁵ te¹ pai¹ ɕim¹, ta:u⁵ ma¹ nau²："tau³ pai⁰。" tuə²pja³
还没　　两个　小孩　那去　看　回来说　生了　　雷公

ta:u⁵ nau²："xo³su¹ ta:u⁵ pai¹ ɕim¹, ta² ta:ŋ⁶ laɯ² fi⁶?" soŋ¹ ɕoi⁴ la:n¹ni⁵ ɕi⁶ ta:u⁵ pai¹ ɕim¹,
又说　你们　回去　看　牵藤还没　　两个　小孩　就回去　看

ta:u⁵ ma¹ nau²："ta² ta:ŋ⁶ pai⁰。" tuə²pja³ ta:u⁵ nau²："xo³su¹ ta:u⁵ pai¹ ɕim¹, xa:i¹ wa¹
回来说　牵藤了　雷公　又说　　你们　回去　看　开花

laɯ² fi⁶?" soŋ¹ ɕoi⁴ te¹ ɕi⁶ ta:u⁵ pai¹ ɕim¹, ta:u⁵ ma¹ nau²："xa:i¹ wa¹ pai⁰。" tuə²pja³
还没　　两个　那就　回去　看　回来说　开花了　雷公

ta:u⁵ nau²："xo³su¹ pai¹ ɕim¹, pan² ʔdan¹ laɯ² fi⁶?" soŋ¹ ɕoi⁴ la:n¹ ni⁵ ta:u⁵ pai¹ ɕim¹,
又说　你们去　看　　结果　还没　两个　小孩　回去　看

ta:u⁵ ma¹ nau² nau²："pan² ʔdan¹ pai⁰。" tuə²pja³ ta:u⁵ nau²："xo³su¹ ta:u⁵ pai¹ ɕim¹,
回来说说　结果了　　雷公　又说　　你们　回去　看

pan² ʔdan¹ la:u⁴ laɯ² fi⁶?" soŋ¹ ɕoi⁴ la:n¹ni⁵ ta:u⁵ pai¹ ɕim¹, ta:u⁵ ma¹ nau² nau²：
结果　大　还没　两个　小孩　回去　看　回来说说

"pan² ʔdan¹ la:u⁴ pai⁰。" tuə²pja³ ta:u⁵ nau²："ʔdan¹ xen³ laɯ² fi⁶?" soŋ¹ ɕoi⁴
结果　大了　雷公　又说　　果黄　还没　　两个

la:n¹ni⁵ pai¹ ɕim¹ ʔiə⁵, ta:u⁵ ma¹ nau² nau²："ʔdan¹ xen³ pai⁰。" tuə²pja³ jəu²⁴ nau²：
小孩　去　看　后　回来说说　果黄了　雷公　又说

"xo³su¹ ʔdan¹ xen³ ɕi⁶ tu:² ma¹ za:n², ta⁵ zo², ɕi⁶ ʔbɔŋ⁵ kuə⁶ ɕoŋ⁶, xo³su¹ ʔdon⁴
你们　果黄　就　拿来　家　晒干　就　钻　成洞　你们　钻

pai¹ ʔdaɯ¹ te¹ ʔdai⁴, ʔau¹ kai⁵ ŋwi⁶ te¹ ʔo⁵, ŋɔn²ɕo⁶ ŋɔn²zu:² pan² zam⁴ zɔŋ² la:u⁴,
去　里边那　得　拿个　仁　那出　明天　后天　有　洪水　大

xo³su¹ ɕi⁶ ʔdon⁴ pai¹ ʔdaɯ¹ te¹, mjaɯ¹ ʔo⁵ ma¹。" xan⁵ni⁴ ʔiə⁵, soŋ¹ ɕoi⁴ la:n¹ni⁵ ni⁴
你们　就　钻　去　里边那　不要　出来　　如此　后　两个　小孩　这

ʔdai⁴ ʔdan¹²ʔbu⁴ ma¹ ta⁵ zo², kwi⁵ pan² ɕoŋ⁶, ʔau¹ kai⁵ ŋwi⁶ te¹ ʔo⁵ kuə⁶leu⁴, ɕi⁶ ʔdon⁴
得　个　葫芦来晒干　钻　成洞　拿个　仁那出　全部　就　钻

pai¹ ʔdaɯ¹ te¹. tuə²pja³ zan¹ soŋ¹ ɕoi⁴ ni⁴ ʔdon⁴ pai¹ ʔdaɯ¹ te¹ ʔiə⁵, te¹ ɕi⁶ ta² ʔjap⁷
去 里边 那 雷公 见 两 个 这 钻 去 里边 那 后 它 就 一 闪

lit⁷ pai² ʔdeu¹ ɕi⁶, zɔŋ¹fa² ɕi⁶ niəŋ¹ pai⁰, ɕi⁶ le² pai¹ kɯn²?ʔbɯn¹, wɯn¹zam⁴ ma¹ tiə³,
光 一下 然后 笼 铁 就 散 了 就 跑 去 天上 雨水 来 底

zam⁴ ɕi⁶ tum⁶ sa:m¹ ja¹ si⁵ jiəŋ⁵ la³ ʔbɯn¹ leu⁴。ɕi⁶ soŋ¹ ɕoi⁴ ʔju⁵ ʔdaɯ¹ ʔbu⁴ te¹ ɕi⁶
水 就 淹 三 方 四 面 天下 完 于是 两 个 在 里边 葫芦 那 就

lai¹ pai¹ tɕi³ xɯn²ŋɔn²。zam⁴zɔŋ² siət⁸ ʔiə⁵, ɕi⁶ taŋ² ʔju⁵ xen² ta⁶ ʔdeu¹。soŋ¹ pi⁴ nuəŋ⁴
流 去 几 昼夜 洪水 消 后 就 停 在 边 河 一 两 兄妹

te¹ ɕi⁶ teŋ¹ ɕoi⁴ lɯk⁸?ʔbɯk⁷, ɕoi⁴ lɯk⁸sa:i¹, taŋ⁴ ʔiə⁵, ɕi⁶ xo³te¹ ʔo⁵ tai⁵ ʔdaɯ¹ ʔbu⁴ ma¹,
那 呢 是 个 女孩 个 男孩 停 后 于是 他们 出 从 里边 葫芦 来

siəŋ¹ la³?ʔbɯn¹ to³ mi² li⁴ wɯn² ɕi⁶, ka⁶ te¹ soŋ¹ pi⁴nuəŋ⁴ to⁶, ko³³ ɕi⁶ za¹ mi² ʔdai⁴
整个 天下 都 不 有 人 全部 只 他 两 兄妹 独 哥 呢 找 不 得

ja⁶, nuəŋ⁴ je⁵³ za¹ mi² ʔdai⁴ pau⁵, laŋ¹ ɕi⁶ soŋ¹ pi⁴nuəŋ⁴ mi² zo⁴ kuə⁶ taŋ³laɯ² kuə⁶ ʔdi¹,
妻子 妹 也 找 不 得 老公 后来 呢 两 兄妹 不 知 做 怎样 做 好

ɕi⁶ ʔau¹ kuə⁶ ɕa:u⁴ za:n² kɯn¹, pan² pau⁵ja⁶。ʔu¹ ɕoi⁴ lɯk⁸ ʔdu⁴ te¹, ɕi⁶ pan² ʔdak⁷
就 要 做 成立家 吃 成 夫妻 生 个 儿 第一 那 就 成 坨

no⁶ to⁶, mi² pan² tɯ²wɯn²。laŋ¹ xo³te¹ pa²xɯn², li⁴ pau⁵ meu² xa:u¹ mum⁶ ma:u⁶
肉 独 不 成 人 后来 他们 做梦 有 老头 头发 白 胡子 多

ʔdeu¹ nau²:"xo³su¹ ʔau¹ ʔdak⁷ no⁶ ni⁴ ma¹ sam² kuə⁶ mum⁶, pja:u⁵ sa:m¹ ja¹ si⁵ jiəŋ⁵."
一 说 你们 拿 坨 肉 这 来 剁 做 粉末 撒 三 方 四 面

ɕi⁶ xo³te¹ ʔi¹ ɕɔn² nau², sam² ʔdak⁷ no⁶ ni⁴ ʔiə⁵, kuə⁶ mum⁶, pja:u⁵ sa:m¹ ja¹
于是 他们 依话 说 剁 坨 肉 这 完 做 粉末 撒 三 方

si⁵ jiəŋ⁵, ta² pai¹ lap⁷ ta¹ ʔdeu¹ ɕi⁶, siəŋ⁶ la³?ʔbɯn¹ to³ li⁴ wɯn² la:i¹ leu⁴, pan²
四 面 刚 次 眨眼 一 呢 整个 天下 都 有 人 多 完 有

?ʔba:n⁴ wɯn² la:i¹ leu⁴。tu²wɯn² ɕi⁶ tai⁵ kuə²ni⁴ ma¹。
寨 人 多 完 人 就 从 这里 来

意译：

洪水淹天下

　　从前有一位土司（大爷），天底下什么肉都吃遍了，就是天上雷公的肉没吃过，于是他就叫手下的人来商量，怎么才能抓雷公来杀吃。大家想来想去，什么办法都想了，就是不知怎么能抓到雷公。后来大家想了个主意，打糍粑的时候拿大便放里边。他们这么做的时候，雷公果然下来制止，说："你们不能这样。"雷公在粑槽边上来回飞，大家也抓不住他。大家又再拿大便来放。雷公不知怎么办，就躺在粑槽上，想通过这种方式来制止他们。大家就用粑棒把雷公打伤，抓住了他，把他关在铁笼子里，想把它养得肥肥的，再拿来杀吃。养了几天，后来，土司要上山去做活路，让他的两个孩子在家守雷公。大人上山去了，雷公在家水也不得喝，饭也不得吃，身上一闪一闪地直放光，两个孩子好奇，就凑近去看热闹，雷公就说："你们看我身上一闪一闪的，热闹不？好看不？"两个孩子说："热闹得很，好看得很。"雷公说："如果你们拿水来给我喝，会闪得更好看，更热闹。"两个孩子说："哦，大人说过了，不能拿水给你喝，什么也不能给你喝。"雷公说："假如不拿水给我喝，那你们就看不成热闹了。"两个孩子不知怎么好。后来雷公又说，"如果不拿缸里的水给我喝，那你们给我喝甜酒水也行。"于是，两个孩子就去舀甜酒水来给雷公喝，雷公喝了一口甜酒水以后，身上就闪得更厉害了，两个孩子看了很高兴。雷公又说："如果想看我闪得更亮，就去拿缸里的水来给我喝吧。"两个孩子见雷公果然会闪，就依了他的话，去舀缸里的水来给它喝。雷公喝了缸里的水以后，就对两个孩子说："我有一粒葫芦种子，你们拿去栽。"两个孩子于是拿去栽了，回来雷公就问："你们栽了没有？"两个孩子说："栽过了。"雷公又说："你们回去看，长出来没有。"两个孩子去看了回来说："长出来了。"雷公又说："你们回去看牵藤了没有。"两个孩子去看了回来说："牵藤了。"雷公又说："你们再去看，开花了没有。"两个孩子去看了回来说："花开了。"雷公又说："你们去看看结果了没有。"两个孩子看了回来说："结果了。"雷公又说："你们再去看看，果子长大了没有。"两个孩子看了回来说："果子长大了。"雷公又说："果子黄了没有？"两个孩子去看了回来说："果子黄了。"雷公又说："果子黄了以后你们就拿回家来晒干，钻个洞，把里边的瓢拿出来，等明天洪水来的时候，你们就躲进去，不要出来。"听完雷公的话，两个孩子就去把葫芦拿来晒干，钻了个洞，把里面的瓢取出来。雷公见他们俩钻进去以后，一道闪光，把铁笼子撑开散架了，就回到了天上。随即大雨倾盆而至，全天下都被淹了。两个孩子都在葫芦里顺水漂流了几天几夜。洪水消退以后，他们随着葫芦漂流到一条河边，那两个孩子一个是女孩，一个是男孩，男孩是哥，女孩是妹，全天下的人都淹死了，只剩下他们兄妹俩，哥哥找不到妻子，妹妹找不到丈夫，兄妹俩都不知怎么办，只好结成夫妻。生下的第一个孩子是一个肉团，不成人。后来他们做了个梦，一位白胡子老头告诉他们："你们把肉团剁成碎末，撒向四面八方。"兄妹俩依照他的话，把肉团剁成碎末，撒向四面八方，一眨眼工夫，全天下就有很多很多的寨子，很多很多的人了。人类就是这样来的。

4. ŋɯə⁶ ta¹ to⁶ la³ waːi¹
龙　　眼　独　下　坝

muɯən⁶ʔdu⁴ li⁴ pau⁵ tɕe⁵ ʔdeu¹,　zai⁵ zi⁶ zai⁵ na² ziəŋ² tuɯk⁷ pja¹ ɕiəŋ⁴ zaːn²。li⁴ ŋɔn²
从前　有　老头　一　犁　地犁　田　和　打鱼　养　家　有天

ʔdeu¹ pai¹ tuɯk⁷ pja¹,　taŋ³lau⁴ to³ tuɯk⁷ mi² ʔdai⁴ tuə² pja¹ laɯ² ɕiŋ⁶。taŋ² ɕɯ² ŋaːi²
一　去　打鱼　怎么　都　打　不　得　条鱼　哪　全部　到时　午饭

pai⁰,　xo²ŋaːp⁷,　ɕi⁶ naŋ⁶ xen² xɔŋ² zam⁴ zuəŋ⁶,　xa² taːi³。laŋ¹ ɕi⁶ li⁴ ɕoi⁴　ɕo² ʔdeu¹
了　生气　就　坐　边上塘　水　伤心　想　哭　后来呢　有　个　青年　一

ma¹ taŋ²,　ziəŋ² te¹ nau²:"pau⁵tɕe⁵,　to⁵ muɯŋ² ʔau¹ ɕoi⁴ luɯk⁸ʔbuɯk⁷ lun² muɯŋ² ziəŋ²
来　到　跟他说　老人家　只要　你　拿　个　女儿　最小　你　跟

ku¹ ɕaːu⁴ zaːn²,　ɕi⁶ zi⁶ na² muɯŋ² ku¹ ti⁵ muɯŋ² zai⁵,　ɕi⁶ ŋɔn²mo⁵ muɯŋ² tuɯk⁷pja¹ ɕi⁶
我　成家　然后　地田　你　我　替　你　犁　然后　将来　你　打　鱼　就

ʔdai⁴ laːi¹。"pau⁵ tɕe⁵ ni⁴ ɕi⁶ mi² sin⁵,　laŋ¹ te¹ ɕi⁶ nau²:"muɯŋ² mi² sin⁵ ma¹ ku¹ tuɯk⁷
得多　老头　这呢　不　信　后来　他　就　说　你　不　信　来　我　打

pja¹ xaɯ³ muɯŋ² ɕim¹。"te¹ ta² zɔŋ² pai¹ ta⁶,　fuəŋ² ta² jak⁸,　ɕi⁶ ʔdai⁴ kuə⁶ toŋ⁵ tuə²pja¹。
鱼　给　你　看　他　一　下　去河　手一　挥　就得　整　串　鱼

te¹ ɕi⁶ ziəŋ² laŋ¹ pau⁵tɕe⁵ ni⁴ pai¹ zaːn² kuə⁶ ŋaːi² kuun¹,　ɕi⁶　laŋ¹ pau⁵tɕe⁵ ni⁴ pai¹
他　就　跟　后　老头　这　去　家　做午饭　吃　就　跟　老头　这　去

kuun¹ ŋaːi² ʔiə⁵,　ɕoi⁴ ɕo² ni⁴ ɕi⁶　nau²:"ku¹ nau² ti⁰ ti⁵ muɯŋ² tuɯk⁷ pja¹,　tuɯk⁷
吃　午饭　后　个　青年　这就　说　我　说的　替　你　打　鱼　打

ʔdai⁴ pja¹ pai⁰,　muɯŋ² ɕi⁶ ʔau¹ ɕoi⁴ luɯk⁸ xaɯ³ ku¹ pai¹ ziəŋ² ku¹ ɕaːu⁴ zaːn² kuun¹。"
得鱼了　你　就　拿　个　女儿　给　我　去　跟　我　成家　吃

pau⁵tɕe⁵ni⁴ ɕi⁶ nu⁶ pai¹ nu⁶ taːu⁵,　ɕi⁶ nau²:"ku¹ mi² teŋ¹ li⁴ ɕoi⁴ luɯk⁸ʔbuɯk⁷ to⁶,
老头　这就　想去　想回　就　说　我　不　是　有个　女儿　独

li⁴ ɕet⁷ ɕoi⁴,　ɕi⁶ ɕoi⁴ laɯ² jien⁵ pai¹ ziəŋ² muɯŋ² ɕaːu⁴ zaːn² kuun¹ ku¹ mi² zo⁴。taŋ²ni⁴,
有七　个　那个　哪　愿意　去　跟　你　成　家　吃　我　不　知　这样

xaɯ³ ɕoi⁴ kuə⁶ɕoi⁴ te¹ ma¹ ɕim¹ muɯŋ²,　ɕoi⁴ laɯ² ʔi¹ ɕi⁶ xaɯ³ ɕoi⁴ laɯ² pai¹ ziəŋ²
给　个　做个那　来看　你　个　哪　依　就　让　个　哪　去　跟

muɯŋ² ɕaːu⁴ zaːn² kuun¹。"　ɕi⁶ ɕoi⁴ laːu⁴ te¹ ma¹ ɕim¹,　ɕoi⁴ ɕo²　ni⁴ tu³　zan¹ mi² xo²
你　成　家　吃　于是　个　大　那　来看　个　青年　这　都　看　不　合

sam¹,　te¹ ɕi⁶ pai¹ kuə⁶ ta¹ to⁶,　ta¹ liu⁵,　ɕi⁶ ɕoi⁴　laːu⁴ ni⁴ ma¹:"kai⁵ te¹ faːŋ² ta¹ to⁶,
心　他　就　去　做　眼独　斜眼　于是　个　大　这来　个　那　瞎　眼独

ku¹ mi² pai¹ ça:u⁴ za:n² kɯn¹, xau:ɯ³ mɯɯŋ² pai¹ nei⁰。" çoi⁴ ta²ŋi⁶ ta:u⁵ ma¹ çim¹,
我　不　去　成家　吃　　给　你　去　呢　个　第二　又　来　看

tuə²ŋɯɯ⁶ zan¹ mi² xo² sam³, je⁵³ kuə⁶ ta¹ liu⁵。çoi⁴ ta²ŋi⁶ nau²："pu⁴ ta¹fa:ŋ² ku¹ mi²
龙　　见　不　合　心　也　做　斜眼　个　第二　说　人　眼瞎我　不

pai¹ lei⁰。" çi⁶ ta:u⁵ taŋ² çoi⁴ ta²sa:m¹ ma¹ çim¹, tuə²ŋɯɯ⁶ zan¹ mi² xo² sam¹, çoi⁴
去　嘞　于是　又　到　个　第三　来　看　龙　　见　不　合　心　个

ço² ni⁴ zan¹ mi² xo² sam¹, jəu²⁴ kuə⁶ ta¹ liu⁵, kuə⁶ ta¹ to⁶。çoi⁴ ta²si⁵ ma¹ çim¹,
青年　这　见　不　合　心　　又　做　斜眼　做　眼　独　个　第四　来　看

tuə²ŋɯɯ⁶ zan¹ mi² xo² sam¹, te¹ je⁵³ kuə⁶ ta¹ liu⁵, çoi⁴ ta²si⁵ te¹ nau²："xau:ɯ³ ku¹ pai¹
龙　　见　不　合　心　他　也　做　斜眼　个　第四　那　说　　让　我　去

ziəŋ² pu⁴ ta¹ to⁶ kuə⁶ za:n², ku¹ mi² pai¹。" ta:u⁵ taŋ² çoi⁴ ta²xa³　ma¹ çim¹, tuə²ŋɯɯ⁶ çoi⁴
跟　人　眼独　做　家　我　不　去　　又　到　个　第五　　来　看　龙　个

ço²　ni⁴ zan¹ mi² xo² sam¹, je⁵³ kuə⁶ ta¹liu⁵, çoi⁴ ta²xa³ je⁵³ nau²："pu⁴ ta¹ to⁶ ku¹
青年　这　见　不　合　心　也　做　斜眼　个　第五　也　说　　人　眼独　我

mi² pai¹。" taŋ² çoi⁴ ta²zɔk⁷ ma¹ çim¹, çoi⁴ ço² ni⁴ zan¹ je⁵³ mi² xo² sam¹, je⁵³ kuə⁶
不　去　　到　个　第六　来　看　个青年　这见　也　不　合　心　　也　做

ta¹ liu⁵, çoi⁴ ta²zɔk⁷ te¹ nau²："pu⁴ ta¹ to⁶ ku¹ ta:i¹ li⁴ tu³ mi² pai¹ ziəŋ² te¹ kuə⁶ za:n²。"
斜眼　个　第六　那　说　　人　眼独　我　死活　都　不　去　　跟　他　做　家

taŋ² çoi⁴ ta²çet⁷ ma¹ taŋ², çoi⁴ ço²　ni⁴ luɯŋ³ ʔja⁴ta¹ ʔdi¹zi²。leu⁴ çi⁶ piən⁵ pan²
到　个　第七　来　到　个青年　这　才　睁眼　好好的　完　呢　变成

pu⁴ çau⁶ pu⁴ ʔdi¹, çi⁶　luɯŋ³ ça:u⁴　zan¹ xo² sam¹ pai⁰, soŋ¹ pa:i⁶ tu³ zan¹ xo² sam¹,
人　漂亮人　好于是　才开始　见　合　心　了　两边　都见　合　心

çi⁶ pai¹ ziəŋ² po⁶ me⁶ nau², çi⁶ po⁶ me⁶ çi⁶ nau²："kə⁵ni⁴ teŋ¹ lai⁴li⁶ pu⁴ʔjai⁴, su¹
就　去　跟　父　母　说于是　父　母　就　说　　这个　是　礼俗　布依族　你们

ma³ tu² pu⁴sɯ⁵ pu⁴mei² ma¹ xam⁵, tu¹ luɯŋ³ ʔi¹。" çi⁶ tuə²ŋɯɯ⁶ ta:u⁵ pai¹ ziəŋ² po⁶
要　拿　媒人　媒人　来　问　我们　才　依　于是　龙　回去　跟　父

me⁶ nau²："ku¹ pai¹ pɯəŋ² tu²wɯɯn² zan¹ lɯk⁸ʔbɯk⁷ ʔdeu¹ xo² sam¹, nɯ⁶ xa² ʔau¹ ma¹
母　说　我　去　地方　人类　见　姑娘　一　合　心　想　要　娶来

kuə⁶ ja⁶, tam⁴ xo³te¹, ŋa:n²⁴ lai⁴li⁶ pu⁴ʔjai⁴ xo³te¹, ʔau¹ tu² pu⁴sɯ⁵ pai¹。" çi⁶ po⁶ ŋɯɯ⁶
做妻子　但　他们　按　礼俗　布依族　他们　要　拿　媒人　去　于是　父　龙

ziəŋ² me⁶ ŋɯɯ⁶ çi⁶ çiŋ³ sɯ⁵ ma¹ nau²。laŋ¹ çi⁶ pau⁵tçe⁵ ni⁴ ziəŋ² ja⁶tçe⁵ ni⁴ çi⁶　ʔi¹
跟　母龙　就　请媒　来　说　后　呢　老头　这　跟　老太婆　这　就　依

pai⁰, ʔi¹ lai⁴ pu⁴ʔjai⁴, pa:n⁵ lau³ pa:n⁵ ça², çi⁶ soŋ¹ pai¹ ʔdi¹zi², çi⁶ tçi³ pu⁴ tçe⁵³ te¹
了　依礼俗布依族　办酒　办茶　就　送　去　好好地于是　几个　姐那

zan¹ nuəŋ⁴ pai¹ kuə⁶ za:n² kɯn¹ ʔdi¹zi², ɕi⁶ soŋ⁵ pai⁰, tam⁴ mi² zo⁴ ku⁵laɯ² ʔdi¹。
见 妹 去 做 家 吃 好好地 就 送 了 但 不 知 怎么 好

ʔdai⁴ pi¹ ʔdeu¹ ʔiə⁵, ɕi⁶ nuəŋ⁴ ta²ɕet⁷ ni⁴ ziəŋ² tuə²ŋɯə⁶ te¹ li⁴ ɕoi⁴ lɯk⁸ ʔdeu¹ pai⁰,
得 年 一 后 于是 妹 第七 这 跟 龙 那 有 个 孩子 一 了

ɕi⁶ tɯ² kai⁵, tɯ² lau³, tɯ² xau⁴, xau⁴naŋ³ wa¹, ɕi⁶ ma¹ ʔjam⁵ ta:i⁵, ʔjam⁵ ta:i⁵
于是 带 鸡 带 酒 带 粮食 糯米饭 花 就 来 拜 岳母 拜 岳母

ʔiə⁵, tɯ² po⁶ ziəŋ² me⁶ pai¹ ziəŋ²laŋ¹, pai¹ ɕim¹ za:n²。ɕi⁶ tɕe⁵³ la:u⁴ te¹ xa² ziəŋ²laŋ¹
后 带 父 和 母 去 跟后 去 看 家 于是 姐 大 她 要 跟后

pai¹, tuŋ⁴tɕa⁶ pai¹ ɕim¹ za:n², taŋ³lau² zau⁶, tɕe⁵³la:u⁴ te¹ ziəŋ²laŋ¹ pai¹ ʔiə⁵。po⁶ me⁶
去 一起 去 看 家 怎样 些 姐 大 她 跟后 去 后 父 母

te¹ ta:u⁵ ma¹, tɕe⁵³ la:u⁴ te¹ li⁴ ʔju⁵ laŋ¹, pi⁴nuəŋ² te¹ ɕi⁶ tɯ² te¹ pai¹ ɕiən⁶ ʔdan¹ pɯəŋ²,
她 回 来 姐 大 她 还 在 后 姊妹 她 就 带 她 去 转 个 地方

li⁴ tɕi³la:i¹ ʔdi¹, tɕi³la:i¹ ɕau⁶, ɕi⁶ tɕe⁵³ te¹ ɕi⁶ ta:i¹xan², ɕi⁶ nau² nuəŋ⁴ te¹, ma¹ zau²
有 多少 好 多少 好看 于是 姐 她 呢 嫉妒 就 说 妹 她 来 我们

pai¹ ʔau¹ ma⁵ʔdai¹ ma¹ kɯn¹ pai⁰。ɕi⁶ xau³ nuəŋ⁴ te¹ ʔju⁵ pa:i⁶ tiə⁵ ɕa³, te¹ ʔju⁵ pa:i⁶ kɯn²,
去 要 柿子 来 吃 吧 于是 让 妹 她 在 边 下 等 她 在 边 上

te¹ ɕi⁶ ʔau¹ ma⁵ʔdai¹, ʔau¹ ka:p⁸ ma⁵ʔdai¹ sok⁸ ma¹ tiə³, nuəŋ⁴ te¹ ɕi⁶ ta:i¹。 ɕi⁶ laŋ¹
她 就 拿 柿子 拿 夹子 柿子 戳 来 下 妹 她 就 死 于是 后

ɕi⁶ wa:n⁶ wa⁵ pɯə⁶ nuəŋ⁴ te¹ ma¹ ʔja:p⁶ kwa:n¹ nuəŋ⁴ kau⁵。ma¹ taŋ² ʔiə⁵ ɕi⁶ kwa:n¹ nuəŋ⁴
呢 换 裤 衣 妹 她 来 抢 丈夫 妹 自己 来 到 后 呢 丈夫 妹

te¹ ɕim¹ mi² zo⁴ze⁶, na³ tuŋ⁴lum³, mi² zo⁴na³, teŋ³ tɕe⁵³ laɯ²ɕi⁶ teŋ¹ nuəŋ⁴, tam⁴ɕi⁶
她 看 不 知道 脸 相同 不 认识 是 姐 还 是 妹 但是

nuəŋ⁴ te¹ kan⁴ kuə⁶ɲip⁸ tam³zo⁵, tɕe⁵³ te¹ ɕi⁶ pai¹ tam³zo⁵, tam³zo⁵ ɕi⁶ mai¹ ɕi⁶ ka:t⁷
妹 她 勤 缝纫 织布 姐 她 就 去 织布 织布 呢 线 就 断

zaɯ⁴zaɯ⁴, ɕi⁶ kwa:n¹ te¹ ɕi⁶ nau²:"mɯŋ² kuə⁶ taŋ³lau² ɕi⁶ tam³zo⁵ kuə⁶ mai¹ ka:t⁷ taŋ³ni⁴
不停 于是 丈夫 她 就 说 你 做 怎么 就 织布 做 线 断 这样

le⁰, mɯn⁶ʔdu⁴ mɯŋ² tu³ mi² kuə⁶ taŋ³ni⁴ le⁰。" laŋ¹ te¹ ɕi⁶ nau²:"kə⁵ni⁴ kwa:i⁵ ɕoŋ²zo⁵
嘞 过去 你 都 不 做 这样 嘞 后来 她 就 说 个 这 怪 织布机

ʔdai⁰, ʔi⁵nau² ʔdai⁴ ɕoŋ²zo⁵ me⁶ ɕi⁶ ʔdi¹ pai⁰," tam⁴ ɕi⁶ kwa:n¹ ni⁴ ɕi⁶ nuu⁶, te¹ kho⁵³lɯn³¹
呀 如果 得 织布机 妈 就 好 了 但是 丈夫 这 就 想 她 可能

mi² teŋ¹ ja⁶ kau⁵, tam⁴ mi² zo⁴ taŋ³lau² nau² pan², laŋ¹ te¹ ɕi⁶ kuə⁶zak⁸ pai¹ tɯ² ɕoŋ²zo⁵
不 是 妻 原来 但是 不 知 怎么 说 成 后来 他 就 悄悄 去 拿 织布机

ja⁶ta:i⁵ ma¹ tiə⁵ kuə²te¹, mi² ziəŋ² ja⁶ te¹ nau²。ja⁶ te¹ pai¹ tam³, tam³ ʔiə⁵, je⁴²
岳母 来 放 那儿 不 跟 妻 他 说 妻 他 去 织 织 完 也

kaːt⁷ zaɯ⁴, taːu⁵ xam⁵ nau²: "muŋ² kuə⁶ taŋ³lau² tam³ kaːt⁷ zaɯ⁴ mu⁰?"　ja⁶ te¹ çi⁶
断　仍然　又　问　说　你　做　怎么　织　断　仍然　呢　　妻　他　就

nau²: "ʔiⁱ⁵nau² teŋ¹ çoŋ²zo⁵ me⁶ ku¹, çi⁶ mi² kaːt⁷ pai⁰." kwaːn¹ te¹ çi⁶ nau²: "kaiⁱ⁵ni⁴
说　　如果　是　织布机　妈　我　就　不　断　了　　丈夫　她　就　说　　这个

teŋ¹ çoŋ²zo⁵ me⁶ muŋ² paiⁱ²²deu¹, çi⁶ ku¹ laːu¹ muŋ² mi² teŋ¹ ja⁶　ku¹ ʔbaːŋ⁴ lo⁰ma⁰!"
是　织布机　妈　你　正好　那　我　怕　你　不　是　妻　我　可能　呀

te¹ je⁵³ mi² nau² xaːu⁵. laŋ¹ çi⁶ taːu⁵ pai¹ tam³zo⁵, li⁴ tuə³ zɔk⁸ tɕet⁷li⁶ ʔdeu¹ ma¹ nau²:
她　也　不　说话　后来　呢　又　去　织布　有　只　鸟　吉利　一　来　说

"tam³zo⁵ si¹, tam³zo⁵ sa¹, ta¹ zo⁴ jen⁵, tam³zo⁵ jen⁵ wuⁿ²laːi¹ mi² zo⁴." çi⁶ çoi⁴
织布　丝　织布　纸　眼　会　红　织布　现成　别人　不　会　于是　个

kwaːn¹ ni⁴ çi⁶ zo⁴ze⁶ teŋ¹ tɕe⁵³ ma¹ tsuaŋ³³ kuə⁶ nuəŋ⁴ ʔdai⁰, tam⁴çi⁶ mi² zo⁴ kuə⁶ taŋ³lau²
丈夫　这　就　知道　是　姐　来　装　做　妹　而已　但是　呢　不　知　做　怎样

pan²。laŋ¹ çi⁶ kwə² xam² nuəŋ⁴ te¹ tau³ pan² ça² faiⁱ⁴loi¹ ʔdeu¹, te¹ ta² pai¹ kwə²te¹
成　后来　呢　处　埋　妹　那　长　成　丛　竹子　一　她　一　去　那儿

zoi¹ tɕau³, n̥i⁵ faiⁱ⁴loi¹ tɕin⁵³tau¹ n̥ɔk⁸ kai⁵ tɕau³ te¹ n̥a¹ leu⁴, çi⁶　te¹ xo²n̥aːp⁷, zam³
梳　头　枝　竹子　不停地　挠　个　头　她　乱　完全　于是　　她　生气　砍

faiⁱ⁴loi¹ ma¹ kuə⁶ ʔbo⁵tɯ⁶, çi⁶laŋ¹ çi⁶ taːu⁵ ma¹ zaːn², wai² zaːn² je⁴² wai⁶ mi² ʔdi¹,
竹子　来　做　筷子筒　后来　呢　回　来　家　做　家　也　做　不　好

jaːŋ² ku³ma² je⁴² wai⁶ mi² ʔdi¹. nuəŋ⁴ te¹ çi⁶ piən⁵ ma¹ ʔju⁵ ʔbo⁵tɯ⁶, çi⁶ kuə²zak⁸ kuə⁶
样　什么　也　做　不　好　妹　她　就　变　来　在　筷子筒　于是　悄悄　做

xau⁴ xaɯ³ kwaːn¹ te¹, çi⁶ kwaːn¹ te¹ li⁴ tɕi³ taːu⁵ tu³ nɯ⁶ mi² taŋ², ja⁶ kuə⁶ xau⁴ luəm³
饭　给　丈夫　她　于是　丈夫　她　有　几　回　都　想　不　到　妻子　做　饭　好

taŋ³ni⁴, tam³zo⁵ tu³ tam³ mi² pan² lum³ kau⁵, tam⁴ kuə⁶ xau⁴ luəm³ lum³ kau⁵. te¹
这样　织布　都　织　不　成　像　原来　但　做　饭　好　像　原来　他

çi⁶ nu⁶, kau⁵³ mi² ʔdi¹ çi⁶ teŋ¹ ja⁶ te¹ ma¹ ʔan⁴ ʔdoi⁰. çi⁶ taːu⁵ te¹ pai¹ po¹, te¹
就　想　搞　不　好　呢　是　妻子　他　来　可能　呢　于是　回　那　去　山　他

nau²: "ŋɔn²ni⁴ ku¹ xa² pai¹ po¹ kuə⁶xoŋ¹." tam⁴çi⁶ taŋ² tɕaːŋ¹ po¹ ʔiə⁵, te¹ çi⁶ ma¹
说　今天　我　要　去　山　做活　但是　到　中间　山　后　他　就　来

zaːn² çau⁴, çi⁶ zan¹ mai⁴ lɯk⁸ʔbɯk⁷ ʔdeu¹ jwaːŋ⁶ lum³ ja⁶　kau⁵ te¹ ʔju⁵ zaːn² wai² xoŋ¹,
家　早　就　见　个　女子　一　模样　像妻子　原来　他　在　家　做活

te¹ ta² xaːi¹ tu¹ ma¹ zaːn², çi⁶ ja⁶　te¹ çi⁶ le² pai¹ ʔbo⁵tɯ⁶, çam¹ pai¹ ʔdaɯ¹ te¹ mi²
他　一　开　门　来　家　于是　妻子　他　就　跑　去　筷子筒　沉　去　里边　那　不

zan¹ pai⁰. laŋ¹ te¹ wa² ʔbo⁵ tɯ⁶ te¹ ma¹ xa² pjau⁶, ja⁶ te¹ çi⁶ ʔo⁵ ma¹, ʔo⁵ ma¹ taːu⁵
见　了　后来　他　抓　筷子筒　那　来　要　烧　妻子　他　就　出　来　出　来　又

pan² tɯ²wɯɯn² jiəŋ⁶ kau⁵, ɕi⁶ laŋ¹ ɕi⁶ tɕe⁵³ te¹ xa:i² laŋ³ li⁴　ʔju⁵, mi² zo⁴ kuə⁶laɯ¹ ʔdi¹。
成　人　　　依旧　　呢后来呢姐　她　还　仍然　在　不　知　怎样　好

nuəŋ⁴ te¹ kuə⁶ taŋ³laɯ² tu³ ɕau⁶。laŋ¹ tɕe⁵³ te¹ nau²:"nuəŋ⁴ xei⁰! mɯɯ⁶ kuə⁶ taŋ³laɯ²
妹　她　做　怎样　都　好看　后来姐　她　说　　妹　呀　你　做　怎样

cau⁶　taŋ³ni⁴ mu⁰? ʔau¹ ku³ma² soi⁵ na³ ɕau⁶ taŋ³ni⁴ mu⁰? "nuəŋ⁴ te¹ ɕi⁶ nau²:"ku¹ ʔau¹
好看　这样　呀　　拿　什么　洗　脸　好看　这样　呀　　　妹　她　就　说　我　拿

zam⁴ ʔda:t⁷ soi⁵ na³, ɕi⁶ laŋ³ ɕau⁶ ʔdai⁰, ʔau¹ zam⁴ ʔda:t⁷ ɕe⁵ ʔda:ŋ¹, lɯŋ³ ɕau⁶ taŋ³ni⁴。"
水　烫　洗　脸　就　才　好看　呢　　拿　水　烫　泡　身子　才　好看　这样

laŋ¹ ɕi⁶ tɕe⁵³ te¹ tɕa:n¹nau² ta²za:i⁴, ɕi⁶ zau³ ɕa:u⁵ zam⁴ se⁵ ʔdeu¹ ʔdi¹ʔdi¹ ɕo⁵ ʔdan¹ pɯn²
后来呢姐　她　认为　　真的　就　烧锅　水开　一　好好　放　个　盆

la:u⁴ ʔdeu¹, le² pai¹ ʔdaɯ¹ te¹ ʔa:p⁷ ɕi⁶ tɕo² zam⁴ ʔda:t⁷ ʔda:t⁷ ta:i¹ pai⁰。laŋ¹ ɕi⁶ soŋ¹
大　一　跑　去　里边那　洗　就　被　水　烫　烫　死　了　后来　呢　两

pau⁵ja⁶ ni⁴ ta:u⁵ pan² pau⁵ja⁶ ʔdi¹ mo⁵, ta:u⁵ ɕiəŋ⁴ lɯɯk⁸, li⁴ lɯɯk⁸ li⁴ ɕin¹ kwa⁵ ɕeu⁶ ʔdi¹
夫妻　这　又　成　夫妻　好　新　又　养儿　生儿　有　亲　过　辈　好

lum³ kau⁵。
像　原来

意译：

坝下独眼龙

　　从前有一个老头，靠种庄稼和打鱼来养家糊口。一天，他去打鱼，怎么打也打不上鱼。到中午了，他很生气，就坐在塘子边伤心，想哭。后来河里的龙变成一个小伙子，上来跟他说："老人家，只要你把你的小女儿嫁给我做妻子，以后我替你犁田犁地，帮你打很多很多的鱼。"老头子不相信，小伙子又说："你要不信，我打鱼给你看看。"于是，他下河去，手一挥，就打了一大串鱼回来。他跟着老头回家去做午饭吃。吃完午饭后，那小伙子说："我说过的，替你打完鱼以后你就把小女儿嫁给我做妻子。"老头子想了想，说："我并非只有一个女儿，我有七个，哪一个愿意跟你成家，我不知道。这样吧，让她们挨个的来相看你，哪一个相中就让她跟你成家吧。"于是老大先来相看，小伙子看不上眼，就变成了独眼、斜眼，老大说："是个独眼龙，我不愿意嫁给他。"跟老二说："你去相看吧。"老二过来相看，龙也看不上他，也变成斜眼，老二也说："是个瞎子，我才不嫁给他呢。"于是老三又来相看，龙也看不合意，又变斜眼、独眼。轮到老四，龙看不上，也变成斜眼。老四说："让我跟这样的人成家，我才不去呢。"轮到老五，龙看不上眼，也变成斜眼，老五也说："独眼龙我不嫁。"轮到老六，龙看不上，照样变成斜眼。老六说："我死活都不嫁给这个独眼龙。"轮到老七了，龙看了很满意，于是变成一个英俊的小伙子，老七看了也很满意，双方都很称心。就去见姑娘的父母。那姑娘的父母说："按照我们布依族的礼俗，你们家应该请媒人来提亲，我们才能答应。"于是，龙回到河里跟他的父母说："我到人间去碰上一个姑娘，很满意，我想娶她为妻。但是按照他们布依族的礼仪，要请媒人去提亲。"于是龙父龙母就请媒人来提亲。姑娘的父母答应了，按照布依族的习俗办了婚礼，几个姐姐都很嫉妒，但不知怎么好。

一年以后，生了一个孩子，夫妻俩就带上鸡、酒和花糯米饭去拜见岳父岳母，之后又带他们到龙宫来看。大姐也跟着去，想看看妹妹嫁的这个郎君家到底好成什么样子。后来，父母回家了，姐姐还留下，妹妹带着她四处去转。看见妹妹嫁了这样好的一个夫君，姐姐心里很嫉妒，动了邪念。她跟妹妹说："我们去摘柿子吃吧。"她让妹妹在下边等，她爬到树上，从树上用夹柿子的夹子狠狠地将妹妹戳死了。于是，她便换上了妹妹的服装，霸占了自己的妹夫。由于长的很相像，她的妹夫也没有认出来，不知道是姐姐。妹妹很勤快，擅长织布做衣服，姐姐也学着妹妹的样子去织布，但织起布来不停地断线。丈夫就对她说："你怎么搞的，线老是断，原来不是这样的呀！"她说："这要怪织布机，如果是妈妈的织布机就不会这样了。"丈夫起了疑心，怀疑她不是自己的妻子，但又不知道该怎么说，于是他悄悄去把丈母娘的织布机搬了来，放在原处，也不跟他"妻子"说。他"妻子"去织布，线还是不停地断。丈夫说："线怎么还是会断？""妻子"说："如果是妈妈的织布机就不会断了。"丈夫说："这就是妈妈的织布机呀！我怕你不是我原来的妻子吧。"她默不作声。后来，一只吉利鸟飞来停在织布机上，说："编丝布，编纸布，眼会红，别人现成的布不会织。"丈夫完全明白这是姐姐装扮成妹妹来做自己的妻子，但也不知怎么办。后来，在埋葬妹妹的地方长出了一篷竹子，她一到那地方去梳头，就会有竹枝不停地挠她的头，把她的头发挠得乱蓬蓬的。她一生气就把竹子砍了，拿来做筷子筒。后来她在家里很不安心，什么都做不好，她的妹妹就变成筷子，来到筷子筒里边，悄悄给自己的丈夫做饭。有几次她丈夫感觉到做的饭不一样，心想，自己的妻子做饭做得这么好，但织布的技术却大不如前，说不定做饭的是自己真正的妻子。于是，有一次他上山干活，早早就回来了，见一个女子模样很像他原来的妻子在他家里干活，他一开门，那女的就跑了，消失在筷子筒里边。他抓起筷子筒，威胁说要把筷子筒烧掉，那女的才从筷子筒里现身，原来就是他自己的妻子。于是他们仍然像过去那样做夫妻一起生活，但她姐还在，因此很尴尬，不知怎么好。姐姐见妹妹还是那么漂亮，就问："妹呀，你脸色这么好，这么漂亮，是拿什么洗的脸呀？"她妹妹就说："我是拿开水洗的脸才好看，我是拿开水泡身子才这样漂亮。"他姐姐信以为真，就烧了一锅滚烫的开水，倒在盆里，自己跳到里边去洗，结果被开水烫死了。夫妻俩像过去那样，生儿育女过日子。

5. kwaːŋ¹ pja⁵sa¹
相公　枸皮

muɯn²ʔdu⁴ li⁴ çoi⁴ lɯk⁸tça⁴ ʔdeu¹,　ŋon²ŋon² pai¹ tuk⁷ pja⁵sa¹ ma¹ kaːi¹,　çiəŋ⁴…
从前　有个　孤儿　一　　天天　去　打　枸皮　来　卖　　养

çiəŋ⁴ ʔda:ŋ¹kau⁵。tɯk⁷ ʔdai⁴ sa:u⁶laɯ² pi¹。li⁴ ŋɔn² ʔdeu¹, te¹ tɯk⁷ na:i⁵ pai⁰,
养　　自己　　打　得　多少　　年　有　天　一　他　打　累　了

çi⁶ pai¹ xen² xoŋ² zam⁴ jiət⁷na:i⁵, na:i⁵ la:i¹ çi⁶ tai³ pai⁰。tai³ ʔdai⁴ ku⁵ʔdeu¹, çi⁶ li⁴
就　去　边　塘　水　休息　　累　多　就　哭　了　哭　得　一会儿　　就　有

çoi⁴ lɯk⁸ʔbɯk⁷, ʔju⁵ xen² te¹, te¹ nau²："kwa:ŋ¹ pja⁵sa¹, mɯŋ² taŋ³laɯ² zuəŋ⁶ taŋ³ni⁴
个　姑娘　　在　旁边那　她　说　　相公　枸皮　你　怎么　　伤心　这样

mɯ⁰?" nei²。te¹ çi⁶ nau²："ku¹ mi² po⁶ mi² me⁶, je⁵³ mi² zi⁶ mi² na², ʔau¹ tɯk⁷
呢　如此说　他　就　说　　我　无　父　无　母　　也　无　地　无　田　　拿　打

pja³sa¹ ma¹ çiəŋ⁴ ʔda:ŋ¹kau⁵ to⁶, zuəŋ⁶ çi⁶ tai³ ʔdai⁰。" çoi⁴ lɯk⁸ʔbɯk⁷ ni⁴ çi⁶ nau²：
枸皮　来　养　　自己　　而已　伤心　就　哭　而已　个　姑娘　这　就　说

"mɯŋ² mjaɯ³ zuəŋ⁶, ku¹ pai¹ ziəŋ⁶ mɯŋ² ça:u⁴ za:n² kɯn¹, çi⁶ ʔdi¹ pai⁰。" te¹ çi⁶
你　别　伤心　　我　去　跟　你　成家　　吃　就　好　了　他　呢

mi² sin⁵："çi⁶ ku¹ san³laɯ² ziəŋ² mɯŋ² ça:u⁴ za:n² kɯn¹, mɯŋ² wun² ʔba:n⁴ laɯ²
不　信　　那　我　怎样　　跟　你　成家　　吃　你　人　寨子　哪

mɯ⁰?" çoi⁴ lɯk⁸ʔbɯk⁷ ni⁴ je⁵³ mi² nau², te¹ nau²："tu³ mɯŋ² lap⁷ ta¹, çi⁶ pan²
呀　　个　姑娘　　这　也　不　说　她　说　　只要　你　闭眼　就　成

pai⁰, ziəŋ²laŋ¹ ku¹ pai¹ çi⁶ pan²。" te¹ ta¹ lap⁷ ta¹ çi⁶ laŋ¹ çoi⁴ lɯk⁸ʔbɯk⁷ ni⁴ nau²：
了　跟后　　我　去　就　成　他　一　闭眼　就　跟　个　姑娘　这　说

"mɯŋ² ʔja⁴ ta¹ la⁰。" nei⁰, çi⁶ ʔju⁵ na³ si⁶ jiən¹ çi⁶ pan² tɔŋ⁶ na² la:u⁴, pan²
你　睁眼　啦　　这样　就　在　前　四　样　就　有　坝田　大　　有

ʔba:n⁴ wun² ʔdi¹zi², çi⁶ soŋ¹ pau⁵ ja⁶ ʔdon⁴ pai¹ za:n² ʔdeu¹, ʔdaɯ¹ te¹ toi⁴ tɯ⁶,
寨子　人　好好　于是　两　夫妻　钻　去　家　一　　里边那　碗　筷

kom⁵ça:u⁵ tu³ li⁴ çai², ja:ŋ¹ ku³ma² tu³ li⁴ çai²。soŋ¹ pau⁵ ja⁶ çi⁶ ça:u⁴ ʔeu⁴za:n² kɯn¹。
厨具　都　有　齐　样　什么　都　有　齐　两　夫妻　就　成　家业　吃

laŋ¹ çi⁶ nau², xa² ʔau¹ za¹ tuə²ma⁴, to² taŋ²jiəŋ⁶, xa² tça:u⁵ tuə²ma⁴, çi⁶ za¹ ʔdai⁴
后来　呢　说　想　要　找　马　驮　东西　　要　驯　马　　就　找　得

tuə² ma⁴ ʔdeu¹ ma¹, çi⁶ kwa:n¹ te¹ çi⁶ ŋɔn²ŋɔn² xa² pai¹ tça:u⁵ ma⁴, tam¹ ja⁶ te¹ nau²：
匹　马　一　来　于是　丈夫　她　就　天天　　要　去　驯　马　　但　妻　他　说

"mɯŋ² tça:u⁵ ma⁴, mɯŋ² çi⁶, ma⁴ mjaɯ³ sat⁷ kwa⁵ ŋa:m² ʔun⁴te¹ lɯŋ¹ xo²。"
你　驯　马　你　呢　马　别　跳　过　哑口　那边　才　合

te¹ çi⁶ pai¹ ta:u⁵ ʔdu⁴ te¹ çi⁶ mi² kwa:n² ŋa:m² te¹ za:i⁴。xat⁷ laŋ¹ xa² pai¹ tça:u⁵ ma⁴,
他　就　去　回　初　他　就　不　过　哑口　那　真的　晨后　要　去　驯　马

ja⁶ te¹ ta:u⁵ nau²："mɯŋ² pai¹ tça:u⁵ ma⁴, mɯŋ² çi⁶ mjaɯ³ tuə²ma⁴ xa:m⁵ kwa⁵
妻子　他　又　说　　你　去　驯　马　　你　呢　别　让　马　跨　过

ŋa:m^2。" te^1 je^{53} mi^2 sin^5. te^1 tam^{4}çi^6 je^{53} mi^2 kwa^5 ŋa:m^2 zaɯ^4. xat^7 ta^{2}sa:m^1 te^1
哑口　　他　也　不　信　他　但是　也　不　过　哑口　仍然　晨　第三　他

xa^2 pai^1 tça:u^5 ma^4, ja^6 te^1 ta:u^5 nau^2 mo^5: "tuə^{2}ma^4 mɯŋ^2 mjaɯ^3 xa:m^5 kwa^5
想　去　驯　马　妻子　他　又　说　新　马　　你　别　跨　过

ŋa:m^2。" çi^6 te^1 çi^6 nau^2, "ja^6 ni^4 çi^6 taŋ^{3}laɯ^2 kuə^6 taŋ^{3}ni^4 nau^2 zaɯ^4 ni^0?" çi^6 xat^7
哑口　于是　他　就　说　女子　这　呢　怎样　做　　这样　说　不断　呢　于是　晨

ta^{2}sa:m^1, te^1 çi^6 fa^6 tuə^{2}ma^4 kwa^5 ŋa:m^2 pai^1 pai^0. kwa^5 ŋa:m^2 pai^1 çi^6 li^4 mai^4
第三　他　就　放　马　过　哑口　去　了　过　哑口　去　呢　有　个

luk^{8}ʔbɯk^7 ʔju^5 te^1　ça^3, te^1 çi^6 nau^2, mai^4 te^1 çi^6 nau^2: "ja^6 mɯŋ^2 teŋ^1,
姑娘　　一　在　那　等　她　就　说　姑娘　那　就　说　妻子　你　是

teŋ^1 tuə^{2}fa:ŋ^2, te^1 xa^2 xa:i^5 mɯŋ^2 ʔdai^0, tu^3 mɯŋ^2 ʔi^1 çɔn^2 ku^1, zau^2 pai^1 ça:u^4 ʔeu^4
是　鬼　　她　想　害　你　呢　只要　你　依　话　我　我们　去　成　家

za:n^2 kɯn^1, çi^6 laŋ^6 ʔdi^1, mi^{2}çi^6 ʔan^{4}mo^5 ku^{5}ne^4 mɯŋ^2 ja:ŋ ku^{3}ma^2 tu^3 li^4, tam^4
业　吃　那样　才　好　不然　将来　现在　你　样　什么　都　有　但

çi^6 ʔan^{4}mo^5 mɯŋ^2 zuəŋ^6 ni^0…" ja^6 ni^4 çi^6 ziəŋ^{2}laŋ^1 te^1 ma^1, nɯ^6 xa^2 ma^1 ka^3 ja^6
是　将来　你　伤心　呢　女子　这　就　跟　后　他　来　想　要　来　杀　女

ni^4 kuə^6 ta:i^1, tam^4 ja^6 ni^4 zo^{4}ze^6 ʔiə^5 çi^6 ma^1 taŋ^2 za:n^2 ʔiə^5, te^1 nau^2: "mɯŋ^2 mi^2
这　做　死　但　女　这　知道　后　就　来　到　家　后　他　说　你　不

teŋ^1 tu^{2}wɯn^2, mɯŋ^2 teŋ^1 tuə^{2}fa:ŋ^2, mɯŋ^2 nɯ^6 xa^2 xa:i^5 ku^1 ʔdai^0. çi^6 ku^1 çi^6,
是　人　　你　是　鬼　　你　想　要　害　我　呢　那　我　呢

çai^2 ni^4 pai^1 na^3, ku^1 çi^6 xa^2 ziəŋ^2, ziəŋ^2 çoi^4 luk^{8}ʔbɯk^7 ni^4 kuə^6 za:n^2 kɯn^1 pai^0。"
从　这　去　前　我　就　要　跟　　跟　个　姑娘　这　做　家　吃　了

çi^6　ja^6 te^1 xo^{2}ŋa:p^7 çi^6 ta^2 wa:t^8 fuŋ^2 çi^6 toŋ^6 na^2 je^{53} mi^2 zan^1, ʔeu^{4}za:n^2 ʔdi^1 je^{53}
于是　女　那　生气　就　一　挥　手　呢　田坝　也　不　见　　家业　好　也

mi^2 zan^1, çi^6 ta:u^5 ka^6 liə^1 te^1 pu^4 to^6. te^1 ta:u^5 pan^2 pai^1 za^1 pja^{5}sa^1 ma^1 çiəŋ^4
不　见　就　又　只剩　他　一人　他　又　成　去　找　枸皮　来　养

ʔda:ŋ^{1}kau^5. kə^{5}ni^4 çi^6 nau^2, tu^{2}wɯn^2 mjaɯ^3 ta:n^{33} la:i^1, ta:n^{33} la:i^1 kwa^5 ma^4 çi^6 mi^2
自己　这个　呢　说　人　不要　贪　多　贪　多　过　码　就　不

ʔdi^1.
好

意译：

枸皮相公（广芭沙）

从前有一个孤儿，每天上山去打枸皮来卖，以此养活自己。年复一年，天天如此。

有一天，他实在太累了，就坐在一个水塘边休息。想到自己的悲惨生活，不禁哭了起来。一会儿，一位美貌的姑娘来到他身边，对他说："枸皮相公，你为啥这样伤心呢？"他说："我无父无母，又无田无地，想到这些我就很伤心，就哭了。"那姑娘说："你不要伤心，我去跟你成家就好了。"他不相信，说："你是哪个村的人？我怎么跟你成家？"姑娘说："你闭上眼睛跟我来就行了。"于是他闭上了眼睛，不一会儿，那姑娘说："你睁开眼睛吧。"只见眼前出现一个大田坝，田坝周围还有寨子。他们俩走到一户人家，里边家具厨具样样齐全。他们俩就这样成了夫妻。后来，他们找来一匹马，想训练这匹马去驮运东西。于是，他天天赶马去驯。妻子对他说："你驯马的时候，不要让马翻过山垭口。"头一天，他去驯马，果然没有让马翻过山垭口。第二天，他仍然去驯马。他妻子又说："你去驯马，万万不可让马越过山垭口。"他有些疑惑，但还是没有让马越过山垭口。第三天，他去驯马，妻子又说了："你绝不可让马翻过山垭口。"他听了后没说话，心里想："这女的为啥总是说不要让马翻过山垭口呢？"这天，他去放马，让马翻过山垭口去了。山垭口那边有个姑娘在等着。姑娘说："你的妻子是个鬼，她要害你。你必须跟我成家，这样才会好，要不然将来你后悔都来不及。"那姑娘就跟他一起回来，要把他的妻子杀死。他说："你不是人，你是鬼，你跟我成家害了我。从今以后，我要跟这个姑娘成家过日子。"他妻子听了以后很生气，手一挥，眼前什么都没有了。良田和家业消失得无影无踪。就剩下他一个人孤零零，他只好重操旧业，上山打枸皮养活自己。这个故事告诉我们，做人不能太贪。

后　记

　　《布依语参考语法》曾被列为中央民族大学"985 工程"三期建设的子课题之一，得到了戴庆厦教授的大力支持和热心关注，后因种种原因未能如期完成。2014 年本书申报国家社科基金后期资助获准立项，经过两年多的努力，最终顺利完稿，交由中国社会科学出版社出版。本书由中央民族大学少数民族语言文学系教授周国炎和云南民族大学文学与传媒学院教师刘朝华共同完成。具体分工如下。

　　周国炎：

　　1. 第一章"绪论"部分第一、二节；

　　2. 第二章"布依语音系"；

　　3. 第三章"词的形式、来源及语义分类"；

　　4. 第四章"词的结构规则"；

　　5. 参考文献以及附录一、二的整理；

　　6. 全书通稿。

　　刘朝华：

　　1. 第一章"绪论"第三、四节；

　　2. 第五章"词的分类"；

　　3. 第六章"短语的分类"；

　　4. 第七章"句子"；

　　5. 第八章"句法成分"；

　　6. 第九章"时空范畴"；

　　7. 第十章"语气范畴"。

　　本书在申报国家社科基金后期资助项目期间得到了中央民族大学张公瑾教授、朱文旭教授以及中国社会科学院民族学与人类学研究所李云兵研究员的大力推荐，项目获准立项离不开他们的帮助和支持。在本书的撰写过程中，首都师范大学洪波教授、北京大学薄文泽教授、江苏师范大学杨通银和陆天桥两位教授提出了宝贵的修改意见，在此一并表示衷心的感谢。此外，还要感谢本书语料的发音合作人贵州省望谟县民宗局的罗儒栋先生，他的耐心和热情使本项目的最终顺利完成有了最基本的保证。

作　者

中央民族大学少数民族语言文学系

2018 年 9 月 13 日